内蒙古自治区地方志丛书

ᠦᠪᠥᠷ ᠮᠣᠩᠭᠣᠯ ᠤᠨ ᠥᠪᠡᠷᠲᠡᠭᠡᠨ ᠵᠠᠰᠠᠬᠤ ᠣᠷᠣᠨ ᠤ ᠣᠷᠣᠨ ᠨᠤᠲᠤᠭ ᠤᠨ ᠰᠤᠳᠤᠷ ᠤᠨ ᠴᠤᠪᠤᠷᠠᠯ ᠪᠢᠴᠢᠭ

内蒙古自治区志
气象志

(1988—2007)

内蒙古自治区气象局 编

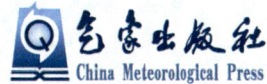

图书在版编目（CIP）数据

内蒙古自治区志.气象志：1988—2007 / 内蒙古自治区气象局编.---北京：气象出版社，2020.12
ISBN 978-7-5029-7350-6

Ⅰ.①内… Ⅱ.①内… Ⅲ.①内蒙古-地方志 ②气象-工作概况-内蒙古-1988-2007 Ⅳ.①K292.6

中国版本图书馆CIP数据核字（2020）第248829号

内蒙古自治区志·气象志（1988—2007）
Neimenggu Zizhiqu Zhi · Qixiang Zhi（1988—2007）
内蒙古自治区气象局　编

出版发行：气象出版社	
地　　址：北京市海淀区中关村南大街46号　邮政编码：100081	
电　　话：010-68407112（总编室）　010-68408042（发行部）	
网　　址：http://www.qxcbs.com　E-mail：qxcbs@cma.gov.cn	
责任编辑：张锐锐　王凌霄	终　　审：吴晓鹏
责任校对：张硕杰	责任技编：赵相宁
封面设计：张燕红	
印　　刷：北京建宏印刷有限公司	
开　　本：889 mm×1194 mm　1/16	印　　张：21.5
字　　数：710千字	彩　　插：8
版　　次：2020年12月第1版	印　　次：2020年12月第1次印刷
定　　价：199.00元	

本书如存在文字不清、漏印以及缺页、倒页、脱页等，请与本社发行部联系调换。

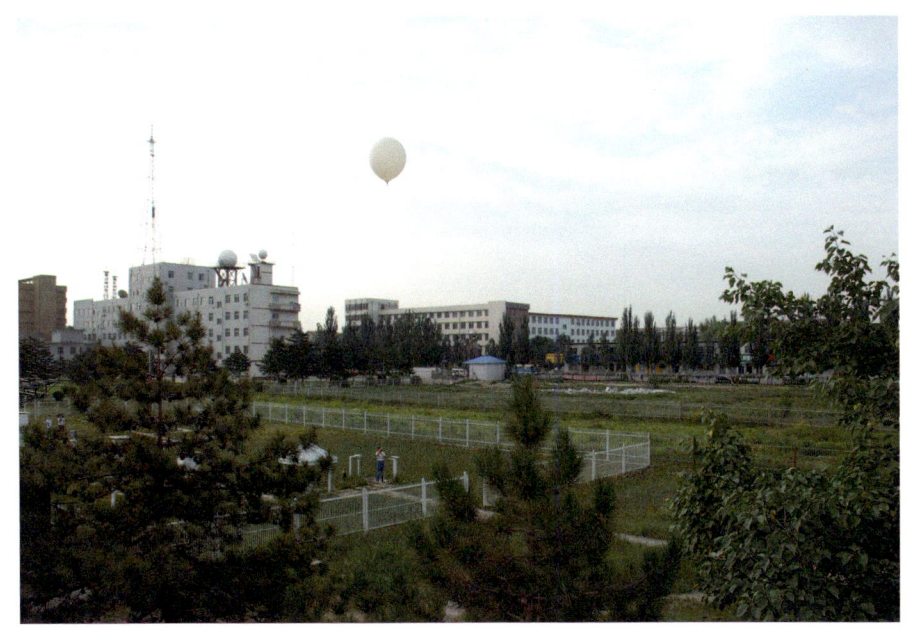

释放探空气球

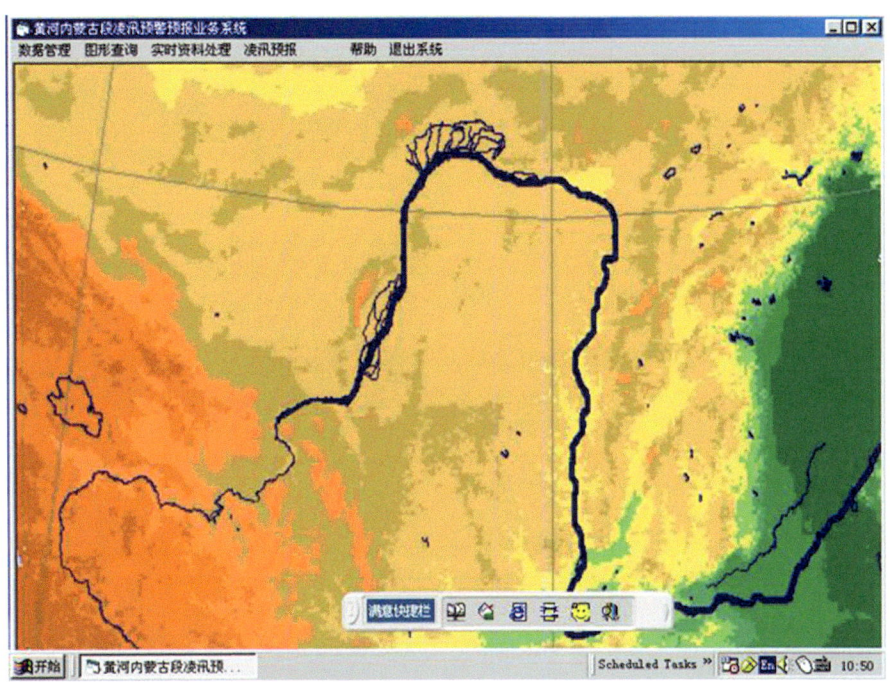

黄河凌汛监测预警系统

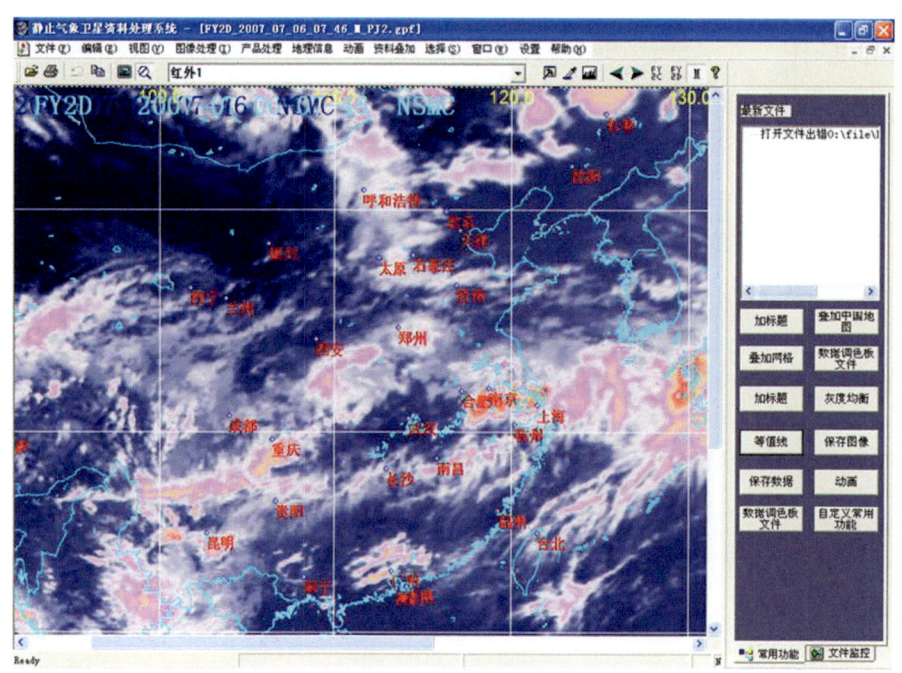

静止卫星气象资料处理系统

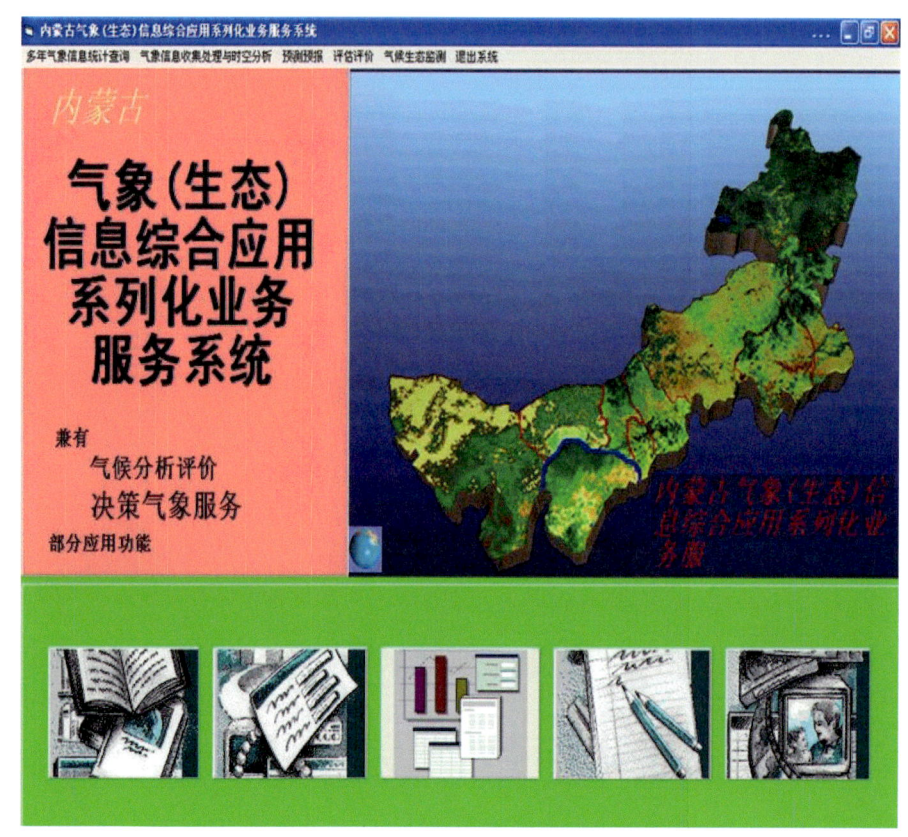

内蒙古气象（生态）信息综合应用系列化业务服务系统

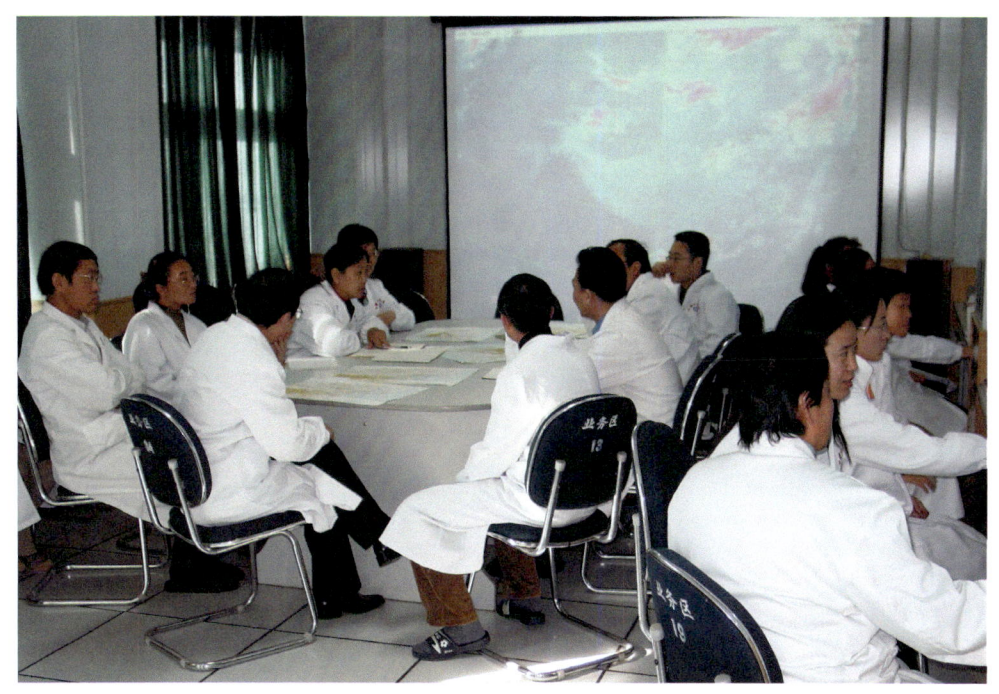

2003 年的天气预报会商

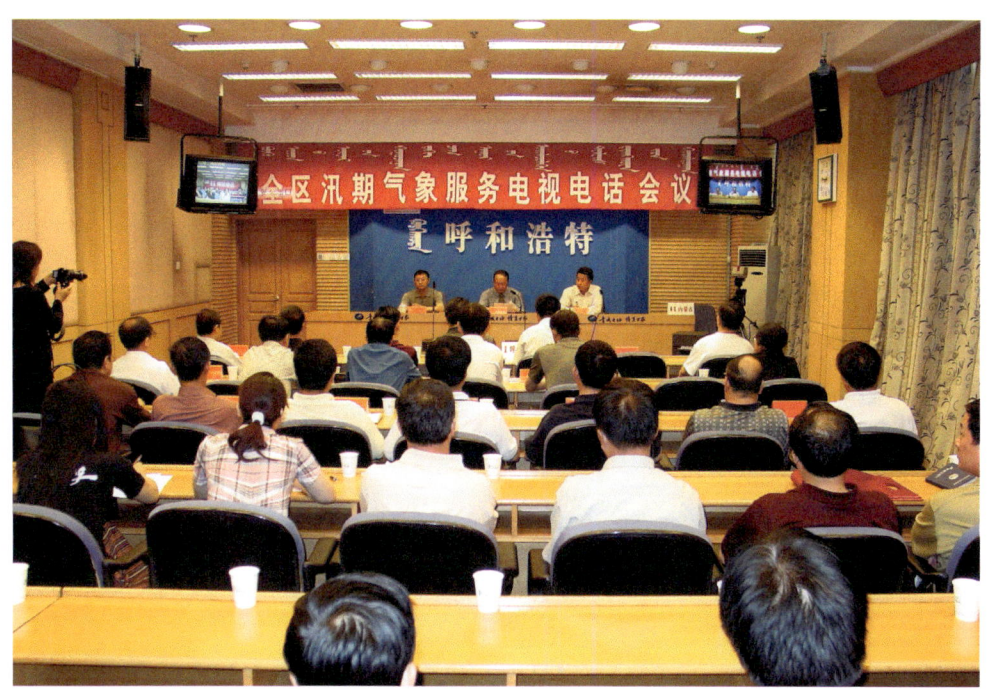

2005 年汛期气象服务会议

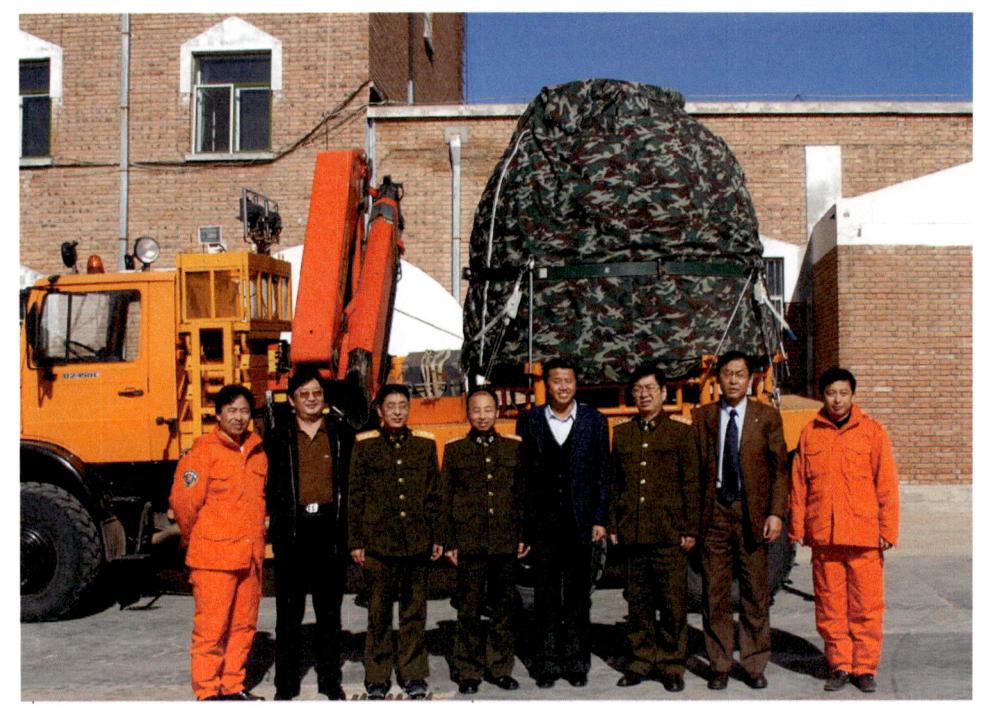

2006年神舟飞船气象保障服务

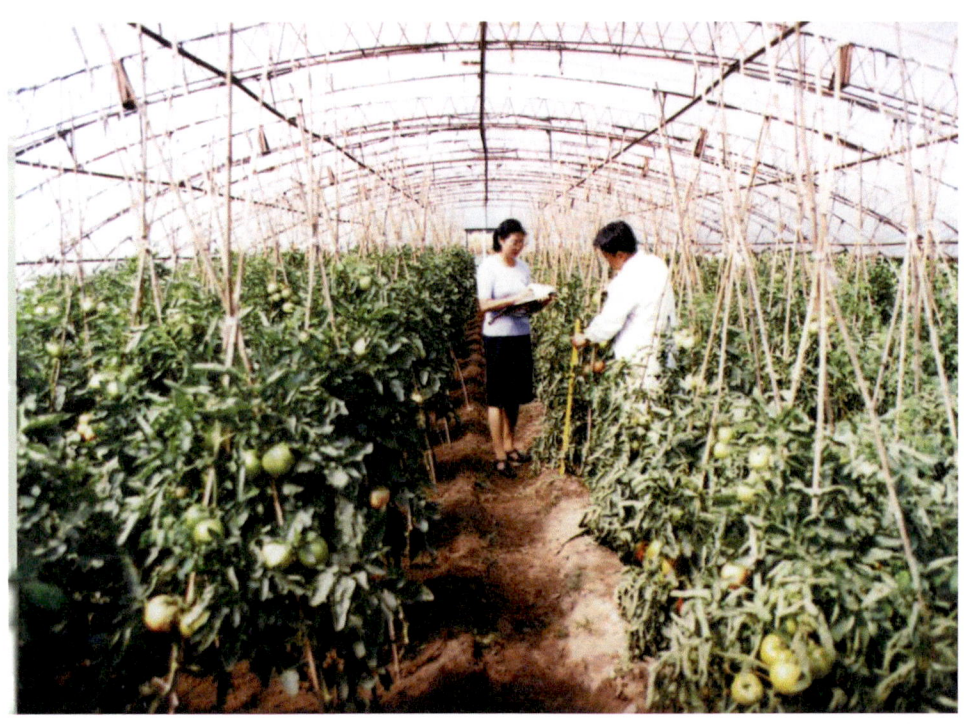

农业气象服务

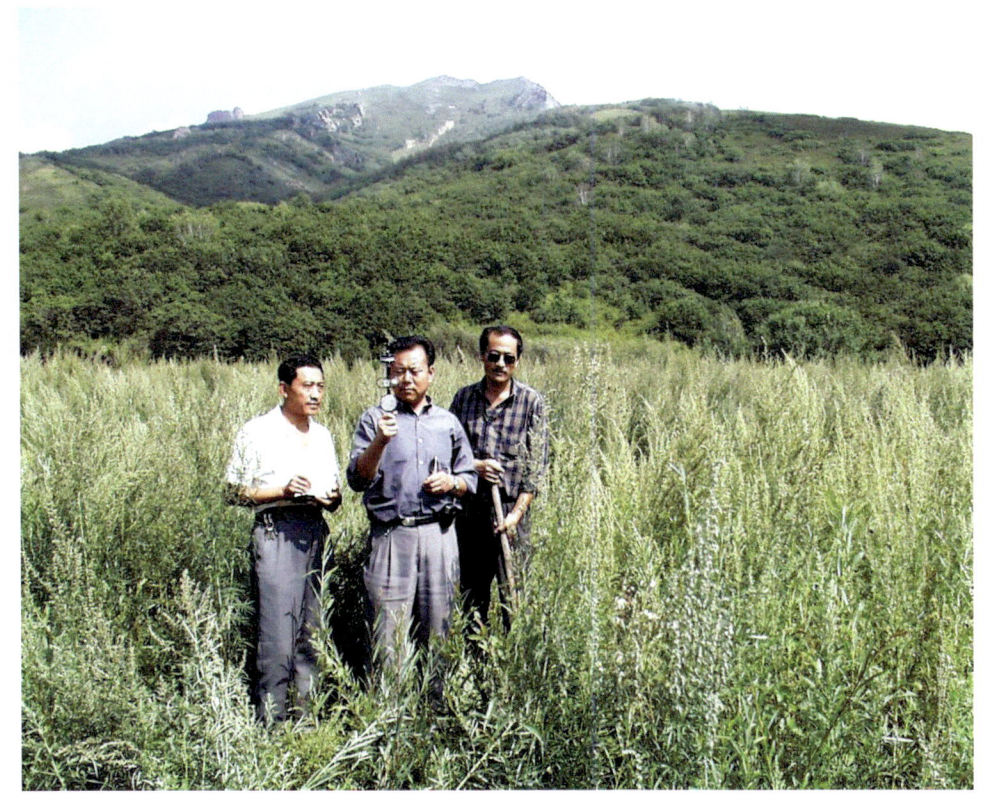

为森林防火提供现场服务

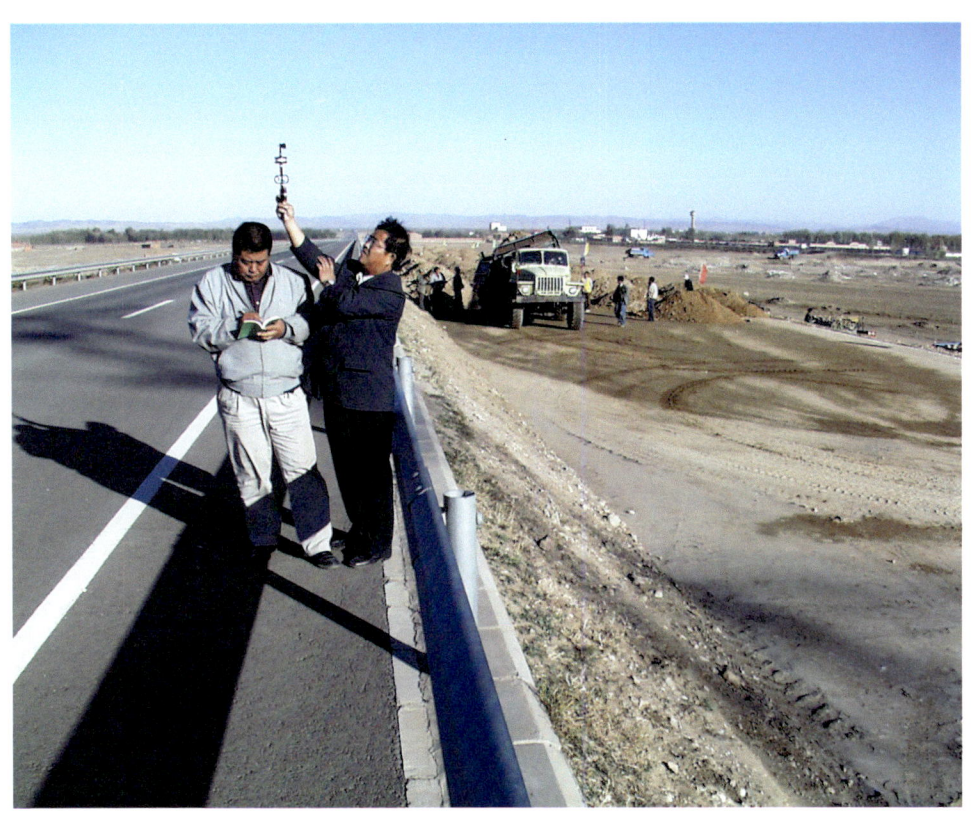

为高速公路提供气象服务

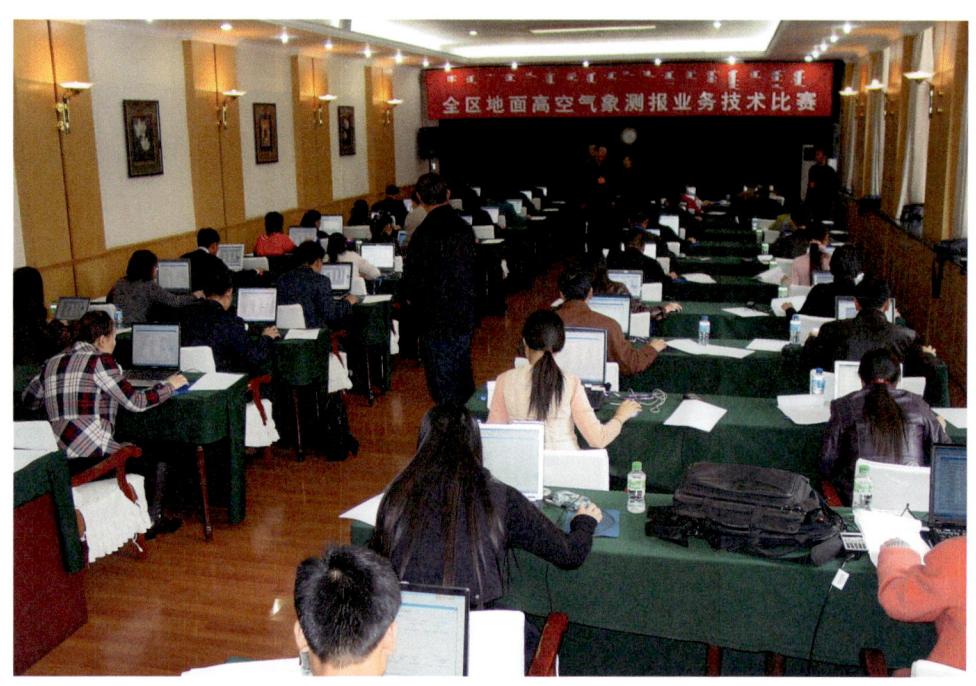

2006 年全区地面高空气象测报业务技术比赛

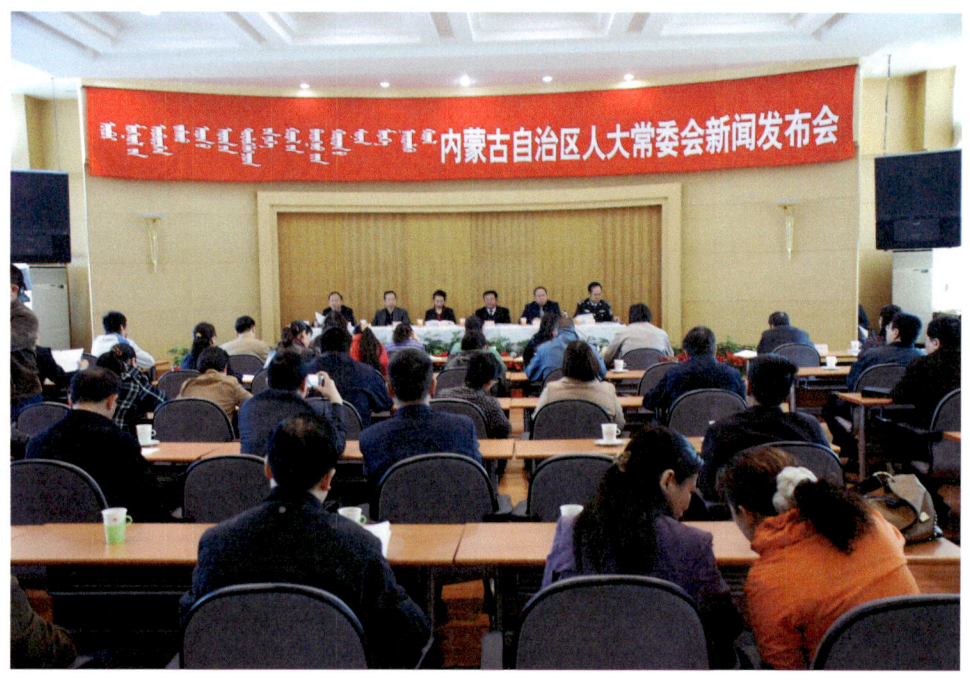

2007 年《内蒙古自治区气象灾害防御条例》颁布实施

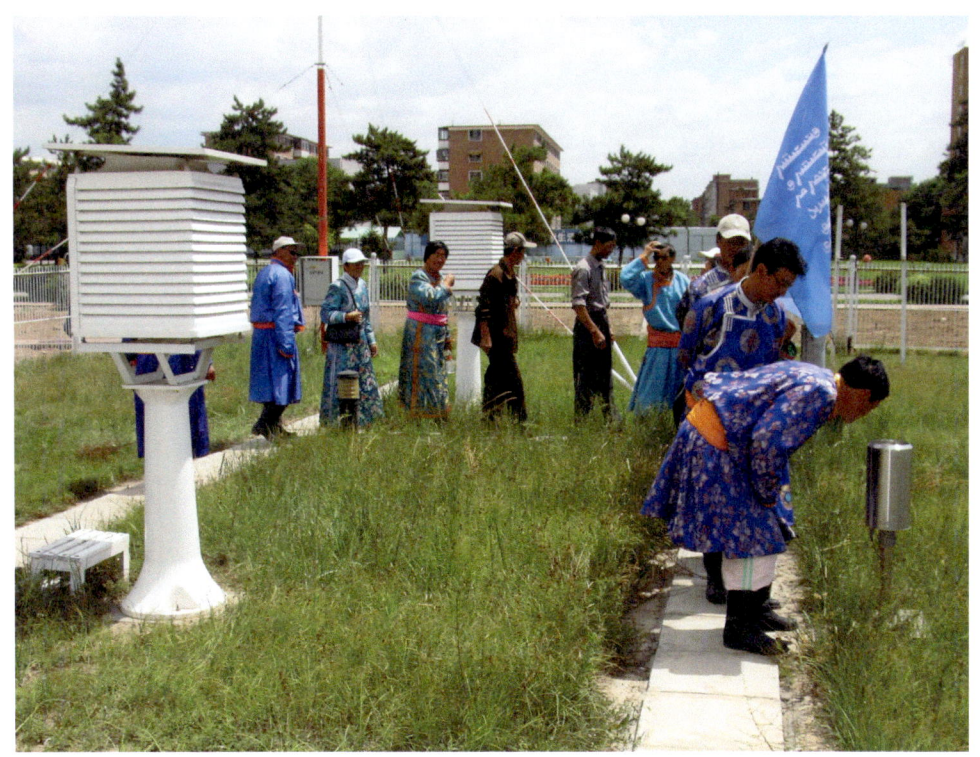

2004年世界气象日活动

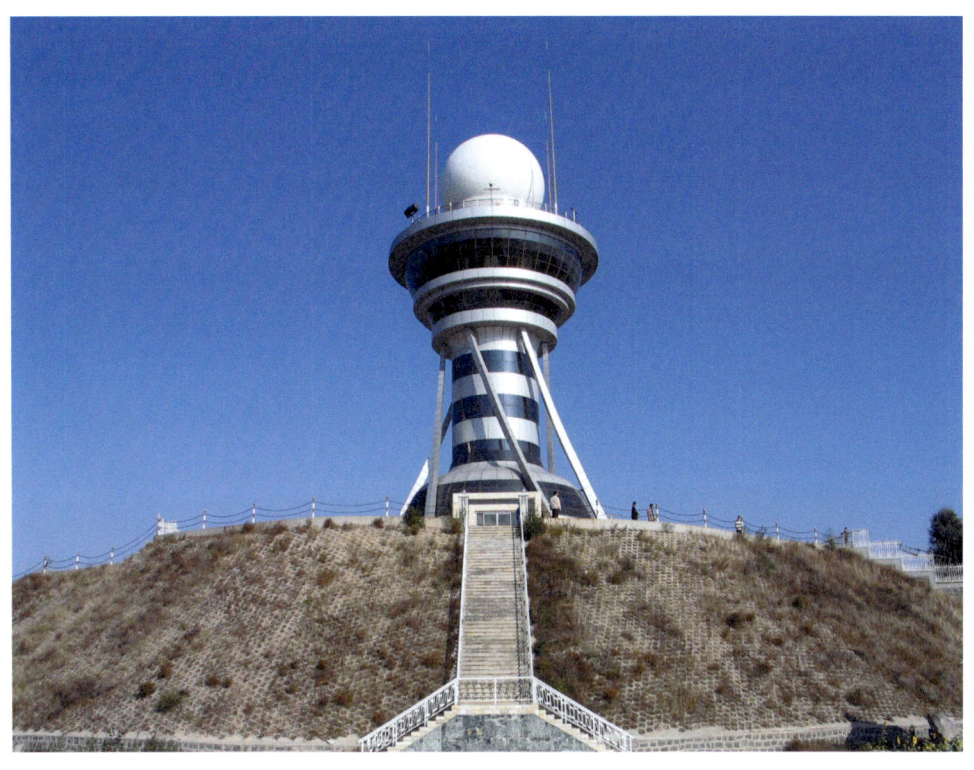

赤峰新一代天气雷达

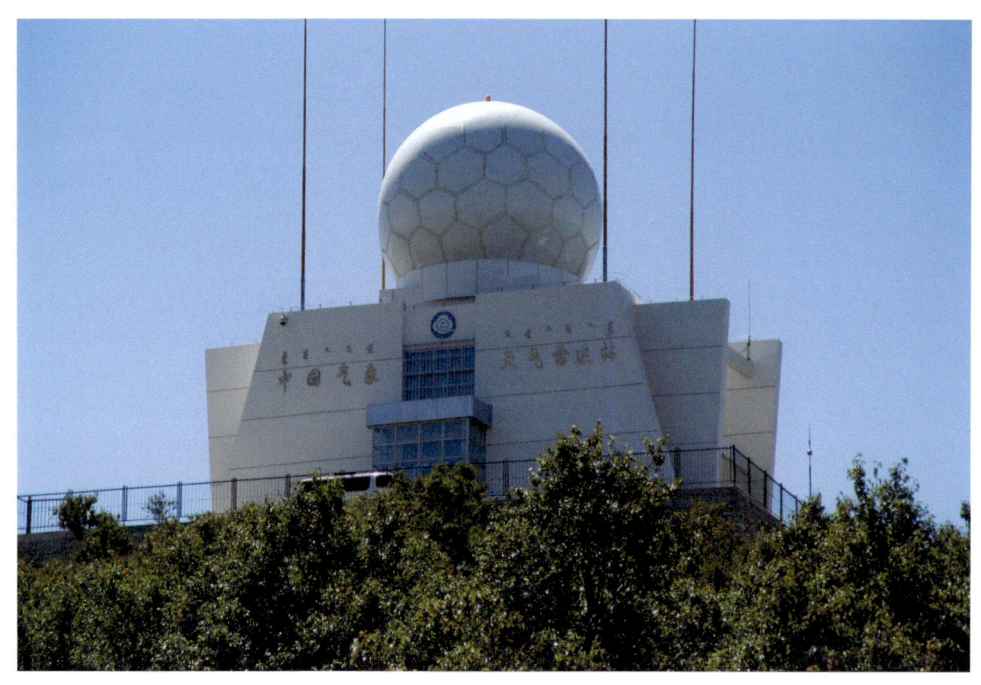

呼和浩特市多普勒雷达

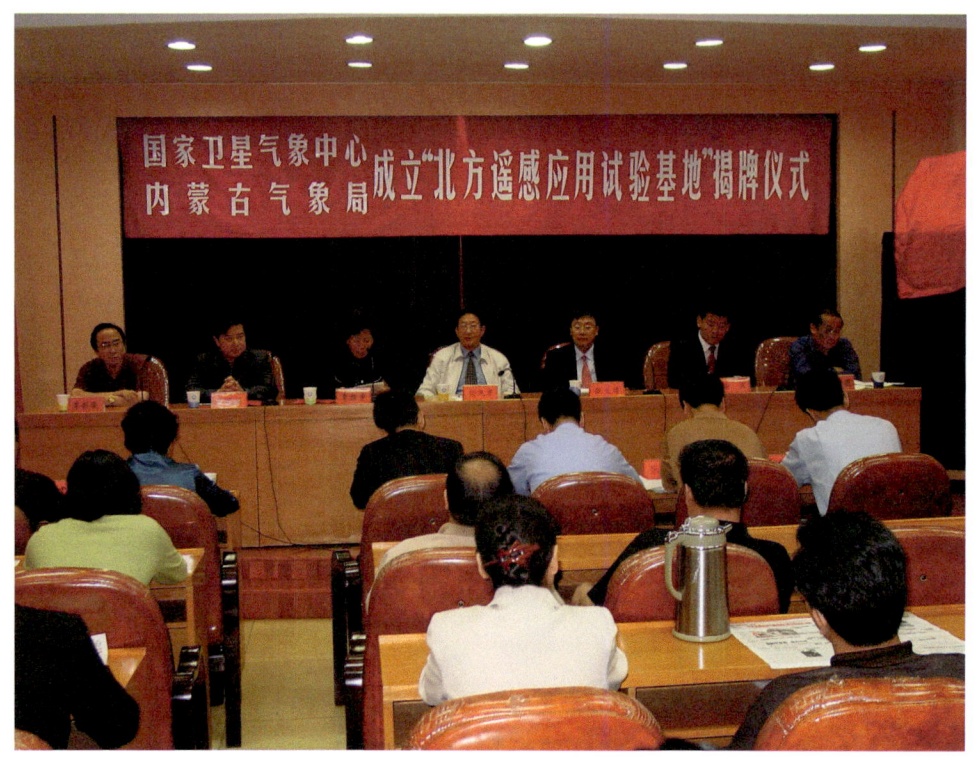

2004年,国家卫星气象中心与内蒙古自治区气象局联合建立"北方遥感应用试验基地"

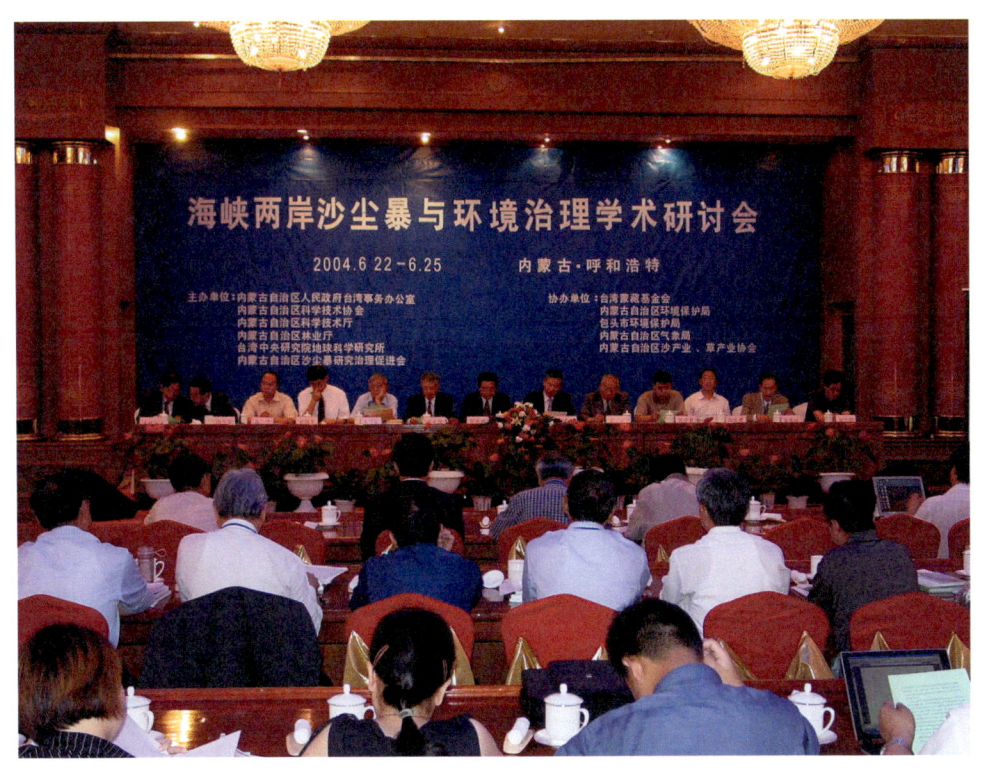

2004年,海峡两岸沙尘暴与环境治理学术研讨会在呼和浩特市举行

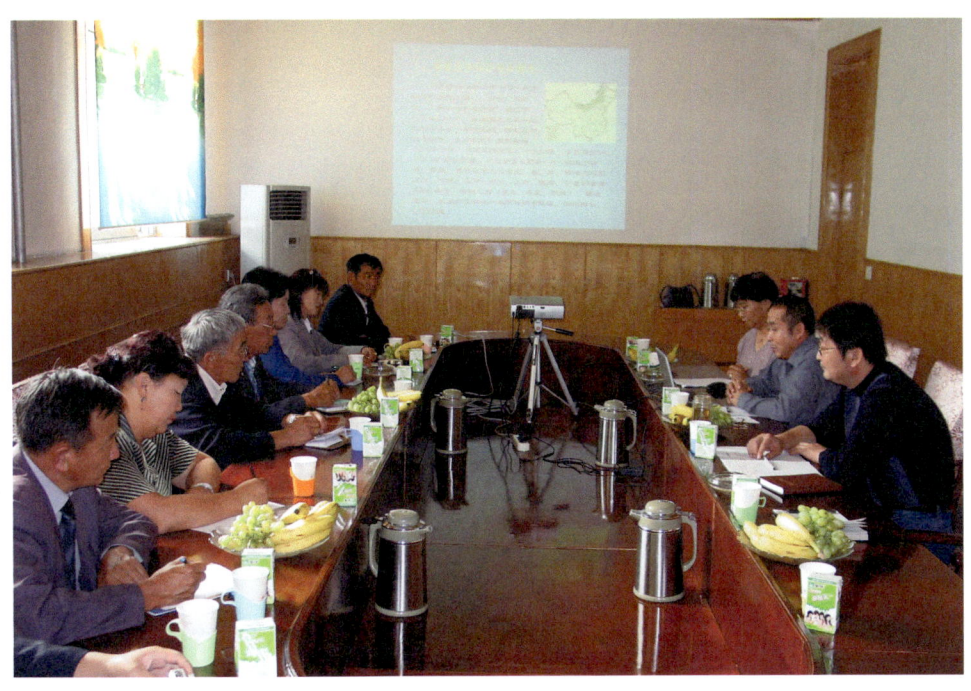

2006年,内蒙古自治区气象局与蒙古国气象代表团进行座谈

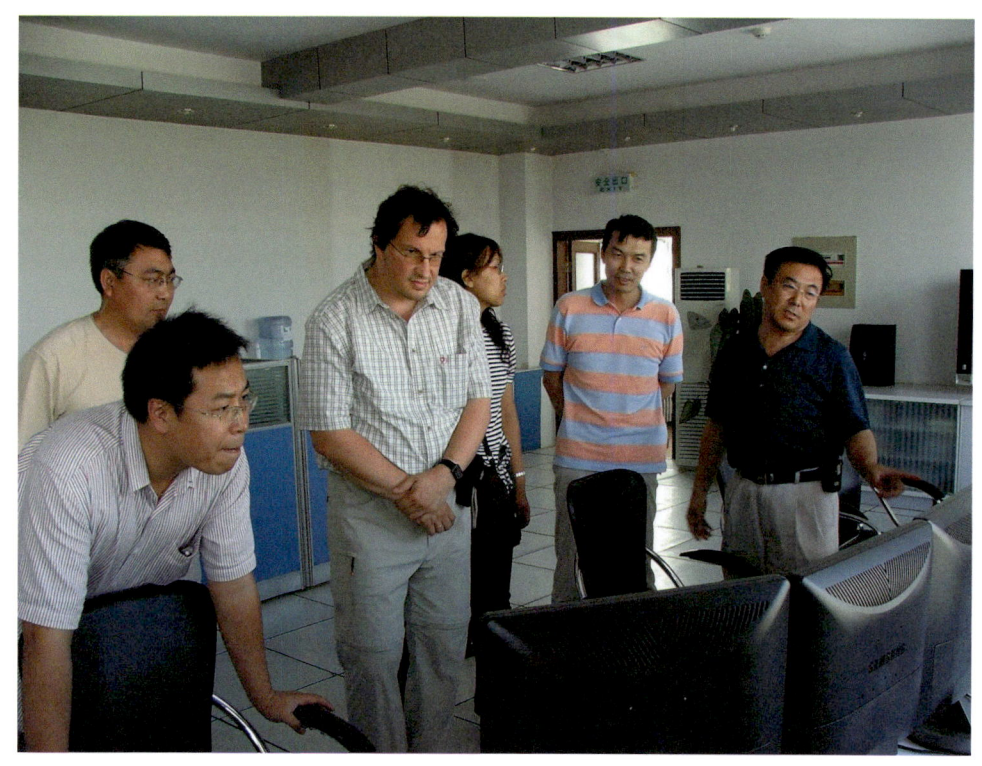

2007年,德国气象局林登贝格观象台台长 Franz H. Berger 先生考察锡林浩特观象台

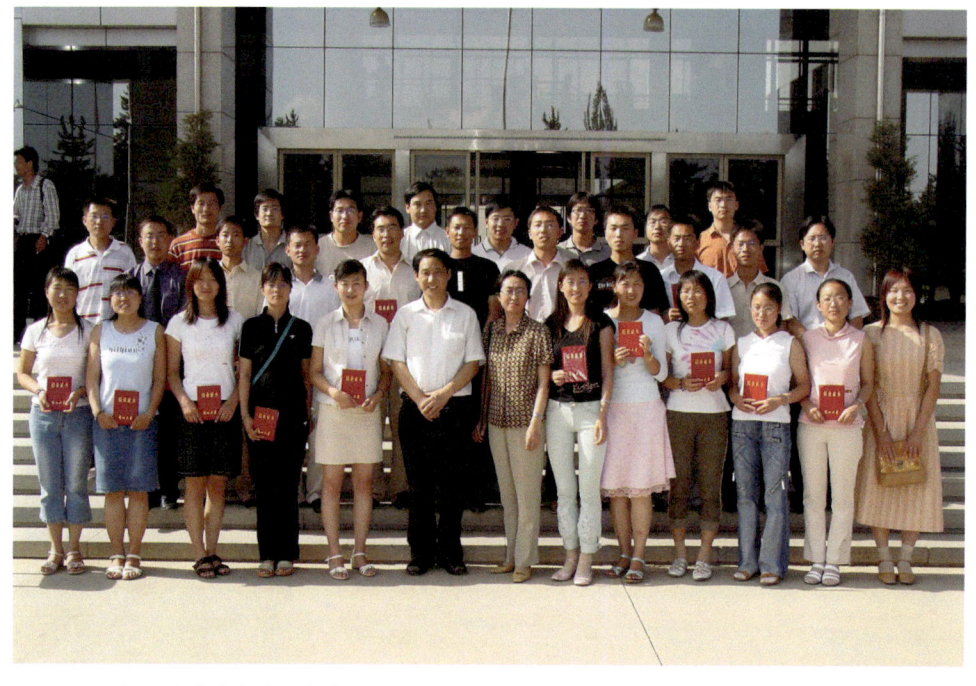

2005年,内蒙古自治区气象局与兰州大学局校合作"3+1"人才培养模式的毕业生

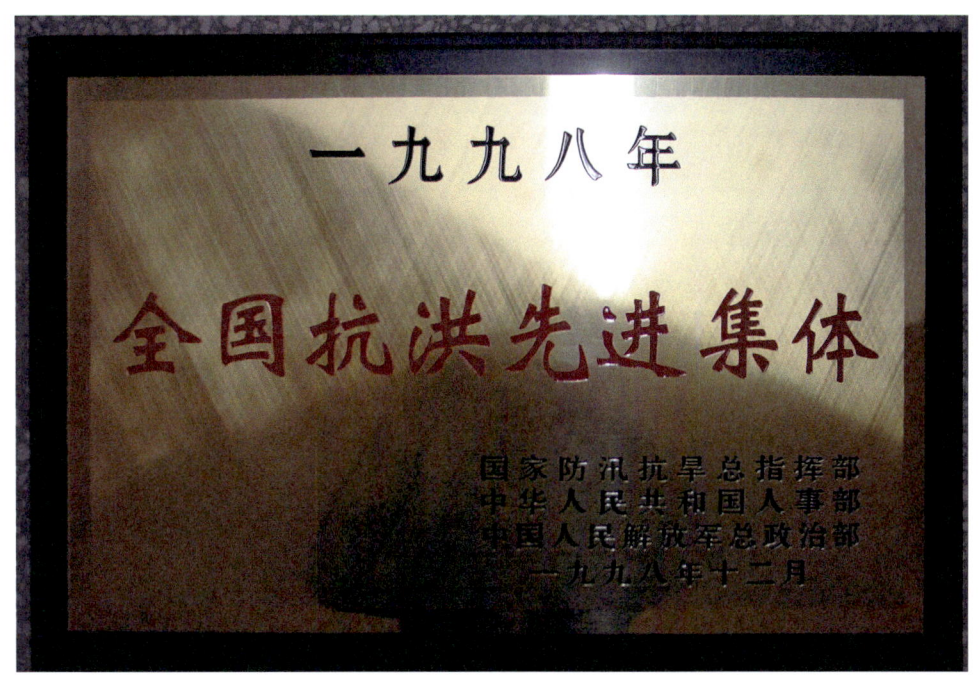

1998年，获全国抗洪先进集体

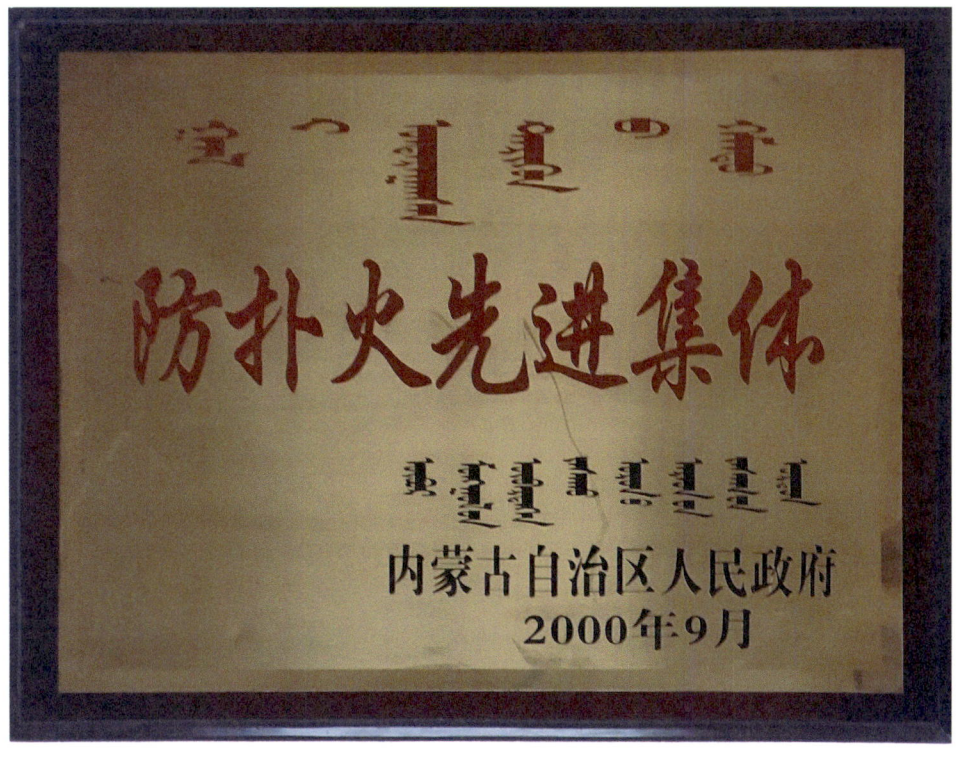

2000年，自治区人民政府授予防扑火先进集体称号

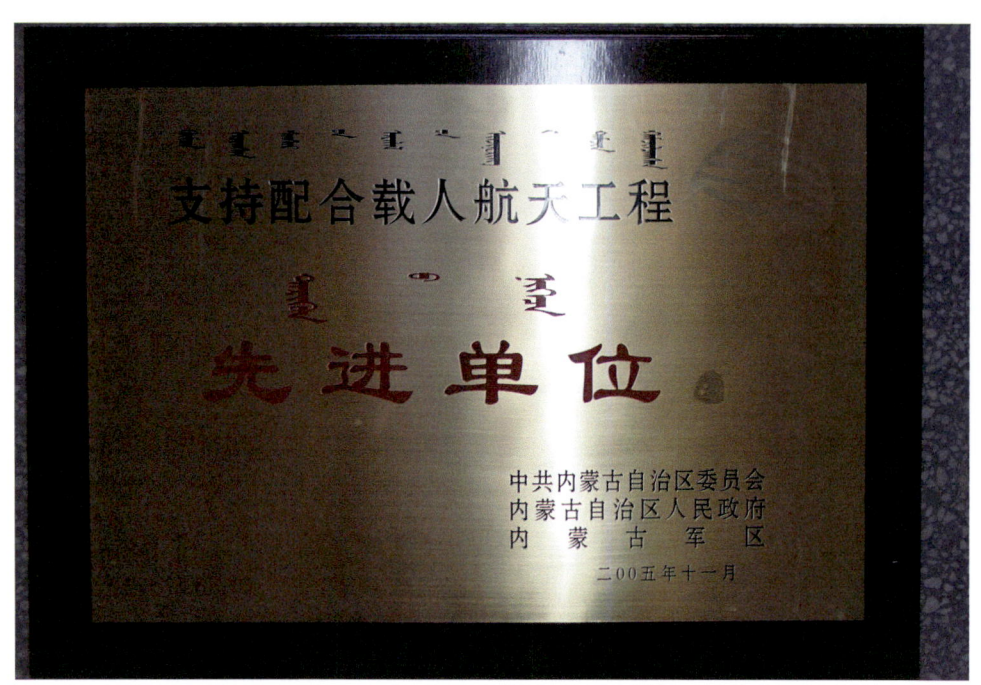

2005年,获支持配合载人航天工程先进单位

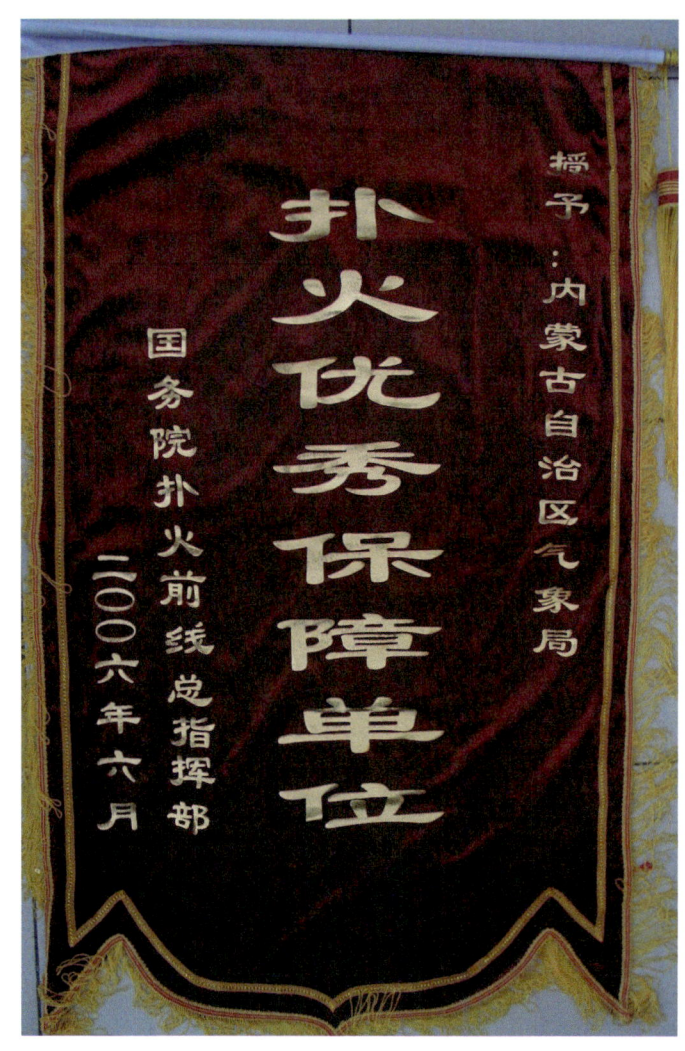

2006年6月,获扑火优秀保障单位称号

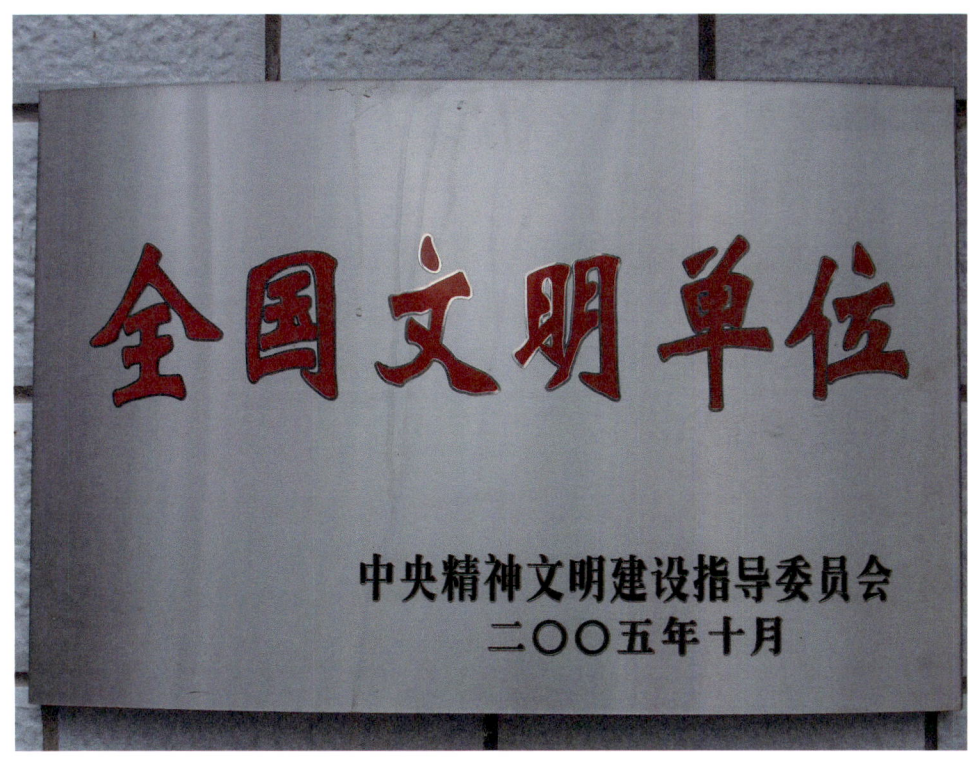

2005年,被中央精神文明建设指导委员会授予全国文明单位

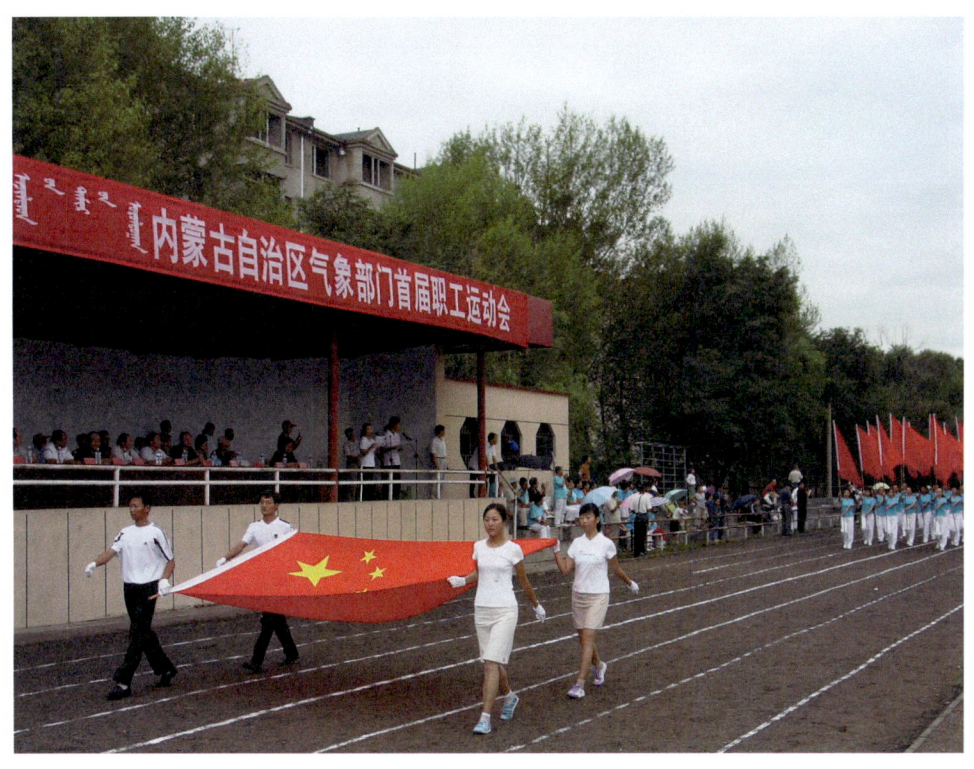

2005年自治区气象部门首届职工运动会开幕式

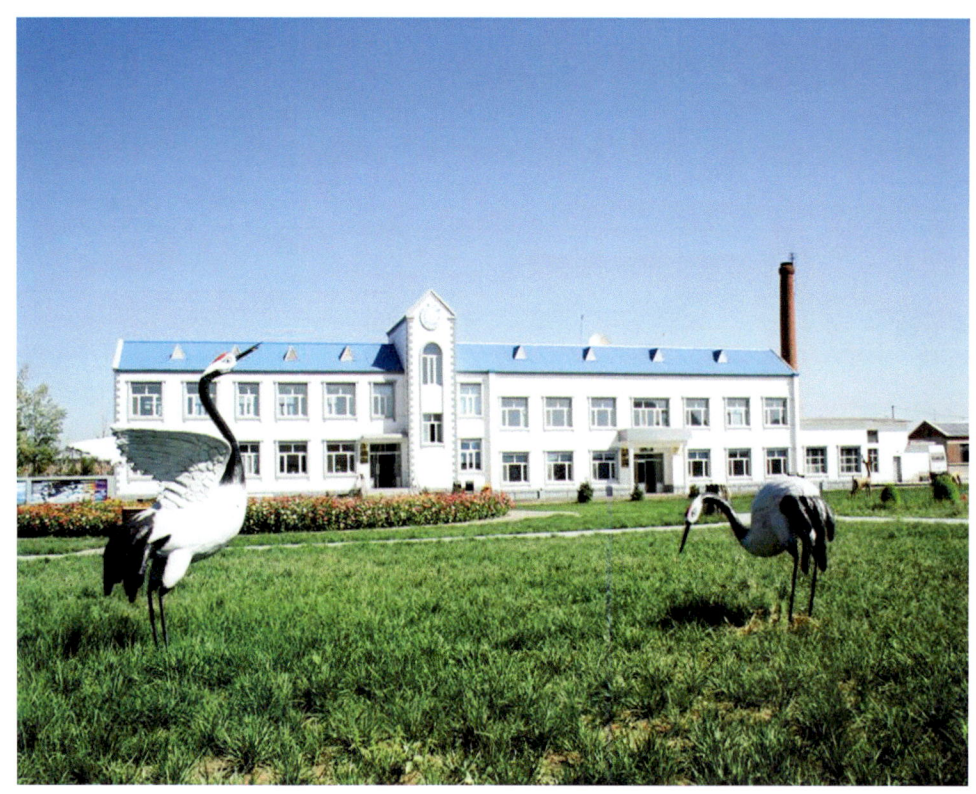

满洲里气象局

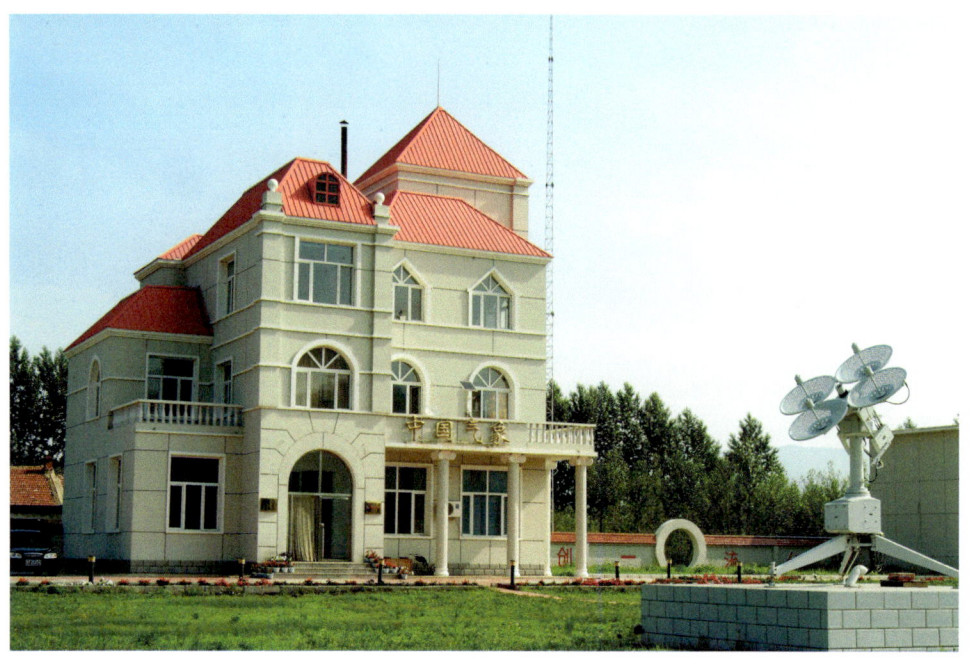

兴安盟索伦国家基准气候站

《内蒙古自治区志》编纂人员

总　　纂：贺　彪
副 总 纂：查干浪涛　孟秀芳
责任编纂：张晓虹　孟国荣　芙　蓉　何晓伟
编　　纂：赵在旺　姚思泰　冰　霜　韩　泽
　　　　　赵海渊　郝文强　徐媛英　齐迎春
　　　　　李　洋　吴斯日古楞　李向兵　秦倩倩
　　　　　玉　红　赵　婧　董丽娜

《内蒙古自治区志·气象志》编纂委员会

主　　任：乌　兰
副 主 任：李红宇　李彰俊　何卫卫　顾润源　裴　浩
委　　员：（按照姓氏笔画排序）
　　　　　王汉生　乌兰巴特尔　刘子英　刘兴汉　刘晓林
　　　　　卢　华　达布希拉图　朱清山　任秀珍　邢金熠
　　　　　李喜仓　吴学宏　杨志捷　杨耀芳　张永生
　　　　　张建国　尚永年　郭西峡　常　骏　韩国军
　　　　　薛起刚
编纂委员会办公室
主　　任：张永生（兼）
副 主 任：王绥生

《内蒙古自治区志·气象志》编纂人员

总　　纂：乌　兰
副 总 纂：李红宇　李彰俊　何卫卫　顾润源　裴　浩
责任编纂：王绥生　任致中　张悦琴
编　　纂：（按照姓氏笔画排序）
　　　　　王　英　尤　莉　巴特尔　卢　华　刘　涛　闫　宾
　　　　　孙永刚　李永利　李新华　何宇良　张丽英　姜东怡
　　　　　徐雅风　斯琴图雅　路保国　蔺三奴　魏兴杰
供　　稿：（按照姓氏笔画排序）
　　　　　马清涛　马清霞　王旭东　王国勤　王贵荣　王　澄
　　　　　王薇薇　云　艳　乌志民　白美兰　冯晓晶　司瑶冰
　　　　　邢金熠　刘正会　刘旭阳　刘克利　刘　洋　刘晓东
　　　　　刘晓林　李　飞　李长生　李兴华　李纯彦　李武韶
　　　　　李　忠　李晟昊　李　燚　杨丽桃　杨　晶　吴玉琴
　　　　　吴俊翔　邸瑞琦　张晓梅　陈　正　陈晓梅　武艳娟
　　　　　郝　璐　荆　蕾　荣松秀　哈　斯　段亚萍　宫德吉
　　　　　秦兆军　高志国　郭瑞清　康　利　唐英昆　韩为民
　　　　　韩　绯　蔺汝罡　颜　斌
后期统筹：杨志捷　高建国　刘俊林　薛志华　汝凤军
校　　对：李晓亮　王祯晗　才　硕　陈　悦　余亚庆
　　　　　王子健　林志桃　李晓雪
蒙汉翻译：金柏青　那仁图雅　那顺陶格陶
汉英翻译：王　欣
图片提供：各盟（市）气象局、各直属单位、机关各处室

序

《内蒙古自治区志·气象志（1988—2007）》（以下简称《气象志》）付梓出版了。这是一部以志体形式记录自治区气象事业20年发展变化的著述，它的面世不仅为内蒙古自治区史志增添了重要一页，也为气象事业积累了一笔精神财富，是值得庆贺的一件大事。

多年来，在全球气候变化的背景下，提高气象防灾减灾能力和应对气候变化能力已成为保障经济社会发展和构建和谐社会的迫切要求，气象工作受到各级党政部门和广大民众前所未有的重视。自治区气象部门坚持以马克思列宁主义、毛泽东思想、邓小平理论、"三个代表"重要思想、科学发展观、习近平新时代中国特色社会主义思想为指导，围绕国家战略和地方需求，不断深化改革，以全方位开放的思路，主动融入经济社会的方方面面，在坚持以人为本、满足公众需求，在防灾减灾、生态文明建设、脱贫攻坚、区域经济产业发展等诸多领域发挥作用。该书较完整、客观地记录了20年的发展轨迹，从多角度、横纵向演化的脉络，展现全区近三千气象人探索、创新、超越的精神风貌，记载了防灾减灾效益显著，服务水平全面提升，现代化建设日新月异，人才强局战略稳步推进，精神文明建设频创佳绩的历程。纵观这一段历史，是服务大局、拓展领域、提升经济社会效益的奋斗史，是基础设施、技术装备更新完善的进步史，是干部职工恪尽职守不辱使命的奉献史，是复合型人才队伍的成长史，是法制建设从无到有、由弱变强的创业史，是党风廉政建设和精神文明建设的丰收史，是气象文化建设硕果累累的发展史，也是职工生活质量显著提高的变迁史。

编史修志在我国有着悠久的历史，是中华民族的优良传统，具有独特的历史文化价值。《气象志》作为气象事业的重要组成部分，是精神文明建设和文化建设的重要内容，发挥着承前启后、继往开来、服务当代、惠及后世的作用。该志书的出版，为追溯历史、研究现状提供了依据，为以史为鉴提供了资料，为开展传统教育提供了教材。相信随着岁月流逝，将更加充分体现其史料价值和实用价值。也相信通过这部书能让社会各界和广大公众了解和支持气象，更多的气象人热爱气象，自觉为之奋斗，续写新篇章。

感谢所有参与策划、编写、审核、统稿、校对的同志们，这部七十余万字的志书字里行间凝聚着他们的心血。为实现志书思想性、科学性、资料性的统一，达到有效使用和永久保存的目的，他们坚持存真求实，甄别史料，秉笔直书，以期能够发挥见证历史、传承文明、资政育人、服务社会的作用。在此，我们确信并祝愿他们的愿望能够实现。同时也感谢那些为史志编纂提供业务指导、档案资料、技术支持的领导和同志，《气象志》的正式出版，同样离不开他们的默默奉献。

由于本志涉及的人、事、物时限较长，范围较广，错漏之处在所难免，敬祈读者指正，留待今后续修时纠补勘。

内蒙古自治区气象局党组书记、局长　党志成

二〇二〇年十二月

凡 例

一、《内蒙古自治区志》（以下简称《区志》），以马克思列宁主义、毛泽东思想、邓小平理论、"三个代表"重要思想、科学发展观、习近平新时代中国特色社会主义思想为指导，坚持辩证唯物主义和历史唯物主义，严格遵守国家的有关法律、法规。

二、第二轮《区志》上限原则上以首轮志书下限为起点（新规划第二轮志书追溯至事物发端），下限原则上断至2010年；志书编纂坚持越界不书原则。涉及外地或国外的业务时，只记与业务有关部分，其他不作记述。

三、第二轮《区志》是以各专业为记述对象的志书，志书坚持详独略同的原则。篇目根据"以类系事、事以类从、类为一志"的原则设计。除大事记、人物、附录，志书主体内容按照篇、章、节或章、节、目层次设置。

四、志书行文坚持横排竖写的体例，用现代语体文，采用述、记、志、传、图、表、录7种基本体裁，以志为主。志书文字记述要严谨准确、朴实规范、简明流畅，坚持述而不论，客观真实地反映事物的本来面目。符合《内蒙古自治区地方志书行文规则》。

五、大事记以编年体为主，辅以纪事本末体。各大事的记述要素要齐备。

六、人物坚持生不立传的原则。人物名录以表格为宜，严格录入标准。

七、资料要反映本行业的工作特色，突出工作亮点。资料要真实、准确，具有代表性、权威性，注重使用原始资料。所用资料，不随文注明出处，难以记入正文的重要内容，可集中在附录中记述。

八、语言文字、标点符号、数字、计量单位等均按照国家有关部门现行规定执行。志文所引用数据，均以统计部门或专业部门的权威数据为准。

九、各种组织机构、法律法规、文件、会议等专用名称使用全称，出现频率较高的名称在章内首次出现用全称，括注简称，再次出现时用简称，简称概念准确规范。

十、历史地名、机构、职官一律使用原名，在历史地名后括注今地名。对国名、地名、人名的译名，以新华社译名为准。

十一、历史纪年，清代以前采用帝王纪年或年号纪年；民国时期采用民国纪年；中华人民共和国成立后采用公元纪年。帝王纪年、年号纪年、民国纪年均括注公元纪年。

十二、各专业志封面、格式、开本由自治区地方志办公室统一设计。

编 纂 说 明

一、《内蒙古自治区志·气象志（1988—2007）》客观地记述了内蒙古自治区1988年至2007年气象事业的发展史实。鉴于气候分析的需要，采用了1988年以前的一些数据。某些气象灾害的记述，也向前有所追溯。

二、各章节内容间有交叉，但从各章节的特点出发，记述中各有侧重。

三、《内蒙古自治区志·气象志（1988—2007）》以行业记述为主，故将非气象部门中有关气象业务方面的史料，也收录入志。

四、科研成果完成人员的列名，凡获奖项目，按主要完成人员名单列入；其他项目，按科研成果总结或成果鉴定报告表所列名单列入。

五、志中所有气象名词、术语、统计计算标准等，均按气象技术规范规定为准。无统一规定者，从习惯。

六、1999年9月至2004年10月，哲里木盟、伊克昭盟、呼伦贝尔盟、巴彦淖尔盟、乌兰察布盟先后撤盟设市，分别更名为通辽市、鄂尔多斯市、呼伦贝尔市、巴彦淖尔市、乌兰察布市，其盟所在地通辽市、东胜市、海拉尔市、临河市、集宁市分别更名为科尔沁区、东胜区、海拉尔区、临河区、集宁区。本志在综述及表格中，涉及上述地区的，一律以更改后的地名相称。个别事件的记载，以事发当时地名相称。

七、为补充第一版志书中大事记内容，本志书大事记从清光绪二十一年（1895年）列编，收录范围为发生在内蒙古气象部门的大事、要事。

八、由于志书资料所跨年代较长，气象部门管理体制又几经变动等原因，档案分散，有些重要史实资料无处可查，或查阅不全。如有遗漏或失实之处，敬请知情人士指正。

目　录

序

凡例

编纂说明

概述 ·· 1

大事记 ··· 4

第一篇　天气与气候

第一章　气候 ·· 34
　　第一节　气候特征 ·· 34
　　第二节　气候分区 ·· 38
　　第三节　气候要素 ·· 41
　　第四节　气候资源 ·· 56
　　第五节　气候变化 ·· 59

第二章　主要气象灾害 ·· 61
　　第一节　干旱 ··· 61
　　第二节　白灾与暴风雪 ·· 65
　　第三节　寒潮 ··· 69
　　第四节　大风沙尘 ·· 72
　　第五节　雨涝 ··· 75
　　第六节　冰雹 ··· 79
　　第七节　霜冻 ··· 84
　　第八节　干热风 ·· 86
　　第九节　低温冷害 ·· 89
　　第十节　雷暴 ··· 91
　　第十一节　森林草原火灾 ··· 95

第二篇　气象业务和服务

第三章　大气探测 ·· 100
　　第一节　气象台站网 ·· 100
　　第二节　地面气象观测 ·· 115
　　第三节　高空气象探测 ·· 119
　　第四节　生态与农牧业气象观测 ··· 123
　　第五节　特种气象观测 ·· 129

第四章　气象信息网络 ··· 131
　　第一节　气象信息网络业务发展 ··· 131
　　第二节　气象信息网络系统 ·· 132
　　第三节　气象信息处理 ·· 134

— 1 —

第四节　气象信息传输业务质量	134
第五节　气象信息网络保障	136

第五章　天气预报　138

第一节　预报业务体制	138
第二节　预报技术业务建设及推广应用	138
第三节　预报产品的制作与分发	142
第四节　专业专项气象预报	143
第五节　天气预报方法研究	146

第六章　气候资料与气象档案　149

第一节　资料收集	149
第二节　资料审核	150
第三节　数据处理及资料整编	152
第四节　资料信息化	153
第五节　气候分析	153
第六节　气象科技档案	156

第七章　气象技术装备　158

第一节　技术装备更新与发展	158
第二节　气象技术装备供应	159
第三节　气象计量检定检修	161
第四节　技术装备维修	162

第八章　气象服务　165

第一节　决策气象服务	165
第二节　公众气象服务	175
第三节　气象科技服务	177
第四节　国防建设气象服务	178

第九章　人工影响天气　181

第一节　业务发展	181
第二节　组织管理	181
第三节　人工影响天气作业	182

第十章　雷电灾害防御　187

第一节　防雷管理	187
第二节　防雷技术服务	189

第三篇　科技与教育

第十一章　科学研究　194

第一节　科研体制改革与科技创新	194
第二节　科研机构	196
第三节　科研队伍	196
第四节　主要科研技术开发及成果	197
第五节　科技情报	207
第六节　科技合作	208

第十二章　气象教育　210

第一节　体制改革	210

| 第一节 | 学历教育 | 211 |
| 第三节 | 师资教材及基础设施 | 215 |

第十三章　学会与对外交往 … 220
第一节	气象学会	220
第二节	科普宣传	222
第三节	气象期刊	223

第四篇　气象事业管理

第十四章　体制 … 226
第一节	气象管理体制	226
第二节	气象业务服务领域拓展	226
第三节	气象业务技术体制改革	227

第十五章　气象机构 … 231
第一节	机构设置	231
第二节	人事管理	233
第三节	处级以上领导干部	236
第四节	公务员与科技干部管理	242
第五节	实施人才强局战略	246
第六节	艰苦台站管理	251
第七节	老干部管理	254

第十六章　政务与信息 … 256
第一节	政务工作	256
第二节	信息宣传和机要档案	261
第三节	办公自动化和外事工作	264

第十七章　法治建设 … 266
第一节	自治区气象法规和规章建立概况	266
第二节	行政执法及监督	266
第三节	执法队伍	266
第四节	政策调研	266
第五节	气象行业管理	267

第十八章　业务管理 … 268
第一节	业务管理体制	268
第二节	业务规章	268
第三节	业务质量	272

第十九章　计划财务管理 … 279
第一节	体制	279
第二节	计划管理	280
第三节	财务管理	285
第四节	基建管理	287
第五节	统计管理	288

第二十章　机关建设 … 289
| 第一节 | 组织建设 | 289 |
| 第二节 | 党风廉政建设 | 292 |

第三节　精神文明建设 …………………………………………………………………………… 292
　　第四节　气象文化建设 …………………………………………………………………………… 293

附录

重要文献 ……………………………………………………………………………………………… 296
　　内蒙古自治区人民政府关于加快我区气象事业发展的实施意见 …………………………… 296
　　内蒙古自治区人民政府关于进一步加强应急管理工作的意见 ……………………………… 299
内蒙古自治区地方性气象法规和政府规章 ………………………………………………………… 304
　　内蒙古自治区气象条例 ………………………………………………………………………… 304
　　内蒙古自治区气象灾害防御条例 ……………………………………………………………… 307
　　内蒙古自治区防御雷电灾害管理办法 ………………………………………………………… 311
　　呼和浩特市建（构）筑物防雷工程设计审核、跟踪质量检测及竣工验收实施办法 ……… 313
索引 …………………………………………………………………………………………………… 316
修志始末 ……………………………………………………………………………………………… 317

目 录

ᠨᠢᠭᠡᠳᠦᠭᠡᠷ ᠪᠦᠯᠦᠭ᠂ ᠶᠡᠷᠦᠩᠬᠡᠢ ᠦᠭᠦᠯᠡᠯ ——————————————————————————— 1

ᠬᠣᠶᠠᠳᠤᠭᠠᠷ ᠪᠦᠯᠦᠭ᠂ ᠠᠭᠤᠷ ᠠᠮᠢᠰᠭᠤᠯ ——————————————————————— 4

ᠭᠤᠷᠪᠠᠳᠤᠭᠠᠷ ᠪᠦᠯᠦᠭ᠂ ᠤᠰᠤᠨ ᠤ ᠡᠬᠢ ᠰᠤᠷᠪᠤᠯᠵᠢ ————————————————— 34

ᠳᠥᠷᠪᠡᠳᠦᠭᠡᠷ ᠪᠦᠯᠦᠭ᠂ ᠭᠠᠵᠠᠷ ᠰᠢᠷᠤᠢ ————————————————————— 34

ᠲᠠᠪᠤᠳᠤᠭᠠᠷ ᠪᠦᠯᠦᠭ᠂ ᠤᠷᠭᠤᠮᠠᠯ ᠤᠨ ᠡᠬᠢ ᠪᠠᠶᠠᠯᠢᠭ ——————————————— 38

ᠵᠢᠷᠭᠤᠳᠤᠭᠠᠷ ᠪᠦᠯᠦᠭ᠂ ᠠᠮᠢᠲᠠᠨ ᠤ ᠡᠬᠢ ᠪᠠᠶᠠᠯᠢᠭ ———————————————— 41

ᠳᠣᠯᠣᠳᠤᠭᠠᠷ ᠪᠦᠯᠦᠭ᠂ ᠠᠭᠤᠷᠬᠠᠢ ᠶᠢᠨ ᠡᠬᠢ ᠪᠠᠶᠠᠯᠢᠭ ————————————— 56

ᠨᠠᠢᠮᠠᠳᠤᠭᠠᠷ ᠪᠦᠯᠦᠭ᠂ ᠭᠠᠮᠰᠢᠭ ————————————————————————— 59

ᠶᠢᠰᠦᠳᠦᠭᠡᠷ ᠪᠦᠯᠦᠭ᠂ ᠬᠦᠮᠦᠨ ᠠᠮᠠ ᠪᠠ ᠦᠨᠳᠦᠰᠦᠲᠡᠨ ——————————————— 61

ᠠᠷᠪᠠᠳᠤᠭᠠᠷ ᠪᠦᠯᠦᠭ᠂ ᠵᠠᠰᠠᠭ ᠵᠠᠬᠢᠷᠭᠠᠨ ᠤ ᠬᠤᠪᠢᠶᠠᠷᠢ ———————————— 61

ᠠᠷᠪᠠᠨ ᠨᠢᠭᠡᠳᠦᠭᠡᠷ ᠪᠦᠯᠦᠭ᠂ ᠨᠡᠶᠢᠭᠡᠮ ᠤᠨ ᠪᠠᠶᠢᠳᠠᠯ ————————————— 65

ᠠᠷᠪᠠᠨ ᠬᠣᠶᠠᠳᠤᠭᠠᠷ ᠪᠦᠯᠦᠭ᠂ ᠠᠵᠤ ᠠᠬᠤᠢ ———————————————————— 69

ᠠᠷᠪᠠᠨ ᠭᠤᠷᠪᠠᠳᠤᠭᠠᠷ ᠪᠦᠯᠦᠭ᠂ ᠰᠤᠶᠤᠯ ———————————————————— 72

ᠠᠷᠪᠠᠨ ᠳᠥᠷᠪᠡᠳᠦᠭᠡᠷ ᠪᠦᠯᠦᠭ᠂ ᠰᠤᠷᠭᠠᠨ ᠬᠦᠮᠦᠵᠢᠯ ——————————————— 75

ᠨᠢᠭᠡᠳᠦᠭᠡᠷ ᠪᠦᠯᠦᠭ᠂ ᠠᠭᠤᠷ ᠠᠮᠢᠰᠭᠤᠯ ᠤᠨ ᠲᠦᠯᠦᠪᠯᠡᠭᠡ ·· 138

ᠬᠤᠶᠠᠳᠤᠭᠠᠷ ᠪᠦᠯᠦᠭ᠂ ᠠᠭᠤᠷ ᠠᠮᠢᠰᠭᠤᠯ ᠤᠨ ᠦᠭᠡᠷᠡᠴᠢᠯᠡᠯᠲᠡ ᠶᠢᠨ ᠠᠵᠢᠯ ······················· 136
    ᠨᠢᠭᠡᠳᠦᠭᠡᠷ ᠬᠡᠰᠡᠭ᠂ ᠡᠭᠦᠯᠡᠨ ᠳᠦ ᠦᠢᠯᠡᠴᠢᠯᠡᠵᠦ ᠪᠤᠷᠤᠭᠠᠨ ᠤᠷᠤᠭᠤᠯᠬᠤ ····················· 134
    ᠬᠤᠶᠠᠳᠤᠭᠠᠷ ᠬᠡᠰᠡᠭ᠂ ᠮᠦᠨᠳᠦᠷ ᠢ ᠰᠡᠷᠭᠡᠶᠢᠯᠡᠬᠦ ··· 134
    ᠭᠤᠷᠪᠠᠳᠤᠭᠠᠷ ᠬᠡᠰᠡᠭ᠂ ᠣᠢ ᠶᠢᠨ ᠲᠦᠢᠮᠡᠷ ᠢ ᠰᠡᠷᠭᠡᠶᠢᠯᠡᠬᠦ ····································· 132

ᠲᠠᠪᠤᠳᠤᠭᠠᠷ ᠪᠦᠯᠦᠭ᠂ ᠠᠭᠤᠷ ᠠᠮᠢᠰᠭᠤᠯ ᠤᠨ ᠨᠦᠭᠡᠴᠡ ᠶᠢᠨ ᠬᠦᠭᠵᠢᠯᠲᠡ ᠲᠠᠢ ᠠᠰᠢᠭᠯᠠᠯᠲᠠ ···· 131
    ᠨᠢᠭᠡᠳᠦᠭᠡᠷ ᠬᠡᠰᠡᠭ᠂ ᠨᠠᠷᠠᠨ ᠤ ᠡᠨᠧᠷᠭᠢ ᠶᠢᠨ ᠠᠰᠢᠭᠯᠠᠯᠲᠠ ······································· 131
    ᠬᠤᠶᠠᠳᠤᠭᠠᠷ ᠬᠡᠰᠡᠭ᠂ ᠰᠠᠯᠬᠢᠨ ᠡᠨᠧᠷᠭᠢ ᠶᠢᠨ ᠠᠰᠢᠭᠯᠠᠯᠲᠠ ·· 129

ᠵᠢᠷᠭᠤᠳᠤᠭᠠᠷ ᠪᠦᠯᠦᠭ᠂ ᠠᠭᠤᠷ ᠠᠮᠢᠰᠭᠤᠯ ᠤᠨ ᠦᠷᠲᠡᠭᠡ ᠶᠢᠨ ᠦᠢᠯᠡᠴᠢᠯᠡᠭᠡ ··············· 123
    ᠨᠢᠭᠡᠳᠦᠭᠡᠷ ᠬᠡᠰᠡᠭ᠂ ᠬᠦᠳᠡᠭᠡ ᠠᠵᠤ ᠠᠬᠤᠢ ᠳᠤ ᠦᠢᠯᠡᠴᠢᠯᠡᠬᠦ ····································· 119
    ᠬᠤᠶᠠᠳᠤᠭᠠᠷ ᠬᠡᠰᠡᠭ᠂ ᠮᠠᠯ ᠠᠵᠤ ᠠᠬᠤᠢ ᠳᠤ ᠦᠢᠯᠡᠴᠢᠯᠡᠬᠦ ······································ 115
    ᠭᠤᠷᠪᠠᠳᠤᠭᠠᠷ ᠬᠡᠰᠡᠭ᠂ ᠪᠤᠰᠤᠳ ᠲᠤ ᠦᠢᠯᠡᠴᠢᠯᠡᠬᠦ ·· 100

ᠲᠤᠯᠤᠳᠤᠭᠠᠷ ᠪᠦᠯᠦᠭ᠂ ᠠᠭᠤᠷ ᠠᠮᠢᠰᠭᠤᠯ ᠤᠨ ᠤᠬᠠᠭᠠᠨ ᠤ ᠰᠤᠳᠤᠯᠭᠠᠨ ··················· 100
    ᠨᠢᠭᠡᠳᠦᠭᠡᠷ ᠬᠡᠰᠡᠭ᠂ ᠰᠤᠳᠤᠯᠭᠠᠨ ᠤ ᠪᠠᠶᠢᠭᠤᠯᠤᠮᠵᠢ ··· 95
    ᠬᠤᠶᠠᠳᠤᠭᠠᠷ ᠬᠡᠰᠡᠭ᠂ ᠰᠤᠳᠤᠯᠭᠠᠨ ᠤ ᠪᠦᠲᠦᠭᠡᠯ ·· 91
    ᠭᠤᠷᠪᠠᠳᠤᠭᠠᠷ ᠬᠡᠰᠡᠭ᠂ ᠰᠤᠳᠤᠯᠭᠠᠨ ᠤ ᠱᠠᠩᠨᠠᠯ ··· 89
    ᠳᠦᠷᠪᠡᠳᠦᠭᠡᠷ ᠬᠡᠰᠡᠭ᠂ ᠡᠷᠳᠡᠮ ᠰᠢᠨᠵᠢᠯᠡᠭᠡᠨ ᠦ ᠨᠡᠶᠢᠭᠡᠮᠯᠢᠭ ····································· 86
    ᠲᠠᠪᠤᠳᠤᠭᠠᠷ ᠬᠡᠰᠡᠭ᠂ ᠰᠤᠷᠭᠠᠨ ᠬᠦᠮᠦᠵᠢᠯ ··· 84
    ᠵᠢᠷᠭᠤᠳᠤᠭᠠᠷ ᠬᠡᠰᠡᠭ᠂ ᠰᠤᠳᠤᠯᠭᠠᠨ ᠤ ᠰᠣᠯᠢᠯᠴᠠᠭ᠎ᠠ ··· 79

目 录

ᠲᠠᠷᠬᠠᠯᠠᠯᠲᠠ ᠶᠢᠨ ᠪᠠᠢᠳᠠᠯ ——— 177
ᠨᠢᠭᠡᠳᠦᠭᠡᠷ ᠬᠡᠰᠡᠭ᠂ ᠠᠵᠢᠯᠲᠠᠨ ᠤ ᠠᠩᠭᠢ ——— 178
ᠬᠤᠶᠠᠳᠤᠭᠠᠷ ᠬᠡᠰᠡᠭ᠂ ᠰᠤᠷᠭᠠᠨ ᠬᠦᠮᠦᠵᠢᠯ ᠬᠢᠭᠡᠳ ᠪᠣᠯᠪᠠᠰᠤᠷᠠᠯ ——— 181
ᠨᠢᠭᠡ᠂ ᠴᠠᠭ ᠠᠭᠤᠷ ᠤᠨ ᠳᠡᠭᠡᠳᠦ ᠰᠤᠷᠭᠠᠭᠤᠯᠢ ——— 181
ᠬᠤᠶᠠᠷ᠂ ᠶᠡᠷᠦᠩᠬᠡᠢ ᠴᠢᠨᠠᠷ ᠤᠨ ᠰᠤᠷᠭᠠᠨ ᠬᠦᠮᠦᠵᠢᠯ ——— 181
ᠭᠤᠷᠪᠠ᠂ ᠮᠡᠷᠭᠡᠵᠢᠯ ᠦᠨ ᠪᠣᠯᠪᠠᠰᠤᠷᠠᠯ ——— 182
ᠭᠤᠷᠪᠠᠳᠤᠭᠠᠷ ᠬᠡᠰᠡᠭ᠂ ᠴᠠᠯᠢᠩ ᠬᠦᠯᠦᠰᠦ ᠪᠠ ᠠᠰᠠᠷᠠᠮᠵᠢ ——— 187
ᠨᠢᠭᠡ᠂ ᠴᠠᠯᠢᠩ ᠬᠦᠯᠦᠰᠦ ——— 187
ᠬᠤᠶᠠᠷ᠂ ᠠᠰᠠᠷᠠᠮᠵᠢ ——— 189
ᠠᠷᠪᠠᠨ ᠨᠢᠭᠡᠳᠦᠭᠡᠷ ᠪᠦᠯᠦᠭ᠂ ᠨᠠᠮ ᠤᠨ ᠪᠠᠢᠭᠤᠯᠤᠯᠲᠠ ᠪᠠ ᠣᠯᠠᠨ ᠨᠡᠢᠲᠡ ᠶᠢᠨ ᠪᠠᠢᠭᠤᠯᠤᠯᠭ᠎ᠠ ——— 194
ᠨᠢᠭᠡᠳᠦᠭᠡᠷ ᠬᠡᠰᠡᠭ᠂ ᠨᠠᠮ ᠤᠨ ᠪᠠᠢᠭᠤᠯᠤᠯᠲᠠ ——— 194
ᠨᠢᠭᠡ᠂ ᠨᠠᠮ ᠤᠨ ᠵᠣᠬᠢᠶᠠᠨ ᠪᠠᠢᠭᠤᠯᠤᠯᠲᠠ ᠶᠢᠨ ᠪᠠᠢᠭᠤᠯᠤᠯᠲᠠ ——— 196
ᠬᠤᠶᠠᠷ᠂ ᠦᠵᠡᠯ ᠰᠠᠨᠠᠭᠠᠨ ᠤ ᠪᠠᠢᠭᠤᠯᠤᠯᠲᠠ ——— 196
ᠭᠤᠷᠪᠠ᠂ ᠠᠵᠢᠯ ᠤᠨ ᠬᠡᠪ ᠰᠤᠷᠲᠠᠯ ᠤᠨ ᠪᠠᠢᠭᠤᠯᠤᠯᠲᠠ ——— 197
ᠳᠦᠷᠪᠡ᠂ ᠠᠷᠢᠭᠤᠨ ᠴᠢᠭᠡᠴᠢ ᠶᠢᠨ ᠪᠠᠢᠭᠤᠯᠤᠯᠲᠠ ᠪᠠ ᠠᠪᠤᠯᠢ ᠶᠢᠨ ᠡᠰᠡᠷᠭᠦ ᠪᠠᠢᠯᠳᠤᠭᠠᠨ ——— 207
ᠲᠠᠪᠤ᠂ ᠨᠠᠮ ᠤᠨ ᠭᠡᠰᠢᠭᠦᠨ ᠦ ᠪᠠᠢᠳᠠᠯ ——— 208
ᠬᠤᠶᠠᠳᠤᠭᠠᠷ ᠬᠡᠰᠡᠭ᠂ ᠡᠪ ᠬᠠᠮᠲᠤ ᠵᠠᠯᠠᠭᠤᠴᠤᠳ ᠤᠨ ᠡᠪᠯᠡᠯ ᠦᠨ ᠠᠵᠢᠯ ——— 210
ᠭᠤᠷᠪᠠᠳᠤᠭᠠᠷ ᠬᠡᠰᠡᠭ᠂ ᠦᠢᠯᠡᠳᠪᠦᠷᠢᠴᠢᠨ ᠦ ᠡᠪᠯᠡᠯ ᠦᠨ ᠠᠵᠢᠯ ——— 210
ᠳᠥᠷᠪᠡᠳᠦᠭᠡᠷ ᠬᠡᠰᠡᠭ᠂ ᠡᠮᠡᠭᠲᠡᠢᠴᠦᠳ ᠦᠨ ᠠᠵᠢᠯ ——— 211

目 录

ᠮᠣᠩᠭᠣᠯ ᠪᠢᠴᠢᠭ

目 录

CONTENTS

Preface
Explanatory Notes
Editors' Instructions
Overview ··· 1
Memorabilia ·· 4

Passage 1 Weather and Climate

Chapter 1 Climate ·· 34
 Section 1 Climatic characteristics ·· 34
 Section 2 Climate zoning ··· 38
 Section 3 Climatic element ··· 41
 Section 4 Climatic resources ··· 56
 Section 5 Climate change ·· 59
Chapter 2 Major Meteorological Disasters ·· 61
 Section 1 Aridity ·· 61
 Section 2 Snow disaster and snowstorm ··· 65
 Section 3 Cold wave ·· 69
 Section 4 Gale and dust storm ·· 72
 Section 5 Rain-waterlogging ··· 75
 Section 6 Hail ·· 79
 Section 7 Frost ·· 84
 Section 8 Dry-hot wind ··· 86
 Section 9 Low temperature damage ·· 89
 Section 10 Thunderstorm ·· 91
 Section 11 Forest and grassland fire ·· 95

Passage 2 Meteorological Service

Chapter 3 Atmospheric Probing ·· 100
 Section 1 Network of meteorological stations ·· 100
 Section 2 Surface meteorological observation ·· 115
 Section 3 Aerological meteorological observation ·· 119
 Section 4 Ecological, agricultural and husbandry meteorological
      observation ··· 123
 Section 5 Special meteorological observation ··· 129
Chapter 4 Meteorological Information Network ··· 131
 Section 1 Development of meteorological information network ··························· 131
 Section 2 Meteorological information network system ······································ 132

Section 3	Meteorological information processing	134
Section 4	Service quality of meteorological information transmission	134
Section 5	Support of meteorological information network	136

Chapter 5　Weather Forecast ………… 138
- Section 1　Forecast operational system ………… 138
- Section 2　Construction, promotion and application of forecast technology ………… 138
- Section 3　Making and distribution of forecast product ………… 142
- Section 4　Professional and specialized weather forecast ………… 143
- Section 5　Research on weather forecast methodology ………… 146

Chapter 6　Climatic Data and Meteorological Archive ………… 149
- Section 1　Data collection ………… 149
- Section 2　Data verification ………… 150
- Section 3　Data processing and compilation ………… 152
- Section 4　Data informatization ………… 153
- Section 5　Climatic analysis ………… 153
- Section 6　Meteorological science and technology archive ………… 156

Chapter 7　Meteorological Technical Equipment ………… 158
- Section 1　Innovation and development of technical equipment ………… 158
- Section 2　Supply of meteorological technical equipment ………… 159
- Section 3　Verification and service of meteorological measurement ………… 161
- Section 4　Maintenance of technical equipment ………… 162

Chapter 8　Meterological Service ………… 165
- Section 1　Decision-making meteorological service ………… 165
- Section 2　Public meteorological service ………… 175
- Section 3　Meteorological science and technology service ………… 177
- Section 4　Meteorological service for national defense development ………… 178

Chapter 9　Weather Modification ………… 181
- Section 1　Business development ………… 181
- Section 2　Organizational management ………… 181
- Section 3　Weather modification operation ………… 182

Chapter 10　Defense of Lightning Disasters ………… 187
- Section 1　Anti-thunder management ………… 187
- Section 2　Anti-thunder technic service ………… 189

Passage 3　Science Technology and Education

Chapter 11　Scientific Research ………… 194
- Section 1　Structual reform and innovation of scientific research ………… 194
- Section 2　Scientific research institutions ………… 196

Section 3	Scientific research teams	196
Section 4	Major research and development projects and achievements	197
Section 5	Scientific and technological information	207
Section 6	Scientific and technological cooperation	208
Chapter 12	**Meteorological Education**	210
Section 1	Structural reform	210
Section 2	Academic education	212
Section 3	Teachers, textbooks and infrustructure	213
Chapter 13	**Academy And External Exchange**	215
Section 1	Meteorological academy	215
Section 2	Science popularization	216
Section 3	Meteorolocial journals	220

Passage 4 Management of Meteorological Service

Chapter 14	**System**	226
Section 1	System of meteorological management	226
Section 2	Expansion of meteorological service	226
Section 3	Meteorological technical restructuring	227
Chapter 15	**Meteorological Institution**	231
Section 1	Organization structuring	231
Section 2	Management of human resources	233
Section 3	Leading cadre of department level and above	236
Section 4	Management of civil servants and technological staff	242
Section 5	Implementation of talent powerhouse strategy	246
Section 6	Management of meteorological stations in hard conditon	251
Section 7	Veteran cadre management	254
Chapter 16	**Government Affairs And Information**	256
Section 1	Secretary	256
Section 2	Information and publicity	261
Section 3	Office automation and foreign affairs	264
Chapter 17	**Legal Construction**	266
Section 1	General situation of Autonomous Region establishment of meteorological regulations	266
Section 2	Administrative enforcement action and supervision	266
Section 3	Administrative enforcement team	266
Section 4	The investigation and study of policies	266
Section 5	Meteorological industry management	267
Chapter 18	**Operation Management**	268
Section 1	Operation management system	268
Section 2	Operation regulations	268

Section 3	Quality of operation	272
Chapter 19	**Planned Financial Management**	279
Section 1	System	279
Section 2	Planned management	280
Section 3	Financial management	285
Section 4	Infrastructure management	287
Section 5	Statistical management	288
Chapter 20	**Administrative Construction**	289
Section 1	Organization construction	289
Section 2	Party conduct and government integrity	292
Section 3	Spiritual civilization construction	292
Section 4	Meteorological culture condtruction	293

The Appendix

Important literature ··· 296

Opinions of the work of the People's Government of Inner Mongolia autonomous region on accelerating the development of meteorological services ··· 296

Opinions of the People's Government of Inner Mongolia autonomous region on further strengthening the emergency management ··· 299

Inner Mongolian autonomous region local meteorological and government regulations ··· 304

Meteorological regulations of Inner Mongolia autonomous region ··· 304

Regulations on meteorological disaster prevention for Inner Mongolia autonomous region ··· 307

Administrative measures on protecting against thunder and lightning disasters for Inner Mongolia autonomous region ··· 311

Implementation measures for the design review, quality inspection tracking and completion acceptance of lightning protection projects of construction (structures) in Hohhot ··· 313

Index ··· 316

Versions ··· 317

概　　述

　　内蒙古自治区位于东经 97°10′～126°09′，北纬 37°24′～53°20′之间。东西直线距离 2400 千米，南北直线距离 1700 千米，总面积为 118.3 万平方千米。地处亚洲中部蒙古高原的东南部及其周沿地带，以高原为主，海拔多在 1000 米以上，统称内蒙古高原。但内部地貌结构存在明显差异，有山地、丘陵、高原、平原、沙漠、戈壁等多种地形。由于地处中纬度内陆，大部属温带大陆性季风气候，只有大兴安岭北段属寒温带大陆性季风气候。终年为西风环流控制，以中纬度天气系统影响为主，而季风环流影响则视季节变化而定，冬季风影响时间长，夏季风不易到达，且影响时间短。其主要气候特点是：冬季漫长严寒，春季风大少雨，夏季温热短促，秋季气温剧降；昼夜温差大，日照时间充足，降水变率大，无霜期短。温度分布由大兴安岭向东南、西南递增。大部地区降水稀少，且集中于夏季。年降水量的分布与气温相反，因而形成在热量最多的地区降水最少，热量最少的地区降水最多的水热分布不平衡格局。

　　近 20 年来，全区气候变化呈明显变暖趋势，气温呈线性增高趋势，降水前期偏多后期偏少，呈线性减少趋势，暖干化特征明显。由于自治区所处的地理位置和自然环境以及气候变化等原因，干旱、黑灾、白灾、寒潮、大风、沙尘暴、冰雹、暴雨等气象灾害较为频繁。其中，干旱最为严重，有"十年九旱"之说。其次为寒潮，并导致大风、降温、风雪、沙尘暴等天气的经常出现。

　　长期以来，生活在这里的各族人民一直致力于摸索气候变化规律，以减轻各种气象灾害的危害。但是，由于社会制度和科学技术的局限，收效甚微。中华人民共和国成立后，在中国共产党的领导下，内蒙古自治区气象事业得以迅速发展，气象科学技术水平不断提高。气象部门坚持为经济提供支撑，为人民群众福祉安康提供服务的宗旨，不断拓展服务领域，将气象科技转化为生产力。气象工作者在长期的实践中，逐步形成了公共气象、安全气象、资源气象新理念，为趋利避害、防灾减灾做出了重要贡献，取得明显经济效应、生态效益和社会效益。1988—2007 年的 20 年间，成效更为突出。

　　20 年来，气象决策服务、公众服务、专业服务水平全面提升。在决策服务方面，坚持围绕中心，服务大局，立足于主动及时，当好党政领导的决策参谋。除通过年、季、月、旬中长期天气预报和气候预测，定期报送气象信息外，还随时报送生态和农牧业气象条件变化状况。在农牧业生产关键季节和抗灾减灾重大活动的全过程，主动及时提供重要气象报告或气象专报，并结合实际情况提出趋利避害建议。在公众服务方面，不断改进服务方式，充实服务内容，通过报纸、广播、电视、网络、电话等载体，将天气预报传送给社会公众，以满足广大群众在生产和生活中对气象信息日益增长的需求。遇有灾害性天气，还通过媒体及时插播，以便做好防范，避免或减少由此可能造成的损失。在天气预报内容上，增加了森林草原火险、大气环境、紫外线强度、地质灾害等与公众生活密切相关的项目。继 2001 年年初天气预报主持人亮相电视屏幕后，又陆续开通了手机天气预报业务和气象服务网，使得气象服务更加贴近公众，获取气象信息更加方便快捷。在专业气象服务方面，涉及领域进一步扩大，遍及农牧业、水利、林业、工业、交通、建材、城建、仓储、保险、旅游、文体等多个行业。按照不同用户的实际情况和具体要求，专业气象服务的内容更为丰富，形式更为多样，数据更为精细。特别是在为国家和自治区重点建设项目提供的专业气象服务中，充分发挥了合理开发利用气候资源，促进经济建设的作用。与此同时，认真做好国防建设和尖端科学试验气象服务，为部队实战演习和"神舟"系列飞船的成功发射及回收提供了有力的气象保障。

　　从 20 世纪 50 年代末开展的人工影响天气作业，已成为各级党委、政府组织防灾减灾的重要手段。20 年间，用于人工影响天气作业的高炮由 246 门增加到 738 门，飞机由 2 架增加到 8 架。1993 年，人工增雨火箭试验成功，次年投入作业，到 2007 年移动式人工增雨火箭发射架达到 226 部，年发射火箭弹 6536 枚。人工影响天气作业规模的不断扩大，有效地减轻了干旱、冰雹等气象灾害造成的损失。一些地区开展的人工消雨试验，为保障大型露天社会活动的顺利进行做了有益尝试。1990 年，雷电灾害防御被列为气象部门的常规业务。经过几年努力，从起初只开展防雷监测，陆续增加了建（构）筑物防雷工程设计、跟踪质量检测和竣工验收，承担了雷电灾害调查、鉴定和危险评估等工作。雷电灾害防御作为地方气象事业的组成部分，提到各级政府的议事日程。按照相关法律、法规授权，气象主管机构行使雷电灾害防御工作的组织管理职能，负责此项工作的行业管理。

20年来，气象现代化建设取得重大进展。1988年，历时3载的"自治区气象台准自动化业务系统"投入运行，初步实现了气象资料的收集、处理、传输、贮存、检索、图形显示及部分分析项目和服务产品加工、生成、输出的一整套自动化业务流程。1993年，开始建设"气象卫星综合应用业务系统"即"9210工程"。1998年建成并投入运行，使气象信息网络的整体水平和处理、传输及交换能力得到提高。自治区农牧业气象综合服务系统即"9410工程"部分项目亦于同年建成并投入业务。2000年，基层气象站配齐计算机，完成PC-1500机的换型工作。随后，建成自治区气象系统广域网。2003年，自治区第一部新一代天气雷达在赤峰市建成。到2007年，又有呼和浩特市、鄂尔多斯市、呼伦贝尔市、通辽市4部相继建成，新一代天气雷达拥有量居全国前列。2003—2007年，基本完成117个有人值守的各类气象台站自动化改造。20年来，大量科研成果在各个领域得以应用，推动了气象现代化建设的进展。其中，35项成果获省部级科技进步奖。在加快气象现代化建设的同时，重视基础业务和基层台站建设。地面气象观测、高空气象探测、气象卫星探测等基础业务质量全面达标。基层台站综合改造工程按期完成，工作和生活条件得到明显改善。

坚持改革，不断创新，为气象事业的发展注入生机与活力。1988年，开展业务技术体制改革，以建立新型的天气预报业务技术体系为重点，按照自然条件、经济区划和行政体制及服务需要，调整台站任务，形成分工明确、相互配套、高效率、高效益的业务技术体制，以达到增强业务服务能力的目的。1990年，开展"四个结构调整"，即调整专业结构，促进业务技术体制改革；调整人才结构，协调人才供需关系；调整队伍结构，逐步实现人员合理分流；调整投资结构，提高资金使用效益。2002年，按照中央机构编制委员会《地方国家气象系统机构改革方案》，全面完成自治区国家气象系统机构改革任务。通过改革，引入竞争机制，鼓励优秀人才脱颖而出。处级领导干部大学本科以上学历达80%，年龄结构亦更趋年轻化。同年，乌海市气象局抓住机遇，首开承担新建民航机场的气象保障任务先河。随后，满洲里市、二连浩特市、阿尔山市等地气象部门亦相继承担此项业务，为拓宽气象服务领域开辟了新的途径。2006年，全国气象部门启动业务技术体制改革，将内蒙古自治区作为试点。自治区气象局举全力做好此项工作，取得重要成果和经验，为中国气象局建立现代气象业务体系的新思路、制定业务技术体制改革总体方案和配套方案，提供了可靠依据。自1983年起实行的气象部门与地方政府双重领导、以气象部门为主的管理体制，经过20多年运作，日趋完善。上级气象主管机构与各级地方政府对自治区气象事业更加重视，气象事业被列入当地国民经济和社会发展规划，中央和自治区各级地方财政对气象事业的投入逐年增加。1997年，中央财政投入为1912万元，地方财政投入为217万元。2007年，中央财政投入为27160万元，地方财政投入增加到7789万元。自治区气象局还通过与相关部门及院校广泛开展合作，实现资源共享，优势互补，促进气象事业发展。

积极实施"人才强区"战略，大力提高气象科技人员基本素质。首先，制定诸多优惠政策，吸引气象及相关专业大学本科以上学历的应届毕业生投身气象事业。2002年，自治区气象局与内蒙古民族高等教育学院联合举办气象专业进修班，46名即将毕业的少数民族学生进修后，定向分配到基层气象台站。2004年，从内蒙古科技大学选拔32名本科生，送兰州大学大气学科培训，毕业后充实天气预报一线工作。其次，鼓励在职人员按照专业对口原则，参加大专、本科、研究生乃至博士等学历层次的继续教育。第三，根据科技发展和实际工作需要，有计划地举办各类短期培训班，提高在职人员政治和业务素质。先后举办短期培训班728期，2.5万人次接受培训。气象职工大专以上文化程度的比例由1987年的12.5%，上升为2007年的73.4%。

贯彻依法治国方略，气象工作进入法制管理轨道。1997年5月31日，自治区第八届人民代表大会常务委员会第二十六次会议审议通过《内蒙古自治区气象条例》，自公布之日起施行。2000年12月12日，自治区第九届人民代表大会常务委员会第二十次会议决定，对该条例进行较大幅度修订，进一步明确了气象主管机构作为执法主体的职责，强化了法律责任。2002年6月21日，经自治区人民政府第七次常务会议审议通过，发布《内蒙古自治区防御雷电灾害管理办法》，同年8月1日起施行。2007年4月3日，自治区第十届人民代表大会常务委员会第27次会议审议通过《内蒙古自治区气象灾害防御条例》，同年7月1日起施行。经自治区人民政府培训和考试合格，310人陆续取得行政执法资格，自上而下组建气象行政执法队伍，确保气象相关法律法规的贯彻实施，依法维护气象事业的有序发展。

丰富气象文化，不断推进精神文明建设。大力宣传新中国成立以来几代气象人"勇于吃苦、甘于奉献、昂扬向上、开拓进取"的优良传统，广泛开展具有时代特征和行业特点的气象文化建设。通过群众喜闻乐见的形式，宣传身边的先进人物，树立正面典型，陶冶职工情操，激励广大职工在平凡的岗位上建功立业。各级气象部门经常举办演讲、歌咏、书法、绘画、摄影及体育竞赛活动，吸引广大职工积极参与气象文化，营造浓厚的气象文化氛围。1995年6月和8月，分东西两片举办自治区首届气象职工文艺汇演。1996年9月，自治区气象局组织的乌兰牧骑式文艺宣传队，赴基层气象台站巡回慰问演出。2005年7月，举办自治区首届气象职工运动会。99%的气象台站被地方党委、政府评为文明单位。内蒙古自治区气象局和呼伦贝尔市气象局被中央精神文明建设指导委员会评为全国文明单位。34人获省部级授予的劳动模范、先进工作者等称号，鄂尔多斯市气象局高级工程师贺勤获国务院授予的全国先进工作者称号，内蒙古自治区气象台副台长康玲获国务院授予的全国民族团结先进个人称号。

1988—2007年的20年间，内蒙古自治区广大气象工作者以实现一流的装备、一流的技术、一流的人才、一流的台站为目标，同心协力，顽强拼搏，为气象事业又好又快的发展做出了贡献。20年的发展，也为内蒙古自治区从"气象大区"向"气象强区"的跨越，奠定了坚实的基础。

大 事 记

清光绪二十一年（1895年）

1月 原宁夏府阿拉善旗磴口三道河（今内蒙古自治区巴彦淖尔市磴口县三盛公）气象测候所开始气象观测。

清光绪二十三年（1897年）

是年 原宁夏府阿拉善旗磴口三道河（今内蒙古自治区巴彦淖尔市磴口县三盛公）气象测候所停止观测。

清光绪二十五年（1899年）

2月 中东铁路呼伦贝尔段开工后，中东铁路工程局在海拉尔、扎兰屯分别进行气象观测。

清光绪二十六年（1900年）

是年 中东铁路呼伦贝尔段开工后，中东铁路工程局在海拉尔终止气象观测。

清光绪二十九年（1903年）

7月 中东铁路由工程局移交哈尔滨铁路管理局正式运营，中东铁路沿线海拉尔、扎兰屯测候所开始连续气象观测。

清光绪三十三年（1907年）

1月 茂明安（今达尔罕茂明安联合旗）测候所开始气象观测。

8月 免渡河（今牙克石市免渡河镇）测候所开始气象观测。

清宣统元年（1909年）

1月 满洲里测候所开始气象观测，观测用126°30′E哈尔滨地方时。

是年 茂明安（今达尔罕茂明安联合旗）测候所停止观测。

清宣统二年（1910年）

1月 萨拉齐（今土默特右旗二十四顷地）测候所开始气象观测。

民国三年（1914年）

1月 博克图（今牙克石市博克图镇）测候所开始气象观测。观测用126°30′E哈尔滨地方时。

9月 由北洋政府农商部筹建并领导，绥远省垦务公所管理的绥远（今呼和浩特市）气象观测分所成立。这是呼和浩特市最早的一个气象机构，地址在新城财神庙。

是年 萨拉齐（二十四顷地）测候所停止观测。

民国四年（1915年）

1月 绥远（今呼和浩特市）气象观测分所开始观测记录。

民国六年（1917 年）

1 月　凉城县香火地测候所开始气象观测。

民国九年（1920 年）

1 月　和林格尔县舍必崖测候所开始气象观测。

是年　萨拉齐（今土默特右旗二十四顷地）测候所再次恢复观测。

△　原宁夏府阿拉善旗磴口三道河（今内蒙古自治区巴彦淖尔盟市口县三盛公）再次恢复观测

民国十四年（1925 年）

是年　绥远省立农林试验场建立测候所，开展气象观测，绥远气象观测分所随之并入、兼办。

△　和林格尔县舍必崖测候所停止气象观测。

民国十五年（1926 年）

9 月　原宁夏府阿拉善旗磴口三道河（今内蒙古自治区巴彦淖尔盟市口县三盛公）再次停止观测。

民国十六年（1927 年）

5 月　德国为开辟中德航线，邀瑞典地理学家、考古学家斯文·赫定（Sven Hedin）博士，与中国学术团体协会合作组织中德西北科学考察团，斯文·赫定为团长，德国气象学家郝德（D. W. Haude）博士为气象主任，在绥远之包头市与以北茂明安（现百灵庙）附近之呼加图沟成立短期气象台，作定点观测，在考察期中，除沿途作地面气象观测外，并每日施放自德国运来的测风气球，测定高空风向风速，是中国境内首次使用气球测风。

7 月 22 日　考察团西行。

9 月 28 日　考察团到额济纳（居延海南方）畔的葱都尔设长期测候所一处，考察所用仪器全部赠予中国。

民国十七年（1928 年）

11 月　绥远省立归绥农科职业学校成立测候所，从事练习观测。1929 年 1 月作正式记录。测址在新城南街清八旗佐领署旧址（即现呼和浩特市第三中学校址）。

民国十八年（1929 年）

是年　免渡河（今牙克石市免渡河镇）测候所停止观测。

民国十九年（1930 年）

是年　集宁、丰镇、兴和测候所开始气象观测。

民国二十年（1931 年）

2 月　"西北科学考察团"气象组组长，德国气象学家郝德博士再度率助手来华，并携带大批地面气象观测及风筝探空仪器，实测西北气象，中国中央研究院气象研究所派胡振铎、徐近之两人协同郝德等人前往观测，至察哈尔省北部之哈丁苏木，绥远省北部东公府益诚公设置各种仪器，进行气象观测并每日放风筝 1~2 次。

8 月 29 日　郝德等人向额济纳河西进，至居延海附近之巴因托来，建成气象台。又在沙山顶上安置气象仪器，互作比较观测。每日仍施放一次风筝，两地共施风筝探测 123 次，至 1932 年 3 月 13 日工作结束东归，沿途仍进行气象观测，郝德博士在风筝探空工作结束，返回北平（今北京）后，仍将全套风筝探空设备廉价转售中国气象研究所。

民国二十一年（1932年）

是年 南壕堑（今河北省张家口市尚义县南壕堑镇）测候所开始气象观测。1935年停止观测。
△ 中东铁路沿线海拉尔、扎兰屯测候所气象观测因战事停止。
△ 博克图测候所因战事停止观测。

民国二十二年（1933年）

4月 绥远省建设厅在民生渠（今包头市磴口扬水站附近）建立测候所，开始观测。
是年 满洲里测候所停止观测。

民国二十三年（1934年）

1月 民生渠（今包头市磴口扬水站附近）测候所停止观测。
5月18日 海拉尔测候所开始恢复建设。

民国二十四年（1935年）

8月1日 国立中央研究院气象研究所与欧亚航空公司合作，设立包头机场测候所开始观测。
是年 南壕堑（今河北省张家口市尚义县南壕堑镇）测候所停止观测。
△ 恢复建设的海拉尔测候所开始气象观测。

民国二十五年（1936年）

1月1日 满洲里、兴安测候所开始气象观测。

民国二十六年（1937年）

5月 "中美合作所"在陕坝建高空站进行高空观测。
7月 绥远省省立归绥农科职业学校测候所停止观测。
9月 多伦观测所开始观测。
△ 国立中央研究院气象研究所与欧亚航空公司合作设立的包头机场测候所停止观测。
10月 日军侵占绥远，改归绥县为厚和浩特市，绥远省立农林试验场测候所改名为"厚和市农林试验场测候所"，继续气象观测。
10月25日 林西观测所开始气象观测，阿穆古郎（今新巴尔虎左旗阿木古郎镇）新建观测所。
是年 1925年绥远省立农林试验场建立的测候所因日本侵占绥远停止观测。

民国二十七年（1938年）

1月1日 阿穆古郎测候所（今新巴尔虎左旗阿木古郎镇）开始气象观测。
10月1日 恢复建设扎兰屯测候所，新建奈勒穆图（今额尔古纳市三河回族乡）、开鲁测候所，伪满中央观象台将以上三所由简易气象（每日10时一次观测），改制为6次正规观测。

民国二十八年（1939年）

1月 国立中央研究院气象研究所与欧亚航空公司合作设立的包头机场测候所再次恢复观测。
是年 锡林浩特、阿巴嘎、西苏尼特、百灵庙测候所开始气象观测。

民国二十九年（1940年）

是年 锡林浩特测候所停止气象观测。

民国三十一年（1942 年）

1 月 伪满中央观象台将阿尔山观测所由简易气象（每日 10 时一次观测），改制为 6 次正规观测。

民国三十二年（1943 年）

是年 萨拉齐（今土默特右旗二十四顷地）测候所恢复观测再次停止观测。

△ 阿巴嘎、西苏尼特、百灵庙测候所均停止观测。

1 月 伪满中央观象台将鲁北观测所由简易气象，改制为 6 次正规观测。"中美合作所"在陕坝首次施放由美国军方所提供的无线电探空仪，这是中国首次利用无线电探空仪进行高空气象观测。

12 月 国立中央研究院气象研究所与欧亚航空公司合作设立的包头机场测候所再次停止观测。

民国三十三年（1944 年）

1 月 太平洋战争后期，日本在兵源枯竭，气象人员不足等情况下，伪满观象台又把部分站点退回到每日 10 时一次简易观测，其中包括扎兰屯观测所。

民国三十四年（1945 年）

8 月 苏联对日宣战，因战事，海拉尔、满洲里、阿穆古郎、奈勒穆图、兴安、扎兰屯、赤峰、林西、索伦、钱家占、厚和市农林试验场等所有测候所均停止气象观测。

民国三十五年（1946 年）

10 月 绥远省立归绥农科职业学校测候所恢复气象观测。

民国三十七年（1948 年）

4—5 月 中央气象局北平气象台、察哈尔省建设厅联合在商都、宝昌设置气象测候所。

1949 年

9 月 20 日 由内蒙古西辽河水利局建立并领导的通辽气象所开始工作。

10 月 1 日 由东北水利总局所建，直辖于内蒙古自治区人民政府农牧部的乌兰浩特气象所开始工作。

△ 由热河省水利局直辖的赤峰市气象所开始工作。

1950 年

1 月 1 日 中国人民解放军东北军区设立气象管理处，接管了乌兰浩特、通辽、赤峰气象所。

2 月 1 日 东北军区司令部气象管理处所建海拉尔气象所开始工作。

11 月 20 日 东北军区司令部气象管理处筹建博克图气象所，1951 年 1 月开始气象观测。

1951 年

1 月 1 日 零时起开始实行全国统一的地面气象观测规定《气象测报简要》。

△ 博克图气象所开始气象观测。

△ 归绥市东门外机场气象站开始气象观测，并拍发天气报和航空报。

10 月 1 日 开始实行中央军委气象局编发的《高空风测报简要》和《高空风记录收集与审核暂行办法》。

1952 年

1 月 1 日 由内蒙古农林技术学校实验农场建制的扎兰屯气象所开始工作。

2月 绥远省军区成立气象科，负责人刘联华。

2月1日 内蒙古军区司令部以军通字第5号文通知，奉军委指示经华北军区同意，内蒙古军区司令部成立气象科，自2月1日开始工作（地点在张家口市）。由军区二科科长沈三元兼气象科长，于兴苗任副科长。

4月 根据东北军区司令部气象处气天字第18号通知"准备建立预报站"，内蒙古军区于张家口建立天气预报站，并于5月1日正式制作天气预报。

4月1日 内蒙古军区气令字第1号文件决定：内蒙古各台站之政治领导、行政生活、物资供给均由各驻地区之军分区负责代管，如有台站位置距离遥远，分区仍难直接管理者，可归当地旗县人民武装部负责代管。

4月10日 内蒙古军区接管博克图气象站。

6月21日 内蒙古军区接管内蒙古农林技术学校实验农场所属扎兰屯气象站。

7月1日 内蒙古军区以气令字第2号通令颁发并执行各气象台站行政管理、业务工作、器材供应、经费开支、供给制度等各种制度暂行规定。

7月9日 根据军委气象局指示，自治区预报站开始向张家口盐务办事处提供大风、降雨等预报。

7月19日 内蒙古军区气象科从张家口迁至归绥市新城财神庙，后又迁到麻花板办公（现内蒙古军区司令部大院）。

8月19日 绥远、内蒙古两军区奉命合并，更名为"绥蒙军区"，内蒙古军区气象科随之更名为"绥蒙军区气象科"。华北军区以干任字第041号命令任命：沈三元为绥蒙军区司令部气象科科长，于兴苗为副科长，绥远军区气象科撤销。

9月7日 绥蒙军区更名为蒙绥军区，绥蒙军区气象科随之更名为蒙绥军区气象科。

12月 归绥市成立甲种气象站。

△ 军委气象局以（52）1867（测311号）文件决定，归绥、包头气象站从1953年1月1日起，业务上改由华北军区气象处领导。

1953年

1月9日 蒙绥军区司令部气通字第13号通知："奉华北军区司令部气字第1号通知，东北军区遵照1952年11月25日军委总参司字第1292号令：自1953年1月1日起，将蒙绥军区所属各级气象台站的气象业务、通信业务及经费等，已于12月27日交军区气象处，但所属14个台站之气象电报加入东北区广播，并负责电报传递检查。"

3月30日 内蒙古东部区行政公署于2月1日在乌兰浩特市正式成立并办公，蒙绥军区于3月30日在东部成立军事部，辖呼纳盟、兴安盟、哲里木盟、昭乌达盟4个军分区。东部军事部成立气象科，负责管辖7个气象站，共有人员60人。

7月20日 归绥甲种气象站观测小楼竣工，蒙绥军区气象科从军区大院搬到归绥甲种站合署办公（即内蒙古自治区气象局现址：呼和浩特市海拉尔大街49号）。

9月11日—10月7日 蒙绥军区司令部气象科在归绥市召开全区站主任会议，总结一年半来的工作，传达军委关于气象部门由军队建制改变为地方政府建制的命令，明确了转建重大意义，坚决服从上级命令，搞好两个服务。

12月7日 内蒙古自治区人民政府、绥远省人民政府、中国人民解放军蒙绥军区联合命令：遵照中央人民政府人民革命军事委员会和中央人民政府政务院第118号联合命令，决定各级气象机构转移建制领导关系。

1954年

4月 锡林浩特气象台建成，开展天气预报工作。

4月12日 内蒙古自治区编制委员会（54）编字第0037号通知"原内蒙古自治区气象科扩建为内

蒙古自治区气象处,为内蒙古一级直属机关",下设办公室、测政预报业务科、器材科、通信科。

4月25日 归绥甲种气象站更名为呼和浩特气象台。

4月26日 呼和浩特气象台、内蒙古人民广播电台制订《关于广播寒潮和大风等危险天气警报的联合规定》。

6月4日 内蒙古自治区气象处接管由归绥农科职业学校测候所移入的五里营农事试验场(今内蒙古农业科学院研究所)气象站。

8月20日 内蒙古自治区人民政府(54)府人一字0430号决定:任命沈三元为内蒙古自治区气象处处长,于兴苗为副处长。

9月28日 内蒙古自治区人民政府据中央人事部(54)中人一密字第18号函,以(54)府气令字第1号命令:内蒙古自治区气象处自本年9月16日起更名为内蒙古自治区人民政府气象局,编制65人,自1955年度起列入行政编制。

10月5日 内蒙古自治区人民政府气象局以(54)气办函16号通知:经内蒙古财委(54)财经业农字540号函同意,将呼和浩特气象台扩建为内蒙古自治区气象台。

10月28日 内蒙古自治区人民政府气象局(54)人通字第22号通知:本局下设办公室、业务科、供应科、通信科、机要科、人事科、工程队。

11月11日 中共中央内蒙古分局同意:沈三元任中共内蒙古自治区气象处党组书记;于兴苗、赵一山参加气象处党组为组员。

12月 《内蒙古气象通讯》创刊。

1955 年

2月28日—3月12日 内蒙古自治区人民政府气象局在呼和浩特市(小西街)召开全区第二届气象工作会议,会议总结了1954年工作,部署了1955年任务。讨论通过台站管理各项方案和制度。

3月4日 内蒙古自治区人民政府气象局以(55)蒙气业发字第226号函发布"内蒙古自治区灾害性天气警报发布暂行办法"。

5月11日 经内蒙古自治区财委批准,于包头市建立"内蒙古自治区人民政府气象局第三指挥台",负责包头、伊克昭盟(今鄂尔多斯市)、乌兰察布盟(今乌兰察布市)、河套行政区所有气象台、站的日常业务及行政管理工作。

6月9日 内蒙古自治区人事局以(55)人一字第714号函转国务院人事局(55)国人事字第2078号函:根据1955年5月31日中华人民共和国国务院全体会议第10次会议通过,任命内蒙古自治区人民委员会工作人员梁一鸣等73人职务,其中任命沈三元、于兴苗为气象局副局长。

6月29日 根据内蒙古自治区人民委员会(55)蒙办秘字第320号通知,将"内蒙古自治区人民政府气象局"更名为"内蒙古自治区气象局",正式启用铜质印章。

1956 年

3月1日 根据内蒙古编制委员会制字0024号及0034号函准:内蒙古自治区气象局以(56)蒙气办发016号关于调整本局内部机构问题的通知。编设办公室、天气科、台站管理科、器材科、计划财务科、人事科、机要室、工程队等8个单位。

4月10—23日 内蒙古自治区气象局在呼和浩特市召开全区气象系统首届干部工作会议,讨论通过《干部工作跃进规划》和《气象台、站工作人员参加体力劳动试行制度》。

6月1日 各气象台站气象密码停止使用。同时,全国气象机要机构全部撤销,全国天气实况、天气情报和天气预报均使用明码,08时(北京时)起公开气象广播。

8月25日 内蒙古自治区人民委员会以(56)蒙气天发曾字第94号发出《关于公开发布天气预报警报的通知》。

9月20日 内蒙古自治区人民委员会(56)蒙办主鲁字第768号批复内蒙古自治区气象局,经主席联合办公会议研究，同意将气象局所属气象干部训练班变更为正规的气象干部学校。

1957 年

2月8日 根据内蒙古自治区人民委员会（57）蒙办主逸字第74号批复，内蒙古自治区气象局以（57）蒙气办发字013号文发出指示，将海拉尔、锡林浩特、通辽、包头、巴彦浩特5个气象指挥台改编为管理局，建制不变。海拉尔管理局负责呼盟地区；通辽管理局负责哲、昭盟地区；集宁管理局（驻锡林浩特）负责平地泉行政区及锡、察两盟；包头管理局负责伊、乌两盟及河套行政区，包头市地区；巴彦浩特管理局负责巴彦淖尔盟地区的工作。

4月20—30日 中央气象局在北京召开全国气象先进工作者代表会议，内蒙古自治区气象局出席会议的代表由副局长沈三元带队，代表有王仲迁、郑贵珠、邢克斌、杜静坤、徐广居、娜仁格日勒、楼文珠、虞家禄。内蒙古自治区喇嘛库伦气象站被评为先进集体单位，苏荣巴图代表先进集体出席会议。4月29日，中共中央主席毛泽东、副主席朱德、总书记邓小平等中央领导接见全体与会代表，并与全体代表、工作人员合影。

5月31日 内蒙古自治区气象局以（57）蒙气站205号文通知，海拉尔、乌兰浩特、二连浩特、锡林浩特、陕坝、内蒙古气象台参加国际地球物理年活动，开展极光和日射观测。

1958 年

6月30日 内蒙古自治区人民委员会以（58）蒙计农天字第445号批复，同意自治区气象局将气象干部学校自本年度变更为中等专业学校，从下半起可招收100名学员。为解决1959年的需要，可招收一年制短期训练学员200名。

7月31日 内蒙古自治区人民委员会（58）蒙编逸字0101号批转内蒙古自治区气象局（58）蒙气办发字第059号关于改进全区气象事业管理体制的报告。改变过去气象系统垂直领导方法，将行政管理、政治思想、干部工资、财务计划、台站建设下设到当地政府领导。各盟（市）均设气象管理局，各旗县建立气象站。

9月4日 内蒙古自治区人民委员会以（58）蒙气办逸字第074号文发出关于依靠全党全民大办气象事业的指示，迅速建成我区气象台站网和气象服务网，做到"盟（市）有台、旗（县）有站、乡（佐）有哨，生产队有看天小组"。

9月24日—10月5日 中央气象局局长涂长望来我区检查工作，听取内蒙古自治区气象局的汇报，并到各业务单位了解工作，到百灵庙、包头、扎莎克、临河、陕坝、东胜等11个单位检查了解工作，历时11天。

是年 内蒙古自治区气象局在呼和浩特市利用土火箭开展人工降雨试验。

1959 年

3月21日 在哲里木盟通辽（今通辽市）开始用飞机进行人工降雨试验。

5月8日 内蒙古自治区气象局仪器检定检修所建立。

6月1日 内蒙古自治区人民委员会以（59）蒙气办发鲁字第022号发出关于气象化检查评比总结通报。通报中指出："到目前全区建成气象台10个，民航气象台7个，气象（候）站244个，气象哨3068个，基本上组成了全区星罗棋布的气象服务网"。

7月22—27日 内蒙古自治区气象局在呼和浩特市内蒙古自治区人民委员会招待所召开全区民航气象工作联席会议。

8月14日—9月26日 在伊克昭盟准格尔旗贺家圪楞首次用土炮（声波振荡）、土火箭（碘化银为催化剂）进行人工消雹试验。

11月22日 内蒙古气象学会成立，在呼和浩特市召开了第一次会员代表大会，选出第一届理事会，理事长为沈三元。

1960年

5月9—18日 内蒙古自治区人民委员会在包头市召开内蒙古自治区畜牧气象经验交流会。会上，中央气象局局长饶兴、副局长卢鋆，中共内蒙古自治区委员会书记、自治区人民委员会副主席苏谦益分别讲话。国务院副总理、自治区党委第一书记、自治区人民委员会主席乌兰夫接见全体与会代表。

6月27日 内蒙古自治区气象局观象台高空科利用超声波处理气球获得成功，施放高度平均达到22064米以上，比过去平均提高4.5千米。

8月 巴彦淖尔盟科学委员会、农业科学研究所、气象局在杭锦后旗开展闪电制肥试验。

12月15日 内蒙古自治区气象局（60）气办字第054号批复：同意撤销呼和浩特市气象服务台。

1961年

1月 内蒙古自治区气象局在呼和浩特市召开第六届全区气象工作会议。会议总结全区三年"大跃进"气象工作的主要经验教训，讨论1961年气象工作安排，部署贯彻"调整、巩固、充实、提高"的方针，并对各项业务工作质量提出要求。

2月21日 据中央气象局（60）中气业发字第021号，中国民航（60）民航气字第111号联合通知，内蒙古自治区人民委员会（61）气人字第078号文决定：将民航气象工作交由民航部门管理。4月15日，内蒙古自治区气象局（61）气人字第073号文件通知：将气象科学研究所更名为"天气预报科学研究所"，下设预报科、通填科、资料室。将专业气象研究室与观象台合并为"观象台"下设站哨管理科、专业气象科、高空科、人工控制天气科、人造卫星观测站、五里营农业气象试验站。同年，内蒙古自治区由内蒙古科学技术委员会、计划委员会、气象以及农、牧、林、水、交通、物资、民航等单位组成"人工控制天气委员会"，自治区副主席王再天任委员会主任，科委副主任、气象局副局长任副主任。日常工作由内蒙古自治区气象局负责。

1962年

2月底—3月初 内蒙古自治区气象局在呼伦贝尔盟扎兰屯召开全区第七届气象工作会议。会议主要讨论如何进一步贯彻以调整为中心的八字方针，详细讨论调整台站网的压缩台站业务的具体内容，并讨论了气象业务十大关系和"精兵简政"，加强集中领导及今后几年气象工作等问题。

5月26日 中央气象局和林业部联合发出《关于加强大兴安岭林区雷暴引起森林火灾防御工作的通知》。通知要求黑龙江、内蒙古气象部门及林区气象站，加强雷暴与落雷的观测和记载，特别在防火季节（5—6月），加强火灾危险天气预报，及时提供情报。

1963年

6月20日 内蒙古自治区气象局（63）气办字第021号"关于气象台站接交问题的通知"：各盟市气象管理局处、各气象（候）站均收归内蒙古自治区气象局建制，从1963年8月1日起全区实行垂直领导。7月19日，内蒙古自治区人民委员会（63）蒙编天字第692号批发内蒙古自治区气象局关于各级气象机构名称问题的请示：1、各盟市气象管理局名称，将"××盟公署气象管理局"、"××市人委气象管理局"，更名为"内蒙古自治区气象局××盟（市）管理局"（呼和浩特市仍称为处）。2、气象台名称，将××（地名）气象服务台，更名为"内蒙古自治区××盟（市）气象服务台"。3、旗县中心气象服务站和一般气象（候）服务站，以自治区、旗县和驻地综合冠名，如"达茂联合旗百灵庙中心气象服务站"。

9月13—24日 内蒙古自治区气象局在呼和浩特召开气象管理局长会议，副局长沈三元、于兴苗主持会议，会议主要讨论商定体改后的气象工作管理分工及管理办法。

1964年

9月12日 中共内蒙古自治区委员会批复，同意设立中共内蒙古自治区气象局政治部，下设干部处、宣传处、组织处。

10月7日 内蒙古自治区人民委员会（64）蒙编字399号批复内蒙古自治区气象局（64）气办字045号报告：同意将盟、市气象管理局（处）统一改称为局，即：内蒙古自治区×××盟（市）气象局。

1965 年

6月22日 内蒙古自治区人民委员会（65）蒙计字231号文批转内蒙古自治区气象局关于气象（候）服务台站站址上存在问题及解决办法的报告：1.气象（候）台站使用土地应按照工作需要，根据内蒙古人委（64）蒙计字326号文件"关于国家建设征用土地的若干规定"和"国家建设征用土地办法"办理。凡经当地人委拨给气象（候）台站使用的土地，产权归气象（候）台站，其他任何单位或个人不得占用，如有关部门确需占用，应征得自治区气象局同意，并由占用单位承担迁站、基建等全部费用。2.各气象（候）台站用地面积规定。（略）3.为了支援农业生产，节约用地和农业生产争地，各气象（候）台站站址应尽量少占或不占农田。4.现有的气象（候）台站，新建或已办过土地征用手续但与此规定不符合的，应重新办理土地征用手续。

1966 年

2月3日 内蒙古自治区气象局成立"内蒙古自治区气象工作技术革新、技术革命委员会"，于兴苗任主任。并成立预报改革、专业气象研究组及测报改革研究组；选定杭锦后旗、土左旗、阿巴嘎旗中心气象服务站三个点为试验研究基地。

2月10—22日 内蒙古自治区气象局在哲里木盟（今通辽市）召开全区气象工作会议。会议贯彻中央气象局在哈尔滨和桂林召开的全国气象局长会议和补充预报工作会议精神及中共内蒙古自治区委员会二届三次全委扩大会议精神，总结全区气象工作，布置"三五"计划期间的气象工作任务和1966年工作安排。

1968 年

10月 内蒙古自治区革命委员会成立直属机关"毛泽东思想大学校"，各厅、局撤消，内蒙古自治区气象局人员被编入"三分校五连"。全区气象管理工作归内蒙古自治区气象台；原水利厅所属的内蒙古自治区水文总站撤后，与内蒙古自治区气象台合并，成立内蒙古自治区水文气象台。内蒙古自治区气象学校、内蒙古自治区气象科学研究所也同时撤消，所属人员也进入"毛泽东思想大学校"。

1969 年

8月1日 内蒙古自治区革命委员会于7月30日以内蒙革发（69）206号关于坚决贯彻执行"中共中央关于变更内蒙古自治区行政区划的规定"的通知指出："根据中央的规定精神，经有关方面协商，将呼伦贝尔盟划归黑龙江省，其中突泉县和科尔沁右翼前旗划归吉林省白城专区。哲里木盟（今通辽市）划归吉林省。昭乌达盟划归辽宁省。巴彦淖尔盟的额济纳旗和阿拉善右旗划归甘肃省，阿拉善左旗划归宁夏回族自治区。阿拉善右旗的局部调整，由兰州军区会同甘肃省、宁夏回族自治区革命委员会商定"。划出各盟的所属气象台站也分别移交有关省（区）气象局领导。

1970 年

1月12日 内蒙古自治区革命委员会通知，根据国务院、中央军委（69）国发50号文精神，结合自治区情况，经研究决定，将全区各级气象台站划归水利部门，为水电局直属单位。

4月 经内蒙古自治区革命委员会生产建设指挥部批准，内蒙古自治区水文气象台的水文工作仍划归水利部门，为水电局直属单位。

11月初 内蒙古军区派赫连让等8名军队干部进驻内蒙古自治区气象台革命委员会，成立了领导小组，赫连让为组长，郭常青、吕洪勋为副组长，实行以军队领导为主的气象管理体制。

1971 年

5月6日 内蒙古自治区气象局（71）内气字 001 号关于启用印章的通知：经内蒙古军区司令部批准成立内蒙古自治区革委会气象局，下设政工科、业务科、管理科、气象台。自 1971 年 5 月 6 日启用新印章。原内蒙古自治区气象台革命委员会以及各组印章同时作废。

10月底 内蒙古自治区革委会气象局和林格尔县胜利营公社战备基地，第 1 期工程在 10 月底基本完成，并在 10 月 1 日以前转去部分资料和器材。局机关院内建筑了 302 平方米的地下室。

1972 年

1月17日 内蒙古自治区革委会生产建设指挥部内革生（1972）农字 20 号，内蒙古军区司令部（72）司作字 11 号就各盟市气象部门正确使用站名发出通知：1.各盟市气象局一律统称气象台，用盟市名称，不加地点；2.各级气象台（站）原有"服务"两字及旗县气象站原有"中心"两字一律取消；3.旗县气象站一律用全称，不加地名；4.旗县以下站，除国家基本观测站外，一律称气候站；5.台站搬迁、行政区划变更，名称要及时更改，蒙文翻译的汉名，用字先后要一致。2 月 24—29 日，内蒙古自治区革委会气象局在呼和浩特市召开全区人工防雹工作座谈会。

3月6日 内蒙古自治区革命委员会生产建设指挥部、内蒙古军区司令部批准恢复自治区气象科学研究所，设立天气、气候、人工控制天气、气象仪器等 4 个研究组，编制 36 人。

9月18日 中共内蒙古自治区委员会批复：恢复内蒙古自治区气象局气象学校，1973 年正式招生开学。

1973 年

4月17日 中共内蒙古自治区委员会党发（1973）16 号关于调整气象部门体制的通知：根据中共中央（1973）13 号关于将测绘、气象部门分开，国务院和总参分别设立测绘、气象机构、地方各级测绘、气象、邮电体制也作相应调整的指示，中共内蒙古自治区委员会决定：1.自 4 月 15 日起，自治区气象局、各盟市气象局、旗县气象站（气候站）划归各级革命委员会领导，自治区气象局归到农牧口。2.在气象部门工作的人民解放军干部，按照中共中央文件精神，征得地方党委的同意，逐步撤出。3.机构设置要贯彻精简的原则。自治区气象局设局长、副局长，并尽快成立党委。各盟市气象局也相应设局长、副局长。5 月 5 日，中共内蒙古自治区委员会通知：于兴苗任自治区革命委员会气象局副局长，免去自治区革委会"五·七"干校副政委职务；鄂文凌任自治区革委会气象局副局长；贾克功任自治区革委会气象局副局长。重新组建了自治区气象局的领导班子。7 月 23 日，中共内蒙古自治区委员会党字（1973）106 号通知：成立自治区革委会气象局党委。于兴苗任党委书记、局长；鄂文凌、贾克功任党委副书记。同日，内蒙古自治区革命委员会政治部以内革政干字（73）86 号通知：增补边凯旋、湖春为自治区革委会气象局党委委员。

11月9—19日 内蒙古自治区革委会气象局在锡林浩特召开全区长期天气预报会商暨天气预报工作会议。

12月7日 中央内蒙古自治区委员会以党字（1973）157 号文，批复中共内蒙古自治区革委会气象局党委内气党发（1972）011 号关于沈三元同志问题的报告，指出：沈三元历史无问题，在长期的革命斗争中对革命做出了贡献，是一个好同志。"文化大革命"中被武斗致死，按"因公死亡"给予抚恤。

1974 年

2月23日—3月2日 内蒙古自治区革委会气象局在呼和浩特市召开全区气象工作会议。参加会议的有全区各盟市、各级气象（候）台、站和区局直属单位的负责人。气象局局长于兴苗等领导在会上讲话。会议总结了 1973 年的工作，研究安排 1974 年的工作任务。

1975 年

2月18日—3月4日 内蒙古自治区革委会气象局在巴彦淖尔盟磴口县召开全区气象情报工作会议。

9月22日 内蒙古自治区革委会气象局内气字（75）78号通知，决定建立内蒙古自治区气象科技情报网。

10月 内蒙古自治区气象局成立气象器材供应站，为局直属处级单位，并承担气象仪器的检定检修任务。

12月24日 内蒙古自治区革委会气象局在呼和浩特市召开全区气象系统学大寨会议。中共内蒙古自治区委员会常委、自治区革委会副主任沈新发出席会议并讲话。

1976 年

9月18日 据中央军委命令：自治区革委会气象局党委内革气党（76）15号文决定：为加强战备，扩建内蒙古自治区气象局"716"基地。地点：和林县胜利营公社。

是年 由中国科学院组织的"内蒙宁夏综合考察队"于1973年编写的《内蒙古自治区及东西毗邻地区气候与农牧业的关系》由科学出版社出版。

1977 年

1月 乌海市气象局成立。

1月17日 内蒙古自治区革委会气象局以内革气（77）005号文建立《内蒙古气象》通讯网，聘请100名《内蒙古气象》通讯员。

3月8—15日 内蒙古自治区革委会气象局在呼和浩特市召开全区气象部门学大寨经验交流会议。中共内蒙古自治区委员会书记刘景平、革委会农办副主任暴彦巴图到会接见全体代表并讲话。

5月19—25日 内蒙古自治区革委会气象局受华北气象中心委托，在呼和浩特市召开华北区域汛期降水预报会议。

6月11日 开始执行新的《气象旬（月）报电码》（HD—01），执行的有自治区气象台、二连、临河等19个台站。

9月5日 内蒙古自治区革委会气象局在巴彦淖尔盟磴口县召开部分台站代表参加的地面气象观测新规范讨论会。

11月28日 内蒙古自治区革委会气象局内革气业（77）062号转发中央气象局（77）中气业字125号《关于开展气象测报人员连续百班无错情劳动竞赛的倡议及竞赛办法》。

1978 年

1月1日 全区台站开始试行气象测报工作岗位责任制度和质量考核办法。

3月 中共内蒙古自治区革委会气象局委员会撤消，成立中共内蒙古自治区气象局党组。党组书记于兴苗，副书记鄂文凌、贾克功。

4月3—10日 内蒙古自治区革委会气象局召开全区气象部门学大寨、学大庆先进集体、先进工作者代表大会。中共内蒙古自治区委员会第一书记、革委会主任尤太忠在会上讲话。

4月27日 内蒙古自治区气象学会恢复工作，增加湖春为副理事长。学会共设6个学组。

4月28日 内蒙古自治区革委会气象局发出的《关于加强农牧业气象工作的通知》要求：恢复农业气象观测工作，积极开展农牧业气象服务和试验研究，加强农业气象管理等。

6月6日 内蒙古自治区革委会气象局在集宁市召开全区高空、地面气象记录报表审核和通信工作会议。

6月30日—7月5日 埃及气象局农业气象处高级气象学家埃马拉、埃及农业航空灭蝗局农业航空负责人埃勒穆吉,到内蒙古自治区考察"气象为农业服务"项目。

7月10日 内蒙古自治区革委会气象局通知,决定成立《内蒙古气象》编委会。于兴苗任编委会主任。

8月20—23日 第一批非洲11个官方语言为英语的国家20名气象官员和专家来自治区考察"气象为农业服务"的有关项目。

9月22日—25日 第二批非洲9个国家气象考察团一行15人,在世界气象组织秘书长代表韦拉内曼的率领下,来我区考察"气象为农业服务"的有关项目。

12月6日 内蒙古自治区革委会气象局在呼和浩特市举行全区第一届地面气象测报技术比赛。

是年 内蒙古自治区气象科学研究所完成的"冷暖云人工降雨催化剂的室内外试验研究"获全国科学大会奖。

1979年

1月17日 内蒙古自治区革委会气象局内气业字(79)008号通知,颁发日射观测工作百班无错情竞赛办法(试行草案)。

2月14日 中共内蒙古自治区委员会党干(79)19号通知:湖春任自治区革委会气象局副局长,康守仁任自治区革委会气象局副局长。

3月29日—4月4日 内蒙古自治区革委会气象局在呼和浩特市召开全区气象工作会议(科研工作会议合并召开),内蒙古自治区革委会彭梦庚副主任在会上讲话。

5月5日 中共内蒙古自治区直属机关委员会(79)21号批复,内蒙古自治区革委会气象局成立党的基层委员会(即机关党委),贾克功任书记,边凯旋任副书记。

7月8日 根据中共中央(79)42号《关于恢复内蒙古自治区原行政区划的通知》,将原东部三盟、西部三旗归还内蒙古自治区管辖。内蒙古自治区革委会气象局召开局务会议,研究东三盟、西三旗气象局站的接收工作。

8月6—7日 内蒙古自治区革委会气象局康守仁副局长等8人在沈阳与辽宁省气象局副局长李忠文等正式办理昭乌达盟所辖地区气象局、站划归内蒙古自治区气象局建制领导的接交手续。

8月7—10日 内蒙古自治区革委会气象局湖春副局长与宁夏回族自治区气象局刘桂森副局长等在银川办理了阿拉善左旗地区气象台站划归内蒙古自治区气象局建制领导的接交手续。

8月12—15日 湖春副局长同甘肃省气象局野桂林副局长等在兰州市正式办理了额济纳旗4个站、阿拉善右旗2个站划归内蒙古自治区气象局建制领导的交接手续。

8月19—21日 副局长康守仁等8人与黑龙江省气象局副局长赵三声等在哈尔滨市正式办理呼伦贝尔盟所属气象台站划归内蒙古自治区气象局建制领导的交接手续。

8月23日 副局长康守仁等8人与吉林省气象局局长张文东等,在长春市办理哲里木盟(今通辽市)所属台站,以及原由呼伦贝尔盟管辖的突泉县、科右前旗所属4个气象站划归内蒙古自治区气象局建制领导的交接手续。

8月31日 内蒙古自治区革委会气象局内革气业(79)094号通知:中央气象局重新确定我区国家基本站为50个。

10月 内蒙古自治区革委会气象局局长于兴苗参加中国气象学会组织的气象专家科学考察团赴美国考察,并任考察团中共党支部书记。

11月15日 内蒙古自治区革委会气象局内气人字(79)48号通知,成立内蒙古自治区革委会气象局学术委员会,由11人组成,主任湖春。

12月24日 内蒙古自治区革委会批转自治区气象局《关于改变气象部门管理体制的报告》,决定自治区气象部门实行统一领导,分级管理,气象部门与地方政府双重领导,以气象部门领导为主的管理体制。

1980 年

1月1日 根据中央气象局（79）中气业086号通知，即日起全区各级台站执行新《地面气象观测规范》。

2月25日 内蒙古自治区人民政府内政发（1980）37号关于1980年国民经济计划的通知，决定建设内蒙古自治区气象台业务楼，面积4000平方米，分两年建成，主要用于安装713型天气雷达。此项工程于1982年10月交付使用，1983年713天气雷达正式工作。

3月6—12日 中共内蒙古自治区委员会、内蒙古自治区人民政府召开自治区农牧业战线先进单位和劳动模范大会。3月7日，内蒙古自治区气象局内气人字（80）008号通知成立内蒙古自治区气象局技术职称评审委员会，由湖春等13人组成。

5月16—22日 内蒙古自治区气象局派出6人参加在江西省南昌市举行的全国第一次地面测报技术比赛。

5月19日 阿拉善盟气象局成立，阿拉善左旗气象管理站撤销。

6月2日 内蒙古自治区人民政府内政发字（1980）170号转发国务院批转中央气象局《关于改变气象部门管理体制的请示报告》的通知。

10月 兴安盟气象局成立。

1981 年

3月29日 中共内蒙古自治区委员会组织部以组干字（1981）40号文通知：贾克功兼任中共自治区气象局党组、纪律检查组组长。

4月10—18日 内蒙古自治区气象局在呼和浩特市召开全区农牧业气象暨试验站工作会议。

11月26日 内蒙古自治区人民政府以内政任字（1981）18号文通知，经自治区人大常委会1981年5月31日第八次会议决定，并经国务院1981年10月19日批准，任命于兴苗为内蒙古自治区气象局局长。

12月21—27日 内蒙古自治区气象局在呼和浩特市召开全区高空工作会议。

1982 年

1月1日 自08时起全区气象台站执行陆地测站地面天气报告新电码（GD—01Ⅱ）。

2月16—22日 内蒙古自治区气象局在呼和浩特市召开全区盟市气象局长会议，自治区副主席巴图巴根到会接见全体代表并讲话。

5月16—23日 内蒙古自治区气象局、内蒙古自治区气象学会在呼和浩特市举行全区第二届地面气象测报技术比赛。

10月11日 国务院办公厅以国办发（1982）76号文件转发国家气象局关于气象部门管理体制第二步调整改革的报告：气象部门管理体制的调整改革，自1983年起实行。全国气象部门实行自上而下的以气象部门为主的双重领导。省、市、自治区及以下气象部门既是上级气象部门的下属单位，又是同级人民政府的工作部门。

10月 内蒙古自治区气象台业务楼交付使用。

1983 年

3月10—18日 内蒙古自治区气象局在呼和浩特市召开全区气象工作会议，国家气象局副局长骆继宾、顾问薛伟民，中共内蒙古自治区委员会副书记、自治区政府副主席李文出席会议并讲话。

3月16日 据国务院办公厅国办发（82）76号通知精神，内蒙古自治区政府副主席郝秀山主持召开气象部门管理体制接交会议。国家气象局副局长骆继宾、顾问薛伟民等参加会议，自治区政府有关职能部门的负责人参加会议。

5月21日 中共内蒙古自治区委员会发出《关于自治区气象局领导班子配备的通知》,任命王文辉为自治区气象局局长、党组书记;湖春、康守仁、吴鸿宾为气象局副局长、党组成员;于兴苗为气象局顾问、党组成员。

6月13日 内蒙古自治区气象局印发《关于成立内蒙古气象局技术发展协调办公室的决定》,王文辉局长兼办公室主任,成员19人。

7月21日 国家气象局印发《关于内蒙古自治区气象局处级机构设置和领导班子配备意见的复函》同意设办公室、业务管理处、科技教育处、计划财务处、人事处、机关党委、纪律检查组。局直属单位设:气象台、气象科学研究所、气候资料室、气象器材供应站、气象学校。

10月17日 国家气象局印发《关于内蒙古自治区盟市气象局机构设置问题的批复》,同意设:呼伦贝尔、兴安、哲里木、昭乌达、锡林郭勒、乌兰察布、伊克昭、巴彦淖尔、阿拉善盟气象处和包头市气象局,均为县团级,行使管理职能,并保留盟市气象台名称,实行处、台、局、台合一,一个机构,两个牌子。撤销呼和浩特市气象局,市气象台与自治区气象台合并。保留乌海市气象台,仍为科级单位。根据机构批复精神,内蒙古自治区气象局在呼和浩特市设立气象管理科。

是年 内蒙古自治区气象台713天气雷达正式工作。

1984年

2月1日 根据国务院决定,昭乌达盟于1983年11月更名为赤峰市。内蒙古气象局内气人字(84)08号通知,将昭乌达盟气象处更名为赤峰市气象局。

5月5日 内蒙古自治区气象局内气党发(84)第17号通知:根据中共内蒙古自治区委员会整党办公室的指示和部署,内蒙古气象局机关开始整党。成立整党办公室,湖春任主任。于1984年12月17日整党结束。

6月28日 内蒙古自治区气象学会召开第三届会员大会,通过新一届领导机构人选,选举王文辉为理事长。

7月27—31日 内蒙古自治区气象局在乌兰察布盟集宁市召开全区首届办公室主任会议。

9月10日 内蒙古气象局主办的《气象通讯》,试刊第一期正式出版发行。

9月12—19日 内蒙古气象局主办的"华北地区气象系统职工男子篮球'骏马杯'邀请赛"在呼和浩特市举行。

11月2—9日 国家气象局在呼和浩特市召开全国气象局长会议筹备座谈会,由国家气象局办公室副主任陈少峰主持。参加会议的有黑龙江、辽宁、山西、青海、甘肃、山东、湖南、湖北、广东、广西、四川、贵州、江苏、福建、内蒙古16省区气象局代表。会议讨论修改全国气象局长会议的两个主要文件。

11月26日 内蒙古自治区气象局局长王文辉参加由国家气象局组织的中国气象考察团赴日本,进行气象服务和管理工作的考察,于12月5日回国。

11月27日—12月2日 内蒙古自治区气象局、内蒙古自治区气象学会在呼和浩特市召开全区畜牧气象学术交流会。

12月14日 国家气象局(84)国气人字第490号函批复,同意内蒙古自治区气象局增设"行政管理处"(后更名为机关事务管理处)和"内蒙古自治区气象局通信台",均为直属县团级事业单位。

1985年

3月1日 内蒙古自治区气象局内气人字(85)014号通知,增设的行政管理处(机关事务管理处)和内蒙古自治区气象通信中心(通信台),均系区局直属县团级事业单位。

3月4日 国家气象局(85)国气办字第007号文批复同意内蒙古自治区气象局恢复《气象通讯》,内部发行,按规定设立编辑部,所需编制和经费由自治区自行调剂解决。

3月25日 内蒙古自治区气象局内气人干字（85）019号通知，设内蒙古自治区大气探测中心，为县团级直属事业单位。

4月11日 内蒙古自治区气象局内气办字（35）013号转发国家气象局（85）国气办字第010号印发国务院办公厅3月29日国办发（1985）25号，关于气象部门开展有偿服务和综合经营的通知。

4月20日 内蒙古自治区气象局内气人干发字（85）022号"关于局机关和直属处级机构调整的通知"：根据"简政、放权、合并、归口"的原则，在机构总数不增加的前提下，对局机关和直属处级机构进行如下调整：局机关的处室由7个调整为6个，即：办公室、人事处、计划财务处、系统工程处、机关党委、纪律检查组。局直属单位由原来的7个调整为8个，即：内蒙古自治区大气探测中心、天气预报中心、气象通信中心、气候资料中心、专业气象研究中心、气象干部教育中心、气象物资供应中心、机关事务管理处。

5月 加拿大海外服务执行部萨期克彻温大学农业工程学教授、威斯泰尔农业设备公司顾问道宁博士到内蒙古自治区气象局毕克齐农业气象试验基地考察冬小麦越冬冻害防御的试验研究工作。

6月13日 在由《中国青年》等10家青年杂志社联合发起的"为边陲优秀儿女挂奖章"活动中，内蒙古自治区气象部门的7名获奖气象员赴京参加表彰大会。其中：扎赉特旗沙巴尔吐气候站郭强、拐子湖气象站姜峰获得银质获章；孟根楚鲁牧业气象试验站李银枝、杭锦旗伊克乌素气候站许彦慧（女）、海力素气象站贾永厚、扎鲁特旗巴雅尔吐胡硕气候站徐宝山（蒙古族）、苏尼特右旗气象局扎木苏（蒙古族）获铜质奖章。

8月6日 内蒙古自治区气象局内气系字（85）011号通知，颁发《盟市处（局）长业务承包奖惩办法》，从7月1日起在全区试行。

8月16—20日 全国气象仪器情报网华北分网第一届年会在呼和浩特市召开。8月17日，中共国家气象局党组（85）国气党字第037号通知，免去于兴苗内蒙古自治区气象局顾问、党组成员职务。

10月21—23日 以蒙中友协主席、蒙古水文气象管理总局局长巴·米格玛尔扎布为团长的蒙中友协代表团到内蒙古气象局参观访问。

1986年

1月9日 上午11时35分，内蒙古自治区大气探测中心电解水制氢室因制氢爆炸，将制氢室房顶及墙壁炸塌。造成在制氢室工作的雷达云图科副科长包明不幸遇难身亡。

1月30日 内蒙古自治区气象局劳动服务公司召开成立三周年庆祝大会。公司已有9个经营网点，就业人数达133人，其中安排待业青年及职工家属89人。产值和经营额为119.4万元，实现利润15.5万元。

2月27日—3月4日 内蒙古自治区气象局召开全区盟市气象处（局）长会议。

3月15日 内蒙古自治区气象局对直属各中心实行目标管理，下达了1986年度直属单位《任务书》。局长王文辉和各中心负责人分别在任务书上签字。

4月22日—26日 全区农业气象工作暨学术交流会议在呼和浩特市召开。5月28日，中共国家气象局党组以（86）国气党字第014号通知，夏彭年任中共内蒙古自治区气象局党组成员。

5月30日 内蒙古自治区政府副主席白俊卿前往"86301"部队机场看望在自治区执行人工降雨试验任务的机组人员和自治区气象科研所的驻场人员。

6月14日 内蒙古自治区政府副主席白俊卿到自治区气象台视察工作。

6月23—25日 华北地区高级专业技术职务评审委员会在呼和浩特市召开。

7月4—6日 加拿大奎尔夫大学土地资源系微气象学专家艾伦应内蒙古自治区气象局邀请，到呼和浩特市讲学。

7月 呼和浩特市发生严重干旱，7月降水量仅12毫米，为历史最低纪录。

8月5日 中共内蒙古自治区气象局原党组书记，副局长沈三元骨灰安放仪式在呼和浩特市大青山革命公墓隆重举行。

8月8—10日 中国气象学会在呼和浩特市召开中国气象学会秘书长会议，自治区政府副主席白俊卿到会看望会议代表。

8月11—16日 由中国气象学会大气物理专业委员会主持的第九届全国云雾物理和人工影响天气学术交流会在呼和浩特召开。

8月12日 日本气象协会关西本部调查部次长小海洋与解说部课长北野重树到内蒙古自治区气象局参观座谈。

8月13—17日 国家气象局水分试验和干旱课题交流会在临河市召开。

8月19日 内蒙古自治区气象局以内气干字（86）013号文任命汪厚基为副总工程师，兼系统工程处处长。

8月23日 内蒙古自治区气象局对直属单位机构名称和业务分工进行了调整。调整后保留五个中心，即：自治区天气预报中心（对外仍称内蒙古自治区气象台）、自治区大气探测中心、自治区气候资料中心、自治区气象通信中心、自治区专业气象研究中心改称为自治区专业气象中心（对外仍称内蒙古自治区气象科学研究所）。取消自治区气象干部教育中心和气象物资供应中心，保留和恢复气象学校和物资管理处（对外称内蒙古自治区气象物资供应站）。自治区气象计算中心、情报中心分别改名为自治区气象局计算站（挂靠在天气预报中心）和科技情报室（挂靠在专业气象中心）。同时决定加强系统工程处的工作，扩大职权范围，充实精干的管理人员。

8月26—30日 由国家气象局计划财务司主持的全国气象部门有偿专业服务和综合经营财务管理经验交流会在呼和浩特召开。

9月9—12日 全国第二届林火气象及林火预报学术讨论会在呼和浩特召开。

9月15—19日 内蒙古自治区气象部门综合经营工作会议在哲里木盟（今通辽市）奈曼旗气象局召开。

9月16—20日 全国畜牧气象学术交流会在呼和浩特召开。

9月21—23日 联邦德国农业气象专家米勒教授来内蒙古自治区讲学。

9月27日 中共国家气象局党组以国气党发字（1986）第086号通知，湖春任中共内蒙古自治区气象局党组副书记。

10月10—12日 内蒙古自治区气象服务座谈会在乌兰察布盟集宁市召开。

10月28日—11月1日 内蒙古自治区气象现代化工作会议在呼和浩特召开。

12月27日 内蒙古自治区劳动模范表彰大会在呼和浩特隆重举行。阿拉善盟拐子湖气象站和乌兰察布盟化德县气象局被评为先进集体，伊克昭盟气象台预报员贺勤、化德县气象局局长赵宝、拐子湖气象站站长姜峰、自治区气象科研所助理研究员樊锦沼被评为自治区劳模，出席大会受到表彰。

1987年

1月22—23日 自治区气象局劳动服务公司召开首届职工代表大会。

2月5日 自治区人民政府副主席白俊卿听取自治区气象局局长王文辉关于全国气象局长会议精神和区局1987年工作打算。

2月18—21日 全区气象服务工作会议在呼和浩特市召开。

5月7日 自治区气象局机关团委召开"新长征青年突击手"表彰大会。16名新长征青年突击手受到表彰。

6月13日 国家气象局在北京隆重召开大会，表彰在大兴安岭扑火救灾服务中做出贡献的先进单位和个人，自治区气象局副局长湖春出席。呼伦贝尔盟气象处、王文辉、马慧萍受到国家气象局通令嘉奖。

6月21日 国务院田纪云副总理接见来自黑龙江、吉林、内蒙古的人工降雨气象科技人员及飞机机组全体人员。

6月24日 国家气象局局长邹竞蒙发电祝贺内蒙古6月21日人工降雨获得成功。

7月4日 全区气象系统首期科、处级现职干部培训班在呼和浩特市举办。

7月20—22日 自治区人民政府召开"自治区扑火救灾表彰大会",自治区气象局长王文辉以"自治区扑火救灾模范个人"代表,自治区人工降雨办公室副主任、气象科研所所长夏彭年代表"自治区人工降雨办公室模范集体"出席表彰大会。

7月27日 自治区副主席白俊卿到内蒙古气象台,检查汛期和自治区成立40周年庆典气象服务部署落实情况。

8月24日 全区气象部门首次思想政治工作研讨会在锡林郭勒盟锡林浩特市召开。

9月19—22日 蒙古人民共和国水文气象管理局总部外事负责人丹布瑞道尔吉一行2人到自治区进行短期考察。

9月21—25日 自治区气象局在呼盟海拉尔市召开全区气象部门综合经营经验交流暨表彰会。

1988 年

3月10日 直属单位结构进行局部调整:自治区大气探测中心与自治区气候资料中心合并,成立自治区大气探测资料中心。组建自治区气象服务中心。

3月21日 自治区气象局做出"关于表彰'双文明'建设先进集体先进工作者的决定"。授予拐子湖气象站等5个单位"内蒙古自治区气象部门'双文明'建设先进集体标兵"称号;授予乌兰察布盟(今乌兰察布市)气象处等16个单位"内蒙古自治区气象部门'双文明'建设先进集体"称号;授予姜峰等57名人员"内蒙古自治区气象部门'双文明'建设先进工作者"称号;对赵雅樵等全区参加气象工作30年以上的376名人员予以表彰。

3月23日 举办世界气象日报告会,自治区人大常委会副主任布特格其,自治区政协副主席韩明、暴彦巴图以及有关单位、各大新闻媒体负责人出席,区局局长王文辉主持报告会。

3月21—26日 全区气象部门"双文明"建设先进集体、先进工作者表彰大会暨盟市处局长会议在呼和浩特市举行,自治区政府副主席阿拉坦敖其尔出席并讲话。

4月19日 气象服务中心正式成立。

6月25—29日 全区盟市气象处局长会议在呼和浩特市召开,旨在贯彻全国气象局长会议精神,研讨加快深化全区气象部门改革方案。

8月5—9日 西班牙气象局局长马努埃尔·巴乌蒂斯塔·佩雷斯一行3人,对自治区进行友好访问。

9月16—20日 以蒙古人民共和国自然环境保护部第一副部长、蒙中友协主席米格玛尔扎布为首的蒙古国气象代表团一行3人对自治区进行参观、访问。

9月22—26日 年度华北地区气象工作会议在呼和浩特市举行。华北区域各省市区气象局长和有关负责人出席,国家气象局副局长温克刚莅会并讲话。

10月7日 全国、内蒙古两级人大常委会和国家计量局计量法实施检查团到自治区气象局了解《中华人民共和国计量法》贯彻实施情况。

11月29日 自治区人民政府办公厅发出通知,决定成立由自治区政府副主席阿拉坦敖其尔为总指挥,区局局长王文辉、区农委主任宝音图为副总指挥,区计委、财政厅、内蒙古军区等7个单位领导担任成员的自治区人工降雨防雹指挥部。

1989 年

3月1日 自治区气象局决定全区综合经营工作由计财处归口管理。

4月1日 自治区气象局召开《中国气象报》内蒙古记者站成立座谈会。自治区政府主席布赫,自治区人大常委会主任巴图巴根等党政领导题词,祝贺《中国气象报》创刊和内蒙古记者站成立。

4月21日 国家气象局党组对自治区气象局领导班子作出调整:党组书记、局长湖春,党组成员、副局长康守仁、吴鸿宾、夏彭年。

6月5日 自治区人民政府主席布赫亲临自治区气象局视察，局长湖春、副局长吴鸿宾陪同，布赫主席视察防汛抗旱服务工作。

10月17—26日 国家气象局局长邹竞蒙等一行五人到自治区调研指导工作。期间，自治区党委书记王群、自治区党委副书记、政府主席布赫、自治区政府副主席阿拉坦敖其尔会见邹竞蒙局长一行。

1990年

2月17—23日 全区气象处局长会议召开，自治区政府副主席阿拉坦敖其尔出席开幕式并作重要讲话。2月22日上午，自治区党委副书记、政府主席布赫在刘珍秘书长陪同下，到会看望出席全区气象处（局）长会议的全体代表，并作重要讲话。

3月23日 自治区气象和水文部门在呼和浩特联合举行报告会，隆重纪念世界气象日。

6月9—15日 应国家气象局邀请，由苏联中央高空观象台研究室主任谢列金等一行2人组成的苏联水文气象委员会人工控制天气代表团，对我区进行为期7天的访问和学术交流。

10月12—20日 全国气象部门人事劳资统计干部培训班在呼和浩特举行。

1991年

2月6日 自治区政府副主席阿拉坦敖其尔携自治区农委总农艺师刘永安及出席全区农业工作会议的9个盟市的副盟市长或秘书长，应邀到自治区气象局参观指导工作。

3月22日 纪念世界气象日报告会在呼和浩特市举行。自治区人大常委会副主任布特格其、许令妊，政协副主席暴彦巴图等领导出席报告会。

5月8日 以蒙古人民共和国国家环境监督委员会气象科学研究院院长那其格道尔吉为团长的蒙古气象代表团一行三人结束对自治区人工增雨和防雹工作的参观、考察后回国。

9月24日—10月8日 由局长湖春率领的中国畜牧气象考察团一行3人，对蒙古人民共和国进行访问。

11月1—10日 应国家气象局邀请，蒙古人民共和国自然环境监督国家委员会副主席班吉尔哈率领气象代表团一行5人，对自治区进行访问。

12月20—22日 全区人工降雨防雹工作会议在赤峰市召开。

1992年

5月5日 自治区党委副书记、政府主席布赫亲赴白塔基地人工降雨防雹总指挥部值班室，代表内蒙古党委、政府慰问参与降雨作业的机组和气象科技人员。

6月9—19日 受国家气象局派遣，以自治区气象局夏彭年副局长为团长的中国人工影响天气代表团一行3人，对蒙古国进行考察访问。

7月23日 自治区气象局副局长吴鸿宾就自治区人民政府转发《国务院关于进一步加强气象工作的通知》，举行新闻发布会。

8月2—6日 "三北"地区各省（区、市）气象局第三次人事工作研讨会在呼和浩特召开，国家气象局人事司派员莅临指导。

10月10—12日 全区首届气象科技会议在呼和浩特举行。

10月16—25日 蒙古国畜牧气象科学院两位研究院人员来自治区同牧业、农业气象研究人员就协作项目进行学术交流。

1993年

3月18日 自治区气象局召开副处长以上干部会议，国家气象局副局长马鹤年代表国家气象局党组、自治区党委组织部宣布区局领导班子任免决定：任命副局长吴鸿宾为党组副书记，主持全面工作。

免去湖春的自治区气象局局长、党组书记职务。

4月27—30日 自治区气象局召开全区气象处（局）长会议，传达贯彻全国气象工作会议精神，重新修订"八五"后3年结构调整目标和任务。

5月19日 新任自治区政府副主席张廷武，在自治区农委主任傅守正、自治区政府调研室副主任徐兰池等陪同下到自治区气象局视察工作。

5月28日 自治区政府主席乌力吉与自治区农委、水利局等有关部门的领导，专门听取自治区气象局党组副书记、副局长吴鸿宾关于旱情及发展趋势的汇报，并研究相应对策。

6月14—24日 根据中蒙两国第二次科技合作交流协议，应中国气象局邀请，以蒙古自然环境部国家人工防雹基地主任巴图乌力吉率领的人工影响天气代表团一行两人，来自治区考察访问。

9月15日 中国台湾地区民航气象协会理事长、民航局气象中心主任气象员刘昭民先生应内蒙古气象学会的邀请，到自治区气象局参观访问。

10月10—15日 自治区气象局在呼和浩特市召开盟市处局长暨思想政治工作研讨会。

11月8—9日 根据中蒙两国第3次气象科技合作交流协议，应中国气象局邀请，蒙古环境保护部总工程师金巴扎木苏博士和布勒干省环境保护局局长朝伦组成的蒙古国畜牧气象代表团来自治区考察访问。

1994年

6月3日 自治区政府副主席张廷武，农牧办副主任多日诺到自治区气象局了解天气情况和飞机人工降雨开展情况。

6月24日 自治区气象局召开电话会议，部署抗旱防汛气象服务工作。

7月4—5日 中国气象局副局长李黄代表中国气象局党组到呼和浩特宣布局领导班子成员任免决定，夏彭年任自治区气象局党组书记、局长，孔燕燕任自治区气象局党组成员、副局长；免去吴鸿宾党组副书记、副局长职务，离职退休。

7月29日—8月3日 应自治区人工降雨防雹办公室邀请，美国犹他大学气象系教授、著名云物理专家Fukuta先生来自治区讲学。

9月9日 为认真贯彻《中华人民共和国气象条例》，自治区气象局与自治区政府法制局联合召开新闻发布会。

9月14日 自治区气象局局长夏彭年和农牧业气象中心负责人向自治区党委汇报利用卫星遥感监测分析全区主要牧区牧草产量最新结果。

1995年

2月13—17日 自治区气象局召开全区气象处（局）长暨基础业务、人工影响天气工作会议。期间，与会代表参加自治区农牧业工作会议开幕、闭幕式。

4月17—22日 中国气象局办公室、气候司、科教司和国家气象档案馆检查组一行4人，对自治区气象档案工作和管理体制进行检查调研。

5月17日 由自治区气象局主办，农业、水利、畜牧、林业等厅（局）联合召开的"全区旱情及抗旱对策措施会商会"在呼和浩特召开。

5月18日上午 自治区党委书记刘明祖、副秘书长邢宝玉等5人到区局，察看卫星遥感监测设备监测到的火区，详细询问火区位置、范围、过火面积等情况。

6月30日—7月2日 以自然环境保护部人工影响天气中心主任楚伦巴特为团长的蒙古国气象代表团来我区访问。

7月27日 自治区气象局、公安厅消防局在包头市联合召开内蒙古自治区防雷、防静电消防安全工作会议。

7月30日—8月2日 德国Hohenhelm大学教授W.A.Müuer先生来我区进行学术访问。区局夏彭年局长、陈光明副局长接见米勒先生。

8月10—12日 北京大学地球物理系教授、中科院院士赵柏林，北京气象学院教授、中科院院士丑纪范，气科院杜行远研究员、国家气象中心郭肖容来我区讲学。

8月25—29日 由中国气象科学研究院主办的"1995年全国农业气象产量预报会商会"在内蒙古自治区气象局召开。

11月8日 经中国气象局、内蒙古档案局联合组成的国家级评审验收组评估验收，内蒙古气象档案馆以99.1分的优异成绩，晋升为国家一级档案管理单位，在全国气象系统和全区直属事业单位中率先跨入国家一级档案馆行列。

11月22—27日 中国气象局李黄副局长一行4人来到自治区调研，并检查指导工作。

12月8日 自治区政府副主席张廷武携政府办公厅、自治区计委、财政厅有关负责人一行7人，到区局听取1995年工作情况汇报和1996年气象工作安排以及"九五"气象事业发展规划。

1996年

2月16日 自治区气象局党组决定对华云经济技术贸易公司进行停业整顿。

2月29日 全区农牧业工作会议在呼和浩特召开，直属单位和盟市处局长参加会议。

2月29日—3月6日 全区气象工作会议在呼和浩特召开。会议总结"八五"气象工作经验和1996年全区气象工作，安排和部署1997年工作任务和"九五"及今后15年全区气象部门的奋斗目标，自治区政协副主席夏日、自治区人大常委会农牧委主任朝日格图出席开幕式并讲话。

3月3日 自治区副主席张廷武主持召开气象工作座谈会，听取自治区气象局关于1996年气候及年景预测、人工影响天气、贯彻落实国发25号文件和"9210工程"进展情况的汇报。

3月26日 中国气象局党组副书记、副局长温克刚来自治区气象局宣布：湖涛、李红宇二位同志任自治区气象局党组成员、副局长，并做重要讲话。

3月30日—4月4日 蒙古水文气象研究所农业气象专家Damdin Dagvadorj博士对内蒙古自治区进行访问。

7月25—31日 全国气象部门科技干部管理工作研讨会在呼盟海拉尔召开，中国气象局人事司副司长王祖亭主持会议，自治区人民政府副主席王凤岐出席会议。

7月26日 自治区政府副主席、自治区人工降雨防雹指挥部总指挥张廷武率有关盟市领导到东部人工降雨基地检查指导工作。

8月19—20日 全区农业产量预报会商会在呼和浩特市召开。

9月2日 自治区人工降雨防雹指挥部、农牧业气象中心、呼盟气象处、兴安盟气象处荣立防扑火一等功，受到自治区政府表彰；夏彭年、陈光明、王汉生、纪传珊被自治区防火指挥部授予"防扑火先进工作者"称号，记二等功。

12月11日 全区气象部门首届天气预报技术比赛气象知识竞赛在自治区气象台举行。

1997年

1月7—11日 全区气象局长会议在呼和浩特召开，专题讨论《内蒙古自治区气象条例》初稿、精神文明建设（9503）工程实施方案和台站综合改善等议题。

1月9日 自治区政府副主席张廷武主持召开气象工作座谈会，专题研究发展地方气象事业问题。

1月27日 自治区气象局局长夏彭年当选为内蒙古政协常务委员会委员。

2月5日 自治区财政厅发出《关于解决气象部门地方性补贴、津贴所需经费如何承担的通知》，按照分级负责的原则，地方财政承担气象部门二分之一的地方性补贴、津贴，并纳入预算。

5月11日 晋、冀、蒙三省区气象科技扶贫协作联席会议在集宁召开。

5月31日 《内蒙古自治区气象条例》经自治区八届人大26次常委会议审议通过，从即日起实施。

7月18日 应自治区党委、政府邀请，中国气象局副局长马鹤年率团抵呼，参加自治区成立50周年庆典，并深入部分基层台站慰问。

8月9日 中国气象局副局长马鹤年在区局局长夏彭年陪同下视察锡林郭勒盟牧业气象试验站及试验基地。

9月2日 自治区气象局召开全区贯彻实施《内蒙古自治区气象条例》座谈会，应邀出席会议的有内蒙古人大常委会副主任伊均华，内蒙古政府办公厅副主任吴永新，内蒙古人大农牧委副主任孙华，法制局、农管局、广播电视厅、环保局、农业厅、畜牧厅、林业厅、水利厅、军区司令部、邮电局、计委、财政厅、科委、建设厅等派员参加。

10月16日 中国气象局局长、党组书记温克刚到区局宣布自治区气象局领导班子调整决定，赵国卫任党组书记、局长；免去夏彭年区局党组书记、局长职务；免去湖涛同志党组成员、副局长职务，调吉林省气象局工作。自治区党委常委、组织部长冯秦、中国气象局人事司副司长张玉敏等参加会议。

12月4日 自治区党委副书记、自治区常务副主席王占听取自治区气象局党组书记、局长赵国卫工作汇报。

12月12日 自治区人民政府办公厅下发《关于给基层气象台站划拨土地的通知》，要求各级政府给当地气象台站划拨30～50亩*宜农或宜牧土地，作为气象部门进行农牧业综合开发和为农牧业服务的试验基地。

12月15—16日 根据中蒙大气科技合作协议，中蒙第三届干旱与半干旱地区气候变化国际学术研讨会在北京举行。研讨会由中国国际合作部和国家气候中心主办。参加研讨会的蒙方代表6人，中方代表17人。

1998年

1月10日 11时50分河北省张家口地区张北与尚义县交界处发生6.2级地震。自治区与之毗邻的乌兰察布盟（今乌兰察布市）兴和、化德、商都县和锡林郭勒盟太仆寺旗气象局部分房屋遭到程度不同的损坏。

1月19日 赵国卫局长向自治区政府副主席傅守正、郝益东等领导汇报参加全国气象局长会议情况及下一步工作安排。

2月10日 自治区党委副书记王占听取区局副局长陈光明关于全区旱情及未来发展趋势的汇报。

2月12日 自治区政府副主席傅守正听取自治区气象局副局长李红宇、陈光明、孔燕燕关于全国气象局长会议主要精神汇报。

2月14—18日 全区气象局长会议在自治区气象局召开，会议与自治区农村、牧区工作会议套开。

2月15日 自治区政府召开气象工作座谈会，区局领导和盟市局一把手参加，政府办公厅主任吴永新主持座谈会，自治区副主席傅守正作总结讲话。

2月17日 赤峰市、巴彦淖尔盟（今巴彦淖尔市）、乌兰察布盟（今乌兰察布市）气象局分别荣获内蒙古政府颁发的气象"银河杯"一、二、三等奖。

3月5日 自治区政府副主席郝益东在区局主持召开抗灾保畜气象服务座谈会。

3月6日 自治区召开纪念"三八"国际劳动妇女节暨表彰先进妇女电视会议，李红宇副局长荣获全国"三八红旗手"和自治区"巾帼建功标兵"称号，并受到表彰。

3月23日 自治区气象局与自治区气象学会联合召开纪念世界气象日座谈会，自治区人大常委会副主任张廷武、政府副主席傅守正、政协副主席格日勒图等出席会议并讲话。

3月27—29日 1998年晋冀蒙三省区气象科技扶贫联席会议在山西省大同市召开。

3月30日 自治区人民政府发出《内蒙古自治区人民政府关于加快发展气象事业的通知》。

5月11日 中国气象局党组决定陈光明任自治区气象局巡视员，免去其副局长职务。

5月13日13时47分 自治区气象局农牧业气象中心通过卫星遥感监测资料，首先发现兴安盟境

---
* 1亩≈666.7平方米，下同。

内有森林大火，随即向自治区政府和防火办公室报告。

5月20日 自治区气象局"扑火前线人工增雨气象服务临时指挥部"在兴安盟乌兰浩特成立，区局副局长李红宇任总指挥。

5月22日 中国气象局给自治区气象局发来传真慰问电。

6月29日—7月5日 根据中蒙气象科技合作第五次会议纪要规定，蒙古国气象代表团一行8人对内蒙古自治区进行访问。

7月13—19日 中国气象局副局长刘英金携产业发展与装备部副司长朱小华等一行5人到内蒙古自治区调研，自治区政府副主席傅守正会见刘英金。

7月29日上午 自治区政府常务副主席周德海、副主席郝益东，政府办公厅副主任卫庆国，特约自治区防汛总指挥部办公室主任刘瑞洗等一行5人专程到区局听取天气情况汇报。

8月10—17日 以自治区气象局李红宇副局长为团长的中国内蒙古气象代表团一行8人对蒙古国进行访问。

8月21—23日 华北区域暨全区气象产业工作研讨会在锡林浩特市召开。

10月20—22日 全区气象局长工作研讨会在包头市召开。12月自治区政府授予赤峰市、哲里木盟（今通辽市）、伊克昭盟（今鄂尔多斯市）气象局"银河奖"。

1999 年

1月21日 自治区召开全区森林草原防火工作会议，自治区政府副主席傅守正参加会议。

2月16—23日 以自治区气象局副局长孔燕燕为团长的中国气象代表团一行13人，参加世界气象组织（WMO）在泰国清迈召开的第七届人工影响天气科学讨论会。

3月22日 自治区气象局成立内蒙古气象科技开发中心，与原内蒙古农牧业气象中心合署办公，实行一套人马，两块牌子管理。

3月29—30日 全区人工增雨防雹工作会议在区气象局召开。

4月9日 内蒙古区局军事气象保障分队宣告成立。

5月6日 自治区人民政府办公厅批转区局《关于进一步加强人工影响天气的报告》。

7月 经中国气象局党组研究并征得内蒙古自治区党委同意，任命沈建国为内蒙古自治区气象局副局长；免去陈光明内蒙古自治区气象局党组成员、巡视员职务，办理退休手续。

7月27日 中国气象局副局长刘英金一行专程参加区局党组"三讲"教育总结大会。

8月20—21日 全区沿黄地区防汛抗旱工作会议在包头市召开。自治区党政领导刘明祖、任亚平、傅守正等出席会议。

8月17—19日 由辽宁省锦州市、阜新市、朝阳市、葫芦岛市、河北省承德市和内蒙古赤峰市三省六市共同举办的辽冀蒙部分地区气象技术协作会在赤峰市召开。

8月20—22日 由北京区域气象中心举办的北京区域气象信息卫星网络系统管理研讨会在呼和浩特召开。

12月22日 自治区政府副主席傅守正就宣传实施《中华人民共和国气象法》，在内蒙古电视台发表电视讲话。

12月23日 自治区人大和人民政府联合举办贯彻实施《气象法》座谈会在内蒙古政府礼堂召开。自治区人大常委会副主任张廷武、自治区人民政府副主席傅守正出席会议并讲话。年内，自治区政府授予乌兰察布盟（今乌兰察布市）、赤峰市、通辽市气象局"气象科技防灾减灾奖"。

2000 年

1月14—16日 全区农村牧区工作会议在呼和浩特召开，区局各直属事业单位和局机关各处室主要负责人参加开幕式和闭幕式。

1月18日 内蒙古自治区党委、自治区政府、军区共同下文，表彰1998—1999年度自治区级文明单位，自治区气象局机关榜上有名。

4月7日 自治区气象局举行"自治区级文明单位"挂牌仪式。

3月20—21日 自治区气象局和自治区邮电管理局合作，在呼和浩特召开全区电话气象信息服务经验交流暨研讨会。

6月19—21日 受中国气象局党组的委托，人事劳动司司长萧永生等三人到区局检查党组"三讲"教育"回头看"工作。

8月18—21日 华北人工影响天气协作交流会在呼和浩特召开，中国气象局科教司和区局负责人出席会议。

8月21—27日 以蒙古色楞格水文和环境监测中心主任 T. Luvsandorj 为团长的蒙古"农业气象代表团"一行5人，对自治区气象局进行访问。

8月25—27日 晋冀蒙气象科技扶贫协作会议在呼和浩特召开。

9月10日 自治区气象档案馆被中国气象局授予"全国气象档案工作先进集体"称号。

9月10—16日 以蒙古水文气象局人工影响天气中心 Chuluun Luvsandorj 先生为团长的蒙古国气象代表团一行5人，就人工影响天气和沙尘暴灾害性天气方面与自治区有关专家交流。

9月24—26日 全区气象部门精神文明建设暨思想政治工作座谈会在呼和浩特召开，中国气象局、自治区和各盟市文明办、气象局负责人出席。

9月25日 自治区人民政府授予自治区气象局"内蒙古自治区森林草原防扑火工作先进集体"荣誉称号，并记一等功。

12月12日 内蒙古自治区第九届人民代表大会常务委员会第二十次会议审议通过《内蒙古自治区人民代表大会常务委员会关于修改〈内蒙古自治区气象条例〉的决定》，自公布之日起施行。

12月14日 中国气象局和内蒙古自治区精神文明建设委员会决定：授予内蒙古自治区气象部门"创建文明行业先进系统"的称号。

2001 年

1月1日 自治区大部地区出现扬沙和沙尘暴，中东部发生严重白灾。

1月15—17日 在呼和浩特市召开五年一次的全区气象工作会议。

1月16日 自治区气象部门"创建文明行业先进系统"命名大会在呼和浩特举行。中国气象局党组成员、副局长、文明委副主任刘英金，自治区人大常委会副主任张廷武，自治区政府副主席傅守正，自治区政协副主席夏日出席会议。

6月8日 自治区政府副主席傅守正在自治区气象局副局长李红宇、沈建国和局长助理李彰俊的陪同下，到区局慰问为抗旱昼夜坚守在业务一线的气象工作人员。

6月28日 经中国气象局党组研究并征得中共自治区党委同意，李彰俊任自治区气象局党组成员、副局长；何卫卫任自治区气象局党组成员、党组纪检组组长。

10月30日 22名参与竞聘区局机关处级领导职位的人员，在全体公务员、直属事业单位领导和高工参加的干部大会上进行竞聘演讲与答辩，其后进行民主测评、组织考察、研究拟任、任前公示和任命上岗程序。

12月14日 自治区党委副书记、政府副主席岳福洪，政府副主席傅守正就内蒙古人工影响天气工作未来发展重大事宜专程到京，访问中国气象局。中国气象局局长秦大河，副局长郑国光会见自治区领导，双方就共同关心的事宜交换意见，并取得广泛共识。

2002 年

1月16—18日 全自治区气象局长工作会议在呼和浩特召开。会议期间，自治区人民政府召开气象工作座谈会。政府副主席傅守正出席会议，副秘书长吴永新主持会议。

2月1日 自治区人民政府副主席傅守正和政府副秘书长吴永新等领导同志代表自治区党委和政府，自治区气象局看望、慰问一线值班人员。2月11日，自治区党委、政府、内蒙古军区联合命名巴彦淖尔盟（今巴彦淖尔市）气象局、鄂尔多斯市伊金霍洛旗气象局和乌兰察布盟（今乌兰察布市）化德县气象局为2000—2001年度自治区级文明单位。

3月23日 自治区气象局气象学会与办公室和机关党委办公室共同举办世界气象日纪念活动。

3月27日 中国气象局经研究并征得中共内蒙古自治区党委同意，乌兰任自治区气象局党组书记、局长；免去赵国卫内蒙古自治区气象局党组书记、局长职务，另有任用；免去孔燕燕内蒙古自治区气象局党组成员、副局长职务，由中共内蒙古自治区党委另行安排工作。中国气象局党组成员、副局长刘英金宣布任职决定。

4月10日 乌兰局长向自治区政府傅守正副主席汇报工作。

4月10—15日 自治区西部大开发生态建设书画摄影艺术大展在内蒙古美术馆开幕，全自治区气象部门41幅书画作品和13幅摄影作品参展。

4月16日 中国气象局人事劳动司副司长王怀刚到自治区气象局挂职任副局长。

4月18—20日 北京区域气象中心第十二届气象局长联席会议于在河北省秦皇岛市召开。

5月6—8日 以蒙古国家气象水文和环境监测局局长恩和特布新为团长的蒙古国家气象代表团一行三人，按照中国气象局与蒙古国家气象水文和环境监测局气象科技合作第七次会谈纪要，到内蒙古自治区进行为期三天的访问。

6月10—12日 黑龙江省气象局、吉林省气象局、辽宁省气象局和内蒙古自治区气象局在呼和浩特召开四省（自治区）沙尘暴监测、预警、联防工作研讨会。

6月27日 自治区人民政府发布《内蒙古自治区防御雷电灾害管理办法》，自2002年8月1日起施行。

7月23日 中国工程院院士许健民和中国气象局气候中心短期气候研究室研究员何敏应邀到自治区气象局为科技人员做学术报告。

7月27日 呼伦贝尔市北部原始林区发生火灾。

7月28—31日 2003年全国气象部门预算编制培训班在呼和浩特举办。中国气象局副局长许小峰、计划财务司司长韩通武出席。

7月31日 自治区人民政府法制办公室和自治区气象局联合召开宣传贯彻《内蒙古自治区防御雷电灾害管理办法》座谈会。自治区人大常委会副主任张廷武、自治区政府副主席郝益东到会并讲话。

8月22日 中国气象局向内蒙古自治区气象局、国家卫星气象中心、国家气象中心发慰问电，对3个单位在扑灭大兴安岭北部原始林火灾中所做的专项服务工作给予充分肯定。

9月5—8日 自治区气象局成功主办北京区域气象部门男子排球赛。

10月20日 兰州大学资源环境学院内蒙古教学实验基地揭牌仪式暨首届研究生进修班开学典礼在自治区气象局举行，中国科学院院士丑纪范参加仪式。

12月1—6日 受中国气象局党组委派，由中国气象局监测网络司助理巡视员潘正林为组长的艰苦气象台站专题调研组一行4人到内蒙古自治区，对西部艰苦气象台站情况进行专题调研。

2003年

1月14日 中国气象局批准呼和浩特、鄂尔多斯新一代天气雷达系统立项。

2月17日 中国气象学会副秘书长庄肃明到自治区气象局挂职任副局长，挂职期为一年。

2月17—19日 全自治区气象局长会议在呼和浩特召开，与会代表参加了全自治区农村牧区工作会议。

2月19日 自治区政府在自治区气象局召开人工影响天气暨发展地方气象事业座谈会。自治区人民政府副主席雷·额尔德尼出席；各盟市行署（政府）主管气象工作领导和自治区人工影响天气指挥部成员单位领导以及全区气象局长会议代表参加座谈会。

2月20日 自治区人民政府印发《内蒙古自治区人工影响天气管理办法》。

4月22日 自治区气象局召开动员大会并向各盟市气象局和各直属单位发出通知,部署"非典"型肺炎防治工作。

5月5日 气象卫星遥感中心发现根河市南部地区森林有着火点,成立以乌兰局长为组长的防扑火气象服务工作领导小组和技术组。

5月7日 局长乌兰率自治区人影专家赴火场前线指挥扑火气象服务工作。

5月11日 根河市南部地区森林火灾经过两架人工增雨飞机增雨作业,火场降水2~5毫米,火被扑灭。

5月底 自治区气象局职能处室、直属单位、各盟市气象局共为预防"非典"捐款119100元。

6月4日 自治区政府副主席雷·额尔德尼在《内蒙古人工影响天气简报》第七期上批示:气象局在今年5月的几次大火扑灭工作中,人工增雨工作非常及时,为扑灭森林草原火起到了很大的作用,表示感谢!今年旱情较重,特别是东部地区更为严重,请做好适时、及时的人工增雨安排。

6月9日 自治区党委书记储波在自治区气象台报送的关于东部四盟市近期有降雨过程的《气象信息》上批示:"呼伦贝尔和兴安盟要利用这次降雨过程抓增雨措施,以缓解旱情"。自治区政府副主席雷·额尔德尼也做了"自治区气象局要高度重视降雨过程,采取增雨措施"的批示。

8月4—8日 中国气象局局长秦大河一行8人由自治区政府副主席雷·额尔德尼、自治区气象局局长乌兰等陪同,对呼伦贝尔市气象局及所属额尔古纳市、根河市气象局、区局和包头市气象局的工作进行调研和指导。期间,自治区党委书记储波,自治区党委常委、秘书长任亚平,自治区副主席雷·额尔德尼会见秦大河局长一行。

8月16日 18时58分赤峰市巴林左旗、阿鲁科尔沁旗间发生5.9级地震,巴林左旗和阿鲁科尔沁旗气象局无人员伤亡,房屋受到一定程度破坏。

8月20—22日 全国气象部门气象文化建设暨创建文明行业会议在呼和浩特举行。

8月22日 《呼和浩特市建(构)筑物防雷工程设计审核、跟踪质量检测及竣工验收实施办法》经呼和浩特市人民政府第73次常务会议讨论通过,2003年9月6日发布,自2003年10月10日起施行。

9月16日 在呼和浩特市召开的全区两个文明建设经验交流会,自治区气象局被自治区精神文明建设委员会命名为自治区直属机关唯一的"全区道德建设先进集体"荣誉称号;自治区气象局机关被自治区党委、政府、军区命名为自治区"2002—2003年度自治区级文明单位标兵"荣誉称号;呼伦贝尔市气象局、赤峰市宁城县气象局、乌兰察布盟(今乌兰察布市)气象局、乌兰察布盟(今乌兰察布市)四子王旗气象局也被自治区党委、政府、军区命名为"2002—2003年度自治区级文明单位"荣誉称号。

10月10日 自治区气象局局长乌兰与自治区档案局李晓峰副局长签订"建设内蒙古档案信息网气象档案馆网站"协议书。

10月16日 中国"神舟"五号载人飞船航天飞行成功,内蒙古自治区气象部门干部职工200多人为之提供气象保障服务。

11月1—3日 中国气象局副局长李黄率领扶贫工作检查组一行8人到鄂尔多斯市杭锦旗检查指导中国气象局第一期扶贫工作,并送第二期扶贫工作组进驻杭锦旗。

12月1日 美国俄勒冈州州立大学生态学专家Dave Perry教授做了"21世纪生态学研究"和"生态系统稳定与恢复的相互作用"的学术报告;Jing Huang教授作"美国私有产业的保护"和"利用遥感(RS)和全球定位系统(GPS)技术分析森林的空间特性"学术报告。

12月20日 自治区气象局档案室被国家档案局、中央档案馆联合授予"全国档案工作优秀集体"。

12月24日 自治区气象局主办召开农口高校、科研院所科技合作联谊会,主题是加强科技合作,积极促进自治区农业科技快速发展。

12月25日 自治区党委书记储波在市局领导的陪同下参观、视察已建成的赤峰市多普勒天气雷达站。

12月27日 在自治区人民政府召开的全区林业工作会议上,自治区气象局被自治区人民政府授予"全区林业建设先进集体"。

2004 年

1月2日 中国气象局局长秦大河在北京会见自治区政府副主席雷·额尔德尼。

1月9日 自治区气象局卫星遥感中心副主任2名工作人员乘车到乌兰察布盟（今乌兰察布市）气象局联系业务，发生车祸，造成1人当场死亡，1人轻伤，车辆严重受损的重大交通事故。

2月15—16日 自治区气象局召开全区气象局长会议，全区人工影响天气工作会议和内蒙古气候生态环境监测工作会议同时召开。自治区政府副主席雷·额尔德尼出席会议闭幕式并作重要讲话。

3月17日 自治区人大发文，要求全区各盟市人大常委会（工作委员会）开展《中华人民共和国气象法》与《内蒙古自治区气象条例》执法调研。

3月24日 上午09时53分，锡林郭勒盟地区东、西乌旗交界处发生里氏5.9级地震。

5月9—12日 自治区人大常委会执法调研组组长、自治区人大常委会委员、农牧业委员会主任赛革一行6人在呼伦贝尔市人大常委会副主任刘永杰和区局副局长李红宇陪同下进行《气象法》和《气象条例》的执法调研工作。执法调研组深入牙克石市和鄂温克族自治旗调研。

5月17日 自治区政府副主席雷·额尔德尼在内蒙古气象台2004年第5期《气象参考》上批示：乌兰同志，气象局的工作很主动，在人工增雨工作方面成效显著。气象服务领域的工作也很有起色，请继续努力，为全区农牧业经济发展做出新的贡献。

5月19日 自治区气象局与中国气象科学研究院合作协议签字仪式在自治区气象局举行。

6月2日 中国气象局批复接收霍煤集团气象站，将其更名为霍林郭勒市气象局。

6月4日 由国家卫星气象中心和内蒙古气象局联合建立的北方遥感应用试验基地在内蒙古气象局举行揭牌仪式，并进行两场学术交流。

6月29日 中国气象局局长秦大河批示：昨天在国务院开会时，周生贤局长（国家林业局）面告，此次大兴安岭扑火工作，内蒙古自治区气象局领导、业务人员表现优异。表示感谢和表扬！

8月10日 自治区气象局召开气象服务座谈会。邀请自治区科技厅、农科院、牧科院、林科院、林业厅、水利厅、农牧厅、民政厅、环保局、国土资源厅、党委办公厅信息处和秘书处、政府办公厅信息处和秘书处的有关领导参加座谈会。

8月19日 自治区党委书记储波在自治区气象局上半年工作总结报告上批示：气象部门今年的工作积极主动，可圈可点。内蒙古的主要矛盾是干旱少雨，抓住每一次降雨条件，人工影响天气显得尤为必要。

9月26—30日 以蒙古国家气象水文与环境监测局局长助理孟根巴特尔为首的8人代表团在区局副局长沈建国等领导陪同下对自治区气象局、鄂尔多斯市及所属伊金霍洛旗、包头市气象局参观访问。

12月29日 自治区水利厅厅长等领导一行5人到区局共商气象水文合作事宜。

2005 年

1月5日 中国气象局中气党发〔2005〕4号文件决定：经研究并征得中共内蒙古自治区党委同意，任命裴浩为内蒙古自治区气象局党组成员、副局长。

1月29日 自治区气象局在呼和浩特首次举行盟市气象局主要负责人述职述廉述学报告会。

1月31日—2月3日 中纪委驻中国气象局纪检组组长孙先健一行5人到自治区看望慰问部分艰苦台站干部职工。

3月1日 内蒙古气象台信息网络保障科被授予全国"巾帼文明岗"荣誉称号。

3月22日 自治区人大常委会副主任哈斯巴根一行5人到自治区气象局听取中国气象事业发展战略研究成果和工作汇报。

3月24日 自治区气象局局长乌兰，副局长沈建国、李彰俊及有关单位（处室）负责同志与武警内蒙古森林总队总队长李全海，副总队长贾世宝、参谋长张忠国就合作进行森林草原防火灭火事宜举行座谈会。

4月7日 自治区8个厅局联合发文确定：自治区气象部门负责京津风沙源治理等工程区建设状况的遥感监测和地面监测订正，提供以苏木乡镇为单位的监测对比数据；对自治区生态重要区域的生态环境动态进行监测，为政府和相关部门提供监测数据和卫星影像产品，并协助财政部门监管本行业项目建设资金。

4月25日 自治区党委书记储波在"锡林郭勒盟浑善达克沙地生态动态监测报告"上批示：请锡林郭勒盟委书记和盟长阅，根据监测结果，加强针对性治理。

5月16日 自治区政府办公厅转发《国务院办公厅关于加强人工影响天气工作的通知》，并提出四点贯彻落实意见。

5月20日 自治区气象局召开创建全国文明单位动员大会，自治区直属机关工委副书记关英、宣传部长董金栋出席。

5月27日 自治区气象台康玲作为"全国民族团结进步模范个人"参加中央民族工作会议暨国务院第四次全国民族团结进步表彰大会会议并受到中共中央总书记、国家主席、中央军委主席胡锦涛等党和国家领导人接见。

6月17日 中国气象局决定自治区气象局副局长李彰俊到中国气象局科技减灾司挂职任副司长。

6月27日 自治区气象局与自治区民政厅联合下发"关于加强气象灾害信息合作的通知"，共同建立气象灾害信息合作体系。

6月28日 自治区气象局与兰州大学局校合作"3+1"（指在原院校学习3年大学本科基础知识，再学习一年大气科学知识）气象预报员培训班结业典礼在兰州大学榆中校区举行。

7月19日 区局召开保持共产党员先进性教育活动总结大会，自治区保持共产党员先进性教育活动第十五督导组三位领导出席。

7月21—22日 首届自治区气象部门职工运动会在呼和浩特内蒙古民族高等专科学校举行。

8月2—4日 全国旱区农牧业协调发展与减灾学术研讨会在自治区气象局召开。

8月24—29日 第三届国际沙尘暴与降尘天气专题学术研讨会在呼和浩特召开。研讨会由中国气象学会、内蒙古自治区科学技术协会、内蒙古自治区气象局、内蒙古气象学会、内蒙古师范大学地理科学学院、中韩大气科学合作中心等单位联合举办。

10月16日 内蒙古自治区部分农业气象科技人员与荷兰农业气象专家Kees（C.J.）Stigter教授就"农业气象适用技术推广"问题进行讨论和交流。

10月26日 全国精神文明建设工作表彰大会在北京人民大会堂举行。自治区气象局（机关）、呼伦贝尔市气象局等1001个单位被授予"全国文明单位"称号。

10月27日 根据《中国气象局与俄罗斯联邦水文气象与环境监测局气象科技合作第五次会议纪要》，俄罗斯联邦水文气象与环境监测局的五位专家与自治区气象专家进行科技学术交流。

11月8日 中国气象局副局长许小峰一行4人在自治区气象局局长乌兰陪同下，到杭锦旗视察扶贫工作，并送中国气象局驻杭锦旗第四期扶贫工作组成员韩万春、宋振鑫到职。

11月10日 内蒙古自治区气象局—内蒙古财经学院局校合作签字和内蒙古自治区气象经济研究所挂牌仪式在内蒙古财经学院举行。区局局长乌兰和内蒙古财经学院院长张亚民分别代表双方单位在协议上签字，并共同揭匾。

11月22日 自治区党委、政府和内蒙古军区授予自治区气象局、自治区气象台及乌兰察布市局"支持配合航天工程先进单位"；授予自治区气象台康玲、石少宏"支持配合航天工程先进个人"。

12月26日 自治区气象局举办《内蒙古自治区志·气象志》首发式。

2006年

1月13日 在全国气象局长会议上自治区气象局获得目标管理第四名，获得目标特别优秀达标单位称号。

2月8日 自治区政府副主席雷·额尔德尼听取自治区气象局党组工作汇报。

2月23—24日 五年一次的全区气象局长工作会议在呼和浩特市召开,全区人工影响天气工作会议一并召开。自治区人民政府副主席雷·额尔德尼出席会议并发表重要讲话,有关委办厅局、高等院校、科研院所的负责人应邀到会,区局、各盟市局及所属局站、各直属事业单位、机关各处室共计225人参加会议。

3月12—13日 受中国气象局委托,以甘肃省气象局副局长张强为组长的全国气象业务汛期检查组一行5人来自治区气象局检查工作。

3月19日 全自治区气象台长工作研讨会在呼和浩特市召开。

5月16日 17时,内蒙古生态与农业气象中心和呼伦贝尔市气象局通过卫星监测发现鄂温克旗境内出现火点。

6月1日 自治区气象部门抓住有利时机对火场实施飞机、火箭交叉立体人工增雨作业,增雨效果十分明显。

6月4日 黑龙江内蒙古森林火灾扑救工作总结表彰大会在海拉尔市召开。授予自治区气象局"扑火优秀保障单位"称号,授予呼伦贝尔市气象局"扑火先进单位"称号,授予局长乌兰"扑火优秀指挥员"和"扑火先进个人"称号,授予气象卫星遥感中心乌日娜、自治区气象台韩经纬和吴学宏"扑火先进个人"称号。

6月7日 自治区党委副书记、先进性教育领导小组组长杨利民带领自治区直属机关工委书记等领导到区局检查指导先进性教育"回头看"工作。

6月19日 大连市气象局局长赵国卫、纪检组长单宝华专程到自治区气象局,就落实中国气象局关于开展东西部台站对口交流合作活动事宜进行座谈。

7月13日 自治区气象局和大连市气象局对口交流合作签字仪式在大连市气象局举行。

7月29—31日 中国气象报2006年记者站长会议在呼和浩特市召开。中国气象局党组成员、中纪委驻中国气象局纪检组组长孙先健,自治区党委宣传部副部长单学文,中国报协行业委员会会长吕华麟出席会议。

8月24—28日 中国科学院院士丑纪范、中国工程院院士李泽椿一行5人,在自治区气象局沈建国副局长陪同下,对阿拉善艰苦台站进行调研。

8月25日—9月25日 自治区气象局举办全区首届气象科技活动月。9月20日,以蒙古水文气象局副局长苏德日乐策为团长的蒙古气象代表团一行8人,到自治区气象局调研工作。

10月20日 自治区气象局、科学技术厅、科学技术协会首次联合在呼和浩特召开全区气象科技工作会议。

11月1日 自治区人民政府下发《内蒙古自治区人民政府关于加快内蒙古自治区气象事业发展的实施意见》。

11月16日 呼和浩特市政府副市长高炜明一行4人到白塔人工增雨基地慰问气象科技人员和增雨机组人员。

11月20—22日 自治区气象局举办全区第六届地面气象测报业务技术比赛和第三届高空气象探测业务技术比赛。

11月24—25日 自治区气象局召开内蒙古气象局业务技术体制改革顶层设计工作汇报会议。

2007年

1月26日 在全自治区第六届地面气象测报业务技术比赛和第三届高空气象探测业务技术比赛中,获得地面和高空全能第一名的兴安盟索伦气象站王晓波、巴彦淖尔市乌拉特中旗气象局樊丽坤被自治区总工会授予"自治区五一劳动奖章"光荣称号。

4月3日 《内蒙古自治区气象灾害防御条例》经自治区人大十届常委会第27次会议审议通过,并于2007年7月1日起正式施行。5月31日,区局召开64个委、办、厅、局、企、事等单位参加的建设平安内蒙古、建设和谐内蒙古、加强气象服务座谈会。

6月29日 自治区气象局为庆祝中国共产党成立86周年和自治区成立60周年，举行"魅力内蒙古、和谐新气象"歌咏比赛。12个单位近400名职工参加。

8月9日 在内蒙古自治区第七次民族团结进步表彰大会上，内蒙古气象局作为自治区民族团结进步事业中做出突出贡献的模范集体在大会上受到表彰。

8月13日 自治区气象局局长乌兰与南京信息工程大学校长李廉水在呼和浩特签署合作协议。

8月22日 由《求是》杂志社主办的2007年中国首届生态小康论坛在呼和浩特市开幕。中国气象局局长郑国光应邀出席本次论坛并就全球气候变暖对生态与环境的影响及应对策略做专题发言。下午，在自治区政府副主席雷·额尔德尼陪同下，郑国光局长到自治区气象局，听取乌兰局长代表自治区气象局党组的工作汇报。晚上，自治区党委书记储波、主席杨晶在呼和浩特会见郑国光局长。

△ 自治区气象局特邀中国工程院李泽椿院士，国家气候中心朱蓉研究员做专题学术报告。

8月27日 自治区气象行业职工首届书法、绘画、摄影展在内蒙古美术馆举行。

9月18日 自治区党委、政府发出《关于命名表彰全区"迎大庆、讲文明、树新风"创建文明城乡、文明行业、文明单位的决定》，自治区气象部门8个单位榜上有名。

9月28日—10月8日 自治区接待办副主任贾志奇代表中国民族商品交易会组委会分别给自治区气象局、自治区气象台送来"2007年中国民族商品交易会优秀服务单位"铜匾。

10月23—24日 蒙古水文气象与环境监测局局长恩克图夫欣一行在自治区气象局局长乌兰和中国气象局国际合作司相关人员陪同下到乌海市气象局参观。

11月6日 中国气象局许小峰副局长一行在自治区气象局局长乌兰、鄂尔多斯市副市长白玉岭、秘书长吴勇、自治区扶贫办和鄂尔多斯市气象局领导陪同下到杭锦旗检查扶贫工作。

第一篇　天气与气候

第一章 气 候

第一节 气候特征

一、气候概况

内蒙古绝大部分地区属温带大陆性气候，主要气候特征如下：年平均气温在 $-5\sim10$ ℃，自东向西增高。东部地区大部年平均气温在 $-5\sim6$ ℃，中部地区年平均气温在 $0\sim6$ ℃，西部年平均气温在 $6\sim10$ ℃。降水稀少，年降水量在 $50\sim500$ 毫米，自东向西减少。东部地区大部年降水量在 $300\sim500$ 毫米，中部部分地区年降水量在 $150\sim400$ 毫米，西部降水最少，年降水量不足 100 毫米，部分地区不足 50 毫米。年日照时数在 $2600\sim3400$ 小时，其分布规律为从东北向西南逐渐增多。主要气象灾害有旱灾、风灾、霜灾、雹灾、雪灾、虫灾、雷电、寒潮等，其中最严重的是旱灾。

1.气温

内蒙古年平均气温自东北向西南逐渐增高。呼伦贝尔市北部地区气温最低，其中牙克石市图里河为 -4.4 ℃，呼伦贝尔市大部地区、兴安盟阿尔山市低于 0 ℃；呼伦贝尔市西部的满洲里市、新巴尔虎右旗及南部的扎兰屯市、阿荣旗、莫力达瓦达斡尔族自治旗，兴安盟西中部，锡林郭勒盟大部，通辽市西北部、赤峰市偏西偏北部，乌兰察布市大部，呼和浩特市北部，包头市北部、巴彦淖尔市乌拉特后旗在 $0\sim5$ ℃；其余地区均在 $5\sim9$ ℃，气温最高的地区在阿拉善盟西部。

2.降水

内蒙古降水量一般在 $50\sim500$ 毫米，自西向东逐渐增加。阿拉善盟西部降水量最少，平均年降水量在 50 毫米以下，其中额济纳旗仅 35.2 毫米，为自治区降水量最少的站点。阿拉善盟东部、巴彦淖尔市大部、鄂尔多斯市西部 $100\sim250$ 毫米，鄂尔多斯市东部、包头市、呼和浩特市、乌兰察布市北部、锡林郭勒盟西北部、呼伦贝尔市西部 $250\sim350$ 毫米，乌兰察布市南部，锡林郭勒盟南部、东部，赤峰市大部，通辽市西北部，兴安盟，呼伦贝尔市中部 $350\sim450$ 毫米。降水最多的地区是呼伦贝尔市东部和通辽市东南部，降水量在 500 毫米左右，其中鄂伦春自治旗达 533 毫米，为内蒙古降水量最多的站点。

3.日照

年日照时数在 $2600\sim3400$ 小时。其分布规律为从东北向西南逐渐增多。日照时间最短在牙克石市图里河为 2496 小时，最长在额济纳旗为 3423 小时。从地区分布来看，呼伦贝尔市大部、兴安盟、通辽市、赤峰市、锡林郭勒盟东部、乌兰察布市南部日照时间在 $2600\sim3000$ 小时，锡林郭勒盟西北部、乌兰察布市北部、呼和浩特市、包头市、鄂尔多斯市、巴彦淖尔市、乌海市及阿拉善盟东部在 $3000\sim3200$ 小时，阿拉善盟大部在 $3200\sim3400$ 小时。

内蒙古属日照百分率较高的地区，全区各地在 $57\%\sim78\%$。其分布规律为从东北向西南逐渐增大。大兴安岭北部地区最低，牙克石市的图里河仅 56%。西部额济纳旗最高，可达 77%。各盟市分布情况是：呼伦贝尔市、兴安盟、通辽市、赤峰市北部及锡林郭勒盟东部日照百分率在 $55\%\sim65\%$，呼伦贝尔市岭西草原、锡林郭勒盟大部、赤峰市大部、乌兰察布市南部、呼和浩特市、包头市、鄂尔多斯市东部在 $65\%\sim70\%$，巴彦淖尔市、乌海市、鄂尔多斯市西部、阿拉善盟大部达 $70\%\sim80\%$。

二、气候对内蒙古经济的影响

1.气候对农业的影响

气候资源是自然资源中影响农业生产的最重要的组成部分之一，它提供的光、热、水、空气等能量和物质，对农业生产的类型、种植制度、布局结构、生产潜力、发展远景，以及农产品的数量、质量和分布都起着决定性作用。

热量是决定作物分布的重要因素。它对规划作物布局、安排农事活动等都有重要的指导意义。一个地区热量的累积值不仅决定该地区作物的熟制，还决定着农作物的分布和产量。

近年来随着全球气候变暖，内蒙古气温明显升高，热量资源增加较为显著。无霜期延长趋势明显。这对气候相对温凉的内蒙古地区来说较为有利于农业生产。但是随着全球气候变暖，病虫害对内蒙古农业的危害程度大大加剧。

农业生产受降水的影响显而易见，水分是农业生产必需条件之一。近30年（1971—2000年）降水量增减趋势不明显。降水资源呈东多西少的分布趋势，正好与热量资源的分布趋势相反，水热资源的不匹配，严重限制了内蒙古的农业生产。

内蒙古所处的地理位置，导致了大部分地区是典型的季风气候，降水主要靠夏季风输送，因而季风的强弱进退，必然会对全年的气候产生巨大的影响，从而对全区的农业生产也产生相应的影响。

1988—2007年，气候对农业的影响主要是水分的不足，全区每年都有不同程度的干旱发生。特别是1997年、1999—2001年全区大范围春夏连旱，使农业生产遭受了重大损失。干旱对农业的影响主要表现在作物生育期间遭受到缺少雨水。内蒙古的农事活动从每年3月上中旬春小麦播种开始，到霜降节气前后秋菜收获为止，这期间出现的干旱都会对农业造成一定影响。特别是从5月中下旬大田播种，到9月中下旬大田收获，这期间的干旱对农业的影响最大。从内蒙古主要农作物需水量来看，大多数农作物在生育期内都要求有300~500毫米降水量才能满足其生长发育的需要。例如在阴山以南的农业区，一般在作物生育期内降水量超过350毫米，才能获得较好收成；当降水量低于250毫米时，就可能造成农作物大幅度减产。由于大部地区作物生长季节的降水量仅150~200毫米，巴彦淖尔市河套平原等地区更不足100毫米，只能满足大多数农作物一半或不足一半的水分需求，使农业生产一方面形成"无灌溉即无农业"的特点，另一方面也使内蒙古粮食总产量长期低而不稳。同时，在作物生长季各地降水保证率低，干旱严重且频繁发生对作物生长影响甚大。在主要产粮区，西辽河流域降水保证率达80%的年总降水量340毫米左右，4—6月为80毫米，7—8月135毫米；土默川平原降水保证率达80%的年总降水量295毫米，4—6月为51毫米，7—8月为100毫米；河套平原80%保证率年降水量仅86毫米，4—6月13毫米，7—8月44毫米，难以保证作物生长正常需水要求。从干旱时间分布看，干旱最严重的时期，恰恰是作物生长需水最关键时期。各地春季干旱最严重，造成作物不能正常播种和出苗。夏季虽是内蒙古的雨季，降水量为全年高峰期，仍存在不同程度干旱，影响农作物生长。

内蒙古的农业生产还易受霜冻、低温冷害等灾害的影响。低温冷害在春、夏、秋季都可出现，影响的农作物有水稻、高粱、玉米、谷子、豆类、果树及蔬菜等。障碍型冷害灾很少出现。延迟型冷害，是指作物在整个生育期或某一个阶段遇到低温，造成生育时期后延，抽穗延迟，灌浆速度慢，不能及时成熟，植株遭受低温冷害而死。延迟型冷害对玉米生产影响最大。低温冷害发生时常伴有连阴雨、寡照、干旱、霜冻等，起到加重危害的作用。包括：低温与多雨相伴，形成湿冷型灾害，对玉米、高粱作物危害最大，它的出现将延迟成熟，造成贪青减产。低温与干旱相伴，形成低温干旱型灾害，对大豆危害最大，对其他作物也有很大的影响。低温与秋季早霜相伴，形成低温早霜型灾害，使容易贪青晚熟的水稻、高粱、玉米遭受大幅度减产。低温与寡照相伴，形成阴冷型灾害，对喜温喜光作物影响最大。

此外，内蒙古的农业生产还易受冰雹、病虫害等气象灾害和农业气象灾害的影响。

2. 气候对牧业的影响

内蒙古有 9.7×10^7 公顷的草地，约占全国草地面积的四分之一，是中国最大的畜牧业生产基地，但畜牧业的生产方式主要是靠天放牧为主，与当地气候条件的好坏密切相关，影响牧业生产主要的气象灾害有干旱、白灾和暴风雪。

3—9月期间的干旱直接影响天然牧草的正常返青和人工牧草的播种、出苗，从而导致青草期缩短和牲畜饱青期推迟。一般来说，干旱年份牧草返青期比正常年份推迟10~15天，严重干旱年份可推迟20~30天，有时还会造成人畜饮水困难，牲畜体质乏弱，甚至死亡。在牧区，冬天缺水便是牧业上的"黑灾"。随着牧区打井抗旱工作的开展，现在内蒙古抗御黑灾的能力已大大提高，20世纪80年代以后，黑灾的影响已明显减小。

白灾发生的地域主要在大兴安岭以西和阴山山脉以北草原，白灾发生规律为中部多于东西两侧，东部地区北部多于南部。近50年来，共出现区域性中等以上白灾14次，差不多3~4年就要发生一次区域性白灾。牧区白灾的起始期为初冬（10月末—11月）至次年2月、10月和11月大雪天气过程出现频率达20%以上，在适合的温度条件下易形成座冬雪乃至白灾，1月和2月出现大雪天气过程的频率为8%，可使前期座冬雪增厚变成白灾或加重前期白灾的危害。据统计，白灾发生在10月末—11月的占白灾总数的50%以上，其次是1月、2月，出现在12月的最少。发生在3月、4月、5月的白灾，往往伴随风雪型寒潮天气，多形成暴风雪天气。从白灾发生频率各年代变化看，牧区白灾发生呈明显增加趋势。

牧区暴风雪东部多于西部、北部多于南部，呼伦贝尔市西部牧区和锡林郭勒盟中东部牧区是内蒙古暴风雪多发区，年暴风雪日数为5~10天，乌兰察布市北部牧区和巴彦淖尔市北部牧区为常发区，年暴风雪日数为3~5天，兴安盟、通辽市北部、赤峰市北部牧区为暴风雪偶发区，年暴风雪日数仅1~3天。内蒙古平均3年会有一次严重的暴风雪天气发生，暴风雪天气发生的时间为9月到次年5月期间，其中72%的暴风雪天气出现在春季的4—5月，9月到次年3月期间出现的暴风雪天气不到总数的30%。

近20年中，2006年与2007年冬季东北部降雪频繁，积雪较深，低温持续时间长，对牧区接羔保育、运输、牧事活动影响较大，西部局部地区出现白灾。春季东北部降水偏少，牧草生长受阻，中西部局部地区沙尘多，降水少，使牧草返青推迟了20多天。夏季东北部气温波动大，降水少，牧草生长受阻，中西部地区出现阶段性伏旱，北部牧区干旱少雨，牧草提早进入枯黄期，牧畜膘情、牧草质量差，使人、畜饮水困难，初秋全区大部地区出现霜冻加干旱，影响牲畜抓秋膘、打贮草，后秋气温异常偏高，利于青贮饲料成熟、收晒。2007年进入隆冬后牧区为暖冬给接冬羔及母畜生长发育、牲畜出牧提供了较好的热量条件；春季终霜结束早，温度高，大部地区降水偏多，牧草提前返青，后春东部部分地区降水偏少，春旱严重，牧草长势差，影响产量；夏季大部牧区遭受严重伏旱，北部牧区天然牧草提前干枯死亡，主要牧区牧草减产严重；秋季牧区初霜偏晚，气温偏高，利于牧草成熟、收晒和牲畜抓秋膘。

3.气候对水资源的影响

2006年以来，内蒙古气候影响评价增加了对水资源的定性影响评价。

2006年全区大部地区降水偏少，一些中小型水库无法蓄水，水库总蓄水量不足常年一半。中西部偏北及东部部分地区旱情严重，干旱地区塘坝干涸、河流断流，人畜饮水困难。2007年东部地区夏季旱情严重，呼伦湖水域面积逐渐萎缩，7月比5月减少85.21平方千米，赤峰市9座主要大中型水库蓄水量减少，蓄水总量比常年同期偏少14%。同时，29座小型水库干枯，主要河道来水量比历年同期偏少95%，乌力吉沐沦河、教来河干枯，地下水位下降1~2米，严重的达3~4米，20世纪70—90年代初配套的机电井多已吊空不能提水。

4.气候对交通的影响

2006年以后，内蒙古气候影响评价增加了对交通的定性影响评价。

2006年发生道路交通事故与往年同期相比，道路交通事故起数下降了3.67%，死亡下降16.09%；受伤上升3.65%，直接经济损失下降了32.21%，其中一些道路交通事故与天气有直接联系（表1-1-1）。

表1-1-1 2006年1—12月呼和浩特市交通事故发生一览表

项目	事故次数		死亡人数		受伤人数		直接经济损失	
	数量（次）	占总数（%）	数量（人）	占总数（%）	数量（人）	占总数（%）	金额（元）	占总数（%）
合计	1075	100	193	100	1135	100	1908230	100
雨天	28	2.60	6	3.11	30	2.64	69800	3.66
雪天	11	1.02	2	1.04	11	0.97	48800	2.56
雾天	15	1.40	5	2.59	17	1.50	65700	3.44
晴天	958	89.12	174	90.16	1009	88.90	1613930	84.58
大风天	5	0.47	2	1.04	1	0.09	9550	0.50

表1-1-1续

项目	事故次数		死亡人数		受伤人数		直接经济损失	
	数量(次)	占总数(%)	数量(人)	占总数(%)	数量(人)	占总数(%)	金额(元)	占总数(%)
阴天	52	4.84	3	1.55	62	5.46	94650	4.96
沙尘	6	0.56	1	0.52	5	0.44	5800	0.30

2007年发生道路交通事故与2006年同期相比，道路交通事故171起，下降了15.88%，死亡人数增加了2人，上升了1.04%；受伤人数减少了108人，下降了9.4%，直接经济损失减少了61.96万元，下降了33.4%，2007年因天气原因造成的交通事故见表1-1-2。

表1-1-2　2007年1—12月呼和浩特市交通事故发生一览表

项目	事故次数		死亡人数		受伤人数		直接经济损失	
	数量(次)	占总数(%)	数量(人)	占总数(%)	数量(人)	占总数(%)	金额(元)	占总数(%)
合计	907	100	195	100	1038	100	1245550	100
雨天	16	1.77	3	1.55	21	2.02	40100	3.22
雪天	8	0.89	0	0.00	12	1.16	1980	0.16
雾天	1	0.11	0	0.00	1	0.10	5000	0.40
晴天	840	92.58	179	91.71	959	92.39	1107560	88.92
大风天	1	0.11	0	0.00	1	0.10	200	0.02
阴天	40	4.43	13	6.74	43	4.14	90610	7.27
沙尘	0	0.00	0	0.00	0	0.00	0	0.00
冰雹	0	0.00	0	0.00	0	0.00	0	0.00
其他	1	0.11	0	0.00	1	0.10	100	0.01

5.气候对建筑业的影响

2006年以后，内蒙古气候影响评价增加了对建筑业的定性影响评价。

2006年春季回暖早、初夏降水偏少，光热适中，对建筑业提早开工有利。汛期局地出现了强降水，暴雨影响正常施工，但范围较小，对施工影响不大，秋季秋高气爽，对延长施工期非常有利。2007年气候特点对建筑业比较有利，气温偏高、回暖快、化冻早、封冻晚，使建筑业开工和停工分别提前和推后10天。春季回暖早，大风日数偏少，晴天日数多，对建筑业的施工日增多有利；夏季高温出现较早，高温期长，长期高温酷热，加之部分地区的暴雨和洪雹灾，影响建筑业正常施工；前秋气温偏高，对建筑施工有利，深秋气温偏低，全区大部地区出现强降温，不利建筑施工。

6.气候对能源的影响

2006年以来，内蒙古气候影响评价增加了对能源的定性影响评价。

2006年煤炭资源、用电能源，其消耗的资源比往年减少。对能源工程非常有利。2007年冬季光能和热量资源充足，使全区各地煤炭消耗量相对减少，节省了煤炭资源。夏季高温偏早，高温酷热期长，各地区"降温用电"增加，用电负荷不断攀升，一些地区降温耗能增幅超过50%，使用电量增大，电力供应形势紧张。

7.气候对旅游业的影响

2006年以来，内蒙古气候影响评价增加了对旅游的定性影响评价。

2006年与2007年冬季内蒙古中部、东部地区积雪较厚，对人们旅游观赏冰雪风光，进行冰雪运动有利；春季回暖早，适宜人们外出；2007年夏季高温干旱，但恰逢自治区成立60周年大庆，把旅游旺季推向了高潮，使当年的旅游人数和收入再创新高，并带动了相关产业的发展；秋季初霜冻偏晚，风力小，气候适宜，降水少，有利人们出外观光旅游，延长了旅游时间。

第二节 气 候 分 区

一、农牧林业气候分区方法和指标

农牧林业的分布状况与多年气候要素的变化密切相关。农牧林业气候分区应考虑有利于生态平衡的恢复和充分合理地利用当地气候资源的原则，区划指标具有明确的农牧林业生产意义，并能反映出气候差异所引起的植被、土壤、地貌等自然条件。利用GIS技术，遵循气候相似性原理，运用最优动态聚类分析方法，按照区划指标和标准，进行了内蒙古地区农牧林业气候分区。共划分出5个农业气候区、7个牧业气候区、5个林业气候区（表1-1-3，表1-1-4，表1-1-5，图1-1-1）。

表1-1-3 农牧林业气候区划指标

等级	区分界限	指标标准
一级指标	区分农牧业与林业界限	≥10 ℃积温<1 700 ℃·天宜于发展林业
二级指标	区分农牧业的界限	3—5月大风日数在20天以上宜于发展牧业
三级指标	区分农业的界限	湿润度≥0.31适宜发展农业

表1-1-4 农牧林业气候分区的热量指标

符号	热量指标等级	≥10 ℃积温（℃·天）
Ⅰ	温寒	≤1700
Ⅱ	温凉	1700～2900
Ⅲ	温暖	2900～3300
Ⅳ	温热	≥3300

表1-1-5 农牧林业气候分区的水分指标

符号	水分指标等级	年湿润度
Ⅰ	湿润	≥1.0
Ⅱ	半湿润	1.0～0.6
Ⅲ	半干旱	0.6～0.3
Ⅳ	干旱	0.3～0.13
Ⅴ	很干旱	0.13～0.03
Ⅵ	极干旱	≤0.03

二、分区气候概况

1. 农业气候区

（1）大兴安岭东麓温凉半湿润农业区（Ⅰ$_1$）

本区位于大兴安岭东侧，包括鄂伦春旗东部、莫力达瓦达斡尔族自治旗、阿荣旗、扎兰屯市，以及突泉县北部、科右中旗中部、巴林左旗中部、巴林右旗中部、林西县南部。

该区气候特点：热量较少，水分较多。全年大于等于10 ℃积温在1700～2900 ℃·天。冬季寒冷持续时间长，无霜期一般只有120天左右。本区年降水量为400～500毫米，年湿润度为0.6～1.0。

由于热量资源较少，生长期短，不利于喜温作物的种植，但由于本区降水资源丰富，所以对于生育期较短、热量要求不高的作物，产量比较稳定。本区主要农作物包括春小麦、马铃薯、早熟大豆以及一

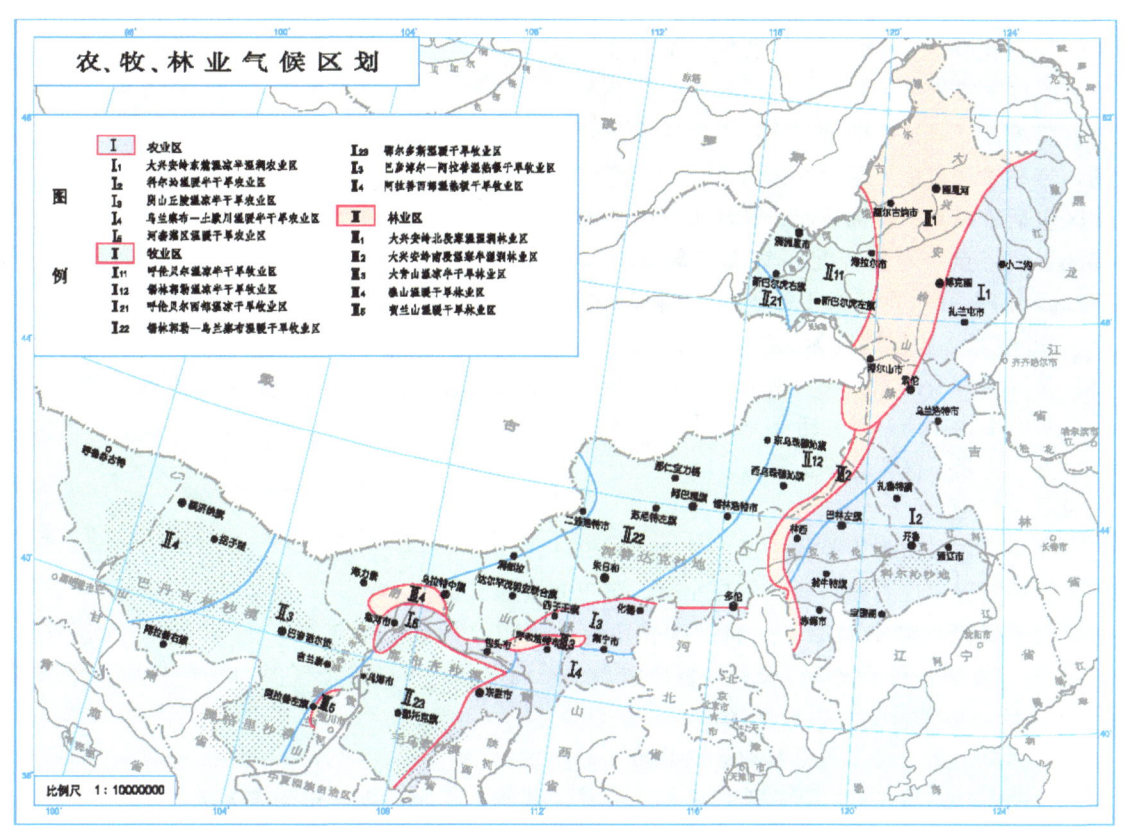

图 1-1-1　2007 年内蒙古自治区农牧林业气候区划

些玉米和高粱的早熟品种。

（2）科尔沁温暖半干旱农业区（I_2）

本区位于大兴安岭东南部和南部，包括扎赉特旗、突泉县南部、科尔沁右翼中旗南部、开鲁县、奈曼旗、阿鲁科尔沁旗、翁牛特旗、喀喇沁旗。

该区气候特点：热量较充沛，降水较多，但春旱严重。全年大于等于 10 ℃ 积温在 2900～3300 ℃·天。无霜期较长，为 140～160 天。年降水量为 350～400 毫米，年湿润度为 0.3～0.6。该区春季降水量少，风大，蒸发强，所以春旱现象严重。

该区是内蒙古地区热量和水分资源配合较好的区域之一，有利于发展农业生产。本区主要农作物包括玉米、谷子、高粱、小麦等。

（3）阴山丘陵温凉半干旱农业区（I_3）

本区位于阴山丘陵沿山地带，包括多伦县、太仆寺旗、察哈尔右翼后旗、察哈尔右翼中旗、商都县、化德县。

该区气候特点：温度偏低，降水偏少，光能丰富，大风较多。年平均气温在 1.7～3.7 ℃，全年大于等于 10 ℃ 积温在 1700～2900 ℃·天。该区受无霜期较短和热量资源不足的影响，不利于大多数农作物尤其是喜温作物的生长。年平均降水量为 300～400 毫米，年湿润度为 0.3～0.6。该区基本属于农牧交错带，冬季寒冷，春季大风、沙尘灾害严重。生态环境脆弱，地形多起伏，地下水和地表水资源短缺。

该区温度和降水条件较差，干旱缺水现象尤其严重。但对于一些喜凉作物，该区温度条件适宜，又由于昼夜温差大，对作物营养物质等的积累也是非常有利。本区的主要农作物包括：春小麦、莜麦、马铃薯、胡麻、油菜等。

（4）乌兰察布—土默川温暖半干旱农业区（I_4）

本区包括乌拉特前旗、兴和县、丰镇市、卓资县、凉城县、土默特左旗、土默特右旗、托克托县、和林县、清水河县、准格尔旗等。

该区气候特点：光能和热量资源较好，年平均日照时数为2800～3100小时/年，全年大于等于10 ℃积温在2900～3300 ℃·天。该区年平均降水量在350～450毫米，年湿润度在0.3～0.6。

该区温度和降水资源较好，较有利于农作物的生长。本区的主要农作物包括：春小麦、玉米、马铃薯、向日葵等，同时该区的城郊区也有利于发展蔬菜、果树等副业。

（5）河套灌区温暖干旱农业区（I_5）

该区包括磴口县、杭锦后旗、临河区、五原县等地区。

该区气候特点：光能充足，气温日较差大，降水缺少，蒸发强烈。该区全年平均日照时数为3100～3200小时/年，全年大于等于10 ℃积温在2900～3300 ℃·天，无霜期为130～150天。年降水量130～200毫米，年湿润度为0.13～0.3。

河套灌区为黄河冲积平原，地形平坦，土壤和地表水资源丰富。由于可以引黄灌溉，所以本区成为内蒙古重要的粮食生产基地。近年来，由于灌水不科学，致使当地土壤盐渍化日趋严重。该区农作物主要有春小麦、玉米、高粱、糖甜菜等。

2. 牧业气候区

（1）呼伦贝尔温凉半干旱牧业区（II_1）

本区包括新巴尔虎右旗、新巴尔虎左旗、陈巴尔虎旗大部。

本区气候特点：夏季温凉、湿润；冬季寒冷，积雪日期长。全年大于等于10 ℃积温在1700～2900 ℃·天，夏季有利于牧草生长和牲畜放牧。冬季温度低，极端最低气温为-46～34 ℃。年降水量250～350毫米，年湿润度为0.3～0.6。

（2）锡林郭勒盟温凉半干旱牧业区（II_2）

本区包括东乌珠穆沁旗、西乌珠穆沁旗、克什克腾旗、正镶白旗、正蓝旗大部。

本区气候特点：夏季温凉且降水较多；冬季寒冷且多白灾。全年大于等于10 ℃积温在1700～2900 ℃·天，夏季有利于牧草生长和牲畜放牧。冬季温度低，极端最低气温为-39～36 ℃，积雪日数为105～132天，白灾对牧业生产的危害严重。年降水量250～370毫米，年湿润度为0.3～0.6。

（3）呼伦贝尔西部温凉干旱牧业区（II_3）

该区只包括新巴尔虎右旗西部的地区。

本区气候特点：气候特点与呼伦贝尔温凉半干旱牧业区相似，但相对较干旱，年平均降水量只有250毫米左右，年湿润度为0.13～0.3。

（4）锡林郭勒—乌兰察布温暖干旱牧业区（II_4）

该区包括锡林浩特市、阿巴嘎旗、苏尼特左旗、苏尼特右旗、达尔罕茂明安联合旗、四子王旗、固阳县。

本区气候特点：气候温暖，但降水量较少。全年大于等于10 ℃积温在2900～3300 ℃·天。年平均降水量为180～290毫米，年湿润度为0.13～0.3。该区水分条件差，春季多风沙，生态环境脆弱。

（5）鄂尔多斯温暖干旱牧业区（II_5）

该区包括乌审旗、鄂托克旗、杭锦旗、伊金霍洛旗、东胜区。

本区气候特点：全年大于等于10 ℃积温在2900～3300 ℃·天。年平均降水量为80～150毫米，年湿润度为0.13～0.3。该区热量条件较好，但降水资源短缺。春季多风沙，旱情严重。

（6）巴彦淖尔—阿拉善温暖很干旱牧业区（II_6）

该区位于内蒙古西部，包括阿拉善左旗、阿拉善右旗、乌拉特后旗、杭锦后旗。

该区气候特点：全年大于等于10 ℃积温在2900～3300 ℃·天。年平均降水量为80～140毫米，年湿润度为0.03～0.13。干、热是该区显著的气候特点。境内多沙地，地表水非常缺乏。

（7）阿拉善西部温热极干旱牧业区（II_7）

该区位于内蒙古最西部，包括额济纳旗。

该区气候特点：全年大于等于10 ℃积温大于3300 ℃·天。年平均降水量不到50毫米，年湿润度小于等于0.03。虽然热量条件充足，但该区干燥少雨，地表和地下水都非常缺乏，这样的条件严重的限制了当地植被的生长。

3.林业气候区

(1) 大兴安岭北段温寒湿润林业区（Ⅲ$_1$）

该区地处大兴安岭山体中部和北部，包括根河市、额尔古纳市、阿尔山市。

该区气候特点：温度低，湿度大。全年大于等于10 ℃积温小于1700 ℃·天，极端最低气温接近-50 ℃；年平均降水量大于370毫米，年湿润度大于等于1.0。

(2) 大兴安岭南段温寒半湿润林业区（Ⅲ$_2$）

该区地处大兴安岭南段，沿扎鲁特旗西北边缘、西乌珠穆沁旗东部至喀喇沁旗西部，呈狭长条形。

该区气候特点：全年大于等于10 ℃积温在1700～2900 ℃·天。年平均降水量大于300毫米，年湿润度为0.6～1.0。

(3) 大青山温凉半干旱林业区（Ⅲ$_3$）

该区位于呼和浩特市北部，具有典型垂直森林分布和丰富的生物多样性，生态区位非常重要。

该区气候特点：全年大于等于10 ℃积温小于1700 ℃·天。年平均降水量为400毫米左右，年湿润度为0.3～0.6。

(4) 狼山温暖干旱林业区（Ⅲ$_4$）

该区位于乌拉特后旗巴音宝力格镇境内，属于狼山东段。

该区气候特点：全年大于等于10 ℃积温在小于2900～3300 ℃·天。年平均降水量为350毫米左右，年湿润度为0.13～0.3。

(5) 贺兰山温暖干旱林业区（Ⅲ$_5$）

该区位于阿拉善左旗东部。

该区气候特点：全年干燥少雨，寒暑变化强烈，日照强，无霜期短。海拔高，山地气候特点显著。贺兰山东坡多风且风速较大，山体上部尤为显著，主风向在山体上部为偏西风，中下部为偏北风。该区日照充足，热量资源比较丰富，全年大于等于10 ℃积温在2900～3300 ℃·天，年湿润度为0.13～0.3。

第三节　气候要素

一、气温

1.年平均气温

内蒙古各地年平均气温在-4.4 ℃（牙克石市图里河）～9.8 ℃（乌海市）之间，总的分布趋势是自东北向东南、西南递增。低温区主要集中在呼伦贝尔市大部、额尔古纳市、根河市、满洲里市、陈巴尔虎旗、鄂温克族自治旗、牙克石市、鄂伦春自治旗以及兴安盟阿尔山市，锡林郭勒盟东乌珠穆沁旗的乌拉盖，年平均气温均在0 ℃以下；呼伦贝尔市西南部、东南部，兴安盟科尔沁右翼前旗索伦、扎赉特旗胡尔勒，通辽市扎鲁特旗巴雅尔吐胡硕，赤峰市克什克腾旗，锡林郭勒盟除苏尼特右旗、朱日和外等地区年平均气温在0～4 ℃；阿拉善盟除阿拉善左旗巴彦诺尔公外年平均气温均在8 ℃以上；乌海市年平均气温最高，为9.8 ℃；其余大部地区在4～8 ℃之间。年平均气温分布走向与山脉的走向大体一致。东部冷区由大兴安岭中山区西麓向南伸展，东麓为相对暖区；中部阴山山脉的南部年平均气温高于北部，一般温差为2～3 ℃。

2.四季平均气温

春季平均气温除了呼伦贝尔市、根河市、额尔古纳市、牙克石市低于0 ℃外，其余均在0 ℃以上。呼伦贝尔市海拉尔区、新巴尔虎左旗、新巴尔虎右旗、赤峰市克什克腾旗、锡林郭勒盟东乌珠穆沁旗、西乌珠穆沁旗、锡林浩特市、正蓝旗为0～4 ℃；巴彦淖尔市临河区、磴口县，乌海市，鄂尔多斯市准格尔旗，阿拉善盟大部地区在10 ℃以上；其他地区春季平均气温在5～9 ℃。

夏季平均气温均在15 ℃以上。呼伦贝尔市大部，兴安盟阿尔山市，赤峰市克什克腾旗，锡林郭勒盟东乌珠穆沁旗、西乌珠穆沁旗、镶黄旗、正蓝旗，乌兰察布市四子王旗、商都县、集宁区夏季平均气温在20 ℃以下，其余地区均在20 ℃以上，最高值出现在额济纳旗的拐子湖为25.8 ℃。

秋季平均气温呼伦贝尔市根河市、额尔古纳市、满洲里市、鄂伦春自治旗、牙克石市、陈巴尔虎旗、鄂温克族自治旗，兴安盟阿尔山市在0 ℃以下，牙克石市图里河最低为-4.1 ℃，是内蒙古秋季平均气温最低值；呼伦贝尔市新巴尔虎左旗、新巴尔虎右旗、扎兰屯市、阿荣旗、莫力达瓦达斡尔族自治旗，赤峰市克什克腾旗，锡林郭勒盟大部，乌兰察布市集宁区、四子王旗、商都县，包头市达尔罕茂明安联合旗为1~4 ℃；其余地区为4~8 ℃。乌海市为9.7 ℃，是内蒙古秋季平均气温最高值。

冬季平均气温阿拉善盟，乌海市，鄂尔多斯市，巴彦淖尔市西部，呼和浩特市，包头市南部在-10 ℃以上，呼伦贝尔市大部，兴安盟阿尔山市在-20 ℃以下，其余大部地区在-10~20 ℃。

3. 最冷月和最热月平均气温

1月平均气温为-14.5 ℃，是内蒙古各地全年中最冷的月份。月平均气温除阿拉善盟阿拉善左旗巴彦浩特、吉兰泰、乌海市、鄂尔多斯市鄂托克前旗、乌审旗和巴彦淖尔市临河区、磴口县高于-10 ℃外，均在-10 ℃以下，其分布与年平均气温的分布趋势相似。呼伦贝尔市大部地区1月平均气温低于-20 ℃，根河市、牙克石市图里河最低，为-28.7 ℃；兴安盟阿尔山市，锡林郭勒盟东乌珠穆沁旗、阿巴嘎旗1月平均气温也低于-20 ℃。其他地区1月平均气温在-20~10 ℃，阿拉善右旗上井子1月的平均气温最高，为-8.1 ℃。

各地7月平均气温在16~27 ℃之间。呼伦贝尔市额尔古纳市、根河市、满洲里市、鄂伦春自治旗、鄂温克族自治旗、牙克石市，兴安盟阿尔山市，乌兰察布市集宁区、四子王旗、商都县、化德县、察右中旗、察右后旗、卓资县，锡林郭勒盟西乌珠穆沁旗、多伦县、乌拉盖、正镶白旗、正蓝旗、太仆寺旗为16~20 ℃，牙克石市图里河最低，为16.6 ℃；乌海市、阿拉善盟北部地区在25 ℃以上，阿拉善盟额济纳旗拐子湖最高，为27.3 ℃；其余地区均为20~25 ℃。

4. 极端最高和极端最低气温

年极端最高气温一般在35 ℃以上，个别年份达42~44 ℃。呼伦贝尔市新巴尔虎左旗、新巴尔虎右旗，兴安盟乌兰浩特市，通辽市扎鲁特旗、开鲁县、奈曼旗、库伦旗，赤峰市红山区、林西县、翁牛特旗、巴林左旗、阿鲁科尔沁旗、巴林右旗、敖汉旗、宁城县，锡林郭勒盟二连浩特市、苏尼特左旗，鄂尔多斯市达拉特旗，乌海市及阿拉善盟大部分地区年极端最高气温达40 ℃以上，其余地区多数在35~40 ℃，兴安盟阿尔山市，乌兰察布市集宁区、商都县、化德县、察右中旗、察右后旗、卓资县年极端最高气温低于35 ℃。极端最高气温多出现在6月下旬至7月下旬，个别的出现在5月下旬或8月下旬，阿拉善盟额济纳旗拐子湖1988年7月24日曾出现44.8 ℃高温，为内蒙古最高值。

年极端最低气温大部地区低于-30 ℃，仅阿拉善盟阿拉善左旗巴彦浩特，鄂尔多斯市东胜区、乌审旗，呼和浩特市清水河县，赤峰市红山区，通辽市扎鲁特旗、奈曼旗、库伦旗高于-30 ℃。呼伦贝尔市的大部地区年极端最低气温在-40 ℃以下，根河市、牙克石市图里河为-47.6 ℃，是内蒙古最低极值。其余地区年极端最低气温为-40~30 ℃。年极端最低气温多出现在12月下旬至1月下旬，但根河市-47.6 ℃的极端最低气温出现在1971年2月27日。

5. 气温年较差

气温年较差在31.3~46.4 ℃。其中呼伦贝尔市气温年较差均在40 ℃以上，是内蒙古气温年较差最大的地区。此外兴安盟的阿尔山市，锡林郭勒盟二连浩特市、东乌珠穆沁旗、阿巴嘎旗、苏尼特左旗气温年较差也超过40 ℃，其余地区均在31~40 ℃。

6. 气温的年际变化

(1) 年平均气温

在全球和全国气候变暖的大背景下，内蒙古平均气温近50年来（1961—2007年）呈现上升趋势，线性增温率为0.46 ℃/10年，近50年来平均上升了2 ℃以上，增温效果非常明显（图1-1-2）。

(2) 各季平均气温

近50年春季气温上升趋势明显，增温率为0.41 ℃/10年，即近50年春季气温上升2 ℃以上。春季气温1983年开始变暖，最近20年为近50年来最暖时期，其中最暖的春天均出现在20世纪90年代之后，进入21世纪以来春季平均气温较1971—2000年累年同期平均值偏高0.5~1.7 ℃（图1-1-3）。

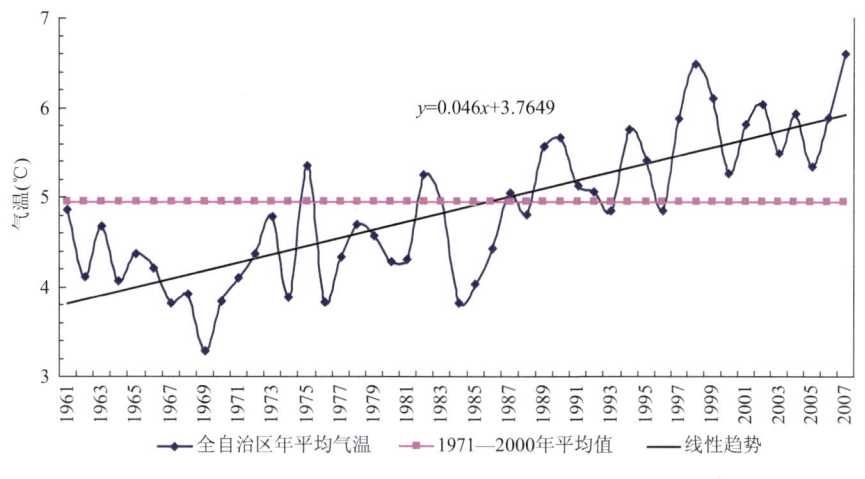

图 1-1-2　内蒙古自治区年平均气温变化

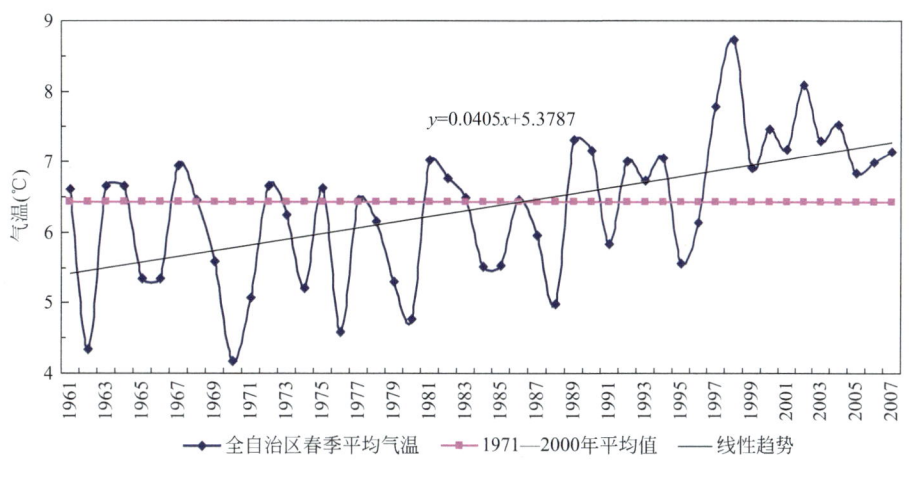

图 1-1-3　内蒙古自治区春季平均气温变化

近50年夏季气温呈上升趋势，增温率为0.33 ℃/10年，即近50年夏季气温平均上升约1.5 ℃。夏季气温开始变暖时间晚于其他季节，自1993年开始变暖，最近10年的夏季为近50年来最暖季节（图1-1-4）。

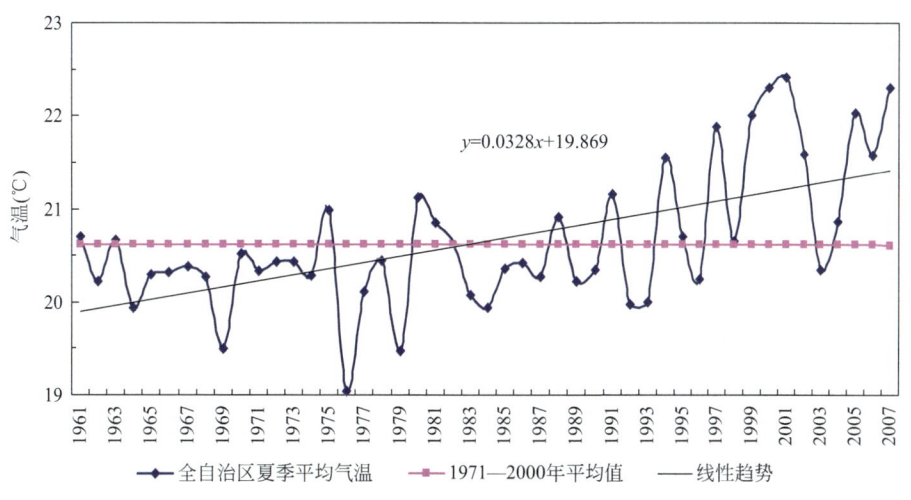

图 1-1-4　内蒙古自治区夏季平均气温变化

近50年秋季气温呈上升趋势，增温率为0.40 ℃/10年，即近50年秋季气温上升2.0 ℃左右。上升速率略高于夏季。秋季平均气温自1987年开始变暖，最近15年的秋季为近50年来最暖时期（图1-1-5）。

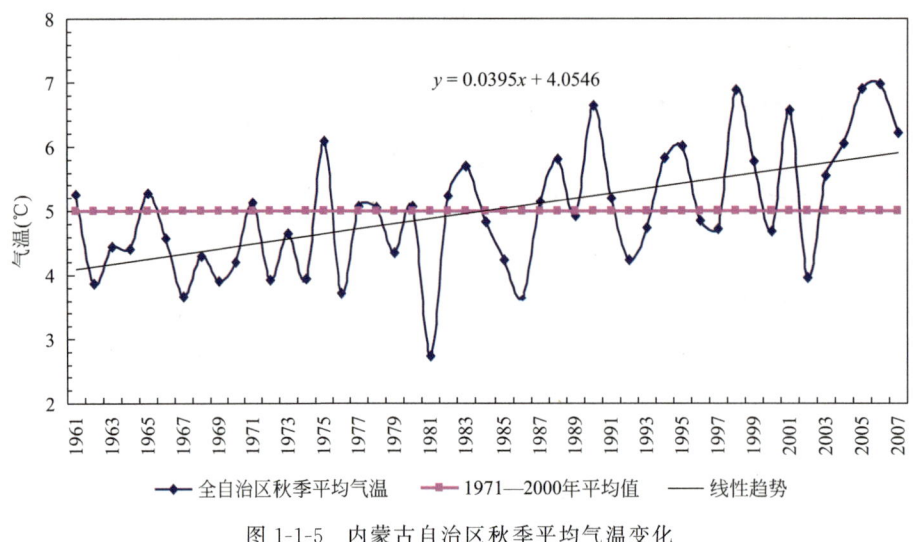

图1-1-5 内蒙古自治区秋季平均气温变化

近50年冬季气温上升趋势最为显著，增温率为0.71 ℃/10年，即近50年冬季气温平均上升3.5 ℃左右，为四个季节中变暖幅度最大的。冬季气温自1987年开始变暖（图1-1-6）。

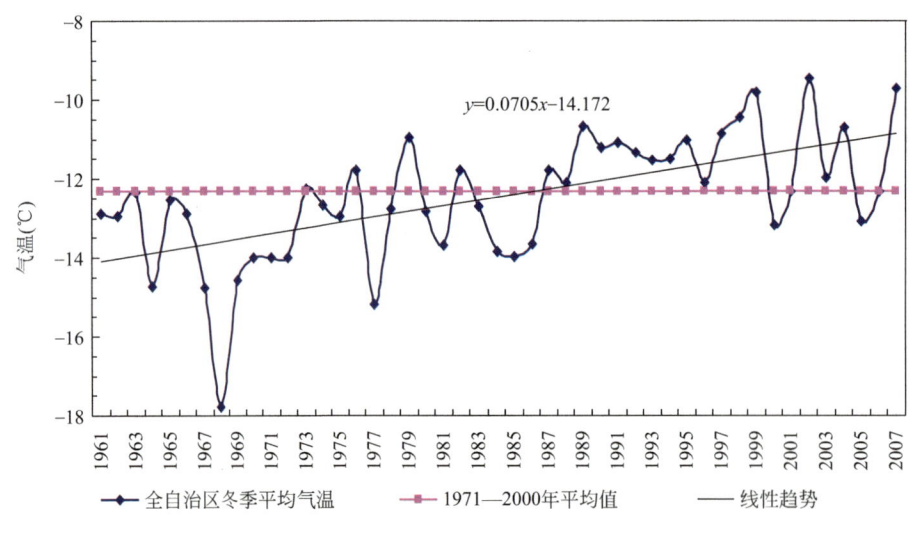

图1-1-6 内蒙古自治区冬季平均气温变化

（3）年最高、最低气温

近50年平均最高气温呈上升趋势，西部地区增温率为0.3 ℃/10年，即50年增温1.5 ℃；中部地区增温率为0.34 ℃/10年，即50年增温1.7 ℃；东部地区增温率为0.32 ℃/10年，即50年增温1.6 ℃，最近20年为近50年来最暖的时期。近50年平均最高气温均呈一致的变暖趋势，其中呼伦贝尔市增温最为明显，尤其是北部地区增温幅度最大，50年上升了2 ℃以上；赤峰市、通辽市、兴安盟南部、中西部北部、鄂尔多斯市和乌兰察布市南部增温最少，近50年仅增1 ℃左右，其余地区增温1～2 ℃，变暖趋势也较为明显（图1-1-7）。

近50年来平均最低气温上升趋势非常明显，中部地区上升幅度最大，增温率为0.64 ℃/10年，即50年增温3.2 ℃；东部地区最小，增温率为0.61 ℃/10年，即50年增温3.0 ℃。全区年平均最低气温增温率远远高于年平均气温和年平均最高气温上升速率（图1-1-8）。

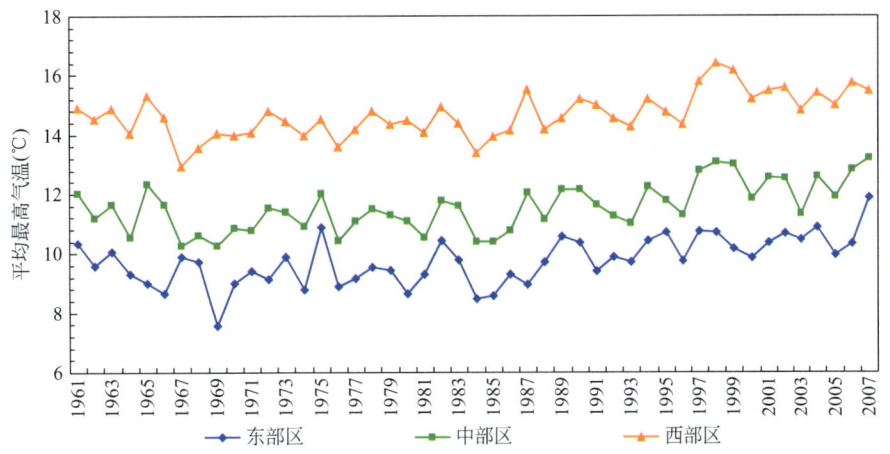

图 1-1-7　内蒙古自治区年平均最高气温变化

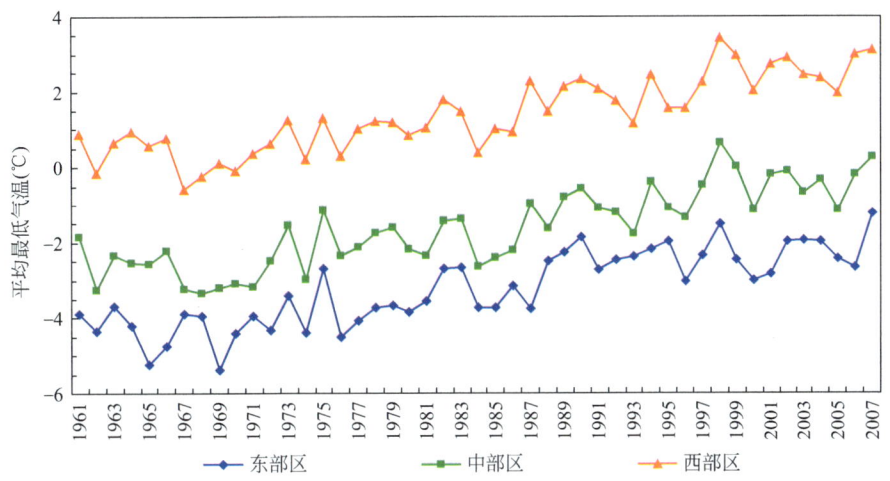

图 1-1-8　内蒙古自治区年平均最低气温变化

二、降水

1. 年平均降水量

内蒙古降雨量一般在 50～500 毫米，有明显东多西少、自东南向西北递减的特点。阿拉善盟西部 50 毫米以下，其中额济纳旗多年平均雨量仅 35.2 毫米，为内蒙古降水量最少的站点。阿拉善盟东部、巴彦淖尔市大部、鄂尔多斯市西部 100～250 毫米，鄂尔多斯市东部、包头市、呼和浩特市、乌兰察布市北部、锡林郭勒盟西北部、呼伦贝尔市西部 250～350 毫米，乌兰察布市南部、锡林郭勒盟南部及东部、赤峰市大部、通辽市西北部、兴安盟、呼伦贝尔市中部 350～450 毫米。降水最多的地区是呼伦贝尔市东部和通辽市东南部，雨量在 500 毫米左右，如鄂伦春旗多年平均雨量 550.2 毫米，为内蒙古降水量最多的站点。

2. 季平均降水量

内蒙古各地降水量，四季分配极不均匀。

冬季（12月至翌年2月）降水量最少。阿拉善盟冬季降水量大部在 4 毫米以下，阿拉善盟中部、巴彦淖尔市、鄂尔多斯市、包头市北部、呼和浩特市南部、乌兰察布市北部、锡林郭勒盟西北部、赤峰市、通辽市大部、兴安盟东部、呼伦贝尔市西部 4～8 毫米，呼伦贝尔市大兴安岭林区、兴安盟西部、锡林郭勒盟东部、南部、乌兰察布市南部、呼和浩特市北部、包头市南部 8～12 毫米，大兴安岭岭上地区可达 14 毫米。

春季（3—5月）降水较少，一般只占全年总降水量的 10%～12%，自东向西递减。阿拉善盟、巴彦淖尔市西北部 25 毫米以下，巴彦淖尔市东南部、鄂尔多斯市、包头市、呼和浩特市、乌兰察布市大部、锡林郭勒盟大部、呼伦贝尔市大部 25～50 毫米，乌兰察布市南部、锡林郭勒盟南部、赤峰市、通辽市、兴安盟、呼伦贝尔市东部局部 50 毫米以上。

夏季（6—8月），是内蒙古降水最多的季节。夏季降水占全年总降水量的60%～75%。阿拉善盟中西部在50毫米以下，阿拉善盟东部、巴彦淖尔市、鄂尔多斯市大部、包头市北部、乌兰察布市北部90～180毫米，鄂尔多斯市东部、包头市南部、呼和浩特市、乌兰察布市、锡林郭勒盟大部、呼伦贝尔市西部180～270毫米，锡林郭勒盟东部、赤峰市、通辽市、兴安盟、呼伦贝尔市中部270～330毫米。

秋季（9—11月）降水量少于夏季。阿拉善盟、巴彦淖尔市西北部在40毫米以下，巴彦淖尔市东部、鄂尔多斯市、包头市、呼和浩特市、乌兰察布市北部、锡林郭勒盟西北部、呼伦贝尔市西部40～60毫米，乌兰察布市南部、锡林郭勒盟南部、东部、赤峰市、通辽市、兴安盟、呼伦贝尔市东部60～80毫米。

3. 降水量的年际变化

（1）年降水量的年际变化

近50年来内蒙古地区年平均降水量略呈减少趋势，线性倾向率为-2毫米/10年，即近50年全区年平均降水量减少了10毫米左右。降水波动式变化明显，20世纪60—70年代为少雨期，20世纪80—90年代为多雨期，90年代末期后又进入少雨期（图1-1-9）。

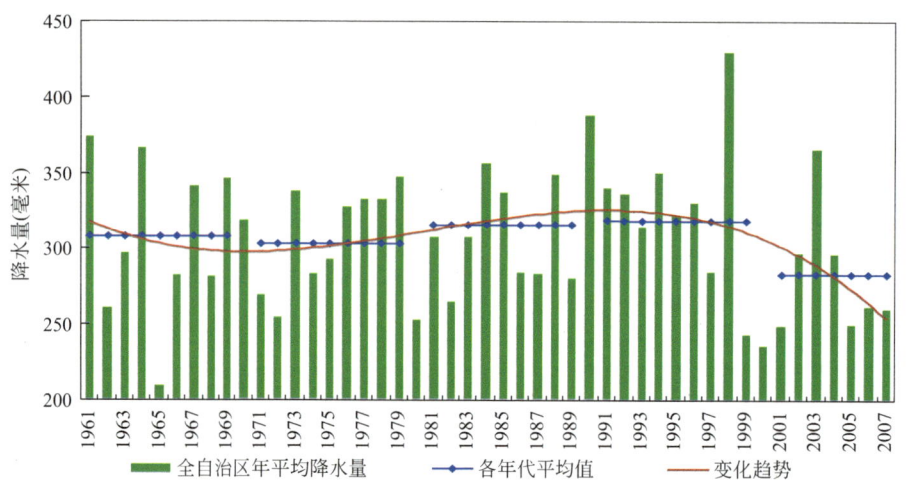

图1-1-9 内蒙古自治区年平均降水量变化（单位：毫米）

（2）各季降水量的年际变化

内蒙古地区春季平均降水量呈略增加趋势，线性倾向率为1.9毫米/10年左右，即近50年降水量约增加10毫米左右。降水年代际变化明显，20世纪60年代到80年代前期为降水偏少时期，后降水波动式增加，1998年达到最大值72.8毫米（图1-1-10）。

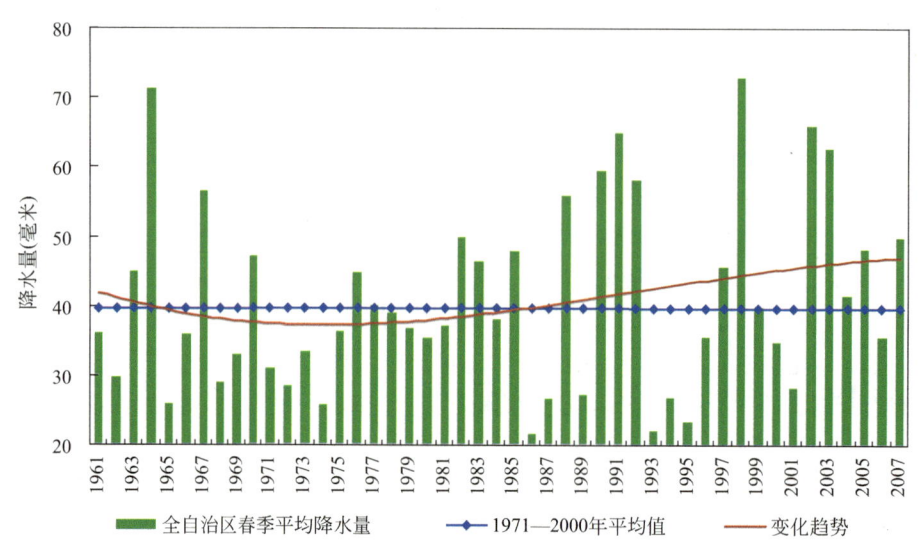

图1-1-10 内蒙古自治区春季平均降水量变化（单位：毫米）

近50年夏季降水量呈减少趋势，线性倾向率为－3.2毫米/10年，即近50年降水量减少15毫米左右。夏季降水量波动性明显，分为两个多雨期和两个少雨期。20世纪60—70年代为降水偏少时段，20世纪80—90年代为降水偏多时段，从90年代末开始又进入少雨期，21世纪以来全区夏季平均降水量为178.6毫米，明显低于常年同期平均降水量213.4毫米（图1-1-11）。

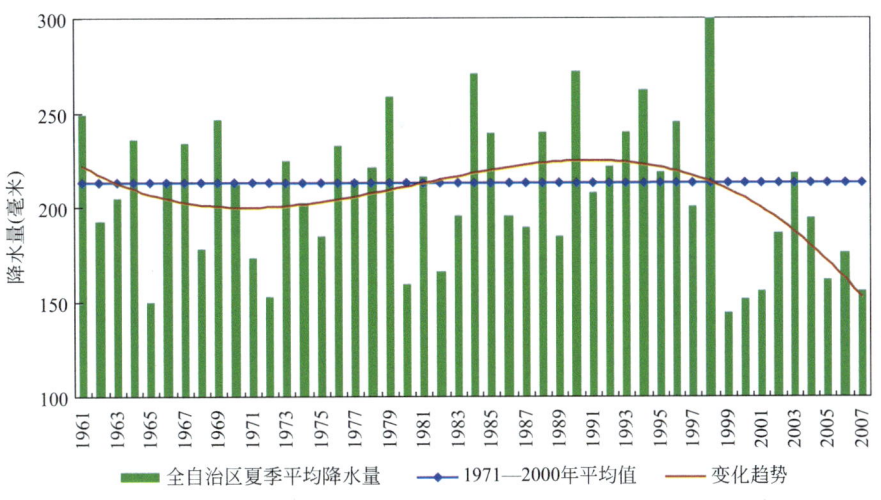

图1-1-11　内蒙古自治区夏季平均降水量变化（单位：毫米）

秋季平均降水量增、减趋势不明显，变化较平稳，线性倾向率为－1.1毫米/10年，即近50年降水量平均减少5毫米左右。（图1-1-12）。

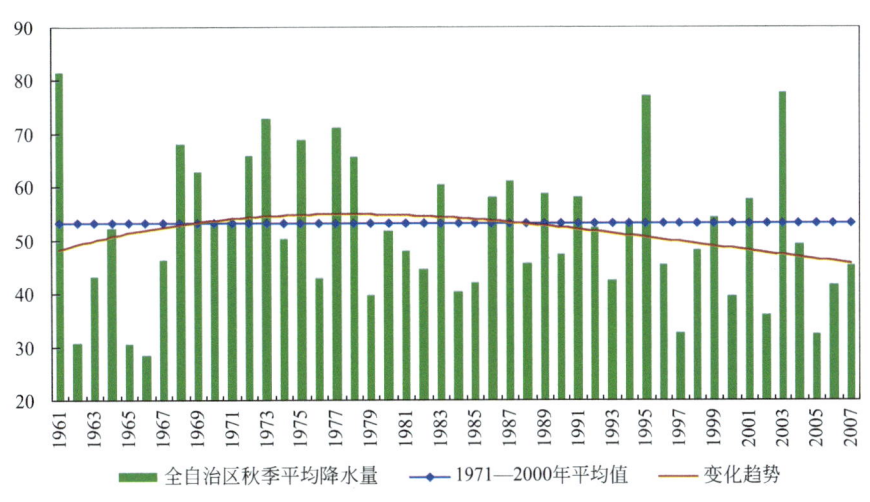

图1-1-12　内蒙古自治区秋季平均降水量变化（单位：毫米）

冬季降水量呈略增加趋势，线性倾向率为0.5毫米/10年，即近50年降水量增加2毫米左右（图1-1-13）。

4. 各量级降水日数

（1）日降水量≥0.1毫米日数

降水日数自北向南、自东向西逐渐减少。呼伦贝尔市大部、兴安盟阿尔山市年降水日数在100天以上，以阿尔山市地区年降水日数最多，为159.1天；呼伦贝尔市新巴尔虎左旗、扎兰屯市、鄂温克族自治旗、莫力达瓦达斡尔族自治旗、阿荣旗，赤峰市克什克腾旗，锡林郭勒盟东部、南部，乌兰察布市中部和东部年降水日数均在80天以上；阿拉善盟降水日数最少，大部地区都在40天以下，额济纳旗拐子湖年降水日数最少，平均为18.3天，其余地区的年降水日数在40～80天。降水主要集中在6—8月，6—8月的降水日数几乎占全年的50%以上。

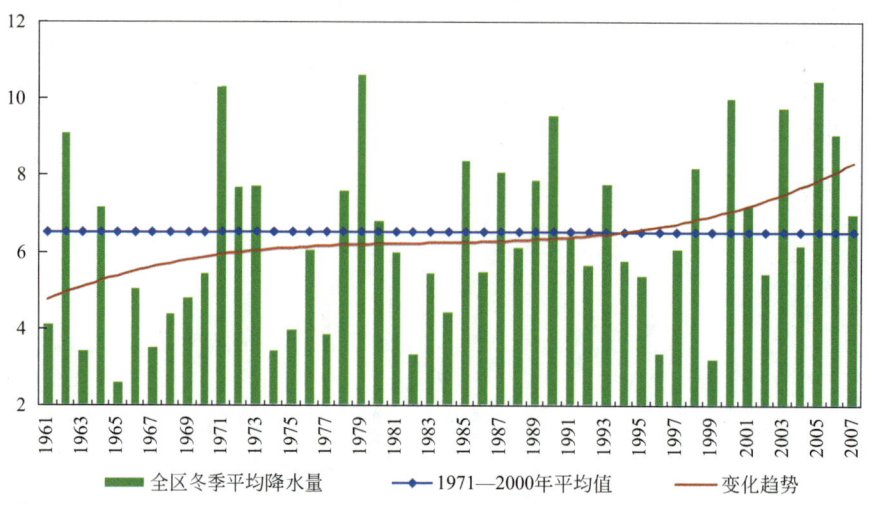

图1-1-13 内蒙古自治区冬季平均降水量变化（单位：毫米）

(2) 大到暴雨和暴雨日数

出现暴雨的日数少，各地差异大。通辽市、兴安盟暴雨日数最多，平均也只有0.8天，阿拉善盟大部未出现过暴雨，额济纳旗从未出现过大到暴雨和暴雨。全区14%的台站大到暴雨和暴雨日数不到1天，58%的台站在1～3天，27%的台站在3天以上，8%的台站在4天以上。暴雨日数更少，92%的台站暴雨日数不足1天，只有3个站达到1天，兴安盟扎赉特旗的沙巴尔吐最多，为1.1天。内蒙古是全国暴雨日数最少的地区之一。

5.一日最大降水量

一日最大降水量极大值为239.0毫米，1994年7月13日出现在通辽市科左后旗。阿拉善盟西部地区一日最大降水量不足50毫米，其中额济纳旗一日最大降水量只有27.3毫米，出现在1969年6月15日。拐子湖32.9毫米，出现在2007年7月20日。

6.最长连续降水日数

年最长连续降水日数在4～25天。大兴安岭地区一般在15天以上，图里河和阿尔山市地区最长，达25天以上；阿拉善盟最短，在5天以下；其余地区为6～14天。

年降水连续无降水日数西部地区最长，阿拉善盟、鄂尔多斯市、巴彦淖尔市大部、赤峰市大部、通辽市大部、呼和浩特市、包头市均在100天以上，其中阿拉善盟西北部在200天以上，额济纳旗长达285天；其余地区在50～99天。

三、湿度

1.年平均相对湿度

年平均相对湿度的地理分布，自东北向西南降低。呼伦贝尔市除扎兰屯市外、兴安盟阿尔山市的年平均相对湿度在60%以上，其中呼伦贝尔市根河市、牙克石市，兴安盟阿尔山市年平均相对湿度可达到70%～72%，是内蒙古年平均相对湿度最大的地区。阿拉善盟大部年平均相对湿度均40%以下，额济纳旗的拐子湖只有31%，是内蒙古年平均相对湿度最小的地区。其余大部地区年平均相对湿度在40%～60%。

2.相对湿度的季节变化

相对湿度的四季变化各地有所不同，但基本上都是双峰型。大兴安岭以东、阴山山脉以南地区由于受夏季风的影响，相对湿度最大值出现在夏季，冬季次之；大兴安岭以西、阴山山脉以北地区，由于受冬季风低温的影响，相对湿度最大值出现在冬季，夏季次之；全区各地因春季气温回升快，降水少，风大，空气干燥，相对湿度最小，秋季次之。

冬季平均相对湿度较大，总的分布趋势与年平均相对湿度相似。呼伦贝尔市大部，兴安盟阿尔山市，锡林郭勒盟锡林浩特市、东乌珠穆沁旗、阿巴嘎旗、正蓝旗在70%以上，其中新巴尔虎左旗为

79%,是内蒙古1月平均相对湿度最大的地区;兴安盟南部、通辽市北部、赤峰市大部、乌海市、巴彦淖尔市西部、鄂尔多斯市西部及阿拉善盟冬季平均相对湿度在50%以下;其余地区均在50%~70%。

春季是一年中平均相对湿度最小的季节。呼伦贝尔市中东部及兴安盟阿尔山市地区相对湿度可达50%~60%;阿拉善盟大部在30%以下,额济纳旗的拐子湖只有21%;其余大部地区均在30%~50%。

夏季相对湿度最大。呼伦贝尔市除西部外的大部地区、兴安盟阿尔山市,通辽市、科尔沁左翼后旗、科尔沁左翼中旗,赤峰市宁城县在70%以上,牙克石市图里河、鄂伦春自治旗月平均相对湿度为81%,是内蒙古7月平均相对湿度最大的地区;锡林郭勒盟二连浩特市、乌海市,巴彦淖尔市乌拉特中旗、阿拉善盟在50%以下,额济纳旗的拐子湖只有30%,为夏季平均相对湿度最小的地区;其余地区在50%~70%。

秋季平均相对湿度大于春季。呼伦贝尔市大部,兴安盟阿尔山市,通辽市科尔沁左翼后旗,锡林郭勒盟正蓝旗、太仆寺旗、多伦县,呼和浩特市区、鄂尔多斯市准格尔旗在60%以上;乌海市、二连浩特、阿拉善盟在50%以下;其余地区在50%~60%。

3. 相对湿度年际变化

近50年来内蒙古全区年平均相对湿度变化不大,基本维持在50%左右,最小值和最大值均出现在20世纪60年代中期(图1-1-14)。

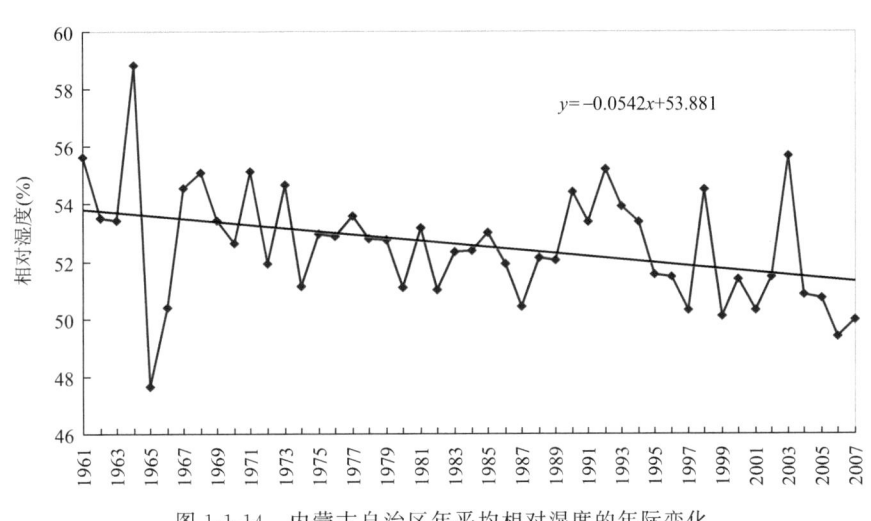

图1-1-14 内蒙古自治区年平均相对湿度的年际变化

四、蒸发

全区各地实测年平均蒸发总量在935毫米(根河市)~4217.9毫米(额济纳旗拐子湖),其量值自东北向西南逐渐增加。乌海市、阿拉善盟大部年蒸发量在3000毫米以上,其中阿拉善盟西部戈壁地区年蒸发量达4000毫米以上,额济纳旗拐子湖4217.9毫米,是内蒙古年平均蒸发量最大的地区。兴安盟科右中旗,赤峰市巴林右旗、敖汉旗,锡林郭勒盟二连浩特市、苏尼特左旗、苏尼特右旗、镶黄旗,乌兰察布市四子王旗、化德县、商都县、察右后旗、兴和县、丰镇市,巴彦淖尔市,鄂尔多斯市年蒸发量为2000~3000毫米;呼伦贝尔市根河市年平均蒸发量在1000毫米以下,是全区年蒸发量最少的地区;其余地区年蒸发量在1000~2000毫米。

各地蒸发量最大值出现在气温已回升、雨季尚未到来的5—6月,中、东部地区多出现在5月,西部地区多出现在6月,阿拉善盟还出现在7月;年内蒸发量最小值大部地区出现在1月,东北部个别地区出现在12月。

五、风

1. 风向

(1)年最多风向及频率

各地风向受大尺度天气系统和山川、河谷、湖泊等地形地貌的影响,变化比较复杂。大兴安岭以西、阴山山脉以北地区,盛行风向为西北风或西风;大兴安岭以东、阴山山脉以南地区,盛行风向有所变化，西辽河平原的通辽市盛行风向为南风和西北风，频率约为11%；土默川平原的土默特左旗盛行风向为北风，其次是东风、西南风和西北风。

（2）季最多风向及频率

风向的季节变化大。冬季，各地盛行风向为西北风或西风。春季，位于大兴安岭东侧的西辽河平原盛行风向已转为南风，但西北风也不少，仅次于南风；位于阴山山脉南侧的土默川平原盛行风为西南风，但北风和西北风也不少；大兴安岭以西、阴山山脉以北地区，盛行风为西北风或西风，但偏东风或偏南风的频率比冬季有所增加。夏季，大兴安岭以东、阴山山脉以南地区盛行偏南风或偏东风；大兴安岭以西、阴山山脉以北地区，偏南风或偏东风的频率继续增多，但仍以西风或西北风为主。秋季，全区大部分地方的盛行风向转为西北风或北风，只有西辽河平原盛行偏南风。

2. 风速

（1）年平均风速

内蒙古各地年平均风速在1.4～5.5米/秒，总的分布趋势是，自东向西、自南向北增大。锡林郭勒盟苏尼特右旗朱日和、巴彦淖尔市乌拉特后旗海力素为5.5米/秒，是内蒙古年平均风速最大的地区。呼伦贝尔市根河市、呼和浩特市区、土默特左旗、托克托县、和林格尔县，鄂尔多斯市准格尔旗小于2米/秒，是内蒙古年平均风速最小的地区；呼伦贝尔市满洲里市、兴安盟突泉县、科尔沁右翼中旗、通辽市开鲁县、赤峰市敖汉旗，锡林郭勒盟二连浩特市、苏尼特右旗、正蓝旗、镶黄旗、乌兰察布市化德县、包头市达尔罕茂明安联合旗、白云鄂博矿区、满都拉、巴彦淖尔市乌拉特后旗，阿拉善盟额济纳旗拐子湖年平均风速大于4.0米/秒，其余大部地区均在2.0～4.0米/秒。

（2）风速的季节变化

各地一年中以春季（3—5月）的风速为最大，冬季风速次之。春季的平均风速在2.2～6.5米/秒，除大兴安岭北端及呼和浩特市等地风速小于3.0米/秒以外，其余大部地区在4.0米/秒以上。其中锡林郭勒盟西部和北部、乌兰察布市北部、巴彦淖尔市北部、阿拉善盟的偏北地区以及西辽河平原等地区，平均风速均在5.0米/秒以上。锡林郭勒盟苏尼特右旗朱日和4月平均风速高达6.5米/秒。冬季平均风速在0.7～5.5米/秒；夏、秋季平均风速在1.1～5.3米/秒，风速较小。但在阿拉善盟西部因受地形及下垫面共同作用的影响，风速的最小值一般出现在12月或翌年1月。年最大风速出现的季节频率，也以春季最多，大部地区为60%～90%，部分地区为30%～60%；夏季和秋季出现最大风速的频率仅为10%～30%。

（3）风速的年际变化

平均风速的年际变化图可以清楚看到，自1961年以来年平均风速呈现明显下降趋势，趋势率为−0.23米/秒/10年，其中2007年平均风速为最小值2.6米/秒（图1-1-15）。

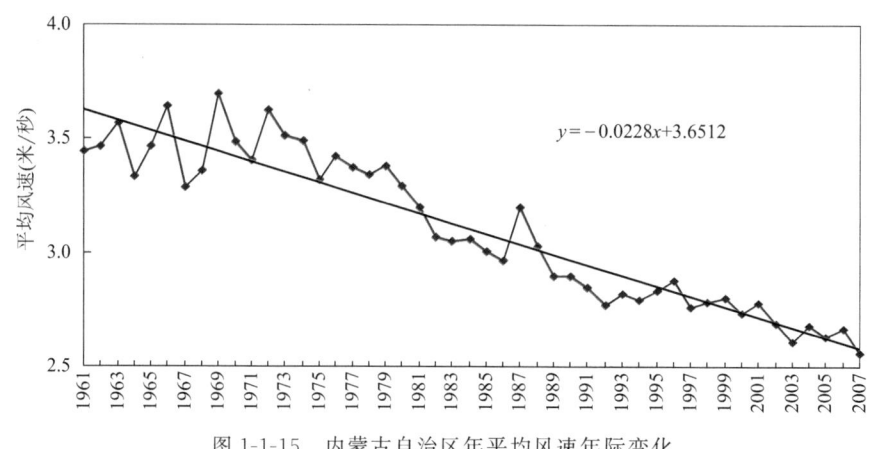

图1-1-15 内蒙古自治区年平均风速年际变化

六、云量

1. 总云量

年总云量分布规律是从东向西减少。呼伦贝尔市鄂伦春自治旗、根河市、陈巴尔虎旗、牙克石市、兴安盟阿尔山市年平均总云量可达5.0以上，根河市多达5.5，是内蒙古年总云量最多的地区。兴安盟乌兰浩特市，赤峰市北部，锡林郭勒盟西北部，乌兰察布市凉城县、化德县，巴彦淖尔市大部，阿拉善盟北部年总云量在4.0以下，是内蒙古年总云量最少的地区。其余大部地区年总云量在4.0~5.0。

2. 低云量

年低云量分布规律与总云量相似。呼伦贝尔市鄂伦春自治旗、根河市、牙克石市，兴安盟阿尔山市，赤峰市克什克腾旗年平均低云量可达2.0以上，牙克石市图里河多达2.8，是内蒙古年低云量最多的地区。阿拉善盟，乌海市，鄂尔多斯市伊金霍洛旗、鄂托克旗、杭锦旗，巴彦淖尔市大部，锡林郭勒盟二连浩特市，通辽市开鲁县、奈曼旗年平均低云量在1.0以下，是内蒙古年低云量最少的地区。其余大部地区年低云量在1.0~2.0。

3. 晴天和阴天日数

年平均晴天日数大部地区在100~130天。呼伦贝尔市大部，兴安盟阿尔山市，锡林郭勒盟西乌珠穆沁旗晴天日数在100天以下，其中根河市、牙克石市、阿尔山市小于80天，是内蒙古年平均晴天日数最少的地区。赤峰市阿鲁科尔沁旗，锡林郭勒盟二连浩特市，乌兰察布市凉城县、化德县，包头市区，巴彦淖尔市临河区、乌拉特中旗、杭锦后旗、五原县、乌拉特前旗、磴口县，阿拉善盟北部晴天日数在130天以上，二连浩特市、临河区、乌拉特中旗在140天以上，是内蒙古年平均晴天日数最多的地区。

年平均阴天日数大部地区在40~60天。锡林郭勒盟二连浩特市、阿巴嘎旗、苏尼特左旗，巴彦淖尔市临河区、乌拉特中旗、乌拉特前旗、磴口县在40天以下，二连浩特市31.3天，是内蒙古年平均阴天日数最少的地区。呼伦贝尔市大部，兴安盟阿尔山市，乌兰察布市察哈尔右翼后旗，呼和浩特市托克托县，鄂尔多斯市鄂托克前旗、乌审旗年平均60天以上，鄂托克前旗97.2天，是内蒙古年平均阴天日数最多的地区。

七、日照

1. 太阳辐射

（1）年太阳辐射量的变化

内蒙古太阳辐射能丰富，年总辐射量在4500~6500兆焦耳/平方米，仅次于西藏自治区，居全国第2位。年总辐射量的分布规律是：自东北向西南递增（包头市以西有自北向南或从西北向东南递减的趋势）。其中西部高于东部，高原高于平原。最低值出现在呼伦贝尔市内。呼伦贝尔市西部、锡林郭勒盟东部总辐射量在5200~5500兆焦耳/平方米；锡林郭勒盟中、西部，乌兰察布市，鄂尔多斯市的年总辐射量为5500~6000兆焦耳/平方米。巴彦淖尔市北部、阿拉善盟为6000~6500兆焦耳/平方米，其中阿拉善右旗的吉兰泰和额济纳旗年总辐射量均在6500兆焦耳/平方米以上，为内蒙古最高值。

（2）年太阳辐射量的季节变化

各季总辐射量以夏季为最大，占年总辐射量的34.6%，冬季最小，仅占年总辐射量的13%，只有夏季总辐射量的38%，从而导致内蒙古冬季严寒，夏季温热的气候特点。由于总辐量的空间分布和地理纬度的影响，使内蒙古东、西部具有明显的气候差异，大兴安岭北端属于寒温带气候区，其余地区则属于温带大陆性季风气候区。4—6月由于空气干燥，阴雨天少，太阳辐射强，总辐射呈直线上升趋势。5—6月达全年最大值，7—8月阴雨天增多，太阳辐射量相对减少，9月以后锐减，12月减至全年最低值。

2. 日照时数

（1）全年日照时数空间分布

年平均日照时数在2600~3400小时。其分布规律为从东北向西南逐渐增多。最短在鄂伦春旗为2482小时，最长在额济纳旗为3423小时。从地区分布来看，呼伦贝尔市大部、兴安盟、通辽市、赤峰市、锡林郭勒盟东部、乌兰察布市南部在2600~3000小时，锡林郭勒盟西北部、乌兰察布市北部、呼和浩特市、包头市和鄂尔多斯市、巴彦淖尔市、乌海市及阿拉善盟东部在3000~3200小时，阿拉善盟大部在3200~3400小时。

（2）日照时数的年际变化

年日照时数基本维持在2840~3070小时。最少为2003年2841.1小时，最多为1978年3066.5小时。内蒙古近50年来日照时数下降趋势明显，递减率为15小时/10年，近50年平均下降了75小时。

从20世纪60年代开始日照时数一直呈下降趋势,进入80年代下降速率明显加快,但进入21世纪后日照时数略有增加(图1-1-16)。

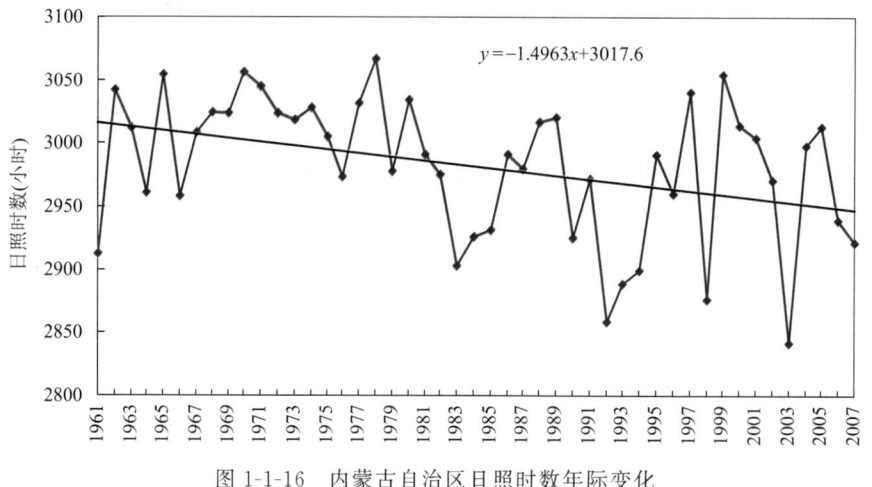

图1-1-16　内蒙古自治区日照时数年际变化

3.日照百分率

各地年日照百分率在56%～77%。其分布规律是从东北向西南逐渐增大。呼伦贝尔市鄂伦春自治旗、牙克石市只有56%,阿拉善盟额济纳旗最高,可达77%。呼伦贝尔市和兴安盟大部地区年日照百分率为56%～65%;呼伦贝尔市西部、兴安盟南部、通辽市、赤峰市大部、锡林郭勒盟大部、乌兰察布市、鄂尔多斯市南部、阿拉善盟南部为65%～70%;锡林郭勒盟二连浩特市、苏尼特左旗、苏尼特右旗、正蓝旗、巴彦淖尔市、鄂尔多斯市北部,阿拉善盟大部达70%～77%。

近50年来日照百分率变化趋势不是很明显,年日照百分率最低值为64%,出现在1992年和2003年;最高值为72%,出现在1965年(见图1-1-17)。

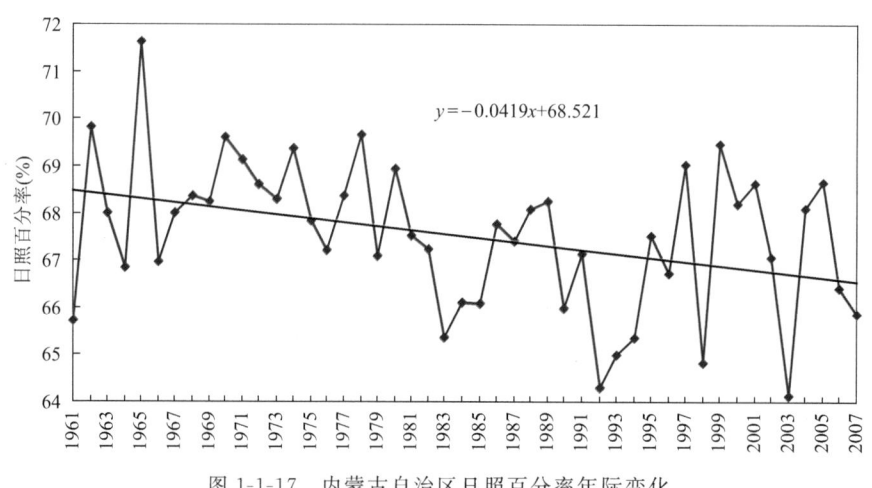

图1-1-17　内蒙古自治区日照百分率年际变化

八、地温

1.地面温度

(1)平均地面温度

年平均地面温度在－3.2～13.5 ℃,除呼伦贝尔市根河市、额尔古纳市、鄂伦春自治旗、牙克石市和兴安盟阿尔山市年平均地面温度在0 ℃以下外,其余地区均在0 ℃以上。其中以阿拉善盟为最高,大部地区均在10 ℃以上。以1月和7月分别代表冬季和夏季。大兴安岭中段和北段1月平均在－26 ℃以下,其中大兴安岭北段在－30 ℃以下,是内蒙古1月平均地面温度最低地区。兴安盟除阿尔山市外,1月平均为－18.5～－13.3 ℃。通辽市和赤峰市1月平均为－17～－12 ℃,大兴安岭东麓丘陵区、山前倾斜平原及东部地区为-17~-14 ℃，其余地区高于-14 ℃。锡林郭勒盟1月平均为-23~-14 ℃。乌兰察布市阴山山地及其北侧1月平均为-16~-14 ℃。鄂尔多斯市1月平均在-13~-9 ℃，鄂托克前旗、河南高于-10 ℃。巴彦淖尔市1月平均地面温度为-14~-9 ℃。阿拉善盟1月平均地面温度在-7.7~-11.0 ℃之间，北部1月平均地面温度低于-10 ℃，南部在-10 ℃以上，是内蒙古全区1月平均地面温度最高的地区。

7月平均地面温度的分布趋势与1月相似。大兴安岭北段最低，在23 ℃以下；向西南逐渐增高，阿拉善盟中部和西部地区，7月平均在30 ℃以上，其中额济纳旗为33.2 ℃，是内蒙古7月平均地面温度最高的地区。

(2) 极端最高地面温度

年极端最高地面温度在57.9~83.0 ℃，呼伦贝尔市牙克石市博克图和图里河年极端最高地面温度在60 ℃以下外，其余地区均在60 ℃以上，其中呼伦贝尔市阿荣旗，兴安盟乌兰浩特市，赤峰市克什克腾旗，锡林郭勒盟二连浩特市，呼和浩特市，巴彦淖尔市临河区、乌拉特中旗、杭锦后旗，鄂尔多斯市鄂托克旗、杭锦旗，阿拉善盟阿拉善左旗巴彦诺尔公、额济纳旗年极端最高地面温度在70 ℃以上。年极值出现时间主要集中在每年的6月或7月，个别的还出现在5月，出现在7月的占到70%。

(3) 极端最低地面温度

年极端最低地面温度在-71.8~-28.0 ℃，年极值出现时间主要集中在每年的12月、1月，占到78%，其余还出现在11月、2月、3月，占到22%。

(4) 地温的年际变化

近50年来平均地温变化呈现出明显的上升趋势，增温率为0.47 ℃/10年，近50年内蒙古全区平均地温上升了约2.4 ℃，其中2007年达到自1961年以来最高值，为9.4 ℃（见图1-1-18）。

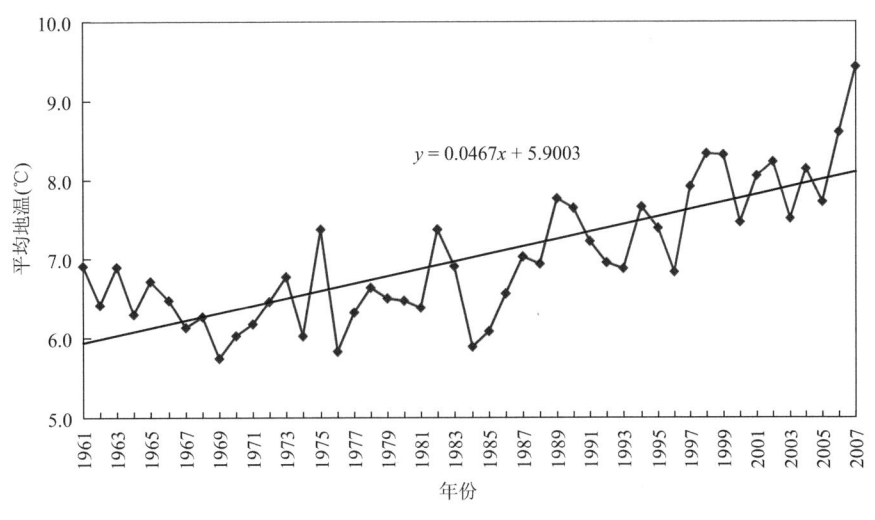

图1-1-18 内蒙古自治区平均地面温度年际变化

2. 地中温度

除地面平均温度外，还有浅层地温和深层地温。浅层地温包括平均5厘米地温、平均10厘米地温、平均15厘米地温、平均20厘米地温和平均40厘米地温，深层地温包括平均80厘米地温、平均160厘米地温和平均320厘米地温。乌兰察布市及其以东地区除了40厘米地温外，其他各浅层地温一般只有4—10月观测值，而西部地区无论冬夏各层地温均有观测值。

九、冻土

内蒙古年最大冻土深度，大部分地区在150~300厘米。呼伦贝尔市新巴尔虎左旗、新巴尔虎市、额尔古纳右旗、满洲里市、鄂伦春自治旗、陈巴尔虎旗，锡林郭勒盟二连浩特市、镶黄旗、东乌珠穆沁旗及乌拉盖冻土深度在300厘米以上；新巴尔虎右旗、额尔古纳市、鄂伦春自治旗年最大冻土深度大于400厘米，是内蒙古冻土深度最大的地区。通辽市扎鲁特旗、开鲁县，赤峰市翁牛特旗、巴林左旗、敖汉旗，乌兰察布市凉城县，包头市土默特右旗，呼和浩特市土默特左旗、托克托县，巴彦淖尔市南部，鄂尔多斯市鄂托克旗、乌审旗，乌海市，阿拉善盟大部地区，最大冻土深度不到150厘米，其中巴彦淖尔市磴口县是内蒙古年最大冻土深度最小的地区，1985年99厘米。其余大部地区均为150～300厘米。

十、霜

1.年平均霜期

（1）初霜日期

轻霜冻初日最早出现在呼伦贝尔市根河市8月21日，最晚出现在乌海市10月9日。通辽市、赤峰市南部、巴彦淖尔市临河区、阿拉善盟大部轻霜冻初日一般在10月上旬，出现较晚；呼伦贝尔市牙克石市博克图、鄂伦春自治旗小二沟，锡林郭勒盟西乌珠穆沁旗、正蓝旗轻霜冻初日在9月上旬，出现较早，其余大部地区在9月中旬到9月下旬之间。初霜日期有从东北向西南逐渐推后的分布趋势。

（2）终霜日期

大部地区轻霜冻结束日期在5月，最早出现在乌海市4月26日，最晚结束出现在呼伦贝尔市根河市6月27日。终霜日期有从西南向东北逐渐推后的分布趋势。

（3）平均无霜期日数

大部地区无霜期日数在100～150天，日数最长出现在乌海市长达166天，日数最短出现在兴安盟阿尔山市为58天。无霜期日数有从东北向西南逐渐增加的分布趋势。

2.霜期的年际变化

（1）初霜期的年际变化

从平均轻霜冻初日的年际变化来看，近50年来初霜期有逐渐推后发生的趋势，线性趋势率为2.2天/10年，即近50年初霜期平均推后了11天。从历年变化曲线图也可以明显看到，在20世纪60—70年代前期，初霜日期出现较早，80年代之后起日期明显推后，最晚初霜期出现在2007年10月3日，其次是1998年10月2日（图1-1-19）。

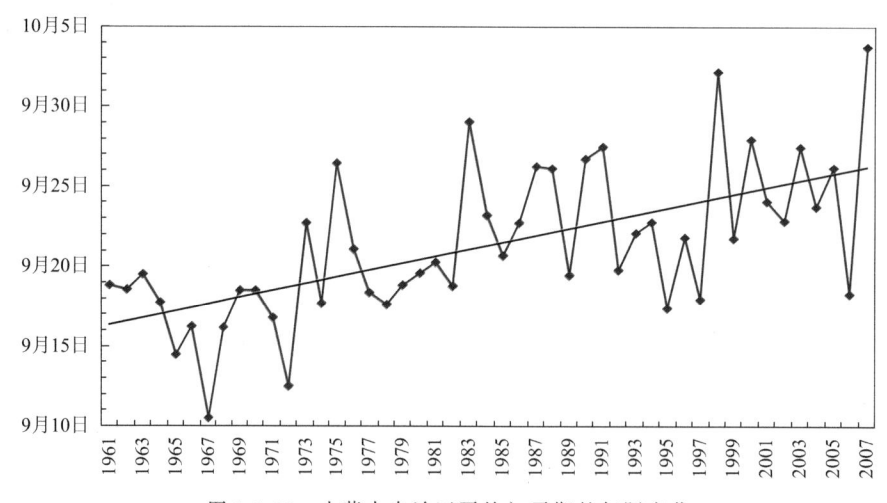

图1-1-19 内蒙古自治区平均初霜期的年际变化

（2）终霜期的年际变化

从平均轻霜冻终日的年际变化来看，近50年来终霜期有逐渐提前发生的趋势，线性趋势率为－3.0天/10年，变化速度明显高于初霜期，即近50年终霜期平均提前了15天。从历年变化曲线图也可以明显看到，在20世纪60年代初到70年代前期，终霜结束较晚，80年代之后起终霜日期明显提前，最早终霜期出现在2002年和2007年5月2日，其次是2000年5月5日（图1-1-20）。

（3）无霜期日数的年际变化

近50年来初霜期逐渐推后、终霜期逐渐提前，必然导致霜期日数逐渐缩短，而无霜期日数相应延

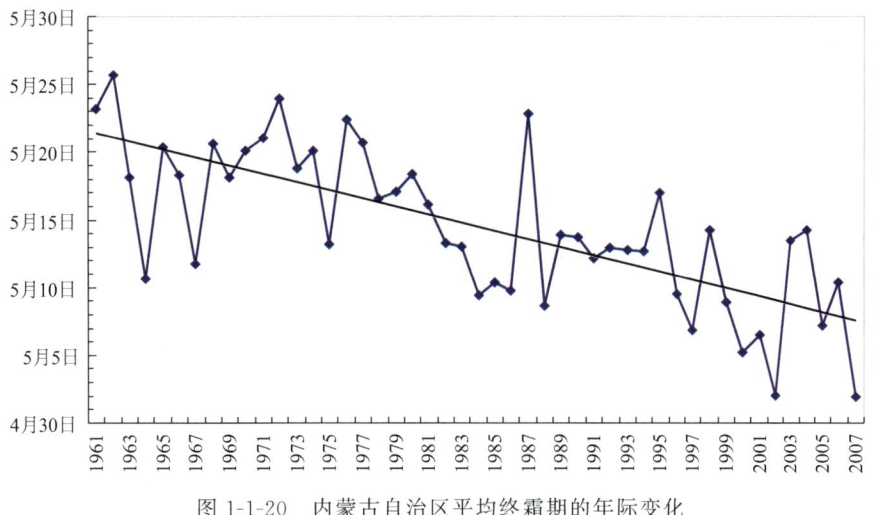

图 1-1-20　内蒙古自治区平均终霜期的年际变化

长的趋势。从无霜期日数的年际变化图也可以明显看出这样的变化规律，趋势率为 5 天/10 年，即近 50 年无霜期日数平均增加了 25 天，作物生长期明显延长（图 1-1-21）。

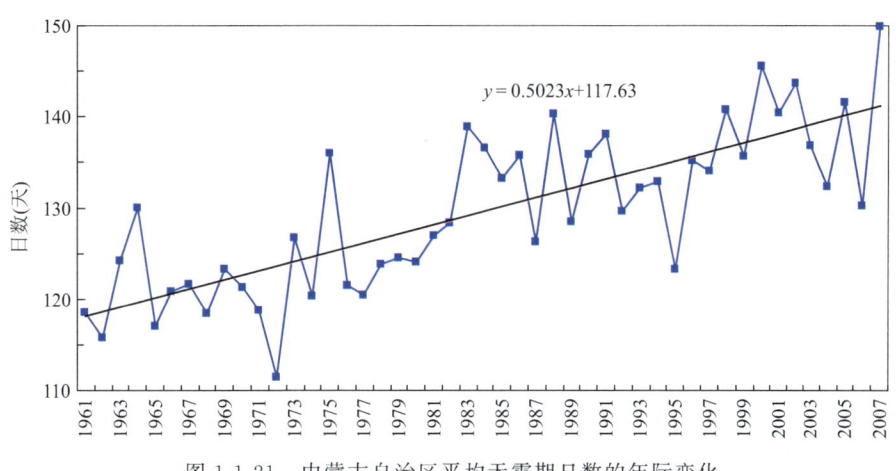

图 1-1-21　内蒙古自治区平均无霜期日数的年际变化

十一、雷暴

1. 年平均雷暴日数

年平均雷暴日数在 8.5 天（额济纳旗）～42.7 天（武川县）。阿拉善盟额济纳旗年平均雷暴日数小于 10 天，是内蒙古雷暴日数最少的地区；鄂尔多斯市东胜区、伊金霍洛旗、达拉特旗、准格尔旗，包头市土默特右旗、固阳县、呼和浩特市、乌兰察布市、锡林郭勒盟西乌珠穆沁旗、多伦县、正镶白旗、正蓝旗、镶黄旗、太仆寺旗、赤峰市、通辽市扎鲁特旗、奈曼旗青龙山、兴安盟阿尔山市、扎赉特旗、突泉县、呼伦贝尔市扎兰屯市、根河市、鄂伦春自治旗、莫力达瓦达斡尔族自治旗年平均雷暴日数在 30 天以上，其中凉城县、武川县、多伦县平均达 40 天以上，是内蒙古雷暴日数最多的地区；其余大部地区为 10～30 天。

2. 雷暴的初日和终日

雷暴的初日大部地区出现在 4 月下旬到 5 月下旬。阿拉善盟额济纳旗雷暴初日出现在 6 月初，是内蒙古雷暴出现最晚的地区；通辽市科左后旗、库伦旗、赤峰市敖汉旗、喀喇沁旗、宁城县、锡林郭勒盟多伦县、正蓝旗、太仆寺旗、乌兰察布市集宁区、商都县、察右中旗、兴和县、卓资县、察哈尔右翼前旗、凉城县、丰镇市、呼和浩特市、包头市土默特右旗、巴彦淖尔市五原县、鄂尔多斯市东胜区、伊金霍洛旗、达拉特旗、准格尔旗、乌审旗雷暴初日出现在 4 月下旬，雷暴出现较早，其中呼和浩特市和林格尔县平均初日是4月20日,是内蒙古雷暴出现最早的地区。

雷暴的终日大部地区出现在9月。阿拉善盟额济纳旗雷暴的终日出现在8月下旬,雷暴结束较早,其中额济纳旗雷暴平均终日8月27日,是内蒙古雷暴结束最早的地区;通辽市科尔沁左翼中旗、科尔沁左翼后旗、库伦旗、赤峰市敖汉旗、喀喇沁旗、宁城县、锡林郭勒盟正蓝旗、太仆寺旗、乌兰察布市四子王旗、商都县、察右中旗、兴和县、卓资县、凉城县、丰镇市、鄂尔多斯市伊金霍洛旗、达拉特旗、准格尔旗,呼和浩特市、包头市土默特右旗雷暴终日出现在10月上旬,雷暴结束偏晚,其中清水河县平均终日10月7日,是内蒙古雷暴结束最晚的地区。

3.雷暴日数的年际变化

内蒙古地区近50年来年雷暴日数呈现下降趋势,递减率为1.7天/10年,2007年雷暴日数最少,为19天(见图1-1-22)。

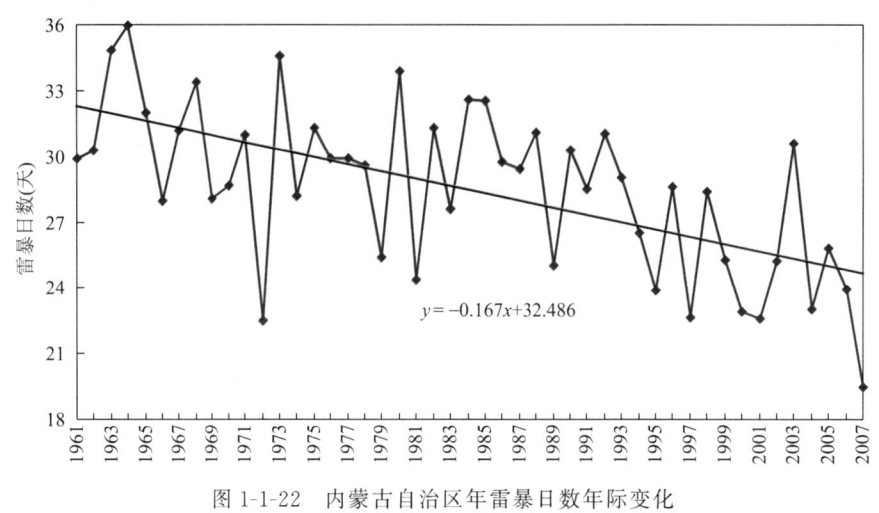

图1-1-22　内蒙古自治区年雷暴日数年际变化

第四节　气候资源

一、光能资源

光能是地球上绿色植物光合作用的主要能源。气候的形成、天气的变化、植物的生长、人类的生存等都依赖于太阳辐射。内蒙古年总太阳辐射量为4500~6500兆焦耳/(平方米·年),并呈自东北向西南逐渐增多趋势。呼伦贝尔市大兴安岭林区阴雨天气较多,年总辐射量在5000兆焦耳/(平方米·年)以下,为全区最低值区;由此向西南年总辐射量逐渐增多,自治区西部地区达6000兆焦耳/(平方米·年)以上,比华北、东北、华南等地偏多600~1600兆焦耳/(平方米·年),是全区太阳能资源最为丰富的地区,仅次于全国太阳能资源最丰富区青藏高原。其余地区为5000~6000兆焦耳/(平方米·年)之间。全自治区太阳能丰富区和较丰富地区面积达72万平方千米。

全区总太阳辐射量的年变化呈单峰型,最高值出现在5月为800兆焦耳/平方米左右,6月、7月次之,为700兆焦耳/平方米左右,从9月以后由于太阳高度角的降低,太阳辐射迅速减少,12月为全年最低值,月总辐射量仅为200兆焦耳/平方米左右。

植物体的叶绿素所吸收的380~710纳米光谱区间的可见光称为光合有效辐射,它表征的是能被植物转化的辐射部分。内蒙古光合有效辐射年变化与太阳总辐射趋势基本一致,最小值出现在东部的大兴安岭地区,在2400兆焦耳/(平方米·年)以下;最大值出现在西部的阿拉善盟地区,在3000兆焦耳/(平方米·年)以上。

内蒙古光照充足,辐射量较大,但光能利用率较低,农业生产上光能利用率仅为0.1%~0.3%,如果光能利用率提高到1%,粮食产量可提高3~5倍;天然牧草的光能利用率更低,只是农业生产上光能利用率的10%左右，因此内蒙古无论是农业生产，还是牧业生产，光能利用潜力都是巨大的。

二、热量资源

热量是生物生长发育和产量、品质形成的基本条件。热量资源多少的主要标志是积温的多少、温度的高低及其变化规律。热量不仅直接影响作物的生育和产量，而且限制作物的布局、新品种的引进、种植制度的改革等。因此，分析热量的变化及其农牧林界限温度的特点，对农牧林业生产具有重要意义。

内蒙古≥10 ℃积温从东北至西南为900～3700 ℃·天，最高值出现在西部的阿拉善盟沙漠地区，达3000 ℃·天以上，持续时间较长，在170天以上；最小值出现在东部的呼伦贝尔市林区北部，不足1000 ℃·天，且持续时间较短，仅为80天左右。全区活动积温东西差异较大，中西部地区属于热量资源丰富地区，而东部偏北地区热量资源严重不足，在一定程度上影响该地区农牧林业发展。

无霜期从东北至西南为60～240天，近30年（1971—2000年）无霜期延长趋势明显。无霜期的延长可改变作物的种植熟性、种植业结构以及延长农牧业生产时间，减轻霜冻等危害，这对气候相对温凉的内蒙古地区来说较为有利。

三、水分（降水）资源

大气降水是陆地上水资源的根本来源。水分资源和光、热资源一起决定着一个地区的自然生产力的高低或自然条件的优劣。在光、热条件适宜的情况下，水分条件适宜与否对农、牧、林业生产有重要影响。内蒙古水分资源严重不足，光资源极为丰富，热量条件由于全球气候的变暖也得到一定的改善。因此，降水的多少成为制约内蒙古地区可持续发展的主要因素。

降水少、变率大、保证率低导致内蒙古水分亏缺十分严重，年水分亏缺量从东北向西南达50～500毫米，其中中西部地区与西北地区同属全国水分亏缺量最多的地区。大兴安岭北段因降水较多，又因纬度偏北，温度偏低，蒸发量较小，故水分亏缺量少，全年不足50毫米，是全区水分亏缺最少的地区。大兴安岭中段及两侧低山丘陵区，年水分亏缺量为50～100毫米。呼伦贝尔市岭东地区为100～150毫米。呼伦贝尔草原年水分亏缺量由东部林原草原的100～150毫米向西增加到250毫米以上。兴安盟除大兴安岭山地外，其余地区年水分亏缺量在150～200毫米。赤峰市、通辽市大兴安岭山地水分亏缺量为150～200毫米，山前平原、东南部和西南部的燕山山地为200～250毫米，中部科尔沁沙地因降水较少，植被稀疏，蒸发量大，故缺水较多，超过250毫米。锡林郭勒盟东部的大兴安岭西侧年水分亏缺量为200～250毫米，中部地区为250～300毫米，西部地区增加到400毫米左右。乌兰察布市、呼和浩特市、包头市的阴山山脉南侧降水多，水分亏缺为200～250毫米，阴山山脉北侧向北亏缺越多，山脉北麓水分亏缺250～300毫米，边境地区达450毫米以上。鄂尔多斯市东南部亏缺量为200～250毫米，中部地区为300～350毫米，西北部多达400～450毫米。巴彦淖尔市河套平原亏缺400～450毫米，后山地区亏缺450～500毫米。阿拉善盟除南部水分亏缺在450～500毫米，其余地区均超过500毫米，是内蒙古水分亏缺最多的地区。全区水分亏缺存在明显的季节变化，除冬季外，其余各季均存在缺水现象，其中以春季和夏初的4—6月缺水最多。夏季虽是内蒙古降水高峰期，但全区仍不同程度的缺水。

内蒙古降水较为集中，≥10 ℃期间降水量从东北至西南为420～30毫米，其分布趋势与年降水量完全一致。最低值出现在西部的阿拉善盟沙漠地区，不足30毫米；最高值出现在东部的呼伦贝尔市东北部，为350毫米以上。≥10 ℃期间降水量约占年降水量的80%以上。雨热同期，缓解了内蒙古水分资源的不足，对农牧林业生产极为有利。

四、风能资源

内蒙古是全国风能资源的富集区，全区风能资源总储量为8.98亿千瓦，技术可开发量为1.5亿千瓦，约占全国技术可开发总量的50%，居全国之首。在第三次风能资源详查和精细化评估中，已确立了20个风能资源重点开发区域，可装机容量达2000万千瓦，而目前内蒙古风电装机容量仅90万千瓦，因此开发利用潜力很大。

年风功率密度为9.5～184.5瓦/平方米，大部地区在50～180瓦/平方米，其分布具有从北向南、从中间向东西两侧逐渐减小的特点。高值区出现在锡林郭勒高原的西部、乌兰察布高原的北部和河套平原的北部，其值大于150瓦/平方米，其中以乌拉特后旗为最高，达184.5瓦/平方米。低值区出现在阴山山脉以南地区（除鄂尔多斯市西部的部分地区），以准格尔旗为最低，其值仅为9.5瓦/平方米；另一低值区位于呼伦贝尔高原的北部地区，以根河市为最低，为9.7瓦/平方米。

全区年有效风速时数为1347～7562小时。其中锡林郭勒高原的西部地区、乌兰察布市高原北部、巴彦淖尔市高原的北部、阿拉善盟北部的部分地区、通辽市南部的部分地区，有效风速时数大于5000小时，以巴彦淖尔市北部的海力素为最高，达7562小时；大兴安岭北端、土默川平原、河套平原和乌兰察布市高原西南的部分地区有效风速时数小于3000小时；其余地区在3000～5000小时。全区日平均有效风能时数为6.9～21.4小时，属于全国最高地区之一。

风功率密度的年变化为双峰型，第一峰值期出现在春季的4月，变化范围在300.0瓦/平方米以上，具有从北向南、从中间向东西两侧逐渐减小的特点；5月以后风功率密度逐渐减小，到盛夏8月达到最低。8月以后风功率密度又开始逐渐增加，到秋季的10—11月出现全年的第二个高峰期，在100～200瓦/平方米之间；11月以后风功率密度逐渐减小，到翌年1月又出现全年的第二个低值期。总之，冬半年风能资源较为丰富，而夏半年风能资源较弱，一年中约有3～4个月的小风期。

五、气候生产潜力

内蒙古地域广阔，各地区气候资源生产潜力差异较大。因此，气候资源的承载能力也各不相同。气候资源生产潜力是指其他农业生产条件如品种、土壤、肥料、耕作技术等都能达到理想条件下，一定气候状态所能提供的干物质量。气候资源生产潜力主要包括光温生产潜力、降水生产潜力等。

1.光温生产潜力

光温资源潜力是假设作物品种、土壤肥力和耕作技术等能较好满足植物生长所需，在当地水分条件适宜下，仅考虑热量的变化对单位面积产量的影响，称为光温资源生产潜力。近50年光温资源生产潜力呈波动式增加趋势，尤其是从1986年气温突然增暖之后，其增加趋势更为明显。

内蒙古光温资源生产潜力的分布趋势与光热资源基本相似，呈西南多、东北少的纬向地带性分布，高值区出现在西部的阿拉善盟沙漠地区，在13886千克/（公顷·年）以上；最小值出现在东部的呼伦贝尔市林区北部，不足5000千克/（公顷·年）；其余地区位于5000～13886千克/（公顷·年）。光温资源生产潜力最高值区域正处于内蒙古地区降水最少地区。因此，其实际的光温资源生产潜力远远低于此值。

2.降水生产潜力

降水资源生产潜力是假设其他因素均适宜的条件下，只考虑降水量的变化对作物单位面积产量所产生的影响。内蒙古降水资源生产潜力呈波动式略增加趋势，其变化趋势与降水量的年代变化基本一致，但小于气温生产潜力。20世纪60—70年代为降水生产潜力低值区，80年代开始略有增加，90年代达最大，后从2001年开始逐渐减少，达低值后又开始上升，说明降水的多少是影响内蒙古生产潜力的主要制约因素。

内蒙古降水资源生产潜力的分布趋势与降水资源基本相似，呈西南少、东北多的纬向地带性分布，高值区出现在东部的呼伦贝尔市岭东，在8000千克/（公顷·年）以上；最小值出现在西部水分较少的阿拉善盟沙漠地区，不足700千克/（公顷·年）；其余地区位于700～8000千克/（公顷·年）。降水资源生产潜力的分布趋势与光温资源生产潜力正好相反，降水资源生产潜力大的地区，光温资源生产潜力较小；降水资源生产潜力小的地区，光温资源生产潜力较大。光温资源生产潜力与降水资源生产潜力的不匹配，影响气候资源生产潜力的总体发挥。

3.气候资源生产潜力

气候资源生产潜力是由光照、温度和降水资源生产潜力决定的，在光照不变，温度升高，降水也有所增加的情况下，气候资源生产潜力会有所增加。内蒙古光热资源较为丰富，限制气候资源生产潜力的主要因子是降水资源的大小。据国家气候中心未来趋势预估，内蒙古自治区未来50年温度增加较多，降水增加有限，在此情况下，与光温资源生产潜力相比，气候资源生产潜力就有减少的可能性，甚至在某些地区由于水分胁迫加强还可能出现严重减少的情形。

内蒙古气候资源生产潜力的分布趋势呈现由东向西逐渐减小的趋势，高值区出现在东部的呼伦贝尔岭东、兴安盟、通辽市和赤峰市南部地区以及内蒙古中部的乌兰察布市南部、呼和浩特市、包头市南部和鄂尔多斯市南部，均在6000千克/（公顷·年）以上；最小值出现在西部的阿拉善盟大部和巴彦淖尔市西北部，在487~2038千克/（公顷·年）之间。在气候资源生产潜力的形成中，东部的呼伦贝尔市林区气候资源生产潜力的大小主要由光温资源生产潜力决定，而其他地区气候资源生产潜力的大小主要是由降水资源生产潜力的多少决定的。究其原因，呼伦贝尔市林区降水较为丰富，光热资源不足，限制当地生产的主要是热量条件的变化；而其余地区光热资源丰富，降水资源不足，降水的多少是制约该地区生产的主要制约因素。内蒙古中部偏南地区和东部偏南地区虽光热资源低于西部阿拉善盟地区，降水资源小于呼伦贝尔市林区，但水热配置较好。因此，该地区成为内蒙古气候资源潜力最大的区域。

变暖加大了内蒙古极端气候事件发生的概率。近年来内蒙古高温酷热天气增多，降雨强度增大，小雨事件不断减少，使水分的利用效率明显降低，干旱和洪涝灾害出现频率有逐年增多趋势，对气候资源生产潜力的挖掘均有一定影响。

第五节 气候变化

内蒙古地处中、高纬度，是受全球气候变暖影响最为明显地区之一。近50年气温变化趋势与全球及全国的气温变化总趋势一致，呈明显变暖趋势。近50年全区平均气温上升了2℃，并且平均最低气温的升幅大于平均气温和平均最高气温，气候变暖主要以夜间增温为主。近50年四季气温均呈变暖趋势，以冬季最为显著，增温幅度在3℃以上，春秋次之，夏季最小为1℃以下。且四季增暖起始时间有所不同，春季从1983年开始增温，秋、冬季增温始于1987年，夏季从1993年开始。近50年高温日数呈逐年增加趋势，寒冷日数呈快速减少态势，气候变暖主要因冬季增温形成。

近50年总降水量呈略增趋势，增加19毫米左右，并呈波动式变化，20世纪60—70年代降水量接近常年，80—90年代为降水偏多期，21世纪以来为降水偏少期。在降水量增加的同时，降水日数也呈略增趋势。在四季降水变化中，冬、春季降水呈略增，夏、秋季呈略减。暴雨日数呈不显著的减少趋势。

随着全球气候变暖，近年来内蒙古极端气候事件发生的强度、影响的范围呈扩大趋势，对农牧业产生重大影响。近50年最长连续无降水和降水持续日数、小雨日数以及暴雨出现范围呈减少趋势，说明极端降水事件的持续性和强度在减弱。但进入21世纪后干燥少雨事件增多，强度增大，降水有向极端化发展趋势。近50年极端高温事件呈明显增多趋势，低温事件呈快速减少趋势。

各类干旱发生范围近50年均有扩大趋势，春旱扩大趋势最为明显。随着气候变暖，春旱发生概率增加，影响范围有扩大蔓延趋势。近50年雨涝灾害发生频率变化趋势不明显，且所占比例较低，影响相对较轻。牧区白灾发生频率较高，近50年白灾出现频率呈明显增加趋势，平均在50%以上，气候变暖后牧区遭受白灾影响范围增大。同时，随着气候变暖，近50年低温冷害和霜冻灾害发生频率呈显著下降趋势，遭受低温冷害和霜冻的影响范围减小。

总之，近50年热量大幅度增加，而降水增加较少，使农牧业生产水分胁迫矛盾仍很突出。同时随着气候变暖，极端气候事件频发，将对农牧业产生较大影响。

2007年，全区气温普遍偏高，平均气温在-2.8℃（图里河）~10.3℃（额济纳），与常年值相比，除乌海市略偏低外，全区大部气温偏高1~3.5℃，其中巴彦淖尔市中部、锡林郭勒盟北部、通辽市北部、兴安盟南部和西北部、呼伦贝尔市大部偏高2~4℃（图1-1-23）。降水中东部大部偏少，全区降水量在30.7毫米（额济纳）~498.5毫米（青龙山），与常年值相比，鄂尔多斯市东部及以东大部地区偏少，其中乌兰察布市中部、锡林郭勒盟大部、赤峰市西部、通辽市东部、兴安盟北部和呼伦贝尔市大部均偏少2~5成（图1-1-24）。

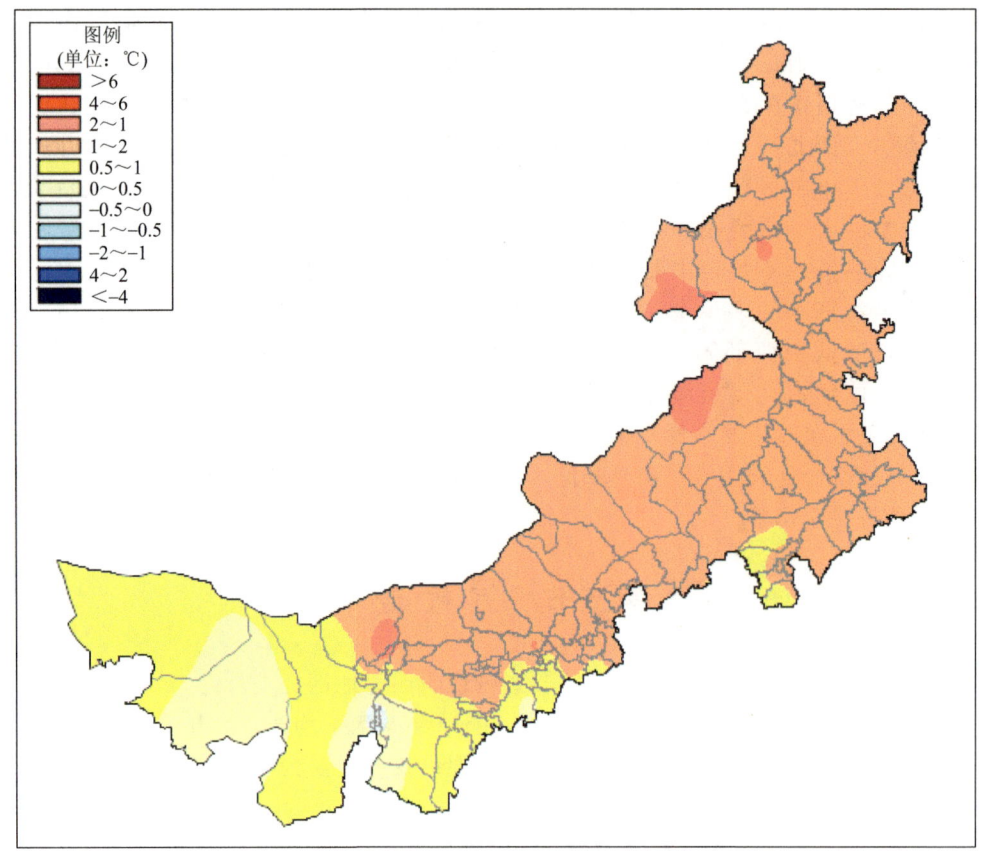

图 1-1-23　内蒙古自治区 2007 年气温距平分布

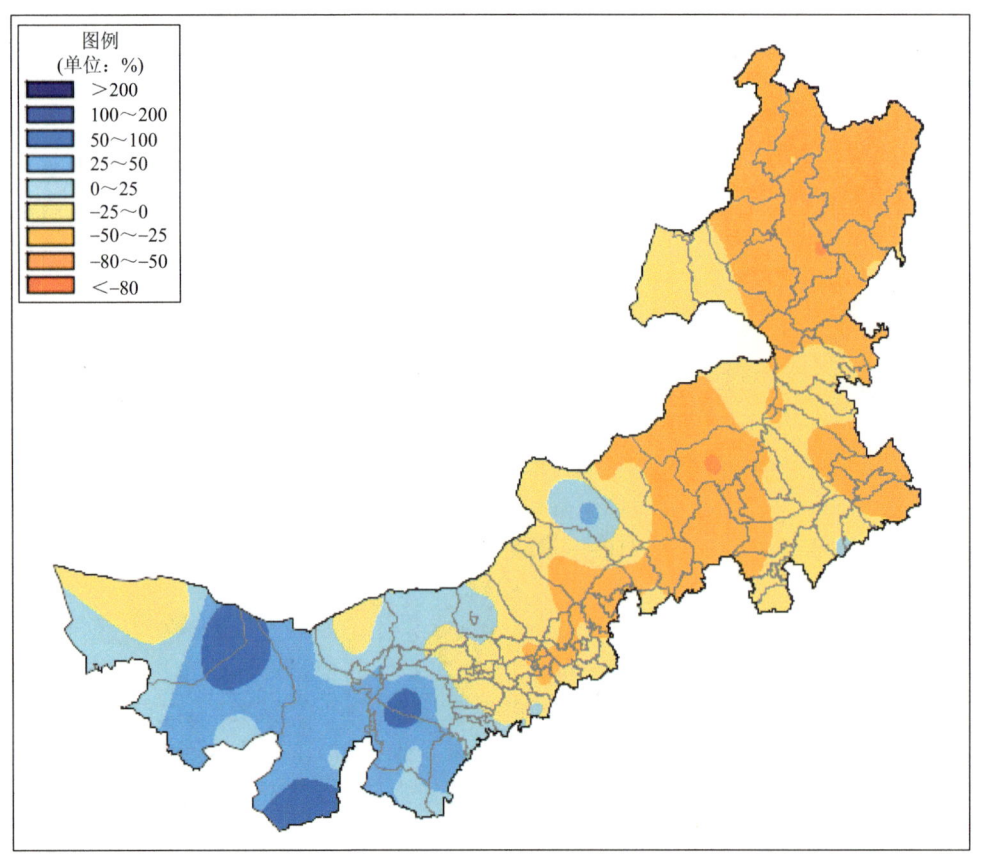

图 1-1-24　内蒙古自治区 2007 年降水距平百分率分布

第二章 主要气象灾害

第一节 干 旱

内蒙古属干旱、半干旱气候，气候干燥降水少，降水量季节分配不均且年季变率大，干旱发生频繁。旱灾是内蒙古发生频率最高、分布范围最广、影响程度最烈、危害最严重的一种气象灾害。中华人民共和国成立以来，内蒙古自治区遭受的各种自然灾害中，旱灾占45%左右，居各类灾害之首。

干旱灾害发生的评价指标比较复杂，影响因素很多，这里根据内蒙古干旱发生特点及其主要影响因素，将月降水距平均百分率作为指标，确定干旱发生标准见表1-2-1。

表1-2-1 干旱标准（春旱和夏旱）

旱期	一般干旱（轻旱）	严重干旱（或大旱）
连续三个月以上	-25%~-50%	-50%以上
连续两个月	-50%~-80%	-80%以上
一个月	-80%以上	

一、干旱的主要特征

1. 面积大，影响范围广

从全区范围看，除大兴安岭和岭东部分地区属湿润、半湿润区外，全区大部分地区处在干旱、半干旱区，其范围占内蒙古总面积的60%以上，二连浩特市、巴彦淖尔市临河区至阿拉善左旗巴彦浩特以西的边境一带及阿拉善盟大部几乎全年干旱，为严重干旱区，额济纳旗常年处于极干旱状态。

由于干旱具有连片发生的特点，内蒙古一旦发生干旱往往是大范围的，特别是出现大旱的年份，通常是全区范围的。1989年牧区春夏均明显干旱；1997年、1999—2001年大范围春、夏旱和伏旱，其受旱面积比其他气象灾害总和还多。

2. 发生概率大，频率增加

内蒙古几乎每年都有不同程度干旱发生，通过分析全区1961—2006年干旱发生情况可知，全区有35年均发生了干旱，分别是1962年、1965年、1968年、1970—1972年、1974—1975年、1978年、1981年、1984—1989年、1993—1995年、1997年、2000—2001年、2004—2006年，发生频率达到76.0%。有25年发生了春旱，分别是1962年、1965年、1968年、1970—1972年、1974—1975年、1978年、1981年、1984—1989年、1993—1995年、1997年、2000—2001年、2004—2006年，发生频率为54.3%。可以看出内蒙古干旱发生频繁，尤其是春旱出现频率较高，而春季正是农作物播种、出苗阶段，频繁的春旱发生，无疑会对农作物生长初期的发育造成影响。

统计内蒙古不同年代干旱及春旱的发生频率可以看出，干旱和春旱的发生频率基本呈现一致的变化状态。内蒙古十年最少有六旱，其中春旱发生频率均在40%以上。1981—1990年干旱发生频率最高，达到90%。进入21世纪，6年当中有5年发生了干旱（图1-2-1）。在全球气候变化的大背景下，干旱以及春旱的发生频率均表现的较高，说明气候变化以后内蒙古的干旱以及春旱现象普遍加剧。

3. 持续时间长

干旱的出现频率并非均匀分布，往往是连续发生，内蒙古干旱持续性明显。从1961—2006年46年

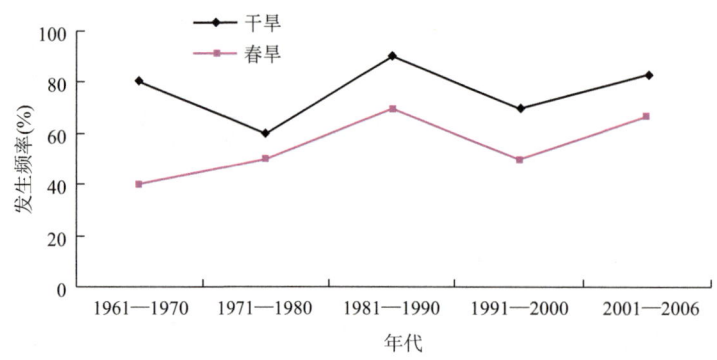

图 1-2-1　20 世纪 60—90 年代和 21 世纪初干旱发生频率变化

中，农区轻旱最长连旱 11 年（1965—1975 年），大旱年最长连旱 2 年，其中春季轻旱最长连旱 5 年、大旱 2 年；夏季轻旱最长连旱 8 年、大旱 2 年。牧区轻旱年最长连旱 11 年（1968—1978 年），大旱年一般为 2 年，其中春季轻旱最长连旱 8 年、大旱 2 年；夏季轻旱最长连旱 8 年、大旱未出现连旱。46 年来最严重持续干旱出现在 1970—1975 年，不仅持续时间长、影响范围广，其灾情之重也属历史少见。

出现春夏两季连旱情况也很多，轻旱以上的春夏连旱，农区出现频率为 59.5%，牧区为 68.6%。即轻旱约 3 年有 2 年春夏连旱。

4. 明显的季节性和区域性

干旱发生有明显的季节性。虽然各地一年四季均有不同程度旱情发生，但对农牧业生产影响最直接、危害最大的是春夏（夏秋）季干旱。内蒙古大部地区春季降水总量不足年总量的 15%，大风多、蒸发强，水分严重亏缺，春旱发生频繁，重春旱年农区发生频率为 15%，牧区达 18%。夏季各地降水虽然可占年总量的 70% 左右，但降水变率很大，雨水分布极不均匀，有时总雨量虽不少，但往往集中在一两场雨中，同样会因水分亏缺形成较长的干旱时段，夏旱、伏旱、秋旱发生较频繁，农牧区夏季重旱频率分别达 28% 和 16%。

干旱的区域特性明显。干旱频率西部高于东部，牧区高于农区。从各地干旱分布看，干旱频繁最低是呼伦贝尔市林区，干旱频率约 30%；其次是呼伦贝尔市岭东农区及通辽、赤峰市北部的牧区，干旱频率 45%～50%；通辽市、赤峰市农区、锡林郭勒盟大部牧区干旱频率 50%～60%；乌兰察布市、呼和浩特市、包头市、鄂尔多斯市东部干旱频率约 65%，是内蒙古农区干旱较多的地区；鄂尔多斯市西部、乌兰察布市北部牧区干旱频率可达 75% 左右，是干旱出现最频繁的地区之一；内蒙古西部的巴彦淖尔市北部、阿拉善盟是全区最干旱地区，干旱频率达 90% 以上，居全区之首，几乎年年干旱，大旱频率也达 60%～70%，4 年 3 大旱。

二、干旱的影响

1. 干旱对农牧业的影响

干旱对农牧业生产影响最大，主要表现在作物生育期间遭受到的缺雨影响方面。内蒙古的农事活动，从每年 3 月上中旬春小麦播种开始，到霜降节气前后秋菜收获为止。这期间出现的干旱都会对农业造成一定影响，特别是从 5 月中下旬大田播种，到 9 月中下旬大田收获，这期间的干旱对农业的影响最大。从内蒙古主要农作物需水量来看，大多数农作物在生育期内都要求有 300～500 毫米降水量才能满足其生长发育的需要。阴山以南的农业区，一般在作物生育期内降水量超过 350 毫米，才能获得较好收成，当降水量低于 250 毫米时，就可能造成农作物大幅度减产。由于大部地区作物生长季节的降水量仅 150～200 毫米，巴彦淖尔市河套平原等地区更不足 100 毫米，只能满足大多数农作物一半或不足一半的水分需求。同时，在作物生长季降水保证率低，干旱严重且频繁发生对作物生长影响甚大。在主要产粮区，西辽河流域降水保证率达 80% 的年总降水量 340 毫米左右，4—6 月为 80 毫米，7—8 月 135 毫米；土默川平原降水保证率达 80% 的年总降水量 295 毫米，4—6 月为 51 毫米，7—8 月为 100 毫米；河套平原 80% 保证率年降水量仅 86 毫米，4—6 月 13 毫米，7—8 月 44 毫米，难以保证作物生长正常需水要求。从干旱时间分布看，干旱最严重的时期，恰恰是作物生长需水最关键时期，各地春季干旱最严重，造成作物不能正常播种和出苗。夏季虽是内蒙古的雨季，降水量为全年高峰期，仍存在不同程度干旱，影响农作物生长。同时，3—9月期间的干旱还直接影响天然牧草的正常返青和人工牧草的播种、出苗，从而导致青草期缩短和牲畜饱青期推迟。一般来说，干旱年份牧草返青期比正常年份推迟5～10天，严重干旱年份可推迟20～30天，有时还会造成人畜饮水困难，牲畜体质乏弱，甚至死亡。冬季田间已无作物生长，所以干旱对农业的影响较小，这时干旱的影响主要表现在牧业方面。在牧区，冬天的雪水是牲畜饮用水的主要来源，冬季若无降雪，牧草会变得干而脆，一旦受到牲畜践踏或强风摧折，很易折断，随风而去。牲畜在既缺水又缺草的情况下，大批死亡，或者有草无水，牲畜因体内严重缺水而大量死亡，这便是牧业上的"黑灾"。随着牧区打井抗旱工作的开展，现在内蒙古抗黑灾的能力已大大提高，到20世纪80年代以后，黑灾的影响明显减小。

2. 干旱对生态环境的影响

内蒙古水资源总量509亿立方米，为全国总水量的1.9%，其中地表水371亿立方米，占全区水资源总量的72.9%，地下水138亿立方米，占27.1%。每平方千米土地有水资源433万立方米，相当于全国平均值的15%，华北地区平均值的36%。平均每公顷耕地或草地占有水量534立方米，仅相当于全国平均值的1/15，人均占有水量2300立方米，比全国人均值少300立方米。全区水资源分布不均，东北部的黑龙江流域面积为全区总面积27%，水资源总量占全区64.5%；西部的黄河内蒙古段面积占全区13%，水资源总量仅占全区10.6%；中西部的内陆河流域面积占全区总面积的47%，而水资源总量仅占全区10%。水资源贫乏，导致内蒙古水资源短缺严重。据内蒙古自治区水利部门统计，全区工农牧业生产缺水总量为21.5亿立方米，占全区水资源总量的4%。其中西辽河流域缺水12.5亿立方米，占缺水总量的58%；黄河流域缺水7.9亿立方米，占37%；内陆流域缺水1.1亿立方米，占5%。全区有缺水草场和供水不足草场1440万公顷，占草场总面积16%，尤其是西部广大高原和山区严重缺水。

内蒙古生态环境脆弱，全区大部特别是中西部地区，属干旱、半干旱草原或半荒漠草原，植物生长期降水不足300毫米，西部地区甚至在100毫米以下，降水变率大，水分严重亏缺，干旱频发。在自然和人为双重影响下，土地沙化、草场退化问题十分突出。这些地区土地贫瘠、植被稀疏，大多数地区不适宜旱作农业，但人们为了生存，大量开垦土地，广种薄收，其农垦大都采取游牧方式，既无防护，也无施肥，地力一尽就弃荒另垦，土地随之沙化退化，使原本就脆弱的生态环境更加失去平衡。内蒙古现有土地沙漠化面积64.88万平方千米，占全区总土地面积的56.68%，其中沙漠和沙地面积约22.67万平方千米，近50年沙漠面积扩展了10.3万平方千米，五大沙漠（库布其、乌兰布和、巴音温都尔、腾格里、巴丹吉林）、四大沙地（呼伦贝尔、科尔沁、浑善达克、毛乌素）的沙漠化土地面积均有明显增加，沙化最严重的地区是鄂尔多斯市、通辽市、赤峰市。另外，草场退化现象也十分严重，退化草场面积逐年增加，目前已占全区可利用草地面积的45%左右。

3. 干旱的危害

内蒙古1950—1990年因干旱受灾面积累计达3958.7万公顷，其中成灾面积1904.6万公顷，成灾比48.1%。1949—1990年全区因旱灾累计减产粮食156.5亿千克，直接经济损失100.13亿元，平均每年损失2.4亿元。

1995年入春后，全区绝大部分地区降水偏少，阿拉善盟大部、巴彦淖尔市南部、鄂尔多斯市、呼和浩特市、包头市、乌兰察布市大部、锡林郭勒盟的东部和北部及赤峰市大部3—5月总降水量为1～20毫米，比常年偏少40%～90%，中西部的其余地区及通辽市和兴安盟南部3—5月总降水量为15～40毫米，比常年偏少25%～40%，加之风日较多，失墒加快，以致大部地区出现严重春旱，春播受到很大影响。乌兰察布市因干旱无法下种的耕地有13.7万公顷，因旱出不了苗的12.1万公顷。与春季全区性干旱不同，入夏后全区出现东西部交替发生干旱的特征，5月11—13日及17—18日中东部出现两次小到中雨过程，使大部地区旱情有所缓解，但在此后将近一个月的时间内，中西部及东部偏南地区基本无降雨，旱情有所加重。6月15—17日，出现了大范围的中到大雨过程，此后东部地区降雨偏多，旱情解除。而锡林郭勒盟以西地区降水却继续偏少，6月下旬和7月上旬该地区降水量比常年偏少50%～100%，旱情进一步发展。7月13—14日、17—18日连续两场中到大雨过程之后，中西部地区的旱情解除，但东部地区却进入旱期。在7月中旬到9月中旬的两个半月内，东部地区的降水总量比常年偏少30%～40%，特别是赤峰市和通辽市的北部、兴安盟及呼伦贝尔市大部降水偏少50%～90%，出现严重的秋旱。春旱使全区大部地区播种推迟10～20天，有些地区播种期推迟达一个月，接着东西部又分别遇上了夏旱和秋旱，致使农业严重减产，全区减产粮食20亿千克，尤其是赤峰市和乌兰察布市灾情较重。

1999年入夏以后，特别是盛夏期间，在农作物需水的关键期，大部地区却出现了严重的伏旱。呼和浩特市从7月15日到8月31日在近50天内仅有一些零星阵雨，总降水量仅14.1毫米，比常年同期偏少93%，东胜区从7月后半月到8月底仅降3.8毫米，比常年同期偏少97%，两地都创下当地有记录以来伏夏期间降水量的最少纪录，中西部伏夏期间的降水量普遍比常年偏少6～9成，东部地区伏夏的降水量也比常年偏少3～5成。在降水偏少的同时，全区大部地区又经历了历史上罕见的高温酷暑天气，高温酷暑进一步加重了干旱，中西部大部分地区和东部的部分地区出现了严重的夏旱。鄂尔多斯市河水断流，池塘、水库及许多筒井干涸，地下水位普遍下降1.5～2米，人畜饮水困难，牧草大面积枯死，牲畜严重缺草料，膘情急剧下降，全市8万公顷水浇地变成旱地，旱地作物基本绝收，农作物大幅度减产。乌兰察布市地区受旱面积约67万公顷，成灾面积47万公顷，旱地作物也基本绝收。兴安盟因夏旱粮食减产14.1%。赤峰市和呼伦贝尔市岭东部分地区夏秋连旱，损失惨重。据统计，因干旱造成全区粮食总产减少10%以上。

2004年入春后，东部地区气候干燥，降水异常偏少，出现了历史上罕见的严重干旱，一直持续到夏初，其间的高温酷热天气加剧旱情的发展，造成未播地块无法下种，灌溉农田难以及时灌溉，牧草生长受阻，尤其是赤峰市、通辽市、兴安盟和呼伦贝尔市西部地区，春播后直至6月中旬后期，未出现一场大范围的降水天气，形成极其严重的春季至夏初连旱。汛期虽然降水增多，但雨量分布不均，仍有部分地区出现旱情，严重制约了农牧业生产。秋季部分地区降水偏少，特别是阿拉善盟额济纳旗从9月20日至秋末两个多月无降水，巴彦淖尔市乌拉特后旗海力素9月20日—10月25日无降水，这些地区干旱趋于严重。锡林郭勒盟阿巴嘎旗、苏尼特左旗，乌海市，兴安盟乌兰浩特市、突泉县从深秋至秋末降水一直偏少，呼伦贝尔市大部地区入秋后无较强降雨，使干旱面积进一步扩大。兴安盟突泉县干旱持续34天，受灾面积100万亩以上。

2005年初春大部地区降水偏少，其中西部地区、中部偏北地区、东部区除呼伦贝尔市部分地区外降水均不足5毫米。阿拉善盟、乌海市100多天降水偏少，气温偏高1～3℃，加之风力大，气候干燥，加剧了旱情发展。巴彦淖尔市西、南部从冬季至初春，东部偏南地区从冬季中后期至初春降水不足10毫米，旱情不断扩大。进入4月大部地区出现明显降水，但西部、中部偏北地区自2月下旬到4月降水不足5毫米，东部偏南大部地区降水也偏少，且风力大，土壤蒸发快，致使这些地区出现干旱。据统计，至4月锡林郭勒盟农区三类墒4.5万公顷，牧区受旱草场面积1322万公顷，特别是北部边境地区是全盟受旱最重区，春季休牧涉及人畜饮水困难有4.3万多户，14.66万人，485.58万头（只）牧畜，牧民生产、生活面临极大困难。赤峰市大部地区降水偏少，干土层厚度增加。兴安盟大部特别是南部地区旱情发展。直到季末降水增加，全区大部分地区旱情解除或缓解。初夏中西部地区降雨偏少到异常偏少，气温异常偏高，尤其是6月18—23日中西部大部地区出现日最高气温35℃以上高温酷热天气，致使土壤失墒较快，加剧了部分地区旱情的发展，个别地区旱情再度抬头。6月末的降雨过程，使锡林郭勒盟中东部地区土壤墒情得到了明显的改善，持续已久的旱情得以解除，其余大部地区旱情也得到明显缓解。但鄂尔多斯市的乌审旗、杭锦旗、鄂托克旗、鄂托克前旗大部地区、包头市北部、呼和浩特市的武川县、锡林郭勒盟西部地区（包括苏尼特右旗、二连浩特市、苏尼特左旗西部）和南部（镶黄旗、正镶白旗）的旱情仍在持续。7月中西部地区降雨仍然偏少到显著偏少，气温偏高到异常偏高，加剧了部分地区旱情的发展，个别地区旱情再度抬头。7月后期的降雨过程，使中西部南部地区土壤墒情得到了明显的改善，持续已久的旱情得以解除或明显缓解，但中西部偏北地区的旱情仍在持续。秋季阿拉善盟大部，锡林郭勒盟西、北部，呼伦贝尔市西部，赤峰市西北部降水异常偏少，阿拉善盟西、中部，锡林郭勒盟东乌珠穆沁旗、二连浩特市、苏尼特右旗60多天降水不足10毫米，并且秋季前期气温普遍偏高，降水偏少，日照充足，蒸发量大，土壤失墒加重，秋旱严重。

2007年夏季全区干旱严重，各地均有不同程度的旱情发生。6月15日以前，由于大部地区高温少雨，除呼伦贝尔市东部和兴安盟偏东地区以外，全区大部地区旱情严重。6月15—21日，出现一次大范围久旱转雨天气过程，大部地区旱情得以缓解或解除。6月下旬，锡林郭勒盟大部地区降雨少，而且持续出现30 ℃以上高温天气，致使土壤失墒严重，大部地区的旱情进一步加重。赤峰市松山区、翁牛特旗、巴林右旗东南部、克什克腾旗东南部旱情持续。乌兰察布市特旱和重旱区域比中旬明显增加，旱情状况也比中旬加重。7月上中旬降水主要集中在东部地区，中西部大部地区降水偏少，旱情维持或发展。阿拉善盟西部、东部，鄂尔多斯市西南部，呼和浩特市，乌兰察布市中部，锡林郭勒盟中部及东部部分地区为重旱和特旱区。7月下旬中西部地区旱情得到缓和，但东部大部地区高温少雨，旱情又有不同程度地发展。兴安盟7月下旬平均气温比常年同期偏高2.1～4.2 ℃，降水偏少90%～100%，光照充足，大部地区旱情持续发展。呼伦贝尔市7月中、下旬大部分地区降水偏少，旱情发展，使一些地区出现了旱灾。乌兰察布市平均总雨量偏少，各地降雨量分布差异大，但部分地区一次性降雨偏大，土壤增墒明显。到7月下旬末，全市重、特旱面积虽有所减少，但干旱依然严重。8月上旬末有一次较好的有效降水，使各地的旱情略有缓和，但大兴安岭林区旱情仍然较重。8月中旬全区平均气温普遍偏高，大部地区降水偏少到特少，西部大部地区基本无降水，空气干燥，旱情持续或发展。8月下旬，大于10毫米以上的有效降水主要集中在中西部偏南地区和呼伦贝尔市，旱情得到缓解。而锡林郭勒盟大部、乌兰察布市北部、包头市北部、巴彦淖尔市北部降水极少，旱情加剧。8月中旬至8月底，赤峰市中部、通辽市、兴安盟部分地区再次发生伏旱，对作物和牧草后期生长发育十分不利。由于降水持续偏少，中西部偏北地区旱情持续或发展。9月东部偏北地区、阿拉善盟额济纳旗、锡林郭勒盟东部及苏尼特右旗、通辽市北部降水不足10毫米，出现旱情，兴安盟科右中旗中南部为特旱，其他地区都是重旱。赤峰市到9月底，大部分地区连旱47～52天，作物受旱面积近55万公顷，草牧场受旱面积近500万公顷。10月阿拉善盟大部地区，锡林郭勒盟西部、中部，呼伦贝尔市中部，赤峰市，通辽市北部，兴安盟南部降水不足10毫米，大部地区为重旱，赤峰市大部分地区连旱77～82天，土壤墒情多为三类墒情。

第二节　白灾与暴风雪

冬季如果降雪过大，积雪过厚，牧草被大雪掩埋，放牧的家畜因吃不到草，冻饿而死，这就是牧业上的"白灾"。根据其发生的强度可分为轻白灾、中白灾、重白灾，划分标准为：

轻白灾：冬春季（11—3月），某月降雪量较历年同期偏多60%以上或连续2～3个月降雪量偏多50%以上且有稳定积雪。

中白灾：冬春季（11—3月），某月降雪量较历年同期偏多150%以上或连续2～3个月降雪量偏多80%以上且有稳定积雪。

重白灾：冬春季（11—3月），某月降雪量较历年同期偏多200%以上或连续2～3个月降雪量偏多100%以上且有稳定积雪。

暴风雪又称雪暴，是一种伴有强烈降雪的风暴天气。一旦出现暴风雪，常在短时间内给草原上放牧的畜群造成灭顶之灾。暴风雪天气的主要特点是雪大、风猛、降温强、灾害重。暴风雪发生时，狂风裹挟着暴雪，能见度极坏，同时气温陡降，出现暴风雪一般其风力≥8级，降雪量≥8毫米，降温≥10 ℃。

一、白灾与暴风雪的主要特征

1. 白灾与暴风雪的地域分布特征

内蒙古白灾发生的地域主要在大兴安岭以西和阴山山脉以北草原，这一地区处于季风边缘地带，冬季寒冷漫长，降水年际及月际变率大，形成白灾易发多发的气候条件。受地理位置、草场差异及气候背景等条件的影响，白灾发生规律为中部多于东西两侧，东部地区北部多于南部。

白灾频发区：锡林郭勒盟、乌兰察布市北部牧区，属于典型草原，牧草质量较好但高度较低，冬季降水量平均为20毫米左右，全年积雪日数平均60～120天，该地区白灾发生频率最高，达45%～55%，重白灾频率约为20%，同时白灾持续时间也比较长，多达120天，最长200天，这一区域是内蒙古白灾最主要影响区（图1-2-2，图1-2-3）。

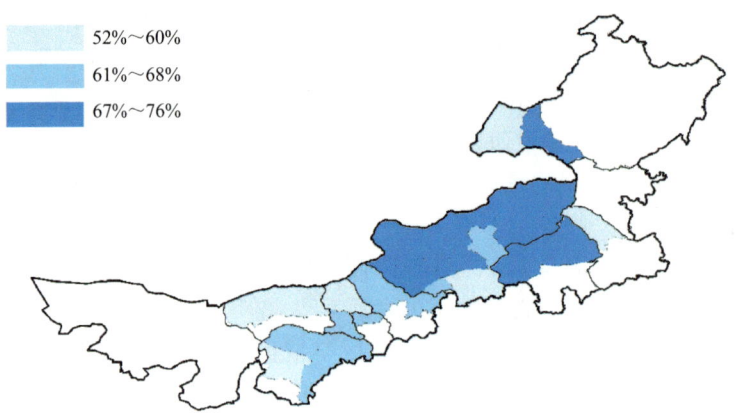

图1-2-2 内蒙古自治区轻白灾发生频率分布

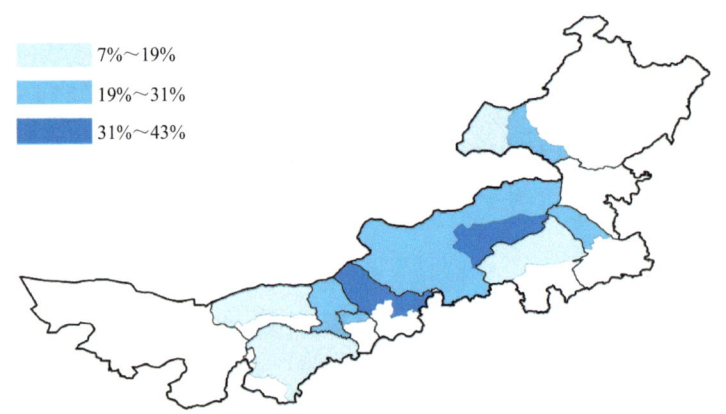

图1-2-3 内蒙古自治区重白灾发生频率分布

白灾多发区：呼伦贝尔市西部牧区及兴安盟牧区，地理纬度高，冬季严寒，11月—次年4月降水量在20～30毫米，为内蒙古牧区冬季降雪最多的地区，全年积雪日数为124～149天，白灾发生频率为40%。但该地区草场属草甸草原，积雪不易将草场覆盖，出现大范围白灾的概率较小。

白灾少发区：巴彦淖尔市北部、通辽市北部和赤峰市北部牧区，白灾发生频率一般在20%～25%。巴彦淖尔市北部牧区，属荒漠草原，植被稀疏，气候干燥，年降水量在150～200毫米，冬季降水量仅在15毫米以下，积雪日数25天左右，白灾发生频率在25%以下；通辽市北部和赤峰市北部牧区与呼伦贝尔草原同属大兴安岭西麓温凉半湿润牧区，草场较好，11—4月降雪量18～25毫米，但平均气温比呼伦贝尔草原高6～10℃，积雪多间断，座冬雪少不宜形成白灾，白灾频率仅20%。

牧区暴风雪东部多于西部、北部多于南部，呼伦贝尔市西部牧区和锡林郭勒盟中东部牧区是内蒙古暴风雪多发区，年暴风雪日数为5～10天，乌兰察布市北部牧区和巴彦淖尔市北部牧区为常发区，年暴风雪日数为3～5天，兴安盟、通辽市北部、赤峰市北部牧区为暴风雪偶发区，年暴风雪日数仅1～3天。

2.白灾与暴风雪的时间分布特征

近50年来,内蒙古共出现区域性中等以上白灾14次,差不多3～4年就要发生一次区域性白灾。牧区白灾的起始期为初冬(10月末—11月)至次年2月,10月和11月大雪天气过程出现频率达20%以上,在适合的温度条件下已形成座冬雪乃至白灾。1月和2月出现天气过程的频率为8%,可使前期座冬雪增厚变成白灾或加重前期白灾的危害。据统计,牧区的白灾发生在10月末至11月的占白灾总数的50%以上,其次是1月、2月,出现在12月的最少。发生在3月、4月、5月的白灾,往往伴随风雪型寒潮天气,多形成暴风雪天气。从白灾发生频率年代际变化看,呈明显增加趋势(图1-2-4)。

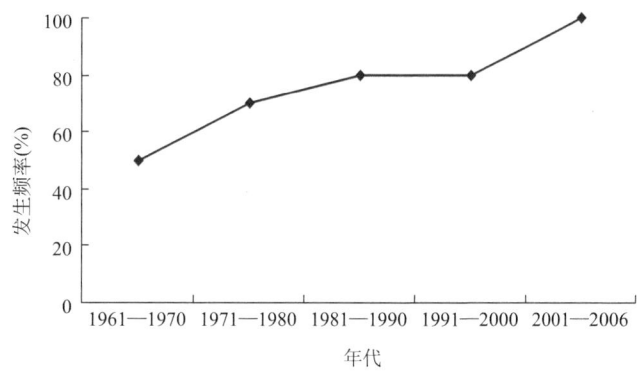

图1-2-4 内蒙古自治区白灾发生频率的年代际变化

内蒙古平均3年会有一次严重的暴风雪天气发生,暴风雪天气发生的时间为9月至次年5月期间,其中72%的暴风雪天气出现在春季的4—5月,9月至次年3月期间出现的暴风雪天气不到总数的30%。

二、白灾与暴风雪的影响

白灾发生后,广阔的牧场被大雪覆盖,它的影响首先是增加了家畜采食时行走的困难,并减少了家畜的可采食量;其次,雪面的高反照率又使下垫面接受的太阳辐射大大减少,而且融雪又需要大量的热量,因而积雪将使天气更加寒冷,这无疑会增加家畜的体能消耗,时间稍长,家畜储备的越冬体能消耗殆尽,便在饥寒交迫中大量死亡,于是灾害形成。积雪覆盖了草场,牲畜觅食困难而挨冻受饿,造成牲畜掉膘、流产或死亡,严重的白灾可使牧区与外界隔绝,威胁当地牧民的正常生活。

暴风雪发生时,狂风裹挟着暴雪,能见度极低,同时气温陡降,其天气的猛烈程度远远超过通常的大风寒潮和大雪寒潮,放牧在外的人和家畜遇到这种天气,睁不开眼,辨不清方向,举步艰难,牲畜因受惊吓,收拢不住,被迫顺风奔跑,以致人畜摔伤、冻伤、冻死等,造成严重损失。

三、白灾与暴风雪的危害

1994年1月23日中东部地区降小到中雪,赤峰市克什克腾旗出现暴雪,积雪深达60厘米。此后至3月上旬中东部地区先后出现5次小到中雪过程。虽然每次的降雪量不大,却使牧区的积雪长期维持7～14厘米,局部30厘米以上。锡林郭勒盟、赤峰市北部和呼伦贝尔市出现不同程度白灾,有50多万头牲畜受灾,锡林郭勒盟死亡牲畜1.7万头(只),赤峰市克什克腾旗死亡牲畜2000多头(只)。白灾还使仔畜成活率降低。5月1—3日,全区出现一次风雪寒潮天气,偏南部地区的雨雪量一般为10～40毫米,赤峰市南部和通辽市南部的雨雪量为35～90毫米,并伴有7～9级西北大风,同时气温猛降10℃以上。赤峰市中南部先雨后雪,以雪为主,喀拉沁旗雨雪量达103毫米,狂风裹挟着暴雪,铺天盖地而来,风雪迷路,寒风刺骨,不少人员因迷路而冻死冻伤。赤峰市中南部7旗县冻死5人及3142头(只)牲畜,丢失家禽5800余只,平均深达1米的积雪压塌民房207间,大风雪还毁坏宁城县王营子、马架子等地高低压电杆148根,损失粮食36万千克,特大暴风雪在赤峰市所造成的直接经济损失达3800多万元。暴风雪还严重地影响了交通运输,京包铁路卓资山一带有35千米的路段,因风刮起的积雪深达1～3米,使铁路中断。

1999年10月28日兴安盟阿尔山市遭暴风雪袭击,强风裹携着暴雪铺天盖地袭来,铁路上平均积雪约60厘米，最深达1米，由白城市发往阿尔山市的821次旅客列车无法行驶，千余名乘客被困。11月上旬锡林郭勒盟出现座冬雪，下旬东部地区再次出现较大降雪，通辽市奈曼旗和科尔沁左翼后旗降了15～17厘米的暴雪。12月上旬初和上旬末乌兰察布市以东地区又出现两次中到大雪。2000年1月上旬大部地区又接连出现3次中雪以上的降雪过程，像这样频繁的大范围降雪多年来极为罕见。鄂尔多斯市北部、包头市、呼和浩特市、赤峰市和通辽市的降雪量比常年多3～10倍，突破近40年同期降雪的最高纪录。锡林郭勒盟以东地区1月前半月的降雪量比历年同期多1～5倍，而且从1月中旬开始至2月底，中东部地区的气温比常年偏低2～4℃，积雪长期不化，锡林郭勒盟大部、通辽市东部、兴安盟北部的积雪普遍为10～25厘米，阿尔山市和呼伦贝尔市北部的积雪达30～40厘米。大部牧区都出现了程度不同的白灾，呼伦贝尔市牧业4旗受灾面积452.3万公顷，受灾牲畜170万头（只），占过冬牲畜的70%，死亡牲畜2.1万头（只）；兴安盟受灾面积92万公顷，受灾牲畜181万头（只），死亡1000头（只）；锡林郭勒盟受灾面积1140万公顷，受灾牧民33.2万人，受灾牲畜694万头（只），死亡15万头（只）；通辽市受灾面积243.2万公顷，受灾牲畜300万头（只）；赤峰市克什克腾旗饿死牲畜4000多头。

2000年3月22—23日呼伦贝尔市满洲里市、陈巴尔虎旗、牙克石市、海拉尔区、额尔古纳市、鄂伦春自治旗等地降了5～10毫米的大到暴雪，同时伴有6～7级西北大风，形成了暴风雪天气，有近40个苏木、1600个嘎查被雪封死，受灾牧户6400户，死亡牲畜2万头（只），冻死2人。11月8—9日内蒙古中东部降中到大雪，同时气温剧降，随后16—20日和24—25日又连降两次中到大雪，12月18—20日锡林郭勒盟以东地区再次降中雪。锡林郭勒盟中部及以东地区降雪比常年同期偏多1～2倍，积雪6～16厘米，赤峰市克什克腾旗积雪25厘米，形成白灾，至12月克什克腾旗已饿死牲畜4000多头。

2004年年初春受西伯利亚较强冷空气和西南暖湿气流的共同影响，呼伦贝尔市连续遭受两次暴风雪天气袭击，牧区普遍出现"白毛风"，随后发生严重白灾，并伴有大风、降温天气，气温下降12～16℃，平均风力6～7级，瞬间风力达8～9级，局部8级以上，12小时最大降雪量为9.4毫米。大范围的"白毛风"天气使能见度局部降到不足10米，积雪深度平均为30厘米，后期部分地区积雪厚度达60～80厘米。3月连续两次降雪，使大部地区白灾加重，牲畜不能正常出牧采食，使接羔保育、安全越冬造成影响，接早春羔成活率低，牲畜瘦弱现象普遍，仔弱畜死亡率高，对牧事活动、牧业生产造成了不利的影响，损失严重。

上述恶劣天气对交通、通信和电力设施造成一定影响，严重影响居民正常生产、生活。2004年11月1—2日受低涡影响，通辽市降小到中雪，个别地区达大雪，积雪深度为2～7厘米，同时伴有雨凇和冰粒，给交通安全及人们出行造成严重影响。由于雪与雨凇、冰粒交替出现，造成导线覆冰负荷加重，导致线路跳闸，使通辽市大面积停电。

兴安盟自2004年12月3日出现入冬以来第一场大范围的降雪后，到12月19日共出现8场降雪，累计降雪量达到5.1～14.5毫米，有63%的测站突破12月降雪量极值，其他测站达到12月降雪量的第三个极值。北部测站最大积雪深度超过10厘米，牧区积雪深度达到20厘米以上。其中，科尔沁右翼前旗、扎赉特旗和科尔沁右翼中旗的北部地区受灾最重，草场全部被积雪覆盖，形成严重白灾。特别是雪后全盟持续低气温，极端最低气温达到－22.2℃～－39.6℃，创下了当年入冬以来气温最低的纪录。这次雪灾造成全盟6个旗县市的75个苏木（乡镇）和国营农牧场管理局的10个农牧场，817个嘎查（村）的26.1万农牧户受灾，受灾草牧场面积3918万亩，受灾牲畜总数480万头只，其中，重灾区受灾牲畜达到294万头只，全盟因灾死亡牲畜2457头只。12月21—22日，巴彦淖尔市临河区、杭锦后旗和乌拉特前旗，鄂尔多斯市准格尔旗、伊金霍洛旗，包头市中部，呼和浩特市西部，乌兰察布市凉城县和丰镇市降了5～9毫米的大雪。内蒙古大部地区形成积雪，其中鄂尔多斯市、巴彦淖尔市、呼和浩特市、乌兰察布市、锡林郭勒盟大部积雪深度为3～10厘米，为轻度到中度白灾；锡林郭勒盟东北部、兴安盟北部、呼伦贝尔市北部地区积雪深度厚达10～20厘米，形成严重白灾，并出现低温天气，低温雪灾造成灾区饲料和畜用药品严重短缺。

2007年3月2—5日内蒙古自西向东出现了大范围降雪和大风降温天气过程，偏南部分地区出现暴雪，大部地区遭受严重雪灾。3日在呼包高速公路发生交通事故，60多辆汽车连环追尾，4人死亡，40多人受伤。鄂尔多斯市普降暴雪，5个旗区31个苏木乡镇21.7万人受灾，受灾草牧场167万公顷，死亡牲畜3.21万头（只），共计造成损失5181万元。通辽市部分地区遭受严重雪灾。积雪深度9厘米以上，最大达50厘米，造成直接经济损失2240万元。赤峰市除巴林左旗、阿鲁科尔沁旗北部降大雪外，其余地区普降大到暴雪，局部地区降大暴雪，平均积雪深度10~20厘米，局部地区积雪达50厘米。由于雪后降温、风大、雪深、路滑，全市390多条长途公路交通中断，7日下午，因雪灾引发的交通事故报案共达161起。锡林郭勒盟3月3—4日出现大范围的强降雪天气过程，其中南部地区为暴雪，锡林浩特市、苏尼特右旗大雪，东乌珠穆沁旗小雪，其余地区中雪，并出现寒潮降温天气，客运因雪阻停运，经济损失达10万元左右。3月23—25日兴安盟出现了一次全盟性的大风、雨雪天气过程。阿尔山市出现了暴雪，总降雪量达14.6毫米，是近30年来日水量的次极值。突泉县10分钟最大风速20.0米/秒，瞬间达到30.0，并伴有扬沙天气，60多座大棚被风吹翻，直接经济损失达120万元。

第三节 寒 潮

寒潮天气过程是指极地或高纬度地带强冷空气向南爆发时造成的剧烈降温，或同时伴有大风、降雪等灾害性天气过程。它是内蒙古冬半年严重的自然灾害之一，不仅直接影响农牧林业生产，而且对工业、交通运输、国防建设乃至人民生命财产等都有很大危害。

寒潮分为强冷空气和寒潮，单站具体标准见表1-2-2。

表1-2-2 寒潮划分标准

等 级	日最低气温（℃）	平均降温（℃）	
		24小时	48小时
强冷空气	≤0	8~10	10~12
寒潮	≤0	≥10	≥12

在同一次天气过程中，凡全盟市的气象站点有50%达强冷空气或寒潮标准的，定为全盟市性强冷空气或寒潮；凡东中西部各地区中有＞50%的盟市达寒潮标准时，定为该地区寒潮；当各地区中有50%盟市达强冷空气标准或有1或2个盟市达寒潮标准时，定为该地区强冷空气。凡全区东中西部有2个或3个地区达寒潮标准时，定为全区性寒潮；3个地区达强冷空气标准（可包括1个地区达寒潮标准）定为全区性强冷空气。

一、寒潮灾害的主要特征

1.寒潮类型

根据寒潮过程中伴随的天气分为4种类型。

（1）大风类寒潮

在降温达标的同时，有60%以上代表站出现6级或以上大风天气。

（2）降雪类寒潮

在降温达标的同时，有50%以上代表站出现1.0毫米或以上降雪天气。5月、9月10毫米以上降雨或雨夹雪；4月、10月5毫米以上降雨或雨夹雪。

（3）降温类寒潮

仅降温达标，降雪和大风均达不到标准。

（4）风雪类寒潮

同时具备大风和降雪类寒潮标准。

内蒙古寒潮多以大风类和降温类为主，约占总次数的近90%，降雪类和风雪类寒潮出现频次少，仅占10%左右。

2.寒潮的源地及路径

影响内蒙古的冷空气源地主要有3个。一是新地岛以西的洋面，冷空气经巴伦支海、俄罗斯欧洲地区、西西伯利亚、蒙古国进入内蒙古；二是新地岛以东的洋面上，冷空气经喀拉海、太梅尔半岛，自北向南进入内蒙古；三是冰岛以南洋面上，冷空气经欧洲南部黑海、里海再向东经新疆进入内蒙古。

寒潮的路径，是以地面冷高压中心移动路径为主，结合考虑冷高压前沿的冷锋走向和500百帕上冷槽的位置以及冷空气的源地来确定的，主要分以下三条路径。

（1）北方路径

冷高压中心从70°E以东的亚洲北方，自北向南经中西伯利亚、蒙古国进入内蒙古，或者是冷高压中心从70°E以西的欧亚北方，自西向东，尔后转向偏南方向经中西伯利亚、蒙古国进入内蒙古（要求冷高压中心在60°N以北通过90°E）。

（2）西北路径

冷高压中心从70°E以西的欧亚大陆北方，自西北向东南，经西西伯利亚、蒙古国进入内蒙古，要求冷高压中心在55°N以北通过50°E；或者在50°N附近或以北通过60°E，然后在60°N以南通过90°E。

（3）西方路径

冷高压中心从西北欧海洋或欧洲大陆、亚洲西部大陆，自西向东经新疆维吾尔自治区或经巴尔喀什湖东部，折向东北移近蒙古国，尔后进入内蒙古，要求冷高压中心在55°N以南通过50°E；或在50°N附近或以南通过60°E。

冷空气从不同源地到达内蒙古以后，又分三条路径影响全区。一是以东移为主，主要影响内蒙古中、东部地区；二是向东南，通过河套地区，影响内蒙古大部地区；三是从河套以西进入内蒙古，主要影响内蒙古西部地区。

不同路径寒潮对内蒙古的影响以西北路寒潮和强冷空气出现频次最多，约占总次数50%以上，多为大风、降温寒潮天气。其次，为降温类强冷空气和降雪类寒潮天气。西路、北路冷空气造成的寒潮、强冷空气次数各占总数约15%，西路以大风、降温类寒潮、强冷空气为主，降雪类次之；北路以大风类寒潮、强冷空气天气为主，其次是降温、风雪类寒潮天气。两路冷空气合并造成的不同等级寒潮多于西路和北路，约占总次数近20%，以大风类寒潮、强冷空气天气为主，降温和降雪类强冷空气次之。

3.寒潮地域分布特征

从寒潮或强冷空气地域分布来看，近54年来影响内蒙古地区的全区性寒潮、强冷空气共计130次，平均每年约2.4次，其中寒潮平均每年约1.7次，强冷空气约0.7次，全区性寒潮出现次数为强冷空气次数的2倍多。地区性寒潮或强冷空气以中部地区出现最频繁，约占45%，其次是东部地区，西部地区出现最少。在各盟市中，寒潮总数以锡林郭勒盟、乌兰察布市出现最多，其次是赤峰市，阿拉善盟出现最少；寒潮或强冷空气出现均以锡林郭勒盟最多，寒潮呼伦贝尔市最少，强冷空气以阿拉善盟、包头市、乌海市最少。

4.寒潮的时间分布特征

全区性寒潮、强冷空气年际变化较大，最多年出现8次，最少年则未出现。在近54年中，寒潮总数出现最多为1954年10月—1955年5月，共计8次，有3年未出现全区性寒潮、强冷空气。从寒潮和强冷空气的年际变化来看，除西部地区略有减少外，其余地区都呈现为上升趋势。1987年以后，上升幅度明显加大，说明内蒙古地区在20世纪80年代中后期，气候变暖后进一步加大了寒潮和强冷空气活动的次数（图1-2-5）。

寒潮、强冷空气月际变化也较大。全区性寒潮、强冷空气以4月、10月、11月出现最多，其次是12月和3月，1月、2月、5月出现最少。寒潮天气以4月、11月出现最多，5月、2月出现最少。强冷空气10月、4月出现最多，2月、3月出现最少。历年全区性寒潮、强冷空气出现最早为10月1—3日，最迟时间寒潮为5月1—3日，强冷空气为5月11—13日。主要发生时段为前冬和春季，东部地区以10月、11月、4月出现较多，中西部地区以11月、4月出现较频繁。

二、寒潮灾害的影响

由于寒潮天气发生在冬半年,因此对牧区牲畜安全越冬影响最大,寒潮天气带来的剧烈降温,可使牲畜大量死亡,母畜流产,幼畜成活率下降。一次风雪寒潮造成万头(只)以上牲畜损失的每年约有2～4次;5～10万头(只)牲畜损失的平均每年0.5～1次;数百万头牲畜损失的35～40年一次。寒潮对农业的影响主要发生在春季作物苗期,剧烈降温往往使作物幼苗大面积冻死,同时寒潮天气对蔬菜、林木等也有较大影响。由于寒潮天气一般还伴有大风、降雪、霜冻等灾害性天气,它所带来的危害往往是综合性的。剧烈的降温能使农作物、果树、蔬菜等遭受冻害,羊群上垛压死或流产,幼畜成活率下降。寒潮伴随风雪,使交通运输中断,畜群无法出牧,甚至造成人畜伤亡。恶劣的能见度使野外人员迷失方向,畜群惊散。严重的雨凇、雾凇压断电线,造成通讯和输电线路中断,使工厂、矿山停工,交通中断。

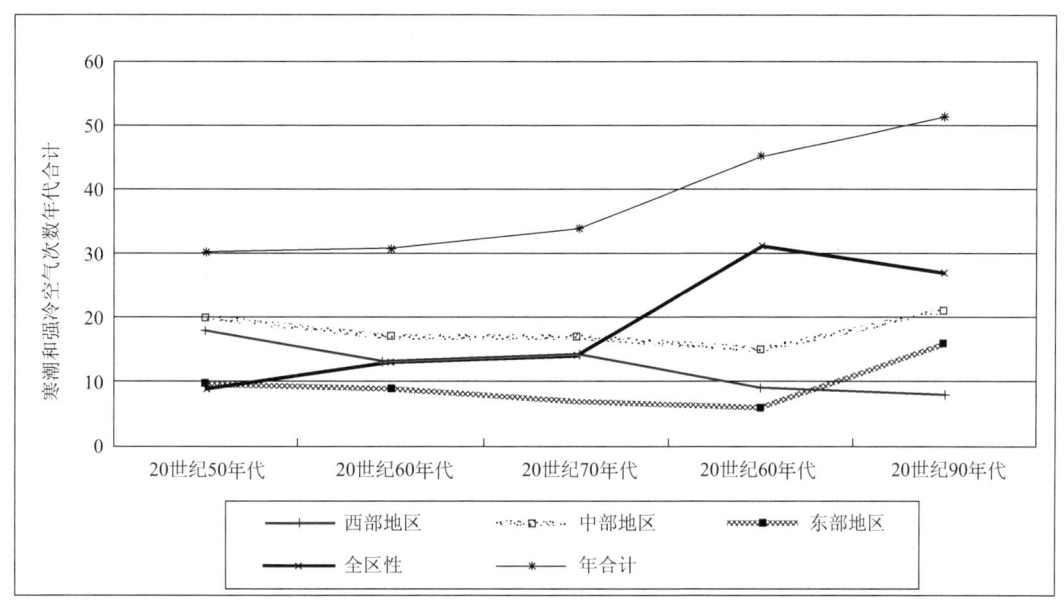

图1-2-5 内蒙古自治区寒潮和强冷空气出现次数20世纪50—90年代变化趋势

三、寒潮灾害的危害

1993年2月19—21日,内蒙古自西向东出现了大范围的中到大雪天气。巴彦淖尔市南部和乌兰察布市南部局部为暴雪,锡林郭勒盟降雪量一般为2～6毫米,雪后刮起6级以上的西北大风,同时气温猛降10～14℃。这次寒潮大风雪使大部牧区普遍出现1～23厘米的积雪,特别是锡林郭勒盟积雪增厚,加重了入冬以来的雪灾过程。雪后,锡林郭勒盟一些地区的家畜几乎不能出牧,冬储饲草消耗殆尽,大批家畜处于饥寒交迫之中,膘情严重下降,死亡牲畜增多。锡林浩特市、东乌珠穆沁旗、西乌珠穆沁旗共死亡牲畜1.7万头(只);巴彦淖尔市受灾牲畜占牲畜总数的64.3%。9月26—27日,受强冷空气影响,巴彦淖尔市东部和乌兰察布市降小到中雨,锡林郭勒盟和赤峰市降小雨,呼伦贝尔市降中到大雨,兴安盟和通辽市降小到中雨,锡林郭勒盟以西地区降温10～14℃,苏尼特右旗日降温15℃以上,东部地区降温8～10℃。受这次寒潮过程影响,除通辽市外,全区大部都出现了霜冻。11月15—16日,出现全区性强寒潮,除呼伦贝尔市外,中东部地区普降中到大雪,乌兰察布市东部、锡林郭勒盟北部、赤峰市大部及兴安盟出现大到暴雪,局部暴雪,乌兰察布市北部及锡林郭勒盟大部积雪普遍达6～12厘米。全区大部降温12～15℃,巴彦淖尔市北部、乌兰察布市北部及锡林郭勒盟大部降温18～22℃,巴彦淖尔市乌拉特后旗48小时降温24.3℃,为近20年来少见的强寒潮天气。乌兰察布市北部和锡林郭勒盟大部最低温度达到－25～－34℃,创该地区11月中旬的极端最低温度,随后补充南下的冷空气又造成大部地区气温持续偏低,致使乌兰察布市东部和锡林郭勒盟的积雪长期不化,形成了座冬雪,给放牧造成较大困难。

1998年1月16—17日，内蒙古大部出现一次寒潮过程。巴彦淖尔市到锡林郭勒盟降温10~12℃，其余地区降温8~10℃。巴彦淖尔市、鄂尔多斯市、乌兰察布市降中到大雪，锡林郭勒盟以东以小雪为主，巴彦淖尔市、鄂尔多斯市、乌兰察布市的降雪从14日开始，一直持续到16日，这是中西部地区当年入冬以来第一次大范围降雪，16—17日又刮起6~7级大风。1月18日，呼和浩特市最低气温达到－27.3℃，是该地区近10年的极端最低气温。从20世纪80年代中期以来，全区隆冬季节的气温一直偏高，但这次寒潮过程却使中西部的大部地区出现了近10余年来最冷的天气。3月17—19日，出现全区性寒潮天气，中西部地区日降温一般12~15℃（四子王旗24小时降温16.6℃，48小时降温23.3℃），东部地区降温10~12℃，呼和浩特市以西到巴彦淖尔市降小到中雪，乌兰察布市以东地区降中到大雪，通辽市和赤峰市南部降大到暴雪，全区大部有6~7级西北大风。这次寒潮使西部地区的春小麦播种推迟5~7天，许多蔬菜大棚严重损坏，对牧区的放牧和接羔保育造成很大影响。

2000年1月3—5日、11—13日、21—23日连续3次较强冷空气影响内蒙古，分别出现较大的降雪，特别是后两次过程，巴彦淖尔市以东到赤峰市和通辽市普降中到大雪，使这些地区1月份的降雪量比常年偏多1~5倍，雪后全区大部气温持续偏低，1月的平均温度比常年偏低2~4℃，成为1990年以来气温最低的一个月。雪大加低温使积雪长期不化，锡林郭勒盟以东大部地区长时间维持10厘米以上的积雪，呼伦贝尔市的积雪达到20厘米，形成了严重的白灾。初秋时节，大部地区气温偏高，但10月10—11日和24—25日分别出现强冷空气，造成气温大幅度下降。前一次过程造成鄂尔多斯市到锡林郭勒盟9~11℃的降温；后一次过程先降雨，后刮风降温，降温幅度为10~13℃，是一次全区性寒潮过程。11月6—8日，又出现一次全区性寒潮过程，大部地区降温10~14℃，乌兰察布市还降了中到大雪。随后，11月16—20日和24—25日，中东部地区又连降两次中到大雪。12月9—10日、18—19日在较强冷空气影响下，东部地区再次出现中雪过程，致使锡林郭勒盟中部及以东地区降雪量比常年偏多1~2倍，积雪6~16厘米，部分地区出现了白灾。

第四节 大风沙尘

内蒙古是遭受风沙危害较严重的地区。内蒙古所处的中纬度是盛行西风的地带，也是极锋活跃的地带，该区域经常有移动性的气旋、反气旋自西向东移行，那些强烈发展并快速东移的气旋常常造成大风天气。特别是冬春季节，东亚高空西风急流正位于内蒙古上空，当蒙古气旋发展时，内蒙古处在上下一致的西风气流中，有利于高空动量下传，使低层的偏西风加大，冬春季节易有大风天气出现。由于内蒙古大部地区干燥少雨，植被稀疏，地表裸露，一旦有大风，极易形成沙尘天气，造成严重灾害。在气象上，根据被大风吹起的沙尘对能见度的影响，将其分为扬沙天气和沙尘暴天气。凡是风沙造成能见度小于1000米的为沙尘暴，能见度在1000~10000米的为扬沙。其中沙尘暴的危害最大。

一、风沙灾害的主要特征

1.大风日数和沙尘暴日数的分布

大风主要分布在大兴安岭以西、阴山山脉以北广阔的内蒙古高原，年大风日数在40天以上。其中，锡林郭勒盟以西、乌兰察布市和巴彦淖尔市北部年大风日数为60~90天，其余地区大风日数较少，普遍在30天以下，大兴安岭林区不足20天。春季大兴安岭以西和阴山山脉以北地区大风日数达30~50天，大兴安岭以东、阴山山脉以南地区大风日数较少，仅10~20天，各地春季大风日数占年大风日数40%~60%。

年沙尘暴日数的分布趋势与大风日数分布趋势相一致，即东部少、西部多，南部少、北部多，在阿拉善盟巴丹吉林、腾格里、乌兰布和沙漠地区及鄂尔多斯市库布其沙漠东侧，年沙尘暴日数一般在10天左右，其余地区普遍不足10天。大兴安岭林区、呼伦贝尔市岭东地区、兴安盟岭东南地区全年无沙尘暴。春季沙尘暴日数占年沙尘暴日数的50%~90%，分布趋势是西多东少，中西部地区的阿拉善盟中北部、巴彦淖尔市北部、乌兰察布市北部、锡林郭勒盟西部及鄂尔多斯市中西部春季沙尘暴日数达5~9天，锡林郭勒盟中西部、呼伦贝尔市西部及赤峰市、通辽市中部地区一般在2~4天。特强沙尘暴

73％发生在春季，主要分布在阿拉善盟、巴彦淖尔市北部、鄂尔多斯市中西部、乌兰察布市北部和锡林郭勒盟西部地区。

2. 风沙灾害的年际分布

大风沙尘灾害从20世纪下半叶以来的发生次数总体呈上升趋势，其中20世纪60年代和70年代略有上升，80—90年代在减少中有回升，而进入21世纪开始急剧增加，且2003—2006年逐年增多，2006年明显偏多，其中以沙尘暴日数的变化趋势最为明显。20世纪下半叶以来沙尘暴的发生次数总体呈上升趋势，是进入21世纪以来急剧增加。

3. 风沙灾害的年内分布

大风沙尘大都集中在3—6月，其中以4—5月出现的频率最高，约占60％左右，7—9月主要是风灾，且多为强对流天气造成，影响范围相对较小，危害也较轻。

二、风沙灾害的影响

风沙灾害对周围环境会带来极大的危害。大风的危害，主要是其本身很强的动量给环境造成的机械损伤和破坏，如毁屋拔树、折枝损叶、落花落果、沙化土地等，而且大风的吹起物还会对生态环境造成进一步的损伤和破坏。其次是加重其他气象灾害，大风时形成的高速气流可加快对环境介质的传输，例如加大热量传输，造成人畜体热的迅速耗损，在冬季可加重严寒程度，冻死冻伤人畜；或者加大水分蒸发，加重干旱危害等。风灾的危害程度，首先决定于风速的大小，风速越大，造成的灾害也越大，其次决定于环境条件和受体的承灾能力。由于内蒙古西部干燥少雨，植被稀疏，地表裸露，一旦有大风，极易形成沙尘暴天气，造成严重灾害。

沙尘暴造成的影响主要包括：土地生产力降低，可利用的土地面积减少；造成牲畜死亡，甚至人员死亡或失踪，损害农作物和林、草植被；破坏自然资源、生产及生活设施，造成水利工程、电力、能源、通讯、交通及矿业等多方面影响；沙粒尘埃使大气环境本底污染水平增高，污染牧草、水域，传播人畜疾病。

三、大风沙尘的危害

1988年4月11日、16—17日、19—20日连续出现3次大范围的沙尘暴天气，每次过程都自阿拉善盟到呼伦贝尔市、通辽市一带。特别是4月11日，西起阿拉善盟的额济纳旗，东至呼伦贝尔市的莫力达瓦达斡尔族自治旗，出现8级以上大风，多地出现沙尘暴，往年极为罕见，致使呼伦贝尔市扎赉诺尔矿区遭到严重破坏，电杆和站房刮倒，电线破损，停产30多个小时。

1990年比较罕见的是中东部地区多次出现龙卷风天气，虽然龙卷风影响范围都很小，但受灾地区的损失却比较惨重。5月29日，呼伦贝尔市莫力达瓦斡尔族自治旗出现龙卷风，直径30～40厘米的大树被折断，民房屋顶被刮走，停放的汽车平移几米。此次龙卷风造成6人死亡，9人重伤，损坏房屋183间，直接经济损失70万元。6月3日，赤峰市宁城县西泉乡石洞子村和克什克腾旗孙家营子分别遭受龙卷风袭击。石洞子村26间民房被毁，大树被连根拔起。孙家营子龙卷风持续2分钟左右，吹断树木700多棵，水泥电杆2根，刮坏房屋130间，造成直接经济损失4万余元。6月20日，乌兰察布市商都县六台坊村出现龙卷风，1名12岁儿童被卷上天空，落在山坡上。机动三轮车被卷下山坡，刮断大树30棵，253公顷农田被损坏，刮坏民房103间，受伤21人。6月21日，包头市前明乡黄草洼村出现龙卷风，4户民房房顶被掀掉。8月12日，通辽市科尔沁区育新乡遭受龙卷风袭击，2800多农户、1533公顷农田受灾，其中绝收400多公顷，刮倒树木199棵，直接经济损失120万元。8月22日，通辽市科尔沁区建国乡等村屯遭龙卷风袭击，267公顷粮食作物被刮倒，造成严重减产。

1993年从3月30日开始，内蒙古中西部连续出现大风、沙尘暴天气，阿拉善盟东北部、巴彦淖尔市北部、乌兰察布市及锡林郭勒盟西部干旱加风大，沙尘天气尤为严重，共出现9次区域性沙尘暴过程。5月5日，阿拉善盟遭受特强沙尘暴袭击，风力为9～11级，狂风卷起的沙尘使能见度为零，白昼变为黑夜，积沙1米多厚，草牧场全部遭灾，沙埋农田2400公顷，73万头牲畜受灾，死亡牲畜1.4万头，沙引水渠12千米，吉乌铁路被沙埋600多米，吉兰泰盐场铁路停运4天，毁坏广播电视发射塔10座，损坏房屋3000多间，这次沙尘暴给阿拉善盟造成的直接经济损失达2.85亿元。5月26日和6

月5—6日，阿拉善盟再次遭受特强沙尘暴袭击，大部草场受损，30万头（只）牲畜受灾。1993年5月5日、1994年4月6—8日、1995年5月16日阿拉善盟连续遭受特强沙尘暴的袭击，危害面积达24万平方千米，全盟仅有的9万平方千米的可利用草场全部受灾，重灾草场地表土被风刮走10多厘米，牲畜丢失20.5万头（只），死亡4.8万头（只），生长数十年的胡杨林被风刮倒20余万株，10多万公顷梭梭林被风摧毁，路面被毁，通讯中断，造成直接经济损失6000万元，间接经济损失15亿元，20000多名农牧民受灾。特强沙尘暴还给周边的巴彦淖尔市乌拉特中旗、乌拉特后旗，乌兰察布市四子王旗及包头市达尔罕茂明安联合旗，锡林郭勒盟苏尼特右旗等地的生态环境造成破坏，加剧了土地沙漠化进程，部分地区出现砾质戈壁景观。

1998年4月15日中西部地区出现大范围强沙尘暴天气。这次强沙尘暴在阿拉善盟境内历时12个半小时，风力达8~10级，造成严重灾害。阿拉善盟受灾农田1.1万公顷，损坏塑料大棚134座，400余眼井被填埋，150余千米农渠被埋，损坏水闸1座，130余公顷正值开花果树遭到毁灭性打击，毁坏羊圈600余座，暖棚80余座，共丢失牲畜21万余只，死亡7000余只，近千顶蒙古包被沙尘暴刮倒、刮走，直接经济损失6000余万元。在这次沙尘暴中，鄂尔多斯市西部4旗沙压草场180万公顷，毁坏人工草场1.3万公顷，因大风、沙尘暴死亡牲畜近1万多头（只）。另外，巴彦淖尔市临河区14个乡镇，46个村，100多个社的233公顷塑料大棚遭受不同程度的损害，其中损失严重的大、中棚有3600座，约100公顷，大风撕烂蒲帘5000多块，棚膜大部吹破，风后又出现强降温，失去保护的瓜菜一夜间全部冻死，经济损失高达1023万元。4月19日中部地区再次出现强沙尘暴天气，锡林郭勒盟正镶白旗刮断高压电杆22根，给工业生产造成严重损失。呼伦贝尔市特泥河农场从19日到21日连刮3天大风，瞬间风力达到11级，造成停电停产，部分房舍铁皮盖瓦被刮飞。

2000年入春以后全区大风天气较多，又加干旱少雨，共出现13次沙尘暴天气，造成了严重的灾害，是近年来沙尘暴天气最多的一年。损失严重的过程包括：4月6—7日，全区自西向东出现大风和扬沙天气，乌兰察布市、锡林郭勒盟、赤峰市、通辽市大部出现沙尘暴。风力一般为6~7级，短时8到10级，瞬时最大风速为17~26米/秒，赤峰市短时风速最大为30米/秒，锡林郭勒盟阿巴嘎旗那仁宝力格能见度最低，为100米。这次沙尘暴位置偏东，是当年沙尘暴天气最强的一次。4月18—19日，中西部地区出现7~9级西北大风，风速一般达21~30米/秒，巴彦淖尔市乌拉特后旗风速最大，达30米/秒，大部地区出现扬沙和沙尘暴。包头市以西地区为强沙尘暴，能见度200~900米。19日中午时分，沙尘暴袭击呼和浩特市，天空变成灰黄一片，呼啸的西北风卷着沙尘扑向行人，空气混浊，土腥味呛人，路上能见度很低，几十米之外视线模糊，弥漫的沙尘使午后的降雨变成了泥浆雨。4月24—25日，中西部大部地区出现扬沙和沙尘暴天气，尤其112°E以西大部地区出现强沙尘暴，风速达17~27米/秒，锡林郭勒盟和赤峰市大部出现浮尘。这次沙尘暴天气范围广，持续时间长，能见度极低，呼和浩特市从24日14时30分开始，弥漫的沙尘滚滚而来，遮天蔽日，天空骤然变黑，能见度不足100米，汽车不得不开灯行驶，室内需开灯照明，14时50分，下起了泥浆雨，又陷入了黄沙和西北大风的包围之中。4月28—29日，内蒙古中西部出现扬沙和沙尘暴天气，西部偏北地区出现强沙尘暴，西北风风力普遍达6~7级，短时8~9级，其中乌拉特后旗最大风速达22米/秒。能见度在200~900米之间，呼和浩特市、包头市能见度不足200米。锡林郭勒盟大部、赤峰市西部出现扬沙或浮尘天气。5月13—14日，阿拉善盟东部、巴彦淖尔市、鄂尔多斯市、包头市北部及锡林郭勒盟偏西地区出现大风，并伴有扬沙，鄂尔多斯市的南部、巴彦淖尔市乌拉特后旗出现程度不同的沙尘暴，瞬间风速达17~23米/秒，能见度为400~800米。5月16—18日，阿拉善盟东部及以东地区出现大风天气，中西部大部地区有扬沙天气出现，瞬间风速为17~23米/秒，其中鄂尔多斯市乌审旗的河南出现强沙尘暴，能见度为400米。内蒙古全年大风沙尘受灾人口达8.5万人，损坏房屋5.3万间，死亡牲畜1万余头（只），丢失牲畜1.5万头（只），风沙淤埋的人畜饮水井423眼，毁坏风力发电机350台，1.6万公顷农作物受灾。

2004年全区出现13次沙尘暴过程。2月12日08时至13日08时，受较强冷空气的影响，鄂尔多斯市的鄂托克前旗和乌审旗分别出现瞬间风速为20米/秒的中度沙尘暴天气。13日14时，中西部大部地区出现瞬间风速为17～22米/秒的大风天气，其中鄂尔多斯市乌审旗、乌兰察布市兴和县出现扬沙，锡林郭勒盟正镶白旗和太仆寺旗出现中度沙尘暴。20时，乌兰察布市、锡林郭勒盟西部和南部出现瞬间风速为17～25米/秒的大风天气，其中锡林郭勒盟的正镶白旗和太仆寺旗出现中度沙尘暴。16日14时，中部和东部的南部地区出现瞬间风速为17～23米/秒的大风天气，其中锡林郭勒盟南部，赤峰市翁牛特旗出现扬沙天气。23日08时到24日08时，24日14时至25日08时，中西部大部出现瞬间风速为17～23米/秒的大风天气，其中巴彦淖尔市乌拉特后旗、鄂尔多斯市杭锦旗，呼和浩特市和林格尔县和锡林郭勒盟的正蓝旗出现瞬间风速为17～21米/秒的沙尘暴，能见度为600～900米。27日20时，西部偏北地区和锡林郭勒盟大部出现瞬间风速为17～26米/秒的大风天气，其中巴彦淖尔市乌拉特后旗出现瞬间风速为26米/秒的沙尘暴。28日08时，锡林郭勒盟的正蓝旗出现沙尘天气。3月出现的沙尘天气过程次数明显偏多，共有7次，其中3月9—11日、3月26—28日强沙尘暴天气造成的灾情最为严重，出现的沙尘暴天气过程是当年影响范围最广的一次。12月5日14时—6日08时，西中部部分地区出现瞬间风速为18～30米/秒的大风、扬沙天气，其中阿拉善盟额济纳旗拐子湖、巴彦淖尔市乌拉特后旗、包头市达尔罕茂明安联合旗满都拉、锡林郭勒盟正镶白旗和多伦县出现瞬间风速为19～30米/秒的沙尘暴，能见度为500米。

第五节　雨　涝

虽然干燥少雨是内蒙古的主要气候特点，但降雨集中，在一定条件下，也能出现雨急量大的超常暴雨。再加上大部地区为沙壤土，土质疏松，植被较差，地表裸露，一旦出现暴雨，常形成泥石流和山洪，造成相当严重的洪涝灾害。内蒙古遭受洪涝灾害影响通常是局部的和短时的，但其影响并不小，是仅次于旱灾的第二种气象灾害。

雨涝灾害是指当年5—9月，某一时段因降水显著偏多或降水时间较长而引起的内涝，不仅直接造成农田和洼地积水、作物被淹等，还常引起当地或下游地区山洪暴发、河水泛滥、淹没农田、毁坏房屋和建筑设施等，因此雨涝是各种洪涝灾害的主要引发条件。

雨涝灾害划分标准为：

一个旬雨量≥100毫米或两个旬雨量达150～200毫米或三个旬雨量达200毫米以上，为轻涝。

一个旬雨量在150～200毫米或两个旬雨量200～250毫米或三个旬雨量≥250毫米，为中涝。

一个旬雨量≥200毫米或两个旬雨量≥250毫米或三个旬雨量≥300毫米，为重涝。

一、雨涝灾害的主要特征

1. 雨涝灾害的时间分布特征

内蒙古雨涝灾害多发生在夏季（6—8月）。雨涝集中发生时段，东部地区在7月上旬—8月上旬，中西部地区在7月中旬—8月中旬；雨涝出现最多的时间，东部地区在7月中下旬，中西部地区在7月下旬至8月上旬；雨涝发生最早时段，东部地区在6月上中旬，中西部地区在6月中旬或以后，锡林郭勒盟南部、乌兰察布市前山最早在7月上中旬；雨涝出现最晚时段全区均在8月下旬至9月上旬。

1951—2006年全区性雨涝年出现频率为25%，其中中等以上雨涝年频率为12.5%。全区性大涝年共出现3次，1959年中西部重涝、东部轻涝，1969年东部重涝、中西部轻涝，1998年东部重涝、中西部轻涝。从各地区分布看，雨涝年东部地区多于中西部地区，东部地区雨涝年频率为57.5%，中涝以上年频率为37.5%，重涝频率为27.5%，即2年一次雨涝、3年一次中涝、4年一次重涝；中西部地区各级雨涝频率分别为32.5%，20%，7.5%，相当于3年一次雨涝、5年一次中涝、约13年出现一次重涝。

2. 雨涝灾害的空间分布特征

内蒙古雨涝集中在大兴安岭以东、阴山山脉以南的部分地区，大兴安岭以西、阴山山脉以北雨涝显著减少，雨涝多发区包括呼伦贝尔市岭东地区、兴安盟岭东南地区、通辽市扎鲁特旗到赤峰市巴林左旗及通辽市库伦旗南部、赤峰市宁城县南部、呼和浩特市到鄂尔多斯市准格尔旗及东胜区以北的范围。雨涝多发区内，一般3年出现一次雨涝，6年发生一次中等以上雨涝。出现雨涝次数最多的是呼伦贝尔市扎兰屯、莫力达瓦达斡尔族自治旗、兴安盟乌兰浩特市、通辽市库伦旗、扎鲁特旗；中等以上雨涝出现次数较多的是呼伦贝尔市岭东地区、兴安盟乌兰浩特市、通辽市库伦旗及呼和浩特市。锡林郭勒盟西北部、乌兰察布市后山地区、巴彦淖尔市北部及阿拉善盟一带牧区，基本为无雨涝区。

雨涝频率分布，以呼伦贝尔市岭东地区出现雨涝频率最大，达45％，其次是兴安盟岭东南地区42.5％和呼和浩特市区40％；中涝以上雨涝年发生频率，最大是呼伦贝尔市岭东地区，达37.5％，其次是兴安盟岭东南30％和赤峰市27.5％；重涝频率最高的地区是兴安盟岭东南15％、呼伦贝尔市和赤峰市12.5％；中涝以上频率最少的是乌兰察布市前山5％及包头市2.5％。

二、雨涝灾害的影响

1. 雨涝造成水土流失，破坏土地资源

分析表明，造成内蒙古水土流失最直接的因素是高强度且历时短的偶发性暴雨，而水土流失较严重的地区恰恰与雨涝多发区分布基本是一致的。据统计，内蒙古水土流失面积约为27.17万平方千米，占全区总面积的23％，其中中度以上水土流失面积约占22％，大部分集中在黄土丘陵区、土石山区、低山丘陵区，这些地区正是涝发生较多的地区，降水量集中，多以大到暴雨的形式降落且强度大。水土流失较严重的赤峰市、通辽市、乌兰察布市及鄂尔多斯市，大部处于农牧交错地带，旱坡地较集中，土地利用过度，生态条件较差，暴雨发生时，地表抗冲刷能力弱，易形成山洪，造成大量水土流失。

雨涝引发的山洪不仅造成水土流失，同时还破坏当地的土地资源。由于山洪易发区为水土流失严重的山地丘陵区，植被稀疏，尤其是在山洪形成区的坡面地表土层受暴雨打击、破坏，60％～70％的降水量将形成径流，使本来就有限的降水资源一泄而空，并带走大量表层土壤和养分。其结果是使土壤结构破坏，含水量、热容量等性能降低，一方面增加了本地区的干旱威胁，另一方面造成土壤条件的全面恶化。据测定，在鄂尔多斯市准格尔旗，流失1吨土壤，约损失2～3千克的有机质和氮素，以此估算全旗坡耕地年平均损失有机质和氮素1500吨，折合尿素约3000吨，相当于该旗年施化肥量的一半。因此各地年流失的养分数量是相当惊人的。丘陵山区的山洪流入下游时，常伴随决堤改道淹没良田，一方面对当年的农作物造成减产歉收，另一方面挟带的大量粗颗粒泥沙，在退水后残留在耕地表面形成很厚的粗砂卵石层，使大片农田变为荒漠。在细沙淤积区虽然有大量的养分沉积，但若非有计划引洪淤灌，结果也不容乐观，尤其是沿河平原地区，受地下水位较高的制约，山洪之水久滞不泄，不但进一步抬高了水位，而且会使大片土地盐渍化，由此引发的后果，长期不能消除。

2. 引发的洪水淤塞河道，毁坏工程设施和道路

因降水集中且强度大，局部山洪暴发，洪水携带大量泥沙进入河道，淤塞河道或致使下游河水泛滥，洪水泥沙直接威胁水库及塘坝；洪水使厂矿企业遭洪水袭击，冲毁铁路路基、公路、桥梁和涵洞，交通中断等事件常有发生。

山洪在进入沉积区后，由于河道相对开阔纵坡变小，流速变缓，挟带的泥沙逐渐沉积，使河床抬升，过流能力不断降低，部分河床还可形成"地上河"，使河流改道和漫堤的可能性增加，尤其是暴雨笼罩面积较大的多沙山洪，对下游河道的淤积危害更大。1989年7月鄂尔多斯市降暴雨，西柳沟的洪水流入黄河，很快将昭君坟下游淤塞，使黄河水位暴涨2米（相当于昭君坟通过6000立方米/秒的洪水水位，而下泄流量从1300立方米/秒骤减到300立方米/秒），包头钢铁厂的工业水源被淤塞，影响了正常供水。类似的情况，1961年和1966年也曾发生过。山洪挟带大量泥沙进入水库、塘坝，其一是在库、塘中沉积，使库容骤减；其二是流量集中，超过库坝泄洪能力，造成险情和垮坝。许多在山丘区修建的厂矿企业常遭受山洪的袭击，轻则停产停工，重则厂房倒塌，设备被毁。山洪挟沙淤高河床，使铁路、公路的过河桥梁、涵洞过水断面缩小，防洪标准降低。因此，较大山洪往往将沿河的铁路、公路的桥梁、涵洞淹没冲垮，使交通中断。

3. 雨涝对农业生产带来严重影响

内蒙古的雨涝主要发生时段为7—8月，此时正值夏收和大秋作物生长的关键期，雨涝灾害可造成小麦瘪粒、延迟收割，穗粒发芽、霉烂和降低产量；玉米和大豆等作物受涝，可引起叶片枯死，植株倒

伏，籽粒不饱满，根系发黑、腐烂，以至植株死亡。特别是一些低洼农田，雨水过多产生积水，排水不畅或河水泛滥时，大批农田受淹甚至冲毁作物，受灾严重的将颗粒无收。东部地区的西辽河平原，地势低平，是内蒙古主要粮食生产基地，同时也是雨涝多发区，其中有些地区因排水不畅，耕地盐渍化较严重，每年的雨涝灾害给当地造成的损失相当严重。

4．雨涝对人民生命财产安全的危害

雨涝灾害造成的人民生命财产损失相当严重，特别是较大笼罩面积的暴雨，在山洪易发区常常引起多条沟同时暴发山洪，形成大规模的洪水，导致下游洪水泛滥成灾。这样的山洪造成的损失往往达数百万元至千万元，有的则达亿元以上。山洪暴发冲毁房屋、淹死人畜等几乎每年都有发生。

三、雨涝灾害的危害

1988年呼伦贝尔市出现了较大范围的洪涝灾害。5月29日—6月3日呼伦贝尔市的扎兰屯市、阿荣旗等地出现50～80毫米的暴雨，创历年同期的最大雨量。由于这些地区此时气温尚低，地层化冻浅，渗透能力低，大量雨水都变成地表径流，引起山洪暴发，河水猛涨。阿荣旗、扎兰屯市、牙克石市和莫力达瓦达斡尔族自治旗形成水灾，有66个乡镇、16.5万人遭受水灾，死亡3人，倒塌房屋1.8万间，受灾农田4万多公顷，绝产1.5万公顷。受灾最重的阿荣旗，从5月26—31日共降雨105.6毫米，特别是30—31日降雨52.8毫米，造成山洪暴发，全旗倒塌房屋1.6万间，淹没农田6670公顷，冲毁公路上百处、桥涵30余座。7月16—18日和21—22日，阿荣旗、莫力达瓦达斡尔族自治旗和扎兰屯市又先后两次遭受暴雨袭击，7月17日阿荣旗的音河在12小时降了177毫米的大暴雨，孤山镇10小时降133毫米的大暴雨，六合镇3小时降120毫米的大暴雨，其雨势之急，强度之大，为历史罕见。暴雨引发了山洪，该地区45个乡镇、40万人受灾，22人丧生，倒塌房屋1.2万间，吞没农田7.2万公顷，绝产3.3万公顷，冲毁公路6.5万延长米、桥涵224座、小水库10座，直接经济损失2.8亿元。8月6—8日，呼伦贝尔市再次出现大暴雨，过程雨量为50～150毫米，尤以鄂伦春自治旗、额尔古纳市、牙克石市等地雨量最大，普遍在100毫米以上。由于暴雨强度大，引起山洪暴发，农田绝收1.7万公顷，死亡31人，倒塌房屋1.1万间，经济损失1.2亿元。铁路冲坏350多米，使图里河—哈尔滨、海拉尔—加格达奇列车停运14天。额尔古纳市因水灾损失牧草4160万千克，农田绝产3660公顷，死亡2人，部分工厂停工，电厂停电，经济损失2900多万元。这次水灾共死亡43人，倒塌房屋4.3万间，绝产农田5.1万公顷，冲毁桥涵460座，公路32.2万延长米，直接经济损失达3.5亿～4亿元。

1990年3月20—27日，阿拉善盟东部、巴彦淖尔市南部、呼和浩特市、包头市及乌兰察布市大部出现了持续1周以上的连阴雨（雪）天气，雨雪总量为30～80毫米，不少测站突破历史同期降水的最高纪录，月降水量比常年偏多1～8倍。此时地表以下冻土尚未融通，许多农田出现积水，低洼地带遭受水淹，严重影响了春小麦的播种，西部地区春小麦的播种因此推迟了10余天。受灾地区的黏土公路大部翻浆，中断运输10余天。因河水上涨，鄂尔多斯市纳林河堤决口，死亡牲畜2700多头（只），水淹农田220多公顷，倒塌房屋200余间，250万～300万千克粮食浸水。巴彦淖尔市河套地区出现返碱潮塌，受灾农田3万余公顷。连阴雨雪所造成的低温寒冷，还严重地影响了春羔保育，阿拉善左旗死亡幼畜2.3万头（只）。7月6—20日，赤峰市中部、北部连续出现9次中到大雨局部暴雨过程，10多天内降雨200毫米以上，为常年同期降水量的3～5倍，相当于年降水量的55%～60%。由于降水过分集中，致使全市12个旗县均遭受不同程度的洪涝灾害。7月7日巴林左旗11个乡镇、84个村、近1.4万公顷农田受灾，冲走牲畜120头（只）。8月16日该旗又有13个乡镇，7330公顷农田受严重水灾。据统计，赤峰市夏季的洪涝灾害共有140万人受灾，死亡80人，受灾农田24万公顷。6月29—30日，通辽市南部5旗县降中到大雨，库伦旗降大暴雨，雨量达128毫米，引起山洪暴发，6000公顷农作物遭灾，绝收670公顷，淹没草场2670公顷、幼林地220公顷，冲毁公路200多千米。7月13—18日，扎鲁特旗降暴雨，过程降雨量100毫米以上，部分地区达150毫米，导致山洪暴发，造成特大水灾，全旗有1.9万户、7.7万人受灾，2人死亡，农田绝收8670公顷，冲走粮食125万千克。加上因上游洪水泛滥所造成的损失，通辽市遭受水灾的农田达6万公顷。兴安盟主要暴雨过程有5次，6月13日科尔沁右翼前旗、乌兰浩特市等地；6月27日科尔沁右翼前旗、突泉县等；7月5日科尔沁右翼前旗、乌兰浩特市等地；7月6—8日科尔沁右翼中旗、扎赉特旗等地；7月14日乌兰浩特市、扎赉特旗、突泉县、科尔沁右翼中旗等地，分别出现暴雨过程。五次暴雨过程共有10万公顷农田受灾，绝产3.3万公顷。白阿铁路39千米线路冲断27处，中断行车3天。乌索铁路30处冲坏，严重受灾线路645米长，中断行车5天。乌兰浩特市民航机场跑道被冲，飞机停飞近1个月。7月14日，乌兰浩特市、扎赉特旗、突泉县、科尔沁右翼中旗降暴雨、大暴雨，日雨量多在100毫米以上，个别地区超过200毫米，致使归流河、蛟流河、罕达罕河水位暴涨，明星水库水位超过百年校核水位，绰尔河7月16日出现特大洪峰，流量达3190立方米/秒，沿河200千米范围内农田被淹，111国道被切断，通霍铁路受到严重威胁。全盟共有38个乡、781个村受灾，受灾农田3.9万公顷，其中减产8～10成的1.6万公顷。

1998年遭受全区性雨涝灾害，各盟市均受到严重损失。呼伦贝尔市因连续的大雨、暴雨，频频造成山洪爆发、河水出槽、水库垮坝、村镇和农田被淹等严重灾害，直接经济损失达48.4亿元。受灾最严重是农区，农作物受灾面积78.1万公顷，成灾面积58.5万公顷，绝收面积47.1万公顷，毁坏耕地8.9万公顷，损失粮食2.1亿千克，死亡牲畜1.8万头（只），灾害造成的农业直接经济损失27.3亿元。通辽市西辽河、新开河、乌力吉木仁河出现9次特大洪峰，7月下旬到8月上旬三条河同时泛滥，全市8个旗县（市）有100.7万人不同程度地遭受水灾，进水村屯141个，损坏倒塌房屋7.99万间，农作物受灾26.3万公顷，草牧场受灾80万公顷，死亡牲畜2.95万头（只），被洪水冲毁河道防洪工程229处，冲毁水利工程29处（座），冲毁冲坏公路、铁路桥涵163座，有332所学校受灾，62所学校被毁，全市直接经济损失达23.5亿元。赤峰市总计受灾作物39.2万公顷，成灾28.8万公顷，117个村6.6万人被洪水围困，死亡61人，倒塌民房7.3万多间，损毁机电井、饮水井、水土井641眼，直接经济损失16.6亿元。兴安盟因特大水灾给全盟造成的直接经济损失达48.1亿元，全盟6个旗县市和农垦系统90.06万人口受灾，受灾农田45万公顷，成灾33.8万公顷，冲毁草牧场129.5万公顷，冲毁棚7.4万间，死亡牲畜10.4万头（只）。中西部部分地区夏季也遭受了较重的水灾。7月5日、12日和16日包头市连降三场大雨，引起山洪爆发。土默特右旗17个乡镇，220个村，18.64万人遭受水灾，受灾面积4.6万公顷，其中水淹460公顷，绝收1.4万公顷，倒塌房屋210间。7月5日和12日的降雨还使鄂尔多斯市西柳河两次暴发山洪，造成包钢水源地取水口淤塞，严重影响了城市居民的日常生活用水和工农业生产。乌兰察布市卓资县有20个乡镇遭受洪灾袭击，1.6万余人受灾，倒塌住房1230间，冲毁农田6060公顷，绝收5060公顷，死亡牲畜3000多头（只）。

2004年夏季部分地区多次受强对流天气影响，遭受暴雨、洪涝灾害的袭击，其中通辽市扎鲁特旗最为严重。此外，赤峰市、呼伦贝尔市、锡林郭勒盟、乌兰察布市、鄂尔多斯市、包头市等地区也遭受了不同程度的暴雨、洪涝的危害。秋季巴彦淖尔市部分地区遭受了暴雨灾害。6月17—25日，通辽市扎鲁特旗出现75～130毫米的暴雨、洪涝灾害。29日，锡林郭勒盟苏尼特左旗、太仆寺旗、正蓝旗遭受暴雨袭击。7月4—5日，通辽市扎鲁特旗又降暴雨，并形成洪涝。11日赤峰市巴林右旗遭洪灾。15-16日，通辽市库伦旗出现128毫米的大暴雨，造成洪涝灾害。同日，赤峰市敖汉旗也遭洪灾。25—26日，全区自西向东出现连续性降雨天气，鄂尔多斯市、包头市等地出现暴雨。8月1—2日，巴彦淖尔市乌拉特前旗境内部分地区形成山洪。2日，赤峰市巴林右旗降暴雨引发山洪。2—4日，呼伦贝尔市遭暴雨袭击，海拉尔区降雨量85.5毫米。12日，锡林郭勒盟锡林浩特市、西乌珠穆沁旗，赤峰市克什克腾旗、林西县、巴林右旗、巴林左旗，乌兰察布凉城县，鄂尔多斯市达拉特旗出现50～113毫米的暴雨和大暴雨，部分地区发生山洪。21日，包头市降63.3毫米的暴雨，过程降水量94.8毫米。28日，呼伦贝尔市鄂伦春自治旗小二沟降54毫米暴雨。9月12日16时至14日11时，巴彦淖尔市杭锦后旗过程降水量为70.2毫米，共有16个乡镇、138个村，1000多个村民小组、5万多户，22万多人口受灾，受灾面积38万亩，成灾面积32万亩，倒塌房屋58户，乌拉特中旗乌力河镇12日晚出现山洪，台沟防洪坝、油路被冲毁。

2006年春、夏季部分地区多次遭受暴雨、洪涝等灾害性天气影响，其中东部地区较重。夏季，强对流天气过程较频繁，暴雨、洪涝等灾害性天气多次发生。7月上旬，鄂尔多斯市鄂托克前旗遭受洪涝灾害。锡林郭勒盟太仆寺旗幸福乡突降暴雨，5名学生死亡，2名学生受伤。呼伦贝尔市新巴尔虎左旗部分地区发生洪涝灾害，经济损失严重。7月中旬，呼伦贝尔市扎兰屯市和莫力达瓦达斡尔族自治旗，兴安盟扎赉特旗、科尔沁右翼前旗、科尔沁右翼中旗、赤峰市翁牛特旗、巴林左旗和鄂尔多斯市乌审旗遭受暴雨灾害，损失严重。其中赤峰市造成2人死亡。8月上旬，呼伦贝尔市新巴尔虎右旗原布尔墩苏木出现雷暴天气，造成1人死亡；赤峰市翁牛特旗梧桐花镇双岭村突降暴雨，山洪暴发，造成1人死亡。8月中旬，赤峰市翁牛特旗亿合公乡遭受洪涝灾害。

第六节 冰 雹

冰雹灾害是在对流性大气控制下，积雨云中凝结生成的冰块从空中降落，使农作物受到机械损伤，破坏作物正常生长机能或打落果实，造成减产甚至绝收，同时造成人畜伤亡和建筑设施受损，影响国防、电讯、交通运输等的灾害。冰雹灾害是内蒙古主要气象灾害之一，对农牧业，特别对农业生产具有很大危害，对国防、电讯、交通运输等也有很大的影响。

冰雹的危害轻重决定于雹块大小和持续时间长短，较大的冰雹袭击猛或降雹时间长，受灾对象损失就重。一般来说，直径≥5毫米的冰雹危害性较大。内蒙古出现≥5毫米冰雹的比例较高，构成冰雹灾害的潜在危险。从降雹累计持续时间看，60%以上降雹持续时间在5分钟以内，80%以上降雹持续时间在10分钟以内，最长持续时间可达1~2小时。同时对于受冰雹影响最大的农作物，不同发育阶段影响也不同，处在开花期或成熟期的作物较处在幼苗期作物受害重，甚至造成毁灭性的伤害。内蒙古大部分作物为一年一熟，大田作物一般春末夏初5—6月处在幼苗期，7—9月为开花到成熟期，而5月之前作物为播种期，基本不受冰雹影响。因此将冰雹灾害分为春末夏初冰雹灾害（5—6月）和夏秋冰雹灾害（7—9月）。

对于一个区域来说，出现冰雹日，是否造成灾害或冰雹灾害等级由冰雹直径、降雹累计持续时间确定，冰雹灾害分级指标及损失情况见表1-2-3和表1-2-4。

表1-2-3 春末夏初（5—6月）冰雹灾害分级指标

灾害等级	分级指标及损失情况
轻雹灾	多数冰雹直径5~9毫米，降雹持续时间不足10分钟，或冰雹直径在10毫米或以上，降雹持续时间不足5分钟，冰雹密度较小，地面积雹较少，农作物幼苗轻度受损，较易复生，林木、返青牧草受到轻微影响，农业地膜、暖棚受损较轻。
重雹灾	多数冰雹直径5~9毫米，降雹持续时间达10分钟或以上，或冰雹直径在10毫米或以上，降雹持续时间在5分钟以上；冰雹密度大，地面有大量积雹，农作物幼苗地上部分机械损伤严重，较难复生，严重时需毁种，林木、返青牧草受损，损坏农业地膜和暖棚及部分建筑物，出现人畜伤亡。

表1-2-4 夏秋（7—9月）冰雹灾害分级指标

灾害等级	分级指标及损失情况
轻雹灾	多数冰雹直径5~9毫米，降雹持续时间不足5分钟，冰雹密度小，随降随化；农作物叶片轻度伤残，较易复生，其他基本不受影响。
中雹灾	多数冰雹直径5~9毫米，降雹持续时间5~10分钟，或冰雹直径达10毫米或以上，降雹持续时间不足5分钟，冰雹密度较大，地面有少量积雹，农作物茎叶机械损伤较重，部分籽粒脱落，较难复生，农业设施等受到一定影响，偶尔出现人畜受伤现象。
重雹灾	多数冰雹直径5~9毫米，降雹持续时间达10分钟或以上，或冰雹直径达10毫米或以上，降雹持续时间在5分钟以上，冰雹密度大，地面积雹较多，农作物上部分机械损伤严重，茎叶折断，果实和籽粒脱落，生长不能恢复，林木、牧草受损，损坏农业地膜、暖棚及部分建筑物，出现人畜伤亡现象。

一、冰雹灾害的主要特征

1. 冰雹形成的条件

冰雹是一种中小尺度天气现象，产生在有不稳定气流的积雨云中。由于冰雹是在生命期较长的强对流天气系统中产生的固态降水物，因此形成冰雹不仅需要具备与雷阵雨相同的3个必要条件，即大气层结不稳定，较充沛的水汽和抬升力，还需要具备形成冰雹的一些特殊条件，也就是说，能够形成冰雹的强对流云系，即雹云。

内蒙古有利于形成冰雹天气的大尺度形势背景主要有：蒙古冷低涡、高空冷低槽、高空西北气流和局地热对流等，其中蒙古冷涡形势下的冰雹天气持续时间长，影响范围大，且灾情比较重。

2. 冰雹的源地和路径

冰雹天气与某些天气系统，如高空冷涡、低槽、冷平流以及中小尺度天气系统紧密联系，冰雹的发生受这些天气系统的影响，随季节和地形而变化。冰雹云的源地大多位于山区和地形复杂的地区，如山脉的迎风坡、向阳坡，山脉与平原接壤的地带，山区通向平川的谷口区，两支山脉汇集的喇叭口地区，陆地与湖泊、河流接壤的上风区以及地表复杂、地势起伏高度差大的山地和丘陵地等。

冰雹云的移动路径，主要决定于所处的天气系统的位置、气流方向以及当地的地形状况。内蒙古冰雹盛发季节，降雹天气系统多来自西北方，少部分来自西方或北方，且多由西北方向东南或由西向东移动。由于各地地形不同，冰雹天气系统的移动又受局地条件的影响，冰雹云走向又常与山脉走向、河流走向、山谷走向一致，故有"雹打一条线，雨下一大片""雹走老路"之说。

3. 冰雹灾害的地域分布

气象台站记载的冰雹出现日数，是指一个测站在一天内出现冰雹，不论其时间长短都称作一个雹日。从内蒙古年平均冰雹日数分布来看，多雹日地区有：阴山到燕山的多雹带。即西起包头市北部，东至锡林郭勒盟南部和赤峰市南部，呈准东西向，长达600余千米的带状地区，包括17个旗（县），年平均雹日4～7天，多雹日中心分别在乌兰察布市后山和锡林郭勒盟太仆寺旗、多伦县一带，为内蒙古雹日最多地区；大兴安岭多雹带。即北起呼伦贝尔市根河，南与燕山北侧的多雹带衔接，呈东北—西南向，长达900千米，包括10余个旗（县），年平均雹日3～4天；冰雹日较少的地区主要分布在阿拉善盟和呼伦贝尔市牧区，年平均雹日在1天以下，阿拉善盟大部分荒漠地区，年平均雹日不足0.5天。

年平均雹日空间分布特点是：山区多，平川少；中部多，西、东部少。多雹区的高值轴线与阴山北坡和大兴安岭西坡相重叠。地形的动力抬升与山区不均匀的热力对流作用，是形成多雹区分布的重要因素。

4. 冰雹灾害的时间分布

由于冰雹的局地性很强，有关这方面的记载不很全面，根据区域性降雹出现次数和灾情记载统计，内蒙古各地一致的多雹年或少雹年是比较少的，但中、西部冰雹的年际变化趋势比较一致，且常与东部地区呈相反的趋势变化。总的来看是中、西部地区冰雹的年际变化起伏较大，东部比较平缓。

内蒙古初雹日首见于3月，主要集中在沿黄河两侧和锡林郭勒盟中部地区，4月以后全区大部地区开始降雹，大兴安岭北段和乌兰察布市部分地区推迟到5月才开始降雹。各地主要降雹期为5—9月，东部地区初夏和秋初雹灾发较多，而呼和浩特市以西地区则以7—8月雹灾最多见。终雹日一般在9月下旬到10月下旬，少数地区可延续到11月上旬。雹日的这种季节变化与影响内蒙古的冷暖空气交绥带的季节变化大体相一致。

大部地区降雹出现在午后到傍晚。据统计，85%的冰雹发生在12—19时（北京时，下同）之间，60%以上冰雹更集中于13—16时，夜间23时到次日08时出现冰雹的机会较少，03—08时之间发生冰雹的机会罕见。由于内蒙古地域辽阔，地形、地表状况差异很大，因此各地冰雹日变化特点也不尽相同。阿拉善盟及内蒙古高原北部少雹地区一般连续降雹仅1天，且1天只出现1次降雹，而全区大部地区连续降雹多为2～3天，而在稳定的高空冷涡系统影响下，降雹有时可持续4～5天，且1天内会出现2～4次降雹。

二、冰雹灾害的影响

冰雹灾害影响的主要对象是农牧业生产及其他行业，特别对农业生产危害最大。冰雹主要是对农作物、果木、蔬菜的枝叶、茎秆、果实产生机械损伤，破坏其正常生长机能或打落果实，造成减产甚至绝收，在牧区破坏牧草。冰雹灾害较重时，还可造成人畜伤亡，损坏房屋、农业地膜、暖棚及其他工程设施，给国防、电讯、交通运输等带来不利影响。冰雹危害程度不同，受影响对象受灾害症状也不同。当冰雹危害较轻时，仅农作物受到影响，受害症状表现为农作物叶片轻度伤残，较易复生，基本不影响产量。随着冰雹危害加重，不仅农作物受到影响，其他行业也开始受到影响，表现为农作物茎叶机械损伤轻重，部分籽粒脱落，较难复生，影响产量，农业地膜、暖棚轻度受损，林木、牧草受到轻微影响，偶尔出现人畜受伤现象。当冰雹灾害最重时，农作物上部分机械损伤严重，茎叶折断，果实和籽粒脱落，生长不能恢复，产量受到严重影响甚至绝收，林木、牧草受损，损坏农业地膜和暖棚及部分建筑物，出现人畜伤亡。

三、冰雹灾害的危害

1988年汛期多雷暴和强对流天气，雷雨中常伴有冰雹，全区共发生冰雹196站次，尤以偏南部地区雹灾较重。主要降雹天气过程及影响地区见表1-2-5。

表1-2-5　1988年主要降雹天气过程

时间	地点	灾　情	危害及损失
5月21日	包头市郊区、土默特右旗	降雹	伤2人，成灾1万公顷
5月25日	鄂尔多斯市乌审旗	降雹15分钟，最大直径6厘米	受灾面积45公顷，打死牲畜52只
5月31日	兴安盟扎赉特旗等五旗市	直径2～5厘米	受灾农田2.1万公顷
6月22日	鄂尔多斯市乌审旗、东胜区	降雹8分钟，最大直径10厘米	受灾农田1400公顷
6月24日	乌兰察布市凉城县、察哈尔右翼前旗	暴雨伴随冰雹，持续40分钟，雹径4.2厘米	死亡2人，受灾农田1.7万公顷、成灾1.1万公顷
6月26日	鄂尔多斯市乌审旗	暴雨伴随冰雹，持续40分钟，雹径0.8厘米	伤30多人，打死牲畜300头（只）、伤9万头（只）
7月2日	呼和浩特市清水河县	雹径4厘米，持续30多分钟	成灾农田400公顷
7月11日	通辽市科尔沁左翼中旗	陆龙卷伴随冰雹，风力10级、雹径3～12厘米	伤72人，受灾农田6860公顷、绝收3860公顷，经济损失470万元
7月12日	乌兰察布市商都县	暴雨伴随冰雹，持续10分钟、雹径2厘米	死亡2人，成灾农亩8460公顷
7月13日	通辽市扎鲁特旗	8级大风，直径5厘米、降雹30分钟	死亡1人，伤3人，农田绝收860公顷
7月14日	阿拉善盟阿拉善左旗、鄂尔多斯市乌审旗	持续21分钟，最大直径2.5厘米	受灾农田1330公顷
7月15日	乌兰察布市化德县	持续50分钟，最大直径3.8厘米	成灾农田800公顷
7月16日	赤峰市郊区	雹径2厘米，历时20分钟	受灾农田2000公顷，绝收670公顷
7月20日	锡林郭勒盟锡林浩特市	历时25分钟，最大直径1.5厘米	经济损失160万元

表1-2-5续

时间	地点	灾情	危害及损失
7月24日	锡林郭勒盟太仆寺旗	暴雨伴随冰雹、最大直径3厘米	死亡1人，受灾农田1330公顷
8月20日	赤峰市克什克腾旗	雹径4厘米，历时30分钟	受灾农田670公顷
9月6日	通辽市库伦旗	雹径6厘米，历时30分钟	受灾农田2460公顷，绝收330公顷
9月12日	赤峰市敖汉旗	暴雨伴随冰雹	成灾1.7万公顷，绝收5800公顷

1990年6月及8月前期雷雨天气多伴有冰雹，乌兰察布市雹灾较重。主要降雹天气及影响见表1-2-6。

表1-2-6 1990年主要降雹天气过程

时间	地点	灾情	危害及影响
4月17日	鄂尔多斯市乌审旗	历时2小时23分钟，最大直径1.6厘米	受灾草场3万公顷、树10万株
5月29日	通辽市奈曼旗	雷阵雨伴随冰雹，直径2.0厘米	受灾农田1200公顷，草场330公顷
5月30日	巴彦淖尔市乌拉特前旗	历时18分钟，最大直径1.0厘米	成灾农田190公顷，直接经济损失63万元
6月12、13日	赤峰市敖汉旗	暴雨伴随冰雹、直径1.5厘米	受灾面积1.1万公顷，成灾面积4800公顷
6月22日	赤峰市敖汉旗	雷雨伴随冰雹，历时15分钟，直径0.8厘米	受灾面积7330公顷，成灾面积2670公顷
6月26日	兴和县、察哈尔右翼中旗武川县、察哈尔右翼后旗、丰镇县（今丰镇市）	暴雨伴随冰雹、直径2.0～4.0厘米、历时30分钟	伤32人，成灾面积6670公顷，绝收2000公顷，死亡牲畜300多只
7月1日	赤峰市克什克腾旗	大雨伴随冰雹、历时1小时，直径1.5厘米	受灾面积1.0万公顷，绝收3730公顷
7月17日	通辽市库伦旗	大雨伴随冰雹，历时20分钟	受灾面积1.3万公顷，经济损失6620万元
8月14日	赤峰市	暴雨伴随冰雹，历时30分钟	重伤2人，受灾面积3930公顷，绝收1840公顷
8月14日	赤峰市喀喇沁旗	直径3.0厘米	受灾面积1.0万公顷
8月21日	兴和县、武川县、察哈尔右翼后旗	历时20分钟，直径1.5厘米	受灾1800公顷，损失粮食8万千克，经济损失58万元
8月23日	锡林郭勒盟正镶白旗	历时30～40分钟，最大直径3.0厘米	减产粮食75万千克，经济损失250万元
8月31日	鄂尔多斯市鄂托克旗		受灾100公顷，损失油料2.5万千克，粮食2.2万千克，经济损失4万元。

表1-2-6续

时间	地点	灾情	危害及影响
9月3日	锡林郭勒盟多伦县		受灾面积500公顷，直接经济损失10万元
9月5日	赤峰市林西县	历时30分钟	受灾2.4万公顷，成灾2万公顷，绝收1.5万公顷
9月22日	鄂尔多斯市乌审旗		90公顷农田、7330草场、1.1万头（只）牲畜受灾

1995年夏季多强雷雨活动，常伴有冰雹，特别是6月，在夏至前后10多天的时间内，全区有20多个旗县降雹，雹粒一般为黄豆大，危害较轻，但少数降雹过程雹粒较大，危害严重。

6月10日，呼伦贝尔市扎兰屯降雹50分钟，4个乡镇、1个农场、12个村遭受冰雹袭击，成灾面积2260公顷，绝产1090公顷。

6月11日，呼伦贝尔市登特斗乡冰雹持续10分钟，3000公顷农田受灾，绝产1530公顷。雹灾过后，400公顷大豆发生根腐病，其中3～5成毁种。

6月15日，锡林郭勒盟多伦县大仓乡和城关镇，193公顷农田受雹砸和洪水冲淹，其中大仓乡受灾面积140公顷，城关镇受灾面积53公顷。

6月20日，呼伦贝尔市满洲里出现大风和冰雹，大风达9级，冰雹直径3厘米，持续1小时，积雹厚度8厘米，毁坏温室大棚20座，蔬菜22公顷，冲毁机井3眼，围栏1200米。

6月21日，呼伦贝尔市阿荣旗降雹1小时，冰雹直径6厘米，积雹24厘米厚，受灾面积6640公顷，成灾6150公顷，绝产4530公顷。冲毁水利工程多处，桥涵9座，民房倒塌32间，冲毁乡间公路800米。

6月30日，呼和浩特市清水河县降雹，最大直径4厘米，地面积雹2厘米，受灾绝收4630公顷，受灾村镇40个，受灾人口5.4万，打伤5人，打死牲畜150多头，经济损失4000多万元。

6月30日—7月1日，乌兰察布市凉城县2次降雹，地面积雹10厘米以上，8个乡的36个行政村、6000公顷农田受灾，绝收1530公顷。

7月1日，通辽市库伦旗机子河镇遭冰雹袭击，冰雹最大直径1.5厘米，历时20分钟，地面积雹5厘米，农田受损。

7月9日，锡林郭勒盟多伦县西平沟乡部分村降雹11分钟，积雹厚度达15厘米，受灾面积1330公顷，绝收面积910公顷。

8月4日，包头市达尔罕茂明安联合旗降雹，普遍大如鸽蛋，最大有拳头大，平地积雹10～20厘米。雹灾波及9个乡，84个自然村，受灾面积8000公顷，其中绝收5460公顷。

8月24日，包头市土默特右旗沟门乡、海子乡、吴坝乡等地遭雹灾，全旗受灾面积4000多公顷。

1998年夏季东部地区及中西部局部地区强对流天气较多，冰雹出现较频繁，大部雹粒较小，但也有重灾发生。

6月9日，通辽市库伦旗、科尔沁左翼中旗、奈曼旗等地部分苏木乡镇遭受了冰雹袭击，降雹时间长达20～40分钟，冰雹最大直径1厘米，地面积雹厚度达10厘米左右。通辽市7个旗县遭冰雹袭击，全市作物受灾面积4.3万公顷，成灾面积2.6万公顷，因灾毁种1.1万公顷。

6月29日，包头市土默特右旗3个乡25个村遭冰雹袭击，约6670公顷作物受灾，绝收2560公顷。乌兰察布市及巴彦淖尔市的部分旗县也遭受雹灾影响，局部地区作物绝收。

6月17—26日，赤峰市松山区、红山区遭冰雹袭击，受灾农田2000多公顷。

6月29日，赤峰市阿鲁科尔沁旗和敖汉旗分别遭受冰雹袭击，受灾农作物2060公顷。

7月1—4日，赤峰市巴林左旗、巴林右旗、松山区及喀喇沁旗遭受洪水和冰雹灾害，受灾农田1.4

公顷，死亡牲畜2000余头（只）。

7月6—7日、9—10日，赤峰市巴林右旗两次遭受洪水、冰雹、大风袭击，受灾农田290公顷，死亡牲畜110头。

8月18日，赤峰市元宝山区、松山区、喀喇沁旗遭雹灾，受灾农田1.1万公顷。

8月25日，敖汉旗有8个乡遭冰雹袭击，受灾农田8600公顷，其中绝收2600公顷。

2004年6月全区大部地区多次出现分布不均的雷阵雨，局部地区伴有短时的雷雨、大风、冰雹等强对流天气。鄂尔多斯市鄂托克前旗、杭锦旗、东胜区、伊金霍洛旗、乌审旗、准格尔旗，巴彦淖尔市部分旗县、赤峰市部分地区、乌兰察布市、呼和浩特市、锡林郭勒盟、兴安盟等地相继遭到冰雹、雷暴的袭击，经济损失严重。7月，赤峰市、呼和浩特市、乌兰察布市、呼伦贝尔市、锡林郭勒盟、包头市、通辽市等地也出现雹灾。8月，阿拉善盟、巴彦淖尔市、赤峰市、呼伦贝尔市、锡林郭勒盟、鄂尔多斯市、包头市、乌兰察布市等地出现冰雹。其中8月18日鄂尔多斯市鄂托克前旗境内三段地出现冰雹最大直径5厘米，地面平均积雹厚度15厘米，最厚堆积厚度34厘米，持续时间近1小时，灾区损失严重。

第七节 霜 冻

霜冻是指在春秋农作物生长季节，由于温度骤降至0℃以下，使农作物受冻死亡，霜冻危害的实质是低温对农作物的冻害。当近地面层水分充足时，受0℃以下低温作用凝结成白色冰晶附着于地面或叶面上，称为"白霜"；若近地面层水分不足，虽有0℃以下低温作用，亦不能形成冰晶附着于地面或叶面上则称为"黑霜"。一般来说，当地面最低温度降到0℃或以下时，大多数农作物就会遭受冻害，以空气最低温度≤2℃（相当于地面最低温度0℃）定为轻霜冻，最低气温≤0℃（相当于地面最低温度零下2℃）定为重霜冻。

根据霜冻发生的季节不同，可分为春霜冻（终霜冻）、秋霜冻（初霜冻）。根据霜冻形成的天气条件，又分为平流霜冻、辐射霜冻和平流辐射型霜冻三种类型。

一、霜冻灾害的主要特征

内蒙古霜冻（轻霜冻）开始和终止时间因地形、海拔高度和所处纬度的不同而不尽相同，一般来说，海拔越高、纬度越高，地形越低，初霜期越早，终霜期越晚，反之则相反。

对近50年霜冻的分析表明，遭受终霜冻危害次数较多的地区是呼伦贝尔市岭东地区、兴安盟岭东南地区、乌兰察布市前山地区、呼和浩特市、包头市、巴彦淖尔市河套地区，其中呼伦贝尔市岭东地区、乌兰察布市前山地区最多。锡林郭勒盟南部和乌兰察布市后山地区虽终霜冻偏晚或特晚年份较多，但该地区以种植耐旱作物为主，终霜冻危害不大。遭受终霜冻危害次数较少的地区是通辽市和赤峰市。遭受初霜冻危害次数较多的地区是锡林郭勒盟南部地区、乌兰察布市、呼伦贝尔市岭东地区及兴安盟岭东南地区，其中锡林郭勒盟南部和乌兰察布市后山地区初霜冻偏早年份出现最多。呼和浩特市、包头市初霜冻偏早或特早年份次之。遭受初霜冻危害次数较少的地区是通辽市、赤峰市及鄂尔多斯市东部地区。

二、霜冻灾害的影响

1. 危害作物生长

终霜冻主要危害小麦拔节，玉米、高粱、糜黍、荞麦、胡麻、蔬菜等作物的幼苗，果树的花芽。初霜冻主要危害玉米、高粱、谷子、糜子、荞麦、莜麦、马铃薯的成熟，从而造成减产或品质降低，有时甚至颗粒无收。

2. 初霜冻造成的危害大于终霜冻

终霜冻出现在晚春—初夏之间，大田作物多处在幼苗期，抗寒能力相对较强，并且遭受终霜冻后还可以通过补种、改种等措施挽回部分损失。而初霜冻的发生，正值农作物生长进入乳熟阶段，这时农作物耐寒能力较弱，一旦遭受冻害就无法挽回，并且初霜冻出现越早，减产越大。

3. 平流霜冻危害严重

春秋季节冷空气活动频繁，入侵的冷空气使地面温度迅速下降到 0 ℃ 或以下，易造成严重的霜冻，相比辐射霜冻、平流霜冻，是内蒙古春秋季节发生最多、危害最严重的霜冻。

4."黑霜"危害严重

内蒙古属大陆性气候，空气干燥、湿度小，特别是春秋季节降水少、湿度更小，"黑霜"出现比率比"白霜"大，危害也比"白霜"程度严重，特别是西部干旱、半干旱地区更为突出。

5.霜冻越强受害越重

霜冻强度越大，气温越低，作物受害也越大；霜冻持续时间越长，低温持续越久，作物受害也越重。

6.霜冻的发生与其他条件有关

霜冻发生的强度和持续时间与地形、土壤、植被、农业技术措施及作物本身等条件密切相关。就地形影响来说，霜冻灾害在洼地、谷地、小盆地和林中空地出现多于和重于邻近开阔地。

三、霜冻灾害的危害

1995 年春霜结束晚，秋霜降临早，霜冻危害严重。5 月冷空气活动频繁，大部气温比常年偏低 1～5 ℃，致使终霜结束偏晚 3～5 天，但由于干旱，大部地区播种推迟，春霜未对作物造成严重影响。然而，9 月中旬初，大部地区遭强冷空气侵袭，10—14 日中东部大部地区的日最低气温先后降至 0 ℃ 以下，连续数日出现强霜冻，东部农区的初霜日比常年偏早 10～15 天，属异常早霜年，喜温作物和晚播作物全部遭受冻害。赤峰市受冻面积之广，损失之严重，为历史罕见，全市受冻农田达 60 多万公顷，其中绝收近 20 万公顷，波及 200 多个乡、镇、苏木，粮食减产 7.5 亿千克。巴林左旗是霜冻灾害最严重的地区，十三敖包以北各乡、镇、苏木，农作物 90% 被冻死。乌兰察布市遭受冻害的农作物面积 48 万公顷，减产 5～8 成的 17.3 万公顷，绝收 1.4 万公顷，粮食减产 3.5 亿千克。兴安盟遭受早霜冻危害的农作物 8.4 万公顷，减产粮食 1 亿千克。其余各盟市也都程度不同地遭受到这次强霜冻的危害，造成粮食大幅度减产。

1998 年 5 月下旬受强冷空气影响，中西部地区及呼伦贝尔市出现晚霜冻。5 月 28 日，阿拉善盟、巴彦淖尔市、鄂尔多斯市、乌兰察布市、呼和浩特市、包头市普遍出现霜冻，比常年终霜期偏晚 7～10 天，造成了较大影响，一些地区的作物需要毁种。5 月 28 日，阿拉善盟查哈尔乡农田受霜冻影响，灾情严重，哈尔苏木 6 个嘎查受灾，其中 170 公顷绝收。巴彦淖尔市 5 月 28 日气温骤降，地面最低温度降至 −1.1～0.9 ℃，全市农作物损失惨重，仅五原县、临河区就有 40 个乡镇、247 个村受灾，其中受灾 3 成以上的农田为 2 万多公顷，直接经济损失高达 1 亿多元。呼和浩特市、包头市部分地区作物幼芽及幼苗受冻，包头市全市受灾面积 515 公顷。乌兰察布市 5 月下旬出现两次霜冻，且强度较大，持续时间较长，危害比较严重，尤其是乌兰察布市西部、北部，受冻害的作物以豆类最为严重，部分彻底冻死，其次是玉米，大部分玉米茎叶受到严重伤害。呼伦贝尔市扎兰屯市受晚霜影响的有 15 个乡，成灾 2.7 万多公顷。阿荣旗受灾 13 个镇，莫力达瓦达斡尔族自治旗受灾 7 个乡镇，成灾 6670 公顷。赤峰市北部旗县先后 3 次遭受晚霜冻害影响，受灾作物达 2.7 万公顷。

2004 年 4 月下旬受较强冷空气影响，全区出现了三次较为明显降温天气过程，降温幅度较大。旬初和旬中西部大部地区、赤峰市西部 24 小时气温分别下降了 8～14 ℃，个别地区降温达 17 ℃；旬末全区再次出现降温天气过程，呼伦贝尔市北部、锡林郭勒盟西部和北部、巴彦淖尔市、包头市北部 24 小时降温 8～12 ℃，个别地区降温达 13 ℃。鄂尔多斯市大部、巴彦淖尔市北部、包头市、呼和浩特市北部、乌兰察布市大部、锡林郭勒盟北部 5 月初及中旬出现霜冻，特别是 16 日 05 时极端最低气温降至 2～0 ℃，出现轻霜冻，北部一些地区还出现了冰冻。这次霜冻过程主要对鄂尔多斯市、乌兰察布市、包头市地区玉米出苗和苗期生长有较明显影响。5 月 3 日、16 日巴彦淖尔市两次出现霜冻，临河区地面最低温度降至 −5.5 ℃，一夜之间所有已出苗的农作物遭受不同程度的冻灾，特别是葵花、番茄、瓜类作物几乎全部冻死，小麦、玉米不同程度受到冻害。5 月 15 日夜间—16 日凌晨，包头市发生霜冻，其中达尔罕茂明安联合旗灾情涉及 6 个乡（镇），受灾面积 1.25 万亩，重灾 0.3 万亩，轻灾 0.95 万亩，受冻作物小麦 1.2 万亩，油葵 0.05 万亩。固阳县灾情涉及 9 个乡（镇），受灾面积 14 万亩，重灾 3.5 万亩，轻灾 10.5 万亩，受冻作物：小麦 10 万亩，玉米 1.0 万亩，油葵 1.0 万亩，油葵籽 2.0 万亩。同时鄂尔多斯市大部地区出现霜冻，全市 8 个旗区、65 个乡、镇、苏木遭受冻害，受灾农作物面积 64.94 万亩，造成直接经济损失 1.16 亿元。5 月 18—19 日，呼伦贝尔市农区出现霜冻，气温下降 10 ℃ 以上，由于气温偏低，光照不足，对春播作物出苗产生不利影响。9 月中旬后期，内蒙古中、西部大部地区出现霜冻，较常年偏早，部分地区出现重度霜冻，乌兰察布市察右中旗受中度霜冻危害，受灾面积 2 万亩。

2006 年 5 月上旬末冷空气势力强，中西部地区气温急骤下降，旬极端最低气温中部偏北地区为 −10～0 ℃。进入 5 月中旬，冷空气活动频繁，气温起伏较大，旬极端最低气温东北部地区为 −10～0 ℃，其余地区为 −2～7 ℃，中西部大部地区平均气温比历年偏低 1 ℃，这次强降温给牧区牲畜放牧、农田备耕、人们正常生活带来严重影响。9 月 7—9 日大部分地区相继出现严重霜冻灾害，部分地区出现冰冻，此次霜冻为近二十年最早的一次，比历年平均值偏早 2～22 天，其特点为灾害重、范围大，损失惨重。9 月 7—8 日呼伦贝尔市鄂伦春自治旗各乡镇均遭受不同程度的严重霜冻，受灾面积达 8.7 万公顷，减产 50%～60% 面积 2.4 万公顷，造成直接经济损失 1.8 亿元。9 日扎兰屯市区地面最低温度降至 −1.2 ℃，普遍出现霜冻，局部低洼地段霜冻较重。兴安盟科尔沁右翼中旗 4 个乡镇出现霜冻，同时伴有降雪，玉米、大豆被冻死，大面积的油菜叶片脱落，经济损失达 4356 万元。乌兰察布市卓资县出现霜冻、结冰，形成了严重的低温冻害，全县约 2.3 万公顷作物受灾，造成经济损失 7000 万元。鄂尔多斯市鄂托克前旗普遍遭受了较为严重的霜冻灾害，农作物受灾面积 13279 公顷，普遍减产 3～4 成，直接经济损失 4900 多万元。赤峰市宁城县 13 个乡镇出现霜冻，其中受灾严重为黑河镇和王化乡，受灾面积 2.7 万公顷。

第八节　干 热 风

干热风是小麦开花灌浆期的一种特殊灾害性天气。这种灾害是由于高温、低湿并伴有一定风力三种气象因子综合作用，构成对小麦灌浆的环境胁迫，使灌浆过程受阻，籽粒早衰，千粒重下降，造成较大幅度减产。

一、干热风的气象指标

日最高气温 ≥32 ℃，14 时相对湿度 ≤30%，风速 ≥2 米/秒，为春小麦干热风轻型指标；日最高气温 ≥34 ℃，14 时相对湿度 ≤25%，风速 ≥3 米/秒，为重型干热风指标。

1. 干热风天气过程指标

重过程：连续出现 ≥2 天重干热风日，或两个重干热风日间隔一天，为一次重干热风过程。

轻过程：①除重干热风过程包括的轻干热风日以外，凡连续出现 ≥2 天轻干热风日，为一次轻干热风过程。②连续两天一重、一轻干热风日，或出现一天重干热风日，也为一次轻干热风过程。

2. 干热风年型

（1）重年型

一年中有两次重干热风过程，或一轻一重，或四次以上轻过程，或一次过程中，重干热风日连续大于 4 天，或轻干热风日连续多于 7 天，为重干热风年型。

（2）轻年型

一年内有两次以上轻干热风过程，或轻干热风日连续 4 天以上；或一年内有一次重干热风过程，为轻干热风年型。

二、干热风灾害的主要特征

1. 干热风的成因

内蒙古干热风形成的天气系统，主要是从中亚地区东移过来的高压脊，在青藏高原和西北地区得到发展和加强。其次是青藏高原原地有暖高压脊发展北挺。受高压脊影响的地区，中、低层气柱维持下沉气流，天气晴朗，且不断有暖平流输送，导致干热风天气的形成。在多数情况下，干热风是由上述两类过程的叠加而形成的。其发生可以概括为三种环流形式。

(1) 乌拉尔山高脊型

初夏，乌拉尔山出现暖高压脊，极地或新地岛冷空气中心偏北，极涡不断分裂，小股冷空气沿脊前西北气流向南传递，但主力偏北，使在新疆东部的暖脊发展，东移控制河套地区，3000米以下形成暖涡及地面倒槽，5000米维持偏西气流，并有暖温度脊配合。地面吹西南风或南风，形成西部地区干热风。

(2) 蒙古暖脊型

亚洲东部庞大的暖脊中心在蒙古周围，东亚形成两槽一脊，东南的槽强于西面的槽。这种形式使蒙古出现一个暖中心，暖平流较强，地面形成低压与倒槽。由于西风带上的小槽较弱，并沿西南气流北滑，不断变性故形成高空峰区偏北，而近地面下沉增温，干热少云，构成内蒙古西部干热风天气。

(3) 蒙古至贝加尔湖高压坝型

从酒泉、哈密一带经蒙古中部至贝加尔湖为一较强的冷高压控制。这种高压坝呈稳定状态，而且范围大，可控制黄土高原、蒙古、贝加尔湖，并在暖温度脊控制之下，南北跨度可达20个纬距。暖中心移动缓慢，其轴线逐渐向东倾斜，受此类形式控制，盛行下沉气流。

以上3种类型天气形式的共同特点是：河套西北侧有小高压并有强暖中心与它配合，所以控制地区多干燥少云的天气。夏季由于青藏高原接收强烈的太阳辐射，形成大热源，当5000米左右的西风带气流移到帕米尔高原时，南北分支，北支气流绕行柴达木盆地以北，形成反气流环流后，在热源的暖空气支配下，反气旋发展并东移，从高原南端过来的一支气流，往往和西伸的副热带高压配合，使西南气流北上，造成对流层中低层的西南暖流涡与西北暖涡结合，形成浅薄暖性大低压。地面图上呈倒槽形式，因为没有冷空气补充，则无明显锋面天气，而形成西低东高或南高北低的气压场，使河套、土默川处于高压后部，刮西南或东南风。尤其高压北部的小气旋与副高合并，向北或向东北形成高压坝时，偏南风维持时间更长，是形成干热风的天气学条件。

内蒙古西部河套及土默川地区，处于阴山南麓，下垫面多沙质土壤，在偏南上来的暖空气控制下，空气干燥。加上下沉增温，最高气温可达26~38℃，即使有弱冷空气从北部爬山南下，往往也下沉增温变性，形成干热风，袭击正在灌浆的小麦。

2. 干热风的气候分区

以干热风年平均日数、过程次数为主要指标，以干热风年型概率为辅助指标划分干热风气候区域，内蒙古小麦种植区干热风划分为以下4个区。

(1) 干热风危害重区

包括河套平原的磴口县、达拉特旗、准格尔旗及包头市、呼和浩特市托克托县等地。干热风年平均日数为4.3~5.2天，过程持续日数2~4天，最长日数为10天，年平均干热风过程次数1.3~1.5次，在10年中干热风发生的概率为5.0~6.0次。

(2) 干热风危害次重区

包括河套平原的临河区一带，嫩江西平原的扎赉特旗，西辽河平原的阿鲁科尔沁旗、开鲁县、奈曼旗、老哈河、西拉木伦河流域的赤峰市巴林左旗、松山区、敖汉旗、宁城县等地。干热风年平均日数2.5~3.5天，过程持续日数为2~3天，年平均干热风过程次数0.7~1.0次，10年发生概率为3.0~3.5次。

(3) 轻干热风区

包括嫩江西平原的乌兰浩特市、突泉县，西辽河平原的科尔沁区、扎鲁特旗、科尔沁左翼中旗、库伦旗、老哈河、西拉木伦河流域的喀喇沁旗、翁牛特旗，河套、土默川平原的杭锦后旗、五原县、乌拉特前旗、土默特右旗、土默特左旗、和林格尔县、清水河县等地。干热风年平均日数1.2~2.0天，干热风过程的持续时间为2~3天，最长6天，年平均干热风过程次数0.5~0.6次，10年中干热风发生概率1~2次。

(4) 无干热风区

包括轻干热风危害区外围，大兴安岭西麓，阴山以北丘陵山区等春小麦种植区，基本不受干热风危害。

3. 干热风的时空分布特征

干热风的时间分布呈东部出现晚，西部出现早的趋势，发生时段集中在小麦抽穗后到乳熟前，一般在6月初到7月20日。干热风的地理分布可分为东西两片，中部地区基本无干热风。西部地区的河套平原，东部地区的西拉木伦河、老哈河流域危害较重，西辽河平原和嫩江西平原干热风危害较轻。干热风的垂直分布特点是：海拔1100米以下有干热风危害，海拔1200米以上的地区无干热风危害。干热风发生的概率，河套平原轻干热风年30%，重干热风年28%，发生概率为58%；土默川平原轻干热风年为28%，重干热风年6%，发生概率为34%；老哈河流域轻干热风年占16%，重干热风年占12%，发生概率为28%；西辽河平原轻干热风年占16%，重干热风年占10%，发生概率26%；嫩江西平原轻干热风年10%，重干热风年6%，发生概率16%。

三、干热风灾害的影响

干热风天气对小麦造成的影响主要表现在：使小麦植株蒸腾量加大，水分平衡失调，根系活力减弱，光合强度降低，叶绿素含量减少，严重影响有机物质的制造、运输和积累。在开花期遇干热风天气，可使花药破裂，不能进行正常授粉，不实小穗数增多；灌浆乳熟期遇干热风天气，籽粒形成和灌浆过程加速，水分散失过快，干物质的积累提早结束，造成籽粒瘦秕，产量降低；黄熟期遇干热风天气，会使小麦出现"早熟"而减产。由于干热风造成的减产不易察觉，故农民称之为"哑巴灾"。

内蒙古受干热风威胁的区域占小麦播种面积27%左右，而且多发生在小麦高产区之内，每年都有不同程度的发生，一般年份减产量5%～15%，严重年份可达20%。在遭受较大范围干热风危害的年份，可使小麦减产2000万～3000万千克，约占小麦总产的18%～20%，是一种不可忽视的灾害。

四、干热风灾害的危害

1992年河套平原、土默川平原遭受到大范围干热风危害，其中乌拉特前旗、包头市和呼和浩特市地区为重度发生年；巴彦淖尔市临河区、五原县、磴口县、鄂尔多斯市达拉特旗，呼和浩特市托克托县、土默特左旗等地为干热风轻度发生年。7月2—7日巴彦淖尔市乌拉特前旗、包头市和呼和浩特市出现重干热风天气过程，土默特左旗出现轻干热风过程，该过程持续6天，且正值小麦灌浆关键期，影响较大，在此过程中其他地区如巴彦淖尔市磴口县、鄂尔多斯市达拉特旗（4—7日）、巴彦淖尔市临河区（3—4日）、五原县（2—4日）和呼和浩特市托克托县（1—2日）均出现轻干热风过程。7月17—19日磴口县出现一次重过干热风过程。鄂尔多斯市达拉特旗在7月2日，呼和浩特市托克托县在7月7日分别出现重干热风日。

1997年是河套平原和土默川平原干热风发生特别严重的年份。巴彦淖尔市临河区、五原县、乌拉特前旗、磴口县、包头市和呼和浩特市受到重干热风危害。5月5—14日临河区、磴口县出现了连续10天的干热风天气过程，其中临河区为重干热风过程（5月10—11日为重干热风日）；6月20—24日五原县、乌拉特前旗、磴口县、包头市和呼和浩特市出现重干热风天气过程，呼和浩特市托克托县连续4天最高气温达到35.2℃，14时相对湿度19%，风速3.3米/秒。乌拉特前旗除了7月8—12日和20—22日出现两次重干热风过程外，6月25—26和7月5—6日还出现了两次轻干热风过程，6月22日和7月14日出现了两次重干热风日。呼和浩特市7月12—13日、7月16日观测到重干热风日。通辽市7月18日出现重干热风日。本年度小麦灌浆期河套和土默川地区持续高温低湿，干热风频繁出现，不仅持续时间长，而且程度重，严重影响了小麦灌浆，使小麦普遍比往年提前5～10天成熟，灌浆期缩短，导致了千粒重下降，如临河区小麦千粒重比上年下降12.8克。

1999年6月上旬和下旬河套平原和土默川地区受到较大范围的干热风危害，7月上中旬个别地区出现干热风天气。巴彦淖尔市磴口县6月25—29日出现干热风过程，持续5天，7月15—16日又出现1次轻干热风过程。6月25—28日巴彦淖尔市五原县、呼和浩特市也出现重干热风过程。6月26日和28日呼和浩特市托克托县出现了两次重干热风日。6月26日赤峰市翁牛特旗观测到重干热风日。由于干热风出现时间集中在灌浆前、后期的次数较多，灌浆中期仅1次左右，所以对小麦产量威胁不大。

2000年干热风十分严重，涉及区域广，发生程度重。河套平原、土默川平原、老哈河、西拉木伦河及西辽河流域均有发生，其中巴彦淖尔市临河区、乌拉特前旗、包头市、呼和浩特市托克托县、土默特左旗、赤峰市红山区和通辽市奈曼旗等地属重干热风发生年份。河套和土默川平原地区6月30日至7月2日出现了大范围的干热风天气过程，其中乌拉特前旗、包头市为重干热风过程，乌拉特前旗平均最高气温35.5℃，相对湿度18%，风速达8.5米/秒，其余地区为轻干热风过程。7月13—14日托克托县、土默特左旗、包头市等地出现重干热风天气，临河区7月16日出现一次重干热风日。赤峰市红山区7月13—15日出现1次重干热风天气过程，该过程平均最高温度达39.2℃，相对湿度22%，风速为3.0米/秒；7月1日和3日发生两个重干热风日。通辽市奈曼旗6月18—19日和7月9—14日出现两次重干热风天气过程，后一次持续6天，且正值小麦灌浆中期，对产量影响特别大。赤峰市翁牛特旗7月2日出现一次重干热风日。

第九节 低温冷害

低温冷害是指在农作物整个生育期或某个生育期气温低于作物所需的临界温度使作物受到直接或间接伤害，造成生育期延迟或生理障碍而减产的一种灾害。由于冷害是在气温0℃以上，有时甚至是在接近20℃的条件下发生的，作物受害后，外观无明显变化。

低温冷害年等级划分指标为：一般低温冷害年，≥10℃积温距平在−100~200℃，且5—9月平均气温距平和＞−3℃；严重低温冷害年，≥10℃积温距平≤−200℃·天，且5—9月平均气温距平之和≤−3℃。

一、低温冷害的主要特征

1. 低温冷害的成因

一是低温是造成灾害的最重要因素，而低温常伴的连阴雨、寡照、干旱等起到加重危害的作用。二是为追求高产，作物种类的选择、品种的搭配和播种期的安排不合理。三是极端气候变化频率增加，冷热不均。四是一些对热量条件要求更高的特种作物栽种范围扩大，使其受低温冷害的风险加大。

2. 低温冷害的特点

（1）准周期性

内蒙古低温冷害发生频率为37.5%，其中东部地区发生频率为31.2%，约3年发生一次；中西部地区发生频率为25%，约4年发生一次。严重低温冷害年东部地区发生频率为12.5%，约8年发生一次；中西部地区发生频率为9.4%，约11年发生一次。

（2）群发性

低温冷害有集中发生的倾向。1954—1962年发生6次低温冷害。其中1955—1959年连续4年，东、中、西部几乎年年有低温冷害，特别是东部地区1956年、1957年、1958连续3年发生低温冷害。5—9月气温有明显的冷暖期，在冷期发生低温冷害的概率大，暖期发生的概率小。

（3）区域性

低温冷害发生范围、程度都是东部比中西部严重，具有明显的区域性特点。

（4）持续性

低温冷害的发生是一个大尺度的天气现象，具有一定的持续性。

受气候变暖的影响，近些年大范围的严重低温冷害发生概率有所下降，但是区域性低温冷害发生频繁，加上中晚熟品种的种植盲目北移东扩、越区种植、特种作物栽种范围扩大等人为因素，使低温冷害对作物产量和品质的影响更加突出。

3. 低温冷害的类型

（1）前期低温型

5月、6月正值作物出苗和幼苗生长期，平均气温持续偏低，可形成苗期低温型。苗期低温降低了光合作用强度，影响植株生长。即使温度恢复后，仍有一定的低温后效作用。同时，低温下植株功能叶片的生长受到抑制，影响了植株总的有效叶面积，使光合生产率下降。

(2) 中期低温型

出苗至吐丝期，玉米、水稻、高粱等进入了生长发育的旺盛阶段，尤其进入拔节以后，气温的升高有利于株高、茎粗、叶面积和单位干物质重量的增加。平均气温低于23.9 ℃，玉米就会受到影响，低于23 ℃就会减产。玉米吐丝至成熟是产量形成的重要时期，仍需较高温度。从开始吐丝至吐丝后13天是籽粒缓慢增重时期，吐丝后14～45天是籽粒快速增重阶段，灌浆速度直线上升，46天后至成熟又转到籽粒缓慢增重阶段。因此吐丝至成熟期间气温变化，尤其气温偏低对玉米产量影响比播种至出苗期还要大。

4. 低温冷害的主要发生区域

内蒙古低温冷害的主要发生区域在东部地区，对玉米、水稻的危害较重。

二、低温冷害的影响

低温冷害在春、夏、秋季都可出现，影响的农作物有水稻、高粱、玉米、谷子、豆类、果树及蔬菜等。这种灾害从危害机制上可分为延迟型、障碍型和混合型三种类型。障碍型冷害是指作物在生殖器官发育期间遇到低温，使花器不能正常发育，导致受精不良，不能结实，这种冷害在内蒙古很少出现。延迟型冷害是指作物在整个生育期或某一个阶段遇到低温，造成生育时期后延，抽穗延迟，灌浆速度慢，不能及时成熟，植株遭受低温冷害而死。内蒙古主要是延迟型冷害。

低温冷害发生时常伴有连阴雨、寡照、干旱、霜冻等，起到加重危害的作用。包括：低温与多雨相伴，形成湿冷型灾害，对玉米、高粱作物危害最大，它的出现将延迟成熟，造成贪青减产；低温与干旱相伴，形成低温干旱型灾害，对大豆危害最大，对其他作物也有很大的影响；低温与秋季早霜相伴，形成低温早霜型灾害，使容易贪青晚熟的水稻、高粱、玉米遭受大幅度减产；低温与寡照相伴，形成阴冷型灾害，对喜温喜光作物影响最大。

三、低温冷害的危害

1989年东、中部的个别地区观测到低温冷害天气现象，扎兰屯市、突泉县、林西县和凉城县≥10 ℃积温距平在－110～180 ℃·天，5—9月平均气温距平和在－0.2～1.3 ℃，属一般冷害年，对农作物产量威胁不大。低温主要出现在6—7月和9月，各地6—7月气温距平和在－1.0～－2.2 ℃，9月气温较常年偏低1 ℃左右。8月是作物灌浆成熟的关键时期，由于此时气温正常或较常年偏高，为作物正常成熟创造了良好条件，尽管9月又遇低温，但对产量影响不大。

1992年作物生长季节大部分地区热量条件较差，气温普遍偏低，出现了较大范围的低温冷害天气，东、中部地区均有冷害发生，其中以兴安盟最为严重，为严重低温冷害年。呼伦贝尔市南部、通辽市、赤峰市北部、锡林郭勒盟和乌兰察布市南部等地区受害程度较轻，为一般冷害年。各代表站点的温度指标状况见表1-2-7。

表1-2-7 各代表站点温度指标状况

站名	≥10 ℃积温距平（℃·天）	5—9月平均气温距平和（℃）	冷害程度	站名	≥10 ℃积温距平（℃·天）	5—9月平均气温距平和（℃）	冷害程度
突泉	－219.4	－4.2	严重	巴林左旗	－174.4	－3.0	一般
乌兰浩特	－632.1	－2.3	一般	林西	－154.5	－3.5	一般
扎兰屯	－514.2	－0.6	一般	多伦	－341.2	－2.3	一般
扎鲁特	－160.0	－2.9	一般	化德	－285.2	－2.1	一般
开鲁	－149.7	－2.9	一般	凉城	－170.1	－1.3	一般
科尔沁	－160.2	－3.9	一般				

低温主要出现在中、后期。进入6月以后，由于阴雨天气较多，气温持续偏低，除了扎兰屯市、乌兰浩特市、凉城县在7月，多伦县在9月气温略高于正常年外，其余地区6—9月的平均气温均低于正常值，平均气温距平和为－3.0～5.1 ℃。特别是兴安盟、通辽市和赤峰市低温现象严重，且7月、8月两月降水明显偏少，降水距平百分率为－36%左右，表现为干冷型低温冷害。中部地区7月、8月两月降水较常年偏多43%，阴雨寡照造成作物生长中后期热量不足，形成湿冷型低温冷害。赤峰市北部6月上旬大部地区的旬平均气温比常年偏低4～5 ℃，而且出现连阴雨和持续降温过程，致使北部5旗县有近7000公顷农作物遭受到不同程度的低温冷害。

1995年是冷害较严重的一年，大部地区作物生长期间热量条件欠佳。赤峰市北部、通辽市、兴安盟南部、锡林郭勒盟、乌兰察布市南部、呼和浩特市和河套灌区出现程度不同的低温冷害天气，5—9月平均气温平均偏低1～2 ℃，≥10 ℃的积温距平较常年少100 ℃·天以上。赤峰市冷害最为严重，≥10 ℃积温距平达到－471.4 ℃·天，5—9月平均气温距平和为－3.8 ℃，且各月气温持续偏低，形成全期低温型冷害。同时，春季干旱严重，5—6月降水距平值为－24.3%，导致大田作物播种期推迟，干冷天气使作物发育迟缓。7—9月降水又较常年偏多30.8%，日照减少，湿冷天气使发育期严重推迟的作物雪上加霜，造成严重冷害。干旱、低温霜冻使赤峰市粮豆总产量比上年下降32%。除赤峰市较严重外，其余地区均较轻，≥10 ℃积温距平在－100～230 ℃·天之间，5—9月气温距平和－1～－2 ℃，各代表站温度状况见表1-2-8。低温主要出现在5月，中、东部地区平均气温普遍较常年偏低2 ℃左右，西部地区偏低1 ℃。9月中、西部气温偏低0.5～1 ℃，其余各月接近常年。东部地区作物生长季降水偏少，7—9月大兴安岭岭东一带（扎兰屯市、突泉县、开鲁县、乌兰浩特市、巴林左旗等地）降水偏少37.6%，5月、6月降水多寡不一。中西部地区作物生长前期（5月、6月）降水偏少30%左右，低温干旱使作物出苗生长缓慢。7—9月降水明显偏多，降水距平百分率达80%，日照时数较常年少27%左右，低温阴雨影响作物正常生长和成熟，延长了生长期，造成作物秋霜来临之前仍未成熟，影响了产量。

表1-2-8　各代表站低温冷害温度指标状况

站名	≥10 ℃积温距平（℃·天）	5—9月平均气温距平和（℃）	冷害程度	站名	≥10 ℃积温距平（℃·天）	5—9月平均气温距平和（℃）	冷害程度
红山	－471.4	－3.8	严重	多伦	－103.2	－2.0	一般
巴林左	－186.2	－1.1	一般	化德	－135.6	－1.8	一般
林西	－139.1	－2.2	一般	商都	－127.0	－1.0	一般
开鲁	－167.7	－1.1	一般	呼和浩特	－142.1	－0.5	一般
科尔沁	－196.4	－1.9	一般	临河	－213.3	－0.9	一般
突泉	－113.0	－1.0	一般	乌拉特前旗	－228.6	－0.9	一般

第十节　雷　　暴

雷暴是大气中的放电现象。雷暴灾害是世界上最严重的自然灾害之一，是"联合国国际减灾十年"（1990—2000年）公布的最严重的十种自然灾害之一。中国雷暴活动十分频繁，雷击损失严重。内蒙古也是雷暴灾害的重灾区，因雷击引发草原、森林火灾和城市雷暴灾害每年均有发生，并造成直接和间接的社会、经济和生态损失。

一、雷暴灾害的主要特征

1. 雷暴的成因

雷暴产生于雷雨云之中，雷雨云是发生雷暴的先决条件。雷雨云在气象学中称积雨云，它是对流云发生的成熟阶段。积雨云的云底高度一般较低，云浓而厚，云内对流旺盛。由于其发展极盛，有的云顶高度可达 20 千米左右，云内的对流运动和水滴的不断碰撞分裂，使积雨云通过起电机制积累起大量的空间电荷，在云内不同部位形成分离的正、负电荷中心，造成极高的场强。当云与云之间、云与地之间的电位差增大到一定数值时，就可产生火花放电，发生雷电，即产生雷暴。

雷暴过程产生强大闪电电流，不仅形成丰富的电磁辐射和强光辐射，而且在极短的时间内使闪电通路的空气突然剧烈增热，温度高达 15000～20000 ℃，因而造成空气急剧膨胀，通道附近的气压可增至 10～100 个大气压或以上，紧接着又发生空气迅速冷却，空气冷却收缩，压力减低，这一切都发生在千分之几秒的短暂时间内，产生强大的冲击波，以 5000 米/秒的速度向四面传播，影响地表物体。

2. 雷暴的破坏作用

（1）热效应

雷电放电通道温度很高，一般在 6000～20000 ℃甚至高达数万摄氏度。高温虽然维持时间只有几十微秒，但它碰到可燃物时，能迅速引燃起火。

（2）机械效应

雷电流的机械破坏作用很大，这是因为最大值可达 200～300 千安的雷电流温度很高，当它通过地面物体时，其内部水分受热急剧汽化，产生强大的机械力，使地表建筑物、构筑物等遭受破坏。

（3）雷电反应

建筑物、构筑物的防雷装置在接受雷击时，会产生很高的电位，当防雷装置与建筑物内部的电气设备、线路或其他金属管线的绝缘距离太小时，它们之间就会发生放电现象，即出现反击电压，破坏电气设备的绝缘性能，金属管被烧穿，甚至还能引起火灾爆炸和人身伤亡事故。

（4）雷电流的电磁效应

电磁感应是由于雷电流的迅速变化，在它的周围空间里，就会产生强大而变化的磁场，处于这一磁场中间的导体会感应出强大的电动势。电磁感应可以使闭合回路的金属物产生感应电流。如果回路间导体接触不良，就会产生局部发热，这对于存放可燃物品，尤其是易燃、易爆物品的建筑物是危险的。

（5）雷电流引起跨步电压

当雷电流经过雷击点或接地装置流散到周围土壤时，由于土壤有一定电阻，在其周围形成电位差。如果人畜经过，只要脚接触地面的电位不同，形成电位差，就会产生跨步电压而触电。

3. 雷暴的地域分布特征

内蒙古雷暴分布不均，以中部地区出现最多，其次是东部地区，西部地区雷暴出现最少。中部地区年雷暴日数一般在 30 天以上，部分年份超过 40 天。其中以乌兰察布市、锡林郭勒盟雷暴出现最多，也是内蒙古雷暴出现最频繁的盟市。东部地区年雷暴日数一般在 25～35 天，个别年份超过 40 天，其中赤峰市雷暴日数多于其他三盟市。西部地区以鄂尔多斯市雷暴出现最多，一般年份可达 30 天左右，巴彦淖尔市、乌海市年雷暴日在 20～30 天。阿拉善盟最少，年雷暴日普遍在 20 天以下，部分年份不足 10 天。

4. 雷暴的时间分布特征

1951—2007 年 57 年中，雷暴出现较多的年份有 5 年，分别为 1964 年、1973 年、1980 年、1982 年、1985 年，这 5 年中除阿拉善盟、巴彦淖尔市外，年雷暴日数普遍超过 30 天，有 30% 左右站在 40 天以上，部分站甚至超过 50 天。57 年中雷暴较少年份有 7 年，分别为 1966 年、1972 年、1979 年、1981 年、1989 年、1995 年、1997 年，这 7 年中，大部地区年雷暴日在 30 天以下，未出现或极少出现超过 40 天的站。

年最多雷暴日在 31 天（1952 年，包头市）～61 天（1982 年，察哈尔右翼前旗）。年最少雷暴日数在 1 天（1991 年、2000 年，阿拉善盟 4 个站）～22 天（1954 年，通辽市）。

各月雷暴日数以 7 月出现最多，中部地区部分年份月雷暴日数在 15 天以上，个别年份超过 20 天，其次是 6 月、8 两月。6—8 月的 3 个月雷暴日数占年雷暴总日数的 70% 以上。3 月、11 月雷暴出现较少。

雷暴初日主要出现在 4 月、5 月两月，其中以 5 月出现最多。最早雷暴初日出现在 3 月、4 月，其中最早年份为 3 月 7 日（1960 年，伊金霍洛旗、托克托县），最晚年份为 4 月 21 日（1993 年）。最晚雷暴初日最早年份为5月29日（1984年，额济纳旗），最晚年份为9月11日（1962年，乌审旗乌审召），最晚雷暴初日阿拉善盟出现最多。

雷暴终日主要出现在9月、10月，其中以9月出现最多。最早雷暴终日最早年份出现在5月21日（1953年，呼和浩特市），最晚年份出现在9月3日（1973年，鄂伦春自治旗小二沟）。最晚雷暴终日出现在10月、11月，最晚雷暴终日最早年份出现在10月6日（1953年，巴林左旗），最晚年份出现在11月23日（1966年，牙克石市）。

二、雷暴灾害的影响

1. 雷暴的影响方式

（1）直击雷

雷电直接击在地表建筑物和构筑物上，它的高电压、大电流产生的电效应、热效应和机械力会造成许多危害。直接雷击的机会不多，但危害极大。

（2）雷电感应

又称雷电的二次作用，即雷电流产生的静电感应和电磁感应，感应产生的电压、电流虽不如直击雷大，但也能造成很大危害。由于直击雷的机会不多，所以雷电的二次作用的危害不可低估，具体又分为：

静电感应：静电有两种，一种是摩擦生电；二是只要有带电体靠近，就会感应相反电荷，称静电感应。由于雷雨云的先导作用，闪电时强大的脉冲电流使云中电荷与地中和，从而引起静电场的强烈变化，使附近导体上感应出与先导通道符号相反的电荷。雷雨云放电时，先导通道中的电荷迅速中和，在导体上的感应电荷得到释放，如不就近泄入地中，就会产生很高的电位，造成火灾，损坏设备。

电磁感应：由于雷电流迅速变化，在其周围空气产生瞬变的强电磁场，使导体上感应出很高的电动势，产生强大的电磁感应和电磁辐射现象。闪电能辐射出从频率为几赫的极低频率直到几千兆赫的特高频率，其中以5~10千赫的电磁辐射强度为最大。距离雷电较近处，静电场影响大，距离雷电较远处，电磁辐射影响大，轻则干扰无线电通讯，重则损坏仪器设备。

雷电波侵入：从电源线、管道输入的雷电，又称高电位引入。雷电常沿金属管道、低压输电线路或有线通信线路进入建筑物内，危及人身安全或损坏设备。雷电波侵入造成损失的概率很大，多数电气、电子设备被雷击坏，均属雷电波侵入所致。

2. 雷暴的影响

雷暴所产生的强大电流、炽热的高温、猛烈的冲击波、剧变的静电场和强烈的电磁辐射等物理效应，往往给人类带来多种危害。如雷暴能造成人员伤亡，引起森林火灾，使建筑物、构筑物毁坏和起火，引燃引爆易燃易爆物品，对电力通信、电脑等电气设备、线路造成巨大破坏，酿成空难事件等，更加严重的是，雷暴是年年重复发生的自然现象。因此雷暴灾害是影响内蒙古的重要气象灾害之一，每年均给国民经济和人民生活财产带来很大危害。

三、雷暴灾害的危害

1997年3月11日，乌海市合金冶炼厂浮顶煤气燃料罐因雷击失火，直接经济损失1万元，间接经济损失2万余元。乌海市加油站高压线因雷击起火，消防补救未造成大的损失。乌海市电视台微波站变压器被雷击烧坏，直接经济损失1万元。乌海市摩沟煤矿因雷电击坏2台变压器及民用电视、冰箱等，直接经济损失3万余元。6月17日，兴安盟科尔沁右翼前旗查尔森镇，6月30日索伦牧场、跃进马场、大石寨、归流河，7月25日科尔沁右翼前旗乌兰毛都苏木，8月4日科尔沁右翼前旗大石寨镇，8月10日科尔沁右翼前旗五岔沟、索伦、哈拉黑，8月27日科尔沁右翼前旗哈拉黑乡，总计损失12万元。7月12日兴安盟突泉县学田乡解放村因雷电击死2人，伤1人。7月21日，科尔沁右翼中旗义和道卜苏木新发嘎查遭雷击，死1人，伤10人，重伤1人。6月18日，呼和浩特市五金器材厂因雷电损失6060元。6月25日，鄂尔多斯市工商银行宿舍因雷击造成21户居民电视机损坏。8月27日，乌海市国家粮食中转库因雷击损坏程控交换机，直接经济损失39300元。同日，乌海市希杰面粉有限责任公司高压柜被雷击坏。8月30日，鄂尔多斯市第一中学因雷击损坏电视机15台。同日，兴安盟乌兰浩特市民航站气象台调制解调器被雷击坏。9月24日，鄂尔多斯市陶瓷厂因雷击损坏电视机11台。

1998年4月21日，锡林郭勒盟锡林浩特市遭雷击，市石油公司三站加油机、电脑，盟稠油化工厂配电设备及居民5台电视机被击，直接经济损失1.87万元，间接经济损失达4万余元。6月22日，锡林郭勒盟绿通液化站电动机泵、电表遭雷击，直接经济损失约1.5万元，间接经济损失达4万余元。6月23日，鄂尔多斯市东胜区罕台乡邮电所遭雷击，邮电设备被击毁，经济损失8万元。6月27日，锡林浩特市煤矿变压器、电动机遭雷击，直接经济损失约1.5万元，间接经济损失10万余元。6月28日，鄂尔多斯市电业局柴沟梁变电站遭雷击，变压器被击毁，直接经济损失3万元。6—8月，鄂尔多斯市东胜区供电局3次遭雷击，击毁3台变压器，直接经济损失3万元。7—9月，鄂尔多斯市东胜区居民区3次遭雷击，18台电视机、1台电冰箱、3台VCD被击，经济损失1.1万余元。7月18日，锡林郭勒盟风电场设备遭雷击，直接经济损失3.9万余元，间接经济损失20万余元。7月30日，通辽市一学院新落成的学生宿舍楼楼角遭雷击，程控电话交换机被击坏，一宾馆变压器被击穿，一寻呼台被雷击两天后才恢复工作，还有一些居民家用电器被击。8月28日，呼和浩特火车站遭雷击，塔钟计时系统瘫痪，摄像监控系统26路坏7路，客运引导系统36块坏7块，电子广告屏损坏，自动防火系统瘫痪，调制解调器损坏，程控交换机损坏，6部电话被击，微机网卡损坏，有线电视系统瘫痪，避雷针接闪器被击坏，直接经济损失数十万元。

1999年4月24日18时许，阿拉善盟地震局电台天线匹配器处遭直击雷击，雷电波沿电源线、信号线侵入该局办公室，击损1台计算机、1台电视机、1台测震仪、数台监视器、1部电话，直接经济损失约6万元。7月10日17时15分，内蒙古自治区农委大院篮球场西侧高压线因雷击断线，1人死亡，2人受伤。9月2日，巴彦淖尔市临河区化肥厂遭受雷击，直接经济损失16万元。9月16日夜，呼和浩特火车站大楼供电系统因雷击发生事故，使程控机等电气通信系统相继出现故障。同日，内蒙古自治区伊利集团公司生产安全摄像监视系统总机房遭雷击，直接经济损失5.5万元。通辽铁路南站信号系统遭雷击，停运60个小时，造成直接经济损失40多万元。通辽市通顺集团自动监控系统遭雷击，解码器设备损失近万元。

2000年6—8月兴安盟境内遭遇多次雷击。6月14日，扎赉特旗保力根花乡遭雷击，击坏变压器。6月24日，科尔沁右翼中旗巴彦呼素镇遭雷击，击坏13台电视机。7月10日，扎赉特旗好力宝乡电管站遭雷击，击坏变电器等设备。7月10日，扎赉特旗音德尔镇遭雷击，击坏变压器。7月15日，扎赉特旗巴彦高勒镇电管站遭雷击，击坏变压器。7月26日，扎赉特旗乌塔其东部分局水电处遭雷击，击坏4台变压器。8月3日，突泉县电视台遭雷击，击坏设备，直接经济损失10万元。6—8月，科尔沁右翼前旗部分乡、苏木、镇遭雷击，击坏9台变压器，直接经济损失3万元。

4月28日，鄂尔多斯市电信公司遭雷击，击坏终端控制设备，经济损失7.3万元。5月25日13时，包头铝业集团电解一、二分公司电解自控系统遭雷击，直接经济损失100万元。6月14日，鄂尔多斯市煤炭公司遭雷击，击坏设备，直接经济损失约10万元。6月19日，呼伦贝尔市额尔古纳驻海拉尔储粮中转库遭雷击，引起粮囤起火，直接经济损失1.9万元。6月30日9时30分，赤峰铁路机务段遭雷击，击坏计算机监控系统，直接经济损失3万元。7月8日，呼和浩特市托克托县县人民银行遭雷击，击坏9台计算机、15部电话机及多台电器，直接经济损失10万元。7月8日、8月18日，托克托县县城居民电视、冰箱等20多部电器遭雷击。7月9日，通辽铁路南站遭雷击，击坏行李信号控制系统，造成货物停运，直接经济损失60多万元。7月14日，科尔沁左翼中旗邮电局遭雷击，交换机损坏。7月15日和7月29日，赤峰市克什克腾旗农业变电站2次遭雷击，直接经济损失2万元。7月23日，通辽市农业银行卡部服务器遭雷击，主板等击坏，直接经济损失达2万元。8月13日，呼和浩特市托克托县移动通信公司通信铁塔遭雷击，直接经济损失6万元。8月14日，呼和浩特市中国银行内蒙古分行遭雷击，击坏总机计费系统。8月25日19时，驻呼和浩特市51150部队军需仓库遭雷击引起大火，损失严重，直接经济损失百万元以上。8月28日，呼和浩特市托克托县城关镇遭雷击，死亡1人。9月10日4时21分，赤峰市红庙子公路收费站遭雷击，击坏监控系统，直接经济损失4万元。

2007年夏季，内蒙古局部地区发生的雷暴灾害较往年偏重，出现的雷电暴次数较多的时段在7月，最多的地区在赤峰市。全区因雷击共死亡20人、受伤17人，此外居民财产和公共设施也遭到了严重损失。

第十一节 森林草原火灾

森林、草原火灾是一种对林牧业生产及森林、草原生态环境有巨大破坏力的灾害，它是指由于自然的或人为的原因（在一定自然背景下）导致森林、草原燃烧的一种灾害。内蒙古是森林、草原大省区，也是森林、草原火灾的高发区之一，尤其每年的春秋两季，火灾发生更加频繁。

根据原国家林业局的规定，森林、草原火灾等级划分为火警、一般火灾、重大火灾和特大火灾4级。

一、森林、草原火灾的主要特征

1. 森林、草原火灾的成因

通过对近20多年森林、草原火灾资料的统计表明，发生火灾后不能查明原因的占火灾总数的33%；人为因素引发的火灾次数占火灾总数的61%，其中吸烟引起的火灾占19%，机动车失火引起的火灾占12%，上坟烧纸引起的火灾占7%，烧荒地引起的火灾占6%，人为放火引起的火灾占4%，其他原因引起的火灾占火灾总数的13%；雷击引发的火灾占火灾总数的6%。

统计资料表明，吸烟和机动车失火是人为引发森林、草原火灾的最主要原因，尤其每年的4月、5月和10月是内蒙古春耕和秋收的主要时期，野外人员活动和车辆使用频繁，极易引发火灾。另外，上坟烧纸引发的火灾集中在每年的清明前后，这类火灾如果加强管理则可以杜绝或减少。雷击火是由于天气干燥，局地出现对流云，产生干雷暴引发的火灾。雷击火灾由于受天气系统的影响较大，因此随机性大，人为控制较难。预防雷击火的基本原则为早发现、早扑救，严防火灾蔓延。雷击火发生的主要地区为呼伦贝尔市东北部和锡林郭勒盟东北部，集中发生时期为每年的5月下旬至6月底，9月下旬至10月上旬也有少量的雷击火发生。近几年由于受干燥气候条件的影响，夏季也有雷击火灾发生。

2. 森林、草原火灾的地域分布特征

内蒙古森林、草原火灾空间分布呈东多西少。呼伦贝尔市是火灾的高发区，其中鄂伦春自治旗历史上发生火灾次数最多，其次为莫力达瓦达斡尔族自治旗、牙克石市、扎兰屯市、阿荣旗和陈巴尔虎旗。锡林郭勒盟东北部、兴安盟大部和通辽市北部是内蒙古森林草原火灾的另一个高发区。其他地区的森林、草原火灾次数较少。

内蒙古森林、草原地区地面植被的状况决定了火灾次数空间分布呈东多西少的走势。呼伦贝尔市东北部是我国的原始林区，植被指数在0.6~0.8。由于人为因素较少，发生火灾的次数相对较少，并且主要以雷击火为主。呼伦贝尔市南部和兴安盟大部为农林交错区，植被指数在0.5~0.6。由于人员活动频繁，火源增加，因此发生火灾的次数最多。呼伦贝尔市西部和锡林郭勒盟东北部的植被类型为草甸草原，植被指数在0.4~0.5。由于生产以畜牧业为主，人员活动相对较少，火灾发生的次数略少。锡林郭勒盟中部、通辽市北部和赤峰市北部为典型草原分布区，植被指数在0.3~0.4。由于植被长势受降水的影响较大，火灾次数明显下降。锡林郭勒盟西部的植被类型为荒漠化草原，植被指数在0.1~0.2，植被长势较差，不易发生火灾。

3. 森林、草原火灾的时间分布特征

近20多年来内蒙古森林、草原火灾平均年发生次数为144次，高于前40年。就近20多年总体来看，森林、草原火灾发生次数从20世纪80年代初到90年代末呈逐年递减趋势，其中80年代初期是火灾的高峰期，90年代末期是火灾发生的低谷。从同期气象资料的降水量分析，80年代明显比90年代降水量少。同时，随着国家及地方对防火工作的重视，在资金投入上的加大和高新技术在防火工作中的应用，因此90年代的火灾次数明显下降。进入21世纪，森林、草原火灾次数呈现逐年递增的趋势，尤其每年夏季的森林雷击火次数更是剧增。森林、草原火灾次数在20世纪末曾经每年降到100次以下。进入21世纪，森林、草原火灾次数逐年上升，从2000年的150次上升到2005年的346次。随着国家对天然林保护工程和生态建设工程的实施，中西部地区的植被也逐年得到恢复。在丰水年，植被长势更好，而许多地区又实施围栏封育和禁牧等政策，使过高的植被得不到及时合理的利用，因此必然使这些地区的火灾隐患和火灾次数增加。随着天然林保护工程和林区植树造林的发展，林内可燃物逐年积累，火灾隐患随之增加。另外，随着气候变暖，东北部林区的降水正逐年减少，春夏秋三季的阶段性干旱时有发生，夏季干雷暴引发的森林火灾次数逐年增加。

森林、草原火灾发生的季节变化十分明显，其中冬季（12月—次年2月）发生火灾次数较少，占全年火灾发生总数的0.6%；春季（3—6月）发生火灾次数最多，占全年火灾发生总数的78.1%；夏季（7—9月）基本无火灾发生，仅占全年的0.6%，但个别年份雷击火频发；秋季（10—11月）发生火灾次数较多，占全年火灾发生总数的20.7%。由于春季降水少，气温回升快，大风日数多，地被植物十分干燥，因此极易发生火灾。秋季虽然气温下降较快，但昼夜温差较大，野外用火多，同时降水减少，地被植物干枯，因此火灾次数多。冬季降水形式以降雪为主，随着气温下降到零度以下形成积雪，另外人们户外活动减少，火源减少，因此火灾发生的次数较少。夏季随着雨季的来临，植被的返青，空气湿度较大，因此正常年份基本无火灾发生。

森林、草原火灾的发生具有明显的月变化。4月、5月发生火灾的次数最多，占全年火灾发生总数的61.3%；10月火灾发生次数次多，占全年发生火灾总数的14.4%；1月和12月发生的火灾次数次少；7月、8月份火灾发生的次数最少。

森林、草原火灾的发生具有明显的日变化，每日04—05时是火灾的高发期；每日的12时是火灾的次高发期；每日的21时—次日02时是火灾发生的低谷期。火灾发生的日变化与人们的日常用火习惯相关密切，在春秋两季每日的05时，东北部地区的农民已经开始做早饭。12时是午饭时间，而21时—次日02时正是每日用火最少和人类活动最少的时期。

二、森林、草原火灾的影响

森林、草原火灾对林牧业生产及森林、草原生态环境有巨大破坏力。频繁发生的森林、草原火灾，毁掉大片的森林和草原，成为森林、草原繁衍中的一大灾害。同时森林、草原火灾除直接损失森林、草原资源本身外，还带来许多间接影响。轻度火灾会影响林木、牧草的正常发育，对幼嫩树苗特别是针叶树种影响较大。重大火灾则会烧毁成片森林、草原，延长森林更新期，还可烧毁森林、草原内的经济植物、药用植物和珍稀动物，影响林牧业经济资源及副产品的开发利用，烧毁土壤有机质，降低土壤涵蓄水发能力，进而可影响到局地气候的变化。另外，反复发生的森林火灾，会导致森林草甸化及草原化，使生态结构遭到破坏。草原火灾不但造成重大的人员伤亡和财产损失，更严重的是内蒙古的草原从地理位置上多与森林相连，处于林区主导风向的上风头，草原一旦起火，火头将直扑林区，扑救不及时必将引发森林火灾。

三、森林、草原火灾的危害

1989年4月28日，新巴尔虎左旗乌苏木由不明原因引起重大草原火灾，烧毁草原面积3080公顷。4月28—29日，新巴尔虎右旗达来苏木由不明原因引起特大草原火灾，烧毁草原面积13万公顷。5月4—6日，呼伦贝尔市陈巴尔虎旗东苏木由吸烟引起特大草原火灾，烧毁草原面积23.1万公顷。10月21日，西乌珠穆沁旗宝日格斯台苏木由吸烟引起重大草原火灾，烧毁草原面积3000公顷，直接经济损失89700元。东乌珠穆沁旗额仁戈毕苏木由吸烟引起重大草原火灾，烧毁草原面积2250公顷。

1994年4月15—17日，呼伦贝尔市新巴尔虎左旗诺门罕布由境外火烧入引起特大草原火灾，烧毁草原面积26500公顷。4月16—22日，鄂温克族自治旗红花尔基由鸣枪引起特大森林草原火灾，烧毁森林草原面积66927公顷。4月17—18日，通辽市霍林河农牧场由吸烟引起特大草原火灾，烧毁草原面积80000公顷。4月17—19日，科尔沁右翼中旗霍林河矿区由吸烟引起特大森林火灾，烧毁森林面积30000公顷。4月19—22日，新巴尔虎左旗乌公社由不明原因引起特大草原火灾，烧毁草原面积36000公顷。10月11日，西乌珠穆沁旗查本沟架子山由不明原因引起特大草原火灾，烧毁草原面积22220公顷。10月20日，东乌珠穆沁旗沙麦苏木由吸烟引起重大草原火灾，烧毁草原面积4500公顷。锡林郭勒盟锡张公路由玩火引起重大草原火灾，烧毁草原面积2800公顷。

1996年4月23—24日，新巴尔虎左旗白音布尔由境外火烧入引起特大草原火灾，烧毁草原面积

50500公顷。4月23—30日，新巴尔虎左旗光头山由境外火烧入引起特大森林草原火灾，烧毁森林草原面积30万公顷。4月23日—5月3日，兴安盟阿尔山市到科尔沁右翼前旗与科尔沁右翼中旗交界处，由境外火烧入引起特大森林火灾，烧毁森林面积86100公顷。科尔沁右翼前旗扎木沁由不明原因引起特大草原火灾，烧毁草原面积25.4万公顷。10月17日，新巴尔虎左旗新苏木由吸烟引起特大草原火灾，烧毁草原面积29250公顷。10月21日，呼伦贝尔市鄂温克族自治旗南辉由机动车失火引起重大草原火灾，烧毁草原面积6000公顷。10月23—25日，锡林郭勒盟乌拉盖开发区，由机车失火引起特大草原火灾，烧毁草原面积54000公顷。

2000年4月2—3日，新巴尔虎右旗新百努克由境外火烧入引起特大草原火灾，烧毁草原面积33125公顷。4月8日，东乌珠穆沁旗道特淖尔苏木由吸烟引起特大草原火灾，烧毁草原面积45000公顷。5月6—13日，阿尔山市白狼与五岔沟交界处，由境外火引起特大森林火灾，烧毁森林面积35782公顷。5月7—8日，东乌珠穆沁旗宝格达山林场由外来火引起特大草原火灾，烧毁草原面积11333公顷。6月17—23日，额尔古纳市由雷击及外来火烧入引起特大森林、草原火灾，烧毁森林、草原面积6960公顷。10月15日，东乌珠穆沁旗额仁高毕苏木由机动车失火引起重大草原火灾，烧毁草原面积3000公顷。10月15—17日，东乌珠穆沁旗边境防火道由不明原因引起重大草原火灾，烧毁草原面积2000公顷。10月17日，东乌珠穆沁旗白音呼布苏木由野外用火引起重大草原火灾，烧毁草原面积3000公顷。10月27日，东乌珠穆沁旗额仁高毕苏木由机动车失火引起重大草原火灾，烧毁草原面积3000公顷。

2006年春季，呼伦贝尔市新巴尔虎右旗牧区、牙克石林区及锡林郭勒盟东乌珠穆沁旗等地分别发生草原、森林火灾，损失严重。5月，呼伦贝尔市牧区干旱少雨。5月6日新巴尔虎右旗相对湿度只有9%，最高温度24℃，最大风力9级，出现特大草原火灾，受灾面积3万公顷。5月16日呼伦贝尔市红花尔基樟子松发生雷击火，过火面积为1.69万公顷，其中重度被毁林区面积约为4133公顷。5月18日东乌珠穆沁旗沙麦苏木杰仁得力格嘎查发生火灾，烧毁草场1800公顷，直接经济损失10.8万元，扑火经费2万元。5月25日到6月初，呼伦贝尔市发生特大森林火灾，牙克石火场过火面积13.05万公顷，其中重度过火区域面积6.16万公顷。额尔古纳市乌玛火场过火面积4832公顷，其中重度过火区域的面积1327公顷。鄂伦春自治旗过火面积为1.86万公顷，其中重度过火区域面积2.55万公顷。

第二篇 气象业务和服务

第三章 大气探测

第一节 气象台站网

一、气象主管机构所属气象台站

1. 气象台

自治区气象台1个,盟市气象台12个,分别是呼和浩特市气象台、包头市气象台、呼伦贝尔市气象台、兴安盟气象台、通辽市气象台、赤峰市气象台、锡林郭勒盟气象台、乌兰察布市气象台、巴彦淖尔市气象台、鄂尔多斯市气象台、乌海市气象台和阿拉善盟气象台。

自治区、盟市气象台主要业务内容:负责接收处理上级气象业务机构传输广播的各类气象信息和探测资料,接收转发所属下级台站传送的气象信息资料。保障自治区、盟市、旗县三级气象信息网络系统的正常运行和维护。制作发布行政责任区范围内的各类天气预报和灾害性天气警报。汇总、编制各类气象情报、专题报告,做好决策服务。制作发布公众天气预报、电视天气预报,做好社会公众气象服务。负责天气雷达、气象卫星遥感信息的接收处理和灾情汇总收集报告。负责各类气象技术指导产品的制作发布。组织天气预报会商和灾害性天气联防,启动应急预案。

2. 探测站网

1992年,按照国家地面气象观测站网调整计划,全区建设的13个国家基准气候站全部完成建设任务,开展工作。至2005年底自治区共有119个国家气象观测站,其中国家基准气候站13个,国家基本气象站34个,国家一般气象站72个。2006年根据中国气象局"三站四网"〔三站即:国家气候观象台、国家气象观测站(一级站、二级站)、区域气象观测站;四网即:国家气候监测网、国家天气观测网、国家专业气象观测网、区域气象观测网〕业务调整方案要求,将全区119个观测站整合建设为24个观象台、85个国家一级观测站、10个国家二级观测站,并于2006年1月1日完成了地面气象观测站的业务切换。切换后各观测站类别如表2-3-1。

1988年到1994年期间,根据各地区的实际情况,陆续撤销了14个国家一般气象站(表2-3-2)。

3. 区域气象观测站

至2007年底全区共完成383个区域气象观测站的建设任务,区域气象观测站全部为自动站。

4. 雷达监测站

至2007年底,全区各盟市共布设天气雷达13部,其中,711数字化雷达2部,713数字化雷达5部,714-CD数字化雷达1部,新一代多普勒天气雷达5部,组成全区天气雷达监测网。

二、专业部门气象台站

2003年12月,建立乌海民航气象台,由气象和民航双重管理,以气象局管理为主。承担常规气象观测、民航气象观测、预报、服务等任务。

表 2-3-1 内蒙古自治区地面气象观测站一览表

站号	站名	2006年前气象站类	发报类型	2006—2008年气象站类	发报类型	重要天气报	气象旬月报	太阳辐射观测类型	航空报类型	艰苦站类别	地温观测深度（厘米）	自动气象站 设备生产厂家	开始工作年份	单轨运行年份	自动站资料上传通讯方式	站点变动信息 建站时间	迁站次数	现址开始工作时间	备注
50425	额尔古纳市	基本站	天4	一级站	天8	有	有		部分	5	80	长春厂	2004	2006	2M SDH 宽带电路	1956-8-1	1	1977-1-1	
50431	根河市	一般站	天3	一级站	天8	有	有			5	320	长春厂	2004	2006	2M SDH 宽带电路	1956-12-1	1	1963-1-1	
50434	图里河	基准站	天8	观象台	天8	有	有			1	320	天津厂	2004	2006	2M SDH 宽带电路	1957-1-1		1957-1-1	土壤水分站已经于2009年迁移至额尔古纳市气象局
50445	鄂伦春自治旗	一般站	天3*	一级站	天8	有	有			3	20	长春厂	2004	2006	2M SDH 宽带电路	1959-7-1		1959-8-1	
50514	满洲里	基准站	天4	观象台	天8	有	有		部分	6	320	天津厂	2004	2006	2M SDH 宽带电路	1956-12-1	1	2010-1-1	
50524	陈巴尔虎旗	一般站	天3	二级站	加密	有	有			6	80	长春厂	2004	2006	2M SDH 宽带电路	1958-10-1		1958-12-1	
50525	鄂温克族自治旗	一般站	天3	二级站	加密	有	有			6	20	长春厂	2004	2006	2M SDH 宽带电路	1958-11-1		1958-12-1	
50526	牙克石市	一般站	天3*	一级站	天8	有	有		部分		80	长春厂	2004	2006	2M SDH 宽带电路	1956-12-1	1	1982-4-1	

表2-3-1续

站号	站名	2006年前气象站类	发报类型	2006-2008年气象站类	发报类型	重要天气报	气象旬月报	太阳辐射观测类型	航空报类型	艰苦站类别	地温观测深度（厘米）| 自动气象站 设备生产厂家	开始工作年份	单轨运行年份	自动站资料上传通讯方式	站点变动信息 建站时间	迁站次数	现址开始工作时间	备注
50527	海拉尔	基本站	天8	观象台	天8	有	有	2			320	天津厂	2004	2006	2M SDH 宽带电路	1950-10-1		1950-12-1	
50548	小二沟	基本站	天7	一级站	天8	有	有			2	80	长春厂	2004	2006	2M SDH 宽带电路	1956-9-1		1956-11-1	
50603	新巴尔虎右旗	基本站	天8	一级站	天8	有	有		部分	4	80	长春厂	2004	2006	2M SDH 宽带电路	1957-8-1		1957-10-1	
50618	新巴尔虎左旗	基本站	候4	一级站	天8	有	有		部分	4	80	长春厂	2004	2006	2M SDH 宽带电路	1958-8-1		1958-10-1	
50632	博克图	基本站	天8	观象台	天8	有	有		全天	3	320	天津厂	2004	2006	2M SDH 宽带电路	1950-11-1	2	1969-5-1	
50639	扎兰屯	基准站	候4	一级站	天8	有	有		全天		80	长春厂	2004	2006	2M SDH 宽带电路	1952-1-1	1	1958-10-1	
50645	莫力达瓦达斡尔族自治旗	一般站	天3*	一级站	天8	有	有				320	长春厂	2004	2006	2M SDH 宽带电路	1958-12-1	1	2004-1-1	
50647	阿荣旗	一般站	天3	二级站	加密	有	有			2	20	长春厂	2004	2006	2M SDH 宽带电路	1957-1-1	2	2003-1-1	
50727	阿尔山	基本站	天8	一级站	天8	有	有		部分		80	长春厂	2004	2006	2M SDH 宽带电路	1952-6-1	1	2003-1-1	

表2-3-1续

站号	站名	2006年前气象站类	发报类型	2006-2008年气象站类	发报类型	重要天气报	气象旬月报	太阳辐射观测类型	航空报类型	艰苦站类别	地温观测深度（厘米）	自动气象站 设备生产厂家	自动气象站 开始工作年份	自动气象站 单轨运行年份	自动站资料上传通讯方式	站点变动信息 建站时间	站点变动信息 迁站次数	站点变动信息 现址开始工作时间	备注
50832	胡尔勒	一般站	天2#	一级站	天8	有	有			2	20	长春厂	2010		2M SDH 宽带电路	1959-11-1	1	1961-1-1	
50833	扎赉特旗	一般站	天3*	一级站	天8	有	有				80	长春厂	2004	2006	2M SDH 宽带电路	1958-12-1	1	1959-10-1	
50834	索伦	基准站	天7	观象台	天8	有	有	3		3	320	天津厂	2004	2006	2M SDH 宽带电路	1957-11-1	1	1970-6-1	
50838	乌兰浩特	基本站	候4	一级站	天8	有	有		部分		320	长春厂	2004	2006	2M SDH 宽带电路	1949-10-1	2	1960-10-1	
50913	乌拉盖	一般站	天3	一级站	天8	有	有			2	80	长春厂	2010		2M SDH 宽带电路	1986-10-1	3	2002-6-1	
50915	东乌珠穆沁	基本站	天8	观象台	天8	有	有			4	80	长春厂	2004	2006	2M SDH 宽带电路	1955-5-1	1	1955-5-1	
50924	霍林郭勒	一般站	天3	观象台	天8	有	有				80	华创	2006	2008	2M SDH 宽带电路	2006-1-1		1987-1-1	
50928	巴雅尔吐胡硕	一般站	天2#	一级站	天8	有	有			2	80	长春厂	2009		2M SDH 宽带电路	1960-1-1			
50934	突泉	一般站	天3*	一级站	天8	有	有				80	华创	2007	2009	2M SDH 宽带电路	1958-12-1	2	2007-1-1	

表2-3-1 续

站号	站名	2006年前气象站类	发报类型	2006-2008年气象站类	发报类型	重要天气报	气象旬月报	太阳辐射观测类型	航空报类型	艰苦站类别	地温观测深度（厘米）	自动气象站 设备生产厂家	自动气象站 开始工作年份	自动气象站 单轨运行年份	自动站资料上传通讯方式	站点变动信息 建站时间	站点变动信息 迁站次数	站点变动信息 现址开始工作时间	备注
50937	科尔沁右翼中旗	一般站	天3	一级站	天8	有	有				80	华创	2006	2008	2M SDH 宽带电路	1963-9-1		1963-9-1	
52267	额济纳旗	基准站	天8	观象台	天8	有	有	1	全天	3	320	天津厂	2004	2006	2M SDH 宽带电路	1957-1-1	1	1957-1-1	自动土壤水分站于2008年7月调拨至吉兰泰站
52378	拐子湖	基本站	天7	一级站	天8	有	有			1	80	长春厂	2004	2006	北斗一号	1959-1-1	1	1979-1-1	2009年1月1日拐子湖取消航危报
52495	巴彦诺尔公	基准站	天8	观象台	天8	有	有		部分	1	320	天津厂	2004	2006	2M SDH 宽带电路	1957-1-1	1	1993-1-1	
52575	雅布赖	一般站	天3	一级站	天8	有	有				40	华创	2007	2009	2M SDH 宽带电路	1956-12-1	2	2007-1-1	
52576	阿右旗	基本站	天7	观象台	天8	有	有		部分	3	80	长春厂	2004	2006	2M SDH 宽带电路	1959-1-1		1959-1-1	
52607	乌斯太	一般站	天3	一级站	天8	有	有			1	40	长春厂	2009		2M SDH 宽带电路	1962-1-1	1	2008-1-1	
53068	二连浩特	基本站	天8	观象台	天8	有	有	2	全天	5	80	长春厂	2004	2006	2M SDH 宽带电路	1955-9-1	1	1966-1-1	

表2-3-1 续

站号	站名	2006年前气象站类	发报类型	2006-2008年气象站类	发报类型	重要天气报	气象旬月报	太阳辐射观测类型	航空报类型	艰苦站类别	地温观测深度（厘米）	自动气象站 设备生产厂家	自动气象站 开始工作年份	自动气象站 单轨运行年份	自动站资料上传通讯方式	站点变动信息 建站时间	站点变动信息 迁站次数	站点变动信息 现址开始工作时间	备注
53083	那仁宝力格	基本站	天7	一级站	天8	有	有			2	80	长春厂	2004	2006	2M SDH 宽带电路	1957-10-1	1	1973-1-1	
53149	满都拉气象站	基本站	天8	观象台	天8	有	有		全天	2	80	长春厂	2004	2006	2M SDH 宽带电路	1957-11-1		1957-11-1	
53192	阿巴嘎旗	基准站	天8	一级站	天8	有	有			5	80	天津厂	2004	2006	2M SDH 宽带电路	1952-6-1	1	1966-7-1	
53195	苏尼特左旗	基本站	天4	一级站	天8	有	有			4	80	长春厂	2004	2006	2M SDH 宽带电路	1955-12-1	1	1992-1-1	
53231	海力素	基本站	天8	一级站	天8	有	有			1	320	长春厂	2004	2006	2M SDH 宽带电路	1958-1-1	1	1970-10-1	
53272	苏尼特右旗	一般站	天3	一级站	天8	有	有			5	80	长春厂	2010		2M SDH 宽带电路	1959-5-1	1	2006-1-1	
53276	朱日和	基准站	天8	观象台	天8	有	有		全天	4	80	天津厂	2004	2006	2M SDH 宽带电路	1952-5-10	1	1987-1-1	
53289	镶黄旗	一般站	天3	一级站	天8	有	有			5	80	华创	2006	2008	2M SDH 宽带电路	1958-7-1	2	1978-8-1	
53324	乌拉特后旗	一般站	天3	一级站	天8	有	有			3	320	长春厂	2009		2M SDH 宽带电路	1974-1-1	2	2007-1-1	

表2-3-1续

站号	站名	2006年前气象站类	发报类型	2006-2008年气象站类	发报类型	重要天气报	气象旬月报	太阳辐射观测类型	航空站报类型	艰苦站类别	地温观测深度(厘米)	自动气象站 设备生产厂家	自动气象站 开始工作年份	自动气象站 单轨运行年份	自动站资料上传通讯方式	站点变动信息 建站时间	站点变动信息 迁站次数	站点变动信息 现址开始工作时间	备注
53336	乌拉特中旗	基准站	天8	观象台	天8	有	有	3	部分	5	320	天津厂	2004	2006	2M SDH 宽带电路	1954-1-1	1	1966-10-1	
53337	五原	一般站	天3*	一级站	天8	有	有		部分		320	长春厂	2009		2M SDH 宽带电路	1955-11-1	2	1973-1-1	
53343	白云鄂博气象局	一般站	天3	一级站	天8	有	有				40	长春厂	2010		2M SDH 宽带电路	1954-9-1		1954-9-1	
53348	大佘太	一般站	天2#	一级站	天8	有	有			6	320	长春厂	2009		2M SDH 宽带电路	1962-1-1	1	1974-9-1	
53352	达茂旗气象局	基本站	天7	一级站	天8	有	有		全天	6	80	长春厂	2004	2006	2M SDH 宽带电路	1953-12-1		1953-12-1	
53357	固阳县气象局	一般站	天3*	一级站	天8	有	有		部分	6	80	长春厂	2009		2M SDH 宽带电路	1956-1-1		1956-1-1	
53362	四子王旗	基本站	天4	一级站	天8	有	有		全天	6	80	长春厂	2004	2006	2M SDH 宽带电路	1959-1-1	3	1962-8-5	
53367	希拉穆仁气候站	一般站	天2#	一级站	天8	有	有			3	40	长春厂	2010		2M SDH 宽带电路	1960-1-1	1	1960-1-1	
53368	武川县	一般站	天3*	一级站	天8	有	有		部分		80	长春厂	2004	2006	2M SDH 宽带电路	1959-1-1	1	2006-1-1	

表2-3-1续

站号	站名	2006年前气象站类	发报类型	2006-2008年气象站类	发报类型	重要天气报	气象旬月报	太阳辐射观测类型	航空报类型	艰苦站类别	地温观测深度(厘米)	自动气象站 设备生产厂家	自动气象站 开始工作年份	自动气象站 单轨运行年份	自动站资料上传通讯方式	站点变动信息 建站时间	站点变动信息 迁站次数	站点变动信息 现址开始工作时间	备注
53378	察右中旗	一般站	天3*	一级站	天8	有	有			6	80	长春厂	2010		2M SDH 宽带电路	1959-1-1	2	2007-1-1	
53384	察右后旗	一般站	天3	二级站	加密	有	有			6	80	长春厂	2004	2006	2M SDH 宽带电路	1959-1-1	1	1970-1-1	
53385	商都	一般站	天3*	一级站	天8	有	有			6	80	长春厂	2010		2M SDH 宽带电路	1959-5-1		1959-5-1	
53391	化德	基本站	天8	一级站	天8	有	有		全天		80	长春厂	2004	2006	2M SDH 宽带电路	1952-11-24	3	1968-1-1	
53419	磴口	一般站	天3*	一级站	天8	有	有				320	长春厂	2004	2006	2M SDH 宽带电路	1954-1-1	1	1959-1-1	
53420	杭锦后旗	一般站	候4	一级站	天8	有	有		部分		320	长春厂	2009	2006	2M SDH 宽带电路	1954-1-1	1	1956-11-1	
53433	乌拉特前旗	一般站	天3*	一级站	天8	有	有				320	长春厂	2004	2006	2M SDH 宽带电路	1956-4-1	1	1961-10-1	
53446	包头市	基本站	候4	一级站	天8	有	有				320	长春厂	2004	2006	2M SDH 宽带电路	1954-3-1	1	1973-1-1	
53455	土右旗气象局	一般站	天3	一级站	天8	有	有				80	长春厂	2010		2M SDH 宽带电路	1957-2-1	1	1970-1-1	

表2-3-1续

站号	站名	2006年前气象站类	发报类型	2006-2008年气象站类	发报类型	重要天气报	气象旬月报	太阳辐射观测类型	航空报类型	艰苦站类别	地温观测深度（厘米）	自动气象站 设备生产厂家	自动气象站 开始工作年份	自动气象站 单轨运行年份	自动站资料上传通讯方式	站点变动信息 建站时间	站点变动信息 迁站次数	站点变动信息 现址开始工作时间	备注
53457	达拉特旗	一般站	天3	一级站	天8	有	有				80	长春厂	2004	2006	2M SDH 宽带电路	1956-12-1		1956-12-1	
53463	呼和浩特	基本站	天8	观象台	天8	有	有				320	天津厂	2003	2005	2M SDH 宽带电路	1914-9-1	3	1951-1-1	
53464	土默特左旗	一般站	天3	一级站	天8	有	有				80	长春厂	2004	2006	2M SDH 宽带电路	1959-1-1	2	2008-1-1	
53466	呼和浩特郊区站	一般站	天3	二级站	加密	有	有				80	长春厂	2010		2M SDH 宽带电路	1958-1-1	2	2007-1-1	
53467	托克托县	一般站	天3*	一级站	天8	有	有		部分		80	长春厂	2004	2006	2M SDH 宽带电路	1959-1-1		1959-1-1	
53469	和林格尔县	一般站	天3	一级站	天8	有	有				80	长春厂	2004	2006	2M SDH 宽带电路	1959-1-1	1	2001-1-1	
53472	卓资	一般站	天3	一级站	天8	有	有				80	长春厂	2010		2M SDH 宽带电路	1958-7-31		1959-1-1	
53475	凉城	一般站	天3*	一级站	天8	有	有		08-18时		80	长春厂	2004	2006	2M SDH 宽带电路	1959-1-1	1	2010-1-1	
53480	集宁	基本站	天7	二级站	天8	有	有		全天		320	长春厂	2004	2006	2M SDH 宽带电路	1953-12-1		1953-12-1	

表2-3-1续

站号	站名	2006年前气象站类	发报类型	2006-2008年气象站类	发报类型	重要天气报	气象旬月报	太阳辐射观测类型	航空报类型	艰苦站类别	地温观测深度(厘米)	自动气象站设备生产厂家	自动气象站开始工作年份	自动气象站单轨运行年份	自动站资料上传通讯方式	建站时间	迁站次数	现址开始工作时间	备注
53481	察右前旗	一般站	天3	二级站	加密	有	有				80	长春厂	2010		2M SDH宽带电路	1959-1-1	0	1959-1-1	
53483	兴和	一般站	天3*	一级站	天8	有	有			6	80	长春厂	2010		2M SDH宽带电路	1959-1-1	2	2009-1-1	
53484	丰镇	一般站	天3*	一级站	天8	有	有				80	长春厂	2004	2006	2M SDH宽带电路	1958-12-25	2	1998-1-1	
53502	吉兰泰	基本站	天7	一级站	天8	有	有		全天	2	80	长春厂	2004	2006	2M SDH宽带电路	1955-1-1		1955-1-1	自动土壤水分站于2008年7月由额济纳旗调拨至吉兰泰站
53505	拐井滩	一般站	天3	一级站	天8	有	有			1	320	长春厂	2009	2006	2M SDH宽带电路	1963-5-1	1	2002-1-1	
53512	乌海	一般站	天3*	一级站	天8	有	有		部分		320	长春厂	2004	2006	2M SDH宽带电路	1960-10-1	2	2004-1-1	
53513	临河	基本站	天8	观象台	天8	有	有				320	长春厂	2004	2006	2M SDH宽带电路	1956-11-1	3	2010-1-1	
53522	伊克乌素	一般站	天3	二级站	加密	有	有			2	40	华创	2006	2008	2M SDH宽带电路	1960-1-1	1	2004-4-1	

表2-3-1 续

站号	站名	2006年前气象站类	发报类型	2006-2008年气象站类	发报类型	重要天气报	气象旬月报	太阳辐射观测类型	航空报类型	艰苦站类别	地温观测深度（厘米）	自动气象站 设备生产厂家	自动气象站 开始工作年份	自动气象站 单轨运行年份	自动站资料上传通讯方式	站点变动信息 建站时间	站点变动信息 迁站次数	站点变动信息 现址开始工作时间	备注
53529	鄂托克旗	基本站	天8	观象台	天8	有	有		全天	6	80	长春厂	2004	2006	2M SDH 宽带电路	1954-1-1		1954-1-1	
53533	杭锦旗	一般站	天3*	一级站	天8	有	有		部分	6	80	长春厂	2004	2006	2M SDH 宽带电路	1958-5-1	1	1958-12-1	
53543	东胜	基准站	天8	观象台	天8	有	有	3	部分	6	320	天津厂	2004	2006	2M SDH 宽带电路	1960-1-1		1960-1-1	
53545	伊金霍洛旗	一般站	天3*	一级站	天8	有	有			6	80	长春厂	2004	2006	2M SDH 宽带电路	1958-11-1		1958-11-1	
53547	乌审召	一般站	天3	二级站	加密	有	有			2	40	长春厂	2010	2006	2M SDH 宽带电路	1958-5-1	1	1966-1-1	
53553	准格尔旗	一般站	天3*	一级站	天8	有	有			6	80	长春厂	2004	2006	2M SDH 宽带电路	1958-1-1		2005-1-1	
53562	清水河县	一般站	天3*	一级站	天8	有	有			5	80	长春厂	2004	2006	2M SDH 宽带电路	1959-1-1	1	1965-1-1	
53602	阿拉善左旗	基本站	天4	一级站	天8	有	有		全天	6	320	长春厂	2004	2006	2M SDH 宽带电路	1953-1-1		1953-1-1	
53644	乌审旗	一般站	天3*	一级站	天8	有	有			6	80	长春厂	2004	2006	2M SDH 宽带电路	1958-5-1	2	1966-1-1	

表2-3-1续

站号	站名	2006年前气象站类	发报类型	2006-2008年气象站类	发报类型	重要天气报	气象旬月报	太阳辐射观测类型	航空报类型	艰苦站类别	地温观测深度（厘米）	自动气象站 设备生产厂家	自动气象站 开始工作年份	自动气象站 单轨运行年份	自动站资料上传通讯方式	站点变动信息 建站时间	站点变动信息 迁站次数	站点变动信息 现址开始工作时间	备注
53730	鄂托克前旗	一般站	天3	一级站	天8	有	有			5	80	长春厂	2004	2006	2M SDH 宽带电路	1985-7-1		1985-7-1	
53732	河南	一般站	天2#	二级站	加密	有	有			2	40	长春厂	2010		2M SDH 宽带电路	1959-5-1	1	1975-12-1	
54012	西乌珠穆沁	基本站	天8	一级站	天8	有	有			5	20	长春厂	2004	2006	2M SDH 宽带电路	1954-11-1	1	2006-1-1	
54024	富河	一般站	天2#	观象台	天8	有	有			3	20	长春厂	2010		2M SDH 宽带电路	1959-1-1	1	1960-7-1	
54026	扎鲁特	基本站	天8	观象台	天8	有	有		全天	6	80	长春厂	2004	2006	2M SDH 宽带电路	1952-5-1		1952-5-1	
54027	巴林左旗	基准站	天8	二级站	加密	有	有			6	320	天津厂	2004	2006	2M SDH 宽带电路	1952-12-1	1	1952-12-1	
54031	高力板	一般站	天2#	二级站	天8	有	有			3	80	长春厂	2010		2M SDH 宽带电路	1958-12-1	2	2006-1-1	
54039	舍伯吐	一般站	天2#	一级站	天8	有	有			5	80	长春厂	2010		2M SDH 宽带电路	1959-1-1		1959-1-1	
54047	科尔沁左翼中旗	一般站	天3*	一级站	天8	有	有				80	华创	2006	2008	2M SDH 宽带电路	1958-1-1	1	2005-1-1	

表2-3-1续

站号	站名	2006年前气象站类	发报类型	2006-2008年气象站类	发报类型	重要天气报	气象旬月报	太阳辐射观测类型	航空报类型	艰苦站类别	地温观测深度（厘米）	自动气象站 设备生产厂家	自动气象站 开始工作年份	自动气象站 单轨运行年份	自动站资料上传通讯方式	站点变动信息 建站时间	站点变动信息 迁站次数	站点变动信息 现址开始工作时间	备注
54102	锡林浩特	基本站	天8	观象台	天8	有	有	3	部分	3	320	天津厂	2004	2006	2M SDH 宽带电路	1952-6-1	1	2002-1-1	
54113	巴林右旗	一般站	天3	一级站	天8	有	有			6	20	华创	2006	2008	2M SDH 宽带电路	1958-1-1		1958-1-1	
54115	林西县	基本站	天7	一级站	天8	有	有			6	80	长春厂	2004	2006	2M SDH 宽带电路	1952-4-1		1952-4-1	
54117	克什克腾旗	一般站	天3*	一级站	天8	有	有			5	20	华创	2006	2008	2M SDH 宽带电路	1958-1-1		1958-1-1	
54122	阿鲁科尔沁旗	一般站	天3*	一级站	天8	有	有			6	20	华创	2006	2008	2M SDH 宽带电路	1958-1-1		1958-1-1	
54132	青龙山	一般站	天2丰	一级站	天8	有	有		部分	2	80	长春厂	2010		2M SDH 宽带电路	1967-1-1		1967-1-1	
54134	开鲁	基准站	天4	观象台	天8	有	有			6	320	天津厂	2004	2006	2M SDH 宽带电路	1953-1-1		1953-1-1	开鲁站只2006年单轨运行一年，以后一直是双轨运行
54135	通辽	基本站	天8	观象台	天8	有	有	3	全天		320	天津厂	2004	2006	2M SDH 宽带电路	1949-9-20		1949-11-5	

表2-3-1续

站号	站名	2006年前气象站类	发报类型	2006-2008年气象站类	发报类型	重要天气报	气象旬月报	太阳辐射观测类型	航空报类型	艰苦站类别	地温观测深度(厘米)	自动气象站 设备生产厂家	自动气象站 开始工作年份	自动气象站 单轨运行年份	自动站资料上传通讯方式	站点变动信息 建站时间	站点变动信息 迁站次数	站点变动信息 现址开始工作时间	备注
54204	正镶白旗	一般站	天3	一级站	天8	有	有			5	40	长春厂	2010		2M SDH 宽带电路	1959-7-1	1	1970-8-11	
54205	正蓝旗	一般站	天3	一级站	天8	有	有			5	80	华创	2006	2008	2M SDH 宽带电路	1959-2-1		2005-1-1	
54208	多伦县	基准站	天4	观象台	天8	有	有		全天	6	320	天津厂	2004	2006	2M SDH 宽带电路	1952-6-1	1	1952-6-1	
54213	翁牛特旗	基本站	天2井	一级站	天8	有	有		无	6	80	长春厂	2004	2006	2M SDH 宽带电路	1956-10-1			
54214	岗子	一般站	天8	观象台	天8	有	有			4	20	长春厂	2010		2M SDH 宽带电路	1959-1-1	1	2003-1-1	
54218	赤峰	基本站	天8	一级站	天8	有	有		无	6	320	长春厂	2004	2006	2M SDH 宽带电路	1949-10-1			
54223	奈曼	一般站	天3*	一级站	天8	有	有		部分		80	华创	2006	2008	2M SDH 宽带电路	1959-1-1	1	1993-7-1	
54225	敖汉旗	一般站	天3*	一级站	天8	有	有		部分		80	华创	2006	2008	2M SDH 宽带电路	1956-10-1		1956-10-1	

表2-3-1续

站号	站名	2006年前气象站类	发报类型	2006-2008年气象站类	发报类型	重要天气报	气象旬月报	太阳辐射观测类型	航空报类型	艰苦站类别	地温观测深度（厘米）	自动气象站 设备生产厂家	开始工作年份	单轨运行年份	自动站资料上传通讯方式	站点变动信息 建站时间	迁站次数	现址开始工作时间	备注
54226	宝国吐	基本站	天7	一级站	天8	有	有			4	80	长春厂	2004	2006	2M SDH 宽带电路	1956-12-1		1956-12-1	
54231	科尔沁左翼后旗	一般站	天3*	一级站	天8	有	有				80	华创	2006	2008	2M SDH 宽带电路	1959-1-1	1	1969-5-1	
54234	库伦	一般站	天3	一级站	天8	有	有			5	80	华创	2006	2008	2M SDH 宽带电路	1958-1-1	2	2003-7-1	
54305	太仆寺旗	一般站	天3*	一级站	天8	有	有			6	80	华创	2006	2008	2M SDH 宽带电路	1959-1-1	2	1976-1-1	
54313	喀喇沁旗	一般站	天3	一级站	天8	有	有				40	华创	2006	2008	2M SDH 宽带电路	1958-1-1		1958-1-1	
54316	八里罕	一般站	天2#	一级站	天8	有	有			5	20	长春厂	2010		2M SDH 宽带电路	1958-1-1		1958-1-1	
54320	宁城县	一般站	天3	一级站	天8	有	有				20	华创	2006	2008	2M SDH 宽带电路	1958-1-1	1	2010-1-1	

表 2-3-2　1988——2007 年全区撤站一览表

日期	撤站情况
1988 年 1 月 1 日	内气字（88）024 号文件撤销蘑菇气，内气字（88）053 号文件撤销孟根楚鲁
1989 年 1 月 1 日	内气字（88）053 号文件撤销保安召、前达门
1990 年 1 月 1 日	内气字（89）047 号文件撤销罕苏木
1991 年 9 月 1 日	撤销洪格尔（巴彦郭勒）、达来、罕乌拉、白音敖包
1994 年 1 月 1 日	内气业发〔1994〕079 号文件撤销石拐站；内气业发〔1994〕091 号文件撤销白日乌拉（53194）、伊和郭勒（54001）、朝克乌拉（54010）、那日图（54201）四站

第二节　地面气象观测

一、观测站网

内蒙古自治区处于全国天气系统上游，观测站点的布局，不仅要考虑自治区需要，而且要照顾全国整体布局的需要。

国家基准气候站网，一般 300～400 千米设一站，至 2005 年底，全区共有国家基准气候站 13 个，并于 2006 年开始业务切换为国家气候观象台。

国家基本气象站网，一般两站间距不大于 150 千米，至 2005 年底，全区共有国家基本站 34 个。2006 年开始一部分切换为国家气候观象台，另一部分切换业务为国家一级气象观测站。

国家一般气象站 50 千米左右设一站，至 2005 年底，全区有国家一般气象站 72 个。2006 年开始进行业务调整，部分切换为国家一级气象观测站，其余部分切换为国家二级气象观测站。

根据中国气象局"大气监测自动化系统项目"要求，于 2003 年底前完成了 48 个自动气象站（国家基准气候站 13 个，国家基本气象站 34 个，国家一般气象站 1 个）的建设和业务运行，截至 2007 年底，全区累计完成 90 个自动站的建设任务，其中 87 个站列入 2007 年中国气象局的业务考核。

为完善自治区气象综合观测网，进一步提高中小尺度天气系统监测能力，至 2007 年底 383 个区域气象观测站实现业务运行，并列入当年中国气象局考核内容。

1990 年 1 月 1 日至 1992 年，按中国气象局要求对辐射站站类进行调整，全区共设置 8 个辐射观测站。除原有的东胜、二连浩特、海拉尔、通辽站外，依次增加了锡林浩特、索伦、额济纳旗和乌拉特中旗。其中额济纳旗站为太阳辐射一级站，观测项目有总辐射、散射辐射、直接辐射、反射辐射和净辐射；二连浩特、海拉尔为二级站，观测项目有总辐射和净辐射；乌拉特中旗、东胜、锡林浩特、通辽、索伦站为三级站，观测项目为总辐射。

二、基本气象观测业务

1. 观测规范

1996 年，中国气象局制定并颁发了《气象辐射观测方法》。从 1999 年开始，针对不同设备先后制定了《地面有线综合遥测气象仪（Ⅱ型）观测规范（试用本）》和《自动气象站地面气象观测规范（适用于 Milos500 型）》。

2003 年，中国气象局颁布新的《地面气象观测规范》。规定地面气象观测的基本任务、观测方法、技术要求以及观测记录的处理方法；各种自动化设备的具体安装、操作和维护以及地面气象测报业务软件的具体使用方法，成为现行的统一的观测规范。

2. 观测项目

自治区各地面气象观测台站均须观测的项目有云、能见度、天气现象、气压、空气温度和湿度、风向和风速、降水、日照、蒸发、地面温度、雪深；由国务院气象主管机构指定地面气象观测站观测的项目为：浅层和深层地温、冻土、电线积冰、辐射、地面状态。

3.观测时限、时次

根据《地面气象观测规范》（2003版）规定，国家基准气候站，每天进行人工定时气候观测24次，即每小时一次，自动定时气候观测24次，拍发天气报8次（02时，05时，08时，11时，14时，17时，20时，23时）。国家基本站，每天人工定时观测4次，人工辅助观测4次，自动定时气候观测24次，拍发天气报8次（02时，05时，08时，11时，14时，17时，20时，23时）。国家一般站，每天人工定时气候观测3次，自动定时观测24次，拍发天气报3次（08时，14时，20时）。至2007年底，内蒙古地区共有26个地面气象观测站参加全球气象情报资料交换；向军民航空部门和生产、科研基地拍发固定或预约航空天气报告的航空危险天气通报的气象台站42个；还有少数气象台站承担向水利、水电部门拍发水情报及国内、全球临时性的试验研究的观测、发报。

4.观测场地

根据《地面气象观测规范》中相关规定，地面气象观测场必须符合观测技术上的要求。

（1）环境条件要求

地面气象观测场是取得地面气象观测资料的主要场所，应设在能较好地反映本地较大范围的气象要素特点的地方，避免局部地形的影响。观测场四周必须空旷平坦。

地面气象观测场四周障碍物的影子应不会投射到日照和辐射观测仪器的受光面上，附近没有反射阳光强的物体。

在城市或工矿区，观测场应选择在城市或工矿区最多风向的上风方。

地面气象观测场的周围环境应符合《中华人民共和国气象法》以及有关气象观测环境保护的法规、规章和规范性文件的要求。

地面气象观测的环境必须依法进行保护。

地面气象观测场周围观测环境发生变化后要进行详细记录。

无人值守气象站和自动气象观测站的环境条件可根据设站的目的自行掌握。

（2）观测场

观测场一般为25米×25米的平整场地；需要安装辐射仪器的台站，可将观测场南边缘向南扩展10米。

要测定观测场的经纬度（精确到分）和海拔高度（精确到0.1米），其数据刻在观测场内固定标志上。

观测场四周一般应设置约1.2米高的稀疏围栏，场地应平整，保持有均匀草层（不长草的地区除外），草高不能超过20厘米。

为保持观测场地自然状态，场内铺设0.3~0.5米宽的小路（不得用沥青铺面）。根据场内仪器布设位置和线缆铺设需要，在小路下修建电缆沟（管）。

观测场的防雷设施必须符合气象行业规定的防雷技术标准的要求。

5.观测仪器

（1）地面气象观测仪器的一般要求

应具有国务院气象主管机构业务主管部门颁发的使用许可证，或经国务院气象主管机构业务主管部门审批同意用于观测业务。

准确度满足规定的要求。

可靠性高，保证获取的观测数据可信。

仪器结构简单、牢靠耐用，能维持长时间连续运行。

操作和维护方便，具有详细的技术及操作手册。

(2) 仪器安装要求（表 2-3-3）

表 2-3-3　仪器安装要求表

仪器	要求与允许误差范围	基准部位
干湿球温度表	高度 1.50 米　　±5 厘米	感应部分中心
最高温度表	高度 1.53 米　　±5 厘米	感应部分中心
最低温度表	高度 1.52 米　　±5 厘米	感应部分中心
温度计	高度 1.50 米　　±5 厘米	感应部分中部
湿度计	在温度计上层横隔板上	
毛发湿度表	上部固定在温度表支架上横梁上	
温湿度传感器	高度 1.50 米　　±5 厘米	感应部分中部
雨量器	高度 70 厘米　　±3 厘米	口缘
虹吸雨量计	仪器自身高度	
翻斗式遥测雨量计	仪器自身高度	
雨量传感器	高度不得低于 70 厘米	口缘
小型蒸发器	高度 70 厘米　　±3 厘米	口缘
E-601B 型蒸发器	高度 30 厘米　　±1 厘米	口缘
地面温度表（传感器）	感应部分和表身埋入土中一半	感应部分中心
草面温度传感器	离地面 6 厘米　　±1 厘米	感应部分中心
地面最高、最低温度表	感应部分和表身埋入土中一半	感应部分中心
曲管地温表（浅层地温传感器）	深度 5 厘米、10 厘米、15 厘米、20 厘米　　±1 厘米 倾斜角 45°　　±5°	感应部分中心 表身与地面
直管地温表（深层地温传感器）	深度 40 厘米、80 厘米　　±3 厘米 深度 160 厘米　　±5 厘米 深度 320 厘米　　±10 厘米	感应部分中心
冻土器	深度 50～350 厘米　　±3 厘米	内管零线
日照计（传感器）	高度以便于操作为准 维度以本站维度为准　　±0.5° 方位正北　　±5°	底座南北线
辐射表（传感器）	支架高度 1.50 米　　±10 厘米 直射、散射辐射表： 方位正北　　±0.25° 维度以本站维度为准　　±0.1°	支架安装面 底座南北线
风速器（传感器）	安装在观测场高 10～12 米	风杯中心

表2-3-3续

仪器	要求与允许误差范围	基准部位
风向器（传感器）	安装在观测场高10~12米 方位正南（北）　±5°	风标中心 方位指南（北）杆
电线积冰架	上导线高度220厘米　±5厘米	导线水平面
定槽水银气压表	高度以便于操作为准	水银槽盒中线
动槽水银气压表	高度以便于操作为准	象牙针尖
气压计（传感器）	高度以便于操作为准	感应部分中心
采集器箱	高度以便于操作为准	

（3）自动气象站技术性能要求（表2-3-4）

表2-3-4　自动气象站技术性能要求表

测量要素	测量范围	分辨力	准确度	平均时间	采样速率
气温	−50~+50℃	0.1℃	0.2℃	1分钟	6次/分钟
相对湿度	0~100%	1%	4%（≤80%） 8%（>80%）	1分钟	6次/分钟
气压	500~1100百帕	0.1百帕	0.3百帕	1分钟	6次/分钟
风向	0~360°	3°	5°	3秒 1分钟 2分钟 10分钟	1次/秒
风速	0~60米/秒	0.1米/秒	（0.5+0.03伏）米/秒 （0.3+0.03伏）米/秒（基准站）		
降水	雨强0~4毫米/min	0.1毫米	0.4毫米（≤10毫米） 4%（>10毫米）	累计	1次/分钟
日照	0~24小时	60秒	0.1小时	累计	
蒸发	0~100毫米	0.1毫米	1.5%	累计	
地温	−50~+80℃	0.1℃	0.5℃ 0.3℃（基准站）	1分钟	6次/分钟
总辐射	0~2000瓦/平方米	1瓦/平方米	5%	1分钟	6次/分钟
净全辐射	−200~1400瓦/平方米	1瓦/平方米	15%~20%	1分钟	6次/分钟
直接辐射表	0~2000瓦/平方米	1瓦/平方米	2%	1分钟	6次/分钟

三、自动气象观测

自动气象观测系统，从狭义上说是指自动气象站，从广义上说是指自动气象站网。自动气象站是一种能自动观测和存储气象观测数据的设备，可直接或在中心站编发气象报告，也可以按业务需求编制各类气象报表。自动气象站网是由一个中心站和若干个自动气象站通过通信电路组成的站网。

自动气象站由硬件和系统软件组成，硬件包括传感器、采集器、通信接口、系统电源、计算机等，系统软件有采集软件和地面测报业务软件。为了实现组网和远程监控，还须配置远程监控软件，将自动气象站与中心站联接形成自动气象观测系统。

自动气象观测站可以自动采集并存储气压、温度、湿度、风向、风速、雨量、蒸发量、日照、辐射、地温等全部或部分气象要素；按业务需求通过计算机输入人工观测数据，并编发各类气象报；按《地面气象观测数据文件和记录簿表格式》形成观测数据文件。

2003年自治区气象局下发《关于自动气象站业务运行有关问题的补充通知》，逐步推进地面气象观测自动化的进程，至2007年底，累计建设自动气象观测站90个，其中87个站列入中国气象局业务考核范围。

第三节 高空气象探测

一、高空气象探测站网

1988年全区共有探空观测站点12个，小球测风观测点7个，组成全区高空气象探测网。

1988年，自治区气象局调整全区经纬仪小球测风站点，撤销海力素、西乌旗经纬仪小球测风业务，保留鄂托克、朱日和、巴林左旗（林东）3处小球测风观测点为自治区级小球测风站点。新巴尔虎右旗（阿拉坦额莫勒）、那仁宝力格小球测风站点为国家高空探测网补充站，观测、发报、报送报表任务不变。1990年到1997年，自治区气象局又陆续对全区小球测风业务进行调整，相继撤销朱日和、巴林左旗（林东）、鄂托克旗、新巴尔虎右旗、那仁宝力格站小球测风业务。1998年，全区停止经纬仪小球测风业务。

截至2007年，全区共有12个高空气象探测站：海拉尔、索伦、通辽、赤峰、锡林浩特、二连浩特、东胜、临河、乌拉特中旗、额济纳旗、巴彦诺尔公、呼和浩特。

二、高空气象探测业务

1. 探测时次

无线电探空观测时间是每天02时、08时、14时、20时（北京时，下同），观测次数不等。1988年，自治区各探空站点每日需开展08时、20时两次高空气象综合探测业务。此外，个别站还需开展02时、14时雷达单测风业务。

全区小球测风站点每日开展2次（08时、20时）经纬仪小球测风业务。每次观测后须及时编发高空风气象电报，并按规定填报高空风记录月报表。

从1990年到1991年，自治区气象局相继撤销二连浩特、临河、海拉尔、赤峰、锡林浩特、额济纳旗等台站的14时（或02时）雷达单测风业务。调整后的1991年，全区12个探空站点每日只开展2次（08时、20时）高空气象综合探测业务。

2. 探测仪器

1988年，全区12个探空站均装备了59-701型高空气象探测系统，其中海拉尔安装使用701B型雷达，综合探测高空大气层的温、压、湿及风向风速。此外，探空测风记录整理实现了微机处理，3个台站实现由PC-1500袖珍式计算机发报，4站配备探空讯号自动收报系统。PC-1500计算机的使用，实现了资料处理和编制报文的半自动化，数据计算质量和时效都有明显提高。

进入20世纪90年代，为适应气象业务发展的需要，中国气象局将701型雷达升级、改造为701C型雷达。同时配备286微机终端自动处理系统，提高了数据处理的精度和时效，提高了系统的自动化程度。海拉尔、索伦、额济纳旗等探空站从1995年起陆续装备此型号雷达。

2001年，全区各探空站陆续开展PC-1500计算机换型工作，推广使用59-701微机版高空探测数据处理软件，全面提高了探测质量和探测精度。

2005年，根据中国气象局"大气监测自动化工程"项目安排，额济纳旗等站装备了L波段高空气象探测系统，该系统由GTS1型电子探空仪和L波段二次测风雷达配合使用，实现了自动跟踪和资料的自动处理。2007年，呼和浩特等4站使用升级改造的701C雷达-400 MHz电子探空仪系统开展高空气象探测业务。

截至2007年底，全区共有L波段探空站7个，701C-400 MHz探空站4个，59-701探空站1个。

三、天气雷达观测

1. 天气雷达探测网

1988年，内蒙古自治区有天气雷达站10处，组成全区天气雷达探测网。各地气象台根据雷达点编发的探测报告，绘制雷达回波拼图，在天气预报和生产建设服务中广泛使用。

20世纪末，根据中国气象局的新一代天气雷达网发展规划，自治区从2000年开始，陆续开展赤峰等新一代多普勒天气雷达站的站址勘选工作，标志着全区天气雷达站网建设进入一个崭新阶段。2003年12月，赤峰新一代天气雷达站通过现场安装验收，正式投入业务使用。到2007年，呼和浩特、海拉尔、鄂尔多斯、通辽等5个新一代天气雷达站相继建成并投入业务运行。2003—2007年又更新建设了乌兰浩特、乌海、临河、包头、巴彦浩特5个713C型数字化天气雷达站。锡林浩特为714CD型数字化雷达，集宁和自治区人工影响天气基地布设711天气雷达各1部。全区共布设13部不同型号的天气雷达，组成了天气雷达监测网。

2007年，全区有12个旗县安装配备了12部TWR01型小型天气雷达，用以监测当地天气。

2. 探测任务

数字化天气雷达站在汛期（5月1日至9月30日）每天6次（08时、11时、14时、17时、20时、23时）开机体扫观测，有天气系统时则需全天开机，严密监视天气过程。

新一代多普勒天气雷达在汛期观测时段内，全天连续立体扫描观测。非汛期时段内，每天从10时到15时进行连续观测。在雷达探测范围内，若发现天气系统，应开机进行连续观测直至天气过程结束。各雷达站可根据当地气象服务需求，增加观测时次或进行连续观测。

3. 探测资料传输

（1）常规数字化天气雷达传输内容

常规数字化天气雷达单站上传资料统一要求立体扫描观测模式，上传资料为：

上传文件名：CCYYGGgg.05V

其中，CC—发报站代码；

　　　YY—日期；

　　　GG—时间（北京时）；

　　　gg—分钟（正点观测时编报00，半点加密观测时编报30）；

　　　05—代表体积扫描观测模式最低仰角为0.5度；

　　　V—代表观测模式为体积扫描观测模式。

数字化天气雷达正式观测定在正点前45分开始，正点前5分钟采样结束并将体扫文件按命名规定发报。下面以早晨08时发报为例开机、监测、命名、发报时间如下。

07:15	开机预热
07:30	天气监测（监测方式自选）
07:46	体扫监测（生成体扫文件）
07:55	体扫文件命名、发报

有天气过程半点加密监测更名、发报时间如下。

08:16	体扫监测（生成体扫文件）
08:25	体扫文件命名、发报

(2) 新一代天气雷达传输内容

① 雷达 GIF 产品

已建成的新一代天气雷达站，非汛期每日 02:00—07:00（不含 07:00 时次），汛期每日 00:00—24:00（UTC）每小时向自治区气象局上传 5 类 GIF 产品。单站观测资料传输内容包括：基本反射率（R，19号产品）、多普勒速度（V，27 号产品），组合反射率（CR，37 号产品），垂直累积液态水含量（VIL，57 号产品）和一小时累积降水（OHP，78 号产品）。由雷达资料传输软件 TRAD 生成五个产品的传输文件，文件名为：

　　基本反射率　　　　　CCYYGGgg.ZP4
　　多普勒速度　　　　　CCYYGGgg.WP4
　　组合反射率　　　　　CCYYGGgg.XP4
　　垂直累积液态水含量　CCYYGGgg.VP4
　　一小时累积降水　　　CCYYGGgg.OP4

其中，CC—发报站代码；

　　　YY—日期；

　　　GG—时间（世界时）；

　　　gg—分钟（正点观测时编报 00）；

　　　Z，W，X，V，O—分别为五要素代码；

　　　P—PPI；

　　　4—为固定数字（表示最大显示距离 200～249 千米）。

② 雷达体扫 PUP 产品

要求各雷达站传输的雷达资料主要是：每次体扫（约 6 分钟 1 次）生成的雷达产品。具体传输内容如下：

表 2-3-5　雷达站传输资料表

产品名称	产品号	产品标识	分辨率（千米）	覆盖范围（极坐标，千米）（笛卡儿坐标，千米×千米）	仰角
基本反射率	19	R	1.0	230	0.5,1.5,2.4
	20	R	2.0	460	0.5,1.5,2.4
基本速度	26	V	0.5	115	0.5,1.5,2.4
	27	V	1.0	230	0.5,1.5,2.4
组合反射率	37	CR	1.0×1.0	230	
	38	CR	4.0×4.0	460	
回波顶	41	ET	4.0×4.0	230	
VAD 风廓线	48	VWP	2.0 米/秒	N/A	
弱回波区	53	WER	1.0	50×50	
风暴相对径向速度	56	SRM	1.0	230	
垂直累积液态水含量	57	VIL	4.0×4.0	230	
风暴追踪信息	58	STI	N/A	345	

表2-3-5续

产品名称	产品号	产品标识	分辨率（千米）	覆盖范围（极坐标,千米）（笛卡儿坐标,千米×千米）	仰角
中尺度气旋	60	M	N/A	230	
1小时降水	78	OHP	2.0	230	
3小时降水	79	THP	2.0	230	
风暴总降水	80	STP	2.0	230	
反射率等高面位置显示（CAPPI）	110	CAR	1.0	230	

③雷达基数据

从2007年6月1日00时（UTC，世界时）全区各新一代天气雷达站开始上传雷达基数据。雷达基数据传输文件命名规则如下：

Z_RADR_I_IIiii_yyyymmddhhMMss_O_DOR_雷达型号_扫描方式.bin.bz2

其中，Z：固定编码，表示国内交换文件；

　　　RADR：固定编码，表示雷达资料；

　　　I：表示后面为雷达站的区站号IIiii；

　　　IIiii：为雷达站的区站号；

　　　yyyymmddhhMMss：为体扫结束后文件生成时间（年、月、日、时、分、秒，用UTC世界时表示）；

　　　O：固定编码，表示观测资料；

　　　DOR：表示多普勒雷达；

　　　雷达型号：标识符见附表1；

　　　扫描方式：标识符见附表2；

　　　Bin：表示二进制文件；

　　　bz2：表示使用bzip2压缩后的文件。

④雷达监控数据文件

从2006年开始，全区各新一代天气雷达站开始上传雷达监控数据文件。监控数据文件由状态文件和报警文件两部分组成。在工作状态下，每个体扫都生成雷达监控数据文件。

多普勒雷达状态信息文件名定义：

Z_R_DWRN_SRSI_C5_IIiii_yyyyMMddhhmmss.bin

多普勒雷达报警文件名定义：

Z_A_DWRN_ALM_C5_IIiii_yyyyMMddhhmmss.bin

四、气象卫星云图和气象卫星遥感监测

1989年，自治区建立了静止卫星接收处理系统，2003年锡林郭勒、通辽、巴彦淖尔，2004年乌海，2005年呼和浩特、包头，2007年兴安盟先后建立了静止卫星中规模利用站，接收"风云二号"E星资料。20世纪90年代，极轨气象卫星资料接收、处理系统经过更新换代，不断优化，并可接收我国发射的气象卫星资料，使自治区卫星气象业务建设稳步发展。2000年兴安盟、巴彦淖尔，2003年锡林郭勒盟先后建立极轨卫星接收系统，接收"风云一号"D星和NOAA资料。2006年呼伦贝尔、兴安盟，2007年自治区气象台先后建立风云卫星数字广播系统。

2002年9月，自治区建成内蒙古第一套EOS卫星接收处理系统。EOS卫星系统具有图像分辨率高、定位精度高等特点，适合于进行大范围自然资源调查，以及对生态环境变化和自然灾害进行实时监测。接收处理的EOS卫星资料不仅可用于天气预报，而且可用于洪水、森林火灾、干旱、雪暴、沙尘暴等自然灾害的监测，对于草场植被、农作物的长势和估产，土地利用、农业区划、国土资源的调查及生态环境资源调查等方面都能够发挥积极作用。

第四节　生态与农牧业气象观测

一、生态与农牧业气象观测网

1989年，国家气象局下发《关于一级农业气象观测站网调整的通知》，确定内蒙古自治区额尔古纳市、鄂温克自治旗牧业气象试验站、扎兰屯市、突泉县、镶黄旗、固阳县、武川县、察哈尔右翼中旗、乌拉特前旗、土默特左旗、阿拉善盟牧业气象试验站、巴彦淖尔市牧业气象试验站、乌审召牧业气象试验站、准格尔旗、巴雅尔吐胡硕、锡林郭勒盟牧业气象试验站、通辽市、赤峰市、奈曼旗、太仆寺旗等20个站为国家一级农业气象观测站。国家二级农业气象观测站有4个，分别是开鲁、翁牛特旗、察哈尔右翼后旗和呼和浩特市蔬菜气象试验站（赛罕区气象局）。1995年，国家布点在锡林郭勒盟牧业气象试验站建设大型土壤水分蒸渗计，投入业务。

为贯彻落实中国气象局拓宽业务服务领域战略的重大举措，2004年3月，内蒙古自治区气象局先后下发《内蒙古气候生态环境监测系统总体方案》《内蒙古气候生态环境监测系统建设一期实施方案》等一系列文件，并于当年5月1日起，全区117个生态监测站正式开展气候生态环境监测业务。

至2007年底，全区有国家一级农业气象观测站20个，二级站4个，生态监测站117个，人工土壤水分观测点91个，组成全区生态气象观测网与农牧业气象观测网。

二、观测规范

1991年，国家气象局下发"关于下发气象旬（月）报电码（HD-03）的通知"，就制定的《气象旬（月）报电码（HD-03）》的内容和分发进行了说明。1991年4月18日，国家气象局下发《关于正式执行气象旬（月）报电码（HD-03）的通知》，决定自1991年7月11日起正式执行《气象旬（月）报电码（HD-03）》，停止执行原《气象旬（月）报电码（试行）（HD-02）》。

1991年6月17日，国家气象局下发《气象旬（月）报电码（HD-03）问题解答》，自治区气象局在转发国家气象局问题解答的同时，对发报的内容、发报的台站等进行了具体规定。

1994年，中国气象局下发《关于颁发执行农业气象观测规范的通知》，决定《农业气象观测规范》于1994年开始正式颁发执行，并就有关问题进行说明；自治区气象局同时对自然物候观测对象进行细化。同年中国气象局又下发《〈农业气象观测规范〉有关技术问题解答（第1号）》，对规范的部分内容进行了补充规定和更正。自治区气象局在1997年和2000年，下发两个《〈农业气象观测规范〉有关技术问题解答》。2004年，自治区气象局发文对新增土壤墒情监测的站点、监测频次等内容进行规定。2005年，自治区气象局又对AB报6段（地方补充段）的内容进行了规定。

2004年，自治区气象局印发《内蒙古气候生态环境监测系统建设一期实施方案》，规定了117个生态监测站的观测任务，并提出各项项目的观测规定。2004—2006年，自治区气象局对生态监测规范进行修改，下发两个生态监测业务技术问题解答，作为规范的补充。

三、观测项目

1993年，在中国气象局征求一级农业气象基本观测站任务调整意见和内蒙古自治区气象局反馈意见的基础上，确定全区20个一级农业气象基本观测站的观测任务。1998—2001年，个别台站调整了观测项目。截至2007年底，20个农牧业气象站观测任务，具体见表2-3-6。

2004年5月1日起，全区117个生态监测站正式开展气候生态环境监测业务。截至2007年底，各台站生态监测项目没有变化，具体内容见表2-3-7。

表 2-3-6　农牧业气象站观测任务表

盟市	序号	区站号	站名	级别	观测项目					
					小麦	玉米	大豆	物候	土壤湿度	其他
呼伦贝尔	1	50425	额尔古纳市	1				√	√	畜牧
	2	50525	鄂温克旗	1				√	√	畜牧
	3	50639	扎兰屯	1		春		√	√	马铃薯
兴安盟	4	50934	突泉	1		春		√	√	马铃薯、谷子
	5	50928	巴雅尔吐胡硕	1				√	√	畜牧
通辽	6	54134	开鲁	2	春	春		√	√	高粱
	7	54135	通辽	1	春	春		√	√	马铃薯
	8	54223	奈曼旗	1	春	春		√	√	马铃薯
赤峰	9	54213	翁牛特	2	春	春		√	√	马铃薯
	10	54218	赤峰	1	春	春		√	√	甜菜
锡林浩特	11	54102	锡林浩特	1				√	√	畜牧
	12	53289	镶黄旗	1				√	√	畜牧
	13	54305	太仆寺旗	1	春			√	√	莜麦、胡麻
乌兰察布	14	53384	察哈尔右翼后旗	2				√	√	畜牧
	15	53378	察哈尔右翼中旗	1	春			√	√	马铃薯、油菜
呼和浩特	16	53368	武川	1	春			√	√	莜麦、马铃薯
	17	53466	呼和浩特市蔬菜气象试验站	2				√	√	大白菜、甘蓝、番茄
	18	53464	土默特左旗	1	春	春		√	√	高粱
包头	19	53357	固阳	1	春			√	√	马铃薯
鄂尔多斯	20	53553	准格尔旗	1		春		√	√	马铃薯、糜子
	21	53547	乌审召	1				√	√	畜牧
巴彦淖尔	22	53513	临河	1	春	春		√	√	甜菜
	23	53433	乌拉特前旗	1	春			√	√	甜菜、向日葵
阿拉善	24	53505	阿拉善盟吉井滩	1				√	√	畜牧

表 2-3-7 内蒙古自治区气候生态环境监测台站布局及任务分解表

盟市气象局	台站	站号	降水化学成分	水体	土壤水分	干土层	降水渗透深度	土壤冻结和解冻	土壤肥力	土壤盐碱成分	土壤含沙量	流动沙丘移动	风蚀度	特种沙尘天气	牧草发育期	牧草生长高度	牧草盖度	地上生物量	营养成分	优势牧草比例	放牧强度	草场生物多样性	作物生物发育	森林可燃物	生态环境要素	太阳辐射	风沙源治理区
呼伦贝尔市	根河	50431			√	√	√	√																	√			
	鄂伦春	50445			√	√	√	√																	√			
	图里河	50434				√	√	√																				
	额市	50425			√	√	√	√	√						√	√	√	√	√	√							
	满洲里	50514	√		√	√	√	√	√						√	√	√	√									
	陈旗	50524			√	√	√	√	√					√	√	√	√	√									
	牙克石	50526			√	√	√	√																	√			
	海拉尔	50527																										√
	小二沟	50548				√	√	√																				
	鄂温克	50525			√	√		√							√	√	√	√									
	博克图	50632																										
	西新巴旗	50603			√	√	√	√						√	√	√	√	√									
	莫旗	50645			√	√	√		√															√				
	东新巴旗	50618			√	√	√	√						√	√	√	√	√	√								
	阿荣旗	50647			√	√	√		√															√				
	扎兰屯	50639			√	√	√		√															√				
兴安盟	阿尔山	50727			√	√	√																	√	√			
	胡尔勒	50832				√	√																					
	扎旗	50833			√	√	√		√						√	√	√	√	√	√							
	索伦	50834				√	√																				√	
	前旗	50838			√	√	√							√										√				
	突泉	50934			√	√	√		√															√				
	科右中旗	50937			√	√	√		√					√										√				
	高力板	54031				√	√	√																				

表2-3-7续

盟市气象局	台站	站号	降水化学成分	土壤水分	干土层	降水渗透深度	土壤冻结和解冻	土壤肥力	土壤盐碱成分	土壤含沙量	流动沙丘移动	风蚀度	特种沙尘天气	牧草发育期	牧草生长高度	牧草盖度	地上生物量	营养牧草成分	优势牧草比例	放牧强度	草场生物多样性	作物生长发育	森林可燃物	生态环境要素	太阳辐射	风沙源治理区
通辽市	霍林郭勒	50924		√	√	√	√	√					√	√	√	√	√	√	√	√						
	巴雅尔	50928		√	√	√	√						√	√	√	√	√	√	√	√						
	扎鲁特	54026		√	√	√	√	√														√				
	科尔沁左翼中旗	54047		√	√	√	√	√														√				
	舍伯吐	54039			√	√	√																			
	开鲁	54134		√	√	√	√															√				
	科尔沁区	54135		√	√	√	√						√									√			√	
	科尔沁左翼后旗	54231		√	√	√	√	√				√		√	√	√	√	√	√							
	奈曼	54223		√	√	√	√															√				
	库伦	54234		√	√	√	√				√	√														
	青龙山	54132																								
赤峰	浩尔吐	54024																								
	巴林左旗	54027		√	√	√	√						√	√	√	√	√	√	√	√						√
	阿旗	54122		√	√	√	√						√	√	√	√	√	√	√	√						√
	林西县	54115		√	√	√	√						√									√				
	巴林右旗	54113		√	√	√	√						√	√	√	√	√	√	√							
	克什克腾	54117	√	√	√	√	√						√	√	√	√	√	√	√							
	翁牛特旗	54213		√	√			√					√									√				√
	岗子	54214		√	√																					
	宝国吐	54226		√	√																					
	敖汉旗	54225		√	√	√	√						√	√	√	√	√	√	√							√
	赤峰松山	54218		√	√	√	√	√														√				√
	喀喇沁旗	54313		√	√	√	√						√									√				√
	宁城县	54320		√	√	√	√	√					√									√				√
	八里罕	54316			√	√	√																			

表2-3-7续

盟市气象局	台站	站号	降水化学成分	土壤水分	干土层	降水渗透深度	土壤冻结和解冻	土壤肥力	土壤盐碱成分	土壤含沙量	流动沙丘移动	风蚀度	特种沙尘天气	牧草发育期	牧草生长高度	牧草盖度	地上生物量	营养成分	优势牧草比例	放牧强度	草场生物多样性	作物生长发育	森林可燃物	生态环境要素	太阳辐射	风沙源治理区
锡林郭勒盟	乌拉盖	50913		√	√	√	√	√					√	√	√	√	√	√	√	√						√
	东乌	50915		√	√	√	√						√	√	√	√	√	√	√	√						√
	那仁	53083		√	√	√							√														
	西乌	54012		√	√	√							√	√	√	√	√	√	√							√
	阿巴嘎旗	53192		√	√	√																					
	牧试站	54102		√	√	√							√	√	√	√	√	√	√	√				√	√	
	东苏旗	53195																									
	二连浩特	53068		√	√	√																				√	√
	西苏旗	53272		√	√	√																					
	朱日和	53276	√										√														
	正镶白旗	54204		√	√	√							√														√
	镶黄旗	53289		√	√	√							√														√
	正蓝旗	54205		√	√	√					√	√															√
	多伦县	54208		√	√	√																					√
	太仆寺旗	54305		√	√	√							√														√
乌兰察布	化德	53391		√	√	√							√														√
	商都	53385		√	√	√							√														√
	四子王	53362		√	√	√							√														√
	察右后旗	53384		√	√	√							√														√
	察右中旗	53378		√	√	√							√	√	√	√	√	√	√	√							
	集宁	53480			√	√	√																				
	兴和	53483		√	√	√							√											√			√
	卓资	53472		√	√	√																			√			
	察右前旗	53481		√	√	√																						√
	凉城	53475		√	√	√																			√			
	丰镇	53484		√	√	√							√	√	√	√	√	√	√								√

表2-3-7续

盟市气象局	台站	站号	降水化学成分	水体	土壤水分	干土层	降水渗透深度	土壤冻结和解冻	土壤肥力	土壤盐碱成分	土壤含沙量	流动沙丘移动	风蚀度	特种沙尘天气	牧草发育期	牧草生长高度	牧草盖度	地上生物量	营养成分	优势牧草比例	放牧强度	草场生物多样性	作物生长发育	森林可燃物	生态环境要素	太阳辐射	风沙源治理区
呼和浩特	武川县	53368			√	√	√	√																√				
	蔬菜站	53466			√	√	√																	√				
	土左旗	53464			√	√	√			√														√				
	和林县	53469			√	√	√																						
	托县	53467			√	√	√			√																		
	清水河县	53562												√									√				
包头	满都拉	53149												√														
	白云鄂博	53343			√	√																						
	达茂旗	53352			√	√	√	√					√		√	√	√	√	√	√	√						√
	希拉穆仁	53367			√	√																						
	固阳县	53357			√	√	√																	√				
	包头市	53446			√	√	√																					
	土右旗	53455			√	√	√			√														√				
	达拉特旗	53457			√	√	√			√														√				
	伊克乌素	53522				√	√	√																					
	准格尔旗	53553			√	√	√																	√				
鄂尔多斯	杭锦旗	53533			√	√	√	√		√	√		√		√	√	√	√	√	√							
	东胜	53543			√	√	√						√														√	
	伊旗	53545			√	√	√																	√				
	乌审召	53547			√	√	√			√					√	√	√											
	鄂托克旗	53529			√	√	√																					
	乌审旗	53644					√			√	√		√															
	鄂前旗	53730			√	√	√																					
	河南	53732			√	√	√																					

表2-3-7续

盟市气象局	台站	站号	降水化学成分	水体	土壤水分	干土层	降水渗透深度	土壤冻结和解冻	土壤肥力	土壤盐碱成分	土壤含沙量	流动沙丘移动	风蚀度	特种沙尘天气	牧草发育期	牧草生长高度	牧草盖度	地上生物量	营养成分	优势牧草比例	放牧强度	草场生物多样性	作物生长发育	森林可燃物	生态环境要素	太阳辐射	风沙源治理区
巴彦淖尔	乌中旗	53336		✓	✓	✓	✓	✓						✓	✓	✓	✓	✓	✓	✓	✓						✓	
	海力素	53231			✓	✓	✓																					
	五原	53337			✓	✓	✓		✓																✓			
	乌后旗	53324			✓	✓	✓	✓					✓		✓													
	大佘太	53348																										
	杭锦后旗	53420			✓	✓	✓																		✓			
	农试站	53513																										
	乌前旗	53433																										
	磴口	53419			✓	✓	✓				✓	✓													✓			
阿拉善盟	额济纳旗	52267	✓		✓	✓	✓	✓						✓	✓	✓	✓	✓	✓	✓	✓	✓					✓	
	拐子湖	52378			✓	✓							✓															
	诺尔公	52495			✓	✓																						
	吉兰泰	53502			✓	✓																						
	乌斯太	52607			✓	✓																						
	中泉子	52575			✓	✓																						
	阿右旗	52576			✓	✓	✓	✓						✓	✓	✓	✓	✓	✓	✓	✓							
	阿左旗	53602	✓																									
	李井滩	53505																								✓		
	乌海	53512			✓	✓								✓		✓												
	呼和浩特	53463	✓											✓														

第五节 特种气象观测

一、太阳辐射观测

2007年，全国气象系统第一个基准辐射站在锡林浩特国家气候观象台建成。该站采用国际BSRN（地面辐射基准站）通用的荷兰Kipp & Zonen设备，其中包括太阳总辐射、反射短波辐射、地球长波辐射、光合有效辐射、散射辐射、紫外辐射、大气长波辐射、太阳直接辐射等辐射测量表。2007年6月，基准辐射站开始试验观测。

二、酸雨观测

20世纪80年代初开始，中国气象局就将酸雨观测正式列为气象台站观测项目。1989、1992、1993年，中国气象局分别在朱日和、呼和浩特和阿拉善左旗布设了酸雨观测站点。2005年，新增锡林浩特、乌拉特中旗、乌兰浩特、满洲里和通辽五个酸雨观测站。酸雨观测的项目有降水样品的pH值和电导率。

三、紫外线观测

2000年内蒙古气象科技开发中心在呼和浩特安装紫外线强度观测仪，开始对紫外线辐射量进行观测。

四、沙尘暴观测

2003年在额济纳旗、乌拉特中旗、东胜、锡林浩特建成沙尘暴观测站，2004年3月开始业务运行。朱日和、通辽作为中韩沙尘暴联合监测一期项目建设台站，2003年底开始建设，2005年10月正式上传数据。赤峰、二连浩特为中韩联合沙尘暴监测二期项目建设台站，2007年3月建成，2008年1月投入正式运行。

沙尘暴观测的项目有大气气溶胶光学厚度、PM_{10}（粒径小于10微米的颗粒物质量浓度）、气溶胶散射系数、大气光学能见度、近地面层气象要素、地表土壤水分、大气总悬浮颗粒物浓度、干沉降、气溶胶$PM_{10}/PM_{2.5}/PM_{1.0}$质量浓度和数浓度等。

2005年，建成额济纳、朱日和、锡林浩特和通辽4个大气成分观测站，2006年1月10日，开始观测资料的试传输。大气成分站观测的项目是黑炭气溶胶吸收特性。

五、闪电定位监测

2004年9月至2005年，在呼伦贝尔市牛耳河、莫尔道嘎、满归建成3个闪电定位监测站，实现对云地闪的实时、自动监测。2006年至2007年8月，在呼伦贝尔市1409高地、达赖岭、新乌玛又建成3个闪电定位监测站，中心站在海拉尔。

第四章 气象信息网络

第一节 气象信息网络业务发展

1988年，引进和开发了二十四路微机转报系统，与部分盟市气象台及民航、邮电等有关单位连接，实现了自动实时气象信息，气象资料电报的收集、汇总、选站、转发业务处理。

1989年，内蒙古自治区气象台至北京气象中心实时资料库的高速数传"三报一话"电路准业务化运行，电路的开通增加了通信接收处理能力，天气预报信息量增加，除接收常规实时资料外，还可以接收北京、日本和欧洲的数值预报业务产品。

1990—1995年，内蒙古自治区气象通信台（原为内蒙古自治区气象通信中心）将始建于1985年依赖于三条报路一条话路进行有线通信传输的"三报一话"气象通信系统进行升级改造，升级后报路速率由原来的75波特提升至300波特，形成了一条报路和一条话路（简称"一报一话"）的气象通信系统，系统仍保持原有的"三报一话"业务功能。

1990年，在额济纳旗、拐子湖、满都拉、那仁宝力格、宝国图、索伦等气象台站建成短波单边带低速数据通信网，取代了短波莫尔斯电台发报。1992年1月1日海力素、巴彦毛道两气象站分别变更发报路由，海力素气象站脱离兰州网，转入呼和浩特气象单边带数传网发报。巴彦毛道气象站自设单边带电台，各类气象报改由兰州气象单边带数传网发报。1992年6月，鄂托克气象局由原经邮局传递发报，改由单边带口传发报。1998年，对现有单边带数传网布点进行调整，建成了以呼和浩特、海拉尔、赤峰、锡林浩特、巴彦浩特5个数传主站，34个旗县和旗县以下国家基准、基本发报站为属台的无线短波单边带数传网络。2004年，无线短波单边带网络成为数字宽带气象通信网络的备份网络。

1993—1997年，自治区气象通信台引进了VAX4200小型计算机系统，建成了基于DECnet网络，以小型计算机为核心，与转报系统、内部预报工作站、卫星云图、雷达探测等业务系统连接的内部气象通信网络系统。作为网络远程终端，通过专线构成与国家气象中心的广域计算机通信网络。同时，对下与各盟市气象台经微波电路组成自治区计算机远程通信网。建立了包括常规报、格点报、数值预报产品、T6编码传真、卫星云图、雷达图像资料以及内蒙古自治区气象台预报指导产品为主要内容的实时资料库，为系统内用户提供各类气象资料信息服务。期间引进了VAX3400小型计算机系统，作为VAX4200小型机业务系统的备份系统。

1995年，自治区气象通信台研发了"全区气象实时业务监视系统"并投入业务运行，实现了对大气监测业务、气象信息网络实时业务、气象服务情况、气候业务、农业气象业务等的监视。

1996年，租用内蒙古网通公司分组交换网专线，采用天津六合网卡，通过X.25通信协议，建成了连接12个盟市气象局的气象专用网，实现了与国家气象中心的高速互连，实时传输效率提升至9600bps。1997—1999年，按照中国气象局统一部署，自治区气象局建成了由1个自治区级站、11个盟市级站和93个单向接收站（PCVSAT）组成的全区气象卫星综合应用业务系统（简称"9210工程"），构成了以卫星通信为主，地面通信为辅的新一代气象通信网和计算机信息处理系统。建立了存储地面常规资料、GRIB格点资料、气候资料、卫星资料、气象预报、传真、云图等信息的分级分布式数据库。实现了全区气象观测资料收集、气象资料及加工产品管理、气象数据分发及信息交换、气象产品图形图像处理及显示、内部网络监控，以及与全国气象系统进行语音、数据传输、数据广播等多种通信业务。

1998—1999年，进行了全区气象通信系统地面分组交换网备份建设。自治区气象通信台采用博达3000设备和NETSERVER拨号服务器设备作为拨号路由器，租用11条电话线路，利用PSTN电话网建成了全区气象通信拨号网络。全区有电话线接入的气象台站，通过本地计算机实现与自治区气象通信台远程拨号联网。

1998—2004年，对全区分组交换气象通信网络系统进行了升级改造，自治区气象通信台和各盟市气象局分组交换网接入设备升级为博达3000，同时支持计算机远程电话拨号连接。对已开通分组交换网的旗县及旗县以下气象台站，采用X.28协议、天津六合网卡接入设备与所属盟市气象局连接，调整了全区气象通信系统广域网结构，规范了广域网模式，统一了通信环境，使全区气象通信专用网实现以分组交换网为主，电话拨号为辅的方式进行实时和非实时气象信息传输，传输速率由9600位/秒提速到64000位/秒。

2000年，"9210工程"正式投入业务运行。同年，对"9210工程"程控交换机子系统进行了升级改造，扩大了程控交换机的容量，为气象业务提供了更好的语音服务。同年，由于自治区气象局将地面分组交换网作为9210系统的备份线路，于8月31日00时（国际时）撤消自治区气象通信台至北京的地面专线电路。

2004年上半年，租用内蒙古自治区网通公司光缆线路，建成了由1个自治区级、12个盟市气象局、105个旗县气象台站和中部人工增雨基地组成的2兆位/秒SDH全区数字宽带气象通信网络（呼和浩特市气象局为8兆位/秒）。海力素气象站和那仁宝力格气象站采用微波扩频技术接入到该网络之中。依托于数字宽带气象通信网络，建成了集全区气象信息传输业务、Voip电话语音通信业务为一体的全区数字宽带网络气象通信业务系统。

2005年，基于数字宽带网络气象通信业务系统，实现了全区天气雷达信息资源共享和新一代天气雷达资料的接收、存储和处理等业务。7月，自治区气象局总机业务进行升级改造，全区Voip语音网实现了与自治区气象局电话程控交换机的互联互通。12月，完成至中国气象局2兆位/秒SDH数字宽带气象通信网络的建设任务，2006年1月，将9210系统通信传输功能（FTP业务）切换到宽带网络系统中，2006年6月，将宽带电路带宽提高到6兆位/秒。

2007年4月，与北京区域中心开通了连接区域内各省（自治区、直辖市）的2兆位/秒SDH宽带网络，实现了区域内5个省（自治区、直辖市）气象局的互联互通。

第二节　气象信息网络系统

一、卫星通信

由于气象事业的发展，需要交换、传输的气象信息以十几倍的速度增长，气象通信成为气象业发展的瓶颈。因此，国家计委在1992年10月批准中国气象局建设《气象卫星综合应用业务系统》，简称"9210工程"。气象卫星综合应用业务系统是新一代气象通信网建设和计算机信息处理系统建设的有机结合。新一代气象通信网是以卫星通信为主，地面通信为辅的综合通信网。由设置在北京的中国气象局一个通信主站、区域及省级站、三百多个地（市）级站以及一千多个单收站组成的覆盖全国气象部门的数据/话音卫星通信专用网。1999年，内蒙古自治区气象局按照中国气象局统一部署，完成了由1个自治区级站、11个盟市级站和93个单向接收站（PCVSAT）组成的全区气象卫星综合应用业务系统（简称"9210工程"）建设任务，2000年正式投入业务运行。

2005年4月，海力素、拐子湖两个边远艰苦通信条件极差的气象站安装完成地面卫星小站，通过DCP气象卫星数据通信系统实现了自动站数据直接向国家气象信息中心传输。

2005年6月，自治区气象信息中心完成省级DVB-S系统的安装，进入系统业务试运行。2007年5月，完成自治区盟市级DVB-S系统建设任务，并投入业务试运行。根据中国气象局统一安排，同年7月1日，系统开始接收"风云二号"C星卫星产品。

2007年6月1日，实现了"风云二号"C星、D星气象卫星实时圆盘图和其他卫星资料实时广播分发。通过该系统实现了多普勒雷达6分钟一次的14种产品、各省份区域自动气象站和自动雨量站观测资料的省际共享，系统24小时运行，每日播发资料的数据信息量达40吉字节。

二、计算机网络系统

计算机网络系统是利用通信设备和线路将地理位置不同、功能独立的多个计算机系统互联起来,以功能完善的网络软件实现网络中资源共享和信息传递的系统。通过计算机网络可以实现资源共享、数据通信、远程传输、集中管理、实现分布式处理、负荷均衡等功能。

1.局域网

1994年,内蒙古自治区气象局通信台VAX4200小型机业务系统正式投入准业务运行,构建以VAX4200为核心的DECnet网。

1997年12月16日,内蒙古自治区气象局下达《组织实施旗县级以下国家发报站气象信息网络系统建设》的通知。

1998年,对内蒙古自治区气象局内部网络进行了升级改造,将细缆连接的DECnet网络升级改造为双绞线连接、以TCP/IP为协议的交换式以太网网络结构。一级辅助气象通信网传输业务大部分改由计算机网络承担,并与气象卫星综合应用业务系统接轨。7月1日起撤销一级辅助气象通信网。

2001年,对自治区气象局局内部网络进行升级改造,在升级内部网核心交换机设备的同时,实现了各个业务单位的网段隔离,提升了网络安全系数,使内部网络环境成为以三层交换机为核心的高速、安全、稳定的交换式以太网。

2005年,内蒙古自治区气象局内部网核心交换机升级,由cisco3550替代cisco2498,同时做本地优化,使内部网络交换性能得到了提高。

2.广域网

1996年,租用内蒙古网通公司分组交换网专线,采用天津六合网卡,通过X.25通信协议,建成了连接12个盟市气象局的气象专用网,实现了与国家气象中心的高速互连,实时传输效率提升至9600位/秒。1999年,进行全区X.25升级工作。

1997—1999年,"9210工程"通过卫星通信网将全国各省(自治区、直辖市)以及内蒙古自治区的各盟市连成一个集中控制、分级管理的计算机广域网。

2005年12月,完成至中国气象局2兆位/秒SDH数字宽带气象通信网络的建设任务。

2006年1月,将9210系统通信传输功能(FTP业务)切换到宽带网络系统中。6月,将宽带电路带宽提高到6兆位/秒。

2007年4月,与北京区域中心开通了连接区域内各省的2兆位/秒SDH宽带网络,实现了华北气象区域内5个省、直辖市、自治区气象局的互联互通。同年,与中国民用航空局空中交通管理局开通2兆位/秒SDH链路,提供信息共享服务。

3.互联网

2001年8—11月,完成自治区气象系统区、盟、旗县三级NOTES办公自动化系统建设,通过和中国气象局CMA域附加服务器间的交叉认证实现了同中国气象局办公自动化系统间的连接及用户间邮件信息的传递。内蒙古自治区成为全国气象系统最早建立连接到旗县的省级办公NOTES自动化系统的省份。

2003年6月,采用ADSL技术+代理服务器软件管理方案实现气象台与互联网络的连接和管理。2006年,通过netscreen防火墙实现区局内部网100兆位/秒互联网接入。

2005年7月1日,全国气象视频会议/会商系统内蒙古自治区分系统建成并投入业务应用。系统采用Tendburg 2500作为视频终端设备,通过与中国气象局间的广域宽带SDH链路传输信息,以DVB-S系统作为备份系统。通过该系统实现了由国家气象信息中心组织进行的全国远程会议、会商和培训。

2007年5月,利用Tendburg 2500作为视频终端设备,通过与北京区域中心的2兆位/秒SDH链路,开通了北京区域中心各省间的视频会议/会商系统。

2006年11月,开始建设视频会议室,12月30日建设完成。12月31日第一次全区气象系统视频会议顺利召开。系统选用鼎视通DST MCS 4060 MCU以及DST KYLIN 60视频终端作为主要设备,通过全区SDH气象宽带网传输信息。视频会议室的建成,实现了自治区与盟市气象局视频会议/会商功能。同时，实现了盟市气象局与中国气象局视频会议/会商系统的对接，为下一步向旗县、台站延伸奠定了基础。

2007年2月1日，赤峰市气象局率先开展视频系统建设，2月10日建成。6月初，鄂尔多斯市气象局视频系统开始建设，6月14日建成。8月3日，内蒙古自治区中部降雨基地建成视频会议/会商系统。在内蒙古自治区成立60周年大庆期间，该视频会商系统为保障人工增雨、消雨作业发挥了重要作用。9月1日，通辽市气象局视频系统开始建设，9月5日建成。

第三节　气象信息处理

一、信息存储

1988—2007年，文件的转发以微机转报系统、VAX系列小型机、"9210工程"Alpha2000小型机、PCVSAT系统、DVB-S系统以及为核心，通过网络环境实现上下行报文件转发和处理。

1994—1998年，随着内蒙古自治区气象局内部计算机网络的建设，形成了以文件服务器文件存储和共享中心的信息共享形式。

2004年，自治区级文件服务器升级，由原来的百兆传输速率升至千兆速率，存储空间由原来的2G提高到80G。

二、DAS（Direct Attached Storage）开放系统的直连式存储使用

1997—1999年，随着"9210工程"的建设，以及后续2003—2004年自动站中心站的建设以及2007—2008年北京气象区域文件共享项目的建设，磁盘阵列作为存储大容量数据信息的存储介质被采用，磁盘阵列资源依托于文件服务器以及网络共享给网络授权用户。

2006—2007年，完成对华为IX1000存储设备的安装、配置、运行，并投入业务使用。通过IP SAN和NAS技术实现了同WINDOWS操作系统、SUSELINUX操作系统逻辑卷的挂接以及存储资源的网络共享。

第四节　气象信息传输业务质量

1988年，内蒙古自治区气象信息中心除完成常规任务外，汛期还承担了大量临时增加的工作。仅华北地区暴雨试验一项任务就转发各种指令287站次。全年质量实现了中心提出的"稳中求进"。其中电传收报及时率达到了99.22%；发报质量33518∶1，传真收图10911张，合格图占99.1%。

接收各类气象预报电报5300余份，行政电报321份，未发生违反通信规则、通信纪律情况。

1989年，各项常规业务质量全部达到规定要求，其中辅助通信网收发各种预报3960份，雨情、火情、航危、旬月报等业务、行政公电4722份，抄收小图报5495份，无错情。报务收报573033站，缺报率0.07%；发报质量为247267∶1。及时率达到99.8%。键盘操作错码率0.004%。传真收图9473张，缺图35张，不合格图占0.75%。机务设备完好率达96.4%，下机率为2.2%。

1990年，各项常规业务质量均达到规定要求。报务组发报是711358∶1。收报时效为99.8%。传真收图9671张，合格率99.58%。机务设备、机线设备完好率达100%，下机率为0%，线路阻断率1.2%，微机转报系统及线路保障率99%以上。收发天气预报、情报等6813份，人工降雨通话及发航报1050次，收小图报共9280站，逾限占0.08%，缺报占0.05%。

1991年，内蒙古自治区气象局直属机构调整后，业务任务由原来的7项增为12项。微机收报558666∶0。键盘发报634212∶0。辅助通信网收报8914站，逾限0.04%，缺报0.03%，发预报、电报、通知、文件4159份，无差错。传真收图10148张，一类图9706张，占95.6%；二类图388张，占3.8%；不合格图29张，占0.3%；缺图25张，占0.2%。机器、设备完好率100%。长途线路阻断率1.2%，挂发长途电话7128次，接转逾万次无差错。

1992年，收报451411份，发报5715543份，填图高空地面共1260000份，无责任性事故和大、中

错情。网络收小图报8236站（份），逾限0.03%，缺报0.08%，接转6个通报站各类电报共49652份，逾限0.005%。通信、机线设备完好率100%，下机率0%。接转长途电话13000余次，基本保证了电话线路的畅通无阻。

1993年，收报522578份无错情，发报656850份无错情。网络收小图报8378站，逾限98站，缺报438站，逾限0.01%，缺报占0.05%。

1994年，基本杜绝较大责任性事故的发生。转发各类电报106179份，及时报率平均为97.67%。其中无线数传网络转发各类电报65638份，及时报率平均为97.74%，实际传输率达99.7%。辅助通信网收转各类电报14280份，实际传输率达91.9%。微波数传网络（包括本站）转发各类电报76761份，及时报率平均为97.6%，实际传输率为63.4%。

1995年，数据传输收报573144站，发转报43463站均无错情。填图按时出图，无人为责任性错情。挂发长途电话3888次，转接电话10万余次，汛期利用全区气象微波线路召开了4各盟市气象台的电话会议和预报会商。无线转报收报81041份，发报121516份，错报率0.9%。通信设备完好，通信畅通。

1996年，数据传输发、转报各类电报共85040份，传递时效上无人误发。无线转报收转电报67964份，及时率99.14%，错情率为67964∶0。抄收天气预报5000余份，小图报2000余份和大量情报，无任何责任性事故。

1997年，无线转报转各类电报72418份，及时率达到99%，6人次达到百班无错情，4人次达到250班无错情。网络通信科报务总发报52577份，及时报占97.96%。填高空图2190张，地面图1460张，区域小图365张。300班无错情和200班次无错情各1人。

1998年，网络通信收发报52601份，及时报52134份，占99.11%，达到中国家局指标。填图地面图1460张，高空图2190张，区域图365张，均为合格。无线转报收发电报报69677份，及时报达99%。抄收预报2140份，转发各种情报、危险报、土壤报等上千份，无任何责任性事故，受到各属台好评。

1999年，网络收发报138469份，及时报136668份，占98.7%。收报89468份，发报132173份及若干份危险报，及时率达99.1%。无人为缺、漏、错报等现象。

2000年，网络收发报180129份，及时报179083份。向邮局发航空报121600份，发预报426份，准确无误。无线转报全年共收报191238份，及时报率99.9%；发报290000份，及时报率99.93%。

2001年，收发报53216份，及时报52744份，占99.11%。无线转报收发报102119份，及时报率达99.9%。发航空报127385份，发危险报、重要天气报500份左右，准确无误。

2002年，网络通信收、转、发各类气象报308060份，及时报率99.63%，无缺报、漏报。无线转报收报105526份，发报170815份，及时报率99.98%。接收危险报等540份，转发危险报等1300份，及时率为99.5%，均达到中国气象局规定的质量标准。

2003年，各类气象发报台站共计发报279590份，及时率99.72%，无缺报。其中，国家基本发报站发报169760份，及时率99.87%，无缺报。一般站发报109830份，及时率99.49%，无缺报。

2004年，国家基本发报站应发150492份，及时报率99.87%，一般发报站应发129852份，及时报129571份，及时报率99.78%，无缺报。其中，全球信息交换发报及时率100%。

2005年，各类气象发报台站发报279626份，及时率99.85%，无缺报。本年度常规气象报传输时效质量比上年度提高0.02个百分点，且实现全年无缺报，创历史最高水平。

根据北京气象中心公布的监控统计记录，全区参加全球交换发报台站发报4716份，及时率98%，无缺报。5月至11月，69个自动站应上传文件354384份，上传及时率93.36%。6个沙尘暴观测站应上传各类文件共77794份，上传及时率92.74%。其中，朱日和站及时率达97.6%。

2006年，各类气象发报台站发报336225份，及时率99.89%，错报率为0.04%，实现常规地面、高空报全年无缺报。

全球交换发报台站发报1904份，及时率99.89%，无缺报。

70个自动站应上传文件409920份，上传及时率99.10%。6个沙尘暴观测站应上传各类文件共89010份，上传及时率99.53%。缺报率0.21%。

4个大气成分观测站应上传黑炭气溶胶观测资料共23424份，上传及时率99.37%。3个站酸雨观测资料传输及时率均为100%。全区4部新一代天气雷达应上传拼图产品文件44160份，上传及时率71.57%。14个自动土壤水分站应上传观测资料13664份，及时率98.20%。

2007年，全区气象台站共拍发各类常规气象报353313份，及时报率99.96%，无缺报，在达到中国气象局规定的"及时报率98%以上"。26个全球交换发报台站共发报1813份，及时报率达到100%，时效质量达到中国气象局规定的"及时报率99%以上，且无缺报"的满分考核标准。全区气象台站共编发城镇预报64240份，及时报率99.73%，达到中国气象局规定的及时报率98%以上的满分考核标准。87个部自动站应上传观测资料574200份，上传及时率98.56%，达到中国气象局规定的及时率96%以上的满分考核标准。沙尘暴观测期应上传观测资料54710份，上传及时率99.15%，缺报率0.73%。全区沙尘暴非观测期应上传各类观测资料72332份，上传及时率99.63%。达到中国气象局规定的沙尘暴观测期及时率90%以上、非观测期及时率80%以上的满分考核标准，上传平均及时率居全国第二位。4个大气成分观测站上传黑炭气溶胶观测资料35040份，到报率99.09%，达到中国气象局规定的到报率96%以上的满分考核标准，居全国第三位。8个酸雨观测站共上传数据文件2920份，及时率99.97%，缺报率0.03%，达到中国气象局规定的传输及时率96%以上的满分考核标准。4部新一代天气雷达应上传拼图产品文件59460份，上传及时率97.26%，传输及时率比上年度提高26个百分点，达到中国气象局规定的及时率96%以上的满分考核标准。呼伦贝尔市闪电定位站共上传观测资料17568份，及时率99.21%，达到中国气象局规定的传输及时率96%以上的满分考核标准。5月至9月，全区383个区域自动气象站共上传观测资料1406376份，传输到报率为66.38%，未达到中国气象局规定的传输到报率80%以上的满分考核标准。

第五节　气象信息网络保障

1988—2007年，气象信息网络保障工作先后由自治区气象通信中心、自治区气象通信台、自治区气象台以及自治区气象信息中心承担。自治区气象通信中心成立于1985年，1988年改名为自治区气象通信台，2002年并入自治区气象台。2005年12月31日，成立自治区气象信息中心。

1989年，自治区气象通信中心在每日08时40分至09时20分期间，负责提供"三报一话"线路保证。自治区天气预报中心负责通过微机从北京气象中心实时资料库拷贝资料。高速数传投入准业务化运行后，要随时上报用中出现的问题，以便在北京气象中心指导下，不断提高数传业务质量。

1993年4月10日，自治区气象通信台为保障微波数据传输业务的正常进行，同时发挥通往各盟、市微波长途电话的作用，为自治区气象局各处室改安装微波电话分机。12月4日，自治区气象局为解决自动传报中长期存在的问题，统一制作一批"气象数据传输专用接口"，在各属台推广使用。

1995年，为加强气象基本业务系统现代化科学管理，保障实时业务的正常运转，中国气象局决定从6月1日起在全国试行气象实时业务监视信息上报制度。为了做好这项工作，自治区于5月底完成气象实时业务监视系统。监视项目包括大气监测业务、气象信息网络实时业务、气象服务情况、气候业务、农业气象业务等。认真完成机线保障任务，使设备完好率达95.2%，下机率为0。自制30余对信号电缆用于微机转报系统的安装。并赶在汛期到来前，突击完成了有线的新旧线路转换装置，使线路转换能在1分钟内即刻完成。

1996年3月15日，自治区气象服务系统投入业务试运行。为保证信息服务准确、及时、优质，制定了《气象信息服务系统运行管理规定（暂行）》，对信息产品加工、制作、入网管理，服务信息文件编码规定、服务信息系统运行监控管理与系统维护、信息服务的组织协调等做出明确规定。同年，编制"内蒙古气象通信台传输资料目录"和新的气象信息网络系统资料传输业务规程。继续完善小型机业务系统功能，修改业务软件，顺利完成10月25日全国启用新业务规程的各项准备工作。

1998年3月，对原有的填图天气预报填图设备进行更新，并投入业务运行。5月，完成自治区气象局内部网络系统建设方案，提出网络建设规范标准。自治区气象局计算机内部网络系统进行了改造。11月12日，下达《自治区级业务机房和网络系统管理制度》。

1999年6月1日起，自治区气象局机关及直属单位处理生成的各类气象业务技术指导产品上网传输，并作列入正规业务。自治区气象通信台对上网的产品进行实时监控，传输情况按月汇总上报。8月17日，下达全区地面通信网络系统建设任务，确定该工程由自治区气象通信台统一负责组织实施。

2000年9月1日10时，实现9210工程通信主业务切换，由卫星线路和地面线路双轨运行，转为由卫星线路单轨运行。为此，编写了新的通信转发程序，保证单轨运行的业务质量要求。12月，完成程控交换机计费系统升级改造，扩大了程控交换机容量，为业务发展提供更好的电话业务服务。

2002年7月，配合主站对"9210"设备和系统巡检，更换磁盘柜的电源、坏盘，对系统部分参数进行调整，解决了业务系统主进程经常出现溢出而影响运行速度的问题。9月，因受卫星遥感接收天线影响，对PES天线进行迁移并重新调试。完成局域网网络安全方案的实施工作，安装和调试Norton网络版杀毒软件和方正硬件防火墙，为自治区气象局各单位安装了Norton客户端杀毒软件，一定程度上控制了网络病毒泛滥的问题。

2003年3月14日，实施气象辅助通信网改造。重点解决气象辅助通信网主台和部分气候站的无线设备老化问题，改善无线通信联络效果。对个别无线通信联络效果较差的单边带数传网站进行天线改造。同时，更换并升级单收站系统微机，较好地解决了单收站系统的死机现象，解决了自治区气象局机关至相关直属单位之间信息传输偶然丢包的疑难问题，消除了网络传输时断时续的隐患。4月，为"神舟"系列飞船主陆场安装9210卫星数据单收站，全力以赴做好载人飞船的气象保障服务工作。6月，实现了中央气象台天气预报会商实况在自治区天气预报会商平台的转播。年内多次承担远程电视会议播放的保障任务

2004年，完成内蒙古自治区气候生态环境监测系统服务器终端的配置及数据收集和处理工作，保证了全区气候生态环境监测业务的正常运行，确保了生态监测信息资料传输的及时性和准确性。对自治区计算机局域网络的网络结构进行了优化改造，网络的划分更加合理、安全，网络布线更加规范、美观。12月，协助乌海市气象局解决机场气象台建设中信息网络业务方面遇到的困难，为乌海机场首飞成功提供了有力的技术支持。

2005年6月，全区加密自动雨量站开始上传观测数据，中尺度自动雨量站中心站建成并投入业务试运行。完成全区中尺度自动雨量站中心站的安装调试工作，解决了因厂家不同数据传输入库过程中存在的问题。针对其产品在预报员应用时的需求以及在数据传输过程中存在的问题，与应用软件开发商协商及时沟通，妥善解决，力争使其产品应用更切合实际，满足业务需求，保障了该项业务试运行期间的正常工作。7月20日，完成中国气象局和自治区气象局间的全国天气会商/会议系统通信工程建设项目的安装调试，并对系统进行了优化。该系统及时投入业务运行后，承担了每日天气预报会商、定期中长期天气会商和不定期会议的任务。接受"神舟"6号及自治区东部森林扑火期间的气象服务任务，全体员工恪尽职守，以强烈的使命感和高度的责任心，全力以赴地做好信息网络保障工作。

2007年，完成自治区60年大庆和2008年奥运火炬接力传递气象服务信息网络保障工作。

第五章　天　气　预　报

第一节　预报业务体制

我国的天气预报业务体制分五级：中央、区域、省（自治区、直辖市）、地（盟、市）、县（旗）。中央一级的天气预报业务主要集中在国家气象中心。区域气象中心分别为北京、沈阳、上海、武汉、广州、成都、兰州和乌鲁木齐。区域气象中心不制作天气预报，通常只运行一个有限区域数值报模式，为区域内各个省（自治区、直辖市）气象台提供指导产品。

内蒙古气象部门也执行以上业务体制。自治区气象台负责制作全区范围内的天气预报和专业气象预报，时效为1～7天，其中1～3天为重点，在空间上要预报到每一个旗县。此外，还负责全区范围内的短时、临近、短期和中期天气预报。盟市级气象台负责本地区范围内的天气预报。天气预报内容与自治区级基本一样，其中暖季的对流天气临近预报是盟市级气象台的一项重要任务。旗县级气象局多数不做天气预报，只将自治区、盟市级气象台作的天气预报以适当的形式转发相关部门。也有些旗县气象局在自治区、盟市级气象台天气预报的基础上，做一些订正，然后再对外发布。

第二节　预报技术业务建设及推广应用

一、建设及推广历程

1986—1988年，研发的"省级气象台天气预报实时业务系统——内蒙古区台系统"建设完成，投入业务应用。以3com网代替Lanline网，实现了高空、地面天气图的微型计算机自动填图，增加了Q向量场，变风场等客观分析场，寒潮天气检索功能等。预报员工作重点从分析天气图逐步向使用微型计算机屏幕显示图像分析天气工作方式转变，气象信息量明显得到扩大。1989年进一步加强了"区台系统"的优化完善，将预报图形显示和探空报屏幕填图纳入常规业务应用。Q向量客观分析、诊断分析程序与实时资料库联机运行。微型计算机连接打印机打印预报发布单投入业务应用，规范了天气现象发布单格式。实现了卫星云图与天气图叠加、屏幕地面填图等功能。为做好该系统向盟市台的技术转让工作，自治区气象台派出技术骨干协助部分盟市气象台开展现代化成果应用。向乌兰察布盟气象处提供云图和实时资料库，编制双路收报程序。为巴彦淖尔盟气象处组织技术培训。

1988—1989年，完成微型计算机远程图形（像）传输技术的开发。使用CTS-6A平板绘图仪气象填图系统，开发实时资料库与综合网络系统和微型计算机图形显示系统，广泛应用于自治区与盟市气象台业务。

1988—1990年，进行"短期预报会商程序集成研究"。使用1977—1986年的资料研制了自治区中、西部降雨预报专家系统、天气学模型、卫星云图模型、物理量预报叠套模式、MOS等比较客观的定量的短期预报方法。投入汛期业务应用后，对大雨、暴雨具有较强的预报能力。采用概率统计和岭回归方法进行了短期集成研究，编制了计算机程序，在计算机上进行数学计算并打印输出集成预报结论。经汛期预报集成业务试验证明，对中雨预报优于单项预报方法，具有一定择优决策的能力。同时，开发了"呼和浩特市及临近地区短时、短期天气预报自动化业务系统"，应用于呼和浩特市和盟市气象台的短时、短期业务。

1988—1991年，开展"客观预报技术和方法的研究和业务应用"工作。先后建立了"大暴雨预报专家系统""卫星云图大暴雨预报专家系统""天气学模型、湿有效位能"等天气预报工具和方法，并进行业务应用和预报效果检验。

1989年，开发了"数字光仪、常规天气指数计算软件和电视天气预报字幕显示软件"，成功地进行了自治区与各盟市气象信息传输试验以及与北京区域气象中心高速数据传输试验，并投入业务应用。

1991年起，开始采用数字技术和计算机处理天气雷达回波资料，形成数字化天气雷达系统。

1992年，建立了Sun工作站和华胜4065工作站双机备份的预报业务系统。实现了4个时次地面报和2个时次探空报格点资料与云图资料的叠加、格点资料与高空填图的叠加、格点资料与格点资料的叠加、地面填图的自动分析及叠加格点资料等值线、剖面图、单站资料的显示、T-lnP图等。短期预报业务系统工作站的建设将预报员单一的定性经验预报向多维转化，由面对传统的天气图向面对工作站或计算机屏幕会商天气过渡。应用数值预报产品T42研制了天气学预报模型、数值预报产品的集成叠加、湿有效位能的自动分析与应用、呼和浩特市地区汛期降水预报方法、暴雨过程天气图相似检索等客观定量预报方法，开展逐级指导预报业务，自治区气象台向盟市气象台发送每日一次的指导预报产品。同年，引进最新版本的MM4中尺度模式，并在AST386计算机上调试运行成功。计算了1984—1987年7—8月地面850百帕、700百帕、500百帕层的物理量诊断场。

1995年，实现1~5天逐日四要素（日平均温度、最高气温、最低气温、降水）滚动预报并投入业务应用，为盟市级气象台提供指导产品。6月，中期数值预报业务模式T63正式下发数值预报指导产品。

1995—1996年，MICAPS微机版在天气预报工作中推广应用，各盟市气象台都使用了MICAPS微机版业务系统和平台。

1996年5月，HLAFS有限区预报系统正式下发数值预报指导产品，自治区气象台全面开展数值预报产品解释应用工作。

1996—1998年，开展"应用T63产品做铁路沿线单站要素预报试验"。利用HLAFS格点预报场资料，构造出能反映自治区降水系统的天气动力学发展机制的结构特征因子，采用MOS方法建立了分区降水量及量级预报方程。同时，利用T63数值预报产品对春、秋季区域性大风过程进行诊断分析，采用逐步回归方法建立了大风分区预报方程。采用卡尔曼滤波方法，研制了36个站逐日极端（最低、最高）气温24小时预报方程。

1997年，完成短期预报编辑系统，实现了在Windows操作系统中完成天气预报稿编辑和打印传输功能，代替了原有的DOS操作系统软件。进行"GMS卫星云图业务系统的优化和改进"。改进了盟市卫星云图应用系统的工作平台，系统软件在Windows下运行，图像颜色由16色增加到256色，提高了显示效果。系统增加和改进了放大、动画、图像格式转换及软件系统独自管理等功能，建立了较为合理的云图产品自动分发流程，提高了自动化程度。该项目在部分盟市气象台推广应用。

1997—1998年，中期数值预报业务模式T63正式下发数值预报指导产品，开展了"释用数值产品做短期降水预报"。该项目利用T63数值预报场资料，构造出能反映我区降水系统的天气动力学发展机制的特征因子，采用MOS方法建立了分区降水预报方程。同时针对中尺度对流降水的结构特征，采用物理量叠套方法确定雷暴易发区，初步建立了中尺度对流降水定量客观预报方法。在SGI工作站上建立了预报业务系统，并实现了预报制作的全程自动化、客观化。系统可靠性高、实用性强，业务效益明显。

1997—1999年，自治区气象台完成"数值产品及卫星云图在降水预报中的综合应用"研究。从动力场条件分离云系发展的不同阶段，将卫星遥感辐射理论和最新的云性质分析方法应用于降水预报分析。应用气象卫星多通道资料对云系内部结构进行分析，确立云的性质、离子浓度等云滴的集合和物理性质，用于数值场泛酸云顶亮温TBB的预报尝试。根据云图与湿度场和温度场相关性，作出未来云图的TBB预报。以数值预报产品为基础，结合卫星资料进行降水综合应用研究，在日常预报业务中具有重要意义。

1998—1999年，完成"MICAPS 1.0系统的二次开发与应用"，实现了MICAPS 1.0版本地化工作（包括：底图参数的设定，观测站点的选择和增加、定义综合图、修改参数文件），增加数据服务器、资料处理内容、客观预报定时制作，建立预报产品库、预报业务工作环境设计、MICAPS 1.0工作界面的优化。SGI 工作站和 MICAPS 1.0 版正式投入天气预报业务应用，以 MICAPS 1.0 为工作平台制作天气预报，天气预报工作方式有了重大改变。预报会商从挂天气图讲解向微型计算机和工作站屏幕看图会商天气方式转变。在业务流程中将 08 时（北京时）天气图、T-$\ln P$ 图、三线图等图表取消，只保留 20 时（北京时）天气图。1999 年对 MICAPS 1.0 进行了本地化二次开发，开展（应用 HLAFS、T63）逐日发布分旗县要素指导预报产品，713 雷达回波图像进入会商室。

1998—2000 年，开展"黄河凌汛形成的物理机制及凌汛预报研究"。主要研究分析了黄河内蒙古自治区段凌险的特点、形成原因，指出黄河凌汛与黄河中上游的降水状况、冬季结冰形状及开春后的融冰速度等有密切的关系。并首次依据成灾原理，给出了判定河套凌险状况的凌险指数，确定了黄河封河的临界温度指标，提出了制作黄河开河日的预报方法。尝试了用气象资料转换代替水文资料的方法，依托GIS 技术和 VB 5.0 美观的界面制作功能，研制了黄河内蒙古自治区段凌汛预测、预警系统。该研究成果为防凌指挥部门客观分析灾情、指挥作业，提供了有力的依据。

1999—2000 年，开展"数值预报产品在冰雹预报中的应用研究"。该成果在解释应用数值预报产品，综合应用相似分析和热力、动力诊断及结合天气分型建成冰雹预报自动化业务系统方面有创新之处。

2000 年 5 月，完成加密观测站资料 MICAPS 1.0 可视化。7 月建立了基于 MICAPS 1.0 系统的内蒙古自治区气象台中、短期天气预报业务流程，主要包括天气气候背景、天气实况和天气现状查询、各种天气资料调阅、会商、预报制作、交接班日记、岗位责任及时提醒、预报评分资料备份、业务监控等功能。7 月 1 日，开展"内蒙古自治区四大江河流域面雨量预报业务"，每日两次向四大流域预报中心发布面雨量预报产品。

2003 年完成全区人工影响天气专业预报服务系统的开发与应用。完成《内蒙古夏季干旱模拟研究》。

2003—2004 年，进行"内蒙古气候变化对草原生态环境影响及其评价方法的应用研究"。在收集查阅大量有关气象和生态环境资料的基础上，较详细地分析了自治区气候变化对草原生态环境影响。

2004 年 MICAPS 业务系统升级为 2.0 版，开展了 MICAPS 2.0 的业务应用和二次开发工作，预报员通过快速浏览的方式可更方便、快捷地调阅各种气象资料信息。5 月 1 日，"内蒙古自治区地质灾害气象预警系统"正式投入业务应用。该系统可对山体崩塌、滑坡、泥石流、地面塌陷、地裂缝、地面塌陷等与地质作用有关的灾害进行预警，并通过电视向公众公开发布地质灾害气象预警。"内蒙古自治区地质灾害气象预警系统"的建立和业务化运行以及预警结论发布，是在内蒙古自治区气象局与国土资源厅密切合作的基础上实现的，成为自治区气象部门与其他部门合作开展灾害预警服务的一个成功典范。5 月 18 日起，开展内蒙古自治区灾害性天气及其次生灾害落区预报业务，形成了灾害性天气的定量预报产品，并向全区各盟市发布地质灾害指导预报。6 月到 11 月，完成雷达整机及附属设备电源柜、稳压柜、发电机、UPS 电源、微波扩频设备的安装与调试。7 月 28 日呼和浩特新一代天气雷达站在料木山建成并投入业务应用。

2004—2005 年，针对"神舟"系列飞船主着陆场的气象保障服务需求，开展了主着陆场区高空风、浅层风、降水天气预报技术方法研究，并开展浅层风预报服务业务。2005 年 9—10 月为主着陆场提供 12 小时间隔的 144 小时 850～50 百帕各层风的风向、高度。半小时间隔的 144 小时 100 米、75 米、50 米、25 米、10 米地面的浅层风及地面降水预报产品。

2005 年建立新一代天气雷达运行管理平台。4 月开展了内蒙古地区灾害性天气短时临近预警业务。6 月 1 日起，按照中国气象局的要求，发布台风、暴雨、高温、寒潮、大雾、雷雨大风、大风、沙尘暴、冰雹、雪灾、道路结冰等 11 类气象灾害预警信号。6 月，内蒙古自治区境内 8 部数字化天气雷达组网拼图投入业务使用。同月，建立了基于 MICAPS 2.0 的新业务平台，在预报业务工作中广泛应用，取代了原有的业务工作平台。10 月开通了与中央气象台的全国天气预报可视会商系统，开始参加每天 08：00 的全国天气预报会商。

2006 年建立新一代天气雷达历史数据库。

2007年应用计算机技术对新一代多普勒天气雷达产品进行定量计算，提高产品应用水平。依托新一代天气雷达、自动雨量站估算大范围降水。

二、短期气候预测业务建设

1. 建设历程

20世纪70年代中期以前，建立了长期预报基本业务，但资料和方法都比较缺乏，从资料计算到预报制作完全是人工操作。这个阶段为长期预报奠定了扎实的统计基础。20世纪70年代中期开始，陆续使用计算机。20世纪80年代开始建立长期预报资料库和程序库，运用数理统计方法（包括时间序列分析、周期分析、回归方程、谱分析、均生函数等）。短期气候预测向客观化迈进一大步，为长期预报奠定扎实的统计基础。20世纪90年代初建立以物理统计方法为主的长期预报业务系统，形成了一个比较客观化的业务流程。20世纪90年代中后期开始短期气候预测业务平台建设，初步建立了内蒙古自治区第一代、第二代短期气候预测业务平台。但由于基本资料不够完善和受到大气环流资料索取的限制，阻碍了短期气候预测业务平台建设的发展壮大。20世纪90年代中期，以国家级科技攻关项目"我国短期气候预测系统的研究"为基础，研制了一套较为简单的月、季时间尺度的物理预测模型和预测工具。使得内蒙古自治区短期气候预测业务平台稳定地向前发展。2006年内蒙古自治区气候中心开展了国家级动力气候模式产品使用方法应用研究，对国家级月动力延伸预报产品进行了效果检验。2006年底在冬季预测中应用。

随着经济和社会的发展，对短期气候预测的需求日益增加。2003年增加了春季沙尘暴日数预测，2004年增加了火险期（9月—次年5月）大风日数、相对湿度等气象要素预测。之后，鉴于自治区夏季降水量相对较少，对流性天气增多，森林草原雷击火明显增多，火险期气象要素预测拓展到了全年1—12月。

2. 短期气候预测方法

（1）时间序列演变规律法

根据气象要素累年逐月的演变曲线，发现规律，进行外推。

（2）累积距平法

分析气象要素的距平累计曲线，找出气象要素的年代际变化，分析判断干湿、冷暖时段等。

（3）相关法

统计同期和前期各要素的距平关系，大多建立在普查相关系数的基础上。相关系数通过信度检验后，进行复相关分析，确定预报指标。

（4）场相关法

20世纪90年代中末期，国家气候中心下发北半球500百帕位势高度场和赤道太平洋海表温度及其他距平场资料，利用这些资料与内蒙古地区月、季降水量、平均温度等气象要素计算相关场，发现北半球500百帕位势高度场和赤道太平洋海表温度关键区，找出关键区与内蒙古地区气候要素的关系，预测未来的气象要素的趋势。

（5）相似法

利用前期大气环流物理量及前期气候特征，查找历史相似年，根据相似年的特点预测未来气象要素的趋势变化。

（6）概率转移法

根据气象要素在一段时间内发生的概率特征及其概率演变特征预测未来气象要素的趋势变化。

（7）反常分析法

利用历史气象数据，反查异常年的气候特征和环流特征，对照当年大气环流特征和气候特征，未来气象要素的趋势变化。

（8）统计方法

应用数理统计方法进行客观定量分析，建立各种统计预报关系。在海洋与大气、陆地与大气的相互作用及北半球大气环流等物理量与降水和气温之间的关系等方面，建立统计预报方程，制作短期气候预测。

(9) 国家级动力延伸预报产品解释应用方法

动力延伸预报产品解释应用方法是一种动力与统计相结合的方法。该方法从大尺度大气动力学方程组出发，推导出月降水量距平百分率与月环流场的关系，从而建立降水量距平百分率预报方程。利用国家级月动力延伸预报产品北半球500百帕位势高度场，对内蒙古地区的月降水、平均气温进行降尺度预测。

第三节 预报产品的制作与分发

一、天气预报制作

内蒙古气象部门天气预报的制作流程与全国通用流程一致，分为气象资料采集、气象资料传递、气象资料处理与加工、天气预报产生并对外发布四个步骤。

气象资料的采集：在世界各地分布着许多陆地的、海洋的、人工的、自动的、高山的、平原的气象台站，气象观测人员按照统一的时间和规程，对气象要素和天气实况演变进行观测和记录，完成气象资料的采集阶段。

气象资料的传递：各级气象台站将地面、高空、海洋、极地等站观测到的诸如气压、气温、湿度、风向、风速、降水等常规气象要素和闪电、雾、酸雨等非常规气象要素及天气实况的结果，按统一规定时间和格式编成气象电码，以电报、电话、网络等形式拍发到国家气象中心，完成气象资料的传递阶段。

气象资料处理与加工：国家气象中心将收到的世界各地统一时间发来的气象资料，结合气象卫星信息、数值预报产品、各种雷达探测资料等，通过计算机进行综合分析处理与加工后，通过气象卫星以广播的形式转发到各区域气象中心及省、地、市、县级气象台站，完成气象资料的处理与加工产品的分发工作。

天气预报的产生：各地气象台站收到气象资料的处理与加工产品后，迅速将各种观测数据填写到天气图上，由预报员对天气图和各种收到的气象信息进行综合分析。分析大气环流形式，找出高压、低压、高压脊、低压槽等天气系统，综合计算机结果和预报员多年的经验，再结合本地的气候背景与天气实况来推断出未来天气变化的趋势，据此作出本地区的天气预报。

二、天气预报发送

天气预报的发送分定期和不定期两类。

1988—2000年，内蒙古气象局定期发送短期天气预报（每日10：00和17：00）、未来十天天气预报（每月5日、15日、25日）、旬天气预报（每月10日、20日、30日）、短期气候趋势预测（月、季度、长期）、农业气象旬报、农业气象月报。不定期发送的天气预报产品有森林草原火险预报等。

2000—2007年，定期发送短期天气预报产品（每日17：00）、旬天气预报和短期气候趋势预测、农业气象旬报、农业气象月报。不定期发送的天气预报产品有《气象信息》《气象预报信息》《重要天气报告》和《专项气象服务》。

1996年起，决策气象服务天气预报产品由过去纸质信息、人工传送天气预报的方式变为电话传真、电脑网络传输的方式。以传真方式发送服务产品后，均登记"发送报告"，记录当天的通信页数、发送单位名称、通信时间、通信结果、产品编号等项目，以确保气象服务产品的接收。发送对象主要为：自治区党委、自治区人大、自治区政府、自治区政协、内蒙古军区及内蒙古电视台、内蒙古人民广播电台等新闻媒体和其他用户。

1999年6月，完成决策气象服务系统开发，实现了Web浏览方式向党政领导部门提供《气象信息》《农牧业气象信息》《雨（雪）情公报》《气象专题分析》《专项气象服务》等气象服务信息。

从2002年开始，所有农业气象服务产品统一使用"农牧业气象信息"作文头，图形全部改为彩图。

2003年，决策气象服务产品在自治区气象局内部采用上网方式发布；同时通过Internet网以

E-mail实现服务产品的发布。

第四节 专业专项气象预报

一、农业气象预报

1. 农业气象预报方法

从过去单一"天气预报加措施"的方法发展为多种多样的预报方法。

（1）统计学方法。根据预报对象的变化规律，筛选出对预报对象有作用的主导因素和关键时段，然后建立统计模式。

（2）天气学方法。根据大气环流形势预测农业环境条件，估算农作物生长状况。

（3）气候学方法。如根据作物生育期间所需的有效积温，利用多年气候资料对某作物进行的发育期预报。

（4）生物学或指示植物法。如根据各种物候现象表示的一定气象条件与生物有机体之间联系的综合反映，而作出的某些农业气象预报。

（5）作物生长动态模拟法。应用物质－能量转化和能量平衡理论，对作物生存的环境以及作物生长、发育、产量形成中的光合、呼吸、蒸腾、营养等一系列生物学过程进行数学模拟，以编制农作物发育期、产量和产品质量预报。

（6）遥感方法。如利用卫星和航空遥感方法收集资料，估算作物的播种面积和生长状况、水分状况，再结合天气站网的气象资料估算产量、干旱和病虫的发生等。

2. 农业气象预报内容

（1）农用天气预报。针对农业生产需要编制，适宜播种期预报已在自治区和盟市气象业务中全面展开，主要有春小麦、玉米、马铃薯适宜播种期预报。巴彦淖尔市农业气象试验站还开展了春季潮塌预报、小麦灌浆期的干热风预报、收获期间的晴雨预报等。

（2）农业气象条件预报。自治区开展了农作物生长期间的农业气象条件展望，农作物播种期气象条件预报。部分盟市开展了土壤冻结与解冻预报，以及森林火险的预报等，巴彦淖尔市农业气象试验站还开展了瓜果气象条件预报。

（3）发育期预报。自治区和中西部盟市相继开展了小麦开花期、玉米抽雄期和成熟期预报。

（4）农业气象产量预报。1991—1996年很多盟市通过计算，发布当地主要作物的产量预报。由于预报准确率较高，尤其是1994年自治区气象局发布的预报结果与统计部门公布的结果完全一致，受到当地政府高度重视。1997年中国气象局正式将农业气象产量预报纳入业务质量考核，自治区和盟市两级气象部门全面开展农业气象产量预报业务。春作物（自治区主要是春小麦）在每年6月15日前发布趋势预报，7月15日前发布定量预报；大田作物、粮豆作物分别在7月15日前、7月20日前发布趋势预报，8月15日前、8月20日前分别发布定量预报。巴彦淖尔市农业气象试验站还开展了油料和甜菜产量预报，包头市、呼和浩特市和乌兰察布市开展了马铃薯产量预报。1999年，由自治区农业气象业务人员承担完成的"内蒙古农业气象预报系统"，基于Windows操作平台，利用VB6.0语言编程和管理数据，完成资料收集、储存、处理、模型运算及绘图等功能，实现了自治区、盟市、旗县不同范围的农作物和经济作物产量预报、适播期和发育期预报、小麦虫害预报、农业气象灾害评估服务。

二、牧业气象预报

1991—1993年，牧业气象预报由自治区气象台发布。1994—1998年，成立自治区农牧业气象服务中心。开始全年逐旬发布畜牧气象情报与评价及下一旬天气变化趋势对畜牧业生产的影响，对旬内气象条件及其对畜牧业生产、牧事活动的影响进行了评述，给出评价和建议，并对下一旬天气变化趋势对畜牧业生产的影响进行了预测分析。内容包括春季抗灾保畜决策服务、冬春羔生产期间气象决策服务、牧草生长发育关键期评估与气象决策服务、牧草生长高度及长势评估、牲畜越冬期间气象决策服务、春旱夏旱决策服务、低温大风决策服务、冬季降雪、积雪决策服务、草场墒情分析、冬春季黑白灾决策服务、冷雨湿雪决策服务等。1999年之后，此项业务由新组建的内蒙古自治区生态与农业气象中心负责。

1. 主要产品

3月中旬，发布天然草场牧草返青期预报。5月末到6月初，发布冬春羔生产气候条件分析。7月上、中旬，发布天然草场产草量年景预报。10月下旬，发布冬季草场载畜量预报。每年牧业年度结束后，发布本牧业年度牧业气象条件评述，分别对牧业年度初期（6—10月）、中期（11—2月）、末期（3—6月）主要牧区的气象条件期及对牧草、畜牧业生产、牧事活动的影响作综合评述。此外，根据不同牧事活动需要及气候变化，不定期发布专题牧业气象预报。

2. 发展历程

1995—1996年，研制《内蒙古牧业气象数据库管理应用系统》及《盟市级牧业气象情报预报服务系统的开发及应用》软件，研究成果业务化后推广至盟市。

1997年，制定《畜牧气象灾害标准》。本标准由内蒙古自治区畜牧厅牵头，内蒙古自治区农牧业气象中心、内蒙古自治区畜牧厅畜牧处、内蒙古自治区技术监督局标准处负责起草。本标准主要起草人：李友文、刘寿东、陈存龙、娜仁等。标准旨在对影响我区畜牧业生产的旱灾、黑灾、白灾和沙尘暴灾4种主要畜牧气象灾害的成灾条件及其等级评定做出统一规定，以便正确认识和科学评定全区各地所遭受的主要畜牧气象灾害，为更好地指导有关部门进行抗灾保畜和合理调控畜牧业生产等项工作提供可靠的决策依据。

1999年，对内蒙古自治区主要畜牧业气象灾害风险进行了辨识，确定了畜牧业致灾因子，并对其风险进行了评价。同时，提出预防牧业气象灾害的具体措施。具体为：旱灾的预防，一是保护和改善生态环境。一方面要根据草地情况，确定草地适宜载畜量；另一方面要增加饲草储备，减缓超载过牧对草场造成的压力，改变落后的经营管理方式，使草场得到休养生息，充分利用草地资源，保持生态平衡，使草地资源能够永续利用。二是合理开发利用水资源，使有限水量得以充分利用。三是做好干旱的监测预防工作。黑白灾及暴风雪的预防，一是搞好草原建设及管理，以草定畜，建立人工或半人工草场，加强冬春饲草储备，走集约化畜牧业道路。二是提高畜牧业商品率，调整畜群结构，加大牲畜出栏率，减少冬春草场压力。三是积极利用遥感等新技术，进行雪情监测的定量化及信息化，实现灾害风险评估。四是建立灾害风险评估信息系统，对灾害风险因素进行实时识别，对各个风险因素的发生概率进行估计和评价，并制定相应的防灾减灾措施和对策。

2000年，在中国气象局重点科研项目中国北方牧区畜牧气候资源开发利用研究支持下，内蒙古气象部门参与研制的"中国北方五省区牧业气象资源信息服务系统"软件，是国内第一个功能齐全、高度集成、高度自动化、规范化、准确率高的畜牧业气象情报预报与信息服务业务流程系统。在北方五省区进行业务化推广和使用后，成为气象决策服务的主要项目之一。

以上预报与服务产品不仅对当年畜牧业生产损失做出客观分析并提出各种趋利避害措施，从而减少了牧业生产损失。同时，为各级政府进行决策及畜牧业生产部门安排牧事活动提供了依据。

三、森林草原火险等级预报

2000年开始为内蒙古自治区林业厅和内蒙古森林警察总队提供森林草原火险气象等级预报信息服务，向自治区政府报送《森林草原防火气象分析报告》。2002年开始制作发布内蒙古自治区24~48小时森林草原火险气象等级预报和防火期气象条件及火险预测分析专题报告。

2001年内蒙古自治区专业气象台研发森林草原火险气象等级预报监测服务系统，于2004年完成并通过验收。

四、航空气象预报

2002—2003年，内蒙古自治区气象科技开发中心完成呼和浩特民航、乌海民航气象传输系统的开发，编写了MICAPS系统的资料传输软件，配置远端路由通过DDN专线与民航端广域连接，传输气象信息。2003年开展呼和浩特到各直航城市的天气预报。

五、道路交通天气预报

1999年为呼和浩特铁路局、集通铁路公司提供铁路沿线天气预报。2006年开始为沈阳铁路局制作发布其管区铁路沿线天气预报。2007年研究开发了基于GIS平台的"内蒙古自治区铁路气象保障预报服务系统"。

2004—2005年，内蒙古自治区专业气象台研究开发"高速公路能见度和路况预报服务系统"，通过内蒙古交通广播电台、内蒙古电视台发布高速公路能见度和公路路况预报，通过网络为内蒙古自治区高速公路管理局提供高速公路路况预报。2006年进一步完善公路交通气象预报业务，研发了公路气象条件预报系统，开展了全区主要公路气象条件预报。

六、地质灾害气象等级预报

2003—2004年，内蒙古自治区气象台开发研制了地质灾害气象预警系统，针对自治区降水气候特点及地质灾害发生特点，选取地质灾害隐患点危险等级、前1日降水量、前3日累计降水量、前5日累计降水日数、24小时降水预报量五个因子，建立客观定量化的地质灾害气象预警结论。从2004年开始，内蒙古自治区气象局与国土资源厅合作，开展地质灾害气象潜势预报预警业务。

七、环境气象预报

1992—2005年，内蒙古自治区气象局建成8个酸雨观测站。

2000年内蒙古自治区气象科技开发中心在呼和浩特市开展紫外线强度和花粉浓度监测，同时对外发布紫外线强度和花粉浓度预报。同年，内蒙古自治区气象科技开发中心与呼和浩特市环境保护局合作，发布呼和浩特市空气质量预报，空气质量监测数据由呼和浩特市环境监测中心提供。

2001—2004年，内蒙古自治区气象科技开发中心完成"空气污染潜势预报系统""城市空气质量预报系统"的开发研制。

2002年内蒙古自治区气象科技开发中心与内蒙古自治区环境保护局联合发布呼和浩特市、包头市、乌海市及海拉尔市、东胜区城市空气质量日报和预报。2005年2月，内蒙古自治区气象局与内蒙古自治区环境保护厅合作，通过电视台、广播电台发布呼和浩特市、包头市、赤峰市、鄂尔多斯市、乌海市、海拉尔6城市的空气质量日报和预报。

2003年，自治区专业气象台研究完成"城市环境气象预报系统"，研制出人体舒适度、穿衣指数、医疗气象、晨练指数、旅游指数、晾晒指数、城市供暖指数、混凝土冻害指数、高温指数等30多项城市环境预报指数，并通过广播电台、报纸媒体向公众发布。

八、健康气象预报

2002—2004年，内蒙古自治区专业气象台通过对气象条件与人体舒适度、人体疾病相关分析研究，利用统计学方法建立了健康气象预报业务。同时开展了人体舒适度预报、医疗气象、中暑指数、感冒指数、风寒指数预报。

2006—2007年，针对一些地区连续发生多起使用煤炉取暖不当导致一氧化碳中毒事件，内蒙古自治区专业气象台完成"非职业性一氧化碳中毒气象潜势预报和预警系统"，并于2007年冬季采暖期开展该项预报业务，通过电视台、专业用户网向公众发布。

九、水文气象预报

1994—1995年，内蒙古自治区气象台开发应用713雷达数字化系统功能，研制数字化雷达预报天桥流域降水强度、降水量级预报系统，为山西省天桥水电站提供雷达测雨资料传输。同时，开通山西省万家寨水电站数据传输系统。

1995—1996年，内蒙古自治区气象台研制开发GMS高分辨展宽云图数字化盟市应用系统，汛期为水文部门提供气象服务。

2003—2004年，内蒙古自治区气象科技服务中心完成山西省天桥和万家寨水电站黄河流域托万区间控制流域内降水主要时段的划分研究。

2005年，内蒙古自治区专业气象台开发研制基于GIS的"城市内涝预报业务系统"，开展呼和浩特市城市内涝预报业务。

2006年，建立了基于Arcinfor为平台的"托万区间黄河流域实时监测预警系统"。该系统的建立为天桥、万家寨水电站汛期的暴雨都做出过准确预报。

第五节 天气预报方法研究

1986—1993年，开展"内蒙古自治区西中部干旱、半干旱及沙漠地区暴雨出现的规律及其预报研究"。

1987—1988年，进行"内蒙古自治区夏季大、暴雨卫星云图综合预报方法的研究"。

1987—1990年，开展"华北夏季降水的中期预报研究"。通过对1960—1984年华北春夏重大降水过程天气气候规律的研究，发现在降水天气过程出现的前10天左右，从西太平洋到东大西洋这一广大区域内，在环流系统及下游和不同纬度间的配置关系上，出现一颇具特征的调整变化。根据发现的规律性，制成日常预报工具。

1988—1990年，完成"春、夏季转折性天气的环流特征与中期趋势预报工具"的研究。同时，进行"短期预报会商程序集成研究"。

1988—1991年，开展"亚洲及西太平洋地区锋面气的统计研究"。同时，进行"华北夏季降水的中期预报分析与研究""内蒙古自治区汛期降水分析与预报的研究"。此外，还开展了"历史资料库图形库及相似检索分析"。

1989—1993年，进行了"内蒙古自治区长期天气预报业务化方法研究"。

1990—1991年，进行"内蒙古中西部地区干旱区暴雨过程分析研究"。

1991—1992年，开展"中期转折性天气过程的预报研究"。

1991—1993年，进行自治区气象台预报工作站建设系统、多种天气预报方法综合决策的研究与应用和新技术在灾害性天气（暴雨、暴雪）监测、预报、服务中的应用研究。同时，进行"指导盟市短期分片及盟市指导旗县预报技术方法研究"。

1992年，进行"春夏季转折性天气的环流特征与中期趋势预报工具""历史资料库、图形库及其相似性检索分析"。同时，开展"新技术在灾害性天气（暴雨、雪）监测、预报、服务的应用研究"。

1993年，完成"1993-5-5黑风暴分析""诊断分析在数值预报产品解释应用中的研究""预报工作站数值产品集成应用"等短期预报方法研究，"中高纬度垂直环流低频振荡与华北地区夏季干旱"中短期方法研究和"内蒙古暴雨的高短期结合预报"等研究。

1993—1994年，对重大灾害性天气如沙尘暴、暴雨等成因和预报技术进行研究等。同时，进行呼和浩特地区突发性成灾暴雨的研究。

此外，开展了嵌套模式在工作站上的应用及"1993-5-5"内蒙古自治区西部强沙尘暴物理机制探讨。

1993—1995年，完成"内蒙古自治区中西部地区夏季大（暴）雨分析及48～72小时预报研究"。

1995年，完成"黑风暴人工神经元""大雪预报相似分析预报"等研究。

1996—1997年，完成"利用Q矢量分析方法进行内蒙古自治区局域性暴雨预报的应用研究"。

1996—1998年，开展"冰雹短期预报方法的研究"。自治区首次开展的这次冰雹走向及连续变化的研究，突破了冰雹单点预报的方法。

1998—2000年，完成"内蒙古夏季分县降水分级概率预报的研究和应用研究"。在用MOS方法制作概率预报原理的基础上，采用先进的REEP方法，利用T106和HLAFS数值预报产品完成全区6—9月97个站的无雨、小雨、中雨、大雨的概率预报方法，并建立了能够实时稳定运行的降水积分概率预报实时业务化系统。

1998—2001年，完成"内蒙古自治区冬春季大（暴）雪中短期预报方法研究"。分析了自治区大（暴）雪气候学特征、出现的地理位置、时间分布状态、地域特点，阐明了冬季风的重要作用，形成了本区大（暴）雪主要概念模型和预报模型，在MICAPS系统的基础上，建立了内蒙古自治区大（暴）雪的综合预报决策系统，白灾评估体系中构造了一个反映大（暴）雪成灾力表达方式和改进了一个风寒公式。1999—2001年出现大（暴）雪5次，全部预报准确。同时，开展1998年松嫩流域冷涡大暴雨个例研究、沙尘暴天气的归类判别分析预报模式以及黄河（内蒙古自治区段）和西辽河流域面雨量分析及预报方法研究。

1998—2002年，完成"内蒙古自治区东部1998年致洪暴雨机制研究"。首次在自治区将MM5数值模式用于暴雨的研究和预报业务，并将数值预报产品和卫星反演资料结合起来，用于暴雨预报方法的研究。建立了流域面雨量预报方法研究和业务系统，在暴雨研究中应用GIS技术等，这些应用研究和技术方法，具有一定学术价值和业务应用价值。

1999—2001年，完成"MM5中尺度数值预报模式的应用及数值模拟研究"。利用MM5中尺度数值模式对"1998·8"暴雨典型个例进行了深入的模拟研究。

2000—2002年，进行"数值天气预报模式的大气污染模拟"研究。引进欧洲大气污染的离子扩散模式并作实例计算。模式采用拉格朗日粒子轨迹计算方法，模拟大气污染物释放后在大气中随天气条件的扩散情况，针对应付紧急情况及应用研究而设计。

2000—2003年，进行沙尘暴成因及综合防治技术开发与示范的研究。

2000—2003年，完成"影响京津及周边地区沙尘暴内蒙古沙源成因机制及技术方法研究"。研究了自治区中西部春季沙尘暴气候预测方法，分析了2000年、2001年春季沙尘暴天气增多的气候背景及1961—2000年沙尘暴呈减少趋势的气候成因。完成"沙尘暴天气监测预报系统的研究和应用"的研究，研制了"沙尘暴天气的归类判别分析预报模式"，探讨了气候变化对内蒙古沙尘暴时空分布影响。完成"沙尘暴天气预报方法和气候变化影响研究"。研究包括"沙尘暴天气的归类判别分析预报模式"及"气候变化对沙尘暴影响"两个方面。该研究在模型的建立和应用方面具有创新，表现为把产生沙尘暴天气的大气环流特征分为4类，选定了4个历史典型个例。提出了可行的归类判别算法及数据预报处理方法，在计算机上得以实现。

2000—2004年，完成"河套气旋动力机制研究"，应用NCEP再分析资料对历史上河套地区暴雨天气过程进行了天气气候分析。开展"沙尘暴成因及综合防治技术开发与示范"。从沙尘暴的成因、下垫面地表特征、综合防治等不同角度对沙尘暴现象进行了分别立题研究。剖析了沙尘暴在不同地区以及分布特征，季节性和年度间以及年代际变化趋势，得出沙化区是新的沙尘暴发源地的重要结论，初步弄清了我国中西部地区沙尘暴的形成机理和发展过程。首次揭示了沙尘暴的形成、发展与混合层和高空急流的关系，研究了沙尘暴发生（能见度、沙尘浓度）与大气环流和气象要素（如极涡活动、气压、温度、风速、风向、湿度等）有关因子之间的关系。提出了内蒙古自治区沙尘暴天气系统的分型特征，总结出了不同类型沙尘暴发生的天气学概念模型。依据40多年来117个站点的实测资料和数值预报产品，建立了沙尘暴数据库和预警预报系统，并将其业务化。完成了应用极轨和静止气象卫星资料监测沙尘暴的技术方法研究，提高了沙尘暴的时空密度和实时监测能力。完成了草地生产力监测评价、草地生态系统受损和土地荒漠化原因分析、草地退化以及不同植被类型及其土地覆盖的结构与沙尘暴之间的关系等方面的研究。首次提出了"春季性禁牧""季节性休牧"以及休牧期内对家畜进行"维持性饲养"的畜牧业生产暨草地沙尘暴综合防治技术模型。从运营机制、管理措施、实际应用等层次上探讨了草地保育以及合理利用的方式和方法。有效解决了畜牧业生产—牧民生活—草地生态安全三者之间的矛盾。成功地将农牧耦合、夏牧冬饲等生态畜牧业理念付诸实践，创新性地提出了解决季节性饲草缺乏，全面减轻草地生产压力的草地退化综合防治模式和配套技术措施。

2002—2004年，完成"内蒙古自治区夏季干旱模拟与预测研究"。运用1961—1999年6—8月北半球NCEP再分析资料月降水量、土壤湿度及1000～700百帕空气相对湿度，700百帕高度U，V风场资料及内蒙古自治区气象灾害年鉴资料对干旱趋势进行了研究。从降水量、空中水汽含量、水汽输送和土壤湿度探讨夏季干旱的成因。运用美国国家大气研究中心（NCAR）的区域气候模式RegCM2对夏季干旱进行了模拟和汇报试验。对华北地区的水汽输送进行了敏感性实验。同时，开展"爆发性蒙古气旋的气候学和动力学研究"。利用1948—2004年共57年NCEP的地面气压场资料，统计分析了蒙古气旋的月、年际生成频数、强度变化及其与几种气候因子的关系，得出气旋的气候特征。同时对爆发性蒙古气旋造成的强天气个例进行了地形因子观测、天气动力学诊断分析和数值模拟研究，给出内蒙古气旋预报着眼点。

2002—2005年，进行内蒙古自治区中西部地区下垫面对沙尘暴天气孕灾过程的作用研究。

2003—2004年，与北京市气象局协作研发了"内蒙古自治区沙尘天气预警系统"。该系统建立了以各种常规地面、高空观测资料、卫星遥感产品、沙尘暴监测服务系统前期工程所获取的各种新的特种观测资料为基础，以业务化现有的沙尘天气中短期预报技术研究成果和综合应用沙尘暴数值预报产品为手段的内蒙古自治区沙尘天气预警业务系统。同时，开展了"内蒙古自治区山洪灾害防治规划—气象技术支持及强降雨监测、预警系统建设规划"。在全面收集和整理历年降水资料和山洪灾害资料的基础上，深入分析了山洪灾害发生的时空分布规律和周期变化特征，对影响山洪灾害发生的天气气候因子进行了深入研究。得出山洪灾害具有明显的季节特征，暴雨具有降水集中、强度大的特征，暴雨发生的主要天气系统为气旋型和北槽南涡型的结论。首次将GIS技术应用到山洪灾害防治和暴雨形成机制和研究中，对山洪灾害监测、预警和防治进行系统的规划，在自治区尚属首次。

2004年，完成中尺度MM5 V3业务系统的研究和GRAPES模式的业务研究。

第六章 气候资料与气象档案

第一节 资料收集

一、资料范围

1988年,开始收集气候资料信息化文件A0文件和用于《地面气象观测资料月报表》打印的数据D文件。

1998年,开始收集资料信息化文件A0文件、D文件、基准站逐时数据A1文件和相应的报表封面、封底数据文件V0/V1文件,自记要素的数据A6/A7文件。

2004年,开始接收自动站的第一版数据A文件、封面封底数据V文件和分钟数据文件J文件、年报数据Y文件,同时继续收集自动站和非自动站的A0/A1文件、V0/V1文件、A6/A7文件、D文件。

2005年,开始接收自动站和非自动站的新版数据A文件、分钟数据文件J文件、太阳辐射数据R文件、年报数据Y文件,同时继续收集自动站和非自动站的A0/A1文件、V0/V1文件、A6/A7文件,停止收集D文件。

2007年,收集自动站的新版数据A文件、分钟数据文件J文件和年报数据Y文件,不要求必须收集自动站和非自动站的A0/A1文件、V0/V1文件、A6/A7文件。具体变化见表2-6-1。

表2-6-1 1988—2007年资料收集

资料类型	数据文件名称	变化年份
地面月报表数据	A0文件	1987年
地面月报表数据	A0文件、D文件	1988年
地面月报表数据	A0文件、A1文件、V0文件、V1文件、D文件	1998年
地面月报表数据 自记记录数据	自动站第一版A文件、J文件、V文件	2004年
	A0/A1文件、V0/V1文件、A6/A7文件、D文件	
地面月报、自记、年报 太阳辐射资料	自动站新版A文件、J文件、R文件、Y文件	2005年
	A0/A1文件、V0/V1文件、A6/A7文件	
地面月报、自记、年报 太阳辐射资料	自动站新版A文件、J文件、R文件、Y文件	2007年
	A0/A1文件、V0/V1文件、A6/A7文件是否收集自定	

二、收集方式

内蒙古自治区气象局资料收集采用三级报送体制:气象台站—盟市气象局—自治区气象局。

1988年采用盟市邮寄磁盘的方式收集气候资料信息化文件A0文件和用于《地面气象观测资料月报表》打印的数据D文件。开始分盟市采用网络传输的方法收集数据的试验。

1992年"9210"工程实施后,部分盟市采用网络传输的方法收集数据,其他盟市继续采用邮寄磁盘的方式收集。

2002年自治区气象区局—盟市气象局的宽带网建成后,气候资料数据全部通过网络传输的方法收集。

第二节 资料审核

一、地面资料审核

1. 地面气象月（年）数据质量控制审核

地面气象观测数据均实现信息化，其中自动站的数据是通过测场安装的传感器采集数据；而人工站的数据是通过观测员观测后得来输入计算机。观测数据以计算机审核为主，人工审核为辅，地面气象观测资料的审核方法是二级审核。

（1）地面气象记录月报表（气表-1）的审核

台站预审，盟市"一级"审核，自治区"二级"审核。即台站通过观测气象要素、编制和存储各类气象报告和观测数据文件、建立气象观测数据库，每个月形成一个数据文件（A文件），经过具有一定业务水平和实际工作经验的观测员预审所有原始记录和数据文件，在次月10日之前将数据文件上传至盟市审核部门，通过盟市审核后再将数据文件和气象报表上报至自治区审核部门，通过自治区审核后上传至中国气象局气象信息中心。

2. 地面气象记录年报表（气表-21）的审核

地面气象记录年报表（气表-21）的审核和月数据文件审核基本相符，它是在1—12月各月报表的相应数据中录入后形成一个数据文件（Y文件），台站经预审后于次年3月底之前编制完毕报送盟市审核部门，通过盟市审核后再将数据文件和气象报表上报至自治区审核部门，通过自治区审核后上报至中国气象局气象信息中心。

3.《地面气象观测规范》及《地面气象测报业务软件》的演变

1988年之前的地面气象记录报表完全是手工编制和抄录，台站将预审的原始记录和报表直接报送盟市，通过盟市审核后再报送自治区审核，无信息化资料，所以完全为手工审核。

从1989年开始，部分台站开始进行计算机制作报表，主要由盟市审核员将数据录入计算机打印出报表，但仍然是人工审核报表。

1990年开始，全区气表全部实现机制。数据录入虽有部分台站实现了站内完成，但仅限于气表-1的录入和制作，仍需人工审核报表和原始记录。

1998年下半年起，自治区开始试用由安徽省气象局开发的地面气象测报软件《AHDM 4.0》版，但因刚开始运行使用，不够完善，故气表的审核仍需以人工审核为主，计算机审核为辅。

2004年之前《地面气象观测规范》一直沿用1979年版本，从2004年1月1日开始施行新的《地面气象观测规范》，其中地面气象记录报表的审核也做了很多修改。新《规范》的报表处理和编制的基本思路是：数据文件、报表编制和阶段整编的有关规定要求统一，尽量减少人工干预和判别的有关规定。

为配合新版《地面气象观测规范》的实施，满足自动气象站组网的需要，中国气象局监测网络司组织开发了地面气象测报业务系统软件（2004版）。自治区从2005年开始试用该软件，由于该软件较为完善，并且不断升级，故地面气象观测数据文件的审核逐步变更为以计算机审核为主，以人工审核为辅的审核方法。

自开发2004版的地面气象测报业务系统软件后，自治区的地面气象记录年报表（表-21）也逐步开展了计算机审核业务，使用配套地面气象测报业务软件（Y文件维护和检验审核Y文件），用计算机对气表-21的记录进行格式检查和质量控制检查，但仍需人工审核进行把关。

2003年，自治区完成70个自动气象站的建设任务。从2003年1月1日20时起，各自动气象站正式投入业务运行。自动站数据文件的审核，除使用配套地面气象测报业务软件用计算机对地面气象记录进行格式检查和质量控制检查外，自动站审核的重点是人工观测的气象要素。

二、高空资料审核

高空气象探测资料的审核工作分成东、中、西三个部分。通辽市气象局承担东部区4个站的资料审核,巴彦淖尔市气象局承担西部区4个站的资料审核,自治区区局气象信息中心负责中部区4个站的资料审核。三个单位行使的都是自治区气象局审核的职能,经过审核的资料可以直接报送中国气象局。

高空探测资料是两级审核,即台站初审,自治区气象局审核。台站初审原始记录和报表,自治区气象局抽审不得少于三分之一原始记录,报表要全部审核。

1988—2000年,高空资料审核的工作流程是,台站将初审的资料通过邮局邮寄到自治区气象局,自治区气象局进行手工审核,审核结果用查询单反馈给台站,也是通过邮寄方式与台站交互。由于邮寄的资料丢失严重,从2000年起高空探测资料的上下交互方式变更为计算机网上传输。自治区气象信息中心开辟了一个审核目录,供台站与自治区气象局高空审核专用,同时查询单也是从网上传输,资料的审核变更为计算机和人工相结合。

三、农业气象和太阳辐射资料审核

1. 农业气象观测资料质量控制审核

由于农业气象观测手段较为落后,以目测为主,报表为手工抄录,无信息化资料。至2007年,农业气象资料的审核方法还是最原始的人工审核。自治区农业气象审核是"一级"审核,即台站有专人观测记录,制作报表,经过具有一定业务水平和实际工作经验的人员预审所有原始记录和全部报表,力求做到出门合格,于作物收获后或年度观测结束后3个月内上报自治区审核员。

自治区级审核员以《农业气象观测规范》为基准,对台站所有观测项目的年报表进行审核,审查气象台站是否严格按《规范》要求,取得具有准确性、代表性、比较性的农业气象观测资料。审核完毕,填写各站查询单,将原始记录及查询单返回台站,4月底按中国气象局要求上报上年度报表。

为加强农牧业气象原始记录及报表审核的管理工作,提高报送时效,切实把好质量关。2000年3月28日内蒙古自治区气象局制定农牧业气象报表合格、最佳评审标准,并从当年开始评审合格和最佳报表。

2.《农业气象观测规范》的演变

1988—1993年,农业气象观测及审核工作以1979年版《农业气象观测方法》和气象台站观测试验资料为基准,采集原始观测资料及审核。1994年开始,正式执行《农业气象观测规范》。规范分上下两卷,上卷有作物分册、土壤水分分册、自然物候分册、畜牧分册。下卷有果树分册、林木分册、蔬菜分册、养殖渔业分册和补充篇农业小气候观测。

3. 太阳辐射观测资料审核

截至2007年12月,全区有8个太阳辐射观测站,分别为索伦、海拉尔、通辽、二连浩特、锡林浩特、东胜、乌拉特中旗、额济纳旗。其中,额济纳旗为国家一级站,海拉尔、二连浩特为国家二级站,索伦、通辽、锡林浩特、东胜、乌拉特中旗是国家三级站。海拉尔、通辽、二连浩特始建于20世纪60年代初,其他站均始建于20世纪90年代初。

一级站观测的项目为太阳总辐射曝辐量E_g、太阳净全辐射曝辐量E、太阳散射辐射曝辐量E_d、太阳直接辐射曝辐量S、太阳反射辐射曝辐量E_r。二级站观测的项目为太阳总辐射曝辐量、太阳净全辐射曝辐量。三级站观测的项目为太阳总辐射曝辐量。

2003年前,气象站的太阳辐射观测一直有专人负责,并制作报表,经过具有一定业务水平和实际工作经验的人员对原始记录和月报表预审后,将原始记录和报表报寄区局审核员进行审核,自治区级审核员负责对太阳辐射观测月报表进行手工审核,无信息化资料。

2004年起,《地面气象观测规范》包括了太阳辐射观测的内容。太阳辐射观测资料的预审和审核工作转为计算机自动审核,审核员使用配套的地面气象测报业务软件(R文件维护和检验审核R文件),对太阳辐射记录进行格式检查和质量控制检查。

第三节 数据处理及资料整编

一、资料信息化处理

1. 资料信息化

内蒙古自治区气象局于1979年开始，对全区130个台站的《地面气象观测资料月报表》，从建站开始的19项要素，按照《全国地面气象资料信息化基本模式规定》进行了信息化处理。处理方法是将数据使用作孔机将数据穿在纸带上，由光电机读入到计算机中，而后转换为磁性载体存储。

1985年，自治区气象局先后引进了CCS-400微机、ibm-PC系列微机，进行资料的纸带到磁性载体的转换。到1991年，完成全区130个台站建站到1990年全部资料的信息化并将资料转换到了八英寸磁盘和磁带上。

2. 资料预处理

1986年开始，对信息化资料使用计算机进行预处理，包括格式检查、逻辑检查和质量控制。使用中国气象局统一的处理程序对全部130个台站的信息化资料进行预处理。

1989年开始配置性能更高的IBM-PC系列微机，数据处理逐渐由CCS-400转到IBM-PC系列微机上，进一步提高了数据处理的自动化和时效，加快了资料预处理的进程。1991年完成全部预处理任务，并在5英寸软盘和标准磁带上形成全区各台站的信息化气候资料数据序列，为气象预报、气候分析、气象科研和应用服务奠定了坚实的数据基础。

3. 资料标准处理

按照中国气象局对气候资料应用的要求，气候资料序列要经过标准处理，形成单要素多年的标准数据文件，所有资料的应用都建立在标准数据上，包括资料查询、资料整编等。

二、气候资料数据处理、数据库建设

1991年，开始建立气候资料内部局域网，计算机网络以Novell公司的NetWare 3.11网络系统为环境，构筑了完整的数据收集、处理、存储体系。

1996年，完成"省级气候资料处理和气候分析系统"建设任务，建立了完善的气候资料处理和各种气候应用服务系统。同年，为使信息化气候资料充分发挥作用，在标准数据基础上建立了"地面气象资料数据库系统"。数据库使用C++编程语言开发设计，具有资料自动入库、数据统计、查询检索等功能，并在气候资料部门的内部局域网上实现了共享运行，满足了业务应用和服务的数据调用需求。

1996年，完成"内蒙古自治区气候图集"的分析制。同年，开始使用地理信息系统进行气候资料的处理与分析并取得了相关成果。

2002年，建立以专用服务器、Windows 2000 server网络系统为核心的气候资料局域网，使气候资料的处理更加高效、快捷。同年，为使资料及其产品（整编成果、图集）高效地投入气象业务、科研和应用服务，设计制做了"气候资料产品网络信息服务系统"，建立了气候资料共享网站。系统将1961—1990年、1971—2000年的整编成果和气候图集进行集成，可方便快捷地形成各种要素、各种统计项目的查询结果。

2003年，由中国气象局统一组织，开始"省级气候业务系统"的建设实施。同年，开始对降水自记纸进行信息化处理，建立从图形扫描、降水曲线提取、降水分钟强度计算到标准格式存储的完整业务系统。到2006年，完成了全区47个台站1961—2000年的降水自记纸信息化处理。

2004年，自治区气象科研所和自治区气候资料中心实施内蒙古自治区风能资源评价项目，以气象台站的测风数据为基础，通过基础资料的收集整理、风能资源的计算、风能资源分析和分布图的绘制，于2005年完成风能资源评价。

2005年，被中国气象局列为省级数据共享建设第一批实施单位，按照要求开始"内蒙古自治区气象资料共享体系"的建设。

三、气候资料整编

气候资料整编是按照中国气象局制定的"全国地面气候资料（1961—1990）统计方法"中规定的统一技术规范和方法、统一统计标准，根据实际应用的需求，以气象观测原始记录为基础，经过各种统计处理形成多要素、多项目的数据统计产品的过程。

阶段性气候资料整编是以公元年代划分，以固定的连续10年作为一个阶段，即每10年进行一次整编，阶段性气候资料整编统一由中国气象局组织，自治区具体实施。

内蒙古自治区于1991年进行第五次气候资料阶段整编。此次整编第一次全部使用计算机进行，使用信息化资料，在标准数据的基础上，通过中国气象局统一开发的资料整编程序，生成18个要素、182个项目的统计产品。1994年，出版《内蒙古地面气候资料（1961—1990）》。

2001年，进行第六次气候资料阶段整编，并设计开发"整编成果检索服务系统"，与整编成果一起制作成光盘，向各盟市分发。2003年，出版《内蒙古地面气象资料（1971—2000）》。

第四节 资料信息化

一、历史资料

地面气象资料：1979年开始采用手工数据录入方式对全区130个台站的地面气象资料进行信息化，1991年完成全区130个台站建站到1990年全部资料的信息化。

降水自记纸：2003年采用中国气象局的"内蒙古降水自记纸图形气象资料数字化处理系统"，开始对降水自记纸进行信息化，2006年完成。

二、实时资料

气象站观测的实时地面气象资料，由网络进行传输，均已信息化。但农业气象、太阳辐射等特种观测资料至2007年仍没有信息化。2000年以后新增的生态观测实时资料大部分没有信息化。

第五节 气候分析

内蒙古自治区的气候分析业务主要由内蒙古自治区气候中心（1988—1990年为内蒙古自治区大气探测资料中心，1991—1993年为内蒙古自治区气候资料室，1994—1996年为内蒙古自治区气候中心，1997—2000年内蒙古自治区气候资料中心，2001—2005年为内蒙古自治区气象探测资料中心，2006年1月更名为内蒙古自治区气候中心。以下统称气候中心）承担，各盟市气象局负责本地区的气候分析、气候影响评价和气候应用服务。

一、常规性分析

1. 气候监测

20世纪80年代的气候分析业务主要是常规气候分析、气候影响评价、异常气候分析和气候应用服务等。1990年起，气候分析业务范围不断拓展。1992年，按照中国气象局的统一部署，开始气候监测诊断分析业务。自治区气候中心负责针对每年监测的全区重大气候或异常事件进行专题气候诊断分析，分析时空变化规律，诊断形成原因，提出防灾减灾对策建议。1997年开始建立全区干旱灾害监测业务系统，1998年4月投入业务运行，对作物生长季节的气象干旱灾害进行逐日实时滚动监测。该系统通过多次升级和不断优化，到2005年基本形成功能比较完善的逐日干旱灾害监测业务平台，定时制作业务产品并每日发布监测报告。

2003年，内蒙古自治区气候中心开展黄河内蒙古段凌汛预报预警业务系统研究工作，建立了流域内蒙古段凌汛期开河、封河、流凌以及凌险预报指标及模型，构建了凌汛期预报预警业务服务平台，并投入业务应用。在每年的2—3月逐日滚动制作开河期预测、凌险短期预警、凌险中期预测。11—12月制作封河期预测产品，为防凌和安全度凌提供科学依据。

2. 气候影响评价

作为主要的气候业务工作，自治区和盟市气象局每年开展月、季、生长季和年的气候影响评价，针对各地不同时段的气候进行总结分析，分析评价气候条件对各行业的利弊影响。从1995年起，年内四个季节的气候影响评价，作为专题分析定期在《内蒙古气象》期刊上刊登。

1998年起，气候影响评价领域逐步拓展，由过去传统的气候对农牧林业影响评价，拓展到气候对生态环境、水资源、交通、建筑、能源、健康和旅游等的影响评价。评价方法从定性分析逐步转变为定量和定性分析相结合。每年年底编写印刷《内蒙古气候公报》，供自治区党政领导和各部门参考，向盟市和旗县气象局下发，并与全国气象部门的相关业务单位交换。2006年起，新增《气象灾害影响评估》产品，针对自治区范围内灾害影响较重的气候事件进行专题分析和影响评估。如春季沙尘暴灾害影响评估、夏季雨涝冰雹灾害影响评估、秋季初霜冻灾害评估影响评估等。

3. 异常气候分析

异常气候分析工作最初是自治区气候中心通过收集各台站报送的当年气象要素资料，整理统计各站气象要素年异常值，制作成全区异常气象年表，并对年度异常气候进行综合分析，上报中国气象局。2000年以后，自治区气候中心自主研发了制作异常气象年表的计算机软件，直接用台站上报的A0文件，自动统计完成。

2005年起，自治区气候中心针对年度内不同季节发生的重大和异常气候事件进行总结分析、成因诊断等，制作分析服务产品，并作为主要内容之一，编写到年度"内蒙古气候公报"中。

二、专题和专项气候分析

1. 基本情况

专题气候分析是自治区和和盟市决策气象服务的重要产品之一。各地根据年内重大政治、军事、经济和服务活动的不同需求，不定期制作专题气候分析产品。如防洪抗旱、黄河防凌服务、森林草原防火服务等专题气候分析。此外，还有重大军事演习、"神舟"系列飞船发射、自治区成立50周年及60周年庆典、奥运会火炬传递等活动期间的气候背景分析。2005年起，自治区气候中心制作的专题气候分析报告逐年增加，平均每年有十多份，主要有《干旱状况分析》《春季干旱、沙尘天气分析》《生态功能气候区划》《森林火灾对区域气候影响评估》《"三区"规划建设气象问题的思考与建议》《森林火灾前期气候背景和当前旱情分析》等。

2. 重要事件

1994—1997年，由内蒙古自治区气象局组织，使用1961—1990年地面气候资料整编成果和部分科研成果，编制出版了《内蒙古气候图集》。该图集是内蒙古自治区历史上第一部全面、直观反映自治区气候特点、变化规律和气候资源状况的图集科技成果，具有重要的使用价值。时任内蒙古自治区副主席张廷武为图集作序，对图集出版给予高度评价。

2001年，在中国气象局的统一部署下，内蒙古自治区气象局启动《中国气象灾害大典·内蒙古卷》的编纂工作，2004年完成初稿，2008年4月出版。这是一部全面反映内蒙古自治区气象灾害的历史档案书，又是开展灾害研究、指导防灾减灾的工具书。时间跨度从公元前776年至公元2000年，全书共分12章，近40万字，翔实地记录了内蒙古自治区各种气象灾害的发生及影响情况。

三、应用气候分析

内蒙古自治区气象局在应用气候分析和服务工作中积极拓展领域，气候分析服务涉及各行各业。各级气象部门在为农牧业生产、防汛抗旱、森林和草原防火、重大工程与重大活动的气象保障服务，电力、交通、保险等行业的专题气候分析服务，公众和新闻媒体服务等方面，做了大量深入细致的气候分析工作，获得明显的社会效益。

1. 农业气候分析

1997年由内蒙古自治区气象局区划办公室组织，开展了主要农业经济作物生长气候条件的研究工作，于2000年出版《内蒙古自治区部分经济作物生长的气候条件》。利用1961—1995年全区气象资料分析了内蒙古的农牧业气候资源和气候区划，研究了大豆等四种经济作物和肉苁蓉等三种特色中药材的适生气候条件，提出了种植栽培对策建议。

2001年开展全区第三次农业气候区划工作。区划分为自治区、盟市和旗县三级。区划依托计算机和3S技术，结合地理信息资料，对内蒙古自治区气候资源进行气候区划，将气候资源分类细化到乡镇苏木。区划成果为各级党政领导在农业结构调整、气候资源开发利用、生态与环境保护等方面提供了决策依据。许多盟市的区划成果受到当地政府表彰或奖励，并出版了专著。

2.气候与防灾减灾

1988—1989年，由内蒙古自治区气象局组织，对1947—1987年出现的主要气象灾害进行了综合分析，于1990年出版专著《内蒙古自治区主要气象灾害分析（1947—1987）》。

1995—1997年，针对干旱、雨涝、霜冻、风沙、冰雹、城市大气污染、森林草原火灾等气候热点问题进行了分析和对策研究，于1997年出版专著《内蒙古自治区气候热点及其对策研究》。

2006—2007年，编写《内蒙古自治区气象灾害防御规划》，于2007年12月出版专著《内蒙古气象灾害及其防御》。

3.建设项目的气象条件分析论证

1988—2007年，先后承担完成了数十项自治区重点工程和建设项目的环境气象条件测试及气象可行性论证工作。特别是2000年以后，开展了跨省市和周边省区的服务。其中，在火电厂工程的空冷气象条件分析论证方面成果尤为显著。先后编制《北方联合电力丰泰电厂2×300兆瓦工程空冷气象条件分析论证报告》《华电土右电厂2×660兆瓦工程空冷气象条件分析论证》《山西右玉煤矸石电厂2×300兆瓦空冷供热机组新建工程空冷气象资料对比观测》《山西襄垣和信发电有限公司2×600兆瓦工程空冷气象条件分析论证》《山西华能榆社电厂三期2×600兆瓦机组扩建工程空冷气象条件分析论证》和《北方联合电力杭锦电厂2×1000兆瓦工程空冷气象观测及对比分析》等专题分析论证报告。

4.城市规划气候可行性论证

2006年自治区气候中心与北京气象区域各省市气候中心合作，开发了"城市规划气候可行性论证业务系统"，研究制定出城市规划气候可行性论证气象环境评估指标体系及评估方法，编写了呼和浩特市、东胜区城市总体规划大气环境影响评价和呼和浩特国家气候观象台气象观测环境影响评估报告。

5.风能、太阳能资源评估

2004—2005年，开展了内蒙古自治区风能资源评估，对全区风能资源进行了普查，建成风能资源数据库，编写《内蒙古自治区大型风电场建设前期工作》评价报告。为自治区大型风电场的建设和风能资源的开发利用提供了翔实资料。

2006—2007年，自治区气候中心开展了中国气象局全国试点业务建设项目——"内蒙古自治区风电场选址和风电场保障业务系统"和"太阳能资源评估业务系统"建设。利用国家气候中心引进且本地化的加拿大风能资源数值模式WEST，在天气型分类的基础上，模拟计算了达尔罕茂明安联合旗示范区的30年风能资源平均分布，并用该区内6个测风塔和4个气象站资料对结果进行了订正。利用MM5V37版模式，初步建立了示范区风能短期数值预报系统。引进丹麦Risoe实验室的WASP软件，并在乌拉特中后联合旗风能资源评估中进行了试用。开展了与专业软件公司合作开发风能和太阳能资源数据库管理系统。项目出资在巴彦淖尔市磴口县建立一套太阳能资源综合监测系统。

四、气候变化业务

2006年起，按照中国气象局业务技术体制改革的要求，自治区气象局制定气候变化业务方案，并开始建立自治区级气候变化业务，开展气候变化研究、影响评估、预估以及应对气候变化等工作。同年，自治区气候中心开展近50年气候变化和近50年气候变化对农牧业生产及生态脆弱区影响评估研究。与中国农业科学院、内蒙古农业大学合作，开展未来气候变化预测及影响、适应、减缓对策研究。研究完成了《气候变化对呼伦湖生态环境影响评估报告》；与沈阳气象区域气候中心合作，编制印发首期《东北气候变化公报》。

2007年，自治区气象局积极贯彻落实《中国应对气候变化国家方案》行动计划，成立了应对气候变化领导小组，组建了以自治区气候中心为主的气候变化协调工作组，领导小组办公室挂靠在内蒙古自治区气候中心。年内，完成了内蒙古自治区近50年气候变化分析，编发了内容翔实、版面精美的首期《内蒙古自治区气候变化公报》。制定了《内蒙古自治区气象局贯彻落实〈中国应对气候变化国家方案〉的具体措施》，提出了内蒙古自治区应对气候变化的7项具体举措。

第六节 气象科技档案

一、档案机构

各级气象部门陆续开展气象科技档案工作，逐步形成自治区、盟市和旗县三级气象科技档案工作机构。此机构具有双重职能，一是负责整个单位集中统一的气象科技档案的管理；二是负责整个单位各部门及下属单位档案工作的业务指导。

2002年，内蒙古自治区气象局制定气象记录档案保管体制调整工作计划及实施方案，对气象记录原始档案保管体制做了调整，由过去自治区、盟市、旗县三级管理调整为自治区一级保管。

1. 内蒙古自治区气象档案馆

内蒙古自治区气象档案馆于1986年11月成立，与内蒙古自治区气候中心合署办公，一个机构两块牌子。

内蒙古自治区气象档案馆，是集中统一保管自治区气象系统具有永久保存价值的气象科技档案基地，是自治区气象科技档案资源的储备、开发、咨询和交流中心。通过开展对气象科技档案的收集、整理、鉴定、保管、统计和提供利用等工作，维护档案的完整与安全，最大限度地发挥气象科技档案的应有作用。积极开发气象科技档案的信息资源，及时而准确地向用户提供气象科技档案信息和编纂加工产品，为气象事业的发展服务，为国家的经济建设、国防建设和科学研究服务。内蒙古自治区气象档案馆于1992年晋升为国家二级档案馆，1997年晋升为国家一级档案馆，档案馆库房面积1000平方米并配有75平方米的接待室和阅览室。

为确保档案的安全，库房内安装监控设备及火灾自动报警装置。现馆藏气象科技档案主要有：气象科技管理档案、气象记录档案、气象业务技术和服务档案、气象科学研究档案、气象仪器设备档案、气象教育档案和气象基本建设档案，构成了自治区气象系统气象科技档案全宗。截至2007年底，馆藏气象科技档案有60000余卷（含非纸制载体档案），气象科技资料5000多册。

内蒙古自治区气象档案馆已开展的气象科技服务主要包括：提供气象观测原始记录数据和经初加工产品数据、气象记录档案统计整编等编研成果，以及其他气象科技档案资料服务。

内蒙古自治区气象档案馆于1997年获自治区档案局、自治区人事厅授予的"全区气象档案工作先进集体"荣誉称号；1998年被内蒙古自治区"双学双比"领导小组授予"巾帼文明示范岗"；2000年被中国气象局授予"全国气象档案工作先进集体"。

2. 盟市和旗县气象档案机构

各盟市气象局均设有档案室，配有档案专职人员，其主要职责：一是负责本盟市气象科技档案的集中统一的管理，定期向自治区气象档案馆汇交气象记录档案；二是负责对下属各单位档案工作的业务指导。

旗县气象局是直接获取气象观测记录、形成气象记录档案的基层单位。各局均设有档案室，配有档案兼职人员，按规定和要求做好本局形成的气象观测簿、自记记录纸、记录报表等纸制及相应的机读载体档案的收集、整理、保管、分类、立卷提供服务工作。按规定定期向上级气象档案机构报送各类气象记录档案。

二、档案资料分类和汇集

1. 档案资料分类

全区各级气象部门在气象业务、技术和科学研究等工作活动中直接形成的、具有保存价值并按照归档制度集中保管的气象科学技术文件材料（包括原始记录、加工资料、图表、文字材料、照片、盘片、磁带、光盘、音像带等形态的历史记录文献），称为气象科学技术档案。

气象科学技术档案分为气象事业管理档案、气象观测记录档案、气象业务技术档案、气象科学研究档案、气象基本建设档案、气象仪器设备档案、气象标准计量档案7大类。

气象事业管理档案主要包括综合管理、气象业务管理、气象科研教育管理、气象外事管理、气象机构人事管理、气象计划财务及审计管理、气象产业装备管理等。

气象观测记录档案主要包括观测记录纸、观测记录表及簿、观测记录月报表、观测记录年报表、机读载体记录、记录整编出版物、原始气象分析图及照片、气象图及图集出版物等。

气象业务技术档案主要包括业务运行手册、技术规程、业务技术报告、调查报告、技术总结、业务技术产品、业务技术服务成果、业务运行软件、业务技术会议材料等。

气象科学研究档案主要包括科研准备阶段文字材料、科研试验阶段文字材料、总结鉴定验收文字材料、成果奖励申报阶段文字材料、成果推广应用阶段文字材料、科研会议文字材料、科研论文论著及汇编等。

气象基本建设档案主要包括综合性文件材料、可行性研究及设计任务书、勘测材料、设计文件、施工文件、竣工文件等。

气象仪器设备档案主要包括气象观测仪器、专用设备、其他仪器设备等。

气象标准计量档案主要包括各级标准（国际标准、国家标准、行业标准、部门标准、地方标准）及计量。

2.档案资料汇集

对于气象记录档案的汇集，按照中国气象局《气象记录档案管理规定》执行。气象档案工作实行"统一领导、分级管理"的原则。气象部门形成的气象记录档案，由国家级气象档案馆和省级气象档案馆负责收集存档、安全保管和开发利用。

自治区气象档案馆负责收集、管理本区范围的，属于长期和永久存档的气象记录档案。2004—2005年，自治区气象档案馆接收、归档了原保存在各盟市、各旗县档案室的原始气象记录档案30000余卷。

各盟市、各旗县气象档案室对所辖气象台站在气象业务活动中产生的地面气象观测簿、气象辐射观测记录簿、农业气象观测记录簿、特种气象观测记录簿，地面气压、气温、相对湿度、降水量、风向风速自记纸，测风、探空记录表等原始气象记录档案，保存3～5年后，上报自治区气象档案馆。

自治区组织的及在自治区范围内进行的气象科学实验、考察、科研项目形成的气象记录档案，由自治区气象局有关职能部门组织验收后，由项目负责单位移交向自治区气象档案馆归档。

自治区气象局直属业务、科研单位及各级气象台站形成的属于归档范围的气象数据、图像产品及其出版物，重要天气现象、异常气象事件和重大气象灾害现象的照片、声像资料，由形成单位随时向自治区气象档案馆归档。

自治区天气气候业务系统形成的属于永久保存的天气气候分析资料，由形成单位指定专人收集，随时向自治区气象档案馆归档。

自治区气象档案馆负责收集自治区范围具有保存利用价值的大气环境科学数据、图像产品及其出版物；负责收集、整理和建立自治区所属各类气象台站历史沿革档案。

国家新建的各种类型气象台站和增加的气象观测项目，其形成的气象记录档案，按规定向自治区气象档案馆归档。

3.档案资料服务

1988年以后，各级气象科技档案管理机构都承担着本级气象科技档案和气象资料的对内借阅服务及对外公益性服务。除为党政部门提供无偿的公益服务外，还承担着为农牧业、水利、电力、环境保护、保险公司、高校、研究院所等多个行业和部门提供各种专业、专项有偿服务。自治区气象科技档案馆负责全区气象科技档案和气象资料的有偿服务工作，承担对外接待、咨询和服务工作。其主要任务是：接待、咨询、介绍气象科技档案收藏及可提供服务利用的情况；承接专题或项目资料和分析任务，按照用户要求组织加工分析和提供气象资料，及时收集用户反馈信息。依据加工处理气象科技档案信息量的多少、难易、耗时等情况，按照地方物价主管部门核准的标准，合理收取技术咨询费和分析服务费。

第七章　气象技术装备

第一节　技术装备更新与发展

一、常规气象探测技术装备

1988—2007年期间，各级、各类气象台站地面、高空常规气象探测技术装备全部实现国产化，由获得中国气象局颁发的生产许可证的企业组织研制生产。中国气象局直属北京、上海气象物资管理处组织货源并采取合同订购的方式实施供应。

1. 地面气象探测仪器仪表

主要有长春气象仪器厂生产的DWJ1型温度计、DHJ1型湿度计、DYJ1型气压计、DYM1型动槽水银气压表、上海仪器厂生产的EL型电接风向风速仪、SM1型雨量器、SJ1型虹吸雨量计、SL1型遥测雨量计，上海医用仪表厂和天津温度表厂生产的普通和地面各种玻璃温度表。1995年全区有47个基准、基本气象站安装南京水利水文自动化研究所生产的E601B大型蒸发器。原来安装的AM3型小型蒸发皿主要用于冬季观测，各种消耗器材的统筹、自筹均按统一规定的标准和要求采购供应。

2. 高空探测仪器

主要有太原无线电一厂和上海无线电23厂生产的GZZ2-05-3型机械电码式探空仪。随着探测技术的进步，1997—2002年呼和浩特高空站将原配装的GZZ2-05-3型机械电码式探空仪更换为中国气象科学院研制的TD-2型400兆赫兹电子探空仪。2006年除东胜站仍在沿用太原无线电一厂生产的GZZ2-05-3型探空仪外，其他11个高空探测站配装的探空仪陆续更换为太原无线电一厂、天津气象仪器厂和上海无线电23厂研发生产的TD2-A \ GTS（u）2-1型400兆赫兹电子探空仪和GTS1型L波段电子探空仪。其中，呼和浩特、临河、通辽探空站更换为太原无线电一厂生产的TD2-A型400兆赫兹电子探空仪，海拉尔站更换为天津气象仪器厂生产的GTS（u）2-1型400兆赫兹电子探空仪，额济纳旗、巴彦诺尔公、乌拉特中旗、锡林浩特、赤峰、索伦站更换为上海无线电23厂生产的GTS1型L波段电子探空仪。电子探空仪的广泛应用，有效地提高了全空气象探测数据的精确度。

二、现代化大型气象探测技术装备

1. 测风雷达

1996年前，全区12个高空探测站装备的无线电探空雷达均为南京大桥机器厂生产的701系列二次测风雷达。1997年呼和浩特高空探测站换装为国营第784厂生产的707C波段一次探空雷达，索伦、二连浩特、额济纳旗等站点换装为701C型测风雷达。2005年除呼和浩特、东胜、临河、通辽、海拉尔等5个高空探测站外，其他7个高空探测站先后由701系列二次探空雷达陆续统一换装为由南京大桥机器厂生产的L波段二次探空雷达。

2. 天气雷达

1988年前后，呼和浩特、集宁、东胜、临河、赤峰、通辽、乌兰浩特、锡林浩特等8个天气雷达站先后装备了由无锡国营无线电2厂生产的711型天气雷达。到20世纪90年代中期，呼和浩特、临河和乌兰浩特3个天气雷达站先后将无锡无线电2厂生产的711天气雷达更换为桂林国营722厂研制生产的713天气雷达。1998年锡林浩特站将无锡国营无线电2厂研制生产的711型天气雷达撤换为成都国营784厂生产的714型天气雷达。2001—2005年，呼和浩特、鄂尔多斯、赤峰、通辽、海拉尔5个天气雷达站先后列装了由成都国营784厂和南京第14研究所研制生产的CINRAD/CD和CINRAD/CB型新一代天气雷达，其中鄂尔多斯、通辽2个天气雷达站的列装品为南京第14研究所研制生产的CINRAD/CB型新一代天气雷达。

新一代天气雷达采用了随机相位近距离模糊等先进技术，增强了探测功能，丰富了探测产品，提高了探测精度，对于提高暴雨、冰雹等极端灾害性天气的监测和预警能力具有重要作用。

3.制氢设备

2004年，全区12个高空探测站除临河站外（临河站无制氢业务，用氢由乌拉特中旗高空站提供），其他11个高空站点均安装水电解制氢设备，开展水电解制氢业务。1988年前，已有呼和浩特、赤峰、通辽、海拉尔4个探空站装备了由太原燃化所研制生产的电解水制氢设备，开展电解水制氢业务。后因故停止，恢复化学制氢，1988年以后再次恢复电解水制氢业务。1993—2004年，11个探空站点先启用邯郸718所研发生产的QDQ2-1型电解水制氢设备取代了原有的化学或电解水制氢设备。制氢设备更新换代由此经历了化学制氢→电解水制氢→水电解制氢的发展阶段。邯郸718所研制生产的QDQ2-1型水电解制氢技术的采用，对提高安全性降低化学制氢造成的环境污染和制氢成本等作用显著。

第二节 气象技术装备供应

气象技术装备供应工作，是基本气象业务不可缺少的组成部分。1988—2007年的20年里，气象技术装备供应在自治区气象业务和现代化建设中，发挥了重要的基础性保障作用，这项业务随着气象事业和气象现代化建设的发展而发展。

一、气象技术装备供应工作组织体系

1988—1997年，气象技术装备供应工作一直遵循中国气象局倡导并坚持的"实行供应与管理相结合，上下对口，全面兼顾，分级管理，协调发展"的工作模式。按照这一模式，内蒙古自治区气象技术装备中心设置有气象技术装备供应站，对外称内蒙古自治区气象技术装备供应科，一套人马，两块牌子。人员编制在20世纪80年代末期到90年代中期保持在6~7人左右。设有正副站（科）长、计划调拨员、购销员、质检员、储运员和业务管理等6个岗位。

盟市气象局按"供管一体化"原则，基本按要求设置了对口的装备科。气象技术装备供应业务分别归所在盟市气象局计划财务或业务管理科统一负责。盟市装备供应人员编制按照"一岗多责"原则，台站多则2~3名，少则1名。

气象台站作为气象技术装备的供应终端，不设对口专职供应岗位，气象技术装备的日常申领和管理，由本台站领导直接负责或指定一名业务人员协助兼管。

二、供应经费

气象技术装备供应工作的开展，取决于足够专用经费的有效保障。1988—1997年10年间，气象装备供应经费拨款总额2030万元，占同期气象事业费的60%~80%，总体上呈波动式增长态势。由于其间处于经济体制改革的初始阶段，受物价"双轨"制的影响，气象技术装备及其运杂费价格每年都有相当幅度的增长。特别是年度供应经费总额70%以上的高空探测消耗器材，常处于供应紧张的境地。针对这一供需矛盾，内蒙古自治区气象技术装备中心采取4项措施，引导气象技术装备供应工作摆脱困境，走出低谷，健康发展。一是加强管理，向管理要效益，最大限度减少重放球造成的损失浪费，通过节俭、增效弥补定额缺口，稳定业务；二是从实际出发，在保证业务正常进行的前提下，层层削减订货计划；三是紧缩库存，减少积压，加大供给；四是精打细算，减少运杂费开支，把有限的经费最大限度地用到台站供应需求上。

三、内部制度与机制建设

自治区气象技术装备供应工作从诞生起就逐步形成了一整套比较完备可行的管理制度和运行机制。随着事业的发展和形势的变化，其制度与机制设置的科学性、规范性不断得到加强和完善。1988—1997年10年间，气象技术装备供应管理办法有过两次较大修订。1988年的第一次修订，根据当时的改革要求和气象技术装备供应部门的职能转化以及所面临的装备供应局面，以改革为导向，打破常规，解放思想，探寻气象技术装备供应工作的客观规律，积极引入竞争机制，将行政手段与经济手段相结合，突出经济手段在气象技术装备供应工作中的杠杆作用。在装备经费的使用管理上，实行了"盟市定额包干、节约留用、超支不补、成本核算"计价供应等办法。同时，运用系统工程的原理进行气象技术装备供应工作的运行管理，进一步丰富、完善了气象技术装备供应工作的作业程序和科学管理手段，进而实现管理的科学性与供应工作实践性的有机结合。通过这次修订，在当时计划经济向市场经济转变的大形势下，妥善应对气象技术装备物价"双轨制"因素带来的难题，全面保障了气象台站探测业务的正常运行。

清仓挖库，修旧利废，盘活资金，保障供应。1988—1997年，既是自治区气象技术装备供应工作困难最多、形势最为严酷的10年；也是内部管理不断改革，工作最扎实、最活跃的10年。期间，气象技术装备供应经费额按指标核算，存在较大缺口，供需失衡成为突出矛盾。针对这一情况，自治区气象技术装备中心组织动员全区气象技术装备供应部门自上而下开展了一次深入、广泛的"清家底、挖库存、整库容、降成本、修旧利废、减少报损、增收节支、搞活供应，保障供给"的增产节约活动。这次活动使计划经济时期沉淀积压在各级装备仓库的大量技术装备，经过检定检修而起死回生，起到了填补经费缺口的作用。同时，进一步完善气象技术装备供应管理方法，建立掌握全区气象技术装备，包括生产厂家、出厂使用日期、装备量备份量、质量效果、检定期等信息指标在内，方便适用、直观易行、奖罚分明的气象技术装备供应工作业绩检查考核评价机制，推广实施后收效显著。

1988年8—11月，自治区气象技术装备中心首次组成检查考核评价组分赴各地，对各盟市气象局和10个高空站，对技术装备7大类、25项基本业务进行检查考核和评价。此后每年例行考核一次，直至20世纪90年代中期气象技术装备工作实行政事分开为止。1988年首次检查考核中，呼伦贝尔盟气象局处于落后位置。1989年自治区气象技术装备中心派工作组深入该盟进行蹲点整顿。呼伦贝尔盟气象局按要求整顿了库容库貌，理清了库存物资，建立健全了供应账目和内部管理制度等，将现代科学方法用于编制供应计划，统计核实气象台站和当地社会装备需求申请量、年度消耗量等具体环节，落后面貌当年得以改变。此后，连续三年考评位居全区榜首。

1988年以前，盟市气象技术装备供应机构很少关注不同装备对仓储温湿度的要求，各种装备一律置放于自然的温湿度条件下保存，结果导致某些装备性能受到影响。如探空气球因受冻而球皮硬化、脆化，降低膨胀度；探空仪因冻导致温、湿系数发生突变。在自治区气象技术装备中心三令五申下，促其改变传统工作模式，各盟市气象局及其下属台站分别采取改进措施，对装备库进行了必要的保暖、保湿改造，确保了各类仓储装备的技术性能。

四、硬件建设

截至2007年，全区已建成使用的气象技术装备仓库总面积约1500平方米，其中自治区气象局直属标准化仓库850平方米。20世纪90年代，基于自治区气象局直属装备仓库吞吐量较大的实际，为其装备了货运卡车、铲车和二轮摩托车等运载机械。装备储运条件基本上适应同期气象技术装备供应工作的实际需要。

五、计算机应用与科技创新

1988年，自治区气象技术装备中心成立"气象物资应用管理软件研发领导小组"，分别组成计算机软件研发攻关小组和短平快科研项目研发小组。同时，号召并支持有条件的单位和人员积极开展气象技术装备计算机应用软件编制等科研开发活动。侯振威、焦玉琛、陈亚军、杨新培4人当年完成"内蒙古自治区气象技术装备优化管理系统"，同年5月通过了自治区气象局技术鉴定，适用于气象技术装备部门的计划、管理、调运，流通控制、库存管理等，填补了内蒙古自治区动态化气象管理的空白。该系统当年业务化后，仅高空四大消耗器材就实现压缩库存15万余元。

由侯振威、蒋家元2人共同承担的"气象部门经济效益计算方法"和"气象服务价值量的宏观估测"两项科研成果，分别于1988年和1991年完成并通过自治区气象局鉴定。上述两项科研成果有效地攻克了气象产品价格长期不易确切计算的难题。1990年，"气象部门经济效益计算方法"经中国气象局推荐,在日内瓦召开的世界气象经济学术年会上进行了交流。

第三节 气象计量检定检修

自治区气象仪器计量检定检修业务的开展始于1954年,1958年12月正式设立机构。1988年,已形成以自治区气象局气象仪器计量检定检修所和通辽市气象局气象仪器计量检定检修所为骨干,其他各盟市气象处局气象仪器计量检定检修业务为基础,人员与设备相配套,侧重有别,点面兼顾、体制与机制较为完备的气象仪器计量检定检修体系。

一、检定检修组织体系、技术装备、任务分工和人员编制

1. 组织体系

1988—1997年期间,全区共设置专职气象仪器计量检定检修机构11个。其中,国家二级质量标准传递机构1个(内蒙古自治区气象仪器计量检定检修所),国家三级质量标准传递机构10个(通辽市、呼伦贝尔市、兴安盟、赤峰市、锡林郭勒盟、乌兰察布市、鄂尔多斯市、巴彦淖尔市、包头市、阿拉善盟气象仪器计量检定检修所)。除自治区气象仪器计量检定检修所隶属于内蒙古自治区气象技术装备中心外,其他10个检定检修机构均分别隶属于所在盟市气象局的气象技术装备科。

2. 技术装备

1988—1997年期间,全区各级气象仪器计量检定检修机构装备的检定检修设备均为20世纪70年代前后的国产技术装备和少量50—60年代的技术装备。其中自治区气象仪器计量检定检修所配备有压、温、湿、风等全套检定检修设备和相应的标准器具。可承担动(定)槽水银气压表、空盒气压计、空盒气压表、水银酒精玻璃温度表、温度计、毛发湿度计、毛发湿度表、小风洞风速表等8类气象仪器的检定检修业务。通辽市气象仪器计量检定检修所的术装备和开展的检定检修项目,基本同于自治区气象仪器计量检定检修所,其他盟市气象仪器计量检定检修所,除锡林郭勒盟检定检修所可开展温度表检定外,其余盟市只配备有湿度箱和风速测定仪,开展的检定检修项目较少。

3. 任务分工

自治区气象仪器计量检定检修所的主要任务是:承担对自治区中、西部地区气象台站送检气象仪器的计量检定检修工作;负责对全区气象仪器计量检定检修工作的指导与管理,重点监督防止超检仪器流入气象台站;按照自治区技术监督局的要求,组织全区气象仪器计量检定检修机构开展标准化建设和人员培训;协助自治区技术监督局组织完成本部门检定检修机构和检定检修员的技术资格认证考试考核工作;根据社会用户需要,积极提供对外技术服务。

通辽市气象仪器计量检定检修所的主要任务是:承担对通辽市、呼伦贝尔市、兴安盟和赤峰市的气象仪器计量检定检修工作。其余盟市的气象仪器计量检定检修机构,只负责本地区所属气象台站温湿度观测仪表和风速测定仪两个项目的计量检定检修工作,其他需要检定检修的项目按照区域划分分别送交自治区或和通辽市气象仪器计量检定检修所。针对自治区气象台站分布广、交通不便的实际,上级气象主管机构先后为检定检修结构配备了3台计量检定检修工程车。

4. 人员编制

1988—1997年,全区气象仪器计量检定检修人员编制为26人,其中自治区12人,通辽市4人;其他盟市10人。均为一岗多责。

二、计量检定检修环境建设

1988年,全区各级气象仪器计量检定检修所的总建筑面积达到1000平方米以上。其中自治区和通辽市分别为400平方米和150平方米,其他盟市接近或达到50平方米。与此同时,涉及检定检修人员身体健康的污染治理和资源的有效配备也得到不断改善。自治区和通辽市的气象仪器计量检定检修所设置了专门处理汞蒸气排放和回收的装置"斜孔塔",其他气象仪器计量检定检修所(室)也大都健全了通风排污设施,有效地改善了检定检修场所的空气质量,检定检修从业人员的职业健康环境得到保证。

自治区气象仪器计量检定检修试验室用房由于年久失修，其工作环境已难以适应业务发展的需要。1997年1月16日，向中国气象局上报《自治区气象计量检定检修等气象技术装备工作业务基础环境改造可行性研究报告》。同年2月14日，中国气象局计划财务司批复同意，并拨专款20万元支持内蒙古自治区的气象计量检定检修环境改造工作。自治区气象技术装备中心以到位的20万元为基础，加大自筹力度和加强施工管理，于1998年上半年按计划完成气象计量检定检修环境改造任务，实现了"优质、高效、低耗"的环境改造预期目标。

三、检定检修基础技术设施的更新

1995年9月至1997年12月，自治区气象检定检修设备及其标准器实现4项更新：1995年9月将DJM4型湿度检定箱更新为DJM-10型湿度检定箱；湿度标准器HM3型电动通风干湿表更新为DSP-2型数字式标准干湿表；1997年12月将DWT-702型低温恒温槽更新为HJ6A型低温恒温槽，WL-80型温度计检定槽更新为WJEI型温度计检定槽。

1998—2007年，自治区气象检定检修设备及其标准器的更新速度进一步加快。该阶段的更新项目主要有：1998年8月底将DTM-14温度系数检定箱更新为YME-1温度系数检定箱；1999年10月将DJM13型风洞更新为HDF-500-I型回路低速风洞；2005年12月将YJB-150补偿式微压计更新为2101数字压力计。同年12月新增了二等温度标准器SWJ数字温度计RCY-1A自校式铂电阻数字测温仪；2007年9月将DSP-2型数字校准干湿表更新为JBBI数字式标准干湿表，并增加1台冷镜式露点仪。10月将YEI-1气压检定箱更新为QYJD-1A气压仪器检定装置，JDS型振筒式气压仪更新为745-23A数字压力计，并增设2台745-16B石英谐振大气压力计。12月将HJ6A型低温恒温槽更新为新型HJ6A型低温恒温槽，并新上了JJS3型雨量检测系统。

四、行业管理职能

按照国家质量技术监督局JJF1069—2000《法定计量检定机构考核规范》和JJF1033—2001《计量标准规范》要求，经过持续数年质量体系的建设和完善，自治区气象计量检定检修所的软硬件建设基本满足了省级气象行业标准计量站的建站条件。在严格认证考核的基础上，2001年1月内蒙古自治区技术监督局正式批准成立"内蒙古自治区气象计量站"。该机构的挂牌运营，为新形势下进一步强化自治区气象计量检定检修机构的社会化服务功能，依法加强全区气象行业气象仪器的监督管理工作提供了资质保证。

第四节 技术装备维修

气象技术装备维修随着高空、地面大气探测等技术装备的发展而形成并不断完善，是基础性、专业性较强的综合性业务技术保障服务体系。全区气象技术装备维修机构按照中国气象局制定的"两级管理、三级维修"体系建设方向，紧跟自治区业务改革和气象现代化建设步伐，以抓基础、强素质、优化结构，强化服务、完善体系建设为核心，不断推动软硬件建设的跨越式发展，自上而下形成了与大气探测业务现代化，高科技装备相匹配，维修测试手段先进，技术力量雄厚，体制与机制协调，规模适度，服务及时有力，多功能、专业化、综合性的气象业务技术支持体系。

一、体制建设和任务分工

气象技术装备维修体制从形成到2007年，主要是按照"政事合一"的体制框架运行的。这一时期，自治区和盟市气象技术装备维修机构均具有双重职责，既是规划、管理和组织实施者，又是装备运行的具体技术保障者。根据全区气象技术装备维修系统的特点与要求，自治区气象技术装备中心设置有机务科（2002年机构改革时更名为"内蒙古自治区气象技术装备维修中心"，2006年全区气象业务技术体制改革时又更名为"高空大气探测技术保障科"）。各盟市气象局设置有专职机务管理岗位，12个高空气象台站设置有专兼职随机机务维修岗位。各级气象技术装备维修机构根据任务分工和业务量的轻重，在人员配备上坚持了一专多能、少而精的原则。1988—2007年的20年间，自治区气象技术装备维修机构的人员配置在6人左右；各盟市气象局因主要以行使管理职能为主，人员配置1~2人；高空台站配置随机机务员1人。全区大气探测技术装备维修人员总数为30余人。

自治区气象技术装备维修机构的主要任务与职责是：根据国家和自治区大气探测技术装备建设情况和自身建设发展的需要，编制全区气象技术装备发展建设规划和年度工作计划，并指导和组织规划、计划的实施；组织全区机务人员进行短期脱产培训；承担更新或引进设备的安装调试，出具调试技术报告，并配合自治区气象局有关处室做好病老、淘汰设备的撤换、报废工作；负责全区高空大气探测技术装备和水电解制氢设备的年度巡检、调试、标定和重大故障排除工作；承担全区"701系列测风雷达"的中修和大修工作。

盟市气象局气象技术装备维修机构（岗位）的主要任务与职责：贯彻落实自治区气象技术装备机构提出的发展规划、计划和年度工作任务；承担本盟市气象技术装备的日常维护和运行管理；组织本盟市技术装备维修人员开展岗位技能培训；跟踪监控并及时向自治区相关机构报告本盟市气象技术装备的运行情况，协助上级有关部门做好设备更新、撤换、报废工作。

台站气象技术装备维修岗位的主要任务与职责：随机监控并及时上传本台站气象技术装备的运行情况；做好本台站气象技术装备的日常维护工作，防止设备带病运行。

2002年，气象部门实施的以事业结构调整为核心的机构改革中，自治区气象技术装备维修中心所承担的全区气象技术装备维修工作管理职能与技术支持业务实行分离，原"政事合一"体制转变为单纯提供设备技术支持的业务实体，管理职能上划自治区气象局监测网络处。盟市气象技术装备维修机构（岗位）任务与职责未变。2006年全区气象业务技术体制改革时，继续维持此体制框架。

二、机制建设

自治区气象技术装备维修机构在贯彻落实"两级管理、三级维修"体系建设方针过程中，坚持体制与机制建设一起抓，逐步形成了以《全区气象技术装备维修管理办法》《设备维修保养操作规范》《雷达大修验收标准》《水电解制氢设备维护管理办法》为主体，设备信息采集处理为辅助的一整套符合自治区地域和台站特点，规范性、操作性较强的综合性气象技术装备维修管理制度与技术规程。2002年机构改革后，自治区气象技术装备维修机构将工作重点全面转入以提供技术支持为主的轨道。

三、业务和科研

1. 雷达大修

自治区12个高空大气探测站建站时统一装备的701系列测风雷达，到20世纪80年代中期后进入大修期。1988年以前，达到大修期的701系列测风雷达以送生产厂家实施大修为主。1988年以后，随着自治区气象技术装备维修技术力量的加强，大修工作转为自备力量开展大修。在大修经验趋于成熟的情况下，还承担了中国气象局委托的其他省、自治区、直辖市的部分701系列测风雷达部分大修工作。截至2007年，701系列测风雷达大修总量达到75部，为全国近60%的省、自治区、直辖市气象部门提供了高水平的大修、数字化改造等技术服务。2007年，受中国气象局委托，自治区气象技术装备维修中心就701C型雷达援外项目，派出技术人员赴朝鲜开展技术服务。

2. 科研工作

701系列测风雷达系20世纪60—70年代产品，80年代后期，原雷达生产厂家转入新型雷达的研发生产。701系列测风雷达一些特定的大修配件，如馈线、宸子和反射网，厂家基本停止生产供应，大修配件的采购难度极大。面对此局面，自治区气象技术装备维修中心在自治区气象技术装备中心的支持下，主动承担起上述配件的研制生产任务，并取得成功，实现了大修配件自给自足。

进入21世纪后，高空大气探测站迎来了新一轮测风雷达换装期。原配备的701系列测风雷达逐步被L波段测风雷达替代。自治区气象技术装备中心抓住机遇，支持并鼓动所属维修人员主动投入设备换装建设的工作，在实践中了解熟悉新设备的技术原理，打牢技术保障功底。2004—2007年，先后与新设备厂家合作完成多部L波段测风雷达的建站和设备技术标定、测试任务，并及时提供了对雷达业务化后的各项技术支持。

四、自动化气象站技术装备维修

自动化气象站技术装备维修保障业务,是应2002年全区自动化气象站建设项目的启动而形成,区别于传统气象技术装备检定检修业务的一项高科技地面气象技术装备维修保障工作。形成初期主要任务是协助自动站生产商开展建站和人员技术培训,提供自动站运行巡检等技术支持。2006年,自治区气象技术装备中心组建地面气象技术装备保障科,负责该项业务。其主要任务职责是承担全区自动气象站设备年度巡检与维修;协助自治区气象局业务主管部门开展自动气象站业务技术培训等。

第八章 气象服务

第一节 决策气象服务

1991年初，自治区气象台在机构设置上增设了预报服务科和农牧业气象情报室。2001年组建"内蒙古自治区决策气象服务中心"。决策气象服务中心的职责是：为内蒙古自治区党委、政府及有关部门指挥生产、组织防灾减灾等提供决策气象服务。决策气象服务中心的任务是：负责自治区决策气象服务需要的各类气象服务产品的加工制作、分析、编辑、集成、包装和分发服务工作。制定和完善《决策气象服务周年方案》（简称《方案》），按照《方案》主动开展气象服务；负责决策气象服务专题性汇报材料和报告的撰写及图表制作。与自治区党委、政府有关部门保持联系，及时了解决策气象服务各阶段的工作重点，了解农牧业生产和防灾减灾对气象服务的要求。密切关注自治区党政领导及有关部门在科学决策时对气象服务的需要，主动、及时提出决策建议。收集、汇总气象情报、气象灾情和生产信息，提出决策建议。及时向中国气象局报告气象灾情和灾害性、关键性天气预报服务情况。参与决策气象服务系统、政府气象服务终端系统的建设、开发、升级优化工作；负责决策气象服务系统的日常值班、运行和维护；负责决策气象服务效益评估及年度和重要季节重大天气、气候综合性决策气象服务的业务总结，及时向中国气象局报告。

决策气象服务对象主要是各级党、政、军领导和决策部门，为其指挥生产、组织防灾减灾、军事与国防科学试验，以及在气候资源合理开发利用和环境保护等方面进行科学决策，提供气象信息服务。

决策气象服务产品依照党、政、军领导和决策部门需求，根据自治区天气气候特点、气象业务技术发展水平、信息处理技术水平、气象服务历史沿革的原则确定。决策气象服务由以下部分组成：天气预报，专项气象服务，专题气象分析，专题气象服务，气象信息专报，防凌、防汛、抗旱、防火气象服务，气象预报信息，突发气象灾害预警信号发布、解除，重要气象报告，重大气象信息专报，气象服务专报，今日天气公报、天气公报、雨（雪、霜冻、沙尘）情公报，气候预测，灾情直报，灾情快报，气象参考和临时性产品等。截至2007年，决策气象服务产品共分四大类，内容涵盖自治区全部气象业务范围（表2-8-1）。

表2-8-1 决策气象服务产品表

类别	产品名称	定义及主要内容	产品签发	发布时间
综合分析类	重大气象信息专报	自治区党、政、军领导重点关注的，对自治区经济社会有重大影响的气象问题综合分析报告。内容主要包括与经济发展、社会生活、防灾减灾、生态环境、粮食安全、气候资源、国防、社会主义新农村（牧区）建设等相关的气象监测、分析、评估和建议。	局长签发	适时
	气象信息专报	常规性综合气象信息报告。主要内容包括与经济发展、社会生活、防灾减灾、生态环境、粮食安全、气候资源、国防、社会主义新农村（牧区）建设等相关的气象监测结果和分析评述。	局长或台长签发	适时
	专题气象分析	根据自治区党委、政府、有关部门、人民解放军等的需要和请求，或就社会关心的气象问题进行专题分析。	局长或台长或分管台长签发	适时

表2-8-1续

类别	产品名称	定义及主要内容	产品签发	发布时间
预报预测类	专题气象服务	为黄河凌汛、黄河封（开）河、森林草原防（扑）火、人工增雨消雹、"神舟"系列等航天工程、重大军事活动、大型会议庆典、重大外事活动、重大社会公益活动、农牧林业、节假日、高考等提供的专项天气预报预测服务。	台长或分管台长签发	适时
	重要气象报告	大范围或区域性的灾害性、关键性、转折性天气预报预测及应对建议。	局长或台长或分管台长签发	适时
	气象预报信息	较大范围明显天气过程预报及应对建议。	分管台长签发	适时
灾情报告预警类	重大气象灾情专报	影响范围大、造成严重经济损失（1000万元以上）或重大人员伤亡（10人以上）的气象灾害及其衍生灾害情况报告。	局长签发	适时
	气象灾情通报	对盟市直报气象灾情汇总上报。主要包括：干旱、雪灾、洪涝和暴雨、冰雹、霜冻、低温冷害、冷雨湿雪、干热风、高温（酷热）、寒潮、大风（沙尘暴）、森林草原火灾、凌汛、地质灾害、蝗灾、鼠害等气象灾害和衍生灾害。	台长签发	及时
	突发气象灾害预警（或解除）信号	按照中国气象局和自治区气象局有关规定发布突发气象灾害预警（或解除）信息。	分管台长签发	及时
	气象灾情公报	月（季、年）气象灾害公报	局长或台长或分管台长签发	月（季、年）有灾害发生时
其他类	气象参考	为自治区党政领导提供的气象参考，主要有气候预测、实况评述、专题分析、气象新闻、新技术方法、生活气象、气象知识等栏目。	台长签发	每月
	天气公报	雨、雪、霜冻、沙尘等天气实况、人工增雨情况、未来天气预报。	分管台长签发	适时
	临时性产品	根据自治区党委、政府等决策需要确定。	分管台长签发	及时

一、重大灾害天气预警报服务

1. 干旱气象服务

自治区气象台提供诸如《关于当前旱象持续发展的分析》《目前旱象及未来十天天气展望》《旱情及未来天气趋势预测》《入春以来旱情及未来降水趋势预测》以及全区月（季、半年）旱情分析报告、抗旱生产建议、降雨形势分析、土壤墒情报告等旱情分析材料。

1993年6月初，根据"6—8月全区降水趋势东多西少，东部以防汛为主，西部以抗旱为主"的长期预报结论，发布了《关于当前全区旱象持续发展的分析》材料，引起各级领导高度重视，并采取了一系列紧急抗旱措施。

1999—2001年,自治区连续三年严重干旱,农牧业受灾严重。期间,自治区气象台自治区党政领导提供8期旱情气象分析。

2003年1—5月,自治区气象台共提供旱情气象分析18期。6月13日,为自治区防汛抗旱工作会议分析撰写的《今年汛期前期气候特点及汛期气候趋势、防汛形势展望》专题报告,受到防汛抗旱工作会议的重视和好评。同时,针对春耕春播生产气象服务制做了《2003年农作物适宜播种期预报》《内蒙古自治区2003年春播前土壤墒情分析》材料,此后,每旬制作、发布一期全区土壤墒情分析。

2004年上半年,面对严重春旱,自治区决策气象服务中心针对性地制做了月(季、半年)旱情分析报告、抗旱生产建议、降雨形势分析、土壤墒情报告等材料,及时报送自治区党政领导部门和生产指挥部门。6月2日,自治区人民政府办公厅致函气象台表示感谢。该函称:"今年入春以来,全区大部地区气温偏高,降水偏少,尤其是兴安盟南部、赤峰市、通辽市大部地区出现了近40年来罕见的旱情,给农牧业生产造成了很大的损失。你台为了把自然灾害所带来的损失降低到最小限度,全体职工积极主动、团结协作、尽职尽责,密切监视天气变化情况,及时地为自治区领导和防汛抗旱指挥部及有关部门提供天气预报、实况分析和专题分析材料,准确地预报出入春以来四场区域性降雨天气(4月25—26日、5月1—2日、15—16日、24—26日),并及时实施人工增雨作业,使自治区中部、西部和赤峰市南部地区的旱情有所缓解。值此表示衷心的感谢"。6月24日,时任自治区党委书记储波在自治区气象台《上半年我区旱情报告》上批示:"气象部门服务经济大局的意识比较强。我区是干旱、半干旱地区,降雨、增雨对生态恢复、农牧业生产极为重要,要及时掌握气象信息,有针对采取措施,打主动仗,避免消极地救灾和抗灾。"

2. 黑灾、白灾气象服务

1989年3月2—4日,自治区西中部强降温、东部偏北地区降大雪。自治区天气预报中心(现自治区气象台)提前发布了预报和警报,并向政府领导和有关部门做了汇报。1990年自治区政府农牧委员会、调研室和畜牧局来函称:"近几年,自治区气象台黑、白灾等预报准确率较高,已成为各级领导安排牧业生产的决策依据之一,每年的牧业损失比40年平均可减少大小牲畜死亡70万头(只),其中天气预报的效益占总效益的20%。"

1991年3月7—8日,自治区气象台发布"西中部大雪预报"。呼和浩特市粮食部门提前采取预防措施,新华广场等地晾晒的200多万斤玉米免受损失。1991年3月26—27日,出现几十年罕见的特大暴雪,预报准确,及时向自治区党委、政府关领导汇报,减少了损失。3月27—28日,《内蒙古日报》以"罕见的春雪"为标题连续刊发报道,称赞自治区气象台"预报准确,社会和经济效益明显"。自治区畜牧局生产处和政府有关部门也对自治区气象几次寒潮预报表示满意。

2000年11月16—17日、18—19日,大部分地区连续出现两次较为明显的降雪天气过程,部分地区出现白灾并形成座冬雪。自治区气象台于11月4日和17日分别做出了准确的天气预报和相应的预报服务。两场降雪如期出现,实况与预报吻合。

2001年1—4月,自治区气象台就锡林郭勒盟重度白灾提供特别气象服务。在每日、每期的长、中、短期天气预报中均对锡林郭勒盟白灾予以特别关注和提示。期间为自治区党委、政府及各新闻媒体提供专题气象分析8次。

2002年12月19日晚间起,自治区中西部开始出现大范围降雪天气。到23日,持续4天。大部分地区降雪量与降雪持续时间均突破历史同期纪录。对这次重大降雪天气过程,自治区气象台首先在18日17时发布的短期预报中做出预报,19日上午10时,自治区气象台以《气象信息》(第34期)发布"降雪、降温、大风天气预报",报送自治区党委办公厅、自治区政府办公厅,并通过各新闻媒体向社会发布。21日上午,根据天气形势变化情况,自治区气象台再次以发布《降雪、降温、大风天气预报气象信息》,对降雪天气做了进一步的预报,并提出了相应的防御建议。12月23日,自治区气象台收到来自大气环境决策服务中心的感谢信。2003年2月10日,收到来自自治区农牧业厅的来函称:"2002年冬季对降雪预报极为准确,为我们指导农牧业生产、抗灾保畜、布置抗灾救灾工作,推动草原生态建设发挥了重要作用"。

2007年2月27日至3月5日，自治区偏南部的大部分地区普降大到暴雪，给交通运输及群众出行带来负面影响，一些地区因强降雪导致灾害发生。对此次降雪天气过程，自治区气象台全程做好气象服务，3月18日自治区党委办公厅信息调研处致电气象局："贵局从2月26日至3月5日对此次天气过程提供了全程预报服务，先后报送了《气象预报信息》《重要气象报告》《天气公报》《气象信息专报》《突发气象灾害预警信息》《雪情公报》等气象服务产品。从3月1—5日贵局决策气象服务中心每天通过传真、电子邮件等形式向在北京参加'两会'的自治区党委主要领导同志传送决策气象服务产品。上述气象预报服务主动、及时、准确，为自治区党委主要领导同志指导农牧业生产和防灾减灾提供了重要决策信息，受到领导同志高度重视。在此向贵局表示感谢，并向气象预报服务人员表示慰问。"

3.寒潮气象服务

1988年入秋以后，自治区气象台准确发布了11月8日和12月8日两次强寒潮预报和警报。

1990年2月21—22日，受西伯利亚冷空气影响，自治区大部分地区出现一次少见的强寒潮天气过程。自治区决策气象服务中心从19日起，连续两天发布寒潮预报和预警，并分别提前24小时、48小时在电视节目中以"明显降雪天气和中到大雪天气预报""强寒潮预报"的字幕发布，及时向自治区党委办公厅和政府分管副主席详细汇报，多次通报自治区农委农业处和畜牧局。

1998年3月17—20日，爆发全区性风雪寒潮天气过程，西部部分地区伴有沙尘暴，大部分地区日平均降温达10～14℃伴有6～7级短时8级大风，中东部地区出现中到大雪，局部地区出现暴雪。自治区气象台通过电视台以字幕形式发布了寒潮警报，提请各地、各部门，特别是广大牧区要做好防寒防冻保春羔抗灾保畜等工作。3月17日，自治区气象台发布强寒潮警报。18日夜间20点20分，自治区气象台将连续4个时次的寒潮天气预报用传真方式报送给正在赤峰市指挥抗灾的自治区政府副主席傅守正。

1999年10月27—29日，出现强寒潮天气。自治区气象台提前48小时以《重要气象报告》形式做出预警报，电视台、电台加以特别说明的形式连续发布强寒潮天气预报、强寒潮天气警报。并将《重要天气报告》《寒潮预报》《寒潮警报》通过各种有效渠道及时报送自治区党政领导及有关部门和新闻媒体。

2006年9月7—9日，出现罕见秋霜冻。自治区气象台在8月31日发布的《9月上旬天气预报》中对霜冻做出最初预报，9月2日发布《气象信息》对霜冻做出具体预报，9月4日以《重要气象报告》形式专门发布"大风降温霜冻天气预报"，自治区气象局领导向政府领导做了当面汇报。自治区人民政府据此发布《关于做好预防农作物遭受早霜冻危害工作的紧急通知》。9月5—10日，自治区气象台连续6天发布《内蒙古地区秋霜冻监测预报》专项气象服务产品，对这场早霜冻进行跟踪监测和预报，并将各地霜冻出现情况予以通报。9月16日自治区气象局发布气象信息专报，对此次霜冻灾害情况进行分析评估。

4.暴雨、洪涝灾害气象服务

1988年8月5日呼和浩特市及周边地区降大到暴雨，4日下午自治区天气预报中心通过电台、电视台、报纸发布大雨预报并及时报告自治区和呼和浩特市两级政府，通报防汛办公室及铁路防汛部门。8月6—8日呼伦贝尔市大兴安岭连降大到暴雨，江河水位猛涨，出现突破历史的洪峰。自治区天气预报中心提前通过电台蒙古语新闻发布了此次过程的天气预报并通知自治区防汛指挥部。同时，加报头发布《东北部大到暴雨天气预报》。7月21—22日呼伦贝尔市、兴安盟降大雨、局部暴雨，阿荣旗出现40多年来少有的河堤决口。自治区天气预报中心连续发布未来24小时中到大雨、局地暴雨的预报，并及时向政府汇报。

1990年7月7—9日、17—18日、25—26日，中东部出现多年未遇的大到暴雨和大暴雨，个别地区雨量达200多毫米。自治区气象台及时向自治区防汛指挥部和政府秘书长刘珍等领导同志和汇报，通过电台、电视台加头或加大字幕发布东部4盟市大雨、局部暴雨预报和预警，连日增发雨情及未来降雨发展趋势等信息，向党政部门提供4期《重要天气报告》。

1992年7月25—26日，偏南地区普降中到大雨，部分地区暴雨，呼和浩特出现大暴雨。7月28—

30日，偏南地区又降中到大雨。其中，乌兰察布市、赤峰市、通辽市南部的部分地区下了暴雨。8月2日凌晨到3日，巴彦淖尔市东部、乌兰察布市中部、呼和浩特市、赤峰市、通辽市南部再降中到大雨。其中，呼和浩特市和赤峰市南部部分地区出现暴雨。自治区气象台对上述三次大雨暴雨过程在中期和短期预报中均做出了比较准确的预报，及时向自治区政府和防汛指挥部做出汇报。由于这次久旱转雨中期预报提前5天做出，节约抗旱经费2000万元。

1998年出现6次大雨和暴雨天气过程，自治区气象台每次预报均与实况吻合，9次向自治区党政领导报送《重要气象报告》。在向自治区防汛指挥部、内蒙古军区等有关部门迅速报送的同时，在电视节目黄金时段以大字幕形式向公众发布了专题预报，并将预报和服务情况以传真方式向中国气象局汛期总值班室报告。8月6日，自治区气象台预报东部洪涝重灾区在8月9—11日还将会出现大的降雨天气，向自治区政府汇报并提请进一步采取措施，加强抗洪抢险工作。结果大到暴雨如期出现，预报完全正确。当年，自治区气象台获中国气象局授予的"全国抗洪救灾气象服务先进集体"荣誉称号。

2002年6月20日上午，自治区气象台发布《六月下旬天气预报》指出"旬内大部地区降水偏多，气温正常，旬初将有一次明显的降雨过程，大部分地区有小到中雨，偏南地区有中雨，中部偏南地区有中到大雨，局部地区有大到暴雨"。防汛抗旱指挥部办公室按照自治区党委书记储波关于"要防止山洪暴发，要防止病、险水库出事，对大江大河的堤防安全和城市防汛要倍加注意"的重要批示，立即行动，积极部署，确保防洪措施得当到位，确保人民生命财产安全。7月26日，自治区防汛抗旱指挥部办公室向自治区气象台来函称："6月21—23日，自治区出现了一场范围广、雨量大、持续时间长的明显降雨天气过程，局部地区达到大暴雨。尤其是呼和浩特市遭受了50年不遇的特大暴雨。由于贵台此次中期预报准确、服务及时、到位，给采取防暴雨、防洪灾措施留下了充足的时间，各地未遭特大暴雨及洪水的严重危害，保证了人民生命财产的安全，减轻了灾害损失。为此，我办对贵台准确的预报、良好的服务表示衷心感谢"。2004年5月26日，自治区气象台作为先进集体，受到自治区防汛抗旱指挥部表彰。

2005年汛期，自治区气象台以《重要气象报告》形式发送"重大降雨天气预报"2期，以《气象信息》形式发送"重要降雨天气预报"9期，以"今日天气公报"形式提供降雨实况、人工增雨情况和未来3天预报12期。6月19日，自治区政府办公厅来函称："6月19日赤峰市元宝山区发生洪雹灾，自治区气象台于6月16日及时发布了气象信息预报，对防灾和抗灾减灾工作发挥了重要作用，避免了人民生命财产的更大损失"。

5.沙尘暴、黑风暴气象服务

1988年4月10—12日、16—17日和19—20日，自治区出现3次近年来少有的大风和沙尘暴天气。自治区气象台于3月底对第一次大风和沙尘暴天气过程发布了预报，于4月5日继续发布预报，并在每周气象信息上刊登。

1993年5月5日，受西伯利亚强冷空气影响，西部出现9～10级局部超过12级大风，顷刻间能见度降为0级，风后一片狼藉，属历史罕见，后称"93·5·5黑风暴"。仅阿拉善盟直接经济损失就达2.73亿元。自治区气象台提前48小时做出准确预报，并及时通知有关单位予以防御。

2000年，自治区中西部和华北地区连续出现12次沙尘暴天气。从3月中旬起，自治区气象台共发出沙尘暴《重要气象报告》4期，对12次沙尘暴都在中、短期预报中做出了预报。上报自治区党委、政府办公厅后，应各级领导的要求和有关部门的请求，自治区气象台就沙尘暴的有关情况，从多方面提供了详尽的咨询服务。自治区气象局派员参加了自治区发展计划委员会召开的有关沙尘暴的研讨会，并应邀撰写了《内蒙古地区——我国沙尘暴天气主要沙源地》的专题文章，被自治区发展计划委员会、自治区畜牧科学院草原勘察设计院向国家发展计划委员会上报的《京津周边地区内蒙古沙源治理工程项目意见书》采用。当年7月18日自治区政府办公厅向自治区气象台来函称："今年春季，中西部地区发生数次沙尘暴天气，自治区气象台准确发布沙尘暴天气预报，并及时以《重要气象报告》形式上报自治区政府办公厅，为自治区政府安排农牧业生产、防灾减灾，提供了科学的决策依据，效益显著。"

2001年自治区共出现20次沙尘暴天气过程，时间早、次数多、时间跨度大、影响范围大、灾害损失严重。其中以4月6—7日出现的沙尘暴为该年最强。全区绝大部分地区出现了大风、扬沙、沙尘暴、强沙尘暴，甚至特强沙尘暴天气，为自治区有气象记录以来罕见。自治区气象台全年发出关于大风、扬沙、沙尘暴预报及服务的《重要气象报告》1期、《气象信息》7期、《气象情报》23期。对20次沙尘暴天气均在中期、短期预报中做了较为准确的预报和提示。《气象情报》通过上网、传真、电话、信件等方式报送自治区党委、政府领导，通报中央电视台新闻中心，新华社及自治区新闻媒体。期间，接受新闻媒体采访20余次，在报纸上刊登有关沙尘暴天气的文章、消息、预报等10多篇，社会影响广泛。

2002年截至5月中旬末，自治区气象台共发出大风、扬沙、沙尘暴预报及服务的《重要气象报告》1期、《气象信息》3期、《气象情报》8期。对全7次区域性沙尘暴天气均在中期、短期预报中提前做了较为准确的预报。沙尘暴天气出现后，自治区气象台在一个小时内将大风、扬沙及沙尘暴天气实况情报制作出来并通过上网、传真、电话、信件等方式报送自治区党委、政府领导及区内外新闻媒体。特别是3月19—23日特强沙尘暴天气过程，在15日就做出了展期预报，18日下午以《重要气象报告》形式发布大风、沙尘暴预报，并向自治区党委、政府做了当面汇报。同时，通过决策气象服务网络和广播、电视、报纸等新闻媒体向社会发布，建议有关方面及公众做好防御工作。沙尘暴天气发生后，每天两次发布沙尘暴情报，每6小时通报一次沙尘暴实况和最新动态。

2003年春季开始，按照中国气象局的新要求开展了沙尘天气预报服务工作，即对沙尘天气进行西北、华北联防监测、逐级报告。各盟市、旗县发生沙尘天气后，当地气象台站立即报告自治区气象台，经自治区气象台汇总后及时报告中央气象台。鉴于近年各方面对沙尘暴的密切关注，自治区决策气象服务人员撰写了《2002年沙尘暴发生特点、原因及2003年春季沙尘天气展望"的专题分析材料》并在《北方新报》等新闻媒体刊发。

2006年3月出现大风、降温、沙尘暴天气。3月8日自治区气象台以《重要气象报告》形式发布"寒潮、大风、沙尘天气预报"，3月8—11日连续发布多个《寒潮蓝色预警信号》《大风蓝色预警信号》《沙尘暴黄色预警信号》等，此次提前过程结束后，对这次沙尘天气从持续时间、影响范围以及产生原因等几方面进行了总结。

6. 冰雹气象服务

2005年5月26日21—23时，受局地强对流天气影响，鄂尔多斯市鄂托克前旗的4个苏木乡镇、16个嘎查村遭受严重的冰雹灾害，冰雹持续时间约40分钟，冰雹最大直径3厘米，最大堆积厚度8厘米。5月28日午后至夜间，巴彦淖尔市出现17米/秒的短时雷雨大风，局部地区伴有沙尘暴、扬沙及冰雹。5月30日，鄂尔多斯市部分地区出现分布不均的雷阵雨天气，东胜区、鄂托克前旗出现冰雹。自治区气象台在5月26日发布《气象信息》指出：5月26日夜间至27日，鄂尔多斯市等地有分布不均的小阵雨或小雷阵雨，5月28日开始西中部地区有分布不均的小阵雨或小雷阵雨，部分地区有中阵雨或中雷阵雨，局部地区有雷雨大风或冰雹等强对流天气，并提请各地注意防范冰雹。鄂尔多斯市气象台和巴彦淖尔市气象台分别就各次天气过程发布了预报或专题预报。

7. 高温气象服务

1999年，自治区出现百年不遇的干热高温天气。针对这一情况，自治区气象台及时将预报服务重点由降雨转移到了对持续高温天气，多次发布《重要气象报告》，接受新闻媒体采访，解答电话咨询。11月10日，自治区党委办公厅致函气象局称："你局所属自治区气象台在1999年全年天气预报及服务中，做到了预报基本准确，服务主动及时，预报服务效果良好，工作令人满意，社会经济效益显著。特别是几次重要天气预报及服务为自治区党委决策提供了可靠的依据，为自治区农牧业生产趋利避害做出了贡献。例如7月、8月高温天气预报，气象台及时发来了《重要天气报告》，自治区党委据此及时向各级有关部门发出通知，指导农牧业生产采取防御措施，避免或减轻了强烈天气可能造成的损失。其社会效益、经济效益都十分显著，值得嘉奖"。

2005年6月16日，自治区气象台发布高温天气预报，并于6月17日、19日、20日、21日先后发布高温黄色预警信号、高温橙色和黄色预警信号、高温红色、橙色及黄色预警信号、高温橙色预警信号。6月20日、22日两次以"今日天气公报"形式向自治区党委、政府提供高温天气实况和未来3天预报。7月13日发布的《气象信息》就自治区不同地区天气形势做出预报,并于7月12日和17日分别发布高温橙色预警信号、高温橙色和黄色预警信号。6月28日自治区党委办公厅信息调研处向自治区气象台来函称:"对自治区西中部地区6月17—24日出现的晴热高温天气,贵台做出了及时准确的预报,并于6月17日、20日、21日分别发布高温预警信号。这些信息对我们进行科学决策提供了重要依据,通过提前调度安排,确保了工农业生产和人民生活正常进行,取得了良好的社会经济效益,服务效果明显"。

二、关键时段气象服务

1. 转折性天气气象服务

1988年汛期,自治区东北部和西中部地区暴雨成灾,赤峰市和通辽市干旱严重。自治区天气预报中心非常重视抗旱和久旱转雨预报服务,多次向人工影响天气办公室提供有利于人工降雨作业的天气过程预报以及飞行保障服务,准确地预报了赤峰市和通辽市有缓和旱象作用的3次明显降雨过程。

1994年,自治区气象台先后准确预报了6月25—27日东部地区久旱转雨和7月12—13日东部地区大到暴雨过程,受到自治区党政领导和防汛办公室、农业办公室的高度赞扬。

1996年,针对春夏之交持续干旱情况,自治区气象台准确报出6月17—20日全区降雨天气、6月18—20日乌兰察布市后山地区的大到暴雨天气、7月19—21日全区性强雷阵雨天气、7月27—29日区域性大到暴雨天气和8月8—9日呼和浩特市地区大到暴雨天气。特别是7月12日7时许,自治区气象台将"市区以北20～30千米处有强降雨云团、有暴雨"的情况通知了呼和浩特市防汛办公室,避免了一场物损人亡的重大灾难。

1997年,自治区气象台提前24～48小时准确地预报出7月1—3日全区自西向东出现的中雨、局部地区大雨天气。这次全区性的久旱转雨天气过程,对农牧业生产十分重要。期间,自治区气象台共发布4次预报和1次《重要气象报告》,并通过电台、电视台以大字幕形式和预报稿加标题的形式发布这一重要的久旱转雨气象预报信息。6月29日以传真的方式向自治区党委、政府及防汛指挥部发送了《重要气象报告》,多次向人工降雨基地传递最新天气实况和预报信息,使人工降雨作业掌握了最佳时机。为此,获得中国气象局授予的"1997年度汛期气象服务先进集体"荣誉称号。

2000年6月1日、2日10时和17时,自治区气象台连续发布久旱转雨天气预报,并向电台、电视台传送预报,向自治区党政部门提供网上服务。7月17日自治区气象台以《重要气象报告》形式发布"高温少雨天气趋势预报",并建议做好防御工作。7月25日,自治区气象台又以《气象信息》形式适时发布转折性天气预报,并提请各地关注天气变化,在抓好抗旱的同时,注意防御局部洪涝灾害。

2001年7月10日,自治区气象台以《重要气象信息》形式发布"中西部地区高温天气预报",指出中西部地区的严重旱情并提出相关建议,报送至自治区党委、政府领导,通报各新闻媒体。7月17日,又以《气象信息》形式适时地发布了转折性降雨天气预报,指出这次降雨过程将对缓解我区旱情、特别是中西部地区的严重旱情有利,同时也将结束中西部多日来的酷暑高温天气。这次久旱转雨天气使全区大部地区土壤墒情明显改善,旱情得到缓解或解除。

2. 汛期气象服务

1988年7月21—22日,呼伦贝尔市、兴安盟普降大雨,局部暴雨,阿荣旗出现了40多年来少有的河堤决口,自治区预报中心连续发布未来24小时中到大雨、局地暴雨预报,并及时向自治区政府做做了汇报。8月5日呼和浩特市及附近地区出现大到暴雨。8月4日下午,自治区天气预报中心通过电台、电视台、报纸发布大雨预报并及时报告自治区、呼和浩特市两级政府,通报自治区防汛办公室及铁路防汛部门。8月6—8日呼伦贝尔市大兴安岭连降大到暴雨,江河水位猛涨,出现突破历史的洪峰,自治区天气预报中心提前通过内蒙古电台蒙古语新闻发布了此次降雨过程,及时通知了自治区防汛办公室。

1990年,防汛部门根据自治区气象台"东部降水偏多,特别是7月有洪涝"的预报,重点抓好西辽河抢险工程,赶在入汛前竣工,同时对各主要河流和大中型水库重新进行水位核校,保证了安全度汛。自治区防汛部门又根据8月份预报,决定提前蓄水,控制放水。将红山水库出库量减少到18立方米/秒。截至8月底,较上年同期增加1.5亿立方米蓄水量,为来年丰收奠定了基础。

1991年6月10—11日，赤峰市、通辽市普降大到暴雨，导致洪汛提前，西拉木伦河、老哈河出现超过历史同期最大洪峰的记录。自治区气象台提前24小时预报出两地的大暴雨，并及时向自治区政府及防汛部门汇报，政府决定对处于施工关键时段的台河口水利枢纽工程"不分洪"，科学地调度了洪水，确保了台河口工程安全引洪，避免了因洪水超过新开河围堰防洪标准使耗资2000万元的工程毁于一旦的巨大损失。由于民工提前上堤，使开鲁县城免遭洪水的袭击，保护了人民的生命财产。1991年6月25日的《内蒙古日报》对此予以报道。

1996年6月18—20日，乌兰察布市后山地区普降大到暴雨，四子王旗、察哈尔右翼中旗、察哈尔右翼后旗遭受严重灾害。自治区气象台于6月17日对这次降雨过程发出预报，6月18日发布"重要天气报告"及时通知各地。7月12日17时许，呼和浩特市防汛办公室接到自治区气象台通知，大青山一带有较强降水回波，中心位于市区以北20～30千米处。呼和浩特市防汛办公室立即将降雨情况通知正在乌素图沟进行森林公园截流工程的施工单位，迅速撤出全部施工人员和施工机械。撤离工作尚未全部完成时，凶猛的山洪咆哮着顺沟而下，避免了一场物损人亡的重大事故。本年度自治区气象台获得中国气象局授予的"汛期气象服务先进集体"荣誉称号。

1998年天气与常年明显不同，进入汛期降雨天气过程一个接一个相继出现，提前进入主汛期，并持续到8月下旬。汛期共出现6次全区性的大雨和暴雨天气过程，且均持续3～4天。抗洪抢险救灾期间，自治区气象台准确地接着准确预报服务了7月27—29日入汛以来的第一场区域性大到暴雨。经过反复会商，自治区气象台于7月27日发出"重要天气报告"，提请各有关部门做好防洪、防汛的准备工作。自治区政府分管领导批示：（1）迅速将《重要天气报告》发给5个盟市负责人手中，集中力量做好防汛工作。（2）电台、电视台、报社尽快将《重要天气报告》传播出去。

2006年7月29日，自治区气象台第4期《重要气象报告》发布"大到暴雨天气预报"，并报送自治区党委办公厅、自治区人民政府办公厅。自治区政府副主席雷·额尔德尼做出重要批示：速转自治区防汛办，建议有关盟市做好一切预防工作。

3. 凌汛气象服务

2000—2007年防凌期间，自治区气象台每日提供黄河沿线各站的气象要素预报，无条件地满足空军作业时的临时气象服务需求。其中，2000年对黄河凌险做了专题气象分析，提供给自治区党政领导及防凌前线指挥部。2001年3月前半月，自治区气象台两次为空军投弹破冰飞行提供气象保障，一天两次提供短时、短期天气要素预报。2003—2005年，根据自治区上一年度初冬和本年度春季气候背景及未来短期气候预测、中期天气预报，制作了《黄河凌汛气象分析与开河中期预报》，并利用决策气象服务网络系统向防汛指挥部提供黄河沿线逐日短期天气预报，逐旬提供中期天气预报，逐月提供短期气候预测，每日向黄河沿线各站传送一天滚动天气预报。除此之外，多次提供针对凌汛的临时性气象预报产品。2005年、2006年，空军炸冰坝泄流凌需要提供气象预报产品，自治区气象台不定期制作"凌汛专题分析"，利用决策气象服务网络系统每天向防汛指挥部提供各种气象预报及信息。2007年7月15日以《重要气象报告》形式发布"黄河内蒙古段及自治区东北部地区大雨天气预报"，建议有关部门特别是黄河沿岸地区做好防汛抗灾工作，自治区政府副主席雷·额尔德尼批示："请自治区防汛办及时电传各有关地区，并做好防汛各项工作，包括黄河防汛预案"。

自治区气象台的防凌汛气象服务工作得到国家气象中心的认可。2005年国家气象中心致函自治区气象台："今年黄河中上游尤其是内蒙古河段开河期间的凌汛形势严峻。国家防汛抗旱指挥部要求每日提供黄河内蒙古沿河地区天气、重点是气温实况和未来7天内逐日天气、气温预报。贵台按时按要求传来内蒙古黄河凌汛形势分析。根据贵台传送的有关黄河凌汛形势分析材料，结合我们掌握的资料和信息，制作了题为《黄河内蒙古河段开河情况分析及开河预测》的重大气象信息专报，由中国气象局领导签发呈报国务院主管领导和有关部门。这次成功的预报服务，浸透着你们辛勤的劳动，衷心感谢贵台对我们工作的大力支持"。

4. 森林草原防火气象保障服务

1989年3月30日至4月7日，兴安盟五岔沟发生森林大火，自治区气象台在原来上、下午向电台和电视台发送的天气预报中增加了兴安盟火区的天气预报。

1990年3月初，自治区气象台向自治区党政部门防火办发布了"东部地区春季森林草原火险趋势估计"材料。之后的防火期间，每天按时向防火办公室递交火险预报和林区天气预报等专项服务书面材料，总计250余次。专门向政府部门提供预报、情报服务140余次，发送各种情报和天气实况120期。自治区气象台两名同志分别被自治区党委办公厅和自治区政府办公厅授予"信息先进工作者"称号。

1998年5月13日13时，兴安盟阿尔山林业局兴安林场遭遇雷击引发森林大火，15日大火迅速烧入呼伦贝尔市柴河林业局，大火持续10个昼夜，22日被彻底扑灭。期间，自治区气象台决策气象服务中心每天制作并发布火区专项天气预报，积极主动与自治区党政领导部门、防火办、森警总队，扑火前线指挥部及东部人工降雨基地、兴安盟气象局和呼伦贝尔市气象局联系，随时报告火区风力、风向、气温、云层状况、降雨天气条件等与扑火密切相关的最新天气变化和天气预报，为科学合理地组织部署扑火兵力，实施人工降雨灭火，提供了可靠的决策依据。特别是在几次关键性风向转变、风力增大或减弱的紧要关头，都提供了准确及时的预报服务。

2000年6月18日，呼伦贝尔市额尔古纳市境内发生重大森林火灾。当日下午自治区气象台经过详细会商分析，对未来5天的天气趋势做出了科学的预报。6月20日，发出《专题气象预报》并提出灭火建议。6月22日，天气发生转折性变化，自治区气象台发布《重要气象报告》，做出降雨天气预报，并提供实施人工增雨灭火和抗旱的建议。降雨出现后的连续6天内，每日发布一期"雨情公报"，送呈自治区党委、政府领导。12月7日，自治区防火办公室向自治区气象台来函称："内蒙古自治区气象台在2000年防火预报服务中准确主动及时，社会经济效益显著。特别是在6月18日森林火情预报服务中，气象台领导坚守第一线，组织专家技术人员科学准确的预报出6月22—24日的降水过程，并提出实施人工增雨作业灭火建议，为自治区党政领导决策提供了可靠的科学依据，为扑灭森林火灾做出了较大贡献"。

2002年7月27日，气象卫星监测到自治区大兴安岭北部原始森林发生火灾。自治区气象局领导带领有关业务专家迅速到达扑火前线，现场指挥气象预报服务和人工增雨灭火工作。扑火气象服务共持续20余天。11月13日，自治区森林草原防火信息中心来函称："气象部门为扑灭大兴安岭森林火灾做出重要贡献。2002年7月27日至8月19日，内蒙古大兴安岭北部原始森林发生一场旷日持久的雷击火灾。在20多天的扑火战斗中，自治区气象台为防火指挥部每天提供两次火场上空天气预报，还提供6次《重要气象报告》和12期《气象信息》，为指挥扑火救灾提供了科学的决策依据。自治区气象台为扑灭这场重大森林灾害做出了重要的贡献，其产生的社会效益和经济效益是巨大的、难以估量的。"

2003年5月5日、5月21日，自治区东北部林区的草原、森林发生火灾。自治区气象台每天3次会商制作天气预报，综合火场天气预报等情况，分析、撰写扑火气象服务材料，提出建议。据悉，扑火前线指挥部根据服务建议，有效地组织了飞机人工增雨作业。春季，为森林、草原扑火共发布44份"专项天气预报"，在5月29日提供的《2003年夏季内蒙古自治区东北部林区火险形势分析》，为安排预防、扑救夏季可能发生的森林雷击火灾工作提供了决策依据和建议。

2006年5月25日至6月2日，牙克石市和鄂伦春自治旗境内林区发生重大森林火灾，自治区气象台为扑火共发布"专项天气预报"21份、《重大气象信息专报》17份。

2007年，针对干旱较重，森林草原火险等级不容乐观的实际情况，自治区气象台于1月30日分析制作了《2007年2—6月气象火险等级趋势分析》，6月12日分析制作了《2007年夏季气候预测及雷击火险形势分析》。以上材料及时报送自治区党政领导及森林草原防火指挥部。6月中旬兴安盟阿尔山地区、8月上旬呼伦贝尔市乌玛等地区发生多起森林火灾，及时向扑火前线指挥部、自治区防火办公室、内蒙古森林警察总队提供扑火专题气象服务产品26份。

5.农牧业生产气象保障服务

1988—2007年，自治区气象台分别以《农牧业气象信息》《气象信息专报》的形式定期发布农牧业生产气象信息，并制作《近期气候条件及农牧业形势综合分析》《内蒙古气候条件及农牧业形势综合分析》《内蒙古地区××××年初春气候条件及农牧业生产建议》《全区降水、土壤墒情及人工增雨情况综述》《春播气象服务》等专题材料,为农牧业生产提供气象保障服务。

三、重要社会活动气象服务

1991年,为迎接全国第四届少数民族运动会和自治区那达慕大会的召开,自治区气象台从4月起,在呼和浩特电视台增加了土默特左旗、托克托县和希拉穆仁等旅游景点的短期天气预报,同时增发"那达慕天气报告",准确地提供了两会各项赛事的顺利进行。

1992年8月,自治区气象台为第二届草原旅游节和蒙古族商品交易会提供预报服务,受到有关单位表扬。

1997年6月30日晚到7月1日,庆祝香港回归的各项活动达到高潮。为确保活动的顺利进行,自治区气象局领导深入服务第一线,指导天气大会商。经过严密细致地分析及各种现代预报手段的应用,自治区气象台做出了"6月29日晚有中雷阵雨天气,30日上午到7月1日白天晴间多云"的预报,及时传真通报自治区庆祝香港回归领导小组,电话通知呼和浩特市新华广场庆祝活动指挥中心,建议29日晚的露天活动改为室内。实况是29日呼和浩特市区从20时45分开始降雷阵雨,雨量为15毫米,与预报完全吻合。30日下午,预报专家决策小组又进行了大会商,最后得出结论:"30日晚上晴间多云,西南风3～4级,最低温度16度;7月1日白天,晴间多云,风力不大,最高温度29度,前半夜无雨,2日凌晨开始降雨。"随即传真发送到自治区庆祝香港回归活动领导小组,保证了庆祝活动顺利进行,受到有关方面的赞扬。

1997年7月,内蒙古自治区迎来成立50周年大庆。为切实做好庆祝活动的气象服务工作,自治区气象台于4月份制订了《50周年大庆专项气象保障服务方案》,做出了庆典活动期间的长、中期天气预报。从7月10日开始,建立了50周年大庆专项预报和服务登记制度,所有与大庆有关的天气预报、情报,有关领导的指示、要求,相关部门的电话咨询等逐一详细记录在册。7月19日下午做出"7月20日上午无雨"的预报。7月20日上午,天气晴朗,微风轻拂,万众欢腾,盛况空前的庆典活动隆重举行。随后,自治区50周年大庆指挥部致函,高度赞扬自治区气象台的服务保障工作,并建议给予记功表彰。自治区党委副书记王占、自治区政府副主席张廷武通过气象局领导转达对自治区气象台的感谢。

1999年,自治区气象台承担中华人民共和国50周年大庆庆祝活动气象保障服务工作。从9月25日庆祝活动开始至10月3日活动结束,自治区气象台为自治区大庆活动领导小组提供中期专项天气预报2期,短期专项天气预报7期。自治区大庆活动领导小组依据自治区气象台提供的天气预报,调整了部分庆祝活动举行的时间,避免了损失。10月13日,自治区庆祝中华人民共和国成立50周年活动领导小组致函气象局称:"你局所属气象台承担了国庆活动期间的天气预报服务,从9月27日到10月3日连续一周以《国庆期间呼和浩特市天气预报》专题预报形式,及时、准确地向自治区国庆办提供滚动预报服务,为保证各项庆祝活动的顺利进行做出了贡献。"

2002年6月21—23日,出现一次范围广、雨量大、持续时间长的明显降雨天气过程。特别是土默特左旗出现了50年不遇的特大暴雨。自治区畜牧厅依据事先提供的中期天气预报,指导牧草提前4～5天抢播抢种牧草,托克托县永圣域乡播种紫花苜蓿和大青山早熟禾3000亩,四子王旗王府镇播种蒙古冰草2500亩。由于准备充分,播种及时,苗全苗壮,保苗率达到90%以上,当年平均每亩苜蓿种子增产5千克,冰草种子增产10千克,新增产值55万元,取得了良好的经济效益和生态效益。畜牧厅发函对自治区气象台准确的预报和良好的服务表示谢意。

2007年,在内蒙古自治区成立60周年庆典系列活动气象保障服务期间,6月23日至7月5日,自治区气象台进行了大庆气象保障服务演练。自治区气象台决策服务人员每天从05时至23时,每小时一次对自治区14个主要城市的天气实况、短期预报和中期预报进行分析汇总并制作服务产品。8月6日晚和7日晨,自治区气象台又分别进行了两次专项天气大会商,随后以《60年大庆气象服务专报》形式将预报结论上报自治区党委、人大、政府、政协、内蒙古军区、自治区大庆办公室及相关单位。8月1—13日,自治区气象台制作发布《内蒙古自治区成立60周年气象服务专报》20期,内容包括自治区主要城市天气气候背景分析、未来3天气象要素预报、未来4～7天天气预报、当日天气实况、重点日期逐小时气象要素预报等。累计向自治区党政领导、大庆办公室等相关单位并通过大庆办公室向中央代表团及其他来宾专送纸质《专报》1万多份。8月31日,在内蒙古自治区成立60周年大庆工作总结表彰电视电话会议上,自治区气象局荣获内蒙古自治区60周年大庆优秀服务奖。11月17—19日,中共中央总书记胡锦涛莅临自治区视察。11月13—18日,自治区气象台每天以《专项气象服务》形式向自治区接待办公室滚动提供鄂尔多斯市和呼和浩特市未来5天天气预报,圆满完成胡锦涛总书记视察内蒙古期间的专项气象保障任务。

第二节　公众气象服务

公众气象服务是为社会公众提供的、保障全体社会成员基本气象需求的各种服务。公众气象服务平台由电视、广播、报纸、气象短信预警平台、手机气象服务平台、电话语音气象服务平台、气象网站等组成。

一、电视

电视气象节目是公众气象服务的重要表现形式,是公共气象服务体系的重要组成部分,标志着气象业务服务和科技水平。1986年自治区气象局成立声像室(现气象影视中心前身),开始制作播出电视天气预报。1991年声像室由自治区气象科研所划归到自治区气象台,主要制作内蒙古电视台蒙、汉《天气预报》各一套。1994年开始,声像室先后与内蒙古经济电视台和内蒙古电视台影视剧、文体娱乐、新闻综合等频道合作,制作天气预报节目。1995年内蒙古自治区气象台声像室改名为气象声像中心,1999年更名为气象广告中心。在此期间,中心制作的电视气象节目在全国电视气象节目观摩评比中获得3次奖励。

2000年后,电视气象节目进入快速发展阶段。2000年自治区气象局天气预报演播系统正式建成,2001年1月1日,有主持人主持的《天气预报》节目正式亮相荧屏。2002年气象广告中心更名为气象影视宣传中心,承担内蒙古卫视和内蒙古电视台新闻综合、经济生活、内蒙古文体娱乐、内蒙古影视剧、内蒙古蒙古语卫视等频道每天中午、下午及晚间的《天气预报》节目的制作。《天气预报》节目的小栏目包括"一周天气回顾""一周天气展望""二十四节气评论""气象与交通"。同年开始,为中央电视台十频道《今日气象》上传素材。2003年"非典"期间,将内蒙古电视台经济生活、影视剧频道的《天气预报》节目更改为《气象与健康》,为社会抗击"非典"提供气象健康服务。

随着社会经济发展和人民群众需求的提高,气象影视中心根据电视频道和节目的不同定位,对电视气象节目进行了改版和调整,做到内蒙古电视台5个频道的气象节目内容各有差异,提供多方位多视角的电视天气节目,全面提升气象公共服务能力。2004年对内蒙古电视台经济生活、影视剧频道的《气象与健康》节目进行改版,增加了与气象条件相关的常发疾病的预告。应自治区防火办公室的要求,4月15日起增加了24小时森林、草原火险等级预报。5月1日起增加了"地质灾害气象预报"内容。2005年内蒙古卫视频道在每晚19:32分增加了《全国省会城市天气预报》。同年在内蒙古卫视、内蒙古电视台新闻综合与经济生活频道增加了呼和浩特市、包头市、赤峰市红山区、鄂尔多斯市东胜区、呼伦贝尔市海拉尔区的空气质量预报。2005年1月1日,内蒙古电视台经济生活频道开设《气象园地》,通过普及气象知识,增进百姓对气象科学的了解,实现气象更加人性化的服务;文体娱乐频道《天气预报》节目增加了16个主要旅游景点的天气预报。2006年12月1日,有节目主持人的蒙古语《天气预报》与电视观众正式见面。与此同时,汉语天气节目进行了改进,包括增加服务信息内容,细化服务区域,开播部分旗县的24小时天气预报。期间,获第六届全国电视气象节目观摩评比综合二等奖、主持人二等奖、节目设计二等奖。

2007年电视天气预报节目进一步增加了服务内容,如生活提示,小常识等,更加贴近群众生活。《交通预报》也将内容具体细化,尽量详细具体地将路况、天气状况及相关出行信息介绍给观众。强化了天气预警信息的发布,利用电视窗口及时发布重大天气信息。同时,在节目中较好地融入了专业预报产品和实时天气视频素材。为了使节目形式更加新颖,中心专门开通与观众互动的短信热线,充分听取观众对节目的意见和建议,及时对节目进行更新。

2005年10月,"内蒙古自治区气象局气象影视节目数字化采编制作系统"顺利完成。该系统包括6大子系统,编导可以很方便地查询历史资料、历史灾情、一年四季各种天气背景素材、视频资料、与节目相关的文本资料等,为编导快捷地查询节目制作需求的各种信息提供了极大方便,使天气预报节目内容更丰富,编播更及时,数据更准确。2007年12月1日,中国气象频道在内蒙古自治区落地。

二、报纸

公共气象服务中,报纸是重要的媒体,在科普宣传以至提高全民防灾意识和防范能力上有其独特的优势,各级气象台站一直在当地政府指定的报纸刊登天气预报。1999年开始,自治区气象科技服务中心在呼和浩特市晚报、北方经济报、内蒙古商报、纳税人报刊登各类专业气象及气象科普类文章50余篇。2006年自治区气象科技服务中心先后在呼和浩特市晚报、北方经济报开办了固定版面的气象科普宣传专栏。2007年9月1日,《内蒙古晨报》气象专版与读者正式见面,每周发6个气象服务专版。其中气象新闻作为服务性新闻的一个新品种,以专业术语口语化的形式介绍全区当日天气变化情况和原因、未来发展趋势、生活温馨提示、全区公路能见度和路况预报等。配合突发性灾害天气预报,以醒目的标题和较强的指导性内容提示市民以及相关单位如何防范,让市民在出门之前就尽知风云变幻、早做预防。除气象新闻外,气象专版还提供了主要城市空气质量预报、部分旅游景点天气预报、呼和浩特市各直航城市天气预报、呼和浩特市交通天气预报、国内部分旅游城市天气预报等内容,以大量的公共气象预测、预报、气象科普和专业预报产品,为广大读者提供全方位的气象信息服务。同年10月,呼和浩特市晚报气象服务专版也正式刊出。

三、广播

广播电台以其独有的优势,一直是公众气象服务的重要载体。2003年,内蒙古广播电台在固定时段播发常规天气预报的同时,开始提前5天播发节假日以及高考、中考期间的天气趋势,得到听众的广泛认可。2005年随着气象服务产品的不断丰富和服务产品的精细化,内蒙古人民广播电台的新闻台、交通台、经济台、音乐台、蒙古语台将播发的天气预报扩展到指数预报、大气成分预报、交通气象预报等内容。增加了呼和浩特市及周边地区公路沿线天气预报、呼和浩特市地区紫外线辐射强度预报、人体舒适度预报、风沙指数预报、气象与健康、全区旅游景点天气预报、全国各大城市及直航城市24小时天气预报及呼和浩特市、包头市、赤峰市等城市的空气质量预报。

四、手机WAP系统(手机气象站)

2004年内蒙古自治区气象科技服务中心引进WAP技术,用户可通过手机浏览气象WAP网站的内容,气象信息更加形象、直接的传输到用户终端,气象信息服务的手段得到改善,进一步拓宽了气象信息服务渠道。2005年3月向移动GPRS用户和联通CDMA用户提供公众气象服务,通过手机登录WAP工作站可浏览到大量的气象信息和图片等气象产品。

五、气象服务网站

2005年自治区科技服务中心气象信息台根据业务的需要,开发制作并开通了专业气象网站服务(网址:http://www.wap12121.com)网站前台采用将数据、逻辑、显示进行分离的MVC模式实现。

气象服务网站以其清新的风格、丰富的栏目、动感的设计和及时的更新,吸引了广大市民的眼球,开通6个月点击率就达164310次。特别是天气预报、气象要闻、气象科普、媒体气象等栏目,更是市民关注的焦点,成为市民了解气象、关心气象、支持气象事业发展的重要途径。同时,气象服务网站开展了针对特定用户的服务,建立了气象与专业服务用户进行信息交换的高速传输平台,以提供全方位更加精细化的气象服务产品。

六、电子显示屏

自治区气象科技服务中心于2005年将以前传呼式电子显示屏统一升级改造为GSM无线电子显示屏,依托中心自有的短信平台,开发了GSM无线电子显示屏管控软件,形成了完整的集内容管理、业务发展、合同管理为一体的电子显示屏业务系统。

2006年,无线电子显示屏技术有了新的发展,研发出具有TTS功能的语音发声屏,同时具有预警信号显示图标、温度显示图标等功能的显示屏。各种不同的显示屏可应用于高校、工厂、矿山、广场等不同的场地。这样的电子显示屏，全区共有近百块。

七、气象信息机

气象信息机于2007年纳入自治区气象科技服务中心日常业务，并在新农村新牧区建设和应急预警工作中发挥了作用。

在气象为新农村新牧区建设服务工作中，充分利用气象信息机的TTS文本转语音功能，使之与农村的大喇叭对接，有效地扩大了信息机的受众面。该系统由预警中心、专用预警终端和农村高音喇叭等组成。气象预警信息通过短信系统加密发布，预警终端收到短信后进行验证。验证通过后，自动打开村里的高音喇叭进行广播，以确保预警信息准确、及时在农村发布。随后在通辽市奈曼旗的试点中，通过以无线电子显示屏、移动农村信息机、新农村新牧区气象服务网站为基础的系统解决方案，又成功地解决了信息进村入户问题。

第三节　气象科技服务

1999年5月内蒙古自治区气象科技服务中心气象信息台成立以来，围绕自治区的经济建设发展开展气象科技服务，以自治区重点建设工程和重点行业为侧重点，主抓气象科技服务手段创新，扩大服务领域，着重加强新用户新项目的开发，以电力建设、铁路交通等服务带动气象科技服务的发展。先后开发的重点用户有自治区电力公司、自治区超高压电力管理局、托克托县电厂、岱海电厂、卓资山电厂、准大电厂、京泰电厂等。2005年，针对国内尚无边界层气象探测仪生产厂家和产品的现状，与自治区电视设备研究所联合开发研制了新一代"边境层气象探测仪"，各项性能均优于20世纪80年代产品。这一项工作的完成，解决了气象科技服务设备老化、故障较多的问题。随后，气象科技服务用户发展到铁路、交通、水利等行业。截至2007年底，与内蒙古自治区气象科技服务中心签订服务合同的单位达40多家，其气象科技服务年收入为1999年的3倍。

一、农牧业综合信息网

内蒙古自治区农牧经济综合信息网（http：//www.nmgnw.cn，以下简称兴农网）于2003年1月接入互联网运行，是自治区气象局投资兴办的以面向农村、服务农民、发展农业的公益性政府网站为基础的综合信息服务系统。兴农网依托气象系统在现代化建设中具有的设备优势、技术优势和人才优势，统一规划、统一组织、统一开发，为各级政府及广大农牧民提供信息服务。

兴农网以农村牧区经济发展和防灾减灾、农牧民需求为导向，以"三农"经济信息和农牧业科技信息为基础，以气象防灾减灾信息为特色，形成为农牧业服务提供综合信息的平台，推动农村牧区信息化发展。兴农网是中国农村综合经济信息网系省级站点，下设盟市级分中心站点和旗县级信息站点。全区建有盟市级分中心13个，旗县级信息站点42个，各站点重点发布具有当地特色的农牧业信息。兴农网日接受盟市级站点上载各类信息1500余条，除在兴农网发布外，还通过中国兴农网信息共享平台交换信息，供中国兴农网和其他省级站点选择发布。建站以来，兴农网发布各类信息180万余条，其中气象信息和价格信息已形成特色服务。年点击率2003年为36000次，2006年发展到360000次。

兴农网设有新闻中心、市场信息、农牧业科技、气象信息、地方特产、农牧业书店、政策法规、草原旅游、开发大西北和企业之窗等10个栏目。兴农网依托现代化气象业务网络系统，建立了完善的信息传输系统，信息采编队伍也已初步形成。

二、气象短信

2002年，自治区气象科技服务中心信息台与中国移动内蒙古分公司合作，开发全区短信市场的气象信息增值服务。同年完成短信平台建设和移动网点专线接入，开通移动气象短信平台。2004年初与中国联通内蒙古分公司合作开发气象短信平台，签订联通手机短信气象服务项目合同。同年9月，内蒙古自治区气象局在阿尔山市召开了全区气象短信息会议，会议通过了规范气象短信发展的业务及营销方案，统一了全区气象短信制作、发布、取消的业务流程，并对如何处理业务投诉工作进行了布置。2005年5月23日移动气象短信平台切换至新管理平台，信息的发布、定制等更加规范。2006年电信运营商将气象短信列入 KPI 考核，短信用户数得到较快的增长。

三、气象影视广告

20 世纪 90 年代初期，随着气象科技的发展，天气预报准确率逐步提高，电视天气预报节目成为收视率最高的节目之一。同时，作为天气预报节目副产品的背景标版广告，也被一起传递给广大观众。1991 年开始，在呼和浩特市电视台的《天气预报》节目中插播广告。1992 年内蒙古电视台的《天气预报》节目中开始增加广告。《天气预报》广告以其显著的特点，为企业产品的营销传播提供了一个窗口，以此实现气象服务与企业发展共赢的局面。多年来，自治区电视天气预报节目为上百家区内企业和单位做了广告宣传，扩大了企业及其相关产品的知名度，如伊利集团、昭君羊绒、西远裤业、河套酒业、金川保健啤酒、蒙古王酒业、内蒙古大学、内蒙古师范大学、呼和浩特商业银行。一些区外的企业如北京世界公园、茅台集团、小护士化妆品等，也通过自治区电视天气预报节目作过广告。在制作各类企业广告的同时，自治区电视天气预报制作水平也得到了不断提高。

2000 年，随着自治区天气预报演播系统正式建成，电视广告画面日渐精美，服务内容不断丰富，合作的电视频道不断增多。

四、气象信息电话

1999 年，内蒙古自治区气象科技服务中心信息台与北京双顺达公司合作建立"121"电话语音自动答询系统，开发了呼和浩特市各旗县、全区旅游景点、全国各大城市、航线直达城市天气预报等 10 个服务信箱。同时，自主开发预报文本自动转换信息语音、用户话费分检系统，使"121"电话语音自动答询系统与现有气象业务网充分结合。

2002 年与中国联通内蒙古分公司合作，由中国联通内蒙古分公司提供 30 路中继线及接口设备，共同开发 121 气象语音服务系统，并拓展市场。同时为满足移动用户的需要，也开通了面向移动用户的 121 气象语音服务。2004 年底，内蒙古自治区气象科技服务中心与内蒙古移动、联通、网通、电信、铁通五大电信运营公司达成协议，进行传输网络的扩容改造，使 121 气象语音用户资源从 60 路扩容为 210 路。同时完成"121"气象语音服务系统的七号信令数字业务的升级，使气象语音服务能力得到相应提升。

2007 年，围绕用户的需求，"121"气象语音服务系统增加了气象知识宝库、天文信息、气象与农业、气象与生活、气象指数、交通信息等用户喜闻乐见的多个信箱。1999—2007 年，121 气象语音用户由 132102 户，发展到 11392256 户。

第四节 国防建设气象服务

一、"神舟"系列飞船气象保障服务

"神舟"系列飞船的发射和回收均在内蒙古自治区境内，按照有关部门的要求，自治区气象局利用现代气象探测、预报、通信、服务综合体系，为"神舟"系列飞船的发射和回收提供气象保障。全区 118 个地面观测站，12 个高空观测站，1 个 C 波段高空观测站，10 个雷达观测站，100 多个卫星地面接收站全天候进行观测，适时提供云量、云状、云层高度、降水、各层风向风速、气压、温度、湿度、能见度和大气含尘量等气象要素的详细信息，通过覆盖全区的通信网络及时将各类气象信息传递到着发射和回收指挥中心。在"神舟"系列飞船发射、回收准备阶段，自治区气象局派专家帮助西安卫星测控中心做了选址工作，提供了全区各层大气状况气候特征系统的详细分析报告，为"神舟"系列飞船成功发射和回收发挥了重要作用。

1993 年 11 月，西安卫星测控中心气象处领导来到内蒙古自治区气象局，与技术人员一起赴"神舟"飞船主着陆场周边的四子王旗、达尔罕茂明安联合旗、苏尼特右旗和二连浩特市气象局，进行实地勘察和考察，了解当地天气气候背景。

1997 年开始，为做好航天试验飞船气象保障服务，自治区气象台对相关天气预报技术人员进行专门培训，使其迅速掌握了主着陆场天气气候规律和预报技术方法。

"神舟"一号飞船1999年11月20日06时30分在酒泉卫星发射中心发射入轨，11月21日03时41分在四子王旗主着陆场安全返回地面。2001年1月10日01时00分，"神舟"二号飞船发射，1月16日19时22分安全着陆。自治区气象台承担飞船返回着陆场天气预报和相关气象服务任务，抽调专家做好专项气象服务。同时，与部队建立专线联系，及时传送最新气象信息，应部队要求随时提供特殊气象信息。在现场技术装备相对落后的条件下，气象技术人员通过加密观测乃至务手工测算、口述传报，为"神舟"一号飞船顺利返回地面提供了可贵的气象数据和有力的气象保障。相关部队特意送来写有"军民共谱航天情"的锦旗表示感谢。

"神舟"三号飞船2002年3月25日发射成功。早在飞船发射一个月前，自治区气象台组织多名专家和业务骨干，在着陆场地气象台安装了"9210"卫星数据VSAT单收站和MICAPS业务系统，为保证着陆场天气预报准确性和时效性提供了技术支持。2003年1月5日，"神舟"四号成功着陆。2002年12月上旬，自治区气象局接到西安卫星探测中心的请求，承担"神舟"四号航天试验飞船的发射和着陆的气象保障服务。自治区气象局从12月10日前20天开始，提供中期天气预报。随后增加了逐日短期天气预报，每天两次通过电话与着陆场气象部门进行天气会商。2002年12月24日开始，为着陆场提供2003年1月1—10日相关气象资料。2002年12月26日、27日两天提供未来天气趋势预报，明确指出"3日白天至4日多云转晴，5级西北风，天气较冷"，为"神舟"四号航天试验飞船着陆提供了气象依据。

2003年10月15日，"神舟"五号载人飞船成功发射，16日06时23分按照预定计划在安全返回着陆。早在载人航天飞船发射准备阶段，自治区气象局就开始了气象服务保障工作。自治区气象局调动11个气象台站采集气象数据，一天两次将各种气象数据传送到有关部门，并专门在电视天气预报中开辟航天城预报窗口，为卫星发射基地提供72小时天气要素预报。气象部门研制完成了以主着陆场区浅层风场的一般变化规律、影响浅层风的天气系统分析、浅层风形成机理研究和浅层风预报方法研究为主要内容的"主着陆场区浅层风预报辅助决策系统"。自治区气象台总结了前4次为飞船实验提供成功服务的经验，从9月20日开始为载人飞船指挥部提供常规中期天气预报和长期天气预报。10月1日01时起增加24小时航危报观测和发报任务，研制增加了15天过程预报及7天滚动订正预报。10月5日开始增加7天滚动中期天气预报。10月6日开始每日增加专家天气会商。10月12日开始滚动发布72小时天空状况、风向风速、最高最低温度、能见度等内容的天气预报，并传往载人飞船发射回收指挥机关。进入10月以后，自治区冷空气过程频繁，给气象保障服务带来一定难度。自治区气象台技术专家克服重重困难，综合各类信息和技术方法，准确提供了着陆场长、中、短期预报。9月中旬向载人飞船回收指挥机关提供着陆场的长期天气预报中分析认为：10月15—16日是晴好天气。10月15日，自治区气象台发布的"神舟"五号载人飞船着陆场天气预报指出：15日夜间到16日上午，飞船着陆场晴到少云，风力不大，能见度达30千米以上，是"神舟"五号载人飞船着陆回收的有利天气时段。实践证明，预报完全准确。"神舟"五号飞船气象保障服务被《内蒙古日报》评为"2003年全区科技十大新闻"。同时，自治区气象台还承担了中国人民解放军总参谋部专门为"神舟"五号拍发航空危险报的任务。2003年11月4日，自治区气象局收到中国人民解放军第二十六试验训练基地发来的感谢信。信中称：随着"神舟"五号飞船在内蒙古自治区主着陆场区的准确、安全、顺利回收，中华民族千年飞天梦得以实现，我基地"神舟"五号任务气象保障工作也圆满完成。在主着陆场区气象保障过程中，我基地向内蒙古自治区气象局提出了进行天气会商和组建航危报网的请求，在此表示感谢。

2005年，"神舟"六号载人飞船发射的前1个月，气象工作人员进入发射场地和主着陆场区，在移动气象服务车上参与天气预报服务工作。同时，开始提供9月下旬和10月上旬的天气气候预测，低云量、积雨云、雷暴、降水、能见度、最大风速、沙尘暴、积雪深度等逐日气象要素概率分析。"神舟"六号飞船气象保障服务中，先后发送中期预报、短期气候预测、7天滚动中期天气预报以及3天12小时天气状况、风向风速、最高最低温度、能见度等内容的天气预报，并传往飞船发射回收指挥机关和主着陆场。气象台业务技术骨干与西安测控中心合作完成"主着陆场区浅层风预报辅助决策系统""降水、高空风预报软件"两个项目，并安装了相应的小站接收系统和工作平台，及时投入业务运行。2005年

10月24日，收到来自西安卫星测控中心的感谢信。

2007年，自治区气象局为"神舟"七号载人飞船提供全方位气象保障服务。自治区气象局成立了气象保障服务领导小组，并于9月1日制定了《"神舟七号"载人航天飞行任务内蒙古落区气象保障服务实施方案》，就气象保障服务的组织管理、服务任务、运行机制、服务产品制作与发布、技术约定等做出了明确规定。以确保"神舟"七号飞船发射回收的顺利进行。自治区气象台建立了MM5中尺度数值预报业务系统，确保顺利完成飞船回收气象服务任务，包括卫星云图接收、风廓线雷达、测雨雷达、探空雷达、数字预报系统等现代化气象设备和技术，要在服务中充分发挥作用，并保证与相关部门联系的畅通。

二、其他军事气象保障服务

1996年8月15—25日，自治区气象台集中技术骨干为北京军区空军演习提供气象保障服务。北京军区空军司令部和内蒙古军区高度评价此次气象服务，认为"这次气象保障工作是在天气十分复杂的情况下进行的，但是他们预报准确，建议果断，为演习顺利进行立了大功"。同年，自治区气象台为北京军区空军在自治区境内组织的一次联合作战演习提供了气象保障服务，受到对方赞扬，并发来感谢信。

1997年8月下旬，内蒙古军区组织国防军事演习。自治区气象台短期预报人员查阅了大量历史资料，向内蒙古军区提供了演习区域30年的气候资料分析，并连续十几天向演习部队提供逐日天气预报，随时应演习要求提供短时天气预报。演习结束后，内蒙古军区给自治区气象台发来了感谢信。

2003年7月底至8月初为配合部队重大军事活动，9月23日为配合自治区首次反恐怖综合演习，自治区气象台每天提供24小时天气预报，内容包括风向、风速、气温、阴雨情况。由于气象服务及时准确，收到表扬信3封。中国人民解放军某部队表扬信称："我部在组织大型军事活动期间，根据内蒙古气象台提供的准确、及时的气象情况，适时调整了活动时间，进行了周密部署，使军事活动得以圆满顺利地进行，受到了内蒙古军区首长和地方各级领导的一致好评。我部能够高标准地完成这项军事活动，与内蒙古气象台的大力支持和无私帮助是分不开的"。反恐怖综合演练工作协调小组致函自治区气象局表示谢意："自治区党委、政府决定，2003年9月举行首次反恐怖综合演练。你局为保障每日的训练和置景施工和训练，提前7天准确预报出9月23日夜间至24日上午有雨的信息，演练指挥部当即决定，将演练时间提前一天至9月23日上午9时举行。准确的天气预报使演练获得成功。自治区党委常委、政法委书记、反恐怖演练总指挥胡忠同志，对你局气象台提供及时、准确的天气预报非常满意。关键时刻，气象台领导和工作人员不辞辛苦、放弃休息、上岗就位、共同会诊、准确预报，为自治区反恐怖工作做出了积极的贡献。这充分说明了气象台领导和同志们精湛的业务技能和高度的负责精神。为此，致函表示谢意"。

第九章　人工影响天气

第一节　业务发展

内蒙古自治区人工影响天气工作围绕自治区经济社会发展需求，扩大人工增雨效益，减轻冰雹危害，在农牧业防灾减灾、生态环境保护和建设、森林火灾扑救和重大社会活动保障中，成绩显著。

1988年10月，自治区农委和自治区气象局联合上报自治区人民政府《关于内蒙古自治区近几年人工降雨防雹工作的情况和对今后工作建议的汇报》，同年11月自治区人工降雨防雹指挥部成立，组织开展全区人工影响天气建设和业务工作。

1991年伊克昭盟引进云南宣威866厂生产的JFJ型火箭进行地面火箭人工降雨试验，后逐步扩大，到1999年全区已经有30部车载火箭发射装置和58部定点火箭发射装置。2001年之后，全区地面增雨火箭作业规模迅速扩大，设备更新，现代化程度大大提高。

2003年2月19日，自治区人民政府在自治区气象局召开人工影响天气暨发展地方气象事业座谈会。自治区人民政府副主席雷·额尔德尼出席，自治区人民政府副秘书长吴永新主持会议，各盟市行署（政府）主管气象工作领导和自治区人工影响天气指挥部成员单位领导以及参加全区气象局长会议的代表参加座谈。会议达成共识：一是气象部门要坚持为农牧业服务的工作重点，二是进一步加强人工影响天气工作，三是切实做好生态环境建设工程遥感监测工作，四是努力实现"四个一流"的奋斗目标。

从2003年开始，全区组织开展飞机和地面火箭的增雨作业试验，2003—2007年飞机增雨累计作业660架次，飞行1889小时。分别比1998—2002年增加75%和97%。发展地面火箭增雨作业，从"十五"初期，以小火箭为主的156部增雨火箭发展到2007年底全区共有新型高效火箭226部，累计发射火箭弹27848枚。每年飞机和火箭增雨作业影响区域覆盖全区大部地区；投入效益比约为1:40。遍布全区的738门高炮，累计发射防雹炮弹229402发，保护农田和经济作物面积约5万平方千米。在高炮防护区内减轻了冰雹灾害损失。

全区人工影响天气工作多次受到国家和自治区的表彰肯定，地面火箭和飞机的增雨作业试验、重要大型庆典活动的人工消云减雨作业均取得很好的效果和社会效益。

第二节　组织管理

1988年11月成立的自治区人工降雨防雹指挥部，由时任自治区政府副主席阿拉坦敖其尔任总指挥，原设在自治区的人工降雨防雹办公室同时作为指挥部办公室。负责全区人工降雨、防雹的作业、行政管理、技术指导，处理日常事务。2002年自治区将该指挥部调整为自治区人工影响天气指挥部，由时任自治区政府副主席傅守正任总指挥。办公室设在自治区气象局，自治区编委下文设立专职人工影响天气指挥部办公室，编制6人。各盟市相继成立政府领导的组织管理机构。

2002年5月1日国务院《人工影响天气管理条例》正式实施。2003年2月23日，自治区政府办公厅下发了《内蒙古自治区人工影响天气管理办法》，规范全区人工影响天气工作。2005年5月17日《内蒙古自治区人民政府办公厅转发国务院办公厅关于加强人工影响天气工作的通知》。2003年自治区人工影响天气办公室制订一系列管理制度和业务规范，主要包括分级管理职责；专项资金管理办法；作业组织资质认证管理办法；作业申请空域规定；高炮、火箭作业点基本地面设施建设达标要求；专用设备管理办法；高炮、火箭发射装置设备年检规定；作业人员持证上岗管理办法；安全作业管理责任制度；工作情况信息上报管理办法；人工增雨区域联合作业方案；火箭弹购销管理办法等。2004年制订飞机人工增雨作业业务规范；人工影响天气作业用37毫米高炮技术检测标准及方法；天气作业公告实施办法。2005年制订监督检查员聘任管理办法，人工影响天气工作先进集体和先进个人评比奖励办法，应对森林（草原）火灾等突发性事件作业预案。

2003年根据《人工影响天气管理条例》和《内蒙古自治区人工影响天气作业组织资质认证管理办法》，组织全区第一轮人工影响天气作业组织资质认证工作，发放作业资质证630个，其中飞机作业7个，地面火箭作业点105个，防雹作业点518个。

2005年组织影响天气工作先进集体和先进个人评比（表2-9-1）。

表2-9-1　2005—2007年人工影响天气工作先进集体和先进个人评比一览表

名次 年份	一等奖	二等奖	三等奖
2005年	自治区白塔飞机人工增雨基地，巴彦淖尔市乌拉特前旗气象局	包头市人工影响天气办公室，赤峰市喀喇沁旗气象局，呼和浩特市托克托县气象局	兴安盟人工影响天气办公室，通辽市人工影响天气办公室，锡林郭勒盟太仆寺旗气象局，乌兰察布市四子王旗气象局，鄂尔多斯市伊金霍洛旗气象局
2006年	自治区白塔飞机人工增雨基地，鄂尔多斯市达拉特旗气象局	赤峰市气象局人影办，锡林郭勒盟东乌珠穆沁旗气象局，呼伦贝尔市牙克石市气象局	包头市人工影响天气办公室，巴彦淖尔市人工影响天气办公室，乌兰察布市察右中旗气象局，兴安盟乌兰浩特市气象局，通辽市开鲁县气象局
2007年	自治区白塔飞机人工增雨基地，巴彦淖尔市乌拉特中旗气象局	包头市气象局人影办，赤峰市宁城县气象局，呼和浩特市托克托县气象局	呼伦贝尔市人工影响天气办公室，鄂尔多斯市人工影响天气办公室，锡林郭勒盟西乌珠穆沁旗气象局，阿拉善盟吉兰泰气象站，通辽市开鲁县气象局

2006年按照自治区政府要求，改革人工影响天气运行机制，实现盟市属地化管理，自治区财政划拨各盟市专项补贴，用于各地飞机、火箭人工增雨和高炮防雹作业。

第三节　人工影响天气作业

一、人工增雨

1. 飞机增雨作业

1988年全区租用2架安-26型增雨飞机，分别部署在中部（呼和浩特）、西部（银川）开展增雨作业。1989年自治区东部地区联合租用人工增雨飞机一架，3架飞机主要用Is-5（干冰与碘化银的混合物）作为冷云催化剂。1990年通辽市建成东部人工增雨基地。1994年呼和浩特白塔人工降雨基地综合业务楼落成。2004年自治区西部乌海飞机增雨基地成立。1995—2001年全区租用4架飞机，2002—2003年租用6架飞机，2004—2005年租用7架飞机，全区飞机增雨规模是全国各省（区）最大规模。飞机催化播撒装备逐步更新为碘化银燃烧炉、烟条播撒器、液态二氧化碳。2006年起全年租用8架增雨飞机，分别部署在呼伦贝尔市、兴安盟、通辽市、赤峰市、锡林郭勒盟、呼和浩特市、巴彦淖尔市和乌海市，作业期在4—8月，呼和浩特白塔基地从3月1日—10月31日开展增雨作业（表2-9-2）。

表2-9-2　1988—2007年内蒙古人工影响天气飞机增雨一览表

年份	租飞机数量 （架）	作业架次 （次）	作业飞行时数 （小时）	影响面积 （万平方千米）
1988	2	18		
1989	3	63	164	50.4

表2-9-2续

年份	租飞机数量（架）	作业架次（次）	作业飞行时数（小时）	影响面积（万平方千米）
1990	3	54	130	43.2
1991	3	53	120	43.2
1992	3	45	125	42
1993	3	49	130	36
1994	2	51	165	35
1995	5	75	160	45
1996	4	43	140	35
1997	4	58	150	40
1998	4	71	172	45
1999	4	83	197	50
2000	4	70	185	45
2001	4	72	182	42
2002	6	82	225	55
2003	6	124	372	55
2004	7	141	398	55
2005	7	131	380	60
2006	8	137	387	60
2007	8	127	352	60

2.人工增雨扑救森林（草原）火灾

全区人工增雨飞机多次参加东部地区扑灭森林（草原）火灾的增雨作业。如1995年5月中旬呼伦贝尔盟大兴安岭大杨树重大森林火灾的扑救，1996年4月下旬呼伦贝尔盟、兴安盟森林草原重大火灾扑救和2000年6月呼伦贝尔盟重大森林火灾的扑救工作。

1998年5月13日和18日兴安盟和呼伦贝尔盟先后发生重大森林火灾，自治区气象局及时调动两架增雨飞机赶赴火场，5月21日抓住有利时机，在火场上空实施人工增雨作业，飞行作业3架次7.5小时，火区降雨量达10毫米以上，明显抑制火势，次日火区内的明火被扑灭。

2002年7月27日，大兴安岭原始森林发生火灾。8月2日自治区人影办发出"做好飞机人工增雨扑火任务的命令"，呼伦贝尔市3817机组多次进行飞行增雨作业。8月15—16日，抓住时机作业3架次，11个火场中4个火场降小雨，1个火场降中雨。自治区气象局8月16日紧急调呼和浩特市基地飞机赶赴海拉尔，协同作战。扑火前线气象服务指挥部及全体机组和气象科技人员，抓住8月19日的有利条件，两架飞机在火区上空连续作业3架次，飞行13小时，火场普降小到中雨，部分地区达到中雨以上，有效配合了地面的扑火战斗。从火灾发生到扑灭，共作业10架次，累计飞行近40小时。

2003年5月5日，呼伦贝尔市根河及额尔古纳市境内发生重大森林火灾；5月21日，兴安盟阿尔山林场再次出现重大森林火灾。自治区气象局局长乌兰随同自治区副主席雷·额尔德尼赶赴火区。自治区气象部门紧急调集飞机和增雨火箭，5月11日在呼伦贝尔火场地区飞行作业3架次12小时，火区大部地区降了2～5毫米的雨雪；5月23日在阿尔山火场，增雨飞机作业4架次14小时，同时配合地面火箭作业，火区降小雨雪。自治区政府向中国气象局致电表示感谢。雷·额尔德尼在人影简报上批示"在今年5月的几次大火扑灭工作中，人工增雨工作非常及时，为扑灭森林草原火灾起到了很大作用，表示感谢。"中央电视台做了成功实施增雨作业的报道。

2004年6月22日，在呼伦贝尔市北部乌玛原始森林地区发生雷击火灾，引发多处森林起火。在永安山林业局、乌玛林业局、奇乾林业局相继出现12处火场和火点。自治区气象局、呼伦贝尔市气象局立即启动防扑火气象服务预案，展开森林扑火气象服务工作。25日雷·额尔德尼率乌兰等人赶赴满归前线，指挥扑火工作。26日凌晨根据气象台分析，火区天空有低云覆盖，有利于增雨作业。人影办与3815机组密切配合从08时—12时30分，实施飞机人工增雨作业。14时后云层加厚并下小雨，为扑火创造有利条件。自治区气象局领导根据火场实际情况，决定从兴安盟调增雨飞机支援灭火工作。26日下午兴安盟增雨作业机组和有关人员飞抵海拉尔。刚到机场，就接到在扑火前线指挥部电话，要求人工增雨飞机立即起飞，804机组不顾疲劳，从17时起飞行作业3小时20分钟。作业后火场上空有分布不均小雨。26日夜间作业后云层逐渐加厚，雨势逐渐加大，到27日凌晨降雨达5毫米。27日继续作业两架次。人工增雨作业对扑灭森林火灾发挥了重要作用。另外，呼伦贝尔市气象局抽调两部地面增雨火箭车，随时准备进行地面火箭增雨作业。截至6月27日大火扑灭为止，两架增雨飞机共飞行作业6架次，飞行20小时10分钟。国家林业局、自治区扑火前线指挥部对及时的气象服务和人工增雨作业十分满意，给予充分肯定。

2006年5月16日，呼伦贝尔市红花尔基森林大火和5月25日呼伦贝尔市大兴安岭免渡河、鄂伦春旗重大森林火灾扑救中，自治区气象局、呼伦贝尔市气象局及乌兰等个人获得了国务院扑火前线指挥部表彰奖励，自治区党委、政府也同时给予表彰奖励。

3. 重大气象活动保障人影作业

2004年8月6日，中国内蒙古自治区首届国际草原文化节暨呼和浩特市第五届昭君文化节在呼和浩特市体育场举行开幕式和文艺演出，呼和浩特市中部飞机增雨基地成功实施飞机人影作业。从6日下午到夜间共飞行2架次5小时，保障了大会顺利进行。8月22日再次对乌兰察布市撤盟设市庆典活动，实施飞机人工消雨作业，取得良好效果。

2005年，中国内蒙古自治区第二届国际草原文化节暨包头市鹿城文化艺术节于8月7日在包头市举行开幕式，中部飞机增雨基地和包头市气象局组织实施飞机、地面火箭和高炮作业，取得较好效果，保障了开幕式的顺利进行。

2007年，为庆祝自治区成立60周年，自治区气象局制定人工影响天气保障服务方案。8月8日下午自治区成立60周年庆祝大会召开期间，从北京调集的三架飞机在呼和浩特市西北方向上游地区50千米区域，进行2008年奥运会人影作业演练，取得满意结果。8月9日晚部署在土左旗、托克托县、和林县一线的地面火箭及高炮，实施人影作业，发射火箭弹33枚，发射人雨弹140发。呼和浩特市区没有出现降雨天气，保障了大型文艺晚会和焰火晚会的顺利举办。

4. 地面火箭人工增雨

1994年全区开始配备火箭增雨系统，共14部云南产JFJ型4000米车载火箭，随后逐年增加。2001年，乌海市气象局与国营556厂联合研制的RYI-6300型增雨火箭，开始在区内试用。2002年获国家科技部等五部委颁发的国家重点新产品证书，并获得专利（表2-9-3）。

人工增雨列入2002年国家下达的京津风沙源治理工程项目国债资金支持，涉及4个盟市31个旗县，每个旗县人工增雨资金50万元，主要用于火箭增雨的基础设施建设包括车辆配套、通信指挥系统、卫星云图系统建设等。

2004年，用退牧还草工程地面火箭人工增雨的国债资金建设项目，部署安排5个盟市16个旗县，每个旗县50万元，共计800万元，项目建设内容包括：新型火箭发射装置、火箭弹、机动牵引车、GPS及作业联网指挥通信设备，卫星云图设备和车库、弹药库建设（表2-9-3）。

表 2-9-3　1988—2007 年内蒙古人工影响天气火箭增雨及防雹一览表

年份	火箭数量（架）	作业量（枚）	作业面积（万平方千米）	高炮数量（门）	作业量（发）	保护面积（万平方千米）
1988				246	65384	2.2
1989				246	58800	2.2
1990				250	52400	2.75
1991				356	90096	3.0
1992				356	53395	3.0
1993				356	48060	3.0
1994	14	57		416	52000	3.29
1995	22	1785	2.3	416	62800	3.29
1996	30		3.0	471	52269	3.5
1997	54	1731	3.0	532	44700	3.8
1998	60	2312	3.2	528	79932	4.2
1999	88	6575	4.0	629	61580	4.9
2000	122	7977	4.5	706	50000	5
2001	156	8970	5.0	716	50000	5
2002	176	5254	5.5	733	60000	5
2003	220	4600	6.5	735	51366	5
2004	244	5984	7.0	741	35226	5
2005	235	5131	7.0	746	46567	5
2006	233	5597	7.0	738	66042	5
2007	226	6536	7.0	738	30201	5

二、人工防雹

1988 年，全区 10 个盟市 43 个旗县开展高炮防雹作业，设立高炮点 200 个，1107 人参与高炮防雹作业，投入资金 220 万元（其中自治区财政拨款 120 万元，盟市投资 44 万元，旗县投资 56 万元）。消耗炮弹 65384 发，保护农田 2200 万亩，平均每亩折算防雹支出 0.1 元。

1990 年是冰雹偏多年份，各地在冰雹灾害频发的情况下，防雹效益显著提高，防雹控制区内的雹灾面积达到历史最低水平，如包头市受雹灾面积 20229 万亩，经济损失 204.3 万元。30 个作业点高炮控制面积 75.8 万亩，在 14 个雹灾日中，作业 229 次，保护区内经济损失仅为 29.7 万元，损失远远小于非防雹区。巴彦淖尔盟共设 48 个炮点，在防护区内冰雹灾害减少 98.6%，全年防雹总投入 56 万元，防雹减少损失，经济效益 677.6 万元，投入产出比 1∶12。乌兰察布盟察右中旗对 60 万亩小麦实施人工防雹保险服务，据旗财政统计全旗减少雹灾 20 万亩，增产粮食 1500 万斤[*]；集宁市在实施菜篮子工程中，对 1400 亩蔬菜和 4000 亩大田作物成功实施防雹作业，直接经济效益达 100 万元。

1992 年，防雹业务现代化建设加快，全区 225 个炮站，有 67% 防雹作业点开通了与盟市（或旗县）防雹指挥无线通信。中、西部 5 个示范基地建设逐步完善，建设了防雹通信网络。防雹高炮从 1988 年的 246 门，发展到 2007 年底的 738 门。作业量平均达 6 万发。防雹保护面积约 5 万平方千米。

2004 年，自治区气象科研所组建高炮火箭检定中心，正式开展工作。2006 年兴安盟、巴彦淖尔市、

---

[*] 1 斤=500 克

包头市等盟市完善高炮防雹作业指挥系统,在运用中取得实效。

三、基础设施建设和科研成果

1991年,在冰雹预报、雹云监测、防雹效果的统计检验等方面的研究取得进展,"多信息识别雹云"的课题通过专家验收和鉴定,获自治区科技进步三等奖。该项目利用测雨雷达综合指标、雷声频谱分析、光电信息的普遍特征等多种信息和手段识别雹云的技术,雹云识别率明显提高。其中雷达综合指标方法识别准确率达到93.4%,光电信息识别雹云准确率达到94.7%。

1993年,中部呼和浩特市白塔人工增雨基地引进北京大学研制的双通道微波辐射计,实现对大气柱中的水汽和云中液态水的连续观测。1994年中部基地综合业务大楼由自治区政府投资建成并投入使用。

第十章　雷电灾害防御

第一节　防雷管理

一、机构建设

内蒙古自治区防雷工作开始于1990年。当年，自治区大气探测中心、自治区气象物资供应站相继成立呼和浩特市避雷检测所，初步开展呼和浩特市区简单的建筑物防雷装置检测工作。1993年，呼和浩特市避雷检测所、赤峰市气象局、自治区气象通信台、哲里木盟气象处相继开展防雷工程业务。1994年，自治区气象局成立防雷中心（科级单位），由自治区气象局综合经营办公室管理，主要负责协调呼和浩特市区的防雷装置检测和防雷工程业务管理。1995年自治区气象局与自治区公安厅消防局共同组建金川防雷工程公司。1996年，自治区机构编制委员会下发内机编发〔1996〕第40号文件，同意将内蒙古自治区气象局防雷中心改为内蒙古自治区防雷中心，列自治区事业机构序列。其主要职能是：贯彻执行国家《建筑物防雷设计规范》和内蒙古自治区《避雷安全检测暂行规定》《防雷、防静电消防安全管理办法》等法规、规定，指导全区防雷工作，负责防雷科普宣传，新技术应用、推广与培训，负责防雷装置安全检测，与有关部门配合做好防雷工程及防雷产品的认证工作。内蒙古自治区防雷中心由内蒙古自治区气象局管理，为相当处级规格，内设防雷技术推广应用科和呼和浩特地区防雷装置安全检测所两个科级机构，核定事业编制30名，处级领导职数3名，科级领导职数4名，人员和经费由自治区气象局调剂解决。1999年7月内蒙古自治区防雷中心与自治区气象局国有资产委托运营公司合署办公。2002年按照国家气象局机构改革意见，内蒙古自治区防雷中心正式独立运行全面开展防雷业务。2006年按照中国气象局业务技术体制改革方案，成立内蒙古自治区雷电预警防护中心（内蒙古自治区防雷中心，一个机构两块牌子），编制32人，处级和科级领导干部职数不变，内设办公室、业务管理科、建审科、检测中心、雷电技术实验室。金川防雷工程公司为内蒙古自治区雷电预警防护中心代管单位。

二、防雷工程资质资格

2000年5月15日，成立自治区雷电防护工作技术评审委员会。同年7月，第一次在全区范围内开展防雷工程专业设计、施工资质评审。根据评审意见，内蒙古自治区气象局认定4家乙级资质单位、7家丙级资质单位。2002年，金川防雷工程公司获得中国气象局颁发的防雷工程专业设计、施工双甲级资质。2004年7月2日，自治区雷电防护工作技术评审委员会换届，并更名为自治区雷电防护技术委员会。该委员会的职责是：负责全区防雷新技术成果的鉴定、推广工作；负责全区有关防雷专业技术的咨询、标准制定和仲裁；负责自治区行政区域内防雷工程专业设计、施工及防雷装置检测资质的组织评审与管理工作；承担自治区气象局赋予的其他职责。同年第二次评审防雷工程专业设计、施工资质。根据评审意见，内蒙古自治区气象局认定10家乙级资质单位。2006年对1个单位进行防雷工程专业设计、施工资质评审。内蒙古自治区气象局根据评审意见，认定其为丙级资质单位。2007年对9个单位进行防雷工程专业设计、施工资质评审，内蒙古自治区气象局根据评审意见，均认定为丙级资质单位。

按照防雷管理工作要求，内蒙古自治区防雷中心2000年开始对全区气象系统防雷检测从业人员进行专业技术培训。通过培训考试合格者，颁发防雷检测资格证书。防雷检测工作实行持证上岗制度从此开始。此后，又组织防雷工程从业人员进行全面系统的防雷设计、施工技术培训。培训考试合格者颁发防雷工程资格证书。曾先后颁发防雷工程专业设计资格证91个，防雷工程专业施工资格证241个。

三、防雷工程设计审核　竣工验收　防雷产品准入备案

为提高新建、改建、扩建的建筑物和构筑物防雷工程的设计、施工质量，《防雷装置设计审核和竣工验收规定》（中国气象局第11号令）规定，县级以上地方气象主管机构负责本行政区域内防雷装置的

设计审核和竣工验收工作。同时应当加强对防雷装置设计审核和竣工验收的监督与检查，建立健全监督制度，履行监督责任。同时要求新建、改建、扩建工程的防雷装置必须与主体工程同时设计、同时施工、同时投入使用。自开展设计审核和竣工验收工作以来，遵循公开、公正以及便民、高效和信赖保护的原则，对审核验收的建筑物消除"先天不足"的安全隐患，收到良好的社会效益。

按照《防雷减灾管理办法》（中国气象局第8号令）第三十条规定，防雷产品的使用应当到省、自治区、直辖市气象主管机构备案，并接受省、自治区、直辖市气象主管机构的监督检查。按规定进入内蒙古自治区行政区域内从事防雷产品销售的生产厂家需要登记备案，办理准入手续，备案有效期为一年，每年约有20家企业到自治区气象局备案。

四、防雷法规文件支持

1994年4月26日，自治区公安厅、自治区无线电管理委员会、自治区保险公司和自治区气象局联合下发《关于推广使用避雷器、消雷器的通知》。

1995年5月1日，自治区公安厅下发《关于印发〈内蒙古自治区防雷、防静电消防安全管理办法〉的通知》。该通知第三章第七条规定，自治区消防监督部门委托全区各级气象部门对防雷、防静电设施进行检测并做出检测报告报送当地消防监督部门。各级气象部门的检测报告是建筑工程竣工验收、消防安全检查的依据。

1996年12月21日，自治区公安厅、自治区建设厅联合下发《关于贯彻国家标准建筑物防雷设计规范的通知》，全区贯彻执行《GB 50057-1994建筑物防雷设计规范》。

1997年5月20日，中国气象局下发《关于加强雷电防护管理工作的通知》。

1997年5月31日，自治区第八届人民代表大会常务委员会第二十六次会议通过《内蒙古自治区气象条例》。该条例第十八条规定：旗县以上气象主管机构负责本行政区域内防雷、防静电安全装置的检测工作。自治区气象主管机构授权的单位，可以对本部门防雷、防静电安全装置进行检测。防雷、防静电的安全装置实行定期检测制度。未经检测或者检测不合格的防雷、防静电安全装置不得投入使用。

1997年7月31日，中国气象局下发《关于成立中国气象局雷电防护管理办公室的通知》。

1998年8月3日，自治区公安厅、自治区气象局联合下发《关于建立计算机信息系统（场地）防雷安全技术检测制度的通知》。

1998年10月12日，中国气象局印发《关于颁发防雷工程专业设计、施工资质管理办法（试行）的通知》。

1999年10月31日，第九届全国人民代表大会常务委员会第十二次会议通过《中华人民共和国气象法》。该法第三十一条规定：各级气象主管机构应当加强对雷电灾害防御工作的组织管理，并会同有关部门指导对可能遭受雷击的建筑物、构筑物和其他设施安装的雷电灾害防护装置的检测工作。安装的雷电灾害防护装置应当符合国务院气象主管机构规定的使用要求。

2000年3月30日，自治区经济贸易委员会、自治区公安厅、自治区建设厅、自治区气象局联合下发《关于依法加强对雷电灾害防御工作的通知》。

2000年6月26日，中国气象局发布《防雷减灾管理办法》（中国气象局第3号令）。

2000年12月12日，自治区第九届人民代表大会常务委员会第二十次会议审议通过《内蒙古自治区人民代表大会常务委员会关于修改〈内蒙古自治区气象条例〉的决定》。修改后的《内蒙古自治区气象条例》将雷电灾害防御工作列入地方气象事业。

2002年6月27日，自治区人民政府第118号令颁布《内蒙古自治区防御雷电灾害管理办法》。

2003年4月7日，自治区发展计划委员会下发《关于全区气象专业有偿服务收费标准的复函》。

2004年7月13日，自治区气象局、自治区安全生产监督管理局联合下发《关于加强雷电灾害防护工作的通知》。

2004年12月16日，中国气象局发布《防雷减灾管理办法》（中国气象局第8号令），2000年6月26日中国气象局发布的《防雷减灾管理办法》（中国气象局第3号令）同时废止。

2005年1月28日，中国气象局发布《防雷工程专业资质管理办法》（中国气象局第10号令）。同日,中国气象局发布《防雷装置设计审核和竣工验收规定》(中国气象局第11号令)。

2005年4月30日,自治区发展和改革委员会下发《关于重新核定气象专业有偿服务收费标准的复函》。

2006年7月5日,国务院办公厅印发《关于进一步做好防雷减灾工作的通知》。同年7月28日,自治区人民政府办公厅下发《关于进一步加强防雷减灾工作的通知》。

2006年7月26日,中国气象局、国家安全生产监督管理局联合下发《关于进一步加强防雷安全管理工作的通知》。

2007年4月3日,自治区第十届人民代表大会常务委员会第二十七次会议通过《内蒙古自治区气象灾害防御条例》。

2007年5月25日,中国气象局、国家教育部联合下发《关于加强学校防雷安全工作的通知》。

2007年8月20日,自治区公安消防总队、自治区气象局联合印发《关于进一步加强防雷、防静电监督管理工作坚决预防火灾事故的通知》。

五、防雷减灾宣传和防雷执法

自治区防雷中心通过新闻媒体,开展防雷知识和防雷政策法规的宣传,提高全社会对防雷法律法规的认识,增强全社会防雷减灾意识。先后在内蒙古电视台、内蒙古电台进行防雷减灾专题宣传,并制作两期专题宣传片,社会反响强烈。与此同时,通过《内蒙古日报》《北方新报》《中国气象报》等媒体进行防雷专题宣传报道,参加各级政府及有关部门组织的安全生产宣传活动,使雷电灾害防御知识进工厂、进农村、进社区、进学校,收到显著的社会效益。

依据法律法规授权,自治区气象主管机构依法开展防雷行政执法检查。执法人员均通过自治区人民政府考试合格,取得《行政执法证》。根据执法需要,与自治区安监、公安消防等部门开展了联合执法检查。

2000年开始,自治区气象局参加由自治区人民政府组织的安全生产大检查。2007年开始,参加由自治区人民政府组织的全区消防责任状考核验收工作。

第二节 防雷技术服务

一、防雷装置检测

1. 自治区气象局防雷装置检测工作

内蒙古自治区防雷装置检测工作从1990年开始,由自治区大气探测中心和自治区气象物资供应站分区域检测。1995年起,由自治区气象局技术装备处负责防雷检测工作。1999年自治区防雷中心独立开展工作,技术装备中心(原技术装备处)将防雷检测工作移交内蒙古自治区防雷中心。内蒙古自治区防雷中心主要负责呼和浩特市防雷检测工作。经过几年的发展,检测业务所需的仪器设备,从起初的简单手提式接地电阻测试仪,发展到智能型等电位测试仪、网络线路测试仪、SPD安全检测测试仪、剩磁仪、综合电力测试仪等现代化的仪器设备;检测项目从只有厂矿的烟囱、水塔、建筑物避雷针发展到综合性的全面检测;检测范围从一年只有30多家单位的简单建筑物逐步发展到涉及各行各业,涵盖了计算机网络系统、易燃易爆场所、学校、人员聚集场所、医疗卫生、化工、通信、交通运输、广播电视、文物保护、金融证券、体育、旅游、游乐场所等各个领域,防雷检测业务得到了全面发展。1991年对呼和浩特市钢铁厂、呼和浩特市化工厂、私营加油站开展检测工作,检测内容单一。

1992—1993年,对呼和浩特市煤气公司、呼和浩特市石油公司、呼和浩特市各大医院等企业、事业单位开展检测工作,检测单位达到100家。

1994—1995年,加强了对工厂、高层建筑、金融系统的检测工作,检测内容还只停留在防直击雷的单一检测。

1996—2001年,随着检测装备的更新,检测技术有了一定的提高,简单的防感应雷的检测开始起步。

2002—2007年，随着防雷减灾法律法规的全面出台，以及防雷装置检测技术的不断提高，防雷装置检测工作达到了更高的水平，又开展了建筑物防雷工程跟踪质量检测工作。

2. 盟市气象局防雷装置检测工作

包头市是自治区最大的工业城市，钢铁、机械、铝业等国有大型企业的防雷减灾安全工作，十分重要。包头市防雷减灾机构按照国家安全生产有关法律法规的要求，认真落实"三同时"，即防雷装置与新建建筑物防雷工程同时设计、同时施工、同时进行竣工验收的要求，对包头钢铁总公司、包头希望铝业集团、一机集团、北方重工集团等大型企业进行防雷装置的综合检测工作，对检测中发现的隐患及时提出整改意见，并按时督办，为包头市的经济社会发展和安全生产保驾护航。

阿拉善盟干旱少雨，雷暴日数较少，但因地形、地貌相对复杂，常因雷电感应、静电感应、电磁感应和雷电波侵入，导致停电、通信中断，计算机网络瘫痪、家电损坏等，造成重大损失。阿拉善盟气象局在加大防雷防静电检测力度的同时，加强校园和牧区的防雷减灾科普宣传，抓住世界气象日、全国安全生产宣传活动日等时机，与盟安全生产监督管理局、科技局、建设局、消防支队等多家单位协同开展宣传活动。盟行政公署就防雷工作下发《关于加强防雷减灾工作的通知》，使全盟的防雷工作在特殊的环境条件下得以规范开展。

二、雷电防护技术研究

2006年按照中国气象局业务技术体制改革方案和防雷业务的需求，开始了雷电防护技术实验室的建设。建设初期，立足于雷电的激发、传输、放电过程和放电参数及其辐射电磁场等物理过程和参量的研究，逐步承担雷电物理结构时空分布特征及其变化规律的研究及雷电技术和方法的研究，围绕与雷电防护有关的重要科学问题和关键技术展开分析，通过承担与雷电灾害防御有关的课题初步掌握气象雷达、闪电定位资料在雷电业务中的应用，逐步开展雷电活动的气候分布及其气候变化关系的研究。研发的内蒙古自治区雷电灾害数据库对分析自治区乃至全国的雷电灾害具有参考价值。完成的防雷装置检测业务综合管理系统和防雷接地技术实验研究课题，对防雷业务的开展起到促进作用。内蒙古防雷网站，不仅发挥了宣传防雷减灾窗口的作用，还对规范防雷减灾工作起到了一定的积极作用。

三、雷电灾害调查鉴定和风险评估

1. 雷电灾害案例

自治区中东部地区是雷暴天气较多的地域，雷暴日在39天左右，雷暴强度大，从而造成人员伤亡和财产损失也较为突出。2007年7月8日18时左右，通辽市奈曼旗土城子镇东沙日好来村一队村民陈文发，在山丘上放羊时遭雷击当场死亡。据目击者述，村东南的山丘上有一颗55年的老榆树，高约6米，直径25厘米，陈文发在山丘上赶着羊群从西南向东北方向行走时途经此树，时值从西北方向过来一道闪电，并伴有零星小雨，雷电击在树上，树冒烟，树干1/3的树皮被炸飞，并出现裂缝，树根向西南方向延伸1.5米，陈文发被击死在此处，但羊无伤亡。2007年7月9日14时10分左右，通辽市科尔沁左翼中旗宝龙山镇中心屯嘎查村民吴铁明一家三口人正在屋里午睡，突然电闪雷鸣，一团火球经窗入室，吴铁明被雷击伤。由于电线被雷击，引燃柴草垛导致其经营的商店及房屋被烧毁。

自治区化工企业较多，全部属于易燃易爆场所，雷击引发的事故往往损失惨重。2005年4月23日，内蒙古黄河化工厂树脂工段发生爆炸事故，造成人员1死13伤、经济损失上千万元的严重后果。据乌海市安委会组织的事故认定小组调查确认，此事故是由于该树脂工段聚合釜人孔盖密封垫损坏，氯乙烯单体泄露达到较高浓度，因排污管高速喷出的氯乙烯单体蒸汽产生的静电火花引发爆炸。乌海市气象局作为市安委会成员单位参与了事故认定调查，认为该厂树脂工段防雷、防静电设施不合格，是未能避免此次事故发生的一个重要因素。

非煤矿山也易遭雷击。2007年6月25日18点40分，呼和浩特市和林格尔县羊群沟花岗岩矿在作业过程中遭直击雷袭击造成雷管、炸药引爆的恶性事件，2人死亡，3人轻伤。该作业区的东西两侧都是海拔高度约2300米的山头，与作业面的落差达50～100米，该山体的东南侧是深约150米的山沟，作业面南侧有一个十分明显的缺口。在没有任何防雷装置的情况下，雷击危险程度很高。

大型企业遭受雷电灾害的案例也较多。2002年5月10日，包头铝业股份有限公司一电解槽控箱遭感应雷侵入，直接经济损失约20万元。6月6日，电解三公司计算机站的控制系统部分设备遭感应雷侵入，造成直接经济损失35万元。7月29日，电解槽控箱再次遭感应雷侵入，造成直接经济损失10万余元。这种在短时间内连续遭雷侵入的案例十分典型。

2. 雷电灾害风险评估

雷电灾害风险评估工作是防雷减灾的重要的内容之一，大型建设工程、重点工程、爆炸和火灾危险环境、人员密集场所等项目，都要进行雷电灾害的风险评估。

自治区的雷电灾害风险评估刚刚起步。在准格尔电厂改造建设初期的雷电灾害风险评估中，充分了解该项目所在地域雷电活动规律和地理、地质、土壤、植被等环境状况，对该工程项目雷电灾害可能造成危害的可能性进行技术分析，预测和评估，在评估报告中提出该项目防御雷电灾害的建议方案和防护的具体措施，得出雷电风险评估的完整结论。

第三篇 科技与教育

第十一章 科学研究

第一节 科研体制改革与科技创新

1985—1988年国家气象局先后制定下发《气象科学技术研究体制改革方案》《七五期间气象科学技术计划》《关于深化气象科学技术研究体制改革的意见》等文件，对气象科技体系发展起到了重要的指导作用。

"七五"期间（1986—1990年）自治区气象局按照"稳住一头，放开一片"的科技体制改革方针，探索科研工作与经济建设相结合的途径，在做好行业重点科研工作的同时，调整结构，分流人员，开展科技服务，发展科技产业，但也遇到了科研经费严重不足、设备落后、职工队伍老化、青年人才外流等问题。在此期间制定《内蒙古气象科学技术研究"七五"后期"八五"前期项目指南》，统筹规划全区气象科技工作，同时采取设置科技"短平快"项目（科技"短平快"项目指少量投资，在短期内能够取得科技迅速转化为服务能力，或取得社会、经济效益并直接促进基层气象台站科技进步的项目），促进科技进步和实用技术的应用。

1991年10月，国家气象局在上海召开全国气象科技工作会议，研讨制定《关于进一步依靠科技进步发展气象事业的原则意见》。1993年4月，颁发《气象事业发展纲要（1991—2000）》《气象事业发展十年规划（1991—2000）》，这些文件和会议精神为深化气象科技改革指明方向。

1992年10月，自治区气象局召开第一次全区气象科技工作会议，总结四十多年来的气象科技工作。

"八五"期间（1991—1995年）研发完成的"华北夏季降水的集中预报""713天气雷达数字化系统""气象条件与改革打草制度及牧草营养保存的研究"等科技成果均得到推广应用。

1996年1月，中国气象局召开全国气象科学技术大会，首次提出科教兴气象发展战略。1997年制定《关于进一步深化气象科技体制改革的方案》。2000年1月，召开全国气象科学技术创新大会，2月印发《加强气象科学技术创新大力推进气象事业发展——中国气象局贯彻落实中共中央、国务院〈关于加强技术创新，发展高技术，实现产业化的决定〉的实施意见》。2002年下发《关于省级气象科学研究所改革的若干意见》，其中确定20个省级气象科研所转为气象事业单位，划归所在省（区、市）气象局管理。自治区气象科学研究所转为局直属事业单位。随后制定下发《中国气象局实施科技兴气象战略的指导意见》。在落实中国气象局的工作部署中，《内蒙古自治区气象局科学技术委员会条例》于1997年下发，规范全区科学技术研究和科技活动。2000年3月，下发气象科技创新工作实施意见，提出依靠科技进步，加强科技创新，加快自治区气象事业发展步伐。

"九五"期间（1996—2000年）自治区气象局每年拨出11万元专项资金用于科研项目的研发工作。从2000年开始，又设立15万元专项资金用于"气象业务应用开发项目"的集中开发，重点资助气象现代化建设中急需解决的业务技术问题。

"九五"期间（1996—2000年）自治区气象局围绕气象业务现代化建设、气象为农牧业生产服务、提高天气预报准确率和防灾减灾的决策服务能力等重点问题展开研究。由自治区气象局主持，新疆、青海、甘肃、宁夏四省（区）气象局协作参加的中国气象局重点科研项目"中国北方牧区畜牧气候资源的开发利用研究"，于2000年9月通过中国气象局的验收。该项成果为西部地区的畜牧业气候资源开发提供依据，总体上居国内同类研究的领先水平，其中主要由区局开发完成的中国北方畜牧气象信息服务系统专题达到国际先进水平。承担完成的自治区科技攻关项目人工增雨最佳催化模式研究、水资源综合决策服务系统研究、西辽河流域洪水的预警和防治技术研究，通过自治区科委验收。

2001年8月《内蒙古自治区气象局科学技术工作奖励办法》下发,进一步完善了科研项目管理办法,形成较为完备的科研项目申报、立项、验收（备案）、登记、奖励等制度。在《内蒙古自治区气象局"十五"气象科研计划》的基础上,2004年组织编写《内蒙古自治区气象局3~5年气象科技发展规划》,包括天气预报、气候、气象科技服务、农牧业气象、气象卫星遥感、人工影响天气、气象通信、气象探测等八个专业方面。

"十五"期间（2001—2005年）自治区气象局对自行设立的科研项目计划进行改革,分为科研项目计划和业务应用开发项目计划两大类。科研项目计划主要针对气象业务服务及现代化建设中急需解决的应用技术研究及当地特殊天气气候的机理机制和预测预报方法研究;业务应用开发项目计划主要针对业务服务和现代化建设中急需解决的应用软件开发、科研成果向业务服务转化,以及新技术、新方法的引进开发等问题。经过5年实施,近90%的项目在业务服务中应用,取得良好效益。

"十五"期间（2001—2005年）全区气象科技工作加强创新,促进科研能力建设和科技人才培养,承担科研项目的层次和数量、争取到位的科技投入、科技创新水平都有明显提高。在沙尘暴研究方面,先后完成沙尘暴成因及综合防治技术开发与示范、内蒙古春季沙尘暴短期气候预测方法研究、内蒙古沙尘暴天气预报方法和气候变化影响研究、影响京津及周边地区沙尘暴内蒙古沙源成因机制及技术方法研究、沙尘天气监测预报系统的研制与应用、内蒙古沙尘天气预警系统等项目,研究水平处于全国的先进行列。完成生态建设工程遥感监测与分析评估、MODIS信息在生态环境监测中的应用研究、内蒙古气候生态环境监测质量评价指标体系研制与业务考核系统的开发与应用研究等项目,为开展和实施全区生态监测与评估工作提供科技支撑。

2006年4月,为落实国务院《关于加快气象事业发展的若干意见》,作为中国气象局《业务技术体制改革总体方案》的配套方案,制定印发了《气象科技技术创新体系建设分方案》;同年《内蒙古自治区气象局业务技术体制改革实施方案》经中国气象局正式批复。配套《方案》中的《内蒙古自治区气象局科技创新体系建设实施方案》主要确定了建立投入、咨询、考评、互动和反馈的科技创新业务运行机制,设立开放式研究基金,搭建学科带头人的培养平台。实施"小实体、大网络"科研格局的运行方式。依托气象科研所,成立农业气象与生态、人工影响天气、草原气象研究实体,打好特色品牌的发展思路与模式。

2006年5月,中国气象局与科技部、中国科学院、国家自然科学基金委员会共同召开全国气象科学技术大会,首次提出建设国家气象科技创新体系目标。2006年12月,中国气象局、科技部、国防科工委、中国科学院、国家自然科学基金委员会联合颁布《气象科学和技术发展规划（2006—2020）》,是首部面向全国气象行业的科技发展规划。2007年11月,中国气象局、科技部、教育部、国防科工委、中国科学院、国家自然科学基金委员会联合颁布《国家气象科技创新体系建设意见》,提出到2020年前后,形成符合创新型国家要求,布局合理、任务明确、开放合作、支撑有力的国家气象科技创新体系。

为了贯彻落实全国气象科学技术大会精神,促进全区气象科技创新工作,自治区气象局于2006年8月28日—9月28日,在全区范围内开展首届气象科技月活动。同年10月20日与自治区科技厅、自治区科协联合召开全区气象科技工作会议。本次会议是十几年来规模最大的高层专题会议。会议审查讨论自治区"十一五"气象科技发展规划和科技工作评价办法,表彰奖励21名全区气象科技先进工作者,通报表彰2005—2006年度区局16项科技成果。

2006年自治区气象局改革科技项目管理,设立科技创新项目,项目重点进行应用技术的研究与开发、科技成果的推广与转化;对科技力量薄弱的业务,通过指令性下达的科技创新项目,推动各业务之间科技创新工作的协调发展。

2007年3月,依托自治区气象科研所建立的自治区人工影响天气重点实验室批准成立。依托生态与农业气象中心建立的生态与农业气象开放实验室列入北京区域气象中心开放实验室序列。

2007年7月,制定《内蒙古气象局"十一五"科技发展规划》,提出未来5年自治区气象科学和技术发展的指导思想、发展目标、气象事业发展急需科技支撑的优先领域和重点任务,并就科技创新体系建设和人才队伍建设、科技投入、科技管理、完善科技评价激励机制、改善科研环境、深化开放合作等提出保障措施。

"十五"期间(2001—2005年)科技投入创历史新高,累计争取科技投入882.6万元,是"九五"期间(1996—2000年)的4倍多。

第二节 科研机构

一、自治区

1. 自治区气象科研所

气象科学研究所是全区气象科技创新体系建设的核心,肩负着全区气象科技创新、科研成果中试研究与本地化试验、气象科技人才培养的重任。

根据自治区地域特点、自身条件和地方经济社会需求,成立草地气象研究室,设立草地气象开放研究基金,制定草地气象发展规划和有效运行机制。按照"开放、流动、竞争、协作"的运行机制,制定科研与业务互动、双向需求牵引的措施,突出解决科研与业务结合不够紧密、科研成果业务转化率低的问题。以科研项目为纽带,吸引业务人员从事科研和技术开发工作。制定相应的激励和考评制度,保障科研工作的有效运行。

2. 开放式研究平台

依托气象科研所建立的人工影响天气开放实验室于2007年3月26日被自治区科技厅批准列入自治区人工影响天气重点实验室。

以气象科研所为依托,建设人工影响天气外场科学试验区和室内云雾物理实验室,重点开展人工影响天气机理、催化机制、作业技术、作业设备及业务系统的研究和试验。开放实验室研究人员以气象科研所即自治区人工影响天气中心的科技人员为主,引进高层次专业技术人才,根据研究任务聘请国内外知名专家为客座研究人员,联合开展科学研究。

围绕草地干旱、鼠虫害等草原气象灾害及其衍生灾害的防御,开展增雨作业及其生态效益评估。

3. 自治区气象局直属业务单位

区局直属业务单位是科技创新成果转化和应用的主体,是科技成果试验、评估的主要力量。负责指导和带动盟市气象科技开发与应用,开发面向全区业务应用的指导产品和应用技术方法。针对全区业务发展需求,凝练重大科技问题和科研目标,通过科研项目和开放式研究平台,与气象科研所密切合作,组织或参与应用技术研究与开发。进行业务应用模式的评估检验、对比试验等,促进业务应用模式的改进与本地化。负责科研成果的业务评估、试验和业务转化,通过科研项目研究、在岗培训和深造等途径,培养精通业务、具有较强科研能力的专业人员。

二、盟市

盟市气象局担负着本盟气象科技创新工作的重要责任,主要围绕当地经济社会需求和研究型业务建设需要,重点开展上级单位下达的业务技术、方法的本地化试用和科研成果的推广;开展资料应用、模式评估,针对业务发展和服务需求,提出科研与技术问题,与自治区气象科研所、业务单位合作,开展具有本地特点的科研和技术开发工作;负责科技成果与新业务技术方法在旗县气象局(站)的推广与业务化应用。

第三节 科研队伍

经过多年的建设,全区气象部门科技人才培养成效显著。到2007年通过科研项目研究、在岗培训和深造等途径,培养了一批精通业务,具有较强科研能力的业务人员,工程师以上1431名,其中正研级高级工程师8人,副研级高级工程师192人,工程师1231人。

第四节　主要科研技术开发及成果

一、基础研究科技计划项目

1988—2007年重点围绕农牧业及沙尘天气开展基础研究工作，期间共承担项目22项。其中国家级5项，省部级11项，区域中心6项（表3-11-1—表3-11-6）。

1. 国家级科技计划项目

表3-11-1　国家科技部项目表

序号	年份	项目名称
1	2003—2004年	中国牧区暴风雪灾害监测预警系统研究
2	2004—2007年	草原干旱监测预测研究

表3-11-2　国家基金委项目表

序号	年份	项目名称
1	1994—1996年	呼伦贝尔盟森林火灾发生规律及林火预报系统的研究
2	2004—2007年	内蒙古春季沙尘暴短期气候预测方法研究
3	2005—2007年	地形影响我国北方沙尘扬升、输送及沉降的模拟研究

2. 省部级科技计划项目

表3-11-3　内蒙古自治区科技计划项目表

序号	年份	项目名称
1	2000—2003年	内蒙古草地生态建设中气象适用技术的开发应用研究
2	2004—2006年	内蒙古地区干旱监测预警系统研究
3	2004—2006年	气候波动对草地生态恢复周期影响的研究
4	2004—2007年	内蒙古地区气象灾害标准及其灾害评估预警服务系统的研究

表3-11-4　中国气象局项目表

序号	年份	项目名称
1	2005—2006年	沙尘天气预警系统的推广及应用
2	2006—2007年	气候变化对北方农牧交错带生态系统的影响
3	2006—2007年	内蒙古强对流天气预报技术研究与业务应用
4	2006—2007年	草地畜牧业气象灾害评估系统的开发及应用
5	2007—2007年	气候变化对沙地-湿地镶嵌景观格局影响的研究

表3-11-5　中国气象局扶贫项目表

序号	年份	项目名称
1	1998—2001年	半干旱丘陵区抗旱配套实用技术推广应用

表 3-11-6　北京区域气象中心项目表

序号	年份	项目名称
1	2006—2007 年	气候变暖过程中极端气候事件对农业生产影响的研究
2	2006—2008 年	交通公路气象监测及预报服务系统
3	2007—2008 年	内蒙古地区极端降水事件监测、成因及可能影响研究
4	2007—2008 年	农牧业干旱的遥感监测技术研究
5	2007—2008 年	北京区域农业主要病虫害发生发展的气象等级预报
6	2007—2010 年	环北京夏季暴雨观测系统研究与可预报性示范试验

二、技术开发项目

1988—2007 年，开展 400 多项科研课题的研究工作，涵盖天气、气候、生态与农业气象、人工影响天气、公共气象服务等多个领域。

1. 领域分类

（1）天气专业 106 项

内容涵盖：预报专家系统研究，数值产品及卫星数值资料在预报中的综合应用研究，MICAPS 系统本地化开发应用，短临预报研究，中期逐日滚动预报推广，夏季降水预报，暴雨、暴雪、冰雹、沙尘暴等灾害天气成因和预报技术研究，流域面雨量预报，地质灾害预警等新开展的业务研究。其中主要的研究成果有：自治区气象台准自动化业务系统、短期预报会商系统程序集成研究、自动化业务系统、客观预报技术和方法的研究、沙尘暴、暴雨等重大灾害性天气成因和预报技术的研究、MICAPS 系统本地化开发应用、数值预报产品解释应用研究工作。短临预报研究、流域面雨量预报、地质灾害预警等新开展的业务研究。灾害性天气及其次生灾害落区预报业务，中期、天气雷达的开发应用。

（2）气候与气候变化专业 65 项

内容涵盖：短期气候预测，气候监测诊断分析，农牧林业气候资源区划、开发与利用，气候变化对农业生产和生态环境的影响，极端气候事件，动力气候模式，气象灾害影响评估，风能太阳能资源分析与利用等研究。

（3）生态与农业气象专业 116 项

内容涵盖：草地干旱气象指标的规律研究，天然牧草播种期、农作物与气象条件的关系研究，草原气候生态效应研究，主要农作物播种期、种植区、气象卫星遥感技术的开发与利用，森林草原火情监测、森林火险等级预报、土壤墒情监测、草原生态环境研究，农业气象预报研究，产量预报开发与应用，气象灾害对畜牧业影响评估、草原冷季载畜量预报模式研究、农牧业气象情报研究、农业气象实用技术应用研究与推广、遥感监测与分析评估、利用卫星技术进行草原动态产量监测方法研究、农业气象实用技术应用研究与推广。

（4）人工影响天气专业 22 项

内容涵盖：人工增雨潜力评估、地面人工增雨预报系统推广、人影天气基础资料库建设、空中水资源开发利用研究、云与降水关系研究、人影预报产品开发、防雹技术开发、人工增雨效果检验。

（5）公共气象服务专业 25 项

内容涵盖：预警服务系统研究、电视天气预报制作系统与广告一体化应用开发、黄河凌汛期封开河预报、城市空气质量气象条件分析和预报模型研究、一氧化碳中毒气象潜势预报、决策气象服务质量评价、基于 GIS 的水文气象监测预报预警系统、蒙汉文天气预报制作系统研究。

（6）大气探测与技术保障专业 10 项

内容涵盖：雷达维修与技术改造研究、气象计量检测综合管理平台、探空仪器综合管理软件研究、气象计量检定综合管理平台研究。

(7) 气象通信与信息专业 44 项

内容涵盖：地面气象报表自动化处理、气象台站短波数传技术、气象信息网技术开发和应用、气象信息网开发、Lotus Domino 系统开发应用、气象资料分析与应用、全程全网全视频传输监控系统、微机转报系统的引进与开发。

2.天气预报研究

(1) 中短期天气预报

1988 年 8 月，研制的省级气象台天气预报实时业务系统——"区台准自动化业务系统"建成，投入业务应用。实现高空、地面天气图的微机自动填图，增加了 Q 向量场、变风场等客观分析场、寒潮天气检索功能等；实现卫星云图与天气图叠加、屏幕地面填图等功能。预报员工作方式从重点分析天气图向使用微机视屏显示图像分析天气工作方式转变。

1990—1991 年，开展客观预报技术和方法的研究以及业务应用。建立大暴雨预报专家系统、卫星云图大暴雨预报专家系统、天气学模型、湿有效位能等天气预报工具和方法，并进行业务应用和预报效果检验。

1991 年，在中期天气预报业务中，建立综合预报、春夏季转折性天气环流特征预报、灰色拓扑预测等预报方法。

1992 年，自治区气象台应用数值预报产品 T42 研制天气学预报模型，数值预报产品的集成叠加，湿有效位能的自动分析与应用，呼和浩特市地区汛期降水预报方法，暴雨过程天气图相似检索等客观定量预报方法。

1998 年，自治区气象台从宁夏回族自治区气象局引进应用 MICAPS V2.0 工作平台的中期天气预报业务系统。

1999 年，对 MICAPS V1.0 进行本地化二次开发工作。

1998—2001 年，开展内蒙古自治区冬春季大（暴）雪中短期预报方法研究，通过对大（暴）雪物理机制的分析，提炼形成大（暴）雪物理意义明确的因子，并与计算机技术和预报员经验相结合，建立自治区大（暴）雪主要概念模型和预报模型，在 MICAPS 系统上建立了大（暴）雪的综合预报决策系统。

2000—2004 年，开展河套气旋动力机制研究，揭示河套气旋的暖心结构、对流深厚、暖湿气流活跃、次级环流等特征，论证了河套气旋发生、发展的作用，提出河套气旋大雨、暴雨预报方案。

2001 年，在数值预报产品 T63 基础上，整合、改进、新建多项客观定量预报方法。包括：气象要素分县指导预报、概率预报方法、MOS 降水预报方法、大到暴雨湿有效位能预报方法、1~5 天中期滚动天气要素预报方法、Q 矢量预报方法、冬季降雪天气卫星云图模型、内蒙古强寒潮中短期客观预报方法、内蒙古地区春季中雨以上降雨天气气候模型、数值预报产品检验及误差分析和呼和浩特市单站夏季降水短期预报方法。

2002—2004 年，开展蒙古气旋的气候学和动力学研究，探讨蒙古国西部地形对蒙古气旋爆发性发展的影响，并给予合理解释，气旋的气候特征和预报着眼点对预报业务有一定的指导作用。

2002—2006 年，开展内蒙古中西部地区下垫面对沙尘暴天气孕灾过程的作用研究，基于"3S"技术手段展开研究工作，得出全球气候变化及下垫面状态变化是沙尘暴影响范围不断扩大、强沙尘暴灾害频繁发生的根本原因；东亚地区沙尘天气多发区主要位于中国南疆盆地和内蒙古西部及蒙古南部，南疆盆地沙尘天气集中在盆地南缘，而蒙古、内蒙古西部主要出现在沙漠腹地等多项结论。

2004 年，MICAPS V1.0 业务系统升级为 2.0 版，开展了 MICAPS V2.0 的业务应用和二次开发工作。

2004—2005 年，针对"神舟"系列宇航器主着陆场的气象保障服务需求，开展主着陆场区高空风、浅层风、降水天气预报技术方法的研究工作。

(2) 卫星云图应用

1991—2001 年，自治区气象台应用高分辨卫星图像接收处理设备，接收处理高分辨率的每 3 小时 1 次的 GMS-5 展宽卫星数字图像资料，主要开发的技术系统有：GMS 展宽云图自动业务显示系统、GMS 展宽云图数字资料的盟市推广应用系统、GMS 卫星云图盟市推广应用系统的优化与改进、GMS

卫星多通道数字资料在雨区判识和雨量估算中的应用研究、静止和极轨气象卫星在自治区主要气象灾害监测中的互补性研究和应用软件开发、利用静止气象卫星资料遥感监测植被、积雪和土壤墒情的研究、具有同化卫星资料功能的 MM4 中尺度数值预报业务系统等。通过技术开发和研究，实现由图片形态分析向数值分析应用的转化。

2001—2002 年，自治区气象台应用高分辨卫星图像接收处理设备，接收处理高分辨率的每小时 1 次的"风云二号"A 星、"风云二号"B 星卫星数字图像资料。主要开展夏季短时降水滚动预报方法的研究应用、数值产品及卫星云图在降水预报中的综合应用和气象卫星业务产品的使用开发的研究。

2002—2005 年，自治区气象台应用 9210 信息传输系统接收每小时 1 次的"风云二号"B 星卫星图像资料，主要开展内蒙古大（暴）雪天气的卫星云图特征分析，内蒙古大（暴）雪卫星云图预报业务系统，内蒙古暴雨中尺度云团的研究、静止气象卫星监测沙尘暴天气的方法与应用研究和内蒙古强沙尘暴天气的卫星云图特征分析方面的研究。

（3）天气雷达应用

2005—2006 年，开展天气雷达组网拼图应用研究，实现全区 8 部天气雷达组网拼图产品共享应用。

3. 气候研究

1988—1989 年，对自治区 1947—1987 年出现的主要气象灾害进行综合分析研究，于 1990 年编辑出版《内蒙古自治区主要气象灾害分析（1947—1987）》专著。

1995—1997 年，针对自治区气候热点问题进行研究，于 1997 年编辑出版《内蒙古气候热点及其对策研究》专著。

1997 年，开展全区干旱灾害监测业务系统的研究，对作物生长季节的气象干旱灾害进行逐日滚动监测。系统通过多次升级和优化，至 2005 年基本建成功能比较完善的逐日干旱灾害监测业务平台。

1999 年，开展气候变化对内蒙古地区淡水资源可持续利用的影响及对策研究。

1999—2001 年，开展气候变化对内蒙古沙漠化影响的研究。

2001 年，依托计算机和 3S 技术，结合地理信息资料，分自治区、盟市和旗县三级，进行第三次农业气候区划，其成果将气候资源分类细化到乡镇苏木，实现从平面走向立体，从静态到动态的转变。

2001 年，自治区气象局启动《中国气象灾害大典·内蒙古卷》的编纂工作，2004 年完成初稿。时间跨度从公元前 776 年—公元 2000 年，全书共分 12 章，近 40 万字，记录了内蒙古地区各种气象灾害的发生及影响情况。

2003 年，自治区气候中心开展黄河内蒙古段凌汛预报预警业务系统研究，建立流域内蒙古段凌汛期开河、封河、流凌以及凌险预报指标及模型，构建凌汛期预报预警业务服务平台，并投入应用，为政府防凌、安全度凌提供依据。

2004—2005 年，开展内蒙古风能资源评估。对全区风能资源进行普查并建成风能资源数据库，编写内蒙古自治区大型风电场建设前期工作评价报告，为自治区大型风电场建设和风能资源开发利用提供翔实资料。

2004—2007 年，开展内蒙古春季沙尘暴短期气候预测方法研究与应用研究，进行基本事实调查；完成 1961—2007 年沙尘暴的气候成因分析；对内蒙古沙尘暴造成下游京津地区沙尘天气的影响关系和天气特征进行分析；对内蒙古春季沙尘暴预测因子进行研究；完成了内蒙古春季沙尘暴年度或季节短期气候预测模型和预测试验。在国际 SCI 学报和国内核心期刊上发表多篇学术论文。

4. 生态与农牧林业气象研究

（1）农业气象

1987—1988 年，自治区气象科研所完成中国气象局气象科学基金资助的项目——干旱半干旱地区降水资源及开发利用研究，采用遥感技术、实地考察和常规气象资料分析相结合的方法，基本摸清自治区干旱半干旱地区降水资源分布、水分亏缺量分布的年际变化和年变化，提出水分资源开发利用建议。

1988 年，包括自治区气象局在内的北方 7 省（区）组成的中国牧区畜牧气候区划科研协作组编著出版《中国牧区畜牧气候》，这是全国正式出版的第一本畜牧气候科学专著，由气象出版社出版。

1988—2001年，由自治区气象科研所、农牧业气象中心、自治区气象台等单位承担并完成的内蒙古农业气象预报系统，基于Windows操作平台，利用VB6.0语言编程和管理数据，完成资料收集、储存、处理、模型运算及绘图等功能，实现全区、盟市、旗县不同范围的农作物和经济作物产量预报、适播期和发育期预报、小麦虫害预报、农业气象灾害评估服务等产品的制作。它是经过自治区气象局10余个科技项目支持，多个单位合作，逐步完善形成的业务服务系统。

1989—2005年，自治区气象科研所先后围绕春小麦、春玉米、水稻、马铃薯、荞麦等作物的农业气象问题开展研究；同时开展草莓、西洋参、串叶松香草、藏红花、葡萄、扁蓿豆特种作物引种的气象条件分析工作。

1992—1995年，自治区气象科研所承担并完成中国气象局科技开发的项目——内蒙古自治区改造中低产农田的综合农业气象工程研究，通过分析兴安盟中低产田地区存在的主要农业气象问题，提出合理利用农业气候资源及防灾减灾的系统工程对策，使示范区人均收入增加24.6%，并提出相应的微机检索系统。

1993—1996年，自治区气象科研所承担完成自治区科技攻关项目——信息技术在自治区主要气象灾害减灾中的应用研究，基于灾害学原理提出旱灾、白灾成灾综合指标，建立内蒙古旱灾、黑白灾监测评估与预测模式，旱地和草地土壤水分动态监、预测模式，提出干旱综合指数与白度和白化过程新概念；开展静止与极轨卫星监测气象灾害互补性研究，并开发相应的软件。

1994—1998年，自治区农牧业气象中心承担完成农牧业气象适用技术综合技术推广应用和晋冀蒙毗邻地区综合农业气象配套技术推广应用，利用卫星遥感技术监测植被和土壤墒情动态变化，结合线性规划方法，优化当地种养结构，引进农作物、牧草、家畜等优良品种，示范推广等高种植、马铃薯茬免耕、深耕、深松等一系列抗旱节水耕作技术。

1997—2000年，自治区气象台承担完成全区土壤墒情评估方法及应用研究，提出农田、草地五种不同类型土壤等级指标，以及土壤物理特征比和土壤水分平衡差两种土壤墒情评估模式；初步建立自治区土壤墒情评估服务系统。

1997—2001年，自治区气象科研所承担完成自治区科技攻关项目——半干旱区水资源综合利用决策服务系统的研究和中国气象局青年基金项目——内蒙古干旱半干旱地区农田优化灌溉模型研究，通过田间试验和常规资料分析，提出适合内蒙古主要灌区玉米、小麦农田特点的灌溉指标和灌溉日期预报方法，以及空中云水资源评估和增雨潜力评估方法，建立了农田优化灌溉决策服务系统和适用技术数据库系统。

1997—2005年，呼和浩特市气象局开展温室小气候监测及气象信息服务产品开发应用研究和保护地蔬菜生产气象服务系统的开发与应用的研究，建立温室、大棚内光、温监测预测模式；利用Delphi编程技术，完成由小气候查询、蔬菜气象信息查询、监测预测和服务产品制作分发四个模块组成的服务产品系统，实现保护地温、光、湿要素的查询。

1998—2001年，自治区气象科研所开展半干旱丘陵区抗旱配套实用技术推广应用的研究，以呼和浩特市清水河地区为重点，分析雨水资源化的工程调蓄和生态调节的原理和措施，提出半干旱丘陵区集雨水窖建设的规划和合理布局；开展良种引进、修坝淤地、节水灌溉等工作。2004—2005年，继续承担并完成免耕种植技术在杭锦旗荒漠化治理中的推广应用，推广示范直播、良种引进、秸秆覆盖和草田轮作4项免耕技术，分析覆盖的水、温效益和免耕的节水增产效益，提出可增产13%～26%的免耕种植模式。

2001年，研发内蒙古自治区粮食产量预报系统，通过该系统制作粮豆、小麦、玉米和大豆的单产、总产预报（包括产量趋势预报和产量定量预报）。

2003—2005年，自治区气象科研所承担完成自治区科技攻关项目——内蒙古典型农牧交错区农业气候资源细化和利用研究，项目以巴林左旗和察右中旗为实验区，依托GIS技术和小网格推算方法，实现分辨率0.1千米×0.1千米网格点的气候资源细化；利用线性规划方法和贝叶斯准则，进行农业种植结构调整的优化设计，并提出结构优化设计方案，使区划成果得到延伸和应用。

2004—2006年，开展内蒙古农业主要病虫害预报方法及服务系统的研究，项目分析内蒙古农业主要病虫害与气象条件的关系，建立草地蝗虫、松毛虫、马铃薯晚疫病生存的气象条件利弊评估模型和发生面积的预报模型，开发内蒙古农业主要病虫害发生的气象条件预报平台。

2005年，开展半干旱区农田优化灌溉模型新技术开发应用及推广的研究，通过构建半干旱区水资源综合利用系统，实现对主要灌区进行灌溉预报，对旱作区进行土壤水分监测和干旱监测。通过田间试验和9个站点的试验示范，达到明显的节水效果。

（2）畜牧气象

1987—1989年，在自治区科委资助下，开展气象条件与改革打草制度及牧草营养保存方法的研究，提出利用有利天气进行伏干草调制，建立牧草干燥速率气象预报模式和气象与伏草、肥育羔羊生产决策微机管理系统。

1987—1989年，开展气象卫星监测、预测天然牧草产量的研究，通过气象卫星资料和地面观测同步资料的运用，分析产草量与绿度值之间的关系，建立产草量气象卫星测值与气象因子综合预报模式。

1988—1995年，围绕合理利用气候资源发展畜牧业，开展利用气候优势发展白绒山羊的研究、开发利用草地气候资源推广蒙古羔羊育肥技术和合理利用气候资源推广夏草冬秸肥育技术方面的工作。

1991年，自治区气象局根据畜牧气象研究成果和业务服务经验，编辑出版《畜牧气象文集》，共收录畜牧气象论文40篇，反映了该时期畜牧气象工作的现状和动态。文集由气象出版社出版。

1992—1998年，在中国气象局青年基金项目资助下，开展气候变化对草地家畜影响的预测及对策研究，分析自治区畜种结构生态模式、草地生产力监测、预测模式，修改完善家畜生态适应指数模式；总结未来气候变化对内蒙古地区植被和草地家畜的影响，对草地植被和家畜在分布类型和结构、生产力、营养类型等方面的演变趋势做出预测。

1997—1998年，在自治区科技厅项目资助下，开展利用遥感信息建立干旱草原冷季载畜量计算模式的研究，利用锡林郭勒盟不同草原类型的牧草地上生物量观测资料、气象和卫星遥感资料，建立草甸草原、典型草原和荒漠草原的估产模型，建立草原冷季载畜量计算模型，实现家畜出栏前冷季载畜量的估测。

1997—2000年，内蒙古、新疆、青海、甘肃、宁夏五省区联合完成中国气象局重点科研项目——中国北方牧区畜牧气候资源开发利用研究，项目通过分析中国北方牧区主要优质牧草生长发育、家畜分布与气象条件的关系，建立3种不同地区天然牧草产量形成的气候模式和畜牧业结构优化决策模式；研制了中国北方牧区五省畜牧气象信息服务系统。

1998—2001年，在自治区科技厅项目的资助下，开展内蒙古草地主要气象灾害减灾技术研究，针对草地旱灾、雪灾和火灾的监测、评估和预警开展研究工作，提出内蒙古草地旱灾评估体系，分析草地雪灾的成因及影响因素，建立草原火灾灾情评估指标及软件模型和牧区灾害性天气预报预警服务网。

2001—2004年，开展内蒙古畜牧业气象灾害风险评价与风险区划研究，项目收集整理全区近50年畜牧业灾害史料，建立畜牧业气象灾害数据库；运用灾害学原理分析雪灾、旱灾、雹灾发生风险的原因，构建我国北方牧区雪灾脆弱性评价模型，对雪灾风险进行区域划分；开发研制基于GIS的草地畜牧业气象灾害信息系统，实现草地灾情的快速分析和评价。

2002—2004年，开展草原干旱对天然牧草生长发育及其产量形成的影响的研究，分析降水量和土壤水分与天然牧草生长动态和产量的关系，建立牧草生长高度动态模式和草原初级生产力模式，为草原干旱气候指标确定提供依据。

（3）林业气象

1987—1992年，开展毛乌素沙地不同护林带水分平衡及效益分析、内蒙古干旱半干旱地区造林对农业产量影响的研究和荒漠草原造林气候生态效应研究。

1990—1993年，自治区气象科研所在国家自然科学基金项目的资助下，开展荒漠草原造林气象效应及其应用基础研究和荒漠草原三度林业结构配置优化模式研究，利用3年实际观测资料，分析荒漠草原复林带和片林群的动力、热力及水分等气象效益，提出荒漠草原造林最佳形式及技术指标及荒漠草原三度林业结构配置优化模式。1996—1997年，在中国气象局的立项支持下，在四子王旗推广该项成果。

1994—1996年，在国家自然科学基金项目的资助下，开展呼伦贝尔盟森林火灾发生规律及林火预报系统的研究，分析呼伦贝尔盟林火发生规律及特点，以及气象条件对有效可燃物、火蔓延速度、强度、火烈度等参数的影响，建立雷击火气象预报模型和系统。

1994—1998年，开展红花尔基樟子松林火生态效应研究，项目分析火对沙地樟子松林群结构、小气候生态环境、更新预演体的影响和作用程度，以及樟子松个体和群落结构性状对火的适应性与成因，提出计划火烧的条件和防火、用火、火灾迹地更新等林火管理对策。

1995—1997年，在国家自然科学基金项目的资助下，开展呼伦贝尔盟林区树木年轮与气候的关系及其应用基础的研究，对树木年轮的特征规律及气候响应进行了分析。

1995—1998年，在中国气象局科技开发研究项目的资助下，开展大兴安岭森林火动态及林火气象的研究和大兴安岭林区野外火发生的天气气候研究工作，利用大兴安岭林区近30年的林火资料，分析了森林火灾时空分布规律及林火发生的气象条件。

1998—2001年，开展基于灰色系统理论的森林火灾预报模型的研究，在分析大兴安岭地区森林火灾发生规律的基础上，建立森林火灾高火险及重灾年景灰色灾变GM（1，1）预测模型，预测精度达到98.6%。

2003—2004年，开展内蒙古森林草原火险等级天气气候监测预报服务系统的研究，建立内蒙古森林草原火险气象等级预报业务流程，提高了森林草原火险气象等级预报的准确率。

（4）遥感应用

1994年以自治区乌兰察布盟为实验区，应用极轨气象卫星遥感资料开展春小麦、马铃薯等农作物的估产研究。

1996年与北京师范大学共同研制开发基于GIS的森林草原火灾遥感监测辅助决策系统，实现极轨气象卫星资料（RS）与GIS的结合，并在火灾监测业务中应用。

从2001年起，在自治区发展和改革委员会生态建设工程科技项目支持下，开展生态建设工程的遥感监测研究。以陆地卫星信息为基础信息源，结合地面实测数据，利用3S技术解决生态建设工程监测的技术问题，获取有关生态建设工程进展和质量等方面的监测数据和相关信息，客观反映各盟市、旗县生态建设工程的治理面积和工程质量，对实施情况进行综合评估分析。

2001—2003年，完成利用遥感技术监测生态建设工程和浑善达克沙地环境动态变化监测评估研究工作。

2003年，利用EOS/MODIS卫星资料和地面监测信息对呼伦湖周围的生态环境和水位变化原因及赤峰市的达里湖进行了评估分析。

2003年，开展卫星遥感监测积雪的试验研究，包括雪常规调查、雪表面反射通量、地理信息、卫星资料，并在呼和浩特市、乌兰察布市四子王旗、包头市达茂旗、固阳县、包头市区进行野外观测试验。

（5）生态气象

2004年，开展自治区科技厅计划项目——沙地及其周边地区动态的监测研究，科技部计划项目——中国北方雪灾监测预警系统研究和北方干旱遥感监测研究，以及农业部计划项目——生态保护型旱作农业的示范研究的合作攻关研究。

2005年，开展鄂尔多斯市荒漠化评估及其动态变化研究工作。整体评估鄂尔多斯市荒漠化现状、近年来生态建设的成效，分析自20世纪70年代末开始至今的荒漠化动态，以及荒漠化变化的空间规律，提出荒漠化评估的指标体系，完成鄂尔多斯市荒漠化现状及动态变化评估报告。

5.人工影响天气研究

1986—1991年，开展多信息综合识别雹云研究，测雨雷达综合指标、雷声频谱分析、光电信息的谱特征等多种信息和手段识别雹云。

从1987年开始抓住有利天气时机，在林火区实施人工增雨作业，辅助扑救森林火灾，在实践中总结出双区播云增雨扑火技术，之后，凡自治区境内发生较大范围的林火，均采用该项人工增雨技术。

1990—1993年，开展内蒙古地区自然降水效率与人工增雨潜力评估，综合分析认为内蒙古中东部、中西部地区自然降水效率均比较低。

1994—1999年，开展防雹新技术开发与提高防雹总体效益的研究，开发一系列防雹新技术方法。

2000—2002年，乌海市气象局与内蒙古北方保安民爆器材有限公司合作研制RYI-6300型增雨防雹火箭，成功解决玻璃钢箭体胶粘接工艺难关，产品弹道稳定，性能可靠。之后相继开发出最大射程高度大于7100米的改进型RYI-7100型增雨防雹火箭；机载碘化银末端燃烧焰条（Ⅰ型、Ⅱ型）、机载子焰弹及其发射装置、地面增雨催化焰剂发生器等产品。这些产品已在国内人工影响天气作业中使用。

2001—2004年，利用中国科学院大气物理研究所开发的三维积云数值模式，对呼和浩特地区春、夏季对流云（以冰雹云为主）进行三年多的数值模拟研究。经过2004年夏季的业务应用，基于三维积云数值模式的冰雹概念模型对冰雹预报效果较好。

2001—2006年，在自治区科技厅项目的资助下，开展内蒙古中部地区空中水资源开发利用研究，项目评估内蒙古空中水资源的状况，得出我区的空中水资源利用率及开发利用潜力，在增雨、防雹作业等方面起到指导作用。

2004—2007年，开展云与降水的关系及在人工影响天气中的应用研究，开发研制内蒙古中西部地区春夏季云降水判别平台，并在业务中应用。

2002—2007年，开展内蒙古人工增雨效果检验方法及其应用系统研究、《防雹新技术开发与提高防雹总体效益的研究》成果的新技术推广应用、MODIS云、水汽、气溶胶产品反演算法订正的研究与推广应用。

6. 大气环境监测研究

1988—1992年，开展酸雨资料数据库的建立与应用、大气稳定度区划、沙尘暴的输送规律及过境化学组分分析的研究。

1997—2005年，开展呼和浩特市城区TSP来源解析、污染气象条件综合分析、污染预报模型的建立及大气污染对城市气候影响的研究。

2001—2004年，开展内蒙古空气污染潜势预报系统、内蒙古城市空气质量预报系统的开发研制。2002年与内蒙古环境保护局联合发布呼和浩特市、包头市、乌海市、海拉尔区、东胜区城市空气质量日报和预报。

2007年，开展非职业性一氧化碳中毒气象潜势预报和预警系统研究，采用Cart方法研究一氧化碳重污染预警预报的判别条件，建立自治区高燃煤和高寒地区一氧化碳中毒气象条件预警系统。通过引进非静稳积分模式并基于MM5数值预报产品建立一氧化碳浓度数值预报业务系统，并在业务中应用。

7. 新技术开发研究

1995年，开展全区气象实时业务监视系统的研发，投入运行，实现对大气监测业务、气象信息网络实时业务、气象服务情况、气候业务、农业气象业务的实时监视。

1999年6月，完成决策气象服务系统的开发，开展决策气象服务业务工作，实现Web浏览方式向党政领导部门提供《气象信息》《农牧业气象信息》《雨（雪）情公报》《气象专题分析》《专项气象服务》等，服务产品从报送纸质材料向信息网络传输方式转变。

1999—2000年，开展"121"电话信息服务系统的研发，完成"121"声询语音系统10个信箱天气预报内容的开发和语音录制，使公众拨打"121"电话就能了解所需的气象信息。

1999—2004年，开展内蒙古东北部冻土区高速公路能见度和路况预报服务系统开发应用研究，为开展道路交通气象服务预报业务提供科技支撑。

2002—2004年，开展内蒙古城市环境指数预报系统的开发工作，通过对气象条件与人体舒适度、人体疾病相关分析研究，利用统计学方法建立健康气象预报业务系统，并在业务中应用；发布指数预报，即人体舒适度预报、医疗气象预报、中暑指数、感冒指数、风寒指数预报。

2003—2005年，开展山西省天桥、万家寨水力发电厂黄河流域呼和浩特托克托县—万家寨区间控制流域内降水主要时段（主汛期）的划分研究。

2003—2005年，开展呼和浩特市城市暴雨内涝预报系统的开发研究工作，并投入业务应用，汛期发布呼和浩特市城市内涝预报。

2004年，开展呼和浩特市逐日电力负荷与气象相关因子的分析和灾害性天气对内蒙古电网安全的影响研究，建立气象电力负荷预报模型和内蒙古电网预报系统，为电力部门提供专业预报产品。

三、科研成果

1988—2007年，全自治区登记的科技成果共有393项，多数为应用技术类成果。

四、获奖情况

1988—2007年，气象科技蓬勃发展，众多科研项目获得自治区政府和中国气象局奖励，期间有38项科技成果获得省部级科技奖励；1项成果获得国家发明专利（表3-11-7，表3-11-8）。

表3-11-7　1988—2007年获省部级科技奖励统计表

序号	获奖成果名称	奖励类别	时间	等级	获奖单位
1	北方层状云人工降水试验研究	国家科学技术进步奖	1993年	二等	内蒙古自治区气象科学研究所
2	天然牧草生长发育与气象条件关系研究	自治区科学技术进步奖	1988年	二等	内蒙古自治区气象科学研究所
3	−2～−8℃云层中人工降雨有效催化剂的研究	自治区科学技术进步奖	1988年	三等	内蒙古自治区气象科学研究所
4	气象卫星数字图像处理系统	自治区科学技术进步奖	1989年	二等	北京邮电学院 内蒙古自治区气象局
5	内蒙古自治区气象台准自动化业务系统建设	自治区科学技术进步奖	1990年	二等	内蒙古自治区气象台
6	华北夏季降水的中期预报研究	自治区科学技术进步奖	1991年	二等	内蒙古自治区气象局
7	气象条件与改革打草制度及牧草营养保存的研究	自治区科学技术进步奖	1992年	三等	内蒙古自治区气象科学研究所
8	亚洲及西太平洋地区锋面气旋的统计研究	自治区科学技术进步奖	1993年	三等	内蒙古自治区气象科学研究所
9	呼和浩特地区大白菜高产栽培气象保障系统研究	自治区科学技术进步奖	1993年	三等	呼和浩特市气象局
10	多信息综合识别雹云研究	自治区科学技术进步奖	1993年	三等	内蒙古自治区气象科学研究所
11	713天气雷达系统功能开发研究	自治区科学技术进步奖	1994年	二等	内蒙古自治区气象灾害监测服务中心
12	内蒙古西中部干旱半干旱及沙漠地区暴雨出现的规律及其预报研究	自治区科学技术进步奖	1995年	三等	伊克昭盟气象局
13	中国风能资源数据库系统分析及其推广应用	自治区科学技术进步奖	1996年	三等	内蒙古自治区气象科学研究所
14	内蒙古自治区改造中低产田的综合农业气象工程研究	自治区科学技术进步奖	1997年	三等	内蒙古自治区气象科学研究所
15	盟、旗气象业务与服务新系统研究	自治区科学技术进步奖	1997年	三等	内蒙古自治区气象局

表3-11-7续

序号	获奖成果名称	奖励类别	时间	等级	获奖单位
16	呼盟森林火灾发生规律及林火预报系统的研究	自治区科学技术进步奖	1998年	二等	内蒙古自治区气象科学研究所
17	信息技术在我区主要气象灾害减灾中的应用研究	自治区科学技术进步奖	1999年	二等	内蒙古自治区气象科学研究所
18	内蒙古地区自然降水效率与人工增雨潜力评估研究	自治区科学技术进步奖	1999年	三等	内蒙古自治区气象科学研究所
19	防雹新技术开发与提高防雹总体效益的研究	自治区科学技术进步奖	2001年	二等	内蒙古自治区气象科学研究所
20	内蒙古冬春季大（暴）雪中短期预报方法研究	自治区科学技术进步奖	2003年	三等	内蒙古自治区气象台
21	利用遥感信息建立干旱草原冷季载畜量计算模式的研究	自治区科学技术进步奖	2005年	三等	锡林郭勒盟牧业气象试验站
22	生态建设工程遥感监测与分析评估研究	自治区科学技术进步奖	2005年	三等	内蒙古自治区气象卫星遥感中心
23	沙尘暴成因及综合防治技术开发与示范的研究	自治区科学技术进步奖	2007年	二等	内蒙古自治区气象台
24	呼伦贝尔市林牧农业气候资源与区划研究	自治区科学技术进步奖	2007年	三等	呼伦贝尔市气象局
25	内蒙古夏季大、暴雨卫星云图综合预报方法的研究	国家气象局科技进步奖	1989年	三等	内蒙古自治区气象台
26	中国风能、太阳能资源数据库系统及其应用	国家气象局科技进步奖	1989年	四等	国家气象局气象科学研究院 内蒙古自治区气象科学研究所
27	气象卫星监、预测天然牧草产草量研究	中国气象局科技进步奖	1992年	三等	内蒙古自治区气象科学研究所
28	历史资料库图形库及相似检索分析研究	中国气象局科技进步奖	1993年	四等	内蒙古自治区气象台
29	盟台终端显示业务化系统研究	中国气象局科技进步奖	1993年	四等	锡林郭勒盟气象局
30	荒漠草原气象效应及其应用基础的研究	中国气象局科技进步奖	1994年	四等	内蒙古自治区气象科学研究所
31	"带状种植农田气象效应"的推广应用	中国气象局科技进步奖	1994年	四等	内蒙古自治区气象科学研究所
32	利用草地气候资源推广蒙古羔羊育肥技术的研究	中国气象局科技进步奖	1994年	四等	内蒙古自治区气象科学研究所
33	内蒙古自治区气象台预报工作站建设系统的研究	中国气象局科技进步奖	1995年	四等	内蒙古自治区气象台
34	内蒙古长期天气研究	中国气象局科技进步奖	1995年	四等	内蒙古自治区气象台 内蒙古自治区气象通信台

表3-11-7续

序号	获奖成果名称	奖励类别	时间	等级	获奖单位
35	气象卫星遥感技术的开发应用研究	中国气象局科技进步奖	1995年	四等	内蒙古自治区气象局
36	利用微波线路开通区台至盟市台传真与数据传输业务的应用技术	中国气象局科技进步奖	1995年	四等	内蒙古自治区气象通信台
37	半干旱丘陵区抗旱配套实用技术推广应用	中国气象局科技扶贫奖	2002年	二等	内蒙古自治区气象科学研究所
38	内蒙古森林草原火险等级天气气候监测预警服务系统研究开发	中国气象局科技成果应用奖	2005年	二等	内蒙古自治区气象卫星遥感中心

表3-11-8　1988—2007年获国家专利统计表

专利名称	专利证书发放机构	时间	专利完成人	专利完成单位及排名
一种人造雾凇的方法	国家知识产权局	2003年	夏彭年	内蒙古自治区气象局

第五节　科 技 情 报

一、情报工作与研究

20世纪80年代末，随着计算机的普及应用，自治区气象科技情报工作进入转型期，开始从手工操作、被动管理向电子信息化的方向转变。图书馆突破单一的馆藏管理和被动的服务方式，以计算机为手段，开展深层次的信息服务与研究，以满足各学科用户的个性化信息需求，并逐步开发可供网上共享的具有专业特色的气象科技信息库，建设既具有传统图书馆的社会基础实体优势、又有"数字图书馆"特征的现代图书情报机构。2002年撰写《建立数字图书馆实施方案》，2005年撰写气象专业技术体制改革《科技情报改革方安案》。

1991年，完成《世界人工影响天气新进展》《中尺度气旋和降水的中微尺度组织结构》译文集。完成"气象科研项目情报跟踪服务"。

1992—1995年，完成"科技信息为重点攻关课题追踪服务"。

1994—1998年，完成"挖掘信息资源拓宽信息服务市场"。

1998年，撰写《试论科研成果查新咨询制度的必要性》，发表于《内蒙古科技与经济》，入编《中国改革与发展战略研究文集》。

2002年，撰写《信息时代的报刊信息服务》《图书、情报、档案信息一体化探讨》《新形势下科研人员利用期刊文献的特点》。

2005年，撰写《新形势下科学专业图书馆信息资源开发与对策》。

二、图书文献

自治区气象科学研究所情报室对外称科技信息中心。主要任务是收藏、整理、保管，传播信息，面向自治区服务。服务对象主要是专业研究人员、专业技术人员。同时，为领导机关决策提供服务。2007年，该中心拥有科技专业图书2.8万册，期刊52种，报纸28种，与自治区内外科技情报机构交换资料27种。

1988—1991年，开设中外文期刊阅览室，以开架阅览、借阅，并提供咨询、复印等服务。到馆的书刊以《中国图书分类法》为依据，进行标引、制作馆藏分类目录。加工制作中文文献题录卡片2600张，以标题的形式提供分类目录，一目了然，查询十分方便。2004年，依托因特网与自治区科技情报所网络链接，开通了维普中英文期刊全文数据库。

三、网络化管理与服务

1990年,图书馆配置第一台386计算机和中英文打印机、复印机。1999年,图书馆业务工作实现计算机管理,从书刊订购、续订、借阅、登记到制作分类目录卡片等流程,数据一次输入多次使用。

1990年,完成"馆藏中文图书资料数据库"。

1991年,完成"中外科技期刊信息数据库"。采用美国Microsoft公司新一代数据库管理系统,模块化功能完成。各模块相对独立,自成一体。用户可按不同需求,浏览、查询馆藏每一条题录或问摘要以及信息的有关属性。系统存入信息6万余条。各联网的盟市站点均可调阅查询,达到资源共享。

2003年,完成"网络气象科技信息资源开发与利用系统"。利用现有网络设施,以网页的形式挂靠自治区气象局综合信息网,实现自治区范围内的资源共享,由过去到馆查询变为网上检索,填补了本部门图书馆网上文献信息资源的空白。

四、信息交流与研究

1988—2003年,每年编制《气象科技资料目录》,将全年制作的中外文期刊重点资料目录卡片分类编写成册,为用户提供方便。

1990年,创办《气象科技简讯》,以纸质为载体,每月两期,内部发行。主要转载书、报、刊重要文摘。1994年,该刊以市场经济为导向,从形式到版面做了较大调整和改进,面向全国气象部门及相关机构发行,每期印发180份。1999年,该刊再次进行调整,更名为《气象科技快讯》,设7个固定栏目,版面由4个增加到8个。2002年,《气象科技快讯》实现网上传输。创刊18年来,共出版432期。

1993—1997年,编印《西部大开发特刊》48期,面向华北地区气象部门,每期印发180份。

此外,气象科技情报工作人员还根据用户需求,开展跟踪服务,为重点科研攻关课题提供多样性、全方位资料。前后签订课题信息服务28项,信息服务委托卡190份,提供专题信息12000余份。

第六节 科技合作

一、开展主要工作

2002年12月,中国气象局下发《关于局校合作工作的职责分工》,自治区气象局结合区情,先后与区内外17所科研院所(局)建立合作关系,开展科技合作与人才培养共建工作。

2002年,与内蒙古大学、内蒙古农业大学、内蒙古师范大学合作开展科研项目研究;与内蒙古农牧业科学院、内蒙古水利科学院、内蒙古林业科学研究院签订科技合作协议。

2003年,与新疆维吾尔自治区、青海省气象研究所开展科技合作研究。

2004年,先后与中国气象科学研究院、国家气象中心、国家气象卫星中心、国家气候中心、北京大学、北京师范大学签订科技合作协议并开展科研项目合作研究。

2005年,与北京市气象局、内蒙古财经学院签订科技合作协议。

2007年,与南京信息工程大学签订科技合作协议。

二、合作内容与人才培养

1999—2004年,与内蒙古农牧业科学院、中国农业大学合作,进行内蒙古阴山北麓坡耕地改造与建设稳产基本农田的研究。

1999—2002年,与中国农业科学院草原研究所合作,研制卫星遥感草原火险预警、火灾监测和灾情评估系统。

2000—2003年,与内蒙古大学合作,进行阿拉善荒漠生态受损机制和重建的研究、沙尘暴成因及综合防治技术开发。

2002—2005年,与内蒙古农业大学合作,进行内蒙古湿地生态系统研究。

2002—2005年,与内蒙古公路交通研究所合作,进行公路雪阻成因和预警系统的研究。

2003年,与中国科学院大气物理研究所合作,开展人工增雨、人工防雹场外试验和云物理模式应用试验。与北京大学合作,开展双频GPS(三套)技术在呼市地区总水汽检测中的应用试验。与兰州大学、内蒙古农业大学联合，开展北方（内蒙古）城市供热与气象服务业务化系统研究。与兰州大学、内蒙古农业大学联合，开展内蒙古地区建筑施工与气象服务系统研究。与中国农业大学联合，开展农牧交错区农业气候资源区划与合理利用的研究。与中国科学院大气物理研究所联合，开展半干旱区土壤水资源合理利用研究。与北京大学地球物理系合作，进行人工影响天气稀土催化剂研制开发试验，同时联合开发机载 GPS 及温湿探测系统，已在全国推广应用。

2002 年，与兰州大学资源环境学院联合举办在职研究生课程进修班，35 名业务、科技和管理人员参加学习。与南京气象学院合作，在内蒙古函授站开办在职本科、大专函授教育。

2003 年，与内蒙古民族高等专科学校合作，选拔 40 名自愿到艰苦台站工作的大专毕业生进行气象专业课程培训。

2004 年，从内蒙古科技大学通过考试、挑选 30 余名在校本科生，送到兰州大学，进行大气科学专业的知识培训，为盟市气象局培养气象预报员。

2005 年，内蒙古自治区气象局—内蒙古财经学院局校合作签字。自治区气象经济研究所挂牌仪式在内蒙古财经学院举行，重点开展气象灾害评价指标的研究，建立评估模型。

三、学术交流

1995 年 7 月 30 日—8 月 2 日，德国 Hohenhelm 大学教授 W. A. Müuer 先生来自治区进行学术访问。

1995 年 8 月 10—12 日，北京大学地球物理系教授、中国科学院院士赵柏林，北京气象学院教授、中国科学院院士丑纪范，中国气象科学研究院杜行远研究员、国家气象中心郭肖容来自治区讲学。

2002 年 7 月，中国工程院院士许健民和中国气象局气候中心短期气候研究室研究员何敏应邀到区气象局，为科技人员做学术报告。

2003 年 12 月 1 日，美国俄勒冈州州立大学（Oregon State University）生态学专家大卫·佩里（Dave Perry）教授做了"21 世纪生态学研究"和"生态系统稳定与恢复的相互作用"的学术报告；Jing Huang 教授作"美国私有产业的保护"和"利用遥感（RS）和全球定位系统（GPS）技术分析森林的空间特性"学术报告。

2003 年 12 月 24 日，自治区气象局主办召开农口高校、科研院所科技合作联谊会，主题是加强科技合作，促进自治区农业科技发展。

2005 年 10 月 16 日，自治区部分农业气象科技人员与荷兰农业气象专家 Kees（C. J.）Stigter 教授就"农业气象适用技术推广"问题进行讨论和交流。

2007 年 8 月 22 日，自治区气象局特邀中国工程院院士李泽椿、国家气候中心研究员朱蓉作专题学术报告。

第十二章 气象教育

第一节 体制改革

1999年12月10日，根据中国气象局中气科发〔1999〕31号文件批复，决定将内蒙古气象学校转制为内蒙古自治区气象局培训中心。2002年改名为内蒙古自治区气象培训中心。

内蒙古气象学校创建于1956年，是内蒙古自治区最早建立的中专学校之一，也是全国省级最早建立的中专气象人才培养基地。1998年，教育部推行高等学校和中等专业学校、技工学校的招生收费改革和毕业生就业制度改革，逐步实行学生缴费上学，大多数毕业生自主择业制度的招生"并轨"。内蒙古气象学校抓住此次机遇，毅然决策面向社会自主招生。气象学校对招生工作十分重视，要求做好招生宣传工作，积极营造全员开展招生宣传工作的氛围。全面落实招生宣传责任制，开拓工作思路，明确工作步骤，讲究工作方法，追求工作实效。自此，连续3年共计面向社会招收计算机网络专业学生274人，无线电通讯专业学生129人，为学校的进一步发展奠定了良好的基础。2002年自筹资金60多万元，对教学楼进行了装修，增加了新的办公设备，学生住宿公寓化，每个学生宿舍都配备了电视机、衣柜等设备。

为了改善教学环境，1998—1999年，在自治区气象局星震计算机技术公司的大力支持下，采用分批付款方式建起容纳60台计算机的高水准的多媒体教室，满足了各专业学生的上机实习需求。

1989年，南京信息工程大学内蒙古函授站成立，开始成人大专招生。2001年9月，该函授站在全国气象系统的函授站中率先招收专升本（大学本科）学生。

2002年9月，成都信息工程学院内蒙古函授站成立，在全区开展专升本（大学本科）招生。

2002年9月，与兰州大学大气科学学院合办气象专业研究生课程进修班。36人报名参加学习，其中6人获得硕士学位。

2003年，普通中等专业教育基本结束。培训中心的基本职能转变为"承担全区气象部门干部职工的业务培训和党员干部的教育培训；承担中国气象局培训中心远程教育二级站及气象高校函授辅导站的教学和管理工作；面向社会开展计算机及高新技术技能培训"。培训中心面对基本职能的转变和部分人员需要安置现状，成立内蒙古异同数码有限责任公司，从事计算机及相关设备的经销和维修，既为中心创造了一定经济效益，又解决了部分职工面临下岗的困境。

1998年，自治区劳动厅劳动技能鉴定中心批准在内蒙古自治区气象局培训中心建立全国计算机与信息高新技术培训站，并正式挂牌面向社会开展培训。同年11月，经国家劳动部劳动技能鉴定中心审核批准升级为计算机及信息高新技术考试站，增强了培训的能力，拓宽了培训市场。全国计算机信息高新技术考试坚持以职业活动为导向，以职业能力为核心，坚持科学性、实用性的原则，突出职业技能和就业能力的提高，受到社会的认可和各界的关注。2002年，国家劳动和社会保障部职业技能鉴定中心决定在全国计算机信息高新技术考试中，引进全美测评软件系统（北京）有限公司（以下简称"ATA"）的先进考试技术，开展智能化考试。培训中心积极申请成立全国计算机信息高新技术智能化考试站（计算机信息技术ATA授权考试站），开展职业资格信息技术双认证考试。之后几年，开展了办公软件应用、图形图像处理、因特网应用、局域网管理、多媒体软件制作、网页制作、数据库应用等多个模块的操作员级和高级操作员级双认证培训和考试。培训操作员级2350人次，高级操作员级236人次。合格率达92.3%，为自治区培养了大批计算机专业人才。

第二节 学历教育

1988—2007年的20年间，内蒙古自治区气象教育逐步由单一的中专学历教育发展成为多层次、多专业、跨学科、多形式的教育体系。成立了以内蒙古气象学校（后更名内蒙古自治区气象培训中心）为中心的人才培训基地。

随着气象现代化建设的推进，新知识、新技术的不断涌现，对专业技术人员的素质要求越来越高。为适应形势的需要，在相关单位的大力支持下，内蒙古气象学校先后成立了北京气象学院内蒙古函授站、南京信息工程大学（原南京气象学院）函授站、成都信息工程学院（原成都气象学院，现成都信息工程大学）函授站、兰州大学函授站。内蒙古自治区气象教育事业，由单一的中等专业气象学历教育，逐渐转变为中等专业、大专专科、大学本科、硕士研究生学历教育为一体的专业教育体系。

一、中等专业教育

1988—2007年，内蒙古气象学校共开办中等专业21个班，学生881名人。其中，在职职工班10个，学生389名；社会招生11个班，学生492名人。为内蒙古自治区以及北京、天津、云南、西藏等地气象部门输送了急需人才（表3-12-1）。

表3-12-1　内蒙古气象学校中等专业班一览表

班级	专业	学制	入学时间	毕业人数	生源
29班	气象	两年半	1988年9月	39	在职职工
30班	林牧业气象	两年半	1988年9月	36	在职职工
31班	气象	两年半	1989年9月	47	在职职工
32班	气象	两年半	1990年9月	48	在职职工
33班	气象	两年半	1991年9月	44	在职职工
34班	气象	两年半	1992年9月	25	在职职工
35班	气象	两年半	1993年9月	43	在职职工
36班	气象	4年	1993年9月	40	社会招生
37班	人工影响天气	两年半	1994年9月	47	在职职工
38班	财会电算	两年半	1994年9月	29	社会招生
39班	气象	4年	1995年9月	40	社会招生
40班	人工影响天气	两年半	1996年9月	40	在职职工
41班	计算机网络	两年半	1996年9月	20	在职职工
42班	计算机网络	两年半	1997年9月	47	社会招生
43班	计算机网络	4年	1998年9月	55	社会招生
44班	无线电通讯	4年	1998年9月	49	社会招生
45班	计算机网络	两年半	1998年9月	40	社会招生
46班	计算机网络	4年	1999年9月	49	社会招生
47班	无线电通讯	4年	1999年9月	40	社会招生
48班	计算机网络	4年	1999年9月	63	社会招生
49班	无线电通讯	4年	1999年9月	40	社会招生

1. 气象专业

1988—1995年招收气象专业8个班，246人，学制两年半。开设的公共基础课有政治、语文、体育、英语、数学、物理、BASIC语言程序设计、民族政策，占总学时的48%；专业基础课有气象学（含自然地理）、电子技术基础（含传真）、概率统计基础，占总学时的19%；专业课有地面气象观测、气象统计预报、天气学、气候学、农业气象基础，占总学时的35%。另有4周在校教学实习，毕业实习回各自气象台站进行，考核合格后发给国家承认的毕业证书。

1993年、1995年分别开办社会招生气象专业各1个班，80人，学制4年，经内蒙古自治区统一考试，录取，毕业后分配工作。开设19门课程，其中公共基础课有政治（含世界观人生观）、语文、体育、英语、数学、物理、化学、微机应用、法律国情、公共关系、Foxbase；专业基础课有气象学（含自然地理）、电子技术基础（含传真）、职业道德；专业课有地面气象观测、天气学、气候学、应用气象、统计预报、仪器维修。3650学时。另有地面观测，天气学，统计预报实习共5周。80名学生全部顺利毕业，成为基层气象台站业务骨干。工作之后，大部分学生又考入高等院校，取得大专或本科学历。

2. 专业气象

1988年、1994年、1996年分别开办了林牧气象和人工影响天气两个专业3个职工中专班。林牧气象专业1个班，36人，学制两年半。开设21门课程，其中公共基础课有政治、体育、语文、英语、数学、物理与电子技术、化学；专业基础课有气象学、概率统计、计算机应用、土壤肥料学、草地学、生态学、离散学、林学概论；专业课有地面气象观测、气候学、天气学、统计预报、林业气象学、牧业气象学。2450学时。毕业实习回各自气象台站进行。

人工影响天气专业2个班87人，学制两年半。共开设17门课程，共2160学时。公共基础课有政治、英语、语文、体育、物理、数学、法律与国情、微机应用、化学、民族理论、职业道德、电子技术；专业基础课和专业课有气象学，气象遥感及应用、地面观测、人工影响天气、天气学（含临近预报）。

3. 财会电算专业

1994年，通过社会招收高中毕业生，开办财会电算专业一个班29人，毕业不分配工作，学制两年半。共开设22门课程，共2150学时。其中公共基础课有数学、英语、政治、语文、体育、微机应用、Basic语言、法律、职业道德、民族理论；专业基础课和专业课有政治、经济学、计算技术、会计学原理、公共关系学、经济学、统计学原理、工业会计、预算会计、数据库应用、审计学、会计电算化流通企业会计。

4. 计算机网络专业

1996年，开始招收计算机网络专业，共招收五届，6个班，274人。其中气象在职职工中专班1个，学制两年半。社会招生5个班（不分配工作），学制4年。两类班级的公共基础课基本相同，有政治、体育、语文、数学、英语、世界观人生观、民族理论、法律、物理、电子技术职业；专业基础课和专业课有所不同，在职中专班有微机应用、脉冲数学、Basic语言、数据库Pascac语言、微机原理与接口、Windows操作系统、通信原理、数据通信原理、数据结构、网络、华光排版系统、C语言多媒体系统原理与应用。社会招生班有微机应用、Basic语言、微机原理、办公软件、电子线路、图形图像、数据库、数据结构、高级办公软件、因特网应用、局域网、Access数据库、计算机安装与测试、动画设计、网页制作、多媒体系统原理与应用。

5. 无线电通讯专业

1998—1999年通过社会招生开办无线电通讯专业3个班，129人，学制4年（不分配工作）。开设的公共基础课有数学、英语、物理、语文、体育、政治经济学、世界观人生观、法律专业基础课和专业课有电路基础、计算机基础、低频、数据库、数字电路、高频、办公软件、计算机安装与调试、无线电基础、Access数据库、电话机原理、因特网应用、数学通讯原理、移动通讯原理、程控交换、网页制作。

二、继续教育

1. 成人大专函授教育

1988—2007年,内蒙古气象学校共开办成人大专班17个,644人,除大部分为气象部门职工外,还包括民航系统、电信系统等人员(表3-12-2)。

表3-12-2　南京信息工程大学内蒙古函授站成人大专班一览表

班级	专业	授课方式	学制	入学时间	毕业人数	生源
6班	气象	函授	3年	1989年9月	32	在职职工
7班	计算机应用	脱产	2年	1994年9月	21	在职职工
8班	计算机应用	脱产	2年	1995年9月	24	在职职工
9班	计算机应用	函授	4年	1996年9月	17	在职职工
10班	计算机应用	函授	4年	1997年9月	18	在职职工
11班	计算机信息与管理	函授	3年	1998年9月	53	在职职工
12班	计算机应用	函授	4年	1999年9月	40	在职职工
13班	计算机信息与管理	函授	3年	2000年9月	54	在职职工
14班	计算机信息与管理	函授	3年	2001年9月	87	在职职工
15班	计算机信息与管理	函授	3年	2002年9月	49	在职职工
16班	计算机信息与管理	函授	3年	2002年9月	48	在职职工
17班	计算机信息与管理	函授	3年	2002年9月	54	在职职工
18班	计算机信息与管理	函授	3年	2004年9月	40	在职职工
19班	计算机信息与管理	函授	3年	2004年9月	34	在职职工
20班	大气科学(防雷)	函授	4年	2004年9月	25	在职职工
21班	计算机信息与管理	函授	3年	2005年9月	26	在职职工
22班	计算机信息与管理	函授	3年	2006年9月	22	在职职工

(1) 气象专业

1989年,通过北京气象学院统考招生,开办大专函授气象专业班一个,32人,学制3年半,全部为在职职工。开设11门课程,其中公共基础课有高等数学、普通物理、计算方法、英语;专业基础课有算法语言、概率论与数理统计、普通气象;专业课有天气学与天气分析、动力气象、气象统计预报、数值预报。教材、录音带、录像带由北京气象学院函授中心筹办下发。函授生在自学并完成作业的基础上,到函授站集中面授,参加考试。面授和考试时间统一规定,试题、判卷、评分、颁发毕业证书等由北京气象学院办理。3年半的学习期间内,共面授5次,每次两个月左右,各科录像总时数760小时,相当全日制干部专修科授课1900学时。

(2) 计算机专业

1994—1999年,招收计算机应用专业函授生,全部为南京信息工程大学成人教育学院学生。授课计划、教材由该院提供,毕业证书由南京信息工作大学发放。考生参加内蒙古自治区组织的成人统一考试,统一录取。大专函授生5个班,120人。脱产班学制2年,函授生学制4年,虽然学习方式不同,但所开设课程基本一致。课程设置19门,其中公共基础课有高等数学、英语(含专业英语)、政治理论、应用文写作、线性代数、电子技术基础、数学逻辑;专业基础课和专业课有计算机应用基础、Basic语言程序设计、Pascal语言程序设计、微机原理、数据结构、汇编语言、微机应用软件、C语言程序设计、操作系统、Foxbase数据库、计算机维护、计算机网络。2710学时。函授学生每学年面授2次,4年内共面授8次、面授总时数580学时。

1988—2006年间，开办招收计算机信息与管理专业函授班10个，467人，学制3年。课程设置16门。公共基础课有邓小平理论概论、高等数学、英语、公文写作、管理学、秘书学；专业基础和专业课有电路原理与数字电路、程序设计基础、微机原理与应用、数据库系统、计算机信息与安全、计算机图形图像处理、计算机操作系统原理、计算机信息管理系统、网页制作。3年面授6次面授，446学时。

（3）大气科学专业

2004年，开办大气科学（防雷方向）专业函授班1个，25人。授课计划、教材由南京信息工程大学提供，学制4年。毕业证由南京信息工程大学发放。课程设置25门，公共基础课有邓小平理论概论、高等数学、线性代数、英语；专业基础课和专业课有电路分析基础、电磁与电磁波、信号与线性系统、微机原理、模拟电路、数字电路、高频电路、计算机基础、建筑防雷、计算机辅助设计与工程制图、防雷设计规范与技术标准、综合布线技术、防雷工程设计与施工、雷暴监测与预警、雷电原理、建筑物内部电气象系统的雷电保护、防雷工程检测与验收、低压供电系统、通信原理、计算机网络防雷、信息系统防雷。4年面授7次，面授学时522小时，最后一个学期为毕业实习。

在各类专业的授课中，除自治区气象培训中心高级讲师任课外，还聘请南京信息工程大学、内蒙古大学、内蒙古财经学院、内蒙古工业大学的教授、副教授和有关单位的著名学者、专家任教。

2.成人专科升本科教育

2001年起，与南京信息工程大学、成都信息工程学院联合举办专科升本科函授教育。至2007年，共开办20个班，招生532人（其中大部分为气象职工，也有民航、电信等系统人员），授课计划、教材及毕业证发放，由以上两所大学负责（表3-12-3）。

表3-12-3 南京信息工程大学内蒙古函授站成人专升本班级一览表

班级	专业	授课方式	学制	入学时间	毕业人数	生源
1班	计算机科学与技术	函授	3年	2001年9月	39	在职职工
2班	大气科学	函授	3年	2001年9月	21	在职职工
3班	计算机科学与技术	函授	3年	2002年9月	52	在职职工
4班	大气科学	函授	3年	2002年9月	44	在职职工
5班	计算机科学与技术	函授	3年	2004年9月	25	在职职工
6班	大气科学（防雷）	函授	3年	2004年9月	33	在职职工
7班	大气科学	函授	3年	2004年9月	47	在职职工
8班	计算机科学与技术	函授	3年	2005年9月	27	在职职工
9班	大气科学	函授	3年	2005年9月	47	在职职工
10班	大气科学	函授	3年	2006年9月	38	在职职工
11班	大气科学	函授	3年	2006年9月	41	在职职工
12班	计算机科学与技术	函授	3年	2006年9月	46	在职职工
13班	大气科学	函授	3年	2007年9月	22	在职职工
14班	计算机科学与技术	函授	3年	2007年9月	11	在职职工

（1）大气科学专业

2001—2007年，共招收大气科学专业7个班，大气科学专业（防雷方向）1个班。271人，学制3年。其中南京信息工程大学7个班，成都信息工程学院1个班。由于专业相同，两院校合班授课。大气科学专业课程设置19门，其中公共基础课有邓小平理论概论、英语、高等数学、普通物理、概率统计、数理方程、热力学、流体力学；专业基础课和专业课有，地球科学概论、天气学原理、中国天气中尺度天气预报、动力气象、统计预报、数值预报、Fortran程序设计、中长期预报、计算机网络、天气分析。

2262学时。3年共面授5次，522学时。第六学期为毕业论文准备和答辩。

大气科学专业（防雷方向）课程设置21门，其中公共基础课有邓小平理论概论、英语、高等数学、电路分析原理、模拟电路与数字电路、高频电路、微机原理、微波技术、通信原理9门；专业基础课和专业课有雷电原理、雷暴监测与预警、低压供电系统、防雷工程设计、防雷技术规范与技术标准、综合布线技术、计算机网络防雷、建筑防雷计算机辅助设计与工程制图、信息系统防雷、防雷工程检测与验收、建筑物内部系统的雷电保护。2580学时，3年面授5次，560学时，第六学期为毕业论文准备和答辩（表3-12-4）。

表3-12-4 成都信息工程学院内蒙古函授站成人专升本班级一览表

班级	专业	授课方式	学制	入学时间	毕业人数	生源
1班	计算机科学与技术	函授	3年	2002年9月	4	在职职工
2班	计算机科学与技术	函授	3年	2006年9月	2	在职职工
3班	行政管理	函授	3年	2006年9月	6	在职职工
4班	计算机科学与技术	函授	3年	2007年9月	8	在职职工
5班	大气科学	函授	3年	2007年9月	11	在职职工
6班	行政管理	函授	3年	2007年9月	8	在职职工

（2）计算机科学与技术专业

2001—2007年，开办计算机科学与技术管理专业9个班。其中南京信息工程大学6个班，214人；成都信息工程学院3个班，214人。学制3年。由专业相同两院校同届学生合并授课。课程设置19门，其中公共基础课有邓小平理论概论、英语、高等数学、离散数学、专业英语；专业基础和专业课有模拟电路与数字电路、微处理机原理与应用、计算机系统结构、编译原理、高级语言、计算机网络、通信系统原理、信息管理系统MIS、现代控制理论、信号与系统分析、信息安全、自动控制原理、面向对源程序设计、人工智能。函授总学时2218学时，3年面授5次，518学时。第六学期为毕业论文准备与答辩。

（3）行政管理专业

2006年招收行政管理专业1个班，6人，学制3年。课程设置16门，其中公共基础课有邓小平理论概论、英语、公文写作、计算机应用基础；专业基础课和专业课有管理学、行政法与行政诉讼法、当代世界政治与经济、社会学概论、法学概论、公共行政学、当代中国政治制度、组织行为学、领导学基础、管理心理学、公共伦理学、公共政策概论。2142学时。3年面授5次，518学时。第六学期为毕业生论文准备与答辩。

3.研究生教育

2002年9月至2004年7月，在兰州大学大气科学学院气象专业研究生课程进修班学习。原计划每半年在自治区气象局培训中心面授一次，每次一个月。由于2003年出现"非典"疫情，两次合并成一次，总共面授3次。

开设的课程和授课教师为：高等天气学，丁一汇；高等大气动力学，戴新刚；自然辩证法，王鸿生；中尺度大气数值和模拟，杨福全；大气边界层物理，张文煜；科学社会主义理论和实践，江亭友；气候动力学王文；城市空气污染预报，徐大海；大气遥感，方宗义；英语，陈忠美。

第三节 师资教材及基础设施

一、师资

自治区气象培训中心2007年底编制27人，实有职工26人。其中管理岗位5人，专业技术岗位17人，工勤技能岗位4人。具有副研级高级职称6人，中级职称7人，初级职称4人。大学本科学历15

人，专科学历5人。

二、教材（表3-12-5—表3-12-10）

表3-12-5　防雷专业（专科）教材一览表

课程名称	教材名称
邓小平理论概论	《邓小平理论概论》
高等数学基础	《高等数学基础》
线性代数	《线性代数》
英语	《大学英语》（第1，2，3，4册）
电路分析基础	《电路分析基础》
电磁场与电磁波	《电磁场与电磁波》
信号与线性基础	《信号与线性基础》
微机原理	《微机原理》
模拟电路	《模拟电路基础》
数字电路	《数字电路基础》
高频电路	《高频电路基础》
计算机基础	《计算机应用基础》
建筑防雷	《建筑防雷》
计算机辅助设计与制图	《计算机辅助设计与制图》
防雷设计规范	《防雷设计规范与技术标准》
综合布线技术	《综合布线技术》
防雷工程设计与施工	《防雷工程设计与施工》
雷暴检测与预警	《雷暴检测与预警》
雷电原理	《雷电原理》
雷电防护	《建筑物内部电器系统的雷电防护》
防雷工程检测与验收	《防雷工程检测与验收》
低压供电系统	《低压供电系统》
通信原理	《通信原理》
计算机网络防雷	《计算机网络防雷》
信息系统防雷	《信息系统防雷》

表3-12-6　计算机信息管理（专科）教材一览表

课程名称	教材名称
邓小平理论概论	《邓小平理论概论》
高等数学	《高等数学》（上、下册）
英语	《大学英语》
电路原理与数字电路	《数学电子技术基础简明教程》
程序设计基础	《程序设计基础》
微机原理与应用	《微型计算机系统原理及应用》
数据库系统	《数据库原理及应用》

表3-12-6续

课程名称	教材名称
信息安全	《信息安全》
计算机图形图像处理	《机械工程绘图基础教程》
操作系统	《计算机操作系统》
计算机网络	《计算机网络》
公文写作	《公文写作》
管理学	《管理学》
管理信息系统	《管理信息系统》
秘书学	《秘书学》
网页制作	《网页制作》

表3-12-7 行政管理（本科）教材一览表

课程名称	教材名称
邓小平理论	《邓小平理论概论》
公文写作	《现代公文写作与公文处理新编》
英语	《大学英语》（2，3册）
管理学	《管理学》
行政法与行政诉讼法	《行政法与行政诉讼法》
计算应用基础	《计算应用基础》
当代世界政治与经济	《当代世界政治与经济》
社会学概论	《社会学概论》
法学概论	《法学概论》
公共行政学	《公共行政学》
当代中国政治制度	《当代中国政治制度》
组织行为学	《组织行为学》
领导学基础	《领导学基础》
管理心理学	《管理心理学》
公共伦理学	《公共伦理学》
公共政策概论	《公共政策概论》

表3-12-8 防雷专业（本科）教材一览表

课程名称	教材名称
邓小平理论概论	《邓小平理论概论》
英语	《大学英语》（第1，2，3，4册）
高等数学	《高等数学》（上、下册）
电路分析原理	《电路》
模拟电路与数字电路	《模拟电路与数字电路》

表3-12-8续

课程名称	教材名称
高频电路	《高频电路》
微机原理	《微机原理》
雷电原理	《雷电学原理》
微波技术	《微波技术》
通信原理	《通信原理》
雷暴监测与预警	《雷暴监测与预警》
低压供电系统	《低压供电系统》
防雷工程设计	《建筑防雷工程与设计》
防雷设计规范与技术标准	《防雷设计规范与技术标准》
综合布线技术	《综合布线系统》
计算机网络防雷	《计算机网络防雷》
计算机辅助设计与工程制图	《计算机辅助设计与工程制图》
信息系统防雷	《信息系统防雷》
防雷工程检测验收	《防雷工程检测审核与验收》
建筑物内部系统的雷电保护	《建筑电器技术》

表 3-12-9 计算机科学专业（本科）教材一览表

课程名称	教材名称
邓小平理论	《邓小平理论概论》
英语	《大学英语》（1.2.3.4册）
高等数学	《高等数学》（上、下册）
模拟电路与数字电路	《模拟电路与数字电路》
微处理机原理与应用	《微型计算机系统原理及应用》
计算机系统结构	《计算机系统结构》
编译原理	《编译原理》
高级语言	《C＋＋程序设计教程》
计算机网络	《计算机网络》
通信系统原理	《通信原理》
信息管理系统	《信息管理系统》
现代控制理论	《现代控制理论》
信号与系统分析	《信号与系统分析》
信息安全	《信息安全》
自动控制原理	《自动控制原理》
面向对象程序设计	《管理信息系统设计与实现》
人工智能	《人工智能原理》
离散数学	《离散数学》

表 3-12-10　大气科学专业（本科）教材一览表

课程名称	教材名称
邓小平理论概论	《邓小平理论概论》
英语	《大学英语》（第 1，2，3，4 册）
普通物理	《普通物理学》
数理方程	《数理方程》
概率统计	《概率论与数理统计教程》
热力学	《工程热力学》
流体力学	《流体力学》
地球科学概论	《地球科学概论》
天气学原理	《天气学原理和方法》
中国天气	《天气学原理》
天气分析	《天气学分析》
中尺度天气预报	《中尺度气象学》
动力气象	《动力气象学》
统计预报	《统计预报》
数值预报	《数值天气预报》
Fortran 程序设计	《Fortran95 程序设计》
中长期预报	《中长期预报》
计算机网络	《计算机网络》

三、基础设施

自治区气象培训中心现有 3 层教学（含行政）楼一座，建筑面积约 3000 平方米，包括普通教室 6 间，办公室 22 间，其中 15 间改造为学员宿舍。一个较为先进的远程教育直播室，60 个标准座位，具有音视频直播、网络直播、学术讲座、课件录制、同步课堂等功能。一个标准的多媒体计算机室，拥有 40 台供学员上机实习的高性能的计算机及外围设备，组成具有 2 兆端口的局域网。

第十三章 学会与对外交往

第一节 气象学会

一、学会概况

内蒙古自治区气象学会1958年开始筹建，1959年11月22日在呼和浩特市召开第一次会员代表大会，内蒙古自治区气象学会正式成立。"文化大革命"中学会工作中断。1979年恢复工作，同年12月21日在土默特左旗召开第二次会员代表大会，选举产生自治区气象学会第二届理事会，湖春当选为理事长。1984年6月12日第三次会员代表大会暨庆祝中国气象学会成立60周年大会在呼和浩特市召开，选举产生了自治区气象学会第三届理事会，理事长王文辉。会员人数由第一届的40人发展到209人。各盟市也相继成立了气象学会，均为内蒙古自治区气象学会的团体会员。之后，自治区气象局党组决定，成立气象学会秘书处，为县团级单位。王金华同志为首任秘书长。2007年1月17日，第七次会员代表大会在呼和浩特市召开，选举产生了第七届内蒙古自治区气象学会理事，乌兰当选为理事长。

表3-13-1　内蒙古自治区气象学会历届领导名表

届次	召开代表大会年份	理事长	秘书长
1	1959	沈三元	—
2	1979	湖春	
3	1984	王文辉	王金华
4		夏彭年	刘子英
5		赵国卫	巴图
6	2003	沈建国	巴图
7	2007	乌兰	达布希拉图

二、学术活动

1. 学术交流

2001年自治区气象学会与自治区气象科学研究所联合召开学术年会，邀请了区内外知名专家作了专题学术报告，组织全区气象系统科技人员进行了学术交流，并对参加学术交流的34篇论文进行了评奖，评出一等奖7篇、二等奖12篇、三等奖6篇。

此外，还邀请中国气象学会理事长伍荣生院士、内蒙古农业大学田德教授、内蒙古大学杨持教授进行科技交流，作专题学术报告。

2004年6月23—25日，海峡两岸沙尘暴与环境学术研讨会在呼和浩特市举行。中国科学院院士周秀骥、中国工程院李泽椿院士应邀到会，并参观考察自治区气象台、卫星遥感中心和专业气象台。李泽椿作了题为"东亚气候模拟讲座"的学术报告。世界著名气象学家Anthes教授作了"GPS在气象观测中的应用"的学术报告。

2005年8月1—3日，由中国农学会农业气象分会、中国气象学会农业气象与生态专业委员会共同主办，自治区气象检测预警系统的学术报告。

美国纽约州大学大气科学研究中心教授王维强应邀来自治区气象局、自治区气象学会承办的"旱作农牧业协调发展与减灾学术研讨会"在呼和浩特市召开。会议收到43篇论文，来自全国10个省（直辖市、自治区）的40余位专家参加了学术交流。

2005年8月24—29日，自治区气象局、气象学会参与举办的第三届国际沙尘暴与降尘天气专题学术讨论会在呼和浩特市举行。来自国内科研单位和德国、日本、美国、澳大利亚、蒙古等国家的60多位专家，参加了此次学术会议。国家气象中心数值预报室宋振鑫、赵琳娜博士分别做了"The estimate of dust sources for simulation of Northeast Asian dust events observed in April 2004"（"用于模拟2004年4月观察到的东北亚沙尘事件的沙尘源估算"），"Real time numerical modeling system of dust storm in north China and its validation"（"华北沙尘暴实时数值模拟系统及其验证"）的大会发言报告。自治区气象专家高涛以"Study on dust storm correlation between Inner Mongolia and Beijing-Tianjin Region"（"内蒙古与京津地区的沙尘暴关系研究"）为题，作了大会学术报告。

2007年9月18—23日，自治区气象科学研究所副所长盖煜等参加海峡两岸沙尘暴学术研讨会，并与台湾方面的科研人员进行了交流。

2007年，自治区气象学会在全区范围内征集100余篇科技论文，并于同年12月召开了全区气象科技论文交流大会。

2002—2007年，自治区多位知名专家参加各种学术交流活动。自治区气象科学研究所研究员高涛2002年3月参加了在韩国汉城（今首尔）举办的"第一届国际沙尘暴学术专题学术研讨会"，以"Climatology and trends of the temporal and spatial distribution of sandstorm in Inner Mongolia"（"内蒙古沙尘暴时空分布的气候学与趋势"）为题作了大会学术报告。2002年8月参加了在青海西宁市举办的"第五届中亚干旱半干旱地区气候变化国际学术会议"，以"Climatic analyses of sandstorm increasing in the springs of 2000 and 2001 in Inner Mongolia"（"内蒙古2000年和2001年春季沙尘暴的气候分析。"）为题作了大会学术报告。2003年11月参加在日本名古屋举办的"第二届国际沙尘暴学术专题学术研讨会"，以论文"An Exploration on Climatic Causes of Declining trend of dust storms over the past 4 Decades in Inner-Mongolia"（"内蒙古近四个十年来沙尘暴趋势下降的气候原因探讨"）作了大会学术报告。2004年4—7月，赴韩国气象厅执行"中韩沙尘暴联合监测双边合作项目"，并在韩国气象厅举办沙尘暴专题学术讲座2次。2004年7月接受邀请，赴德国参加"国际气象史学术报告会"，并以"The Dust Storm：Historical evolution, influence and the impact factors on surface environment of sand-dust source region in Inner Mongolia"（"沙尘暴：内蒙古沙尘源区地表环境的历史演变、影响及影响因素"）为题作了大会学术报告。2004年7月应邀赴奥地利维也纳农业大学气象研究所作了关于"东亚沙尘暴"的专题学术报告。2005年11月28日—12月12日，赴台湾参加"第三届海峡两岸沙尘暴与环境治理学术研讨会"，并以"透视内蒙古沙尘暴"为题作大会学术报告。2005年8月，参加了在乌鲁木齐市举办的"第二届西部开发与可持续发展国际学术研讨会"，以"内蒙古沙尘暴季节预测方法"为题作了大会学术报告。2005年11月，在北京参加由世界气象组织和中国气象局联合举办的"气候作为一种资源"国际学术会议，并代表内蒙古自治区气象科学研究所以"内蒙古的风能资源"为题作了展示交流。2006年11月，参加了在北京举办的地球系统科学联盟（ESSP）全球气候变化科学大会并有论文在大会poster（展板）展示。2007年6月，参加了在呼和浩特举办的"气候变化与中国关键生态系统：影响与适应"国际专家研讨会，并应邀以"内蒙古沙尘暴的气候控制"为题作了学术报告。2007年7月，参加了在乌鲁木齐市举办的"西部三省区风沙灾害与荒漠化监测评估专业系统"项目中期检查交流会并就内蒙古沙尘暴研究方面的成果作了学术报告。2007年11月参加了在北京举办的"中—韩—日气象学会第三届联合学术研讨会"，并以"内蒙古春季沙尘暴预测模型"为题作了学术报告。2007年10月应邀参加在呼和浩特市举办的"全区沙尘暴应急体系建设培训会议"，并以"内蒙古沙尘暴及气候影响和预测预报"为题作了专题学术报告。自治区气象科学研究所研究员侯琼2005年1月在呼和浩特参加"中俄双边学术交流"，会上介绍了"气候因子对典型草原植被和土壤水分的影响"；2005年9月参加"全国旱区农牧业协调发展与减灾学术研讨会"，就"内蒙古雨养农业区土壤水分监预测方法的改进"一文进行了交流。2006年9月参加在昆明市举办的全国农业气象学术研讨会。2007年11月参加在广州市举办的中国气象学会年会，并在专业组作了"不同水分因子对内蒙古典型草原牧草产量的影响"的学术报告。

2.优秀科技论文评选

2001年,自治区气象学会进行了优秀论文评选活动,共收到学术论文34篇。经过评审小组认真评审,评出优秀论文25篇,其中一等奖7篇,二等奖12篇,三等奖6篇(表3-13-2)。

表3-13-2 2001年获得优秀科技一、二等奖的论文及作者

序号	论文题目	等级	单位	作者姓名
1	盟市台局域网络监控系统	1	通辽市气象台	赵立清
2	中尺度层状云系数值预报模式的业务化应用实验	1	内蒙古自治区气象科学研究所	达布 苏立娟 薄玉华
3	清水河地区雨水资源化与区域经济发展研究	1	内蒙古气象科学研究所	侯琼
4	北半球积雪的气候学特征及与大尺度环流和东亚冬季风的关系	1	内蒙古自治区气象台	吴学宏
5	充分利用气象条件,合理从事放牧绵羊牧事活动	1	内蒙古自治区气象科学研究所	盖煜 王英舜 邓小东
6	沙尘暴天气的归类判别分析预报模式	1	内蒙古自治区气象科学研究所	高涛 刘景涛 康玲
7	内蒙古自治区实时短期气候预测系统	1	巴彦淖尔盟(今巴彦淖尔市)气象台	李金田
8	内蒙古雪灾研究	2	内蒙古自治区气象科学研究所	乌兰巴特尔
9	清水河地区引种良种的气候条件分析	2	内蒙古自治区气象科学研究所	侯琼 刘寿东 邓小东
10	呼和浩特市空气污染潜势预报研究	2	内蒙古自治区气象科学研究所	梁秀婷 宋进华 高春香 鲍春林 杨彩云
11	用500百帕环流相似作兴安盟夏季降水量预报	2	兴安盟气象台	金秀良
12	HLAFS数值预报产品在内蒙古中西部地区冰雹预报中的使用方法	2	内蒙古自治区气象科学研究所	李一平 孙永刚 达布 李喜仓 薄玉华
13	气候条件对马铃薯产量的影响	2	内蒙古自治区气象科学研究所	宋学峰
14	赤峰地区客观的自动化冰雹预报方法	2	赤峰市气象局	张少文
15	内蒙古中部飞机人工增雨作业情况的统计分析	2	内蒙古自治区气象科学研究所	巴特尔
16	内蒙古畜牧气象灾害与草地畜牧业	2	内蒙古自治区气象科学研究所	盖煜 宋学峰 巴彦
17	MICAPS本地化开发与应用	2	内蒙古自治区气象科学研究所	李一平
18	内蒙古东北部岛状冻土现状与气候特征研究	2	内蒙古自治区气象科学研究所	高春香 苏立娟 宫春宁
19	河套灌区农业生产中的几种主要灾害及其减灾对策	2	巴彦淖尔盟(今巴彦淖尔市)农业气象科学研究所	杨松

2007年,自治区气象学会在全区范围内征集科技论文400多篇。经专家审阅,精选出143篇科技论文编辑出版了面向基层的科技论文集。

第二节 科普宣传

一、世界气象日

世界气象日(又称国际气象日)为每年的3月23日,是世界气象组织为纪念该组织的成立和《国际气象组织公约》生效日(1950年3月23日)而设立的。每年的世界气象日都由世界气象组织确立一

个主题，各成员国在这一天围绕主题举行庆祝活动，广泛宣传气象工作的重要作用。

每年的世界气象日，自治区气象学会均组织各盟市气象学会及相关单位，根据世界气象日的主题，组织气象科技人员走向街头，开展宣传活动。自治区气象学会在首府呼和浩特市，通过广播车、在人员聚集区设立展板、发放宣传材料（表3-13-3）。同时，开放气象台、遥感中心、地面高空观测站、声像制作中心，供社会公众免费参观。每年的世界气象日，都有大批市民特别是中小学生前来参观，了解气象知识。

表3-13-3　1988年—2007年世界气象日主题

年份	活动主题	年份	活动主题
1988	气象与宣传媒介	1998	天气、海洋与人类活动
1989	气象为航空服务	1999	天气、气候与健康
1990	气象和水文部门为减少自然灾害服务	2000	气象服务五十年
1991	地球大气	2001	天气、气候和水的志愿者
1992	天气和气候为稳定发展服务	2002	降低对天气和气候极端事件的脆弱性
1993	气象与技术转让	2003	关注我们未来的气候
1994	观测天气与气候	2004	信息时代的天气、气候和水
1995	公众与天气服务	2005	天气、气候、水和可持续发展
1996	气象与体育服务	2006	预防和减轻自然灾害
1997	天气与城市水问题	2007	极地气象认识全球影响

二、科技活动周

每年5月，自治区党委宣传部、科学技术厅、科学技术协会联合举办全区科普周宣传活动。自治区气象学会是参与单位，每年按照科技周的主题组织宣传活动。

2007年5月9日，内蒙古科技活动周暨第十二届科普活动宣传周在自治区首府呼和浩特市启动，自治区气象局和气象学会通过呼和浩特科协，邀请呼和浩特市二十八中和杨家巷小学农民工子女500余人，参观自治区气象台、影视制作中心。自治区气象台的专家向学生介绍了天气预报的原理、过程和所用的先进设备。影视制作中心的天气预报主持人向学生讲解天气预报节目的制作全过程，并让学生们模仿天气预报节目主持人播报天气，组织学生观看了《走进天气预报》《台风、梅雨、沙尘暴》等科普影视节目。

三、科普基地建设

自治区气象学会根据科普工作的需要，在鄂尔多斯市和通辽市建立了气象科普教育基地。鄂尔多斯气象科普站自2002年5月建成开馆以来，每年接待社会各界领导、气象爱好者600余人次，展馆一楼设有气象发展史、现代气象仪器、气象科普知识互动游戏和演示、综合操测系统、气象预警及防灾减灾、人工影响天气和全球气候变暖等展位，成为综合性气象科普基地。

第三节　气象期刊

1954年7月，内蒙古自治区气象局编印的内部刊物《气象通讯》创刊。后几经易名和停刊，1976年重新恢复出版，定名为《内蒙古气象》，由自治区气象局和气象学会联合主办，不定期出版。1977年正式出版双月刊。1988年经内蒙古自治区党委宣传部批准，成为公开发行的综合性气象科技季刊。2007年经国家新闻出版署批准更名为综合性气象科技双月刊。《内蒙古气象》设编审委员会，由各方面专家20人组成。编审委员会下设编辑部，有专职编辑3人。截至2007年底，《内蒙古气象》共出版182期，约1598万字。

1997年，《内蒙古气象》获内蒙古自治区第二届全区科技期刊评比三等奖。从1999年开始，《内蒙古气象》先后被《中国期刊网》《中国学术期刊》（光盘版）"中国学术期刊评价数据库""中国人文社会科学引文数据库"《万方数据—数字化期刊群》《中文科技期刊数据库》（科技部西南信息中心）入编入网。2003年，荣获首届中国学术期刊《CAJ-CD规范》执行优秀期刊奖。据中国知网2007发行与传播统计报告，《内蒙古气象》机构用户总计1862个，分布8个国家和地区。个人读者分布在14个国家和地区，其中中国大陆地区高校用户527个、高职院校用户197个、公共图书用户85个，党政机关用户63个，企业用户77个，医疗卫生用户659个，科研院所用户186个，军队用户43个，中国港澳公共图书用户2个，政府用户1个。国际北美地区用户5个，西欧地区用户2个，日本用户1个、东南亚地区用户1个。国际用户主要是国会图书馆、国防部、生物学院和IT公司。

随着网络技术的发展，《内蒙古气象》近年先后被《中国学术期刊网络出版总库》《中国农业知识仓库》《中国建筑知识仓库》等学术期刊总库所收藏。

第四篇 气象事业管理

第十四章 体　　制

第一节　气象管理体制

1980年5月，国务院批准全国气象部门实行部门与地方政府双重领导，以气象部门领导为主的管理体制，一直延续至2007年。

第二节　气象业务服务领域拓展

1995年以来，各级气象部门贯彻主动、及时、准确、科学、高效10字方针，为农牧业服务领域不断拓宽，由以粮食作物为主的种植业，逐步拓展到包括农、林、牧、水果、蔬菜等在内的大农业，以及生态环境建设与保护工作。服务对象由为政府决策服务，转变为以决策服务为主，兼顾广大农牧民和集约化经济发展的农牧业服务体系；服务内容除进一步发展常规农牧业气象预报情报信息服务产品外，农牧业气候区划成果、遥感信息产品的应用也得到加强；服务手段由文字材料发展到利用报纸、广播、电视等媒体以及微机终端、网络、电子显示屏、手机短信平台等现代化手段传播服务信息。

2002年，自治区气象局召开会议，专题研究气象服务工作，提出"四个转变"，即由被动服务向主动服务、单项服务向综合服务、粗放服务向精细服务、传统服务向社会需求的转变。2004年，自治区人民政府印发《内蒙古自治区气象局关于进一步做好"三农"气象服务工作的意见》，指出把"三农"服务列为气象服务工作的重中之重。2005年11月，自治区农牧业厅和自治区气象局联合制定《关于加强合作共同做好为"三农"服务的方案》。2006年，自治区气象局印发《关于气象为建设社会主义新农村新牧区服务实施意见》，建设新农村新牧区气象服务产品目录、建设社会主义新农村新牧区公共气象服务系统。通过部门合作，气象服务领域已涵盖工业、农牧业、能源、水利、交通、建筑、环境、生态、健康、旅游、航空、航天、城市环境等多个国民经济行业和部门，先后与自治区13个委、厅、局签订合作协议，联合开展气象衍生、次生灾害的监测、预警气象服务业务。气象服务领域链条不断延伸，由改革开放初期的为农牧业生产、国防气象服务延伸到国民经济和社会文化生活的方方面面。

1993年11月，开展"神舟"系列飞船航天气象保障服务业务。

2000年以后，公众气象服务内容由20世纪80年代以前的晴雨预报，逐步拓展到灾害性天气预警信号、天气监测及实况、气象指数、环境预报、气象与健康、气象灾情信息、节假日及重要活动预报、生态与农牧业气象等服务内容。开展人体舒适度指数、体感温度预报、空气污染气象条件预报、医疗气象预报、环境气象服务业务；同年5月1日向社会公众发布紫外线指数预报。

2001年6月1日，与自治区环保局联合发文，向社会发布重点城市空气质量预报；7月16日组建自治区决策气象服务中心，成立天气预报和决策气象服务专家小组，建立决策气象服务系统和气象服务业务流程，增加"气象参考"决策气象服务新产品。

2002年，编制《拓展气象业务服务工作领域的意见》。乌海市气象局与民航部门成立机场气象台，开展航空气象服务业务，之后鄂尔多斯、二连浩特、满洲里、阿尔山市气象局相继开展航空气象服务业务。天气预报节目中以字幕形式播出重点盟市森林草原火险等级预报，开展森林草原防火预报、旅游景点气象服务业务；围绕自治区"特色、特种、两高"农牧业，开展气候区划研究工作。

2003年，自治区国土资源厅、自治区气象局签署开展地质灾害气象预报预警工作协议，并制定《内蒙古自治区气象局决策气象服务周年服务方案》；向社会公众发布高速公路能见度和路况预报，开展交通预报服务业务；为党政决策部门开展沙尘暴趋势预测服务业务；开展黄河、辽河、海河、松花江流域面雨量水文气象服务业务。自治区发改委等8个委、厅、局联合下发文件，赋予自治区气象局生态监测、分析、评估职能。开展京津风沙源治理生态建设工程的监测和评估；与中国科学院植物研究所联合共建多平台草原生态环境气象定位研究站，开展生态监测、分析、评估生态气象服务业务；12月，自治区人民政府印发《内蒙古自治区气象局关于支持"三农三牧"气象服务工作的意见》，气象部门加强产前、产中、产后，特别是人工增雨、农牧业产量预报等服务业务，到2004年与30多个省区气象部门、区内14个盟市和36个旗县农经网站链接，形成向涉农单位及乡镇延伸的农经网络服务体系。

2004年，开展沙地动态监测、凌汛监测、黄河流域雨情实时监测、水体动态监测、冰雹、霜冻灾害监测遥感监测服务和城市暴雨内涝预报服务业务。8月建立10类气象灾情（暴雨洪涝、地质灾害、大风冰雹龙卷风、雷击、干旱、雪灾、低温冻害、病虫害、沙尘暴、其他）旬、月报告制度。各级气象部门主汛期（6月1日—8月31日）统计制作气象灾情旬报表和月报表，其余时间统计制作气象灾情月报表，并向上级气象部门报告。12月开始寒潮、暴雪、道路结冰、大风、沙尘暴五类气象灾害预警信号服务业务。

2005年5月，气象灾害预警信号扩展为暴雨、暴雪、寒潮、大风、沙尘暴、高温、干旱、雷电、冰雹、霜冻、大雾、霾、道路结冰十三类。开展气象灾情直报业务，各级气象部门使用直报业务系统，按照统一规定向中国气象局上报当地发生的气象灾情。同时建立气象灾情快报业务，以《气象灾情快报》在第一时间将第一手气象灾害信息收集上报到上级气象部门和当地党政部门。与自治区民政厅联合发文，开展气象灾害信息共享合作，建立气象灾害信息共享机制。与自治区安全生产监督管理局联合发文开展易燃易爆等爆炸危险环境防雷安全检查服务工作。

2006年2月，联合自治区移动通信有限责任公司利用手机短信合作开展气象灾害预警信息服务；6月在电视天气预报节目中正式播报"生态与农牧业气象"服务信息，强化为农村牧区的专题服务。和自治区教育厅联合下发《贯彻落实中国气象局 教育部关于加强学校防雷安全工作的通知》。与自治区防汛抗旱指挥部办公室联合发文，利用手机气象短信开展防汛服务工作。开展蝗虫、松毛虫和马铃薯晚疫病内蒙古农牧业主要病虫害预报服务业务。

2007年，与自治区公安消防总队联合发文，开展防雷、防静电监督管理预防火灾事故发生服务工作。气象服务业务基本形成天气预报、气候预测、人工影响天气、干旱监测与预报、雷电防御、生态、农牧业气象、气候影响评价、环境气象、交通预报、森林草原防扑火监测与预报、大气成分监测与预报等服务体系。

第三节　气象业务技术体制改革

2005年，中国气象局党组为贯彻落实科学发展观和《国务院关于加快气象事业发展的若干意见》，适应国家政治和经济体制等各项改革的需要，针对全国气象部门在业务管理和技术方面存在的站网布局不符合气候系统观测的要求，预报预测体制不适应公共气象、安全气象和资源气象的发展，气象科技创新能力和科研成果转化能力不强，人才结构和资源配置不合理，管理体制分散，数据和资源不能共享等问题，决定在全国气象部门开展气象业务技术体制改革（以下简称体改）。

一、业务技术体制改革进程

2005年8月下旬，中国气象局确定内蒙古自治区气象局（以下简称区局）为试点单位。自治区气象局自上而下成立体改领导小组，并设立体改办公室，先后召开各类会议50余次，学习中国气象局改革总体方案、各轨道功能体系方案以及局领导一系列讲话，召开两次全区气象局长研讨会，专题研究体改工作，参加人数达216人次。组成宣讲团赴14个盟市、36个台站宣讲，受众近600人次。对各盟市局和旗县局体改工作进行督促、检查和指导。选派56人参加中国气象局体改宣讲报告会，分别与中国气象局轨道负责人进行交流、座谈、学习。组织大学习、大讨论，广泛征求意见与建议，参与人数达1620人次。同时在媒体上宣传，为体改创造舆论环境。

2005年9月，抽调102人共同编制完成具有内蒙古特色的天气轨道业务、气候轨道业务、气候变化轨道业务、大气成分轨道业务、生态与农业气象轨道业务（试点重点轨道）、人工影响天气轨道业务（试点重点轨道）、雷电轨道业务、综合观测体系、预报预测体系、公共气象服务体系、信息与技术保障体系、科技创新体系、教育培训体系的设计方案。2006年4月《内蒙古自治区气象局业务技术体制改革实施方案》被中国气象局正式批复。为增强体改工作的前瞻性、规范性和可操作性，2006年11月再次组织87名管理、技术、业务骨干，重新审修已编制完成的多轨道业务和功能体系方案，经过20天努力，最终于2006年底完成自治区业务技术体制改革的顶层设计。

二、完成的主要工作

1.整合资源，理顺关系，调整机构

根据自治区实际，确定强化区本级、优化盟（市）级、精干旗（县）级的机构调整思路。在机构调整过程中，整合资源，调整业务结构；在人力资源调整过程中，采取整体剥离划转的方式，根据岗位职责，竞争上岗；在固定资产的划拨中，制定了事业单位财产调整方案。

（1）重新调整自治区、盟市气象局机关内设机构业务管理职能，局监测网络处主要负责多轨道综合观测体系、信息与技术保障体系的管理；科技减灾处主要负责多轨道预报预测体系、公共气象服务体系、人工影响天气与气象灾害的管理工作。

（2）从旗县编制中调出19个，充实自治区、盟市级业务科技管理岗位。在核定编制时，从事业务科技管理的人员编制占机关内设机构人员编制总数的比例：自治区气象局机关达到32%，盟市气象局达到35%。

（3）业务机构的调整。组建内蒙古自治区气象信息中心，整合分散在各单位的通信网络保障、报文收发、电话总机业务，大气探测资料审核、探测资料的信息化处理业务、农经网业务。重组内蒙古自治区气候中心（内蒙古自治区农业气象与生态监测评估中心、内蒙古自治区气象环境影响评价中心），承担自治区级气候业务、气候变化业务、农业气象与生态业务。将短期气候预测业务、气象资源（风能、太阳能）评估业务、大气环境影响评价业务、农业气象情报预报业务调整至气候中心。重组内蒙古自治区大气探测技术保障中心（内蒙古自治区雷电预警防护中心），承担全区技术保障业务、牵头自治区级雷电业务。增加对两个技术保障分中心的业务管理和技术指导工作职能，将呼和浩特观象台的管理及观测任务调整至该中心。

在通辽市、巴彦淖尔市成立东、西部技术保障分中心。负责大型设备的现场维修保障、自动站等地面自动观测设备的现场校准订正和气象装备的计量检定。独立设置在旗（县）级行政区域的国家气候观象台与所在行政区域的旗（县）级气象局实行局、台（站）合一。设置在旗县以下的国家气候观象台实行台（站）合一。区局直属单位调整后主要负责同志平均年龄下降4.3岁，处级干部的平均年龄下降1.9岁，本科以上学历提高7%、高级专业技术职务提高18%。

2.七条轨道业务建设完成情况

（1）天气业务轨道

优化完善区台和盟市局短时、临近预报业务流程，组织开发全区临近、短时预报业务系统和精细化客观要素预报系统。形成临近、短时、短期、中期预报业务服务和人工增雨作业条件预报指导产品。针对自治区交通和防汛气象服务的需求，增加了交通预报、水库面雨量预报等产品，完善黄河凌汛、森林草原火险等级等专业预报产品。

（2）气候业务轨道

开展短期气候预测数值产品的解释应用工作，完善了短期气候预测业务系统；滚动制作发布干旱监测分析服务产品。

（3）气候变化业务轨道

开展内蒙古近50年气候变化及其影响的研究。与中国农业科学研究院和内蒙古农业大学合作，开展未来气候变化预测及影响、适应、减缓对策研究。

（4）农业气象与生态业务轨道

与中国测绘科学研究院合作，在通辽市开展航空遥感监测试验研究工作，累计飞行面积近1000平方千米，涵盖农田、森林、城市、沙地等不同的生态类型，夯实地基、空基、天基三基监测三级评估的新业务技术体系。与北京区域气象中心合作开发华北区域生态质量气象评价系统。启动全区生态气象数据库开发工作，涵盖草原、农田、森林、湿地、荒漠等数据。启动以旗县为单位的陆地卫星资料三维基础影像库的建设工作。从2006年6月21日在电视天气预报节目中正式播报生态与农牧业气象服务信息，强化为农村牧区的专题服务。

(5) 人工影响天气业务轨道

改革全区人工影响天气作业管理机制，调整运行方式。人工影响天气（飞机、地面火箭、高炮防雹）作业实行属地化管理和组织实施，扩大面向农村牧区的人工影响天气作业规模和范围。加强人工影响天气监测系统建设，一部机载微波辐射计和两部地基微波辐射计投入业务试运行。完成云物理实验室建设项目的前期准备，筹建人工影响天气决策指挥系统，实现与新一代天气雷达的资源共享。开发制作包括数值模式产品、MODIS卫星遥感反演的专项预报指导产品，建立人工影响天气专项预报指导产品网页，在大兴安岭森林扑火、鄂尔多斯草原文化节人工消雨的实际应用中取得明显效果。向呼伦贝尔等6个盟市推广了地空通信系统。

(6) 大气成分业务轨道

利用全区大气成分监测网资料，开发空气污染潜势预报、空气污染统计预报、空气质量数值预报和空气污染神经网络预报四个空气质量预报系统，预报产品每天在内蒙古交通广播电台、内蒙古电视台、内蒙古日报和呼和浩特晚报发布。

(7) 雷电业务轨道

建立区级、盟市级、旗县级三级雷电预报业务技术体系。明确自治区雷电预警防护中心、气象台、气象信息中心、大气探测技术保障中心的职责和任务；明确盟市雷电预警防护中心、气象台和旗县气象局的职责和任务。

3. 六个功能体系建设开展情况

(1) 综合观测体系

全区建设国家气候观象台24个、国家气象观测站97个，其中一级站87个，二级站10个。截至2006年年底全部完成业务切换。在国家重点工程地区、国家战略任务地区、边境地区、人口密集地区、经济发达地区、突发天气多发地区、国家重点生态建设地区，已建223个区域天气观测站。取消人工并行观测。下发《国家气候观象台建设指导意见》《锡林浩特国家气候观象台试点建设方案》。编制国家气象观测站试点建设方案、区域气象自动观测站网建设实施方案、大气成分监测网布局方案、雷电监测网布局方案、气候站业务升级实施方案、雅布赖气候站业务升级试点方案。全区建立275个区域气象观测站，完成了海拉尔、额济纳旗、乌拉特中旗3个国家气候观象台站的选址和实地勘察、24个国家气候观象台的环境调查、朱日和激光雷达安装调试和数据传输业务。完成中国气象局布点建设的4个大气成分监测站、5个酸雨监测站建设任务，并投入业务试运行。

(2) 预测预报体系

开展新一代天气雷达联防业务，规定了全区天气雷达预警责任区域，实现天气雷达组网拼图，与加格达奇、齐齐哈尔、大同等新一代天气雷达跨省区联防，在2006年汛期发挥作用。重点推进暴风雪、凌汛、森林草原火险、干旱、生态（森林、草原、荒漠）、大气成分（沙尘含量）、人工影响天气等具有明显地方特色的预报预测业务，服务效果显著。强化自治区对下指导天气预报产品。新增每天2次、7天时效的暴雨、高温、寒潮、雾、强对流天气（突发强降水、雷雨大风、雷电）、大风、沙尘暴、雪灾、霜冻、地质灾害等灾害落区预报和降水等值线预报指导产品。统一将生态与农业气象服务发布产品定制为《内蒙古生态与农业气象信息》格式，将服务产品统一规定为生态气象、农业气象、遥感监测、专题服务和综合信息5大类。

(3) 公共气象服务体系

与移动公司、联通公司联合发布手机短信气象灾害预警服务信息；与自治区教育厅、民政厅合作，联合开展气象灾害预警信息发布和灾情收集工作，拓宽发布渠道、扩大气象灾害预警服务的覆盖面。建立"内蒙古高速公路能见度及路况等级预报"系统，通过网络、内蒙古交通广播电台、内蒙古电视台新闻综合频道，发布内蒙古高速公路能见度预报和交通公路路况预报。开展森林火险电视天气预报，黄河流域雨情实时监测预报,健康气象预报,城市环境指数预报,城市暴雨内涝预报等专业气象服务。制定下发《关于发布重大气象信息、重大气象灾情专报服务产品规定的通知》。先后向自治区党委政府和有关部门报送《重大气象信息专报》《气象灾情快报》《气象信息专报》等决策服务产品共计92期。针对突发性重大气象灾害事件开展现场气象服务调查与评估,同时对每次重大天气过程,从网上抽调有关预报服务材料,组织评估和通报。成立应急气象服务工作机构。制定《重大气象灾害预警应急预案》,在2006年"5·25"免渡河森林火灾扑救气象服务中,多轨道业务协调一致、优势互补,使防火扑救气象服务更具集约化和科学性,凸显了新业务技术体制的优势。

(4) 信息与技术保障体系

研制开发自治区全网全程监控系统,监控气象信息六大类,实现常规资料报文的修改处理、文本方式浏览、信息异常情况查询和语音提示、修改错报、质量统计对台站网络链路实时监控等功能。研制开发科学数据集数据共享系统并实现网上共享。加强与有关外部门和科研院所的合作,共同开发数据共享系统,提高部门间的数据共享能力。完成全区网络系统改造,保障了气象信息的正常传输。编制自治区大气探测技术保障中心和两个技术保障分中心(通辽市、巴彦淖尔市)的实施方案,基本形成责权利统一、具有自治区特点的二级管理三级维护的技术保障体系。编制自动站技术保障管理办法,并组织实施。

(5) 科技创新体系

设立开放式研究平台即数值预报应用技术研究试验平台、人工影响天气研究平台和生态与农业气象研究平台。明确了各自的研究方向、任务及职责。完成自治区人工影响天气重点实验室申报工作。拟定草原气象学开放式研究基金管理办法。编制《内蒙古自治区气象局"十一五"科技发展规划》,制定《内蒙古自治区气象局科技创新项目管理办法》作为激励措施。

(6) 教育培训体系

建立自治区、盟市和旗县三级教育培训体系。明确了各自的任务与分工。组建专兼职教师队伍专家库。根据业务体制改革需求特别是地面业务切换,开展岗位技能培训,同时加大转岗培训、技能比赛等形式多样的岗位培训。

三、业务技术体制改革成果

自治区人民政府印发了《关于加快内蒙古自治区气象事业发展的实施意见》和《内蒙古自治区气象灾害防御条例》。《内蒙古自治区气象事业发展"十一五"规划》得到自治区政府批准立项,在"十一五"期间(2006—2010年)投资6亿元,用于自治区重大气象灾害应急体系、人工影响天气等建设。明确气象助理员机制建设,巴彦淖尔、通辽、乌兰察布等盟市在乡镇、苏木建立专兼职的气象助理员队伍,为气象信息向农村牧区辐射发挥了重要作用。

第十五章 气象机构

第一节 机构设置

一、机构调整情况

自1988年始，全国气象部门先后开展事业单位机构改革、结构调整和机关工作人员依照国家公务员制度管理等重大改革，在1988—2007年期间，自治区气象局相继对局机关、直属事业单位以及盟（市）旗（县）的气象机构、职能进行调整。

二、机构调整过程

1988年初，自治区气象局内设管理机构有办公室、人事处、计划财务处、系统工程处、纪律检查组、思想政治工作办公室、机关党委、综合经营办公室（非常设机构）。直属单位有大气探测中心、气候资料中心（气象档案馆）、天气预报中心（气象台）、物资中心、专业气象中心（气象科研所）、气象通信中心、气象学校、机关事务管理处、气象学会秘书处。同年3月通过落实定职能、定机构、定编制，对直属单位进行局部调整：大气探测中心与气候资料中心合并，组建大气探测资料中心。组建气象服务中心（保留气象咨询服务部名称，一个机构，两块牌子），负责全区气象部门公益服务、有偿服务的协调管理；负责呼和浩特市地区短期天气预报和短时天气预报以及天气预报方面的有偿服务。此时盟市气象机构有呼伦贝尔盟、兴安盟、哲里木盟、锡林郭勒盟、乌兰察布盟、伊克昭盟、巴彦淖尔盟、阿拉善盟8个气象处，赤峰市、包头市2个气象局，呼和浩特市气象管理科、乌海市气象台。

1989年1月，恢复乌海市气象台处级建制，更名为乌海市气象局。该局既是当地政府的工作部门，又是气象系统的事业单位。

1989年12月，监察审计处成立；劳动服务公司定为准处级单位。

1990年，系统工程处更名为业务科技发展处，天气预报中心和专业气象中心恢复为气象台和气象科研所，物资中心更名为技术装备处。

1991年1月，对局机关和直属单位的机构设置和职能再次调整：撤销业务科技发展处，恢复业务处和科技教育处，并将全区地面、高空探测、公益服务、专业有偿服务、专业气象、预报、通信、气候资料、试验站的测报管理等管理划归业务处。原业务科技发展处的科研技术、现代化管理和人事处的教育管理、试验站的业务科研管理划归科技教育处；气象学会秘书处挂靠科技教育处。成立离退休干部办公室（副处级），挂靠人事处。明确技术装备处是局职能单位，主要负责全区气象技术装备宏观调控与管理。撤销大气探测资料中心，恢复气候资料室。至此，直属单位有气象台、气象通信台、气象科学研究所、气象灾害监测服务中心、气候资料室、气象学校、机关事务管理处。

1992年6月，国家气象局批准在呼和浩特市气象管理科的基础上恢复呼和浩特市气象管理局，只设管理机构，不另设业务实体，与自治区气象灾害监测服务中心合署办公，实行一套机构两块牌子。该局（正处级）既是自治区气象局下属单位，又是市政府工作部门，实行自治区气象局与呼和浩特市人民政府双重领导、以自治区气象局为主的管理体制。

1993年4月，国家气象局更名为中国气象局，由国务院直属机构变更为国务院直属事业单位；继续履行原职能，全国气象部门仍实行气象部门与地方政府双重领导，以气象部门领导为主的管理体制。中国气象局机构改革完成后，全国各地气象部门机构改革陆续展开。

1996年7月，中国气象局批准《内蒙古自治区气象部门机构编制方案》。自治区气象部门人员总编制3525名。其中自治区气象局机关85名、直属单位522名、盟（市）局1250名、旗县（市）局站

1624 名，为一、二、三类艰苦台站增轮换编制 44 名。领导职数为自治区气象局局长 1 名，副局长 4 名；党组纪检组领导干部配备按有关规定执行；局机关内设机构处级领导职数 25 名（含工会主席 1 名）。同年 11 月《关于〈内蒙古自治区气象部门机构编制方案〉实施的原则意见》下发，提出逐步建立符合自身发展的运行机制。针对一些具体问题，做出规定：如《中国气象报》驻内蒙古记者站挂靠局办公室，由办公室一名领导兼任站长，并配备一名记者。直属事业单位领导职数不超 3 名，科级机构不超过 6 个，科级职数除气象台可配 13 名外，其余不超 12 名，个别单位可适当核减。盟（市）气象局正处（县）级领导职数不超 3 名，纪检组根据有关规定办理。内设科室不超过 6 个，科级职数不超 13 名。

1996 年 7 月，自治区机构编制委员会同意将自治区气象局防雷中心更名为内蒙古自治区防雷中心，列自治区事业机构序列。自治区防雷中心由自治区气象局管理，为相当处级规格。核定事业编制 30 名。其中专业技术人员 20 名，行政工勤人员 10 名。处级领导职数 3 名，科级领导职数 4 名。人员和经费由自治区气象局调剂解决（属自收自支）。此文件提升了自治区防雷中心的机构规格，但经费自收自支在执行中存在一些问题，之后自治区机构编制委员会于 2003 年 9 月发文变更为"人员和经费由自治区气象局调剂解决"。

1997 年 4 月，机构改革基本结束。改革后自治区气象局内设机构 9 个：办公室、业务发展处、科技教育处、计划财务处、人事劳动处、科技产业与装备处、直属机关党委（与思想政治工作办公室合署办公）、监察审计处（与党组纪检组合署办公）、离退休干部处。自治区气象局直属正县（处）级事业单位 8 个：气象台、气象科学研究所（人工降雨防雹办公室）、气候资料中心（气象档案馆）、气象学校、技术装备中心、农牧业气象中心、气象通信台、后勤服务中心（行政管理处）。自治区设 14 个盟（市）气象局，其中：呼伦贝尔等 12 个盟（市）气象局的机构规格为县（处）级；满洲里市、二连浩特市气象局为市属局级。自治区设旗、县（市）气象局、站 123 个，机构规格为正科级。在这次机构改革中，中国气象局和各省、市、自治区气象局机关推行国家公务员制度，自治区气象局 79 名工作人员纳入依照国家公务员管理序列。鉴于防雷减灾属于地方气象事业的一部分，主要为当地社会和经济发展服务。

1999 年 2 月，直属单位进行调整，调整后的机构为气象台、通信台、气候中心、技术装备中心、科学研究所、学校、后勤服务中心、农牧业气象中心（气象科技开发中心）、国有资产委托运营公司（防雷中心）。

2001 年 11 月，自治区机构编制委员会批准成立内蒙古人工影响天气指挥部办公室（简称人影办）和气象卫星遥感中心。人影办为处级规格，设在自治区气象局机关。核定编制 6 名、处级领导职数 2 名（1 正 1 副）。气象卫星遥感中心为自治区气象局所属相当于处级事业单位。核定人员编制 28 名、处级领导职数 3 名（1 正 2 副）。以上两单位的经费均从自治区气象局经费中列支，人员编制内部调剂解决。

2001 年 12 月，中国气象局印发内蒙古自治区国家气象系统机构改革方案，对机构、职责、领导职数及编制重新予以明确并细化了主要职责。自治区气象局机关内设机构有办公室、监测网络处、科技减灾处、计划财务处、人事教育处、政策法规处、监察审计处（与党组纪检组合署办公）7 个职能处室和机关党委办公室（精神文明建设办公室），原离退休干部处更名为离退休干部办公室，保留机关性质，仍为正处级。自治区气象局直属处级事业单位 8 个：气象台、探测资料中心（气象科技档案馆）、科技开发中心、技术装备中心、培训中心、科学研究所、国有资产运营管理中心（财务结算中心）、后勤管理中心。此次机构调整撤消气象通信台，将气象通信台承担的业务划归气象台。自治区 14 个盟（市）气象局机构规格未变。自治区设 109 个旗、（县、市）气象局（站），机构规格为正科级。自治区国家气象系统人员编制核定为 3199 名，其中自治区气象局机关 83 名，盟（市）气象局机关 253 名，全区气象业务系统 2863 名。自治区气象局领导职数未变；机关内设机构处级领导职数增至 28 名。与 1996 年相比，此轮机构改革自治区气象局机关职能处室减为 7 个；机关公务员编制减少 2 名；为各盟（市）气象局划拨 253 个公务员编制，事业单位编制不再区分直属单位、盟市、旗县层次，统一核定。新一代天气雷达网建设开始后，2002 年 12 月为赤峰雷达站增编 5 名，自治区国家气象系统人员编制 3204 名，其中业务系统 2868 名。

2004年初，自治区人民政府国有资产监督管理委员会为加快国有企业分离社会职能步伐，商请将霍煤集团气象站整体移交给自治区气象部门。自治区气象局认为霍林郭勒市没有气象机构，该站建站较早，一直承担当地的气象业务服务，接收该站符合台站布局需要，6月，中国气象局同意，将其更名为霍林郭勒市气象局（站），隶属通辽市气象局，按一般站管理和开展业务；实行局站合一，规格为正科级。12月，正式划归自治区国家气象系统，5名职工与该站的基础设施、仪器设备同时移交。

2006年4月，为适应业务技术体制改革，中国气象局对国家气象系统机构、职能和编制做出调整。在自治区国家气象系统机构编制调整方案中，在职能调整方面的变动主要是加强气象综合观测业务运行的监控和质量控制、多轨道预报预测业务和气象灾害防御应急服务、重大气象灾害评估；扩大气象信息的公众覆盖面，建立畅通的气象信息服务渠道；加快气象信息共享平台建设，加强科技创新和教育培训等工作。在自治区气象局机关和直属事业单位的机构调整方面，除将气象学会挂靠调整至气象科研所外，自治区气象局机构规格、内设机构均未变动；直属单位除培训中心外，其余均调整重组。分别是气象台（气象环境影响评价中心）、气候中心（生态与农业气象中心、气象卫星遥感中心）、气象科技服务中心（专业气象台、气象影视中心）、大气探测技术保障中心（雷电预警防护中心）、气象培训中心、气象科学研究所（人工影响天气中心）、气象信息中心（气象档案馆、内蒙古农牧业经济信息中心）、气象局机关服务中心（气象局国有资产管理中心、气象局财务结算中心）。自治区12个盟（市）气象局机构设置及规格未变，满洲里市、二连浩特市气象局的机构规格与所在市属工作部门相同。只在通辽市、巴彦淖尔市气象局组建自治区级大气探测技术保障分中心，实行市气象局与自治区大气探测技术保障中心双重领导、以市气象局为主的管理体制。该调整方案中，旗（县、市）气象局（台、站）增至121个，其中图里河、满洲里等24个为国家气候观象台，由所在盟（市）气象局统一管理。除图里河、满都拉、巴彦诺尔公、博克图、索伦、朱日河六个国家气候观象台独立设置外，其余在旗（县）级行政区域的国家气候观象台与所在行政区域的旗（县）级气象局实行局、站、台合一。调整方案提出国家气候观象台台长可享受副处级干部待遇，在实施过程中，仅锡林浩特和呼和浩特观象台台长享受此待遇。地方气象机构经相关部门批准成立、由自治区气象局管理的3个：人工影响天气指挥部办公室在局科技减灾处加挂该机构牌子；气象卫星遥感中心在气候中心加挂该机构牌子；防雷中心更名为雷电预警防护中心，在大气探测技术保障中心加挂该机构牌子。此次调整自治区国家气象系统编制数、局处级领导职数、非领导职务设置、党组纪检组干部配备等，与2001年机构改革相比未有变动（表4-15-1）。

第二节　人事管理

人事管理工作经过以精简机构、转变职能、强化宏观管理为内容的改革后，职责发生一些变化，如2000年离退休人员管理分离到老干部办公室，2001年教育培训划归人事部门，其间陆续下放一些审批权限，但主要职责仍是负责局党组管理干部的考核、任免及后备干部队伍建设，自治区气象系统机构、编制、劳动工资、社会保障及录用调配，专业技术人员和公务员管理，干部档案、奖惩管理，人才培养规划、计划拟定及实施，职工教育培训管理等。

一、人员编制

随着机构改革与干部人事制度改革的深化，自治区气象部门人员编制数从1988年的3832人降至2006年的3204人。在既要减编又要满足人才急需的矛盾中，自治区气象局采取总量控制、多出少进、低出高进、先出后进等减量增质措施，引导人才合理流动。同时强化调控，一是纠正擅自增人和超编现象，将进人重点用于接收和安置大学毕业生、军转干部等政策性优先就业人员。20世纪90年代后，实行编制与工资基金管理相结合，通过控制工资总额扭转超计划增人现象，新进人员均具有较高学历层次，职工队伍整体素质明显提高。二是严格审批制度，杜绝擅自增设机构、超规格高配和超职数任用干部的现象（表4-15-2）。

表 4-15-1　1988—2006 年机构调整编制变动情况统计表　　　单位：人

单位名称	调整变动时间（年）					备注
	1988	1996	1999	2001	2006	
局机关	92	85	85	83	83	
自治区气象台					48	
气候中心					28	
科研所					45	
大气探测技术保障中心					47	
科技服务中心					63	
培训中心	567	595	595	500	27	
卫星遥感中心					34	
防雷中心					32	
信息中心					58	
机关服务中心					51	
国有资产管理中心					33	
呼伦贝尔市气象局	371	340	340	311	311	
满洲里市气象局	19	23	23	21	21	
兴安盟气象局	203	187	187	164	164	
通辽市气象局	281	248	248	244	246	
赤峰市气象局	334	292	292	264	264	
锡林郭勒盟气象局	401	350	350	300	300	
二连浩特市气象局	37	36	36	34	34	
呼和浩特市气象局	74	158	158	128	128	
乌兰察布市气象局	435	266	266	249	249	
包头市气象局	156	162	162	162	162	
鄂尔多斯市气象局	251	244	244	214	214	
巴彦淖尔市气象局	320	260	260	263	265	
乌海市气象局	49	44	44	51	51	
阿拉善盟气象局	242	235	235	216	216	
合计	3832	3525	3525	3204	3204	

表 4-15-2　1988—2007年职工统计表　　　　　　　　　　　　　　　　单位：人

年份	职工总数	其中干部情况					学历						聘任专业技术职务			
		干部总数	女	少数民族	中共党员	研究生	大学	大专	中专	高中	初中及以下	正研级	副研级	中级	初级
1988	3915	2794	1041	515	903		522		1233	244	795		18	459	1612
1989	3878	2769	1048	515	909		414		1217	222	719		20	495	1721
1990	3871	3092	1200	596	953		666		1327	325	760		24	584	2027
1991	3668	3110	1213	608	953		210	485	1272	426	717		35	638	2285
1992	3731	3209	1255	626	966		225	525	1367	348	738		44	719	2310
1993	3661	3178	1249	645	947		225	546	1330	359	715		52	816	2095
1994	3750	3547	1398	753	980		235	576	1367	549	820		58	852	2282
1995	3720	3491	1392	750	966	11	240	585	1332	555	767	1	44	882	2140
1996	3662	3436	1380	729	987	12	248	600	1304	540	730	2	62	1000	1997
1997	3619	3403	1377	709	1007	12	270	617	1315	517	672	2	71	1046	2004
1998	3 228	3051	1282	651	862	9	259	625	1151	492	515		71	917	1857
1999	3183	3008	1259	641	877	10	263	642	1160	477	456	3	86	918	1812
2000	3105	2952	1242	621	906	9	258	655	1151	459	420	2	86	900	1867
2001	3042	2904	1217	617	935	11	260	674	1113	459	387	2	101	1002	1723
2002	2993	2868	1210	619	948	11	262	760	1062	429	354	3	105	1029	1662
2003	2955	2773	1169	590	996	18	248	832	992	684		2	115	1027	1378
2004	2930	2826	1185	632	1014	26	323	961	875	641		3	104	932	1388
2005	2950	2848	1176	649	1036	29	542	1131	657	518		3	107	1015	1272
2006	3027	2924	1209	701	1086	54	727	1209	502	432		5	132	983	1361
2007	3047	2953	1197	705	1098	66	814	957	439	388		5	131	976	1388

二、岗位职数设置

1999年2月，开展直属单位事业结构战略性调整，目标是精干高效基本业务，加强科技服务和科技产业，改善职工生活条件，实现由"小三块"向"大三块"（第一块是以国家气象事业和地方气象事业相结合的基本气象业务，第二块是以专业专项气象服务和技术开发为主的科技服务，第三块是以高科技产业为重点的多种经营。）转变。对自治区气象台、通信台、气候中心、装备中心、科研所、学校、后勤服务中心、农牧业气象中心和国有资产委托运营公司的岗位设置做出限定。适当调整盟市及以下基本气象系统岗位。盟市领导设一正二副，其他领导占业务、行政岗位定员数。盟市气象局的业务岗位包括信息网络系统、通信网络操作、天气预报、气候农气、资料审核信息化、技术保障、基本业务管理、行政后勤管理和其他岗位（即人控办和测雨雷达）九大类。旗县的业务岗位包括领导岗位、气象预报服务和行政后勤三类。并为一、二类艰苦站轮休增加定员数。

2006年3月，专业技术职务岗位结构比例管理方案规定2010年前高级专业技术职务结构比例控制在11％以内，其中正研级在1％以内，副研级在10％以内，中级在47％以内，初级在42％以内。截至2007年年底，各项指标在自治区范围内得到执行。

第三节　处级以上领导干部

一、自治区气象局领导干部（表4-15-3）

1988年1月—1989年4月
局　　长：王文辉（1983年5月—1989年4月）
副局长：湖　春（蒙古族，1979年2月—1989年4月）
　　　　康守仁（蒙古族，1979年2月—1989年4月）
　　　　吴鸿宾（1983年5月—1989年4月）

1989年4月—1993年3月
局　　长：湖　春（蒙古族，1989年4月—1993年3月）
副局长：康守仁（蒙古族，1989年4月—1990年10月）
　　　　吴鸿宾（1989年4月—1993年3月）
　　　　夏彭年（1989年4月—1993年3月）
　　　　陈光明（1990年10月—1993年3月）

1993年3月—1994年6月
局　　长：空缺
副局长：吴鸿宾（1993年3月—1994年6月）（主持工作）
　　　　夏彭年（1993年3月—1994年6月）
　　　　陈光明（1993年3月—1994年6月）

1994年6月—1997年10月
局　　长：夏彭年（1994年6月—1997年10月）
副局长：陈光明（1994年6月—1997年10月）
　　　　孔燕燕（蒙古族，1994年6月—1997年10月）
　　　　湖　涛（蒙古族，1996年3月—1997年10月）
　　　　李红宇（蒙古族，1996年3月—1997年10月）

1997年10月—2002年3月
局　　长：赵国卫（1997年10月—2002年3月）
副局长：李红宇（蒙古族，1997年10月—2002年3月）
　　　　陈光明（1997年10月—1998年5月）
　　　　孔燕燕（蒙古族，1997年10月—2002年3月）
　　　　沈建国（1999年7月—2002年3月）
　　　　李彰俊（2001年6月—2002年3月）
纪检组长：何卫卫（蒙古族，2001年6月—2002年3月）
巡视员：陈光明（1998年5月—1999年7月）

2002年3月—2007年12月
局　　长：乌　兰（蒙古族，2002年3月—）
副局长：李红宇（蒙古族，2002年3月—）
　　　　沈建国（2002年3月—）

　　　　李彰俊（2002年3月—）
　　　　王怀刚（2002年4月—2003年1月）（挂职）
　　　　庄肃明（2003年2月—2004年1月）（挂职）
纪检组长：何卫卫（蒙古族，2002年3月—）
副局长：裴　浩（2005年1月—）

二、自治区气象局机关处室及直属单位领导干部

1.局机关处室

办公室

主　任：陈维忠（1975年11月—1994年1月）
　　　　温宝元（1997年3月—2001年12月）
　　　　杨志捷（2001年12月—）
副主任：温宝元（1994年1月—1997年3月）（主持工作）

监测网络处

处　长：侯国成（2001年12月—2005年11月）
副处长：张建国（满族，2005年11月—）（主持工作）

科技减灾处（系统工程处、业务处、业务发展处）

处　长：汪厚基（1983年9月—1989年12月）（1988年3月后兼任）
　　　　刘天乙（1989年12月—1991年1月）
　　　　萧耀北（1991年1月—1994年1月）
　　　　刘晓林（1994年1月—2001年12月）
　　　　潘进军（2001年12月—2007年5月）

科技教育处（业务科技发展处）

处　长：刘天乙（1991年1月—1994年1月）
　　　　王玉彬（1994年1月—1996年5月）（兼任）
　　　　沈建国（1998年9月—1999年8月）（兼任）
　　　　潘进军（2001年7月—2001年12月）
副处长：李喜仓（1997年3月—1998年9月））（主持工作）
　　　　潘进军（1999年8月—2001年7月）（主持工作）

计划财务处

处　长：司圃春（1985年9月—1992年10月）
　　　　付敬正（1993年6月—2001年12月）
　　　　刘子英（2001年12月—）

人事教育处（人事处、人事劳动处）

处　长：陈光明（1983年9月—1990年10月）
　　　　韩立儒（1991年3月—1994年3月）
　　　　刘子英（1994年3月—2001年12月）
　　　　温宝元（2001年12月—）

政策法规处

处　长：邢金熠（蒙古族，2001年12月—）

监察审计处

处　长：扎拉申（蒙古族，1989年12月—1994年4月）
　　　　武秀林（蒙古族，1994年4月—1995年10月）（兼任）
　　　　徐建新（1997年3月—2001年12月）
　　　　付敬正（2001年12月—2005年10月）

副处长：徐建新（1995年10月—1997年3月）（主持工作）
　　　　卢　华（2005年10月—）

科技产业与装备处（综合服务处）

处　长：尚永年（1994年1月—2001年12月）

副处长：尚永年（1992年8月—1994年1月）（主持工作）

机关党委办公室（直属机关党委）

书　记：周文溪（1988年3月—1993年3月）
　　　　武秀林（蒙古族，1994年1月—1997年3月）（其中1995年8兼任思想政治工作办公室主任）
　　　　乌日图（蒙古族，1997年3月—1998年7月）
　　　　赵国卫（1998年7月—2002年3月）

主　任：尚永年（2001年12月—）（兼精神文明建设办公室主任）

工会主席：周文溪（1991年4月—1993年3月）（兼任）
　　　　　虞家禄（1994年1月—1995年8月）
　　　　　吴嘉华（1995年8月—1997年3月）（兼任）
　　　　　吴嘉华（1997年3月—）

离退休干部办公室（离退休干部处）

主　任：夏季荣（1991年1月—1997年3月）

处　长：夏季荣（2001年7月—2005年1月）
　　　　薛起刚（2007年12月—）

副处长：夏季荣（1997年3月—2001年7月）（主持工作）

人工影响天气指挥部办公室

主　任：刘晓林（2001年12月—）

2.直属单位

气象台（天气预报中心）

台　长：唐　毅（1985年9月—1988年3月）
　　　　谢金南（1988年3月—1990年12月）
　　　　刘景涛（1991年1月—1997年3月）
　　　　李彰俊（1997年3月—2002年6月）
　　　　吴学宏（2002年6月—）

气候中心（大气探测资料中心、气候资料室）

主　任：萧耀北（1985年4月—1991年1月）
　　　　刘晓峰（蒙古族，1991年1月—1993年6月）
　　　　扎拉申（蒙古族，1994年1月—1997年3月）
　　　　沈建国（1997年3月—1998年9月）
　　　　刘兴汉（1998年9月—2005年12月）
　　　　李喜仓（2005年12月—）

副主任：温宝元（1993年6月—1994年1月）（主持工作）

气象科学研究所（专业气象中心）

所　长：夏彭年（1984年3月—1989年4月）
　　　　汪厚基（1989年12月—1991年1月）
　　　　张　林（1991年1月—1994年1月）
　　　　邓文政（1994年1月—1997年3月）
　　　　金恒泰（满族，1997年3月—1998年9月）
　　　　李喜仓（1998年9月—2005年12月）

达布希拉图（蒙古族，2005年12月—）

大气探测技术保障中心（物资中心、技术装备处、技术装备中心）

主　任：侯振威（满族，1985年10月—1992年11月）

　　　　乌日图（蒙古族，1994年1月—1997年3月）

　　　　韩国军（1998年9月—）

副主任：刘兴汉（1992年11月—1994年1月）（主持工作）

　　　　韩国军（1997年3月—1998年9月）（主持工作）

气象培训中心（气象学校）

主　任：吴风金（蒙古族，1991年2月—1993年6月）

　　　　武秀林（蒙古族，1997年3月—2005年12月）

　　　　刘兴汉（2005年12月—）

副主任：齐鸿德（1985年5月—1988年3月）（主持工作）

　　　　李敏志（1988年3月—1991年2月）（主持工作）

　　　　李　军（1993年6月—1997年3月）（主持工作）

气象信息中心（通信中心、通信台）

主　任：邓文政（1988年3月—1991年2月）

　　　　王玉彬（1992年8月—1994年1月）

　　　　郭西峡（1994年1月—1999年3月）

　　　　王汉生（2001年7月—2002年8月）

　　　　常　骏（2005年12月—）

副主任：邓文政（1985年3月—1988年3月）（主持工作）

　　　　尚永年（1991年2月—1992年8月）（主持工作）

　　　　王汉生（1999年3月—2001年7月）（主持工作）

农牧业气象中心

主　任：王长根（1997年3月—1999年3月）

　　　　郭西峡（1999年3月—2002年8月）

副主任：王长根（1994年1月—1997年3月）（主持工作）

气象科技服务中心（气象服务中心、灾害监测服务中心、科技开发中心）

主　任：郭西峡（1999年3月—2002年8月）（兼任）

　　　　郭西峡（2002年8月—）

副主任：湖　涛（蒙古族，1988年3月—1994年1月）（主持工作）

机关服务中心（国有资产委托运营公司、产业运营中心）

主　任：韩国军（1999年3月—2002年6月）（兼任）

　　　　朱清山（2002年6月—）

雷电预警防护中心（防雷中心）

主　任：尚永年（1996年8月—1997年4月）

　　　　邢金熠（蒙古族，1997年4月—1999年3月）

　　　　韩国军（1999年3月—2002年8月）（兼任）

　　　　王汉生（2002年8月—）

行政管理中心（机关事务管理处、行政处、后勤服务中心）

主　任：特布信（蒙古族，1991年1月—1997年3月）

　　　　张彦兵（2002年6月—2005年12月）

副主任：特布信（蒙古族，1988年1月—1991年1月）（主持工作）

　　　　特格西（蒙古族，1997年3月—2002年6月）（主持工作）

气象卫星遥感中心

主 任：裴 浩（2002年6月—2005年12月）

　　　乌兰巴特尔（蒙古族，2005年12月—）

国有资产管理中心（财务结算中心）

主 任：任秀珍（2002年10月—）

三、盟市气象局

呼伦贝尔市气象局（呼伦贝尔盟气象局）

局 长：毛其勋（1986年3月—1988年3月）

　　　包明哲（蒙古族，1988年3月—1997年3月）

　　　王希平（2000年7月—）

副局长：王希平（1997年3月—2000年7月）（主持工作）

满洲里市气象局

局 长：布仁巴雅尔（蒙古族，1989年3月—1989年12月）

　　　哈日巴日（达斡尔族，1989年12月—1993年10月）

　　　梁 红（1993年10月—2004年5月）

　　　李成才（2004年5月—）

兴安盟气象局

局 长：马春景（1987年9月—1989年2月）

　　　纪传珊（1991年3月—2000年4月）

　　　王 民（2001年7月—）

副局长：纪传珊（1989年2月—1991年3月）（主持工作）

　　　王 民（2000年4月—2001年7月）（主持工作）

通辽市气象局（哲里木盟气象局）

局 长：付万国（蒙古族，1987年9月—1989年12月）

　　　王 海（1991年3月—1994年10月）

　　　潘永琳（1994年10月—1997年3月）

　　　费文革（蒙古族，2000年4月—2003年8月）

　　　特格希（蒙古族，2005年9月—）

副局长：王 海（1989年12月—1991年3月）（主持工作）

　　　王朝民（1997年3月—2000年4月）（主持工作）

　　　特格希（蒙古族，2003年8月—2005年9月）（主持工作）

赤峰市气象局

局 长：王林木（1987年9月—1988年3月）

　　　马春景（1989年2月—1992年8月）

　　　李红宇（蒙古族，1992年8月—1997年4月）

　　　刘子英（1997年4月—2000年4月）（兼任）

　　　刘正奇（2000年4月—）

副局长：吉日嘎拉（蒙古族，1988年3月—1989年2月）（主持工作）

锡林郭勒盟气象局

局 长：郭西峡（1988年3月—1994年1月）

　　　王 海（1995年7月—2000年4月）

　　　吉仁太（蒙古族，2000年4月—）

副局长：郭西峡（1985年9月—1988年3月）（主持工作）

　　　刘致文（1994年3月—1995年7月）（主持工作）

二连浩特市气象局

局　　长：郝万昌（1989年3月—1990年6月）

　　　　　扎木苏（蒙古族，1990年6月—1993年10月）

　　　　　张海峰（1993年10月—1995年8月）

　　　　　徐瑞林（1995年8月—1997年3月）

　　　　　孙怀民（蒙古族，1997年3月—1997年5月）

　　　　　李中建（2000年4月—）

乌兰察布市气象局（乌兰察布盟气象局）

局　　长：夏德明（1984年3月—1994年1月）

　　　　　皇甫景龙（1994年1月—1997年3月）

　　　　　邓子奇（1997年3月—）

呼和浩特市气象局

局　　长：湖　涛（蒙古族，1992年9月—1994年1月）（兼任）

　　　　　呼和朝鲁（蒙古族，1994年1月—2002年7月）

　　　　　李文科（2002年8月—）

包头市气象局

局　　长：李　丛（蒙古族，1989年2月—1993年10月）

　　　　　程文宏（1993年10月—1996年3月）

　　　　　相希武（1997年3月—2004年2月）

　　　　　杨耀芳（2004年2月—）

副局长：李　丛（蒙古族，1980年3月—1989年2月）（主持工作）

　　　　　相希武（1996年3月—1997年3月）（主持工作）

鄂尔多斯市气象局（伊克昭盟气象局）

局　　长：魏乔松（1989年2月—1991年2月）

　　　　　兴　安（蒙古族，1992年8月—1997年3月）

　　　　　王　前（2000年4月—）

副局长：魏乔松（1987年9月—1989年2月）（主持工作）

　　　　　兴　安（蒙古族，1991年2月—1992年8月）（主持工作）

　　　　　刘正奇（1997年3月—2000年4月）（主持工作）

巴彦淖尔市气象局（巴彦淖尔盟气象局）

局　　长：刘晓峰（蒙古族，1988年3月—1991年1月）

　　　　　韩风书（蒙古族，1991年3月—1994年3月）

　　　　　张丽英（1994年3月—2004年5月）

　　　　　张喜林（2004年5月—）

副局长：李兴洲（1987年9月—1988年3月）（主持工作）

乌海市气象局

局　　长：韩风书（蒙古族，1990年3月—1991年3月）

　　　　　李树茂（1994年1月—2004年5月）

　　　　　张永生（2004年5月—）

副局长：方　钊（1989年2月—1990年3月）（主持工作）

　　　　　李树茂（1991年3月—1994年1月）（主持工作）

阿拉善盟气象局

局　　长：潘永琳（1988年3月—1993年6月）

　　　　　吉仁太（蒙古族，1993年6月—2000年4月）

姜　峰（2001年11月—2004年5月）

杨经培（2004年5月—）

副局长：潘永琳（1984年1月—1988年3月）（主持工作）

姜　峰（2000年4月—2001年11月）（主持工作）

表 4-15-3　1988—2007 年厅局级干部基本情况一览表　　　单位：人

年份	人数	女	少数民族	平均年龄（岁）	中共党员	民主党派	学历						职称			
							研究生	大学	大专	中专	高中	初中	正研级	副研级	中级	初级
1988	4		2	55	4			1	2		1			2	2	
1989	4		2	56	4			1	2		1			2	2	
1990	4		1	55	4			1	3					3	1	
1991	4		1	56	4			1	3					3	1	
1992	4		1	57	4			1	3					3	1	
1993	3		1	56	3			1	2					3		
1994	4	1	1	53	4			1	3					4		
1995	3	1	1	51	3			1	2					3		
1996	5	2	2	48	5			2	3					4	1	
1997	3	2	2	48	3			1	2					4	1	
1998	4	2	2	48	4			2	2					4		
1999	4	2	2	45	5		2	2						4		
2000	4	2	2	46	4		2	2						4		
2001	6	2	3	46	6		3	3						6		
2002	5	1	3	46	5		2	3					1	4		
2003	5	1	3	47	5		2	3					1	4		
2004	5	1	3	48	5		2	3					1	4		
2005	6	1	3	48	6		3	3					2	4		
2006	6	1	3	49	6		3	3					2	4		
2007	6	1	3	50	6		3	3					2	4		

第四节　公务员与科技干部管理

1988—2007 年期间，国家加快政治体制改革，陆续出台一些重大举措，自治区气象部门结合实际贯彻执行，各项改革政策得以顺利实施。

一、录用与调配

20 世纪 90 年代初，围绕减员增效，增强市场竞争和技术创新能力，通过建立"三大块"的组织形式和运行机制，推进人才、技术、资金和设备等资源合理配置。事业单位开展优化组合，竞争上岗。针对部分职工的思想认识及实施环节中的问题，自治区气象局制定一些具体措施，实行"先开渠、后放水"，如 1999 年 5—7 月，先后出台并试行实施结构调整、强化人员管理的暂行办法，对双向选择、竞争上岗原则及拟分流人员提前退休、离岗退养、辞职、辞退等提供指导意见。2000年7月,落实中国气象局关于待岗人员管理暂行办法,经努力大部分待岗人员的上岗及工资待遇得以解决。2002年2月,根据人事厅等单位的文件精神,制定气象事业单位未聘人员分流实施办法,妥善解决相关问题,保持工作秩序稳定。

2002年8月,内蒙古自治区气象事业单位聘用合同制实施细则出台,之后符合聘用条件的职工均与所在单位签订三年合同。

从2002年开始,派员参加上级和地方高校的人才招聘会。2005年规范招聘制度,并下放权限,鼓励各单位在当地自主选择学生。自治区气候中心、气象台和兴安盟、赤峰市、锡林郭勒盟等气象局分别参加中国气象局、南京信息工程大学和内蒙古大学等高校招聘会,从众多应聘者中挑选毕业生,之后大部分充实基层(表4-15-4)。

表4-15-4 1988—2007年接收毕业生情况表   单位:人

年份	博士研究生	硕士研究生	大学本科	大学专科	中专
1988		2	13		3
1989			37		7
1990		1	19		2
1991		1	19		10
1992		1	21		2
1993		1	2		4
1994		1	4		4
1995			10	4	7
1996		1	7	5	13
1997			11	1	46
1998			2	2	6
1999			2		60
2000			2		14
2001			4		
2002		2	4		
2003		2	21	40	
2004		4	26	6	
2005		6	79	3	
2006		11	102		
2007	1	16	67		
合计	1	49	452	61	178

2003年10月,《内蒙古自治区气象部门职工调配管理暂行办法》下发,强调职工调配以本部门、本地区为主,严控外部门调入,对调入区局机关、盟市局以上业务科研单位和旗县局站的学历及年龄分别做出要求。

二、公务员管理

1997年初,国家人事部批准中国气象局和各省、市、自治区气象局机关推行国家公务员制度;中国气象局将国家公务员过渡事宜委托各地省级人事主管部门。同年5月自治区人事厅批复自治区气象局依照国家公务员制度管理实施方案，1998年3月，批复自治区气象局职位分类实施方案，之后局机关80余名工作人员参加集中培训，79人通过自治区公务员管理部门统一组织的过渡考试，次年4月经双向选择，74名公务员上岗（表4-15-5）。

表4-15-5　1998年自治区气象局首次过渡公务员情况一览表　　　　　　　　　单位：人

总人数	性别		少数民族		政治面貌			文化程度			行政职务						技术资格		
											领导职务			非领导职务					
	男	女	合计	其中蒙古族	中共党员	共青团员	民主党派	硕士研究生	本科	大专	中专以下	司级	处级	科级	司级	处级	科级	高级	中级	初级
79	54	25	17	14	51	1	1		19	45	15		3	24		1	8	36	5	46	14

2002年11月，国家人事部同意副省级市及地（市）级气象管理机构依照国家公务员制度管理，自治区14个盟（市）级气象管理机构的工作人员列入其中。同年11月6日，自治区人事厅确认王希平等236人考试合格，过渡为国家公务员（表4-15-6）。

表4-15-6　2002年盟市气象局首次过渡公务员情况一览表　　　　　　　　　单位：人

	人数	性别		少数民族		党派			学历			行政职务				技术职务资格		
												领导职务		非领导职务				
		男	女	合计	其中蒙古族	中共党员	共青团员	民主党派	研究生	本科	大专	中专及以下	处级	科级	处级	科级	高级	中级	初级
呼伦贝尔市	21	9	12	4	4	15				3	17	1	3	10		5	1	13	7
满洲里市	5	2	3			3					2	3	1	2		2		3	1
兴安盟	20	10	10	3	3	13				3	12	5	4	6	2	3	2	12	6
通辽市	20	14	6	12	10	13				4	6	10	4	6	1	3	1	12	7
赤峰市	21	15	6	6	5	15				3	12	6	4	7	2	4	1	18	2
锡林郭勒盟	23	16	7	7	7	16	2			7	9	7	4	7	1	4	1	15	8
乌兰察布市	20	14	6	1	1	17					11	9	5	6	2	4		15	5
呼和浩特市	15	8	7	3	2	10	2		1	6	8		1	7		3		10	5
包头市	19	12	7	5	4	12				3	5	11	3	5	1	2		9	10
巴彦淖尔市	20	11	9	3	3	18				4	11	5	4	8	2	4	1	14	5
鄂尔多斯市	18	13	5	3	3	18				3	14	1	3	8	4	4	1	13	4
乌海市	8	6	2	1	1	8				2	6		3	4		1	1	7	
阿拉善盟	20	15	5	0	0	16				3	8	9	3	9		4	1	14	5
二连浩特市	6	5	1	2	1	3				1	5		3	1	1	3		3	3
合计	236	150	86	50	44	177	4			36	120	80	42	89	15	45	10	156	68

从 2002 年开始，自治区气象局根据职能处室岗位空缺情况，面向社会公开招考公务员，同年 2 名应届本科毕业生经法定程序录用到人事教育处和计划财务处。之后每年都录用公务员。到 2007 年底录用 21 人，其中盟市气象局 8 人。

《中华人民共和国公务员法》施行后，全国开展国家公务员重新登记工作。自治区气象部门的审批权限变更为中国气象局负责，2007 年 2 月，经中国气象局审核并报人事部备案，自治区气象局乌兰等 300 人予以登记。

三、专业技术职务评聘

自治区气象部门的专业技术职务评审工作 20 年来发展较快，1987 年自治区气象部门具有高级技术职务任职资格仅 31 人，占职工队伍总数的 1.2％，到 2007 年底达 200 人，比例占 6％以上；中级技术职务人数比例则由 17.7％增至 40％以上。

1. 气象工程中、高级专业技术任职资格评审

从 1988 年开始，事业单位技术职务资格评审、聘任、考核和岗位设置列入常规性工作。1996 年人事部和中国气象局联合下发气象工程中、高级技术资格评审条件（试行），各级评审组织严格评审条件，保证天气气候、大气探测、大气物理化学、应用气象、气象电子五个专业的中级和副研级专业技术资格评审及聘用工作有序进行。副研级任职资格的评审方式在 1997 年以前是申报人通过自治区气象局中级评审委员会答辩并推荐，再提交华北大区各专业技术评委会评审；1997 年中国气象局将天气气候专业的评审权限下放给省级气象局，同年 6 月自治区气象局天气气候专业副研级评委会成立，陈光明任主任委员，组成人员 11 名；主要职责除评审天气气候专业副研级技术职务任职资格外，还向中国气象局推荐本专业参加正研级专业技术职务任职资格评审的人选。中国气象局同期组建大气物理化学、大气探测、应用气象、气象电子等四个专业评审委员会，其评委会办公室则挂靠在吉林省气象科学研究所、安徽省和湖北省气象局人事处，自治区气象部门申报以上四个专业的副研级职务任职资格的，则由中国气象局指定评审组织负责。2001 年，中国气象局将天气气候、大气探测、大气物理化学、应用气象、气象电子等 5 个专业下放到各省评审，同时下发气象电子专业评审条件，同年 8 月第二届高级技术职务任职资格评委会成立，赵国卫任主任委员，组成人员 19 名。从 2003 年开始改变副研级专业技术资格评审答辩方式，由申报人员直接向副高级技术资格评委会答辩。2004 年，建立评委人选库，每次中级技术资格评审，抽签选定参评委员名单，并对委员试行滚动式管理。年底第三届高级技术职务任职资格评委会成立，乌兰任主任委员，组成人员 19 名。

进入 20 世纪 90 年代后，对一些业绩突出人员实行破格推荐晋升高一级专业技术职务任职资格，如 2006 年获得全区地面高空气象测报业务技术比赛个人全能前 3 名的选手，有 6 人获得副研级高级工程师资格。2007 年，获得自治区气象部门天气预报技能竞赛全能前 8 名的选手，具有工程师职称的可破格申报高级工程师。从 1998 年开始，对基层一线的技术骨干、科研成果主要贡献者和旗县局（站）长，业绩突出者不受学历限制，破格申报中级专业技术资格（表 4-15-7）。

正研级高级工程师（教授）名单（截至 2007 年）

王文辉、汪厚基、张培忠、张林、王长根、刘景涛、温世耕、李敏志、宫德基、乌兰（教授）、裴浩、高涛、侯琼、乌兰巴特尔、沈建国、尤莉、白美兰

表 4-15-7　1988—2007 年内蒙古自治区气象部门职称情况表

年度	正研级	副研级	中级	年度	正研级	副研级	中级
1988	1	33	572	1998	2	75	958
1989		29	566	1999	3	86	916
1990		32	666	2000	2	86	900

表4-15-7续

年度	正研级	副研级	中级	年度	正研级	副研级	中级
1991		34	634	2001	2	111	992
1992	1	42	720	2002	3	106	1030
1993	1	56	858	2003	3	136	1184
1994	4	53	846	2004	4	134	1140
1995	2	50	935	2005	5	166	1193
1996	4	65	1044	2006	8	158	1195
1997	5	76	1107	2007	8	192	1231

2.非气象专业技术资格评审

对气象系统内从事非气象类业务的人员职称申报与评定，委托地方人事管理部门设立的教师、图书、财会、经济、统计等专业技术职务资格评审委员会代评，一批从事教学、财会、档案管理等工作的人员通过中、高级专业技术资格认定，并被所在单位聘用。

3.技师资格评审

从1989年10月开始，会同地方主管部门，组织从事驾驶、电工、热力司炉、焊工、钳工、绿化等工作的人员参加各个类别或层次的技能培训和考核，成绩合格者由地方主管部门评审，截至2007年年底，自治区气象部门技师27人，高级技师43人。

4.聘后管理

2002年，自治区气象部门实施事业单位专业技术岗位聘用办法（试行），加强专业技术岗位聘后管理，建立科学的考核办法，考核结果作为续聘、高聘、低聘、解聘、奖惩、晋升的依据。各单位采取相应考核方法，如2005年局直属单位正研级和关键岗位人员做年度述职报告，取得较好效果（表4-15-1）。

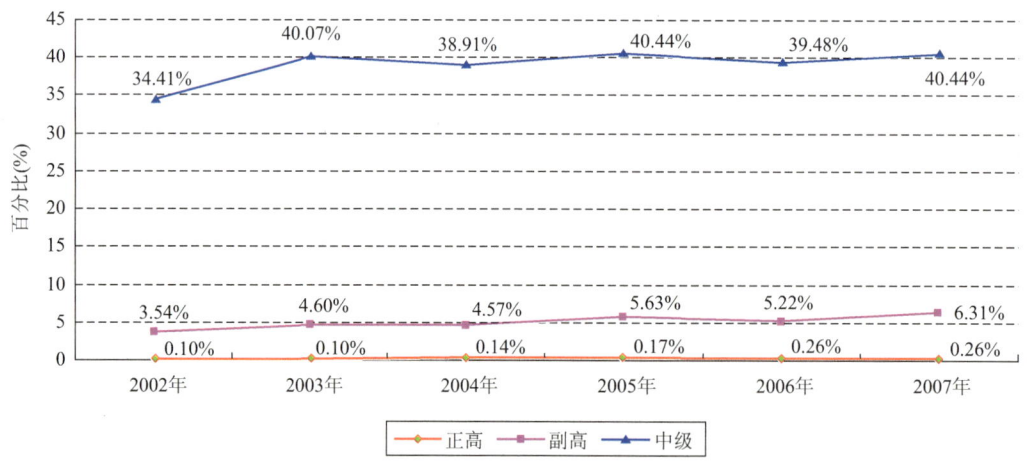

图4-15-1　2002—2007年职称结构演变图

第五节　实施人才强局战略

2002年初，中国气象局启动人才强局战略，7月《内蒙古自治区气象局实施人才战略的意见》下发，12月内蒙古自治区气象局人才战略领导小组成立，乌兰任组长，各职能处室主要负责人为成员；领导小组下设办公室，挂靠人事教育处。2004年11月18日自治区气象局召开建局后首次人才工作会议。2006年10月《"十一五"人才战略实施规划》和《"十一五"人才引进培养规划表》同时制订完成。

一、引进复合型人才

自2002年开始，毕业生接收录用工作适应拓展服务领域和科技兴气象需要，形成自治区、盟市、旗县三级的合理配置，依照直属单位以硕士生为主、盟市及以下单位以本科生为主的标准，引进生态、环境工程、草业科学、计算机科学与技术、电子通信等专业的急需人才，形成以大气科学为主体，电子、通信、生态环境、农林草业、管理、财经等多种专业齐备、有机融合的人才队伍。

二、探索专业人才培养方式

依托社会资源在师资教学、学术研究和信息资源等方面的优势，开展合作，实现互利双赢。2002年6月，与兰州大学资源环境学院联合举办研究生课程进修班、兰州大学在局培训中心建立教学科研基地，10月21日科研教学基地揭牌仪式及研修班开学典礼举行。2005年10月，与内蒙古财经学院合作的内蒙古气象经济研究所挂牌。2007年8月，与南京信息工程大学合作协议在呼和浩特签署，内容涉及科研项目与人才培养等多方面。2005年，自治区气象局乌兰（教授）、裴浩（正研级高工）、高涛（正研级高工）三人经兰州大学校学位评定委员会审定，被聘为大气科学学院兼职教授。

2002年10月，与内蒙古民族高等专科学校合作，挑选45名学生进行气象基础知识培训，之后39名学员赴旗县局站从事地面测报业务，基层台站人员的专业结构和年龄结构均得到改善。

2004年6月，与内蒙古科技大学、兰州大学大气科学学院合作，以"3+1模式"（即接受3年大学本科基础教育之后，增加1年气象专业知识培训）培养30名天气预报员。这种人才培养方式先后被黑龙江、辽宁、吉林、贵州、西藏、青海、安徽等省区气象部门借鉴使用。

三、评选表彰优秀人才

2002年，自治区气象局尝试改革绩效工资分配办法，凡事业单位竞聘到关键岗位的人员，岗位津贴系数高于本单位正处级领导。2003年6月，《关于实行优秀人才奖励制度的暂行办法》《关于对有突出贡献的科技人员享受特殊津贴的实施办法》《学科带头人培养选拔办法》等一系列文件先后出台。到2007年12月底，自治区气象局12人享受国务院设立的政府特殊津贴；一批专业技术人员和管理干部在国务院、中国气象局和自治区人民政府的各类表彰活动中获得殊荣，其中45岁左右的人员比例逐步增大。

1. 享受国务院政府特殊津贴人员

1992年：汪厚基　温世耕　张　林　张培忠

1993年：李敏志　王长根　刘景涛　吴鸿宾

1994年：夏彭年

1995年：杨文彬

1996年：陈光明

2001年：乌　兰

2. 享受中国气象局设立的西部人才津贴人员

第一届（2004—2005年）

姜学恭　侯　琼

第二届（2006—2007年）

姜学恭　乌兰巴特尔　陈素华

3. 享受中国气象局设立的突出贡献中青年专家

1994年：夏彭年

4. 享受中国气象局设立的百千万人才工程第三层次人选

1996年：裴　浩　沈建国　张银锁

5. 享受自治区气象部门津贴人员

1997年：孙永刚　盖　煜　邢金熠　杨旭东　王朝民　马志强

　　　　　姜凤通　崔玉莲　张丽英　庞万才　康　玲
　　　　　李友文　范一大　宫德吉　杜秀贤　柯良福　贺　勤
1998年：李松如　张平贵　刘寿东　吉仁太　石翠荣　雷电宏
　　　　　杨文义　韩经纬
2005年：高　涛　达布希拉图　郝　璐　韩经纬　李俊有
　　　　　李金田　杨　松　赵艳利　张永生

6. 自治区五一劳动奖章获得者

2006年：王晓波　樊丽坤

四、加强领导干部培养和选拔

结合机构改革和领导班子换届，通过公开选拔，竞争上岗，一批具有本科及以上学历和高级专业技术资格人才走上各级领导岗位。2001年10月，局机关对9个职能处室18个处级领导职位公开竞聘，22人报名参与。2002年6月，局直属单位机构改革，自治区气象台等10个单位30个正、副处级领导职位全部公开竞聘。其次通过培训、挂职、轮岗、交流、考察、助理制、试用期等途径，提升干部素质。其中干部挂职单位延伸到中国气象局和上海、北京气象部门，并扩展到地方政府有关部门（自治区农业厅）。

1989年，局级班子中，高级技术专业职称占60%，到2007年底达到100%，其中具有正研级资格的占2/3。1988年，处级干部中大学本科学历占20%，到2007年底大学本科及以上学历占77.2%，拥有高级技术职务任职资格的达44.6%（图4-15-2—图4-15-6）。

2007年底，自治区气象部门处级领导干部92人，其中正处级36人，副处级56人，女性10人，占10.87%，少数民族20人，占21.74%。旗县局站长251人，其中女性42人，少数民族50人。

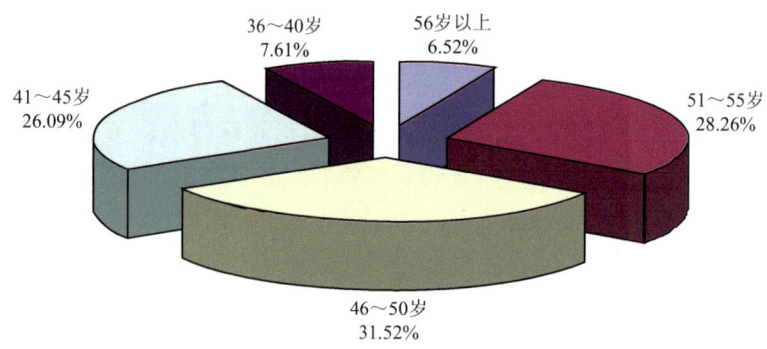

图4-15-2　2007年处级领导干部年龄结构图

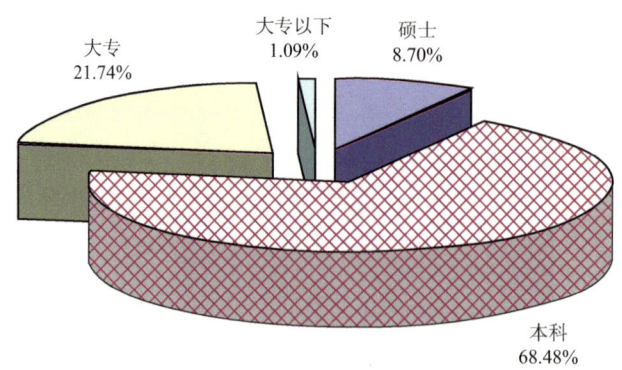

图4-15-3　2007年处级领导干部学历结构图

五、重视职工教育与岗位培训

在实施人才强局战略中，自治区气象局先后出台并完善各种激励措施，支持职工参加学历教育和岗

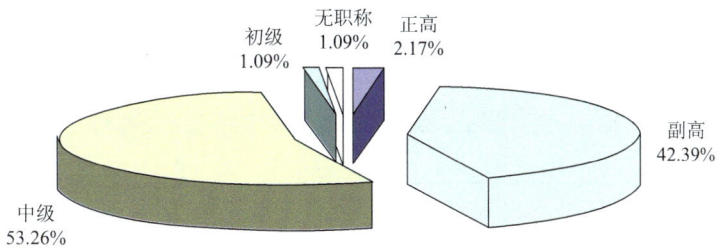

图 4-15-4 2007 年处级领导干部职称结构图

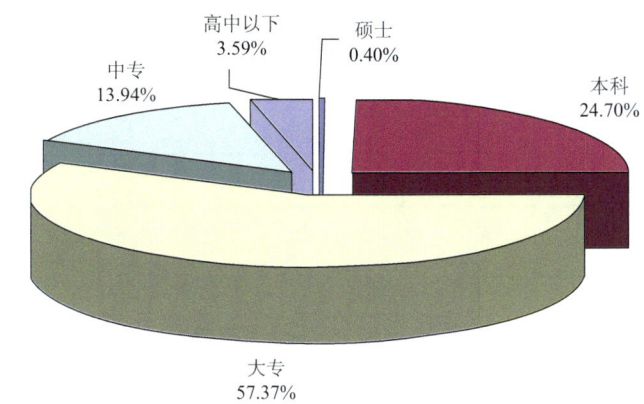

图 4-15-5 2007 年旗县局站长学历结构图

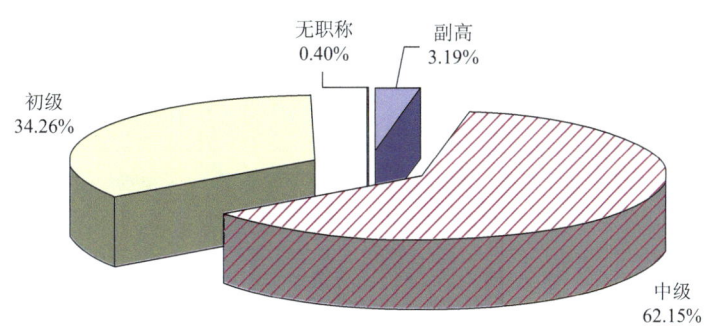

图 4-15-6 2007 年旗县局站长职称结构图

位培训,如加大旗县局站就读人员的学费资助比例,优先保证硕士以上学历学位的资金需求。自1999年以来,先后有140余人攻读硕士和博士学位,截至2007年底,40余人获得北京大学、兰州大学、内蒙古大学、中国农业大学等高校的硕士学位。利用南京信息工程大学和成都信息工程学院设立在自治区气象局培训中心的函授站提升职工学历层次,十年间全区有780余人和520余人分别参加本科及专科的学历教育。截至2007年底,自治区气象部门职工队伍中具有硕士、博士学位的占2.5%,本科为29.9%,大专为41.0%。本科以上学历人员绝对数在全国各省局排名第一。基层台站人员学历明显改观(表4-15-8,图4-15-7—图4-15-9)。

各级气象部门开展的岗位技能培训以实用性技术为主,保证新业务需求,并为重点工程项目做好前期人员和技术准备。除选派科研、业务、管理骨干参加中国气象局和地方院校或部门培训外,自治区和盟市、旗县气象局适时开展各种短训,据不完全统计,1997—2001年各级气象部门办班29期,培训1158人次,2002—2007年办班699期,培训人次超过2.4万。

人才培养的投资逐年加大,各盟市气象局和直属单位均建立专项基金,确保重点培训计划资金到位;全区教育经费从2002年的27万元到2007年的200万元,5年间增加6倍多。

表 4-15-8　1999—2007 年职工参加学历学位教育统计表　　　单位：人

年份	博士学位	硕士学位	大学本科	大学专科	小计
1999		10		18	28
2000		6	3	49	58
2001		10	47	70	127
2002		40	96	119	255
2003	1	20	88	121	230
2004	2	5	70	23	100
2005	5	6	187	104	302
2006	3	10	196	22	231
2007	2	22	99	7	130

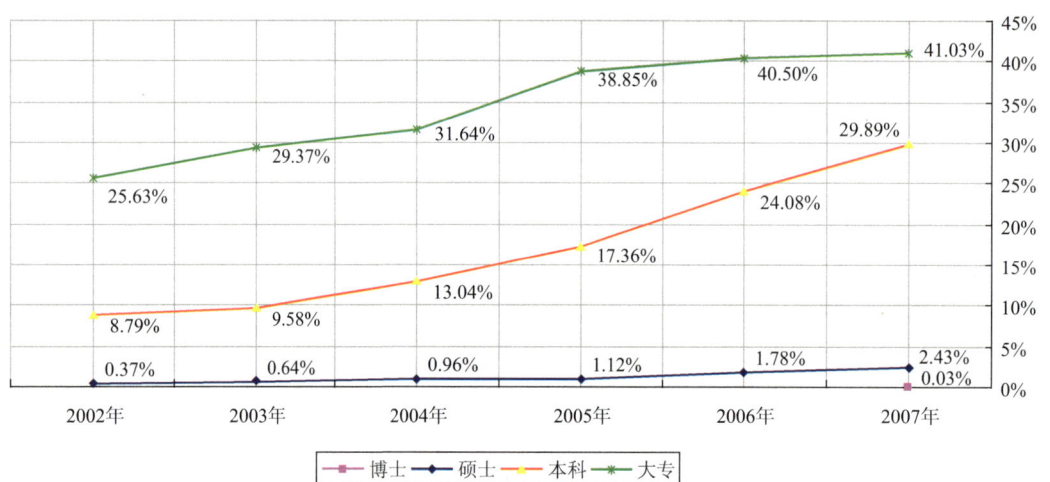

图 4-15-7　2002—2007 年职工学历演变图

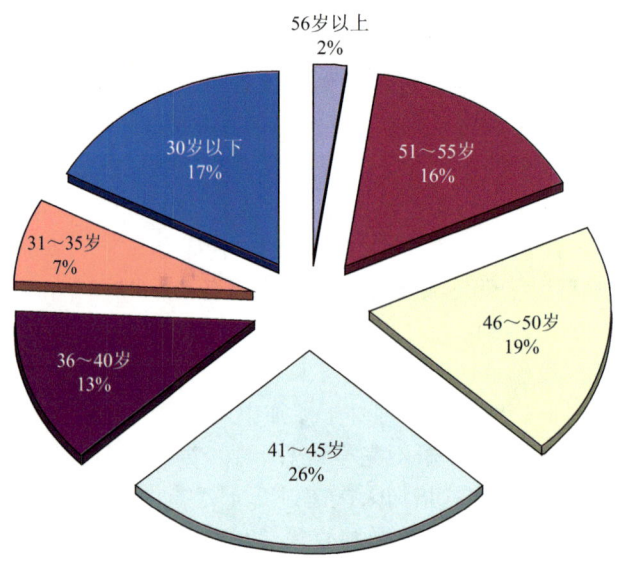

图 4-15-8　2002—2007 年职工队伍年龄结构图

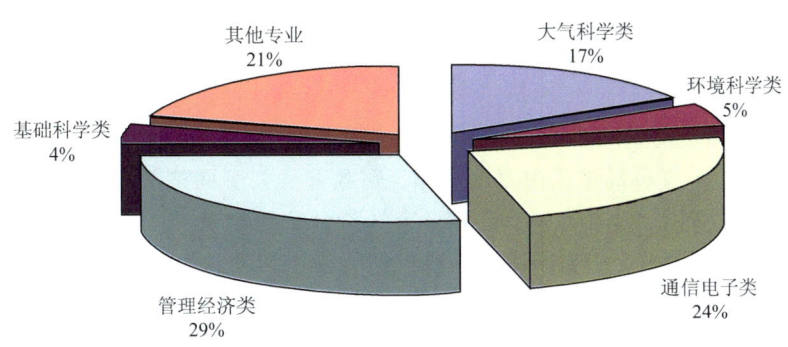

图 4-15-9　2002—2007 年职工专业结构图

第六节　艰苦台站管理

自治区气象部门共有各类艰苦台站 77 个，占基层气象台站总数的 60% 以上。这些艰苦台站绝大部分地处气候条件恶劣、交通不便、地方经济欠发达、文化生活单调、医疗条件差、教学质量低的戈壁荒原和边远地带。为解决艰苦台站职工在工作和生活方面存在的诸多问题，自治区气象局在以下两方面作出努力：

一、推出艰苦台站人员轮换办法

区局在"九五"期间（1996—2000 年），对一、二、三、四类艰苦站进行摸底调查，1997 年 2 月决定对部分艰苦台站人员实现轮换，主要有以下四种模式。

1. 海力素模式——业务承包，基本原则是定时间、定任务、定经费，人员实行优化组合，即"三定一优"。

2. 巴彦诺尔公模式——人员自行轮换工作制，基本原则是定时间、定任务、定编制，实行人员自行轮换工作制，即"三定一换"。

3. 朱日河模式——局站合一，基本原则是定时间、定任务、定编制，实行现岗位浮动工资制，即"三定一制"。

4. 博克图模式——就地改善，基本原则是定任务、定编制，实行一站两制，增强"造血功能"，即"两定两制"。

二、落实上级部门提高艰苦台站类别及增加工作津贴的规定

1994 年，人事部、中国气象局决定艰苦气象台站工作人员的津贴，在国家规定比例的基础上适当高一些，高出幅度按工资构成 8% 掌握（即职务工资占工资构成的 62%、津贴占工资构成的 38%），全区气象部门近千名职工得到实惠。

1996 年 11 月，人事部、财政部发文，将一至六类艰苦气象台站津贴标准由原每人每天 1.7 元、1.3 元、0.9 元、0.6 元、0.45 元、0.3 元分别调整为 5 元、4 元、3 元、2 元、1.5 元、1 元。已经享受县以下浮动工资待遇的艰苦气象台站，一至六类艰苦气象台站津贴标准分别调整为每人每天 4.5 元、3.5 元、2.5 元、1.5 元、1.2 元、0.8 元；自治区气象部门新增 39 个艰苦气象台站。其中四类站 5 个，五类站 10 个，六类站 24 个。

2003 年 9 月 1 日，中国气象局上调自治区 35 个艰苦气象台站津贴类别，其中：调整到二类的有 9 个，调整到三类的有 9 个，调整到四类的 9 个，调整到五类的 8 个。分别是：

调整到二类的台站 9 个：沙巴尔吐站、巴雅尔图胡硕站、浩尔吐站、阿尔山站、朱日河站、东苏站、东乌站、青龙山站、新巴尔虎右站。

调整到三类的台站 9 个：索伦站、岗子站、宝国吐站、额济纳站、阿拉善右站、鄂伦春站、鄂托克前站、高力板站、大佘太站。

调整到四类的台站 9 个：白云鄂博站、八里罕站、舍伯吐站、镶黄站、正镶白站、正蓝站、库伦站、杭锦站、伊金霍洛站。

调整到五类的台站 8 个：清水河站、乌拉特中站、多伦站、鄂托克站、察右后站、乌审站、准格尔站、太仆寺站。

调整艰苦气象台站津贴类别的津贴，自 2003 年 7 月起执行。

2004 年 5 月 27 日中国气象局根据国家人事部、财政部《关于调整部分艰苦气象台站津贴类别的批复》，从 2004 年 1 月 1 日起，将全国气象部门 58 个气象台站的津贴类别调整为一类艰苦气象台站。其中自治区 12 个，即锡林郭勒站、中泉子站、满都拉站、拐子湖站、小二沟站、河南站、那仁宝力格站、乌审召试验站、伊克乌索站、乌拉盖站、图里河站、博克图站（表 4-15-9）。

表 4-15-9　内蒙古艰苦气象台站名录（77 个）

类别	机构名称	行政区划	台站类别
一类（15 个）	巴彦淖尔贡气象站	阿拉善盟	观象台
	李井滩气象站	阿拉善盟	一级站
	拐子湖气象站	阿拉善盟	一级站
	头道湖气象站	阿拉善盟	一级站
	亚布赖气象站	阿拉善盟	一级站
	海力素气象站	巴彦淖尔市	一级站
	满都拉气象站	包头市	观象台
	乌审召气象站	鄂尔多斯市	二级站
	河南气象站	鄂尔多斯市	二级站
	伊克乌素气象站	鄂尔多斯市	二级站
	图里河气象站	呼伦贝尔市	观象台
	博克图气象站	呼伦贝尔市	观象台
	小二沟气象站	呼伦贝尔市	一级站
	那仁宝力格气象站	锡林郭勒盟	一级站
	乌拉盖气象站	锡林郭勒盟	一级站
二类（10）	吉兰泰气象站	阿拉善盟	一级站
	浩尔吐气象站	赤峰市	一级站
	新巴尔虎右旗气象局	呼伦贝尔市	一级站
	巴雅尔吐胡硕气象站	通辽市	一级站
	青龙山气象站	通辽市	一级站
	苏尼特左旗气象局	锡林郭勒盟	一级站
	朱日和气象站	锡林郭勒盟	观象台
	东乌珠穆沁旗气象局	锡林郭勒盟	观象台
	阿尔山市气象局	兴安盟	一级站
	沙巴尔吐气象站	兴安盟	一级站
三类（11 个）	阿拉善右旗气象局	阿拉善盟	观象台
	额济纳旗气象局	阿拉善盟	观象台
	大佘太气象站	巴彦淖尔市	一级站

表4-15-9续

类别	机构名称	行政区划	台站类别
三类（11个）	希拉穆仁气象站	包头市	一级站
	宝国吐气象站	赤峰市	一级站
	岗子气象站	赤峰市	一级站
	鄂托克前旗气象局	鄂尔多斯市	一级站
	鄂伦春族自治旗气象局	呼伦贝尔市	一级站
	锡林郭勒盟气候观象台	锡林郭勒盟	观象台
	高力板气象站	兴安盟	二级站
	索伦气象站	兴安盟	观象台
四类（11个）	乌拉特后旗气象局	巴彦淖尔市	一级站
	白云鄂博气象站	包头市	一级站
	八里罕气象站	赤峰市	一级站
	伊金霍洛旗气象局	鄂尔多斯市	一级站
	杭锦旗气象局	鄂尔多斯市	一级站
	新巴尔虎左旗气象局	呼伦贝尔市	一级站
	库伦旗气象局	通辽市	一级站
	舍伯吐国家一般气象站	通辽市	一级站
	正蓝旗气象局	锡林郭勒盟	一级站
	正镶白旗气象局	锡林郭勒盟	一级站
	镶黄旗气象局	锡林郭勒盟	一级站
五类（15个）	乌拉特中旗气象局	巴彦淖尔市	观象台
	克什克腾旗气象局	赤峰市	一级站
	鄂托克旗气象局	鄂尔多斯市	观象台
	准格尔旗气象局	鄂尔多斯市	一级站
	乌审旗气象局	鄂尔多斯市	一级站
	二连浩特市气象局	二连浩特市	观象台
	清水河县气象局	呼和浩特市	一级站
	额尔古纳市气象局	呼伦贝尔市	一级站
	根河市气象局	呼伦贝尔市	一级站
	察哈尔右翼后旗气象局	乌兰察布市	二级站
	苏尼特右旗气象局	锡林郭勒盟	一级站
	阿巴嘎旗气象局	锡林郭勒盟	一级站
	太仆寺旗气象局	锡林郭勒盟	一级站
	多伦县气象局	锡林郭勒盟	观象台
	西乌珠穆沁旗气象局	锡林郭勒盟	一级站

表4-15-9续

类别	机构名称	行政区划	台站类别
六类（15）	达茂旗气象局	包头市	一级站
	阿鲁科尔沁旗气象局	赤峰市	一级站
	巴林左旗气象局	赤峰市	观象台
	巴林右旗气象局	赤峰市	一级站
	林西县气象局	赤峰市	一级站
	呼伦贝尔市牧业气象试验站	呼伦贝尔市	一级站
	鄂温克族自治旗气象局	呼伦贝尔市	二级站
	陈巴尔虎旗气象局	呼伦贝尔市	二级站
	满洲里市气象局	满洲里市	一级站
	开鲁县气象局	通辽市	一级站
	扎鲁特旗气象局	通辽市	观象台
	兴和县气象局	乌兰察布市	一级站
	化德县气象局	乌兰察布市	一级站
	察哈尔右翼中旗气象局	乌兰察布市	一级站
	四子王旗气象局	乌兰察布市	一级站

第七节　老干部管理

一、机构及职责

1. 老干部工作机构　20世纪80年代初，全区气象部门离休干部管理因当时离休干部不多，由局人事处兼管，专人负责。随着离退休干部逐年增多，管理任务加大，1991年2月，自治区气象局离退休干部办公室（副处级）成立，挂靠人事处。同年3月，自治区气象局老干部工作领导小组成立，主管老干部工作的副局长任组长，人事、计财、党务、行政和老干办负责同志为小组成员。各盟市气象局也陆续建立组织机构。1996年，离退休干部办公室更名为离退休干部处。2001年12月更名为离退休干部办公室。

2. 老干部工作职责　离退休干部办公室负责自治区气象局离退休干部的宏观管理、政策指导和局机关离退休干部的具体管理及有关服务工作；负责气象部门离退休干部的来信、来访工作；负责组织自治区气象部门离退休干部工作管理人员的培训以及信息报导和统计等工作。

二、全区气象部门离退休干部基本情况

截至2007年底全区气象部门离退休人员1598人，占气象职工总数的34%，其中离休89人，退休1509人（含工人）；中共党员723人，占离退休总人数45%。

1. 离休干部基本情况　截至2007年底，离休干部中抗日战争时期参加革命的15人，解放战争参加革命的74人；80岁以上25人，80岁以下64人；中共党员75人；厅局级（含待遇）9人，县处级29人，科级51人。

2. 退休人员基本情况　截至2007年底，退休人员中干部1336人，中共党员617人；工人173人，中共党员31人；厅局级2人，处级74人，高级工程师73人，工程师612人（表4-15-10）。

表 4-15-10　全区气象部门离退休人员统计表

时间	离休干部	退休人员（含工人）	合计
2001 年	118	1236	1354
2002 年	114	1428	1542
2003 年	109	1443	1552
2004 年	103	1452	1555
2005 年	96	1461	1557
2006 年	94	1491	1585
2007 年	89	1509	1598

三、老干部活动

落实好离退休干部"两项待遇"是离退休干部工作的重点。多年来全区气象部门的离退休干部工作得到长足发展，"两项待遇"得到较好落实。

1. 政治待遇方面

（1）建立定期通报制度，及时传达中央重大方针政策、气象部门各级党组重要决策部署；重要会议和重大政治活动邀请老干部参加；建立阅览室，订阅报纸杂志和图书，创造良好的学习环境。

（2）发挥离退休党支部和党员的作用。自1985年起，自治区气象局大院组建老干部党支部，下设六个小组。各盟市局也相继成立党组织。截至2007年底，全区气象部门建有离退休人员党支部63个。各党支部坚持开展政治学习活动，教育离退休党员为构建和谐社会发挥余热。

（3）自治区气象局关心下一代协会于1992年4月成立。同年7月，局老干办和退休干部组成工作组，开展青少年气象科普活动，帮助呼和浩特市回民区红旗小学建立红领巾气象站，两位退休人员被常年聘为校外辅导员，他们深入学校义务讲课，传授气象科普知识，被评为回民区"优秀校外辅导员"，陈光明在2005年10月被共青团中央、教育部、全国少工委授予"全国十佳少先队志愿辅导员"称号。

（4）2007年，在全区气象部门老干部中开展以自我管理、自我教育、自我服务，在党内做个好党员、在社会做个好公民、在单位树个好形象、在家庭做个好长辈的"三自四好"为内容的评选活动，评选出先进集体10个，先进个人30名。

2. 生活待遇方面

离休干部生活费按时足额发放，医药费实报实销。公用活动费和特需经费足额下拨，由老干部工作部门集中管理。退休人员的退休生活费按时足额发放，基本医疗全部纳入地方医保。各级领导尽力为离退休人员办好事办实事。逢年过节和重大节日登门走访慰问，了解情况，听取意见形成制度。

3. 文体活动方面

各级气象局都有老年文体活动组织。到2007年底，全区气象部门老干部活动场所总面积近2000平方米，投资达100万元。活动项目有门球、台球、乒乓球、书法、太极拳、钓鱼、秧歌、象棋、近20项，经常参加活动的老同志占离退休人员总数的60%以上。

截至2007年底，自治区气象局老年体协门球队在各次比赛中多次获奖。老年书画分会参加展览上百次，有3人为内蒙古老年书画协会理事，五人被聘为内蒙古老年书画研究会研究员，5人作品被中国军事博物馆收藏。老年晨练队常年坚持活动，经常应邀参加有关单位的表演活动。钓鱼、乒乓球等以请进来走出去的比赛形式，加强兄弟单位间的交流，提高气象局老年体协的知名度和影响力。

第十六章 政务与信息

第一节 政务工作

一、重要文稿文电

2000年10月20日,内蒙古自治区人民政府办公厅印发《内蒙古自治区人民政府主席办公会议纪要(研究农业林业水利供销气象工作问题)》(〔2001〕101号),同意将自治区气象局提出的自治区生态建设空中水资源开发工程、防灾减灾气象服务工程、生态环境保护与建设监测评估系统、农村牧区综合经济信息网工程列入"十五"规划。同意明年气象防火经费在原来的基础上要有所增加。同意明年初以自治区政府名义召开全区气象工作会议。

2004年12月14日,内蒙古自治区人民政府办公厅下发《内蒙古自治区人民政府办公厅关于加强气象探测环境和设施保护工作的通知》(内政办字〔2004〕426号),加强全区气象探测环境和设施保护工作。

2006年11月1日,自治区人民政府下发《内蒙古自治区人民政府关于加快我区气象事业发展的实施意见》(内政字〔2006〕324号),要求补足薄弱环节,解决突出问题,加快全区气象事业发展。

二、重要批示指示

1989年6月5日,自治区政府主席布赫亲临自治区气象局视察汛期来临前的防汛抗旱服务工作,他指出:天气预报要精确及时,汛期服务要抓早、抓实。

1998年7月10日,中国气象局局长温克刚在自治区气象局呈报的《关于7月4—5日内蒙古西部中到大雨天气预报和服务情况的报告》上批示:很好,预报准确,服务及时。希望再接再厉,把今年的每一次过程都报准确,服务好,汛期结束时,为你们庆贺。

2003年6月9日下午,自治区党委书记在自治区气象台报送的关于东部四盟市近期有降雨过程的《气象信息》上批示:呼伦贝尔和兴安盟要利用这次降雨过程抓增雨措施,以缓解旱情。自治区政府副主席雷·额尔德尼批示:自治区气象局要高度重视降雨过程,采取增雨措施。

2003年11月4日,中国人民解放军第二十六实验训练基地,给中国气象局致感谢信,对"神舟五号飞船在内蒙古自治区主着陆场区气象保障所做的贡献表示感谢和给予表扬。"

2004年8月19日,自治区党委书记储波在自治区气象局上半年工作总结报告上批示:气象部门今年的工作积极主动,可圈可点。内蒙古的主要矛盾是干旱少雨,抓住每一次降雨条件,人工影响天气显得尤为必要。

2005年4月25日,自治区党委书记储波在"锡林郭勒盟浑善达克沙地生态动态监测报告"上批示:请锡林郭勒盟盟委书记和盟长阅,根据监测结果,加强针对性治理。自治区主席杨晶批示:气象部门关于浑善达克沙地生态动态监测工作做得很好,生态治理工作更有针对性,为浑善达克沙地治理提供了更为科学的依据。希望继续努力,并尽可能增加监测点,扩大监测面,加强监测工作。

2006年5月23日,中国气象局在全国气象科学技术大会闭幕式上,给内蒙古自治区人民政府致感谢信:对内蒙古自治区人民政府长期以来关心和大力支持气象事业的发展表示衷心感谢!希望内蒙古自治区继续关心和支持气象工作,共同推动气象事业跨越式发展,为经济社会可持续发展做出新的更大的贡献。

2006年6月29日,中国气象局局长秦大河在国家林业总局向自治区防火指挥部并北部原始林区扑火前线指挥部及全体扑火参战人员发出的慰问电上批示:内蒙古区气象局领导、业务人员表现优异表示感谢和表扬。

2007年5月31日，自治区党委书记储波对自治区气象局工作批示：自治区气象部门积极主动为自治区经济、社会发展提供优质、科学服务，为防灾、减灾、保护人民生命财产安全做出了积极贡献，予以表扬。

三、信访和接待

1.信访工作

各盟市气象局、各直属单位信访工作大多归口办公室管理，有的在人事、政工、纪检等部门，由局领导或纪检组长主要负责，同时配有兼职人员。多年来各级气象部门落实信访工作责任制，把信访列入重要工作议程，并纳入目标考核。在工作中加大信访管理和检查，制定相应的制度和措施，将矛盾化解在基层。1988—2007年，信访信件总体趋于平稳，略有下降。此期间，职工群众反映问题主要有：工资待遇、子女安排、地方津补贴落实、住房、职工评优、领导干部廉洁、经费使用和台站建设等情况。各单位按照政务信息公开条例，及时公开本单位财务、重大招投标、职工工资福利和涉及职工关心的热点问题。

2005年，印发《内蒙古自治区气象局信访工作暂行规定》；2007年，转发《关于深入学习贯彻中共中央国务院关于进一步加强新时期信访工作的意见的通知》，并推行领导包案制度，对本单位的重点、难点、热点维稳和信访事件，包案领导要落实"五定三包"责任，即定牵头领导、定部门负责人、定具体办案人、定结案和汇报时间、定回访巩固率；包案、包人、包落实。重视培训信访人员，加强信访基础知识、理论知识和法律法规知识的学习，2005年，举办培训班，重点学习《信访条例》等法律法规及信访职业道德、信访办理知识等。各单位坚持属地管理、分级负责、谁主管、谁负责、依法、及时、就地解决问题与疏导教育相结合的原则，针对信访事件的热点难点，实地协调、督办，变被动接访为主动下访，化解矛盾，把重点人稳定在当地，问题解决在萌芽状态。

2.接待工作

1989年以来，国家气象局（后为中国气象局）局长邹竞蒙、温克刚、秦大河、郑国光，副局长李黄、马鹤年、刘英金、许小峰、王守荣、宇如聪、中纪委驻中国气象局纪检组组长孙先健、中国气象局党组成员、人事劳动司司长萧永生、沈晓农等领导多次到自治区气象局出席会议、视察、检查指导工作或调研。中国工程院院士许健民、李泽椿为科技人员做学术报告；中国科学院院士丑纪范曾专程参加兰州大学资源环境学院内蒙古教学实验基地揭牌仪式暨首届研究生进修班开学典礼。自治区气象局在接待各位领导和专家工作中，实行程序化运作，各个环节有序衔接，受到好评。

四、目标管理

1.概况

1985年，自治区气象局在全国气象部门较早提出并试行目标管理。其基本做法是由局办公室牵头，组织各内设机构，为各盟市气象局和各直属单位制定目标管理任务和考核指标，年底则以目标考核得分为主要参考依据评价本年度工作。目标管理任务都是当年的重点工作。以基础性工作目标、重点工作目标和政策强制性目标三大类目标为基本框架，建立目标体系，经局党组审定后，形成目标任务下达。基础性工作目标由基础业务、预报业务、气象服务、科技服务与产业、科技发展、依法行政与综合管理、计划财务、人力资源建设、文化建设等项组成。重点工作目标由各处室提出，同时提交目标要求、分值和评分标准；重点工作目标没有覆盖的盟局，年度考核时统一按缺项处理，即按自己的得分率计算得分。政策性目标主要包括安全生产、综合治理、廉政建设等内容。这类工作由于难以量化，采取越线扣分的方式考核。

盟市气象局和直属单位按要求年终自评，于年底前上报自评材料；各职能处室按职责对自评情况初审，提出意见汇交领导小组办公室；办公室组织汇总复审，提出评审建议，提交领导小组审议；领导小组审定后，在下年度的全区气象局长会议上公布；局长会议后通报评审结果和奖惩情况。

各年的考核指标有所不同。如1998年设立单项奖：基础业务、发展科技产业、发展地方气象事业。1999年有现代化、基础业务质量、气象服务、科技发展与产业、科研教育、计划财务、机构人事调整、地方气象事业、精神文明建设、工作创新10个项目。2001年，设立基础业务质量、预报质量、气象服务、现代化建设、科技服务与产业发展、依法行政、安全生产和办公自动化、科技与教育、计划财务、机关人事与结构调整、精神文明建设10个项目。2004年,调整为监测网络、预报预测与服务、行政管理与国际合作、科技发展与培训、计划财务与审计、人力资源、政策法规与产业、党建与气象文化建设、重点工作目标、拓展领域、科技兴气象、人才强局、重点工程建设、基层台站建设、政策性目标等内容。

2.目标管理历年受奖情况

1994年:赤峰市气象局、巴彦淖尔盟气象局、乌兰察布盟气象局、气候中心获一等奖;呼伦贝尔盟气象局,气象科研所,气象通信台获二等奖。目标管理受罚单位:乌海市气象局,扣发每位领导工资100元。

1995年:赤峰市气象局、巴彦淖尔盟气象局、气候中心获一等奖;呼伦贝尔盟气象局、兴安盟气象局、乌兰察布盟气象局、农牧业气象中心、气象科研所获二等奖。包头市气象局目标管理未达标,扣发单位领导每人工资100元。

1996年:赤峰市气象局、巴彦淖尔盟气象局、乌兰察布盟气象局、气候中心,气象科研所,气象台,农牧业气象中心获一等奖;锡林郭勒盟气象局、哲里木盟气象局、兴安盟气象局、伊克昭盟气象局、呼伦贝尔盟气象局、阿拉善盟气象局,气象学校获二等奖。受罚单位:乌海市气象局,扣发单位领导每人工资100元。

1997年:赤峰市气象局、技术装备中心、气象台获一等奖,气象学校获二等奖。

1998年,巴彦淖尔盟气象局获第一名、乌兰察布盟气象局获第二名。

1999年,自治区气象局获中国气象局目标管理优秀达标奖;呼伦贝尔盟气象局获第一名、巴彦淖尔盟气象局获第二名、包头市气象局、伊克昭盟气象局获第三名。

2000年,自治区气象局获中国气象局目标管理优秀达标第五名;呼伦贝尔市气象局获第一名、赤峰市气象局获第二名、乌海市气象局获第三名。

2001年,自治区气象局获中国气象局目标管理优秀达标单位;巴彦淖尔盟气象局获第一名、乌兰察布盟气象局获第二名、呼伦贝尔市气象局获第三名。

2002年,自治区气象局获中国气象局目标管理优秀达标第五名;兴安盟气象局获第一名、巴彦淖尔盟气象局获第二名、呼伦贝尔市气象局获第三名。

2003年,自治区气象局获中国气象局目标管理优秀达标单位;盟市局:巴彦淖尔盟气象局获第一名、呼伦贝尔市气象局获第二名、兴安盟获第三名。直属单位:技术装备中心获第一名、气象台获第二名、产业经营中心获第三名。机关处室:人工影响天气办公室获第一名、办公室获第二名、科技减灾处、监察审计处获第三名。创新项目:盟市局:呼伦贝尔市气象局——与水利局合作项目、兴安盟——宽带广域网建设项目、通辽市气象局——人工影响天气地空通信实时指挥系统、赤峰市气象局——高空气象探测业务管理信息系统、锡林郭勒盟气象局——草原生态建设项目、乌海市气象局——拓展民航气象服务项目;直属单位:技术装备中心——701C测风雷达大修项目、气象台——全区人工影响天气专业预报服务系统、培训中心——对函授学员实行双证制培训考试项目;机关处室:离退休干部办公室——创建"红领巾气象站"、人事教育处——处级领导班子和领导干部考核评价软件。

2004年,自治区气象局获中国气象局目标管理优秀达标单位;兴安盟气象局获第一名、呼伦贝尔市气象局获第二名、巴彦淖尔市气象局获第三名。创新项目:一等奖:为基层台站引进、培养复合人才(人事教育处)、二等奖:浑善达克生态监测(气象卫星监测遥感中心)、精细化天气预报创新工作(气象台)、与军工企业合作开展人影系列产品新领域(乌海市气象局)以及6个三等奖项目。

2005年,盟市局:兴安盟气象局获第一名、呼伦贝尔市气象局获第二名、巴彦淖尔市气象局获第三名;直属事业单位:技术装备中心获第一名、科技开发中心获第二名、气象台、气象科研所获第三名;机关处室:科技减灾处获第一名、监测网络处获第二名、办公室获第三名。

2006年,自治区气象局获中国气象局目标管理特别优秀达标奖;巴彦淖尔市气象局获第一名、兴安盟气象局获第二名、呼伦贝尔市气象局获第三名。

2007年，巴彦淖尔市气象局获第一名、兴安盟气象局获第二名、呼伦贝尔市气象局获第三名。

五、应急管理

2006年1月8日，国务院发布《国家突发公共事件总体应急预案》。同年11月，自治区气象应急管理体系实施方案编制完成。2007年1月1日正式列入工作目标，进入实施阶段。

1. 应急组织机构和人员队伍建设

自治区、盟市、旗县三级气象部门均建立应急管理组织机构，明确职责，确定分工，制定工作流程，形成有序衔接，运转高效的组织体系。2007年7月，《内蒙古自治区应急管理委员会关于调整所属专项应急工作机构的通知》规定，在自治区突发公共事件应急管理委员会中专门设立气象办公室综合服务机构，办公室设在自治区气象局，气象办公室于自治区突发公共事件应急管理委员会23个专门指挥部和2个协调领导小组进行联动，为23个专门指挥部和2个协调领导小组提供内容不同的气象信息和应急气象服务保障工作，初步建立应急联动机制。

2. 应急预案动态管理和演练 2007年，《内蒙古重大气象灾害预警应急预案》下发全区执行，气象部门内部应急处置预案中的火灾、爆炸、交通、卫生等预案已编制完成，其余各项预案已列入2008年的规划。其中《内蒙古重大气象灾害预警应急预案》经自治区人民政府审议后，正式更名为《内蒙古重大气象灾害应急预案》，并以自治区人民政府名义下发全区。这标志着此预案由部门预案上升为政府专项预案。另外，《内蒙古自治区森林草原火灾气象服务应急预案》经中国气象局审议后，正式成为中国气象局气象服务专项应急预案。2007年9月19日，呼伦贝尔市鄂伦春旗发生森林草原火灾，自治区气象局迅速启动《内蒙古自治区重大气象灾害应急预案》和《内蒙古自治区森林草原火灾气象服务应急预案》，实时开展森林草原火灾扑救工作和气象服务应急演练工作。

3. 应急能力建设

为提高应对重大气象灾害的能力，自治区气象部门建立由中高级技术人员组成的重大气象灾害和突发公共事件应急专家组及由直属事业单位、盟市局、旗县局业务人员组成的预备应急服务队伍。2007年7月18日，自治区应急管理工作会议在呼和浩特举行。乌兰代表自治区气象局发言。康玲和李云鹏被聘为自治区应急管理专家。

4. 应急值守及信息报送

整合内部信息发布平台功能，建立连通自治区、盟市、旗县的气象应急管理信息系统。加强移动应急装备建设，强化服务功能，移动应急系统已在建设之中。制定自治区、盟市、旗县应急值守制度，确定应急联系人，应急联系电话或值班电话24小时保持畅通，传真机、值班E-mail、Notes等正常连通。按照气发〔2005〕195号文件规定的时限和格式报送突发事件信息；应急管理信息平台运行顺畅，及时办理和反馈有关事项，所有需报送的突发事件信息均通过平台进行报送。

5. 突发事件应急处置

加强突发事件应急处置工作，共启动各类气象服务应急预案10次，发布专项气象服务116期，气象信息专报46期，气象预报信息43期，气象灾害预警信号40期，雨情公报124期，气象灾情通报9期。全区各级领导在气象部门提供的服务材料上批示19次。其中自治区党政领导批示3次，收到各级政府表彰文件8份，请奖或表扬函17份。

6. 科普宣传

各级气象部门积极争取当地党政领导的重视和支持，注重发挥当地各成员单位作用，与广电、教育等部门合作，依托各类资源与优势，动员社会力量广泛参与，加强应急避险知识宣传和普及。针对重大气象灾害的特点，利用多种手段，多条渠道、多形式的科普宣传，提高公众应急避险、自救互救的能力。利用电视、广播、报纸等大众传媒，开设应对暴风雪天气气候事件的科普专栏、举办专题节目，宣传应对重大气象灾害的有关知识。

7. 部门联动机制建立

加强与地方相关部门的应急协作，召开自治区60多个有关厅局参加的气象服务和应急管理座谈会，分别与自治区信息办、防汛办、教育厅、森警总队、自治区防火办、国土资源厅、环保局、农牧业厅、林业厅、交通厅、内蒙古移动公司、联通内蒙古分公司等有关单位建立合作机制，推进突发公共事件信息共享，应急响应联动工作进展顺利。加强与自治区政府信息办的合作，全力做好气象信息进农村牧区工作。在通辽市奈曼旗、鄂尔多斯市达拉特旗、巴彦淖尔市五原县利用无线电子显示屏、农村信息机、农村大喇叭等手段开展气象信息进农村牧区试点工作，解决信息传输"最后一千米"瓶颈问题，实现气象信息进农村牧区。开展气象信息进学校、进社区试点工作，应用气象预警电子显示屏实时显示各类气象信息，实现气象信息进学校、进社区。利用手机短信及时向各级政府和防汛、水文部门相关负责人和工作人员发送气象预报、预警信息，短时临近天气预报信息和24小时10毫米以上降水实况信息，截至2007年底，已经为旗县以上2172名各级党政领导，自治区、盟市、旗县2392名防汛、水文部门相关负责人和呼和浩特市78名中小学校的负责人及班主任老师免费发送气象预警信息。

附：气象灾害应急处置

1. 大到暴雪气象服务

2007年3月2—5日，受高空强冷空气配合地面暖湿气流共同影响，赤峰市除巴林左旗北部、阿鲁科尔沁旗北部降大雪外，其余地区普降大到暴雪，局部地区降大暴雪，平均积雪深度10～20厘米，局部地区积雪达50厘米，北部牧区发生白灾。这次降雪量级之大，范围之广，积雪之深，是继1990年之后从未有过的。市气象台提前24小时发布降雪过程预报，并通过各种途径将预报信息传送各级领导和用户手中。降雪过后气温下降8～10℃，并伴有5～6级偏北风，给道路交通带来严重影响，市气象台于4日9时发布道路结冰红色预警信号和雪灾红色预警信号，是2005年发布气象突发灾害预警信号以来预警级别最高的一次。

2. 防汛气象服务

2007年7月28—30日，受河套切断低涡影响，巴彦淖尔市大部地区出现分布不均匀的阵雨或雷阵雨，部分地区累计降水达中到大雨，最大降雨量为44.3毫米。这次强对流降水发生在乌拉特后旗、杭锦后旗和磴口县，引发1975年以来最大，持续时间最长的一次山洪。7月19日，市气象台做出局地强对流天气的预测，并向有关部门通报，市气象局启动重要天气会商制度，局领导亲自向市领导汇报天气情况，根据天气形势演变部署督查全市气象服务工作。27日市气象台预报24小时：全市有分布不均匀的阵雨或雷阵雨，南部地区偏大。请沿山地区注意防洪，套区注意防雹。发布雷电黄色、冰雹橙色预警，并对强对流天气做短时临近预警，启动重大气象服务流程。28日13时，根据雷达资料分析，对流云团在乌拉特后旗山地上空生成并发展。市气象台立刻电话通知市防汛指挥部，提醒大坝沟、别力盖沟，杨贵沟一带14时后有山洪。乌拉特后旗气象局及时通知当地政府、防汛部门和各乡镇气象助理员。旗政府启动防洪预案，调集武警、公安、消防、村民等数千人投入防洪抗洪。14：30—15：30炭窑沟等沟口相继发生自1975年以来最大的山洪。其洪峰高达五米，凶猛的山洪从13条大沟口倾泻而下，仅半个小时，洪水冲进村庄，涌进房屋，淹没道路。由于撤离及时，受灾的515户1740人无一伤亡。防洪工作结束后，政府领导深有感慨地说，现在人口密集，这次遭遇的洪灾比1975年严重，但无人员伤亡。

2007年8月7—9日，受低涡影响，通辽市出现大到暴雨天气过程，北部和西南部出现大暴雨，最大降水量达126毫米。由于北部山区降水较大，霍林郭勒市新建水库和小河西水库超过设定水位，采取泄洪措施。市气象台准确预报这次天气过程，并跟踪服务。8月6日下午，以《重要天气报告》形式向市委、市政府报送降水消息，指出7日夜间到11日白天，将有一次较明显的降水天气，局部地区有强对流雷雨天气。建议南北山区注意预防山洪及雷电灾害。同时通过市电视台、电台、12121手机短信、农经网、电子显示屏等及时向社会各界公布。7日下午，发布大到暴雨预报。指出7日夜间到8日白天将有一次大到暴雨过程，并伴有雷暴等强对流天气，其中北部有暴雨，其他地区有大雨。并将预报内容在通辽市地方电视台3个频道，以滚动字幕播出。8日上午，发布暴雨蓝色预警，并以报告形式向市委、市政府领导做汇报。强调北部降水还将持续，大部分地区雨量在50毫米以上。建议政府和相关部门注意做好北部山洪预防工作。8日下午，市委、市政府召开防汛指挥部成员单位会议，安排部署防汛工作，关闭霍林郭勒市—扎鲁特旗、霍林郭勒市—通辽的客运交通，安排霍林河水库、小河西水库进行泄水准备工作，由于预报准确，服务及时，措施得力，未出现灾情。

3. 抗旱气象服务

2007年进入5月下旬，锡林郭勒盟地区降水普遍减少，盟气象台通过对气候分析和预测，并与草原、水利、畜牧等部门会商后，提出即将发生干旱，随即在6月5日发布第一期"干旱预警信号"，引起地方党政部门重视，及时部署抗旱工作。随着东部地区旱情发展和旱区扩大，盟气象台先后4次发布"干旱预警信号"；启动"锡林郭勒盟预防干旱应急预案"。先后为地方党政领导制作5份旱情分析报告。7月20—26日，由局长带队，组成两个干旱调查组，分东西两片，行程4000多千米深入苏木嘎查实地调查，将采集的样本数据与卫星遥感资料进行对比分析，得出全盟旱情分布和旱情面积数据，向盟领导及时提交报告，盟行署给予高度评价。

六、史志编修

1.《内蒙古自治区志·气象志》编修

自治区气象志编撰工作起步早，一度走在各省区气象部门前列。早在1987年自治区成立40周年之际，就进行前期调研准备工作。1988年，区局成立气象志办公室（非常设机构），抽调14人着手撰写、审校《内蒙古自治区志·气象志》，1992年10月，约40万字的气象志（1895—1987年）书稿编撰完毕，进入勘校阶段。2004年拨付2万元经费，专设《内蒙古自治区志·气象志》编撰工作室，聘请两名打字员将40万字的油印书稿转化为电子版形式，其后不断增加经费，调整人员，加快进度，使《内蒙古自治区志·气象志》（1895—1987）于2005年12月正式出版发行。

第一轮气象志出版后，区局抓紧编撰第二轮气象志，成立以乌兰局长为主任，各位副局长为副主任的《内蒙古自治区志·气象志》第二卷编委会，确定编委会成员和编写人员。同时先后聘用三名退休老同志审核把关。期间《内蒙古自治区·气象志》第二卷编委会举办两期培训班，邀请自治区地方志办公室专家授课，机关、直属单位有关人员55人参加培训。

2. 内蒙古气象年鉴等编修

自治区气象局为《中国气象年鉴》1986—2007年撰写内蒙古部分，为《内蒙古年鉴》1998—2007年撰写气象部分，为2006年1月出版的《内蒙古区情》撰写第一篇"概况"中第二章"自然环境"中第二节"气候"和第五篇"农牧林渔业"中第十一章"气象"有关条目；为2007年5月出版的《内蒙古自治区旗县情大全》撰写"气候""自然灾害""气象工作"有关条目。2002年，区局组织专家撰写《中国气象灾害大典·内蒙古卷》，2008年出版。

第二节　信息宣传和机要档案

一、政务信息

自治区气象局十分重视气象信息工作，创办于1981年的《内蒙古气象工作信息》至2007年已发行1080期，发往全区各级气象局、站和各级党政及有关部门，并通过中国气象局网站、内蒙古气象局网站和内蒙古兴农网向全区辐射。

自治区气象局在全区气象部门建立起一支相对稳定的信息员队伍，能够及时将重大工作和服务信息报送到区局。同时各盟市、旗县气象局和直属事业单位均自办刊物，在全区形成信息网络。自治区气象局建立气象信息工作制度、信息刊稿稿费发放和信息工作奖励制度，并分批培训从业人员，保证信息渠道畅通。

自治区气象局在做好内部信息编发的同时，注重对外传播交流。1988—2007年在中国气象局办公室《政务信息》刊稿居各省区市气象局中上游水平；每年平均在自治区党委办公厅信息刊物刊稿55篇，在自治区政府办公厅信息刊物刊稿68篇，均居自治区各委办厅局前列。随着网络技术的不断进步，内蒙古气象工作信息与新华网内蒙古频道、内蒙古新闻网、内蒙古政务网、呼和浩特政务网频繁链接。2007年全区气象部门在中央《两办信息》刊稿2篇、中央《两办快讯》刊稿3篇、中央《动态清样》刊稿2篇以及在人民网、新华网、中央人民政府网、中国广播网均有刊稿，实现中央信息刊物刊稿零突破。

1998—2007年，自治区党委办公厅每年均授予自治区气象局或内蒙古气象台"信息工作先进单位"称号，先后授予局办公室从事信息工作的马瑞芳、魏兴杰、张晶、杨志捷、汝凤军"先进信息工作者"称号。吴玉琴获中国气象局办公室1996年度"优秀信息员"称号。

二、气象宣传工作

自治区气象局围绕区局党组不同时期的中心工作开展气象宣传，发挥引导、激励和扩大影响的作用，为有效开展工作打下思想基础。

1954年，创刊的《内蒙古气象》由单纯学术刊物发展为综合刊物，由季刊发展为双月刊。1985年5月，创办《气象通讯》，并顺利出版304期（根据国家新闻出版署关于分期停办内部报刊的精神，该报从1998年1月1日起停刊）。《气象通讯》当时作为全国省级气象部门唯一的行业报，受到气象部门各级领导好评和广大气象职工欢迎。从1988—2007年，自治区气象局每年平均在《中国气象报》刊稿180篇左右，在《内蒙古日报》《北方新报》《内蒙古晨报》《内蒙古商报》分别刊稿100余篇，在内蒙古广播电台、内蒙古电视台等分别播出稿件50余篇。

近年来，自治区气象局主要领导亲自抓宣传工作，指导修改重要稿件，并撰写稿件。区局党组多次发文，要求建立健全气象宣传工作机制和气象新闻宣传工作制度。全区自上而下建立起一支相对稳定的通讯员队伍，区局各直属单位和盟市、旗县气象局均有兼职的《中国气象报》通讯员。区局先后三次修订印发《关于宣传、信息刊稿奖励办法的通知》，鼓励记者和通讯员多写稿、写好稿，全区各级气象部门建立专项经费，购置工作器材，对从业人员进行分批培训，保证气象宣传工作顺利开展。

自治区气象局重视在气象服务、防灾减灾、生态与农业气象、人工影响天气等方面开展宣传，对于内蒙古地区经常出现的暴雨、冰雹、雷电、暴雪寒潮、干旱、霜冻、沙尘暴等气象灾害和因天气气候条件引发的地质灾害、植物病虫害、森林草原火灾、环境污染、流行疫情等次生灾害进行经常性的科普宣传，让人民群众了解气象工作，预防和抵御气象灾害。

在宣传报道重大气象服务、现代化建设、人工影响天气、防灾减灾服务、科技兴气象、精神文明建设等方面，利用报刊、广播、影视、展板、出版、网络及板报橱窗等多种手段，同时邀请内蒙古电视台和中国气象局影视部门多次拍摄气象服务、气象科普、生态气象服务、防雷工作、台站建设和先进单位事迹专题片，在内蒙古卫视和中央第10套节目中播出，扩大气象部门知名度。

除不断增强在《中国气象报》《中国气象局政务工作信息》、中国气象局网站和《内蒙古气象》的宣传力度外，自治区气象局注重加强与地方新闻单位的联系。近年来先后与内蒙古电视台、《内蒙古日报》、新华社内蒙古分社、《人民日报》内蒙古记者站、《光明日报》内蒙古记者站和首府各大新闻媒体建立合作关系，各类比较重要的气象工作和天气信息均在第一时间进行宣传报道。在全区气象工作会议、世界气象日、关键性和转折性天气预报服务、青少年气象夏令营、森林扑火、汛期气象服务以及重大的气象保障服务和部门活动等，邀请自治区首府和各地的主流媒体记者参加采访，同时每年在内蒙古主要刊物如《实践》《内蒙古政务》《内蒙古工作》《内蒙古统计年鉴》《内蒙古党史研究》《内蒙古财政》等杂志刊登气象工作专版。从1996年以来，自治区气象局连续多年荣获自治区政府办公厅授予的"组织开展农牧业宣传报道先进集体"称号。自治区气象局连续10年参加"自治区农牧业好新闻"的评选活动，多篇文章获奖。2003年10月17日，《内蒙古日报》第五版"观云测雨近一个月，飞船着陆时天气晴好，二百气象人热泪纵横"获内蒙古日报社好新闻一等奖。自治区气象局对呼伦湖监测评估报告引起国务院领导关注，温家宝总理做出重要批示；对浑善达克沙地监测评估报告引起自治区党委政府高度重视，储波书记、杨晶主席等领导分别批示。这些重大服务成效都在主流新闻媒体上进行宣传报道，收到很好的宣传效果。

《中国气象报》内蒙古记者站作为全区气象部门新闻宣传工作的主体，近几年，投稿文章、图片屡次获中国气象局和中国气象报社奖励。《中国气象报》2004年7月20日第三版"锡林郭勒盟19位牧民参观地面观测场"照片和2005年10月18日第一版"气象人迎接'神六'安全返回"文章获报社二等奖；《中国气象报》2007年3月1日第一版"气象监测发现呼伦贝尔湖水域萎缩"获第二届"华风杯"

中国气象优秀宣传作品评选新闻类二等奖。每年都有文章获得《中国气象报》三等奖，2005年和2006年度被评为先进记者站，两任特约记者王静达与魏兴杰连续15年被评为"优秀记者"，2007年中国气象局办公室授予魏兴杰为"优秀记者标兵"。自治区气象局于2006年初向15名同志颁发"'十五'期间全区气象部门宣传工作先进个人"证书和奖金。2006年5月底至6月初，内蒙古记者站与中国气象报社联合对呼伦贝尔"5·25"森林火灾扑火气象服务进行成功报道，受到国务院扑火前线总指挥部副总指挥张文建表扬。

三、文书档案与机要保密

1. 气象档案管理工作

改革开放以后自治区气象档案工作建立健全管理制度，系统培训专业人员，逐年递增专项经费，档案储存和应用硬件得到改善，信息资源开发力度明显加大。

（1）强化档案基础业务建设

1992年，自治区气象科技档案馆（与内蒙古自治区气候中心合署办公）被国家档案局晋升为科技事业单位档案管理国家二级档案馆。1995年11月，经中国气象局、内蒙古档案局联合组成的国家级评审验收组评估验收，自治区气象档案馆（室）以99.1分的优异成绩，晋升为国家一级档案馆，在全国气象系统和自治区直属单位中率先跨入国家一级档案馆行列。同年，被自治区档案局、人事厅联合授予"全区档案工作先进集体"。"十五"期间全区12个盟市、2个单列市气象局、3个旗县局档案目标管理晋升国家二级；50多个旗县局晋升自治区级，区局被评为自治区档案工作目标管理"双优"先进系统。2000年区局被中国气象局评为全国气象系统档案工作先进集体。

（2）提高档案人员专业水平

自治气象局多次组织培训全区专（兼）职档案人员，邀请专家授课。2004年，开展全自治区气象部门立卷改革培训，推动立卷改革全部完成并实现规范化。同时档案人员深入业务一线了解各单位需求。2006年对全自治区重点工程档案、多普勒雷达建设档案以及台站综合改造建设档案的收集、整理、立卷、归档情况进行调研，总结和推广先进经验。

自治气象局将档案工作纳入全自治区目标管理考评，每年年初对局机关各处室、直属各单位和盟市气象局立卷归档和档案管理工作进行具体指导，确保档案完整齐全、及时归档。2006年表彰和奖励"十五"期间档案管理晋升国家级的单位和档案利用服务优秀单位和个人。

（3）提高档案现代化管理水平

近几年自治气象局筹措80万元改造和扩建局机关档案库房，先后配置密集架、微机设备、摄像机、防磁柜等设备，还投资近20万元改善盟市气象局档案保管条件。局机关及所有盟市气象局档案室均配备科技档案软件，文书、财务档案全部进入数据库管理。部门局域网为档案信息化与单位信息化提供平台。保管条件、设备、服务手段的改善，使自治气象局气象档案服务由手工纸质载体向网络数据转变，文件查全率、查准率达到100%。

2003年，自治区气象局与自治区档案局合作，在自治区档案信息网建立气象档案馆网站，首家正式开通气象档案信息网，面向全社会服务，从生态建设到人工影响天气、气候资源、气象灾害等内容图文并茂，实现了资源共享。

2007年，自治气象局进行档案数据库建设，建立以局档案室为中心的数字化综合档案室，对文书档案、声像照片档案、实物档案、基建档案等进行全文存储，存储文件7000余份，扫描链接文件10余万页，实现网上查阅，工作效率、档案利用率、查全率得以大大提高。

（4）拓宽信息服务渠道

自治气象局坚持开展档案利用服务工作，并组织考核，这项活动促进盟市气象局档案文件目录全部实现网上查询，并可以查阅原文。

1989年3月，自治气象局在自治区直属机关档案工作业务建设检查验收活动中，受到自治区档案局表彰。2002年，自治气象局首家被评为区直科技事业单位档案利用服务优秀单位；2003年，被中央档案馆、国家档案局授予"全国档案工作优秀集体"。2006年12月，14个盟市气象局均为档案利用服务优秀单位，是自治区科技事业单位中首家部门，受到自治区档案局通报表彰。区局档案管理员高莉三次被评为全区档案先进个人并荣立二等功三次。

2.机要保密工作

自治区气象局保密委员会、密码管理工作小组成立于1995年6月，由区局局长负总责、办公室主任主要负责、办公室分管主任具体负责、专（兼）职保密人员负责日常工作和密码管理及安全工作。机要保密人员认真做好自治区党委、政府机要文件，特别是涉密文件的签收、登记、传阅、管理等工作。自治区气象局每年开展一次保密检查活动，重点是各涉密部门、机要室、档案室和领导办公室。同时更新安全设备，制订各项保密制度，采取一些措施：一是加强计算机信息网络的技术防范和管理工作。针对社会信息化进程加快和电子政务推进，结合业务工作，2005年，组织14个盟市气象局领导和从事保密工作人员学习保密知识并考试，2007年，举办全区办公系统保密安全工作学习班，组织自治区气象部门1600多名干部职工观看警示片，提高保密意识；二是依法开展保密督促检查工作，对保密要害部门、部位进行检查，推动计算机信息网络及其他各项保密管理工作。

随着国家经济社会的发展，机要保密工作环境条件逐步改善。1987年以前，机要保密文件主要用纸质处理运行。2003年10月，全国气象部门推行公文无纸化加密传输系统。自治区气象局重视电子公文传输，指定专人负责电子公文传、转工作，发现问题及时解决，从未出现差错。从业人员娜仁2002年12月被自治区党委保密委员会办公室、自治区国家保密局评为"四五"普法全区保密知识竞赛优胜者；2003年3月，被中共自治区委员会办公厅、自治区人民政府办公厅评为"自治区直属机关优秀机要办报员"；2006年12月，被自治区党委保密委员会评为全区"四五"保密法制宣传教育先进工作者。

第三节　办公自动化和外事工作

一、办公自动化

1984年，自治区气象局开通与中国气象局的中文信息报路传输系统，通过微机接收中国气象局信息，区局信息也可直接向北京传送。由于线路原因中间停用几年。1994年，重新开通与中国气象局的话路自动传输系统。至此信息传输趋于正规化。2001年，建设自治区—盟二级办公自动化系统环境，实现网络升级改造，通信主干网交换机自治区本级由100兆位/秒快速以太网到1000兆位/秒高速以太网的过渡；盟市网络由10兆位/秒总线式升级为100兆位/秒交换式，标志着网络传输高速化时代到来。到2004年已建成全区气象部门局域网和盟市级远程终端，区局机关人手一机。盟（市）局科、室一机。建立全区气象部门范围内的电子邮件系统、与中国气象局相连接的公文无纸化加密远程传输系统；各单位已建立自己的信息网页，区局办公室建立自治区综合信息网页。完成全区气象工作信息库建设。截至2007年底，建成覆盖自治区、盟（市）、旗（县）三级的气象综合信息系统，盟（市）局机关达到人手一机，旗（县、市）局（站）达到每室一机，实现信息共享。

二、外事工作

自治区气象部门对外开放和交流始于1978年。其后30年间，与蒙古国等国家和地区频繁进行气象业务和商务的交流及互访。近年来在中国气象局国际合作司的安排、指导下，自治区气象局接待了几批次外国气象同行的参观访问，同时也派人与外国同行进行交流学习。

2004年9月26—30日，以蒙古国国家气象水文与环境监测局局长助理孟根巴特尔为首的8人代表团在自治区气象局副局长沈建国等领导陪同下对自治区气象局、鄂尔多斯市及所属伊金霍洛旗、包头市气象局参观访问。全年自治区气象局派出出国人员2批5人次。

2005年10月27日，根据《中国气象局与俄罗斯联邦水文气象与环境监测局气象科技合作第五次会议纪要》，俄罗斯联邦水文气象与环境监测局的五位专家：亚历山大·克莱斯钦博士、欧里格·维尔钦科博士、尼古拉·伊里森叶夫博士、伊欧塞夫·格里高夫博士、欧里格·塞尔坦博士与自治区气象专家进行气象科技学术交流。全年自治区气象局派出出国人员4人次。

2006年9月14—16日，韩国气象厅专家组一行5人，在自治区气象局办公室领导的陪同下访问二连浩特市气象局,并现场考察新建沙尘暴监测站点情况;9月20日,以蒙古国水文气象局副局长苏德日乐策为团长的蒙古国气象代表团一行8人,来内蒙古考察工作。9月21日下午,自治区气象局副局长沈建国及有关人员与蒙古国代表团进行座谈。全年自治区气象局派出出国人员4批11人次。

2007年10月23—24日,蒙古国水文气象与环境监测局局长恩克图夫欣一行在自治区气象局乌兰局长和中国气象局国际合作司相关人员陪同下到乌海市气象局参观。全年自治区气象局派出出国人员11批20人次;来访4批21人次。自治区气象局派出人员主要前往蒙古、日本、美国、意大利、荷兰等国进行学习考察。

在派出人员出国学习的同时,自治区气象局注重在国内与外界的交流与合作。2005年8月24—29日,第三届国际沙尘暴与降尘天气专题学术研讨会在呼和浩特召开。研讨会由中国气象学会、自治区科学技术协会、自治区气象局、气象学会、内蒙古师范大学地理科学学院、中韩大气科学合作中心等单位联合举办。自治区气象局派出10名专家到会进行学习、交流。2005年10月16日,自治区部分农业气象科技人员与荷兰农业气象专家Kees(C.J.)Stigter教授就"农业气象适用技术推广"问题进行了讨论和交流;2006年8月10—15日,第二次"亚洲沙尘与海洋生态系统(ADOES)"及"亚洲上层海洋—低层大气(Asian SOLAS)"国际研讨会于在乌兰浩特市举办。会议由中国科学研究院主办,自治区气象局协办,来自日本、韩国、美国和中国等四个国家的35名代表参加会议。开幕式上,自治区气象局沈建国副局长和兴安盟气象局王民局长致辞;2007年6月25日,德国气象局林登贝格观象台台长Franz H. Berger先生在中国气象局大探中心技术人员陪同下,参观访问锡林浩特国家气象观象台。

自治区气象局通过参与气候变化领域的国际合作活动,通过参与世界气象组织、台风委员会等其他国际组织开展的各项计划和活动,以及与发达国家、周边国家等双边科技合作,发挥气象在国际合作与交流中的作用,为国家总体外交和中国气象事业发展做出贡献。

第十七章　法治建设

第一节　自治区气象法规和规章建立概况

自治区出台地方性气象法规2部、自治区级政府规章1部、市级政府规章1部，自治区级政策性文件8个。《内蒙古自治区气象条例》于1997年5月31日经内蒙古自治区第八届人民代表大会常务委员会第二十六次会议通过，根据2000年12月12日内蒙古自治区第九届人民代表大会常务委员会第二十次会议《关于修改〈内蒙古自治区气象条例〉的决定》修正。《内蒙古自治区防御雷电灾害管理办法》于2002年6月21日经自治区人民政府第7次常务会议审议通过，2002年6月27日发布。《呼和浩特市建（构）筑物防雷工程设计审核、跟踪质量检测及竣工验收实施办法》于2003年8月22日经呼和浩特市人民政府第73次常务会议讨论通过，2003年9月6日发布。《内蒙古自治区气象灾害防御条例》于2007年4月3日经内蒙古自治区第十届人民代表大会常务委员会第二十七次会议通过。2006年自治区人民政府下发《关于加快我区气象事业发展的实施意见》。自治区人民政府办公厅先后下发《关于印发人工影响天气管理办法的通知》《转发国务院办公厅关于加强人工影响天气工作的通知》《关于气象灾害预警信号发布有关事宜的通知》《关于加强气象探测环境和设施保护工作的通知》《关于进一步加强防雷减灾工作的通知》等多个文件。

第二节　行政执法及监督

气象行政执法体系不断完善，依法履行社会管理和公共服务职能的能力逐步增强。内蒙古自治区气象局制定《内蒙古自治区气象局推行气象行政执法责任制工作实施方案》，推行行政执法责任制，建立和完善气象行政执法有关制度；采用部门执法、联合执法等方式，依法查处违法案件，使违法播发天气预报、违反防雷管理规定、违反施放气球管理规定和破坏气象探测环境等行为得到纠正和处理。加强行政执法监督工作，将落实气象行政执法备案统计报告和气象行政执法案卷评查列入对盟市级气象主管机构的目标考核，印发《内蒙古自治区气象行政执法案卷评查内容和标准》。2007年8月，在全区气象部门组织开展首次气象行政执法案卷评查，查找基层行政执法问题，提出整改要求和指导意见，明确法律、法规的适用范围，规范行政执法程序和执法行为，完善行政执法案卷制度。各盟市气象局建立起行政处罚、行政许可等行政执法案卷，促进了气象行政执法规范化。

第三节　执法队伍

建立、健全区局、盟市气象局法制工作机构和盟市级气象执法工作机构；初步建立起自治区、盟市、旗县三级专兼结合的气象行政执法队伍，具有执法资格证的人员数达297人。全区12个盟市气象局均成立法制科（挂靠办公室），配备专兼职工作人员。盟市气象局配备至少两名专职执法人员，旗县气象局配备兼职执法人员，开展行政执法工作。全区气象行政执法人员参加自治区各级人民政府法制办公室组织的行政执法人员资格培训班，执法水平普遍提高。

第四节　政策调研

各级气象主管机构会同各级人大开展气象立法和执法调研及政策调研，调研重点是依法保护气象探测环境和设施、防雷减灾、人工影响天气、气候资源开发利用和保护、各级人民政府履行《内蒙古自治区气象灾害防御条例》、气象灾害预警信息在新农村新牧区建设中的作用、气象灾害的收集认定和权威发布等情况。自治区气象局组织开展基层台站工作调研，形成《加强基层台站工作的意见》。

第五节　气象行业管理

2003年9月，自治区气象局与自治区国土资源厅签订《联合开展地质灾害气象预报预警工作协议》，双方商定资料交换，建立地质灾害气象预报预警模式和业务流程，完成预报区域划分，2004年5月1日起，正式业务运行。2004年7月，与自治区环保局、自治区水文局签订《资料共享交换协议》，推进资料共享交换业务化，使环保和水文资料应用于气象业务服务。2005年1月，与自治区环保局有关部门配合，共同向自治区政府提交《关于在内蒙古电视台等主要媒体发布自治区城市空气质量日报和预报的请示》，得到批准。内蒙古卫视、内蒙古微波频道在每天的天气预报节目后增加30秒的播出时间，内蒙古日报、内蒙古广播电台也安排刊发版面和播出时段。自2005年2月开始，自治区气象科技开发中心制作的空气质量预报通过电视、广播、报纸向社会发布。2005年4月，与内蒙古森林总队联合印发《印发〈生态保护暨防火灭火业务合作座谈会纪要〉的通知》，双方就加强业务合作，建立联系制度，实现优势互补，资源共享做出规定。2005年11月，与自治区水利厅联合转发《中国气象局、水利部关于加强气象、水文信息共享工作的意见》，对资料共享做出明确要求。2005年11月，为提高应对气象灾害应急反应能力，及时、准确上报灾情数据，降低灾害损失，与自治区民政厅联合印发《关于加强气象灾害信息合作的通知》。2006年2月，与中国移动通信集团内蒙古有限公司联合印发《关于合作开展手机短信气象灾害预警服务工作的通知》，双方合作组织开展气象灾害预警短信息服务，各级气象台站做好气象预警信号制作和发布，内蒙古移动通信公司调配网络及网关资源，保证气象预警信息的及时快速发布。2006年6月，与自治区防汛抗旱指挥部办公室联合印发《关于利用手机气象短信开展防汛服务工作的通知》，在汛期气象服务工作中，利用手机气象短信及时向防汛、水文部门相关责任人和工作人员发送气象预报、预警信息、短时临近天气预报信息和24小时10毫米以上降雨实况信息。2007年8月与内蒙古广播电影电视局联合印发《关于合作开展气象防灾减灾宣传工作的通知》，建立播报合作机制，各级气象部门根据防灾减灾情况以及其他需求，向各级广播电视部门提供线索或报送天气气候信息、情报，各级广播电视部门组织采访报道并播报，宣传气象防灾减灾工作的效益。同年，与自治区公安消防总队联合下发《关于进一步加强防雷、防静电监督管理工作坚决预防火灾事故的通知》，与自治区教育厅联合下发《贯彻落实中国气象局教育部关于加强学校防雷安全工作的通知》，转发《中国气象局关于再次下发加强防雷减灾工作的紧急通知》。

第十八章 业务管理

第一节 业务管理体制

从 1980 年 5 月，国务院批准全国气象部门与地方政府双重领导，以气象部门领导为主的管理体制。相应全区气象业务管理体制，实行自治区、盟市、旗县三级气象部门统一领导，分级管理、逐级指导的业务管理体制。

全区气象探测、信息网络、天气预报、气候变化、资料处理、专业气象服务、人工影响天气等业务，按照自治区、盟市、旗县三级不同的行政辖区范围，负责本级的各类气象台站业务运行以及各项业务管理任务，为自治区经济发展与建设、各级政府决策、公众气象服务和各行各业气象科技服务提供气象保障。

第二节 业务规章

一、大气探测

1. 高空气象探测

20 世纪 80 年代末期，PC-1500 计算机在全区推广使用，实现了资料处理和编制报文的半自动化，数据计算质量和时效都有明显提高。自治区气象局于 1989 年 6 月下发新编印的《高空气象探测规范》第四分册---高空压温湿风探测使用 PC-1500 计算机部分。

进入 90 年代，为全面、客观地衡量气象台站高空气象探测业务的工作情况和评定台站高空气象探测质量，1992 年 7 月，下发《高空气象探测业务综合评定办法》（台站质量评定部分），此后的 1995 年和 2004 年，自治区气象局根据业务发展的需要，对此办法进行了两次修订和完善。

1994 年 6 月，自治区气象局根据现行规范手册、规章制度、规定和有关文件、技术资料，组织编写下发《高空气象探测业务技术汇编》。1998 年，自治区气象局修订、完善、梳理、汇总当前的部分业务规定，相继组织下发《内蒙古气象局高空测报业务分级管理职责补充规定》《内蒙古气象局高空气象测报业务检查员组织办法》《内蒙古气象局测报岗位考核管理办法实施细则》《内蒙古气象局气象测报"全国（全区）质量优秀测报员"考核、验收实施细则》等办法。2000 年 4 月，又下发《气象测报人员岗位考核补充规定》。

进入 21 世纪，59-701 微机数据处理系统部分在全区推广使用，为使此次换型工作顺利完成，2001 年 3 月，《高空气象探测手册》（"59-701"微机数据处理系统部分）由内蒙古自治区气象局正式下发执行。该手册是高空气象探测数据处理微机程序编写和使用的说明，其连同软件具有技术规范的性质，该手册的下发为 59-701 微机数据处理系统的应用提供了技术支撑。

20 世纪末期，L 波段测风雷达—电子探空仪系统被中国气象局确定为过渡时期里我国常规高空气象探测的主导体制，并将 L 波段高空气象探测系统建设作为大气监测自动化系统一期工程的重要建设项目。2002 年，新一代高空气象探测系统开始在全国部分高空台站列装使用，为适应高空气象探测事业的发展，规范 L 波段和 GPS 高空气象探测系统的建设和业务运行，中国气象局监测网络司制定《常规高空气象探测规范（试行）》（2003 版），从 2003 年 1 月 1 日起实行。

2. 地面气象探测

《地面气象测报质量考核办法》经由中国气象局批准，以中气业发〔1997〕46 号通知颁发，自治区气象部门自 1998 年 1 月 1 日开始执行。本办法规定了气象观测、各类气象电报和各类气象报表等考核范围，规定了对测报人员及台站组的考核内容和统计方法，包括基数和计算方法，及各类气象报表的填报规定。

《气象测报岗位考核管理办法（试行）》 经由中国气象局批准，以中气业发〔1997〕43号通知颁发，自1998年1月1日开始执行。该办法采用《气象测报岗位合格证书》制度。其中规定《气象测报岗位合格证书》作为地面、高空、太阳辐射、农业气象测报员从事本岗位业务工作的技术鉴定证书，是测报人员评聘专业技术职务及年度考核的重要依据。取得相应的岗位证书即可从事相应岗位的测报业务并履行其岗位职责；《气象测报岗位合格证书》的考核内容、考试方式和颁发程序以及证书的管理办法。

《各类气象探测环境的技术规定（试行）》 由中国气象局批准，以中气业发〔1997〕43号通知颁发，自1998年1月1日开始执行。该规定适用于被各省（自治区、直辖市）气象局列入气象探测站网的台站点。其中包括基准气候站、基本气象站、一般气象站、遥测自动气象站、太阳辐射观测场、高空气象探测、天气雷达站、气象卫星地球站、大气本底站、酸雨站等各类气象台站点探测环境的技术要求。

《气象测报开展创优质竞赛及奖励"全国质量优秀测报员"授奖办法》 经中国气象局批准，以中气业发〔1997〕43号通知颁发，自1998年1月1日开始执行。本办法详细规定了气象测报各专业（地面、高空、日射、农气）人员工作优质的评比条件和要求、竞赛的组织实施方式、奖励和表彰内容以及申报验收的步骤和要求。

《自动气象站业务规章制度》 规定了测报组长、观测员、仪器维修保管员等业务人员的岗位职责，规范了值班制度、交接班制度、场地和仪器设备维护制度、报表编制报送制度、业务学习制度、检查制度和报告制度等工作制度，并详细规定了自动气象站测报质量考核办法及自动气象站测报人员创优质竞赛活动办法。

二、生态与农气观测

1997年，中国气象局下发《农业气象观测质量考核办法》，促进农业气象观测业务技术水平和业务质量稳定提高。

2004年，自治区气象局下发《内蒙古气候生态环境监测传输业务规定》，规范生态监测信息数据传输业务，提高信息数据传输准确性和及时性。

2004年，自治区气象局下发内蒙古自治区生态气象监测业务质量考核办法，2006年进行修订。

2006年，自治区气象局下发《内蒙古气象局"优秀生态气象监测员"奖励办法》，促进全区生态气象监测业务质量的提高，稳定、加强生态气象监测队伍。

三、天气预报制度

1. 天气预报检验办法　1990年全区对天气预报的检验标准，是按照中国气象局下发的《重要天气预报质量评定办法（试行）》中的统一标准评定。检验内容包括短期天气预报中一般性降水、暴雨（雪）、大风、极端气温和寒潮；中期天气预报中旬极端气温、一般性降水、暴雨（雪）过程以及寒潮；长期天气预报中温度和降水趋势。采用这种评定办法比过去有代表性，便于同国外进行比较。随着社会发展对天气预报的需求和我国中期数值天气预报业务系统的建立，天气预报发生根本性的变化。中期天气预报的制作方式，由过去的旬降水量、平均温度和天气过程的统计预报变更为数值预报可用时效内的逐日要素预报，长期天气预报被列入气候业务。对天气预报的检验也按照中国气象局2005年重新修订的《中短期天气预报质量检验办法》中的统一标准执行。新的检验办法对0~7天内24小时段的降水预报分别进行分级检验、累加降水检验和晴雨检验，温度预报检验极端气温和定时温度预报。同时增加对0~3天内12小时、24小时段冰雹、雷暴、冻雨、霜冻、雾（雾、浓雾、强浓雾）、强降雨（暴雨或大雨以上等级）、沙尘天气（沙尘暴、强沙尘暴）、大风（≥6级，≥8级，≥10级，≥12级）、高温（≥37℃，≥40℃）、强降温（≥8℃，≥12℃）等11类23项灾害性天气预报的检验。

2. 天气预报工作制度建设　1990年，自治区气象局制定《全区天气预报业务综合考核评价办法》，作为对盟（市）气象台重要天气预报、预报质量、预报业务建设、情报、制度建设、奖惩情况6个方面进行目标考核的依据。1997年，自治区气象局制定《自治区优秀值班预报员奖励办法》，办法执行至今，共奖励全区各级气象台站预报人员200多人次。2001年，根据中国气象局《加强天气预报和气候预测业务总结工作方案》，利用自治区气象内部网组织开展重大灾害性天气过程技术总结和预报技术经验交流活动，为相互学习，扩大交流范围提供平台，是一项创新性工作，也减少会议，提高效率。该活动已形成业务技术总结的一种机制至今，已延续7年在网上进行论文交流（网址：172.18.112.80/jcfw/jl/jllw.htm），累计交流论文近200篇。2003年，制定《内蒙古气象局天气预报服务过程质量检查评估暂行办法》，目的是对天气预报服务工作起到测定水平、控制方向，分析差距，预测后果的作用。2004年，制定《内蒙古自治区突发气象灾害预警信号发布试行办法》，对预警信号制作、发布用语和具体流程、发布（更新、解除）时间、影响范围等均做出规定。2005年6月，根据中国气象局下发的《天气预报等级用语业务规定（试行）》，以发布警报的形式要求对暴雨、高温、寒潮、大雾、雷雨大风、大风、沙尘暴、冰雹、雪灾、道路结冰、霜冻、灰霾、城市内涝、地质灾害、森林（草原）高火险、城市高火险等17类天气预报的发布时间、和等级用语均做出规定。自2005年起，运用全区气象宽带网和可视会商系统，建立全区汛期天气预报周会商制度。其中对会商时间和地点、参加会商单位和人员、会商流程和内容、督察等方面制定规定。2005年4月，制定天气预报产品信息应用登记制度，要求对每日获得的公众天气预报、数值预报要素场、要素指导预报、汛期指导预报等重要产品信息，记录在册，便于对产品检验和应用，提高预报技术人员对数值模式预报和上级指导预报的产品解释应用能力。

3. 新增预报业务规定　1993年，根据《全国森林火险天气等级》，将火险天气预报、警报业务作为天气次生灾害预报正式纳入日常天气业务。2000年，随着9210卫星通信系统的建成和投入业务运行，全国城镇天气预报产品共享的条件已经成熟。同年9月1日起，分县天气预报纳入日常天气业务。全区县级以上城镇天气预报通过9210卫星通信系统每天统一传输2次到北京，存入全国预报产品库，并向全国广播。随后陆续增加浮尘、扬沙、强沙尘暴三种天气现象的预报，并将原预报时效3天的城镇预报扩充至5天。2003年，根据中国气象局下发的《沙尘天气预警业务服务暂行规定（试行）》，将沙尘天气预警正式纳入日常天气业务。2004年，气象信息综合分析处理系统第二版（简称MICAPSV2.0）正式定版，作为制作天气预报的人机交互式工作平台，2004年1月1日起，在自治区各级气象台投入业务运行。MICAPSV2.0正式版在核心软件、中短期组件、卫星组件、省级预报业务流程组件和三维图形软件等方面，较V1.0版有了更大的改进。2004年，为开展对暴雨、飑线、冰雹、雷雨大风、龙卷、雷电、下击暴流、雪暴等灾害性天气的监测和预警，根据中国气象局《关于下发短时、临近预报业务暂行规定》，自治区气象局制定相应的《天气雷达责任区划分》《短时和临近预报传输规定》等补充规定。短时、临近天气预报业务正式开展。2004年6月1日开始，按照中国气象局下发的《灾害性天气及其次生灾害落区预报业务暂行规定》，自治区盟（市）以上气象台开展了冰雹、雷暴、中雪、大到暴雪、雾、浓雾、冻雨、霜冻、地质气象灾害（大于3级）、大雨、暴雨、沙尘暴、强沙尘暴、大风（风向、风速）、高温、强降温、森林草场火险等级（大于3级）的短期灾害性天气及其次生灾害落区预报业务。2006年6月，根据中国气象局特制的《精细天气预报业务规范》，在全区气象部门组织部署针对常规天气要素、灾害性天气与气象相关灾害的精细预报工作。与传统天气预报相比，精细天气预报更注重对气象要素演变过程的描述和定量预报。对不同的类型和预报时效的天气预报，精细程度要求不同。2007年，根据气象业务技术体制改革中预报预测体系提出的坚持集约化发展的原则和上下一体化的预报制作方式，按照全区各级气象台站天气预报业务分工，分别调整对上级指导产品的应用和制作对下级台站的指导产品。调整后的指导产品包括MICAPS格式的雨量落区预报产品和灾害性天气落区预报产品、各种文字预报产品，从发布时间、发布内容、文件格式均考虑各级台站的方便应用，已成为基层台站开展常规天气要素、灾害性天气与气象相关灾害等精细预报的重要参考信息。

4. 天气预报技术活动　1996年，自治区气象局举办全区第一届天气预报技术比赛。2003年，组织自治区和盟（市）气象局有关预报业务和管理人员的考试。参加人员有各盟市气象局和区局直属业务单位分管业务工作的局长、业务科长和预报管理和业务人员。考试内容涉及天气学、统计学、动力气象学等基本原理和应用，新技术、新系统和新产品信息的应用和操作及目前全国和自治区气象现代化建设、运行状况以及发展方向、有关的业务规定等内容。2007年11月，举办第二届全区天气预报技能竞赛，制定相应的《第二届全区天气预报技能竞赛实施方案》。最终对获得团体前三名的自治区气象台、呼伦贝尔市气象局、兴安盟气象局和获得个人全能前六名的孟雪峰、李一平、徐蔚军、张百萍、赵艳丽、宋桂英进行奖励。其中前三名选手代表自治区气象局参加首届全国气象行业重要天气预报技能竞赛。

四、气象通信

1990年，执行了国家气象局下发《气象通信人员连续百班优质高效无错情评奖办法》，自1990年起在全区气象通信值机人员中开展连续百班优质高效无错情评奖活动。

依据国家气象局决定，从1990年开始，对全区各专用电信网实行年报统计制度，每年对各专用网络组织、通信能力、装备水平情况进行调查统计。统计内容包括：干线、省际和省内有线气象电路，各级无线气象传真、电传广播，以及省内气象辅助通信网。

1995年，自治区气象局印发《气象通信人员连续百班优质高效无错情评奖办法》，自4月1日起，在全区气象通信值班人员中开展连续百班优质高效无错情评奖活动。

1995年，为适应通信传输业务调整和开展"通信百班无错情"活动的需要，区局对现行的《气象专用通信网发报业务质量检查办法》进行修改补充，对检查内容、检查步骤及要求、报表统计等方面做出详细规定。

1995年6月，执行中国气象局《气象信息网络汛期工作优质高效无事故先进集体评奖办法》，从当年7月开始，在省及以上气象部门开展气象信息网络汛期工作优质高效无事故先进集体评奖活动。

为推进气象部门标准化和规范化建设，适应气象软件开发的需要，提高软件开发的水平和质量，中国气象局于1995年12月印发了《气象软件工程规范》在全国试行。

1998年11月，自治区气象局制定《自治区业务机房工作制度》《自治区级业务网络系统管理制度》并下发全区。

1999年7月为推进标准化、规范化建设，自治区气象局下发《气象信息系统工程规范（试行）》。

2000年1月为实现9210工程的业务化，确保气象信息网络业务的可靠运行，区局制定《内蒙古自治区气象局气象信息网络业务运行实施方案》，方案对上行、下行气象信息的传输、地面备份电路的运行、气象信息网络业务的运行保障等方面进行规范。方案的实施促进了气象信息网络业务的发展。

为加强气象信息网络系统的管理，保障系统稳定、可靠、安全运行和气象信息的通畅传输，中国气象局于2001年制定并下发《气象信息网络系统业务运行管理规定（试行）》。

2004年，自治区气象局制定并下发《内蒙古气象局计算机系统安全管理制度》。

2005年7月，为了加强重大突发性天气灾害的气象信息服务，自治区气象局制定并下发《全区重大突发性天气观测资料的应急传输暂行规定》，于2005年8月1日起试行。

2006年，为了加强全国气象宽带网络系统的业务运行及维护保障管理，中国气象局监测网络司组织拟订《全国气象宽带网络系统运行管理暂行规定（试行）》和《全国气象宽带网络系统技术保障管理暂行规定（试行）》，完善了气象宽带通信网络系统的相关管理规定，保障了系统投入正式运行。

五、资料

随着气象业务的标准化、业务化的深入，气象资料管理也逐步规范化。1995年，自治区气象局下发《关于进一步加强内蒙古自治区气象部门档案工作的通知》，要求对档案工作做到统一领导、统一管理、统一制度。实行领导分管岗位责任制，把档案工作纳入规划、计划管理，建立健全各项规章制度并监督实施，明确自治区气象科技档案馆主任由气候中心主任担任，副主任任副馆长，将文件档案管理列入考核干部工作实绩内容。

1997年，中国气象局先后共发布一系列文件，制定统一的比较适用的管理制度和技术方法，明确了气象部门机关等十类档案的归档管理办法，以及气象档案的鉴定和气象档案分类标准，同时附有《气象档案保管期限表》和《气象档案分类表》对照表。自治区气象局下发文件，遵照执行。

2001年，自治区气象局执行了中国气象局下发《气象记录档案管理规定》和关于《气象记录档案保管体制调整工作实施方案》的通知。

按照全国气象档案工作会议精神，气象记录档案的保管体制由原来的国家、省、市、地县四级管理制度变更为国家、省级两级，2002年，自治区气象局下发《内蒙古自治区气象局气象记录档案保管体制调整工作计划及实施方案》，调整各级档案馆、室的主要任务，明确自治区、盟市和旗县气象局各级档案室的业务职责。

2001年11月26日，《气象资料共享管理办法》以中国气象局令的形式发布，自治区据此制定《内蒙古自治区气象系统气象资料共享实施细则（试行）》。

2007年，中国气象局下发《机读载体气象资料归档管理暂行规定》，自治区气象局制定下发《关于机读载体气象资料归档管理的实施细则》。

六、专业气象

1. 酸雨观测

2006年1月1日，中国气象局颁发的《酸雨观测业务规范》开始在自治区气象业务中实施。该规范对酸雨观测站的工作任务、酸雨的观测场地、实验室、降水样品的采样、贮存、运送、降水样品pH值和电导率的测量、数据记录与资料的存档、环境报告书的填写等做出具体的技术规定。2007年1月1日，中国气象局制定的《酸雨观测业务规章制度》开始试行，对酸雨观测岗位职责、工作制度、酸雨观测业务质量考核办法和创优质竞赛活动办法做出规定。

2. 沙尘暴观测

为保证沙尘暴观测业务的正常运行，2005年1月1日，全区各沙尘暴观测站开始执行中国气象局监测网络司制定的《沙尘暴观测业务规章制度（试行）》。

第三节　业务质量

一、大气探测

1. 高空气象探测业务质量

按照1988年印发的高空气象探测质量考核办法等有关要求，高空气象探测业务质量统计主要包括：探空质量、测风质量、探空月平均高度、测风月平均高度、球炸率、重放球等，此外，还包括漏发电报次数、施放不合格次数、早迟测次数、过时报次数、伪造涂改次数、记录缺测次数、雷达单独测风等。根据该考核办法，1988年至2003年全区气象台站高空测报质量统计如表4-18-1所示。

2003年，中国气象局组织对高空气象探测业务质量考核办法进行了修订，制订印发了《高空气象探测质量考核办法》（2003版）。根据该办法，高空气象探测业务质量考核指标主要包括：探测质量、探空高度、测风高度、球炸率、重放球等五项指标，此外还包括漏发电报次数、施放不合格次数、早迟测次数、过时报次数、伪造涂改次数、记录缺测次数等。根据该考核办法，2004年至2007年全区高空气象探测质量统计如表4-18-2所示。

2. 地面气象探测业务质量

按照地面气象探测质量考核办法等有关要求，1988年至2007年全区气象台站地面测报质量统计如表4-18-3所示。

二、生态与农牧业气象观测

1. 农牧业气象

按照1988年中国气象局印发的《农业气象观测质量考核办法》的有关要求，农业气象观测业务质量统计主要包括：农作物观测质量、土壤水分观测质量、自然物候观测质量和畜牧观测质量等，此外，还包括责任性错误、漏测错情况、观测错情、薄表错情和发报错情等。根据该考核办法，1988年至2007年全区农业气象测报质量统计如表4-18-4所示。

2. 生态气象

按照2006年内蒙古气象局印发的《内蒙古自治区生态气象监测业务质量考核办法》的有关要求，生态气象观测业务质量统计主要包括：农作物观测质量、土壤水分观测质量、土壤风蚀观测质量、森林可燃物观测质量和天然牧草观测质量，等等，此外，还包括责任性错误、漏测错情况、观测错情、薄表错情和发报错情等。根据该考核办法，2006年至2007年全区生态气象测报质量统计如表4-18-5所示。

表 4-18-1　1988—2003 年全区气象台站高空测报质量表

年度	伪造涂改次数	记录缺测次数	探空质量 错情个数	探空质量 工作基数	探空质量 千分比	测风质量 错情个数	测风质量 工作基数	测风质量 千分比	探空施放高度 平均高度	探空施放高度 球炸率	雷达测风平均高度	探空重放球次数 人为	探空重放球次数 非人为	漏发电报次数	施放不合格次数	早迟测次数 人为	早迟测次数 非人为	过时报次数	雷达单独测风 平均高度	雷达单独测风 重放球 人为	雷达单独测风 重放球 非人为	雷达单独测风 记录缺测次数
1988	3	—	630.9	295716	2.1	193.6	224688	0.9	26531	933	25456	4	25	1	1	69	44	9	18812	1	3	
1989	0	3	—	—	1.9	—	—	1	26680	964	25626	27	18	0	0	48	44	5	19709	7	4	
1990	0	1	393.0	314228	1.3	116.5	226735	0.5	27196	967	26063	19	22	0	2	32	40	3	19155		5	1
1991	0	1	438.0	305883	1.4	144.7	187167	0.8	27087	967	25929	19	11	1	2	51	35	5				
1992	0	2	290.5	308124	0.9	120	188699	0.6	26989	960	25873	6	8	0	4	41	32	2				
1993	0	10	485.0	303553	1.6	163	180154	0.9	26349	933	25203	10	20	0	1	22	34	1				
1994	0	2	506.5	299264	1.7	110.5	190077	0.5	27051	953	25796	11	5	2	2	18	20	0				
1995	0	3	526.1	315828	1.7	96.5	185669	0.7	27362	956	26201	13	12	0	0	15	22	0				
1996	0	4	372.0	326562	1.1	138.5	190668	0.2	27404	958	26144	8	10	1	7	12	2	0				
1997	0	2	238.1	299569	0.8	42.5	183267	0.3	27433	939	26310	19	11	0	0	13	24	0				
1998	0	0	277.6	259732	1.1	54.5	173319	0.2	27315	921	26165	14	7	1	1	15	23	2				
1999	0	2	250.0	246049	1	40.1	162735	0.1	27432	936	26190	19	7	0	0	8	25	1				
2000	0	0	131.0	230792	0.6	3	159293	0.1	27507	958	26294	18	6	0	0	10	34	0				
2001	0	1	41.0	228666	0.2	12	162635	0	27999	973	26956	4	6	0	0	10	28	0				
2002	0	1	69.0	246433	0.3	12	163800	0.1	28805	960	26934	3	5	0	0	4	26	3				
2003	0	1	40.5	249864	0.2	8.5	174414	0	28770	971	27546	2	5	0	0	4	30	0				

表 4-18-2 2004—2007 年全区高空气象探测质量统计表

年度	探测质量				探空高度	雷达测风高度	球炸率	重放球次数		漏发电报次数	施放不合格次数	早迟测次数		过时报次数	备注
	伪造涂改记录	记录缺测次数	错情个数	工作基数	错情率										
								人为	非人为			人为	非人为		
2004	0	0	53.0	478680	0.11	28039	27029	967	2	8	3	0	3	13	0	
2005	0	0	—	—	0.2	29068	27900	976	2	6	0	0	3	26	1	
2006	0	1	—	—	0.19	29982	28607	978	8	22	1	2	6	62	1	
2007	0	0	104.5	469345	0.22	29284	28127	982.5	13	33	0	0	7	78	0	

表 4-18-3 1988—2007 年全区地面气象探测质量统计表

年份	1988	1989	1990	1991	1992	1993	1994	1995	1996	1997	1998	1999	2000	2001	2002	2003	2004	2005	2006	2007
质量(‰)	2.5	2.0	1.74	1.5	1.4	1.23	1.1	1.0	0.14	0.9	0.6	0.4	0.3	0.2	0.2	0.1	0.11	0.02	0.02	0.02

表 4-18-4 1988—2007 年全区农牧业气象观测质量统计表

年份	1988	1989	1990	1991	1992	1993	1994	1995	1996	1997	1998	1999	2000	2001	2002	2003	2004	2005	2006	2007
质量(‰)	85 个错情	—	−17.2% 28 个	—	—	39	—	—	—	1.26	0.79	0.52	0.25	0.20	0.14	0.11	0.08	0.08	0.11	0.10

表 4-18-5 1988—2007 年全区生态气象观测质量统计表

年份	1988	1989	1990	1991	1992	1993	1994	1995	1996	1997	1998	1999	2000	2001	2002	2003	2004	2005	2006	2007
质量(‰)	—	—	—	—	—	—	—	—	—	—	—	—	—	—	—	—	—	—	0.11	0.03

三、天气预报

1. 1990—2005 年天气预报的质量考核

是按照由中国气象局 1990 年 5 月下发的《重要天气预报质量评定办法（试行）》执行。统一规定：短期指 0～72 小时（即 3 天以内）；中期指第 4 天至第 10 天；长期指 10 天以上。统一评定和上报的项目，短期有：一般性降水、暴雨（雪），大风，极端最高（低）气温，寒潮五项。中期有：旬报中的极端最高（低）气温，一般性降水和暴雨（雪）过程以及寒潮四项。长期有：温度和降水趋势两项。采用本办法评出预报质量包括：正确率，空、漏报占预报（含降水量漏报）总次数的百分率，定性预报技巧水平（百分率）和定量预报技巧水平（百分率）四部分。其中技巧水平质量仅供内部评价技术水平程度时参考，概不对外公布。

（1）短期预报。按预报时段（如 24 小时、48 小时等）、项目，算出每月预报项目的如下质量：定量预报平均绝对误差值、空报次数、漏报次数、空（含漏）报总次数占预报（含漏报）总次数的百分比、定性预报正确率（Ts）、定性预报技巧百分数和定量预报技巧百分数共七种。表 4-18-6 仅列出 24 小时、48 小时段的一般性降水、暴雨（雪）预报正确率。

表 4-18-6　1995—2005 年盟（市）以上短期区域 24 小时预报质量

年份	一般性降水正确率(%)		暴雨(雪)以上正确率(%)	
	24 小时预报	48 小时预报	24 小时预报	48 小时预报
1995 年	43.52		5.67	
1996 年	58.27	38.24	32.00	2.50
1997 年	60.86	38.56	37.50	12.50
1998 年	64.98	45.09	41.83	0.0
1999 年	62.94	44.25	25.00	0.0
2000 年	68.63	47.88	25.00	0.0
2001 年	72.66	55.71	50.00	50.0
2002 年	69.69	57.73	0.0	0.0
2003 年	75.55	63.38	48.22	11.20
2004 年	69.65	59.65	70.25	0.0
2005 年	74.27	64.14		

（2）中期预报。统一评定预报的"旬报"（所谓旬报，意思是发布旬内的天气预报）。按预报时段（旬）、项目，算出某月某旬的质量项目（即正确率、空、漏报百分比和技巧分），在算出本月某旬某项目某质量项目的基础上，再算出本月旬预报的平均质量。表 4-18-7 仅列出旬预报的一般性降水、暴雨（雪）预报正确率。

表 4-18-7　1995—2005 年盟（市）以上中期区域旬预报质量

年份	一般性降水正确率(%)	暴雨(雪)以上正确率(%)
1995 年	45.89	
1996 年	55.79	0.0
1997 年	58.58	68.87
1998 年	61.56	3.86
1999 年	65.77	0.0
2000 年	68.36	33.33

表4-18-7续

年份	一般性降水正确率(%)	暴雨(雪)以上正确率(%)
2001年	70.53	0.0
2002年	69.27	0.0
2003年	74.32	33.33
2004年	70.21	25.00
2005年	72.72	

（3）长期预报。评定预报的温度和降水（雪）量趋势两项，预报用语划分各个等级（特少、偏少、正常略偏少、正常（接近累年平均值）、正常略偏多、偏多、特多），汛期或降水主要集中期的降水预报用语划分七个等级，其他月份划分五级。月预报只进行定性评定，计算预报误差值、定性技巧（相对于气候预测的准确率）和定量技巧（预测量与实况的接近程度）水平百分数。表4-18-8仅列出月降水趋势、温度趋势的技巧得分。

表4-18-8　1995—2005年盟（市）以上长期区域趋势预报质量

年份	长期(月)降水趋势		长期(月)温度趋势	
	定性技巧(%)	定量技巧(%)	定性技巧(%)	定量技巧(%)
1995年	74.8	32.0	71.0	78.7
1996年	69.7	44.3	88.7	72.7
1997年	76.9	50.1	77.1	65.1
1998年	71.7	47.8	58.9	57.0
1999年	69.0	37.4	78.3	69.1
	预测技巧	预测评分(%)	预测技巧	预测评分(%)
2000年	0.04	69.2	0.41	75.1
2001年	0.2	75.8	0.68	87.4
2002年	0.18	71.3	0.60	84.1
2003年	0.26	78.1	0.58	86.9
2004年	0.37	78.7	0.63	87.7
2005年	0.46	83.9	0.40	74.6

注：2000—2005年预报用语已变更为6级，质量结果是使用新评分办法评定。

2. 2005—2007年天气预报质量考核

2005—2007年长期预报划入短期气候预测业务，短、中期天气预报的质量考核执行中国气象局1990年5月下发的《重要天气预报质量评定办法（试行）》。检验内容有：

（1）降水预报。降水分级检验：将降水量分为小雨、中雨、大雨、暴雨、大暴雨、特大暴雨和小雪、中雪、大雪、暴雪10个等级，检验各级降水、一般性降水〔小雨（雪）至大雨（雪）〕和暴雨（雪）以上（暴雨至特大暴雨和暴雪）预报情况；累加降水量级检验：检验对≥0.1毫米、≥10.0毫米、≥25.0毫米、≥50.0毫米降水的预报情况；晴雨（雪）检验：对有降水、无降水两种类别进行检验。上述统一检验0～168小时内预报的正确率、空报率、漏报率。

（2）温度预报：检验最高、最低气温0～168小时内预报的平均绝对误差、均方根误差、预报准确率。

（3）灾害性天气落区预报：检验冰雹、雷暴、冻雨、霜冻、雾（雾、浓雾、强浓雾）、强降雪（中雪、大雪、暴雪)、强降雨(暴雨或大雨以上等级)、沙尘天气(沙尘暴、强沙尘暴)、大风(≥6级、≥8级、≥10级、≥12级)、高温(≥37℃，≥40℃)、强降温(≥8℃，≥12℃)等11类23项灾害性天气0~72小时预报的正确率、空报率、漏报率。下表4-18-9仅列出站点降水预报的正确率。

表4-18-9　全区盟(市)以上气象台中、短期站点降水天气预报质量

		0~12 正确率(%)	12~24 正确率(%)	0~24 正确率(%)	24~48 正确率(%)	48~72 正确率(%)	72~96 正确率(%)	96~120 正确率(%)	120~144 正确率(%)	144~168 正确率(%)
小雨	2006年	22.6	26.5	35.4	27.2	21.3	25.1	21.8	27.7	13.5
	2007年	32.4	27.1	36.7	29.4	25.8	24.5	24.7	21.1	16.7
中雨	2006年	6.7	11.7	11.0	8.0	7.6	3.9	3.0	4.2	3.1
	2007年	14.1	14.6	16.2	14.1	7.1	6.5	4.2	8.6	5.5
大雨	2006年	9.0	3.5	1.8	1.4	0.5	2.2	1.9	1.7	0.4
	2007年	10.9	5.3	16.5	9.9	3.0	1.5	1.3	1.7	0.4
暴雨	2006年	4.5	0.0	2.8	1.4	0.0	0.5	0.3	0.6	0.4
	2007年	6.7	8.5	6.3	0.0	0.0	0.9	0.4	0.3	0.5
小雪	2006年	22.8	16.9	26.3	25.3	16.7	25.1	22.1	8.9	6.8
	2007年	34.8	34.6	36.9	33.4	22.7	22.9	20.2	19.6	12.1
中雪	2006年	0.8	0.0	0.0	0.5	0.0	2.4	3.2	0.0	10.5
	2007年	5.0	6.9	8.6	5.9	6.6	9.7	8.9		
大雪	2006年	0.0	0.0	0.0	0.0	0.0	0.0	0.00		
	2007年	2.6	2.5	5.3	2.4	0.3				
暴雪	2006年	0.0	0.0	0.0	0.0	0.0				
	2007年	1.4	7.3	7.5						
一般性降水	2006年	27.3	31.9	38.8	33.5	23.3	30.4	25.2	24.3	13.4
	2007年	38.2	36.4	40.9	35.6	30.9	27.7	21.1	27.8	20.3
暴雨(雪)以上	2006年	4.1	0.0	4.3	1.3	0.0				
	2007年	5.2	8.4	5.7	0.0	0.0				

四、气象通信

1988—2007年常规气象报文传输情况如表4-18-10。

表4-18-10　1988—2007年常规气象报文传输时效质量

年份	传输时效(%)	年份	传输时效(%)	年份	传输时效(%)
1988	99.22	1995	97.4	2002	99.57
1989	99.8	1996	97.5	2003	99.72
1990	99.8	1997	97.96	2004	99.83
1991	—	1998	99.11	2005	99.85
1992	99.89	1999	98.7	2006	99.89
1993	99.94	2000	99.58	2007	99.96
1994	99.7	2001	99.61		

五、资料

1.档案管理

按照中国气象局统一要求，2003年起气象记录档案保管体制由原来的四级管理变为二级(省级和中央）管理，各盟市和旗县气象局2000年以前的原始气象记录档案于2005年全部移交到自治区气象科技档案馆。2005年底，馆藏气象科技档案有51000余卷（含非纸质载体档案），气象科技资料5000多册。

2. 资料汇编

随着气象科技的进步，气候资料信息化处理技术不断提高，1990年后气候资料的处理、整编工作，各种气象报表的审核全部由计算机和人工相结合的方式进行。1993年后气候信息报表的传输也由邮寄变更为通过局域计算机网络来实现。

1994年7月和2003年6月，按照中国气象局统一部署，自治区气候中心完成两个阶段1961—1990年、1971—2000年《内蒙古自治区地面气候资料》的整编工作。全部整编项目包括标准气候值和极值近300个，所有项目统计均由计算机完成。出版发行资料有12个气象要素共41项累年统计值。

1994年，完成全区气候资料处理和分析系统建设，并投入业务使用。2001年，自治区气候中心研发的内蒙古气候整编资料共享系统投入运行，实现全区地面整编气候资料和气候图集以及气象台站历史沿革等信息的资料共享。2003年，开始对全区47个气象基准基本站1961—2000年的降水自记资料进行图形数字化处理工作，以挽救没有信息化的历史降水资料。

六、专业气象

1. 酸雨观测

内蒙古酸雨观测业务开展以来至2007年，观测质量较稳定，错情率一直保持在0.0‰。

2. 沙尘暴大气成分观测

鉴于沙尘暴、大气成分观测是新开展的业务，大部分仪器设备从国外进口，设备构造较为精密复杂，仪器的计量标校及维修保障等渠道尚未建立完善，目前内蒙古只对沙尘暴观测业务传输质量进行考核。

第十九章 计划财务管理

第一节 体 制

1988—2007年，全区气象部门继续实行上级气象部门与地方政府双重领导，以气象部门领导为主的计划管理体制。根据授权，自治区气象局和盟市气象局行使两级政府气象管理职能，气象事业费划归中央财政，各级气象部门及其所属单位作为中央直属事业单位管理。自治区政府于1989年1月17日《转发自治区计委、财政厅、气象局关于地方财政合理负担部分气象经费的报告》（内政办发〔1989〕6号），自治区气象局1989年2月17日《转发关于地方财政合理分担部分气象经费的通知》（内气计字〔1989〕009号），为密切各级气象部门与地方的关系，争取地方资金起到了积极作用。继1992年5月2日《国务院关于进一步加强气象工作的通知》（国发〔1992〕25号）文件下发后，自治区人民政府印发了《内蒙古自治区人民政府转发国务院关于进一步加强气象工作的通知》（内政发〔1992〕133号）和1998年3月30日《内蒙古自治区人民政府关于加快发展气象事业的通知》（内政字〔1998〕44号），要求各级政府要建立与国家财政体制相适应的地方气象投入体制，把地方气象事业发展经费纳入年度财政预算，为地方气象事业发展提供稳定的资金来源。至2007年底全区96个与地方政府有行政隶属关系的气象台站建立双重计划财务管理体制。

一、管理内容

内蒙古自治区气象局计划财务处具有计划和财务两部分管理职能。计划管理：组织编制自治区气象事业年度计划及中、长期发展规划并实施与监督；编制基本建设项目库，负责全区基本建设的规划、立项，项目监督、审查、验收等；指导基层台站基本建设；负责权限规定的台站探测环境范围内新建、扩建、改建工程项目的审批；负责自治区气象部门综合统计管理。财务管理：负责落实双重计划财务体制工作；协调办理气象行政收费项目、罚没收入审批事项；会同业务处室制定业务资金分配方案及资金使用状况检查；负责固定资产、中央及地方基建财务、中央银行账户、地方气象事业费以及企业财务管理；负责中央及地方财务预算和决算、政府采购计划、会计电算化、财政国库集中支付等管理；负责全区财务人员岗位标准和培训规划的制定及综合经营管理。

1989年，撤消综合经营办公室，全区气象部门综合经营管理划归计划财务处。1991年4月29日内蒙古自治区气象局印发《关于气象专业有偿服务和综合经营若干规定》的通知（内气计发〔1991〕34号），1993年关于印发《内蒙古自治区气象部门行政事业性收费标准（试行）的通知》（内气发〔1993〕19号）。1994年综合经营管理划归科技产业与装备处。

1989年，参照国家气象局改革方案的有关条款，重新制定《气象事业费分配办法》，主要内容是公用经费与编制挂钩，业务费与任务挂钩。通过试行证明，新办法有利于加强经济核算，控制人员增加。

1997年，在清理整顿公司中，全区气象部门先后撤销3个公司。多个公司在后续经营中撤销、合并。1989年实有公司11个，至2007年底仅存5个。

二、计划财务管理人员

1988年以后，计划财务工作实行分级管理。自治区气象局设计划财务处，各盟市气象局设计划财务科，乌海市气象局、满洲里市气象局、二连浩特市气象局的计划财务工作归办公室管理。其中：呼和浩特市气象局计划财务科于1998年成立。旗县及以下气象部门的计划财务工作多数为兼职。2002年，区局成立财务结算中心，负责区局直属单位的财务工作。

至2007年底，自治区气象局计划财务处有9人。研究生学历2人、大学本科学历4人、大专学历3人。高级会计师1人；会计师（工程师）7人；助理会计师1人。盟市气象局计划财务科共有39人。

大学本科学历21人，大专学历15人，中专学历3人。高级工程师1人、会计师（工程师）22人、助理会计师16人。自治区气象局财务结算中心有16人。本科学历10人，大专学历6人；高级会计师5人，会计师10人，助理会计师1人。

第二节 计划管理

一、五年规划

1."七五"后三年—"十一五"前两年规划（1988—2007年）

（1）"七五"后三年（1988—1990年）规划完成情况

完成中国气象局管理的昭乌达盟（今赤峰市）巴林左旗、巴彦淖尔盟（今巴彦淖尔市）乌拉特中旗二个基准气候站和锡林浩特牧业试验站部分业务设备建设；对呼伦贝尔盟（今呼伦贝尔市）气象局和阿拉善盟巴彦毛道气象站二部701雷达进行改造；扩建区局直属业务楼、资料库，新建伊克昭盟（今鄂尔多斯市）气象局和乌海市气象局业务楼及9个旗县气象局业务楼；完成呼伦贝尔盟（今呼伦贝尔市）气象局制氢室搬迁、自治区气象局院内双路供电。为6个盟市气象局装备天气警报系统。1988年，对自治区气象台713雷达进行数字化技术改造；由地方资助的利用电视微波信道传递气象信息试点在乌兰察布盟（今乌兰察布市）气象局取得成功。气象部门项目建设投资1604万元，地方上划返还投资267万元，地方投资144万元；建设业务用房16169平方米，生活用房22371平方米；12个台站解决吃水困难；更新汽车4辆；更新和大修锅炉2台；至1990年底，全区拥有各种型号的微机77台，PC-1500等袖珍机348台；基本建成自治区—盟市，盟市—旗县两级辅助通信网；各盟市气象局都有一栋面积为2000平方米的家属楼（表4-19-1）。

（2）"八五"期间（1991—1995年）规划完成情况

充分利用自治区微波信道资源，八个盟市气象处（局）开通至自治区气象局的微波数据传输，建立了盟台业务系统；11个观测任务重、发报量大的边远台站建立远程单边带数传；6个边远艰苦站安装使用DCP发报平台，取消了莫尔斯发报；自治区气象通信台建成VAX-4200小型机为核心的数据通信网络，实现国家气象中心—区台—盟市台计算机业务联网，建成自治区气象台预报工作站，实现较多功能的图形图像显示和预报方法的自动输出；引进开发天气雷达、卫星遥感新技术；普遍建设天气预报、农牧业情报预报服务、气候资料和分析服务、气象决策服务和人工降雨防雹指挥系统等五个微机业务系统；"八五"期间气象部门项目建设投资3529.5万元，地方投资749.85万元。建设业务用房15752平方米，生活用房28972平方米，辅助用房1515平方米，其他房321平方米；25个旗县气象局、自治区人工降雨防雹基地和乌兰察布盟（今乌兰察布市）农牧业气象服务业务楼先后建成；区局和5个盟市气象局建设10栋宿舍楼；36个台站购置和更新了汽车。至1994年底，区局和75%的盟市气象局、46.7%旗县气象局建立双重计划财务体制，1992—1994年地方气象事业经费逐年增加，分别为833.6万元、958万元、1088.7万元（表4-19-1）。

（3）"九五"期间（1996—2000年）规划完成情况

完成气象卫星综合应用业务系统（9210工程）及延伸工程—旗县局PC—VSAT单收站重点建设任务；建成短波单边带数传网，全区盟市以下国家基准站、基本站全部实现单边带数传发报；完成自治区气象局业务平台工程建设和信息网络的升级改造；呼和浩特市C波段雷达电子探空系统投入业务运行；基层台站PC-1500机进行更新改造，国家基准站、基本站、高空站全部实现计算机编发报；全区农牧业综合服务系统（9401工程）开发建设；"九五"期间全区气象部门项目建设投资5158.4万元，地方投资637.5万元。建设业务用房6836平方米，生活用房36473平方米，辅助用房1166平方米，其他用房1580平方米；区局制定并实施艰苦台站解困发展工程，对7个一、二类艰苦站全面改造，包头市气象局和呼伦贝尔牙克石市等14个旗县气象局新建和改造了业务楼或办公室；新建盟市气象局职工住宅楼15栋；呼和浩特清水河县等11个旗县气象局（站）新建和翻建职工住房；更新和新增汽车68辆；一些台站还实现集中供暖或购置锅炉、安装自来水，进行电改造，硬化道路，修补围墙。区局和12个盟市气象局、

86.3%的旗县气象局建立双重计划财务体制；1997年，自治区政府办公厅下发《关于给基层气象台站划拨土地的通知》，全区气象部门得到土地5000亩；2000年8月30日，向自治区计划委员会报送《关于报送〈西部大开发内蒙古气象科技服务体系〉项目建议书的函》，2000年9月12日，自治区计划委员会正式向国家计划委员会上报我区西部大开发内蒙古气象科技综合服务体系项目建议书（表4-19-1）。

（4）"十五"期间（2001—2005年）规划完成情况

呼伦贝尔市气象局、通辽市气象局、赤峰市气象局、内蒙古气象台、鄂尔多斯市气象局先后完成"新一代多普勒天气雷达"建设任务；大气探测自动化系统建设，13个基准站、34个基本站、42个一般站建设自动站；建设单要素自动站163个；气象部门项目建设投资17447万元，地方投资7031万元。建设业务用房48842平方米，生活用房42944平方米，辅助用房3637平方米，其他用房1516平方米；至2005年底98%的台站进行了基础设施建设，台站的业务用房、道路、围墙、市政配套设施都得到改善；进行气象综合服务系统、自治区防灾减灾气象服务工程、生态环境保护与建设监测评估系统、沙尘暴监测预警工程的建设（表4-19-1）。

（5）"十一五"前两年（2006—2007年）规划完成情况

巴彦淖尔市气象局"新一代多普勒雷达"正在建设中；8个旗县气象局完成集中供热建设，锡林浩特观象台建设完成，海拉尔观象台正在建设。"十一五"前两年气象部门项目建设投资5842.3万元，地方投资365万元。建设业务用房22748平方米，辅助用房2579平方米（表4-19-2，表4-19-3）。

表4-19-1 基本建设项目投资统计表　　　　　　　　　　单位：万元、平方米

年度	项目投资	地方投资	业务用房		生活用房		辅助用房		其他用房	
			投资	面积	投资	面积	投资	面积	投资	面积
合计	32898	8952.4	12299.49	105760	16554.69	130760	468.6	8897	179.8	3417
1988	214	50	121.14	4487	141.71	5493				
1989	201	55	54.92	1530	170.81	4555				
1990	506	64	332.23	5565	391.87	12323				
1991	646	125.5	209	4123	228.6	6840	17.1	350	1	40
1992	848.5	189.85	188.3	4049	165.8	5954	32.4	895	6.3	147
1993	509.5	189	130	2290	49.5	1430	8	50	2	134
1994	641.5	157	103	1523	504.5	12121	33.5	220		
1995	884	88.5	365	3767	135	2627				
1996	796.9	171			615	8293				
1997	1186	52	208	2916	539	9478	23	778		
1998	1029	127.5	38.6	450	1081.2	12558			75	1305
1999	1112	28	85	1040	743.3	9862	2	38		
2000	1034.5	259	170	1815	300.5	4575	30	350	15	275
2001	1388.1	648	714.8	6220	1081.5	13036	27.1	659	2	30
2002	3780.5	2600	454.4	2390			6	3		20
2003	6014.4	2603	2211.4	8882	198.4	2931	16.8	196	49.5	736
2004	3655.3	915	2193.9	12611	2523	26407	30.2	559	23	700
2005	2608.8	265	2293.6	18739	7	570	75	2223	3	30
2006	2947.3	190	1350.2	13165			121.1	2039		
2007	2895	175	1076	9583			46.4	540		

表4-19-2 基本建设项目投资统计表　　　　单位：（万元、米、立方米）

年度	供电	供水	供暖	供气	排污	护坡		围墙	
						投资	规模	投资	规模
小计	416.4	452.3	1670.1	204.2	286.2	22.2	1123	313.6	14448
2001	7	47.8	236.4	35				25.3	1042
2002	4	69.1	150					10.1	916
2003	83.2	18	226.8	12	25.3	2.6	200	38.2	2112
2004	76.8	4.5	245.5		46.8			52.6	2449
2005	113.7	89	286.7	39.9	71.4	5.9	95	101.3	3868
2006	10	172.3	251.9	117.3	124	13.7	828	29.7	1371
2007	121.7	51.6	272.8		18.7			56.4	2690

表4-19-3 基本建设项目投资统计表　　　　（单位：万元、套、平方米）

年度	道路		绿化	设备购置		其他投资
	投资	规模		投资	数量	
小计	308.1	42939	569.9	7506.4	70	628.2
2001	34.2	2695	119	33.1	3	54.8
2002	26.5	2694	14.6	179.1	36	53.8
2003	63.5	21207	34.4	2203		158
2004	61.9	5662	270.6	2688.7	28	201.5
2005	122	10681	131.3	2402.5	3	160.1
2006	91.3	12542	70.2	639.1	10	170.3
2007	99.8	12086	19.3	164.6	25	599.4

2."七五"后三年（1988—1990年）—"十一五"前两年（1986—2007年）争取地方经费情况（表4-19-4）

表4-19-4 争取地方经费统计表　　　　（单位：万元）

年度	基本建设	气象事业费	津贴补贴	人控经费	其他投资	合计
合计	10401.33	7372.5833	6460.62	26463.74	3965.1684	54663.4417
1988	13	4				17
1989		49.95				49.95
1990	131	148.7			0.88	280.58
1991	85.5	25.01		101	157.08	368.59
1992	58.5	24.19		172.52	122.25	377.46
1993	12.5	143.91		506.49	131.63	794.53
1994	19.68	161.66		291.51	216.71	689.56
1995	94.5	275.77		930.65	223.53	1524.45
1996	94.5	275.77		930.65	223.53	1524.45
1997	97	619.52		998.46	245.02	1960

表4-19-4续

年度	基本建设	气象事业费	津贴补贴	人控经费	其他投资	合计
1998	97	619.52		998.46	245.02	1960
1999	225	474.3	237.5	1244.9	305.3	2487
2000	256	524.8	418.5	1352.8	250.9	2803
2001	979	554.4	349.5	1437.8	578.3	3899
2002	2794.95	487.3	454.21	1899.08	98.23	5733.77
2003	1549.9	390.78	639.84	2225.23	48.92	4854.67
2004	1295.3	724.22	827.73	2588	411.2	5846.45
2005	1139	418.95	1029.6	2735.64	130.5	5453.69
2006	833	914.16	981.88	3485.02	35.7	6249.76
2007	626	535.6733	1521.86	4565.53	540.4684	7789.5317

二、年度计划（项目管理）

年度计划实行每年向中国气象局上报第二年度基本建设项目建议，根据当年中国气象局下达的计划，下达自治区气象部门的基本建设计划。2000年开始使用《综合计划管理信息系统》，主要包括基础信息、台站规划、项目管理、计划管理、核对校验、报表管理等，一切基本建设项目建议都要进入该系统项目库上报中国气象局，根据中国气象局《综合计划管理信息系统》预算下达库，下达第二年的基本建设计划。2004年制定了《内蒙古气象部门项目库管理实施细则（试行）》。2006年中国气象局将《综合计划管理信息系统》升级为《中国气象行业建设项目管理信息系统4.0》，使基本建设项目管理工作更加完善（表4-19-5—表4-19-7）。

表4-19-5　1988—1990年基本建设投资完成情况　　单位：万元

年份	合计	中国气象局投资	地方上划返还投资	地方投资	部门补助基建投资	其他投资	占完成投资比重(%)			
							中国气象局投资	地方上划返还投资	地方投资	其他投资
合计	1324	1604	267	144	3	5				
1988	322	259	50	13			80	16	4	
1989	247	199	43		5		81	17		2
1990	718	619	64	131	3		76	8	16	

表4-19-6　1991—2000年基本建设投资完成情况　　单位：万元

年份	本年计划投资			未列入基建计划的投资	本年完成投资							本年新增固定资产
	合计	年度基建计划			合计	按构成分			按用途分			
		部门投资	地方投资			建安工程	设备、工器具购置	其他费用	生产性	非生产性	其中：住宅	
合计	11907.05	7474.4	1557.35	2875.3	11056.75	74559.8	2755.88	92.8	1047.1	7367.55	4853	10434.75
1991	676	464	125.5	86.5	605.2	462.9	121.8	20.5	391.6	411.6	198	625
1992	1128.35	848.5	189.85	90	1051.45	67027	370.18	6	655.5	622.25	226	890.65
1993	794.2	509.5	189	95.7	818.2	540.5	277.6			818.2	299	457.2

表4-19-6续

年份	本年计划投资				本年完成投资							本年新增固定资产
	合计	年度基建计划		未列入基建计划的投资	合计	按构成分			按用途分			
		部门投资	地方投资			建安工程	设备、工器具购置	其他费用	生产性	非生产性	其中：住宅	
1994	968.5	641.5	327		968.5	903	65.5			968.5	505	975.5
1995	974.5	450	88.5	436	974.5	698	276.5			974.5	558	873.5
1996	967.9	557.9	171	239	967.9	717.8	250.1			620.9	347	1015.9
1997	1238	998	52	188	1238	820	418			726	512	1518
1998	1757.4	1029	127.5	600.9	1757.4	1319.1	372	66.3		653.6	1104	1670.2
1999	1732.1	1112	28	592.1	1316.5	1049.4	267.1			709.4	607	1376.3
2000	1670.1	864	259	547.1	1359.1	1022.1	337			862.6	497	1032.5

表 4-19-7　2001—2007 年基本建设投资完成情况　　　　单位：万元

年份	本年计划投资						本年实际完成投资						本年新增固定资产
	合计	中国气象局投资	地方投资	单位自筹	个人集资	其他投资	合计	中国气象局投资	地方投资	单位自筹	个人集资	其他投资	
合计	25374.7	14847.1	7031	90.5	3386.1	20	25017.5	14715.9	6815	90.5	3386	10	25362.5
2001	2871.8	1388.1	648	12	823.7		2771.5	1278.8	657	12	823.7		3007.8
2002	3780.5	1180.5	2600				2583.5	733.5	1850				2164.5
2003	8840.3	6014.4	2603	63.5	159.4		5341.1	2538.3	2581	62.4	159.4		2943.9
2004	6998.3	3655.3	915	15	2403	10	8419	5137.9	862	16.1	2403		9888.1
2005	2883.8	2608.8	265			10	5902.4	5027.4	865			10	7358.2
2006	3307.3	2947.3	190	170			3161.1	2801.1	190	170			2731.5
2007	3070	2895	50	125			2526.8	2351.8	50	125			2276.3

三、固定资产投资

除中国气象局通过国家计划委员会（发展与改革委员会）下达的基本建设投资，安排的基本建设项目外，中国气象局还安排部分气象事业费用于固定资产投资的零星土建和基层台站设施维护、维修（主要用于房屋修缮、围墙修补、庭院绿化、路面硬化、汽车购置、办公设备购置、办公桌椅购置等）（表4-19-8）。1988—2000 年安排的事业费用于安排零星土建项目；2001—2007 年安排的事业费用于安排基层台站设施维护、维修等（表4-19-9）。

表 4-19-8　气象事业费安排的零星土建固定资产投资　　　　单位：万元

1988 年	1989 年	1990 年	1991 年	1992 年	1993 年	1994 年
111.24	27.27	3	12.9		14.1	14.5
1995 年	1996 年	1997 年	1998 年	1999 年	2000 年	
27.4	104.5	105.5	56.6	125	105.5	

表 4-19-9　气象事业费安排的基层台站设施维护、维修费　　　　单位：万元

2001 年	2002 年	2003 年	2004 年	2005 年	2006 年	2007 年
376.8	203.5		485	1265.8	1271.1	938

第三节 财务管理

一、年度预算

"七五"后三年（1988—1990年），气象部门双重计划财务体制还没有完全建立起来，自治区气象部门边远艰苦站多，地区补贴高，人员经费比例逐年上升，业务经费和公用经费比例逐年下降，仅靠气象部门的事业费，难以维持业务正常运转，气象事业的发展受到一定影响。

"八五"期间（1991—1995），自治区气象事业结构调整有较大进展，"三大块"格局初步形成（业务、科技服务、综合经营）。

"九五"期间（1996—2000年），气象事业经费虽有一定增长，仍难保障事业发展的需求。我区经济欠发达，地方财政困难，争取地方气象事业费和发展气象科技服务与产业受到较大制约，职工收入水平低，地方性津贴补贴落实困难，人员待遇与兄弟省区的差距越来越大。二、三块的收入在一定程度上弥补了气象事业经费的不足。

2001年以后，中国气象局拨付的气象事业费逐年增加，2007年达到27160.84万元，大大缓解了事业费严重不足的局面。各级气象部门争取的地方经费逐年增加，2007年达到7789.5317万元。

2000年，中央部门预算改革开始试点，当年自治区气象局向中国气象局编报2001年全区气象部门预算草案，向自治区财政厅编报2001年自治区气象部门预算建议和草案。

随着预算改革的深入，从2002年预算编制开始，气象部门纳入中央部门预算改革试点单位，开始推行综合预算，将所有的收入、支出全部纳入部门预算。并实行新的部门预算报表体系。同年中央预算基本支出实行定额管理，项目支出实行项目库滚动管理（表4-19-10）。

2004年，下发《内蒙古气象局部门预算管理实施办法（试行）》，关于《内蒙古自治区气象部门预算管理实施办法（试行）》说明；制定了《内蒙古气象科技服务财务管理暂行办法》；1996年3月27日关于印发《内蒙古气象局人工降雨防雹经费使用管理办法（试行）的通知》（内气计发〔1996〕031号）；2006年3月29日关于印发《内蒙古自治区气象部门专项资金管理办法（试行）》（内气函〔2006〕15号）。

2006年，政府收支分类改革工作启动，2007年1月1日正式实施。

2007年，国家全额安排离退休人员住房补贴。

表4-19-10 中央投资气象事业费情况　　　　　　　　　　　　　　　单位：万元

年度	气象事业费合计	其中		
		人员经费	项目经费	公用经费
合计	167792.54	59255.82	30728.14	40103.78
1988	1570	826.29	304.17	439.54
1989	1515.44	858.03	288.9	368.51
1990	1674.65	972.82	289.08	412.75
1991	1835.64	469.35	303.89	381.25
1992	2241.97	571.32	291.06	421.73
1993	2500.81	586.95	317.71	406.22
1994	3427.26	1548.45	445.46	444.88
1995	3455.6	1491.21	476.77	614.26
1996	3709.73	1531.76	538.94	454.58
1997	4073.09	1531.76	538.94	454.58

表4-19-10续

年度	气象事业费合计	其中		
		人员经费	项目经费	公用经费
1998	5169.48	1632.85	549.2	468.27
1999	5716.72	1743.21	592.69	487.02
2000	7699.9	2797.43	1205.28	1001.21
2001	8929.34	6724.11	1929.25	1497.47
2002	11964.3	5299.41	2432.21	2232.68
2003	20148.18	5104.61	2521.08	3831.04
2004	17118.89	5285.35	3024.67	4435.39
2005	17354.99	5529.89	3847.38	6220.52
2006	20525.71	6698.55	5029.49	7589.34
2007	27160.84	8052.47	5801.97	7942.54

二、年度决算

自1988年开始，每年的决算报表制度都在改革中变化，特别是计算机的广泛使用为报表填报提供了方便。在适应决算报表制度改革的同时，区局计划财务处加大了指导考核力度，2004年11月下发《内蒙古自治区气象部门决算工作考核管理办法》，规范决算工作的考核和评比流程。2006年起决算填报范围由三级扩大到四级，填报单位达到126家，决算报表质量逐年提高。区局的决算报表在2003—2006年连续4年被中国气象局评为填报质量优秀。

三、国库集中支付

改革开放以来，我国财税体制进行一系列改革，2001年财政部会同中国人民银行对现行财政国库管理制度进行改革，逐步建立和完善以国库单一账户体系为基础、资金缴拨以国库集中收付为主要形式的财政国库管理制度。2002年6月，区局列入国库集中支付试点范围；2004年7月，各盟市气象局、区局各直属单位列入国库集中支付试点范围；2007年7月，国库集中支付逐步推行到各四级预算单位（旗县气象局），至此改革范围扩大到全区气象部门全部中央预算单位，在建设银行和农业银行开立中央财政零余额账户116个，保证了全区气象部门所有中央财政资金及时、足额到位。在开立中央财政零余额账户的同时，加大对国库集中支付工作的管理和指导，2007年9月，下发《内蒙古自治区气象部门国库集中支付考核管理办法》，进一步规范此项工作。

四、固定资产管理

1993年，财政部下发《关于提高事业行政单位固定资产会计核算起点的通知》，同年自治区气象局下发《内蒙古自治区气象部门财产管理办法》，1996年3月4日关于转发《行政事业单位国有资产处置管理实施办法》通知（气计发〔1996〕016号），提高固定资产核算起点，规定固定资产处置"经财产管理人员及有关业务部门鉴定后，经单位负责人批准方可作报废报损处理"。

1998年，中国气象局下发《气象部门事业单位国有资产管理暂行办法》，规定闲置国有资产处置审批权限。2002年《内蒙古气象局国有资产管理实施细则（试行）》下发，提高固定资产核算起点。同时对自治区气象局及直属事业单位和各盟市气象局本级的资产处置权限也做出详尽规定。

2006年，《内蒙古自治区气象局固定资产管理暂行办法》下发，界定了固定资产的范围，规定固定资产处置应当逐级申报，分级审批并明晰审批权限。

2007年，区局下发《关于自治区气象部门资产核实工作有关问题的通知》，对盟市气象局和直属单位固定资产处置权限进行调整。

1994年，中国气象局计划财务司成立国有资产管理处，局计划财务处设立专职人员，负责全区的固定资产管理工作。自 2000 年开始先后使用《预算单位清产核资报表软件》《固定资产管理系统》《气象局资产管理信息系统》管理国有资产，并将《气象局资产管理信息系统》安装到基层，用于日常管理。

至 2007 年底，全区气象台站的国有土地面积达到 288.52 万平方米。比 2003 年房地产普查时 270.09 万平方米土地面积增加 18.43 万平方米，增加 6.82%，土地面积增加的主要原因，是部分气象台站搬迁，重新划拨了土地面积。其中：自治区气象局土地面积 16.36 万平方米，已完成土地使用权证的办理工作；盟市气象局土地面积达到 41.23 万平方米，已有 32.90 万平方米业务、办公用地办理土地使用权证；旗县气象局土地面积达到 230.92 万平方米，已有 175.76 万平方米业务、办公用地办理土地使用权证。有效保护了气象部门国有土地，避免了国有土地的流失（图 4-19-1）。

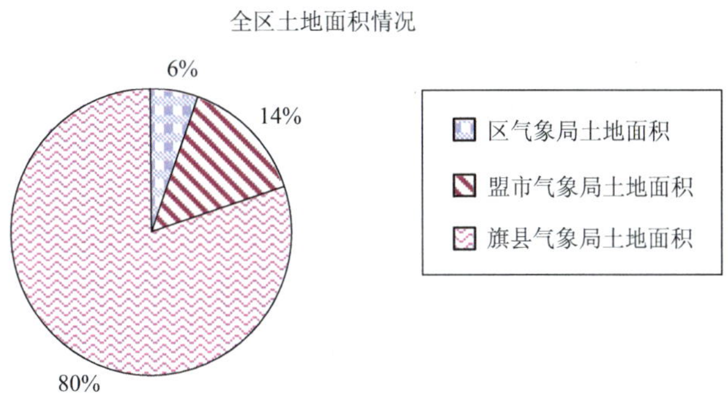

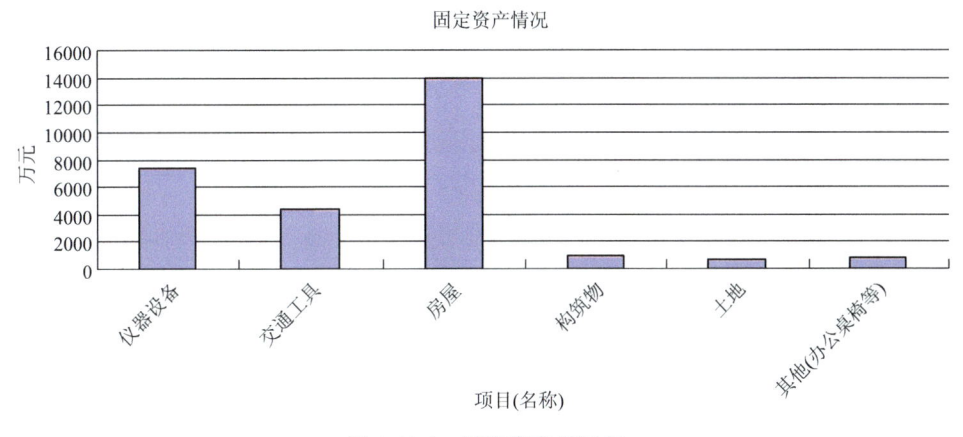

图 4-19-1　全区气象部门土地面积分布图

内蒙古自治区气象部门固定资产总额已经达到 28357.94 万元。其中：仪器设备资产总额 7385.81 万元，占资产总额的 26.04%；交通工具资产总额 4397.46 万元，占资产总额的 15.51%；房屋资产总额 14005.32 万元（比 1981 年房屋资产总额 3590 万元多 10415.32 万元），占资产总额的 49.39%；构筑物资产总额 984.52 万元，占资产总额的 3.47%；土地资产总额 709.36 万元，占资产总额的 2.50%；其他（办公桌椅等）875.47 万元，占资产总额的 3.09%（图 4-19-2）。

图 4-19-2　固定资产情况图

第四节　基 建 管 理

计划财务处和盟市气象局计划财务科均设有专职基本建设管理人员，直属单位由办公室负责，对基建质量及工程进行日常管理。1989 年 4 月 8 日自治区气象局关于印发《内蒙古自治区气象局基建财务管理实施细则》的通知（内气字〔1989〕022 号）。1996 年 6 月 15 日关于印发《内蒙古自治区气象部门基本建设管理办法实施细则》的通知（气计发〔1996〕054 号）自 2002 年开始，又先后对《内蒙古气象部门基本建设管理实施细则》《内蒙古气象部门基本建设财务管理实施细则》进行修订，制定《内蒙古气象部门项目执行检查实施细则》等一系列规章制度。2003年根据中国气象局有关规定和气象事业发展的要求，制定《内蒙古自治区气象部门基础设施建设实施方案》，作为今后台站建设的依据和标准。以此为依据，对全区气象台站基础设施建设规划统一部署，并要求各单位的规划建设均要取得当地有关部门的批复。对各单位上报的台站规划，区局请相关业务处室和建筑设计院进行会审。2003年已将现状图、规划图、建设与投资估算等内容充实到《计划管理信息系统》中。2003年3月制定《内蒙古自治区气象部门建设"一流台站"实施方案》；5月制定《内蒙古气象部门项目库管理实施细则》；2004年4月转发中国气象局《气象部门项目论证和评审工作办法》；2004年5月制定《台站建设实施方案》；2006年3月制定《区局大院基础设施建设项目管理办法》；2006年根据重新修订的《内蒙古自治区气象部门基础设施建设实施方案》，结合实际情况对台站规划作出修订完善。

2003年以来，自治区气象局通过委托内蒙古建筑学院教师授课、参加上级主办的培训班及到基层参观交流等方式多次对全区基本建设管理人员进行业务培训。

第五节 统 计 管 理

区局计划财务处设有专职综合统计管理人员，盟市气象局计划财务科设有专（兼）职综合统计管理人员，旗县及以下气象部门的统计人员为兼职。至2007年底，区局和盟市气象局有专职综合统计管理人员11人，兼职3人。

1988—2007年，区局每年编辑、出版一本《内蒙古自治区气象统计年鉴》。1989年、1994年整理、编辑、出版了"六五""七五"统计资料，1989年进行建立基础"统计台账"的试点工作；1991—2003年每年进行一次统计工作大检查；2003年5月制定《内蒙古自治区气象部门统计工作管理办法》；2004年在鄂尔多斯市举办综合统计管理培训班；2004年9月自治区气象部门通过贯彻执行《统计法》自查，综合统计工作中没有出现漏报、瞒报、虚报现象。

1993—1998年，自治区气象局综合统计报表，连续6年被中国气象局计划财务司评为报表质量一等奖。

第二十章 机关建设

第一节 组织建设

一、党组织建设

中共内蒙古自治区气象局直属机关第五届委员会自1998年6月选举产生以来，发挥各级党组织的战斗堡垒作用和党员的先锋模范作用，在加强党的思想、组织、作风、制度和反腐倡廉建设，推进精神文明建设等方面成绩显著。

1. 思想建设方面

利用党组中心组学习、集中培训、专题辅导、个人自学等形式，开展政治理论学习教育活动。自1999年以来，先后开展讲学习、讲政治、讲正气的"三讲"活动；以实践"三个代表"重要思想为主要内容的保持共产党员先进性教育活动；学习党章、遵守党章、贯彻党章、维护党章、做新时期合格党员学习教育活动；创建学习型党支部活动；组织开展"三五""四五"普法活动。自治区气象局在1996年、2000年、2004年三次被评为"全区思想政治工作优秀单位"，乌兰察布市气象局党组纪检组组长侯锦山被授予"全区优秀思想政治工作者"称号。2005年，自治区气象局成为首批被自治区直属机关工委授予"党建工作先进厅局"称号的单位。在自治区直属机关"四五"普法工作中，被评为"直属机关普法工作先进单位"，2人被评为先进个人，1人被评为自治区学法用法先进个人。

2. 组织建设方面

机关党委把基层党建工作纳入目标管理，以造就高素质党员、干部队伍为重点，在科研、业务、服务一线骨干中发展党员，近年来举办入党积极分子培训班4期，培训人员70多名，有52人入党。组织各基层党组织按期换届选举，配齐专兼职党务干部。根据党员变化情况，适时调整完善基层党组织机构设置。近年来机关党委2次被自治区直属机关工委评为"先进基层党组织"，3个直属单位党组织被授予"先进党支部"称号，6名党员获"优秀共产党员"称号。

3. 作风建设方面

机关党委从增强党员宗旨意识出发，加强以保持党同人民群众血肉联系为重点的作风建设。参与社会救助活动，近五年向帮扶地区、贫困学生、抗击"非典"一线的医务工作者、海啸灾区、困难职工家属捐款近30万元。做好帮扶工作，在帮扶锡林郭勒盟的"围封转移"中，区局4年累计投入资金57.5万元。从2006开始，对兴安盟科右前旗好仁苏木前宝地嘎查进行为期3年的定点帮扶，直接投入资金50余万元，农牧民将连续受益16年，受益资金达256万元，被评为"帮扶工作先进单位"，一名同志被评为"帮扶工作先进个人"。开展社区结对共建活动，与呼和浩特市回民区光明路街道办事处西铁社区结对，为社区解决办公场所，购买电脑、打印设备和桌椅；每年春节前夕携带生活用品和慰问款，慰问特困家庭。

4. 制度建设方面

机关党委以自治区直属机关工委提出的"三创一落实"活动（创建党建工作先进厅局、创建学习型党支部、争创"党的好干部、人民的贴心人"、贯彻落实《中国共产党党员权利保障条例》《中国共产党党内监督条例（试行）》）为载体，坚持党要管党、从严治党的方针，一是严格党的组织生活制度，把所有党员都编入党支部、党小组，按要求参加所在支部、小组的活动，坚持"三会一课"制度；二是开好党员领导干部民主生活会，抓好会前征求意见、会后反馈和监督整改等环节；三是先后制定《自治区气象局关于建立保持共产党员先进性长效机制的意见》《自治区气象局党组中心组学习办法》《关于在区局直属单位开展创建党建工作先进单位活动的实施意见》《内蒙古自治区气象局创建学习型部门工作的实施意见》《中共内蒙古气象局直属机关党支部工作制度》《关于创建学习型党支部的实施意见》《自治区气象局保持共产党员先进性具体要求》等制度，实现党员教育经常化、党内生活制度化、党员管理规范化。

5. 反腐倡廉建设方面

开展党风廉政宣传教育和廉政文化活动，构建反腐倡廉"大宣教"工作格局，查办信访举报信件，加强以完善惩治和预防腐败体系为重点的反腐倡廉建设。一是组织党员学习《中国共产党党内监督条例（试行）》《中国共产党纪律处分条例（试行）》，加强理想信念以及党风党纪教育。二是出台《全区气象部门党风廉政建设和反腐败工作意见》和《自治区气象部门开展治理商业贿赂自查自纠工作方案》等文件，各级领导班子成员认真履行"一岗双责"，层层签订党风廉政建设责任书。三是局（政）务公开制度、重大决策、重要干部（人事）任免、重大项目安排和大额度资金的使用集体研究决策制度、民主决策监督会议制度在全区气象部门得到推广。四是坚持领导干部"三项谈话"制度和"函询"制度。五是组织对各盟市局和部分基层局站党风廉政建设工作开展互查。六是围绕贯彻党的十七大精神、纪念改革开放30周年，开展为民、务实、清廉主题教育等活动。

二、共青团组织建设

截至2007年底，全区气象部门35岁以下青年近700人，共青团员234人，其中区局机关和直属单位共青团员36人。各级团组织带领广大团员和青年投身气象现代化建设，在业务服务、科研创新等方面，发挥着生力军作用。

1. 加强思想政治教育。通过组织团员青年学习、座谈、演讲、知识竞赛等形式，开展"岗位成才"教育和争做"有为青年"活动。按照《公民道德建设实施纲要》的要求，进行社会公德、职业道德、家庭美德教育，引导团员青年立足本职岗位建功立业。结合增强共青团员意识主题教育、荣辱观教育等活动，组织参观青少年爱国主义教育基地及革命圣地延安。2006年、2007年组织业务骨干前往呼和浩特市武川县气象局和包头市达尔罕茂明安联合旗希拉穆仁气象站参观交流和体验生活。

2. 开展精神文明创建活动。开展"青年志愿者""一助一""多助一""送温暖、献爱心"等活动。从2004年起每位团员每月多交1元钱，用于为家庭困难交不起学费的贫困大学生进行扶贫捐款、献爱心活动。2007年春节前夕，区局团委联合自治区直属机关团工委对区局两名家庭比较困难的团员进行慰问，并送去慰问金。组织团员青年参与争创"文明处室""文明科室""文明职工标兵"活动。开展"青年文明号"创建活动。2003年自治区气象台信息网络技术保障科、2005年区局科技开发中心气象警报寻呼台先后被命名为"自治区直属机关青年文明号"荣誉称号。组织参与自治区的生态环境建设活动、保护母亲河行动，以及各种形式的纪念林（草）工程、开发建设绿色营地等社会公益活动。

3. 推进青年志愿者服务行动。每年青年志愿者服务日组织团员青年到广场、社区开展"立足基层、服务社会、构建和谐社会"活动。制作气象科普宣传展板，开展气象服务咨询，发放气象宣传材料。

4. 开展形式多样的文体活动。组织团员青年开展唱歌和郊游活动，与有关厅局进行篮球比赛，参加团工委组织的纪念建团80周年"奥淳杯"读书和知识竞赛活动、自治区直属机关庆祝自治区成立60周年知识竞赛和纪念共青团成立85周年暨自治区成立60周年文艺汇演。

2002年，自治区气象局团委获自治区直属机关五四红旗团委创建单位；2004年被自治区团委授予"全区五四红旗团委创建单位"。同年被自治区直属机关工委授予"自治区直属机关五四红旗团委"。

从2002年至2007年获自治区直属机关优秀团员4名、优秀团干部4名、有为青年17名。2002年孙永刚获"全区五四优秀青年"称号；2003年自治区气象局副局长李彰俊获"中国青年科技工作者协会会员"称号；2004年吴玉琴获"全区优秀共青团干部"称号。

2004年，自治区气象局副局长裴浩当选自治区直属机关青年联合会第一届常务委员会委员；2005年，自治区气象科研所所长达布希拉图当选自治区青年联合会第十届委员会委员。2004年、2006年，自治区气象局局长、党组书记乌兰和区局党组纪检组长何卫卫分别获"自治区直属机关青年贴心人"称号。

三、妇委会组织建设

区局妇女工作委员会针对女性职工特点，通过定期组织妇女体检、举办健康知识讲座、开展郊游、联谊等活动，充分调动女职工的积极性，发挥妇女在气象事业发展中的"半边天"作用。2001年以来，受自治区妇联表彰的"三八红旗手"2人，受全国妇联表彰的"全国巾帼文明示范岗"1个，全国民族团结进步模范个人1人，全国气象部门先进工作者1人，自治区先进工作者1人。

四、工会组织建设

1990年，自治区气象局直属机关工会开始筹备、1991年正式成立，并先后成立8个基层工会组织。各工会组织按照《工会法》和有关章程，围绕党的中心工作，对广大职工加强理论学习和职业道德教育，维护职工合法权益，及时反映职工意见和要求。开展送温暖活动，做好慰问特困职工、重病职工工作。组织开展多种形式的岗位练兵和业务技术比赛。创建"职工之家"，支持各协会组织开展文体活动，举办全区气象部门和直属单位职工参与的各项文体比赛和调研。积极参与中国气象局及自治区直属机关工会等上级组织的各项活动。

1. 组织评选表彰先进

鉴于近年来各项气象服务，特别是重大气象服务得到各级党政领导及社会各界好评，气象部门的知名度越来越高，2000年5月，自治区总工会首次把气象部门作为独立单位，评选全区先进工作者，并在后续的评选中适当增加名额，当年有自治区气象台王长根等5人获"全区先进工作者"称号。2005年5月，自治区气象台康玲等6人获"自治区先进工作者"称号。

2007年3月，在全区气象部门测报比赛中，获得地面第一名的王晓波（兴安盟索伦气象站）、高空第一名的樊丽坤（巴彦淖尔市乌拉特中旗气象局）被自治区总工会授予自治区"五一劳动奖章"，这两名同志是自治区气象部门开展全区职工职业技能比赛以来，第一次获此殊荣的职工。2005年7月，自治区气象局首次邀请全区气象部门国家和省部级劳动模范和先进工作者35人，到呼和浩特市观摩、参观、座谈。

2. 维护职工权益，发挥桥梁纽带作用

自2002年5月起，气象局家属院拆除平房，新建住宅楼，自治区气象局工会积极参与分建房领导小组和办公室工作，在筹备和实施各个阶段主动配合有关部门，发挥自身作用。2003年4月，面对"非典"型肺炎急剧发展的态势，自治区气象局党组成立领导小组，下设办公室，由工会负责全区气象部门2万多名职工、家属防治"非典"型肺炎第一线的具体事务。各级工会组织关键时刻挺身而出，为保护职工群众的身体健康和生命安全恪尽职守。

3. 举办职工文体活动

组织职工踊跃参加中国气象局和自治区有关部门举办的文体比赛，分别获以下名次。

1992年，华北地区气象部门男子排球比赛团体第一名。

1994年9月，华北地区气象部门女子篮球比赛团体第一名。

1997年，内蒙古直属机关组织的万人广播体操比赛团体第三名。

2002年9月，第二轮华北地区气象部门男子排球比赛团体第一名。

2004年5月，内蒙古直属机关第二届广播体操比赛第一名、健美操比赛第二名。

2004年10月，华北地区气象部门保龄球比赛团体第二名。

2005年7月，在呼和浩特市举办全区气象部门首届职工运动会，有近500名职工参加比赛。

2005年10月，在北京全国气象行业首届职工运动会上，自治区气象局代表团获团体第二名、最佳拼搏奖。

2006年10月，在广东东莞市全国气象行业首届文艺汇演中，区局创编的集体顶碗舞《腾飞》获团体第二名、最佳组织奖。

2007年8月，在秦皇岛市华北地区气象部门游泳比赛中获团体第二名。

2007年10月，在南京市全国气象行业第二届职工运动会（43个代表队）上，获团体总成绩第五名。

第二节 党风廉政建设

一、纪检监察审计组织建设

1990年，内蒙古自治区气象局设立监察审计处（与党组纪检组合署办公），人员编制7人，承担纪律检查、行政监察、部门内部审计工作职能。

截至2004年底，盟市气象局全部配备专职纪检组长和专兼职纪检监察审计人员，旗县气象局均配备廉政监督员，纪检监察审计组织体系进一步完善。

二、反腐倡廉制度建设

区局党组纪检组结合部门实际，加强反腐倡廉制度建设，先后制定廉政教育、廉政监督、信访举报、局务公开、内部审计等多项制度规定。截至2007年底，印发的重点制度包括：《内蒙古气象局党组关于贯彻落实中共中央、国务院〈关于实行党风廉政建设责任制的规定〉的实施办法》《内蒙古气象局党风廉政建设和反腐败工作实绩考核办法》《关于对违反党风廉政建设责任制规定的行为实施责任追究的暂行办法》《内蒙古气象局党组纪检组关于加强和改进基层信访举报工作的意见》《建立内蒙古自治区气象局反腐倡廉"大宣教"联席会议制度的暂行规定》《在旗县气象局（站）建立廉政监督员制度的实施办法（试行）》《内蒙古气象局关于加强气象部门廉政文化建设的实施意见》《内蒙古自治区气象部门领导干部任期经济责任审计实施细则》《内蒙古自治区气象局内部审计工作规定》《内蒙古自治区盟市气象部门交叉审计实施细则（试行）》《盟市气象局内部审计考核评比办法》《中共内蒙古自治区气象局党组关于落实〈建立健全教育、制度、监督并重的惩治和预防腐败体系实施纲要〉的具体办法》等。

三、党风廉政宣传教育工作

全区气象部门坚持开展党风廉政宣传教育，通过组织学习报告会、座谈会、知识竞赛、参观廉政警示教育基地、播放警示教育片、举办廉政文化作品展、编发廉政电子刊物等形式，在党员干部和职工群众中进行廉政宣传教育。截至2007年底，全区气象部门共组织反腐倡廉学习报告会332场，廉政党课598次，组织廉政知识竞赛35次，举办廉政文化作品展2次，征集书法、绘画、摄影、诗词等廉政作品400余件。

四、廉政监督和查办案件

1988—2007年，纪检监察机构共受理信访举报、检举控告、申诉640件。区局党组纪检组直接查办93件，立案17件，处理人员12名，其中党内处分7人；行政处分3人，刑事处分1人，免职3人。挽回经济损失58万余元。

1990—2007年，各级纪检监察审计机构派出460多人次参与干部任免考核、人员招聘、工程项目招投标、项目验收等监督检查工作。

五、内部审计工作

在部门内部开展财务审计、基本建设项目审计、领导干部经济责任审计工作，1990—2007年，全区共完成审计项目330项，其中经济责任审计125项，财务收支审计150项，基本建设审计54项，审计金额42244万元，查处和纠正违规金额491万元，基建审计节约投资312万元。2002年被中国气象局评为表扬单位，2003—2007年，连续5年被中国气象局评为审计先进单位，2名同志先后被自治区总工会、审计厅、内审协会评为全区内部审计先进个人。

第三节 精神文明建设

2000年初，自治区气象局被自治区党委、政府、军区命名为自治区级文明单位。2001年，中国气象局和自治区精神文明建设委员会联合授予自治区气象部门"创建文明行业先进系统"；2002年15个单位被自治区文明委、自治区气象局联合命名为"全区创建文明行业示范点"；在2003年9月召开的"全区两个文明建设经验交流会"上，自治区气象局被自治区精神文明建设委员会命名为自治区直属机关唯一的"全区道德建设先进集体";自治区气象局机关被自治区党委、政府、军区命名为自治区"2002—2003年度自治区级文明单位标兵";呼伦贝尔市气象局、赤峰市宁城县气象局、乌兰察布盟（今乌兰察布市）气象局、乌兰察布盟（今乌兰察布市）四子王旗气象局被自治区党委、政府、军区命名为"2002—2003年度自治区级文明单位"。2005年，自治区气象局机关、呼伦贝尔市气象局被授予全国文明单位称号（表4-20-1）。

2000年，郭秀川被自治区党委宣传部授予"全区精神文明建设先进工作者"称号；乌日图被自治区党委宣传部授予"2001—2002年度全区精神文明建设先进工作者"称号；尚永年被自治区党委宣传部授予"2003—2004年度全区精神文明建设先进工作者"称号；2003年，吴玉琴被中国气象局授予"全国气象部门精神文明建设先进工作者"称号（表4-20-1）。

表4-20-1　内蒙古气象部门获省部级劳动模范、先进工作者称号人员名单

姓　名	授予称号	授予时间
包明哲	全国气象部门劳动模范	1989年
张传道	全国气象部门劳动模范	1989年
樊锦沼	全国气象部门劳动模范	1989年
李红宇	内蒙古自治区劳动模范	1995年
刘景涛	内蒙古自治区劳动模范	1995年
尹海平	全国气象部门先进工作者	1996年
薛志华	内蒙古自治区先进工作者	2000年
李春云	内蒙古自治区先进工作者	2000年
林大强	内蒙古自治区先进工作者	2000年
王长根	内蒙古自治区先进工作者	2000年
赵慧颖	内蒙古自治区先进工作者	2000年
张丽英	全国气象部门先进工作者	2001年
杨　松	全国气象部门先进工作者	2005年
李金田	内蒙古自治区先进工作者	2005年
王明力	内蒙古自治区先进工作者	2005年
李俊有	内蒙古自治区先进工作者	2005年
范志力	内蒙古自治区先进工作者	2005年
赵可新	内蒙古自治区先进工作者	2005年
康　玲	内蒙古自治区先进工作者	2005年

第四节　气象文化建设

2005年初，自治区气象局制定印发《贯彻〈中国气象文化建设纲要〉实施意见》《内蒙古气象文化建设规划》《内蒙古自治区气象局气象文化工程建设项目及标准指导意见》，在继承传统的基础上，提出新时期气象文化应具有高科技、高素质、文明优雅的内涵，凝练出"勇于吃苦、甘于奉献、昂扬向上、开拓进取"的气象人精神。2007年，为迎庆自治区成立六十周年，记录内蒙古气象人多彩人生之路，集回忆录、散文、诗歌作品为一体的《魅力气象　多彩人生》由气象出版社出版。在内蒙古美术馆举办内蒙古气象行业职工首届书法、绘画、摄影展，展出书法作品74幅、绘画作品38幅、摄影作品228幅，并经有关专家评选出一、二、三等奖共38幅。

自治区气象部门重视民族团结工作，重视对少数民族干部的培养选拔和使用，全区气象部门少数民族职工占职工总数的21%，处级干部中少数民族占24%，厅局级干部中蒙古族占50%。近几年区局2

人次获全国和自治区直属机关"民族团结进步模范个人"称号。2005年5月，自治区气象台康玲获"全国民族团结进步模范个人"称号，参加中央民族工作会议暨国务院第四次全国民族团结进步表彰大会，受到中共中央总书记、国家主席胡锦涛等党和国家领导人的接见。2007年，自治区气象局获"全区民族团结进步先进集体"称号。

附　录

重要文献

内蒙古自治区人民政府关于加快我区气象事业发展的实施意见

(内政字〔2006〕324号　2006年11月1日)

各盟行政公署、市人民政府，自治区各有关委、办、厅、局，各有关企业、事业单位：

"十五"期间（2001—2005年），我区气象事业取得了很大发展，气象服务能力明显增强，水平大幅提高，服务的领域进一步拓展，为自治区经济社会发展做出了重要贡献。但是，还存在一些薄弱环节和突出问题，主要是综合气象观测体系尚不健全，气象预测预报预警能力和水平亟待提高，气象科技创新能力不强，公共气象服务体系不完善，气象工作与全区经济社会快速发展的要求和人民群众日益增长的服务需求还不完全适应。为了切实贯彻落实《国务院关于加快气象事业发展的若干意见》（国发〔2006〕3号）精神，加快我区气象事业发展，特提出以下实施意见。

一、充分认识加快气象事业发展的重要性和紧迫性

气象事业是科技型、基础性社会公益事业，在防灾减灾、支持经济建设和社会发展，服务群众生产、生活等方面发挥着重要作用。我区地域广阔，气候复杂多样，生态环境十分脆弱，每年由于干旱、暴风雪、大风、沙尘暴、冰雹、低温、洪涝、雷电等气象灾害带来的损失非常严重。同时，我区气候资源丰富，风能、太阳能、农牧业气候资源、空中云水资源等具有巨大的开发潜力。从未来看，无论是应对自然灾害、气候变化和资源压力，保障国家和人民群众生命财产安全，还是落实科学发展观，合理开发利用气候资源，建设资源节约型、环境友好型社会，保障我区经济社会可持续发展，都迫切需要气象服务的有力支撑。各地区、各有关部门要进一步提高对加快气象事业发展重要性和紧迫性的认识，切实加强对气象事业的领导和支持，推进气象事业的发展。

二、加快气象事业发展的总体要求和目标任务

气象事业发展的总体要求：今后一个时期，全区气象事业发展要以邓小平理论和"三个代表"重要思想为指导，牢固树立和落实科学发展观，坚持"公共气象、安全气象、资源气象"的发展理念和发展方向，以深化改革和体制创新为动力，按照"一流装备、一流技术、一流人才、一流台站"的要求，强化观测基础，完善服务体系，依靠科技创新，提高服务能力，建设具有全国先进水平的气象业务服务体系，不断满足我区经济建设和社会发展对气象服务日益增长的需求。

气象事业发展的目标任务：到2010年，初步建成结构合理、布局适当、功能齐备、具有内蒙古特色的综合气象观测系统、气象预报预测系统、公共气象服务系统和科技支撑保障系统，使气象整体实力达到国内同期先进水平，某些重点领域达到国内领先水平。到2020年，气象现代化体系建设进一步完善，气象科技水平和服务质量全面提升，气象整体实力走在全国前列。

三、加强公共气象基础能力建设

（一）加快综合气象观测系统建设。由自治区气象主管部门牵头，组织相关部门编制全区气象综合观测系统建设总体规划。各盟市、旗县要按照自治区总体规划，制定本地区的实施计划，分级实施，逐年完成。要特别加强重点区域的气象观测系统建设，在重点区域布设自动气象站、雷电监测站、天气雷达站、风廓线观测站、太阳辐射站、水汽遥感探测站、生态与农业气象观测站、公路交通气象站、大气成分监测站、土壤墒情监测站等观测站网，形成现代化的气象综合观测体系，全面提升气象灾害监测能力。各级人民政府要将气象台站和气象探测设施保护纳入城镇建设与发展规划。各气象台站要依法划定气象探测环境和设施保护范围，向本级建设（城乡规划）主管部门备案，各地建设（城乡规划）主管部门在划定"城市黄线"时，要将气象台站和气象探测设施纳入管理范围。

（二）推进气象信息共享系统建设。气象信息是国家公共基础信息的重要组成部分，要纳入自治区信息化建设规划,加快全区气象信息网络建设。要以推动气象及相关信息的整合,实现各种天气、气候、气象灾害及其相关信息的共享,提高全社会利用气象及相关信息的水平,更好地为各级党委、政府决策服务为目标,依托自治区气象信息网络系统,构建自治区气象信息共享平台。气象、民航、水利、国土资源、环保、农牧业、林业等部门要充分利用气象信息共享平台,加强信息交流合作,建立大气、水文、环境、生态等方面的信息共享合作机制,实现互连互通和信息共享。

(三)做好气象灾害的监测和灾情收集报告工作。各级人民政府要建立本地区气象灾害联合监测机制,气象部门牵头,与民政、国土资源、水利、环保、农牧业、林业、卫生、交通、市政等涉灾部门建立联合监测体系,开展跨地区、跨部门的联合监测。联合监测体系各成员单位要及时向气象信息共享平台提供气象和水情、旱情、灾情等信息。要动员基层社会力量,建立一支专兼职相结合的气象灾情收集队伍。各级气象部门要向社会公布免费报灾电话,鼓励有关部门、单位和个人提供气象灾害灾情报告。

(四)完善气象预报预测系统。气象部门要加快预报预测预警新技术和新装备的引进、开发、应用,建立多时效的气象预测预报预警系统,建立比较完善的气象灾害落区预报、短时预报和临近预报业务技术体系,提高灾害性、关键性、转折性天气预测预报预警能力,加快预报预测的精细化进程。要加强对影响本地区气象灾害发生机理、预测和防御等科学技术研究,为提高天气预报和气候预测能力提供科技支撑。

(五)加强气象灾害预报、预警信息播发能力建设。各地区要将气象灾害预报、预警纳入政府公共服务体系建设范畴,利用电视、广播、电话、手机短信、互联网等信息传播技术和通信手段,建成多种形式互补、能够覆盖全区大部分地区的气象灾害预报预警信息发布网络系统,逐步实现气象信息进农村、进牧区、进社区、进企业。电视、广播等有关媒体和通信运营企业要积极配合气象部门做好气象信息播发工作。与气象相关的突发公共事件应急管理、指挥、防救部门、单位及有关责任人,要利用气象防灾减灾信息发布网络及时掌握有关信息,有条件的自然村或嘎查应指定专人负责接收气象灾害信息,及时向村民委员会报告并通告农牧民。

(六)建立健全气象灾害预警应急体系。各级人民政府要尽快组织编制气象灾害防御规划和气象灾害应急预案,将气象灾害应急救援纳入政府灾害应急体系,同时要督促各行业和有关部门制订和完善相应的气象灾害应急预案,形成由各级人民政府组织协调、各部门分工负责的气象灾害应急响应机制和由政府启动、各有关部门高效运转的气象防灾减灾体系。各级气象部门要重点强化气象灾害监测、预报和预警发布功能,加强气象灾害调查和影响评估能力建设,及时做好灾前风险预估、灾中应急滚动评估和灾后损失评估,为各级人民政府组织气象灾害的防御和应急提供依据。各地区、各有关部门要加强对防御气象灾害法律法规和知识的宣传普及,提高公众的避险、避灾、自救、互救和应急能力。

四、发挥气象综合保障作用

(一)加强农村牧区气象服务。各地区要结合实际,以增强农牧业生产防灾、抗灾、减灾能力和农村牧区气象预警能力,稳定发展农牧业生产和农牧业结构调整等方面的服务为重点,完善和拓展农牧业气象服务项目。要建设全区粮食和畜产品安全气象预警服务系统和主要产粮区、牧区的重大农牧业气象灾害、病虫害监测、预警和评价系统,进一步提高农牧业气象灾害预警、评估和粮食、畜产品产量预报服务的能力与水平。

(二)加强生态环境监测、预测与评估服务。气象部门要与环保、水利、林业、农牧业、国土资源等部门加强合作,充分发挥气象部门卫星遥感和台站长期定位监测优势,建立以卫星遥感与地面监测相结合的生态监测体系及自治区不同生态类型预测和分析评估业务系统。重点对自治区生态敏感区、脆弱区和生态重点项目建设区开展动态监测、预测,对自治区生态环境状况进行总体评价,对重大生态建设工程效果进行客观评估,为自治区生态环境保护和建设提供科学依据。

(三)加强交通、城市和公共卫生气象服务。交通、铁路、航空、环保、水利、卫生、市政等部门要与气象部门密切合作,共同建设各类专业气象监测网和气象灾害预警系统,积极开展交通气象、航空气象、环境气象、水文气象和卫生气象服务。重点加强公路、铁路等专业气象监测网和灾害预警系统建设,为运输、旅行等安全和应急救援提供气象保障与实时服务;加强航空气象业务体系建设,提高机场终端区探测和监控预报的能力；构建城市气象服务系统，实现气象灾害的动态监测和城市气象灾害信息的及时发布；建立气象环境变化对疾病发生发展影响的业务服务系统，为突发公共卫生事件、环境事件等应急处置提供气象保障服务。

五、强化气候资源开发保护服务工作

（一）进一步加强人工影响天气工作。各地区、各有关部门要以自治区经济社会发展需求为导向，以防灾减灾、生态环境保护建设和水资源开发利用为目的，以提升人工影响天气作业和服务能力为重点，加强科学研究和技术开发，改进更新技术装备，建设具有国内先进水平的人工影响天气业务技术体系、具有内蒙古特色的人工影响天气科技创新体系和协调高效的人工影响天气组织管理体系。要加强自治区人工影响天气开放实验室建设和人工影响天气作业的示范基地建设，不断提高人工影响天气工作的科技水平，加大人工影响天气的工作力度，及时、安全、有效地开展人工影响天气作业。

（二）做好风能、太阳能开发利用的气象服务。各地区、各有关部门要支持气象部门履行相应管理职能，对全区风能、太阳能资源进行普查、详查并开展评估工作，建立风能、太阳能资源数据库和监测、预测预报服务系统，为开发利用可再生资源提供依据，为大型风电场和太阳能电站勘察、选址提供技术支持，为风电场和太阳能电站的建设、运行、调度提供实时气象监测和预报服务。风能、太阳能等工程建设项目资源评价报告中使用气象探测数据时，要经气象部门审查，否则不予批准立项。

（三）强化气候可行性论证工作。各地区、各有关部门在编制城市规划以及重大基础设施、大型工程、重大区域性经济开发项目和大型风能、太阳能等气候资源开发利用项目立项时，要进行气候可行性论证，由气象部门出具论证报告。

六、依法保障气象事业发展

（一）加强气象法规规章建设。各地区、各有关部门要加快制订气象灾害防御、人工影响天气、气候资源开发与保护等方面的地方性法规规章和配套政策，将气象执法列入各级人民政府综合执法检查计划，全面加强气象执法监督，为发展气象事业提供法律保障。

（二）进一步加强对气象工作的领导。要进一步完善中央和地方政府双重管理、以中央为主的气象工作管理体制，在气象部门管理、干部职工队伍建设等工作部署中，除中国气象局有明确要求的，其他事项均要纳入各级人民政府管理之中。各地区要将气象事业发展纳入国民经济和社会发展规划及科技发展规划，进一步确立和完善气象事业的发展目标，重点加强气象灾害防御体系、公共气象服务体系、空中水资源开发利用、生态与农牧业气象、气候资源开发利用和区域综合气象观测系统等方面的建设。鼓励有条件的苏木乡镇设立兼职助理员，协助当地政府和气象部门开展气象防灾减灾工作。各级人民政府要健全领导责任制，细化加快气象事业发展的目标要求，层层抓好落实。各有关部门要加强协作，落实具体措施，切实抓好各项任务的实施。

（三）加大财政投入力度。各级人民政府要建立健全稳定增长的气象投入机制，把增强地区气象能力建设经费列入本级财政预算，保证气象投入随经济发展和财政收入增长逐年增加。按有关规定做好气象部门职工的医疗、养老、失业等社会保障工作。

（四）加强气象人才培养和队伍建设。各级气象部门要积极推行以聘用制度和岗位管理制度为主要内容的人事制度改革，加强气象高层次人才和一线高级专门人才引进、选拔、培养和使用工作，推行首席专家负责制，有计划地选送气象部门的领导干部和科技人员到地方挂职锻炼。要加强自治区气象人才教育培训体系建设，不断提高气象工作者的整体素质。

（五）加强气象科技创新机制建设。要按照"自主创新，重点跨越，支撑发展，引领未来"的科技发展方针，深化气象科技体制改革，完善气象科技创新体系，不断增强气象科技创新能力。要将重大气象研究和新技术推广纳入各级人民政府科技计划，给予资金投入和支持。要加强自治区气象科研机构基础设施和气象开放实验室等科技设施建设，加强适合我区特点的气象及相关领域的基础和应用技术研究。要在全社会大力宣传和普及气象科技知识，将气象科普知识纳入中小学教学和实践，依托气象台站开展气象科普活动。

内蒙古自治区人民政府关于进一步加强应急管理工作的意见

(内政发〔2007〕70号 2007年7月16日)

各盟行政公署、市人民政府,自治区各委、办、厅、局,各大企业、事业单位:

自国务院召开第一次全国应急管理工作会议和发布《国家突发公共事件总体应急预案》以来,全区各地区、各部门和单位按照国务院和自治区党委、政府的安排部署,做了大量基础性工作,特别是在"一案三制"建设方面取得了比较明显的成效。截至目前,自治区的总体应急预案实施顺利,专项应急预案、部门应急预案和各盟市总体应急预案已全部编制完成,应急工作机构、专家咨询体系等方面的建设也有不同程度的进展。但是,就我区应急管理工作的总体情况而言,工作基础还比较薄弱,体制、机制尚不能完全适应应急工作的需要,预防和处置突发公共事件的能力也有待进一步提高。公共安全形势虽然总体平稳、趋向好转,但复杂性、严峻性仍比较突出,一些公共安全事件还时有发生。2006年,国务院出台了《关于全面加强应急管理工作的意见》(国发〔2006〕24号),并召开了第二次全国应急管理工作会议,对下一步的应急管理工作做出了明确部署,提出了新的要求。为认真贯彻国务院有关文件和会议精神,进一步加强我区应急管理工作,现提出如下意见。

一、深刻认识做好应急管理工作的重大意义

加强应急管理工作是关系国家经济社会发展全局和人民群众生命财产安全的大事,是全面落实科学发展观、构建社会主义和谐社会的重要内容,也是各级人民政府坚持以人为本、执政为民、全面履行政府职能的重要体现。因此,应急管理工作不仅仅是预防和处置突发公共事件,而且还担负着实现党和国家总体发展目标的重要职责。我区属内陆边疆少数民族地区,地域辽阔,差异明显,除沿海地区特有的海啸、台风等海洋灾害外,其他各类突发事件在我区都有可能发生,特别是森林草原火灾、农牧业灾害、气象灾害及矿山和交通安全事故隐患多,预测预防和救援难度大,给我区的应急管理工作带来了较大困难。当前,我区正处于全面建设小康社会和加快推进现代化建设的关键时期,科学有效地应对各种突发事件是保证我区经济社会持续、快速、健康发展的基本要求,也是我们面临的一项长期而艰巨的任务。各地区、各部门和单位要从全局和战略高度,深刻认识做好应急管理工作的重大意义,强化责任,狠抓落实,切实维护自治区经济社会发展的大好形势。

二、明确应急管理工作的指导思想和主要目标

全区应急管理工作要以邓小平理论和"三个代表"重要思想为指导,全面落实科学发展观,坚持"以人为本、预防为主"的工作方针,以保障公众生命财产安全为根本,以落实和完善应急预案为基础,以提高预防和处置突发公共事件的能力为重点,充分依靠法制、科技和人民群众,全面加强应急管理工作,最大程度地减少突发公共事件及其造成的人员伤亡和危害,维护国家安全和社会稳定,促进自治区经济社会的全面、协调、可持续发展。"十一五"期间,我区要全面建成覆盖各地区、各行业、各单位的应急预案体系;健全分类管理、分级负责、条块结合、属地为主的应急管理体制;构建统一指挥、反应灵敏、协调有序、运转高效的应急管理机制;完善应急管理的法规和制度,建设突发公共事件的预警预报信息系统和专业化、社会化相结合的应急救援保障体系;形成政府主导、部门协调、军地结合、全社会共同参与的应急管理格局。

三、进一步建立健全应急管理工作机构

各地区、各部门和单位要按照自治区的统一要求和应对各类突发公共事件的需要,紧密结合实际,积极主动抓好应急工作机构的建立健全工作,确保各级人民政府对突发公共事件的科学应对和正确指挥。一是建立健全各级应急领导机构,进一步加强对本行政区域内应急管理工作的全面领导,深入细致地安排、部署、落实各项应急工作,使应急工作在推动经济发展、促进社会稳定中发挥更大作用。二是建立健全处置各类突发公共事件的应急指挥机构,不断提高处置突发公共事件的快速反应能力,最大程度地减少突发事件造成的生命财产损失,保护好人民群众的根本利益。三是建立健全各级应急管理办事机构,履行值守应急、信息汇总和综合协调职责,真正发挥应急工作运转的枢纽作用,做到应急管理的

具体工作有人管、有人做。自治区人民政府已经成立了应急管理办公室,各盟市、旗县(市、区)也要按照国务院和自治区的要求,以各级人民政府总值班室为基础,尽快组建隶属于各级人民政府办公厅(室)的专门应急办事机构,所需编制由当地编制部门在行政总编制内予以调剂。自治区各部门和单位的应急办事机构,也要确定专人负责所承担的应急管理工作。各地区、各部门和单位务必于2007年年底前完成应急管理机构的组建工作。要通过建立健全各级应急管理工作机构,理顺工作关系,形成上下贯通的应急管理机构体系和顺畅的工作机制,进而促进应急管理工作的整体协调联动,推进应急管理工作的不断深入。

四、精心编制和落实"十一五"期间应急体系建设规划

"十一五"期间是我区应急体系建设的关键时期,为实现应急资源优化配置,强化应急能力建设,把有限的人力、物力、财力集中到重点方向,防止资源浪费,各级人民政府要依据《内蒙古自治区国民经济和社会发展"十一五"规划纲要》和《内蒙古自治区"十一五"期间突发公共事件应急体系建设规划》(以下简称《规划》),组织力量编制好本地区"十一五"期间突发公共事件应急体系建设规划,进一步优化、整合各类应急资源,统一规划应对突发公共事件的项目和基础设施,科学指导各级应急管理体系建设。自治区各相关部门也要按照《规划》的要求,编制和完善相关的行业规划,保证《规划》的顺利实施。在制定规划过程中,一是要围绕大局,把应急体系建设纳入当地经济和社会发展规划统筹考虑;二是要突出重点,对预防预警、应急处置、应急保障、恢复重建等关键环节作出具体安排;三是要量力而行,区别轻重缓急,把建设项目放到最急需、最薄弱的部位上;四是要厉行节约,处理好整合利用现有资源与新建项目的关系,防止重复建设。自治区人民政府办公厅要会同自治区发展和改革委员会、财政厅等部门,抓紧制定《规划》的实施意见,确保《规划》目标的全面实现和建设项目发挥最大效益。同时,要进一步做好部门之间、部门与地区之间相关规划的相互衔接,分解目标,细化措施,促使规划编制、衔接和实施工作积极有序地开展。

五、切实强化应急管理工作的制度建设

各地区、各部门和单位要按照国务院和自治区的统一安排和部署,积极做好突发事件应对法发布后贯彻实施的各项准备工作,尤其是要深入开展调查研究,为制定完善我区应急管理的法规、规章奠定基础。要紧紧围绕应急管理实际,制定切实可行的工作制度,进一步规范应急管理的各项工作。2007年,自治区将重点完成《突发公共事件处置办法》、《应急预案管理办法》、《应急信息报告制度》、《应急工作培训制度》的制定和完善工作,同时建立健全自治区应急领导、指挥机构的例会制度和决策制度,推动应急管理工作尽快步入规范化、制度化和法制化轨道。各地区、各部门和单位也要根据各自实际,提出制度建设的详细规划,力争在两年内初步形成应急管理工作的内部制度体系。

六、认真做好各级各类应急预案的编制、修订和实施工作

积极推进应急预案体系建设,落实应急预案规定的工作任务,是我区当前应急管理的重点之一。各地区、各部门和单位要采取有力措施,认真做好本地区、本部门、本单位各类预案的编制完善工作,全面构建覆盖各地区、各行业、各单位的应急预案体系。各盟行政公署、市人民政府要组织力量集中进行本地区专项预案和部门预案的编制工作,进一步加快预案编制工作进度。同时,要做好旗县(市、区)各类应急预案编制工作的安排部署和督促检查,确保整个预案编制工作在2007年年底前全部完成;规模以上大中型企业要针对各自实际情况,认真编制应急预案,报所在地政府和上级主管部门备案。自治区经济委员会、自治区人民政府国有资产监督管理委员会要按照职责分工,加强对企业应急预案编制工作的督促检查;自治区及各盟市、旗县(市、区)正在建设和确定建设的大中型项目,也要根据情况编制应急预案,做好突发事件的防范和应对工作。自治区发展和改革委员会、自治区重大项目领导小组办公室要将此项工作作为项目督查的重要内容抓紧抓好。各级人民政府要贯彻应急管理属地为主的原则,对坐落在本地区的大中型企业、大中型项目的应急管理工作进行监督、检查和指导;自治区及各盟市、旗县(市、区)组织的大型活动,承办单位必须按要求编制应急预案,报本级人民政府备案,并将其作为筹备工作的重要内容,确保落实到位。同级应急管理部门要负责预案编制的督促检查工作。

各地区、各部门和单位要在做好应急预案编制工作的同时,加强对应急预案的动态管理,不断增强

预案的针对性和实效性。要狠抓预案的落实工作，经常性地开展预案演练，特别是涉及多个地区、部门和单位的应急预案，要通过开展联合演练等方式，促进各方面的协调配合和职责落实。

七、深入排查突发公共事件的风险隐患

各地区、各有关部门和单位要按照国务院的统一部署，结合自治区实际，组织力量认真开展突发公共事件风险隐患的排查工作，全面掌握本地区、本行业各类风险隐患的具体情况，进而建立分级、分类管理制度，落实综合防范和处置措施，实行动态管理和监控；要通过风险隐患的排查，把有可能发生突发事件的因素逐一列出，分类汇总，并将这些因素与应急预案中的防范措施一一对应；对可能引发突发公共事件的风险隐患，要组织力量限期治理，真正做到未雨绸缪，防患于未然，特别是对位于城市和人口密集地区的高危企业，不符合安全布局要求、达不到安全防护距离的，要依法采取强制措施，尽快消除隐患；加强对影响社会稳定因素的排查处理，认真做好预警报告和快速处置工作；要把风险隐患排查工作延伸到基层，督促社区、乡村、企业、学校经常开展隐患摸排，把问题解决在萌芽状态。

八、积极做好突发公共事件的信息报告和预警工作

各地区、各部门和单位要以高度的责任感和使命感，认真履行职责，严格执行国家和自治区关于突发公共事件信息报告和预警制度，确保信息报告渠道畅通和高效运转，为积极有效应对突发公共事件创造条件。进一步建立健全应急信息报告制度，明确各级人民政府为信息报告的责任主体，及时向上级人民政府及业务主管部门报告本地区发生的突发事件，确保信息及时、准确。尤其是特别重大和重大突发公共事件发生后，必须在规定时间内报告自治区人民政府。对迟报、漏报甚至瞒报、谎报行为要依法追究有关人员责任。同时，要通过建立公众报告、举报奖励制度，设立基层信息员等多种方式，不断拓宽信息报告渠道。

建立健全各级人民政府组织协调、有关部门和单位分工负责的突发公共事件预警系统，建立预警信息通报和发布制度，充分利用广播、电视、互联网、手机短信、电话、宣传车等各种媒体和手段，及时发布预警信息，使广大群众能够及时掌握自己所面临的安全形势。

九、稳步推进应急信息平台体系建设和各类应急资源的统筹管理

目前，我区许多地区、部门和单位已经建立了应急信息平台，但由于缺乏统一规划和衔接，未能充分发挥作用。基于上述情况，今明两年我区应急信息平台建设要重点抓好以下工作：第一，稳步推进应急指挥平台建设。在统一完善各专业应急平台基本功能的基础上，依托自治区政务信息网络，规范技术标准，实现自治区人民政府与国务院、自治区各有关部门和单位应急机构间的相互对接、互联互通和信息共享。同时，积极创造条件，促进盟市应急信息平台建设，初步形成统一、高效的应急决策指挥系统。自治区人民政府办公厅要会同有关部门和单位，深入实地开展调查研究，尽快摸清自治区各有关部门和单位应急信息平台建设的基本情况，提出自治区应急信息平台建设方案，按程序报有关部门审批立项；自治区财政厅要根据建设方案，提出资金安排意见。此外，自治区各有关部门和单位要积极配合基础数据库建设，加强对有关技术资料、历史资料的收集整理，为应急信息平台建设提供数据支撑，并为妥善应对各类突发公共事件提供可靠的基础数据。第二，积极推进包括公安、人防、医疗急救、市政抢险等紧急信息接报平台的整合，建立"统一接报、分类分级处置"的工作机制。鉴于我区紧急信息接报平台的整合工作起步较晚，特别是医疗急救、市政抢险等多部门、多行业间的整合方式需进一步摸索，自治区人民政府决定2007年下半年选择1至2个城市先行开展工作试点，而后在全区推开。自治区公安厅应从内部警务改革的角度，认真总结实行"110"、"119"、"122"三台合一的工作经验，为自治区紧急信息接报平台的整合提供借鉴和帮助。此外，各地要积极开展非紧急信息接报平台整合的研究和探索，实现紧急、非紧急信息接报的分离和互为备份，进一步提高应急处置的效能。

按照国家统一部署，积极建立我区应急资源储备制度，在对现有各类应急资源普查和有效整合的基础上，统筹安排应急处置所需物料、装备、通信器材、生活用品等物资和紧急避难场所以及运输能力、通信能力、生产能力和有关技术、信息的储备。加强对储备物资的动态管理，保证及时补充和更新。建立重要物资监测网络及应急物资生产、储备、征调和紧急配送体系，保证应急处置和恢复重建工作的需要。充分发挥社会各方在应急物资生产和储备方面的作用，实现社会储备与专业储备的有机结合，推动应急储备工作不断深化。

十、缜密组织应急救援队伍建设和强化应急培训工作

各地区、各有关部门和单位要按照自治区突发公共事件总体应急预案的规划和要求，积极主动做好组建和完善应急救援队伍工作。按照军民结合、自救和互救结合的原则，进一步建立健全以公安、武警、军队、预备役民兵为骨干，专业应急队伍各负其责、互为补充，企业专兼职救援队伍和社会志愿者共同参与的应急救援体系。从自治区实际出发，集合各方技术力量，合理布局高水准的专业应急救援队伍，改善技术装备，强化培训演练，以保证特殊应急事件的救援需要。大中型企业特别是高危行业的企业，必须建立专职或兼职应急救援队伍，在完成本企业应急救援任务的同时，积极参与社会应急救援，逐步向社会化应急救援机制过渡。建立应急救援专家队伍，充分发挥应急专家、学者的专业特长和技术优势。研究制定动员和鼓励志愿者参与应急救援工作的办法，加强对志愿者队伍的招募、组织和培训。进一步强化应急培训工作，按照"统一管理、分级培训"的原则，明确培训内容、标准和方式，充分运用多种方法和手段，务求培训工作收到实际效果。自治区将尽快出台应急培训的具体办法，各级应急管理部门也要加强对应急管理培训工作的组织和指导。

十一、全面提高基层应急管理工作的水平

基层应急管理工作，要以社区、乡村、学校、企业为重点，紧紧依靠广大人民群众，夯实基础、扎实推进，不断提高基层应对各类突发公共事件的能力。要充分发挥基层组织在应急管理中的作用，进一步明确行政负责人、法定代表人、社区和村级组织负责人在应急管理中的职责，确定专（兼）职工作机构和人员，增强在第一时间预防和处置各类突发公共事件的意识和能力。城市的社区和农村牧区的村嘎查要针对群众生活中可能遇到的突发公共事件，采取切实有效的应急措施，制定各项规章制度，经常性地开展应急知识宣传，做到家喻户晓；苏木乡镇、嘎查村的主要行政负责人是应急管理工作的第一责任人，要从各自的实际情况出发，有针对性地做好应急管理工作，实现应急工作与常态工作相互促进，做到既有专人负责，又有兼职队伍，以确保突发事件发生时及时有效地应对和处置。同时，要结合社会主义新农村新牧区建设，因地制宜开展应急基础设施建设，努力提高应对突发事件的能力和水平，并充分发挥城镇应急救援力量的辐射作用；各类学校要在不断完善应急预案和加强校园安全工作的同时，积极开展公共安全知识和应急防护知识的教育普及，增强师生的公共安全意识，提高他们的自救、互救能力；企业要切实落实法定代表人负责制和安全生产主体责任，做到有预案、有救援队伍、有联动机制、有善后措施。各级人民政府及相关部门要加强对基层单位应急管理工作的指导和检查，及时协调解决人力、物力、财力等方面的问题，促进基层应急管理水平的全面提高。

十二、科学处置突发公共事件和妥善安排善后工作

突发公共事件发生后，事发单位和负有管理职责的部门要根据预案的规定，立即采取有效措施，迅速开展先期处置工作，并按规定及时报告当地人民政府。按照属地管理为主的原则，事发地人民政府要统一组织领导和协调应急处置工作，积极调动有关救援队伍和力量开展救援工作，防止次生、衍生灾害的发生。同时，要迅速向上级人民政府报告有关情况，并做好受影响群众的基本生活保障和事故现场的环境保护工作。应急处置结束后，要会同上级有关部门及时组织受影响地区恢复正常的生产、生活和社会秩序，并依据有关法律法规及时开展事故调查处理工作，查明原因，依法依纪处理责任人，总结事件教训，制定整改措施并督促落实。要全面加强突发公共事件的评估和统计分析工作，建立健全突发公共事件的评估分析制度，研究制定客观、科学的评估分析方法。各地区、各有关部门和单位要加强对应急统计分析工作的管理，完善分级分类标准，明确责任部门和人员，及时、全面、准确地统计各类突发公共事件发生起数、伤亡人数、造成的经济损失等相关情况，并将其纳入经济社会发展统计指标体系。

十三、大力宣传普及公共安全和应急防护知识

深入宣传各类应急预案，全面普及预防、避险、自救、互救、减灾等知识和技能，逐步推广应急识别系统，不断提高广大人民群众对突发公共事件的预防意识和能力。自治区教育厅要尽快把公共安全和应急防护知识纳入学校的教学内容，配合或组织编制中小学公共安全教育指导纲要和适应全日制各级各类教育需要的公共安全教育读本，安排相应的课程或课时。自治区各新闻出版部门要通过电视、广播、报刊、网络等多种途径,以群众喜闻乐见的形式,广泛开展经常性地宣传教育普及工作。要做好信息发布和舆论引导工作,加强对相关信息的核实、审查和管理,为积极稳妥地处置突发公共事件营造良好的舆论氛围。坚持及时准确、主动引导的原则和正面宣传为主的方针,进一步完善政府信息发布制度和新闻发言人制度,建立健全重大突发公共事件新闻报道快速反应机制和舆情收集、分析机制,把握正确的舆论导向。新闻单位要严格遵守国家有关法律法规和新闻宣传纪律,履行好对突发公共事件报道发布的职责,不断提高舆论引导水平,自觉维护改革发展稳定的大局。

内蒙古自治区地方性气象法规和政府规章

内蒙古自治区第九届人民代表大会常务委员会公告
第五十四号

2000年12月12日内蒙古自治区第九届人民代表大会常务委员会第二十次会议审议通过《内蒙古自治区人民代表大会常务委员会关于修改〈内蒙古自治区气象条例〉的决定》，现予公布，自公布之日起施行。

2000年12月12日

内蒙古自治区气象条例

第一条 为加强气象工作，充分发挥其在经济建设、国防建设和社会发展中的重要作用，根据国家有关法律、法规，结合自治区实际，制定本条例。

第二条 在自治区行政区域内从事气象活动的单位和个人，必须遵守本条例。

第三条 气象事业是社会基础性公益事业，气象工作应当将公益性服务放在首位，按照统一规划、合理布局、配套建设、协调发展的原则，积极推进气象事业现代化建设，增强监测、预报能力，在不断完善公益服务的基础上，拓宽服务领域，提高服务的质量和效益。

各级气象台站在确保公益性气象无偿服务的前提下，可以依法开展气象有偿服务。

第四条 旗县级以上气象主管机构在上级主管机构和本级人民政府的领导下负责管理本行政区域内的气象工作。

其他有关部门所属的气象台站，应当接受同级气象主管机构对其气象工作的指导监督和行业管理。

第五条 各级人民政府应当加强对气象工作的领导和支持，根据国家气象事业发展规划和本地区经济社会发展需要，积极发展地方气象事业。

各级气象主管机构在完成国家规定任务的同时，应当积极做好为地方服务的气象工作。

第六条 旗县级以上人民政府应当将发展地方气象事业所需基本建设投资、事业经费和专项经费纳入本级国民经济与社会发展计划和财政预算，并根据事业发展的需要，逐步增加对地方气象事业的投入。

第七条 地方气象事业包括：

（一）专为地方服务的气象台站和气象探测、气象通信、气象灾害监测与防御、气象预警报、气象信息、气象科研教育等工作及其基础设施建设；

（二）为农牧业综合开发、生态环境保护、城乡建设、城市大气污染防治和气候资源开发利用等开展应用气候工作；

（三）农作物、牧草产量预测，农牧业气象实用技术、气象灾害防御技术的试验研究和推广应用，农村牧区气象科技服务网建设，气象科技扶贫；

（四）人工影响天气和雷电灾害防御；

（五）气象遥测遥感系统的建设、维持及其技术在气象灾害、地面植被、森林和草原火情监测中的开发、应用；

（六）国家和自治区规定的其他项目。

附 录

第八条 鼓励单位和个人以投资、资助和技术转让等方式参与地方气象防灾减灾项目建设，其合法权益受法律保护。

第九条 气象台站的探测场地、仪器、设施、设备和气象通信的电路、信道、无线电专用频道、设施受国家保护，任何单位和个人不得损毁、干扰、侵占或者擅自移动。

气象设施因不可抗力遭受破坏时，当地人民政府应当采取紧急措施，组织力量修复，确保气象设施正常运行。

第十条 各级人民政府应当依照国家规定的标准划定气象探测环境保护范围，设立保护设施和标志，并纳入城市或者村庄集镇规划。

禁止在气象探测环境保护范围内进行对气象探测有不利影响的工程建设或者其他活动，因特殊情况确需进行工程建设的，土地、建设等行政主管部门在办理有关审批手续时，应当事先征得当地气象主管机构的同意。

第十一条 气象台站站址及其设施的安置应当保持稳定，未经依法批准，任何组织或者个人不得迁移。因工程建设、城市和村庄集镇规划确需迁移的，必须报自治区气象主管机构批准；迁移国家基准气候站、基本气象站的，必须报国务院气象主管机构批准。迁移和重建气象台站或者设施所需费用，因工程建设造成的，由建设单位承担；因城市、村庄集镇建设规划造成的，由当地人民政府统筹解决。

第十二条 各级气象主管机构所属气象台站负责统一发布其责任区域内的气象预报和灾害性天气警报，并根据天气变化情况及时补充或者订正，其他任何单位和个人不得擅自向社会公开发布气象预报和灾害性天气警报。

各级气象主管机构及其所属的气象台站应当提高公众气象预报和灾害性天气警报的准确性、及时性和服务水平。

在少数民族聚居地区，向社会公开发布气象预报、灾害性天气警报等气象信息，应当使用当地通用的语言文字。

第十三条 各级广播、电视台站和自治区人民政府指定的报纸，应当安排专门的时间或者版面，每天播发或者刊登公众气象预报或者灾害性天气警报。具体播发时间、时限和次数，由其主管部门与同级气象主管机构协商确定，协商不一致的，由同级人民政府具体规定。对气象台站发布的具有重大影响的气象预报、灾害性天气警报或者其补充、订正，应当及时增播或者插播。

广播、电视播出单位不得擅自改变气象预报节目的播发时间安排，确需改变的，应当事先征得有关气象台站的同意；因重要节目的播出，临时改变气象预报播发时间的，应当通知社会公众。

电视气象预报节目由发布该预报的气象台站负责制作，当中插播广告的不得影响气象预报的效果。

第十四条 广播、电视、报刊、通信等信息传播媒体向社会播发气象预报和灾害性天气警报，必须是当地气象主管机构所属气象台站直接提供的适时信息，并标明发布时间和气象台站的名称，不得擅自改变其播发内容，也不得播发或者转发从其他渠道获得的气象信息。通过传播气象信息获得的收益，应当提取一部分支持气象事业发展，具体提取比例由发布气象预报的气象台站与播发单位协商确定。

广播、电视、报刊、通信等信息传播媒体公开报道供各级人民政府和有关部门使用的气象预测信息，必须征得当地气象主管机构同意。

第十五条 各级人民政府统一组织领导本行政区域内的气象灾害防御工作，根据气象台站提供的灾害性天气预报、警报，制定应急预案，采取必要的预防措施，防止可能造成的损失。

第十六条 各级气象主管机构及其所属气象台站应当积极参加气象灾害的防灾减灾工作，及时、准确制作和发布灾害性天气预报、警报，加强灾害性天气的监测和情报汇集，做好有关的气象灾害调查、分析、评估工作，及时向各级人民政府和有关部门提供灾害性天气实时信息和预测信息。

其他有关部门所属的气象台站和与灾害性天气监测、预报有关的单位应当及时向气象主管机构提供监测、预报气象灾害所需要的气象探测信息和有关的大风、水情、雪情、旱情以及森林草原火情等监测信息。

第十七条 旗县级以上人民政府应当结合防灾减灾积极稳妥地开展增雨雪、防雹、防霜、消雾等人工影响天气工作，设在同级的气象主管机构应当制定人工影响天气作业方案，并在本级人民政府的领导和协调下，管理、指导和组织实施人工影响天气作业。有关部门应当按照职责分工，配合气象主管机构做好人工影响天气的有关工作。

人工影响局部天气所需经费，由地方财政或者要求提供服务的受益单位和个人负担。

第十八条 自治区气象主管机构负责飞机增雨作业区域和地面增雨、防雹布点的审核、报批及作业资格审查，管理和调配人工影响局部天气专用物资，监督作业安全，提供技术指导和服务，进行作业效果的分析、验证。在遇到冰雹灾害时，应当及时协调有关军事、民航部门，配合做好防雹减灾工作。

从事人工影响天气作业的单位，必须具备自治区气象主管机构规定的人员、技术和设备条件，经自治区气象主管机构审查批准后方可实施作业。

第十九条 各级气象主管机构所属气象台站应当向同级人民政府和有关部门提供气候趋势预测、气象情报、农牧业产量预报，为农牧业生产的决策做好服务工作。

第二十条 旗县级以上气象主管机构负责本行政区域内雷电灾害防御工作的组织管理，自治区气象主管机构授权的单位，可以对防雷、防静电安全装置进行检测。

防雷、防静电的安全装置实行定期检测制度。未经检测或者检测不合格的防雷、防静电安全装置不得投入使用。

防御雷电灾害的具体管理办法，由自治区人民政府制定。

第二十一条 旗县级以上人民政府应当根据本地区气候资源的特点，提出气候资源开发利用的方向和保护重点，并作出规划。

自治区气象主管机构负责全区气候资源调查和气候区划工作，组织进行气候监测、分析、评价，并对可能引起气候恶化的大气成分进行监测。

第二十二条 各级气象主管机构应当组织对本地区经济社会发展规划、城乡建设规划、大中型工程、大型太阳能和风能开发利用、农牧业生产、生态建设等所必需的气候可行性论证。

承担工程项目大气环境影响评价的单位所使用的气象资料，必须由自治区气象主管机构或者其授权机构提供或者审查。

在诉讼、保险等的技术鉴定中使用的气象资料，必须由气象主管机构或者其所属气象台站直接提供。

第二十三条 外国的组织或者个人经批准在自治区行政区域内单独或者与国内有关单位、个人合作进行气象探测，获得的气象资料必须报自治区气象主管机构，提供者享有使用权。

第二十四条 各级气象主管机构及其所属气象台站应当为当地人民政府和有关部门指导生产、组织防灾救灾及向社会公众提供公益气象服务。

第二十五条 气象台站根据用户需要，在公益性气象无偿服务之外提供的专业、专项气象科技服务，实行有偿服务。包括：

（一）专业、专项气象预报、警报，气象情报；

（二）为诉讼、保险等的技术鉴定提供气象资料；

（三）应用气候分析、气候资料加工、专业气候区划、气候资源利用和气候可行性论证；

（四）为工程项目设计、建设和大气环境影响评价提供气象资料；

（五）对非气象机构气象探测数据的鉴定；

（六）气象专用计量器具、设备的维修；

（七）防雷、防静电相关工程的服务；

（八）充灌、施放升空气球；

（九）气象科技培训、咨询，气象科研成果转让；

（十）其他气象科技实用技术服务。

从事有偿气象科技服务的单位和个人，应当经自治区气象主管机构或者其授权机构批准。气象科技服务的收费和管理按照国家和自治区的有关规定执行。

第二十六条 自治区气象主管机构负责制定全区气象台站网和大型气象专用技术装备布局的规划，报自治区人民政府批准后实施；需要调整、修改的，按原制定程序报批。

其他部门气象机构和大型气象技术装备的设置，根据部门需要和自治区气象行业规划确定，并报自治区气象主管机构审查同意。

从事气象探测的单位或者个人应当执行全国统一的气象技术标准、规范和规程，并接受同级气象主管机构对其探测环境、业务质量和气象计量的监督管理。

第二十七条 经自治区技术监督部门授权的气象计量检定单位承担指定区域内气象计量器具的定期检定工作。

禁止使用未经检定、检定不合格或者超过检定有效期的气象计量器具。

第二十八条 违反本条例第九条、第十条规定，应当给予行政处罚的，依照《中华人民共和国气象法》第三十五条的规定执行。

违反本条例第十二条、第十四条、第二十二条第二款和第三款规定，应当给予行政处罚的，依照《中华人民共和国气象法》第三十八条的规定执行。

违反本条例第十八条第二款规定的，依照《中华人民共和国气象法》第三十九条的规定给予行政处罚；构成犯罪的，依法追究刑事责任。

第二十九条 违反本条例规定，使用不符合技术要求的气象专用技术装备、气象计量器具，造成危害的，由旗县级以上气象主管机构责令改正，给予警告，可以并处 5000 元以上 5 万元以下的罚款。

第三十条 对在气象工作中做出显著成绩的单位和个人，各级人民政府和有关部门、气象主管机构应当给予表彰和奖励。

气象工作人员玩忽职守，使气象预报、灾害性天气警报发生重大失误的，或者丢失、毁坏原始气象探测资料和伪造气象资料的，由其所在单位或者上级机关给予行政处分；构成犯罪的，依法追究刑事责任。

第三十一条 本条例自公布之日起施行。

内蒙古自治区第十届人民代表大会常务委员会公告
第四十五号

2007 年 4 月 3 日内蒙古自治区第十届人民代表大会常务委员会第二十七次会议通过《内蒙古自治区气象灾害防御条例》，现予公布，自 2007 年 7 月 1 日起施行。

2007 年 4 月 3 日

内蒙古自治区气象灾害防御条例

第一章 总 则

第一条 为了防御气象灾害，保障人民生命财产安全，促进经济社会发展，根据《中华人民共和国气象法》和国家有关法律、法规，结合自治区实际，制定本条例。

第二条 在自治区行政区域内从事气象灾害防御活动，应当遵守本条例。

第三条 本条例所称气象灾害，是指因干旱、大风（沙尘暴）、寒潮、暴雨（雪）、冰雹、霜（冰）冻、高温、低温、雷电、大雾、干热风、连阴雨等造成的灾害。

本条例所称气象灾害防御，是指对气象灾害的监测、预报、预警、预防和减灾、救助等活动。

第四条 气象灾害防御工作，应当遵循预防为主、防抗结合、统筹规划、分工合作、分级负责的原则。

第五条　旗县级以上人民政府应当加强对气象灾害防御工作的领导，建立健全气象灾害防御工作的指挥协调机制，将气象灾害防御工作纳入本级国民经济和社会发展规划，所需经费列入同级人民政府财政预算，并根据社会经济发展水平，逐步增加投入。

第六条　旗县级以上气象主管机构在上级气象主管机构和本级人民政府的领导下，负责本行政区域内气象灾害的监测、预报、预警，气象灾害调查和评估，人工影响天气和雷电防护等工作；协助有关部门做好气象衍生、次生灾害的监测、预报、预警和减灾等工作。

其他有关部门应当按照法律、法规的规定和各自职责做好气象灾害防御工作。

第七条　自治区鼓励和支持气象灾害防御科学技术研究，推广先进的气象灾害防御技术。

对在气象灾害防御工作中做出突出贡献的单位和个人，各级人民政府应当给予表彰奖励。

第八条　各级人民政府及其有关部门应当采取多种形式，向全社会宣传普及气象灾害防御法律、法规和气象灾害预防知识，增强社会公众防御气象灾害的意识和避险、避灾、自救、互救、应急的能力。

第二章　防御规划与设施建设

第九条　旗县级以上人民政府应当组织本级气象主管机构和其他有关部门编制本辖区气象灾害防御规划，经上一级人民政府批准后实施。

气象灾害防御规划应当包括以下内容：

（一）气象灾害现状及发展趋势；
（二）气象灾害防御的原则和目标；
（三）气象灾害易发区域和重点防御区域；
（四）气象灾害防御工程措施规划；
（五）气象灾害防御非工程措施规划；
（六）气象环境影响分析；
（七）法律、法规规定的其他内容。

第十条　编制土地利用规划，城乡建设规划和区域、流域建设开发利用规划，以及工业、农牧业、林业、水利、交通、航空、旅游、通信、能源、环保和自然资源开发等专项规划，应当与气象灾害防御规划相衔接。

第十一条　自治区气象主管机构应当会同有关部门制定自治区气象灾害监测网络建设总体规划，经自治区人民政府批准后组织实施。旗县级以上人民政府应当根据总体规划组织建立本行政区域气象灾害监测网络。

城市，农村、牧区、林区的重点区域，机场、铁路、高速公路和水利、能源等重要设施，国家及自治区重点工程所在地，应当建立气象灾害监测站点及其相应的气象探测设施。各部门建立的气象灾害监测站点及其相应的气象探测设施应当纳入本行政区域气象灾害监测网络的总体布局，由气象主管机构实行统一监督、指导。

第十二条　旗县级以上人民政府应当按照气象灾害防御工作的需要，建设应急移动气象设施。

第十三条　旗县级以上人民政府应当在城镇、乡村、学校等人员密集场所的显著位置设置气象灾害预警信息接收、播发设施。机场、车站、高速公路、旅游景点等场所，应当具备及时接收、播发气象灾害预警信息的条件。

第十四条　气象灾害防御设施依法受到保护，任何单位和个人不得侵占、损毁。气象灾害防御设施包括：气象灾害监测站点及其设施、应急移动气象设施以及气象灾害预警信息接收、播发设施等。

气象灾害防御设施因不可抗力遭受破坏时，当地人民政府应当及时组织力量恢复，确保气象灾害防御设施正常运行。

第三章　监测与预报警报

第十五条　旗县级以上气象主管机构应当组织对气象灾害跨地区、跨部门的联合监测，为本级人民政府组织防御气象灾害提供决策依据。

气象灾害联合监测成员单位由本级人民政府确定。

第十六条 气象主管机构应当会同气象灾害联合监测成员单位建立气象灾害信息共享平台。

气象灾害联合监测成员单位应当依法及时、准确向气象灾害信息共享平台提供气象和水情、旱情、森林草原火险、地质险情、植物病虫害、环境污染、流行疫情等与气象灾害有关的灾情监测信息。

第十七条 各级气象主管机构所属的气象台站根据可能造成气象灾害的监测预报结论，按照职责制作并向社会及时发布气象灾害预报、警报和预警信号。

气象主管机构会同其他有关部门向社会联合发布气象衍生、次生灾害的预报、警报和预警信号，法律、法规另有规定的除外。

其他单位和个人不得向社会发布气象灾害预报、警报和预警信号。

第十八条 各级气象主管机构及其所属气象台站和与气象灾害监测、预报有关的部门应当提高气象灾害预报、警报的准确性、及时性和服务水平。

在少数民族聚居地区，向社会发布气象灾害预报、警报，应当使用当地通用的语言文字。

第十九条 各级广播、电视和自治区人民政府指定的报纸应当及时、无偿播发或者刊登气象灾害预报、警报和预警信号。对临近和补充、订正的气象灾害预报、警报和预警信号，广播、电视应当及时增播或者插播。

广播、电视、报纸、电信等媒体以及其他信息载体向社会传播气象灾害预报、警报和预警信号应当使用气象主管机构所属气象台站直接提供的适时气象信息，并标明发布时间和发布单位的名称。

第二十条 苏木乡镇人民政府、街道办事处在收到气象主管机构所属的气象台站直接提供的适时气象灾害预报、警报和预警信号后，应当及时告知本辖区公众。

机场、港口、车站、高速公路、旅游景点等的管理单位应当采取措施及时向公众传播气象主管机构所属的气象台站直接提供的适时气象灾害预报、警报和预警信号。

第四章　灾害应急

第二十一条 旗县级以上人民政府应当根据气象灾害防御规划，组织气象主管机构和其他有关部门制定突发性气象灾害应急预案，并组织实施。

第二十二条 旗县级以上人民政府应当根据本级气象主管机构提供的气象灾害影响区域、时间和强度等级及防灾减灾建议，决定启动和终止相应等级气象灾害应急预案。

气象灾害应急预案的启动和终止，应当及时向社会公布。

第二十三条 气象台站监测到气象灾害已经发生或者可能发生时，应当立即报告同级气象主管机构。气象主管机构对气象台站报送的气象灾害信息应当及时报告同级人民政府和上级气象主管机构。

第二十四条 任何单位和个人发现气象灾害后，应当及时向当地气象主管机构报告。气象主管机构接到气象灾害报告后，应当立即报告本级人民政府和上级主管部门。

第二十五条 旗县级以上气象主管机构应当及时对本行政区域内发生的重大和特大气象灾害做出实时评估，并报送本级人民政府和上级气象主管机构。气象灾害的性质和等级由气象主管机构确定并公布。

第二十六条 旗县级以上人民政府在组织抵御重、特大气象灾害时，可以根据气象灾害应急预案决定采取停工、停业、停课、交通管制和征用单位及个人物资等必要的紧急措施，并及时向社会公告。

第二十七条 民政、卫生、公安等有关部门，应当妥善组织开展灾民安置、救灾物资供应、医疗救护、卫生防疫、社会治安维护等工作。

通信、铁路、交通、民用航空等有关部门应当保证突发性气象灾害应急处置的通信畅通和救灾物资的及时运送。

第二十八条 鼓励单位和个人进行气象灾害自救、互救活动。任何单位和个人对政府及其有关部门组织实施的应急救援措施应当予以配合，不得妨碍气象灾害救助活动。

第二十九条　气象灾害发生后，旗县级以上人民政府应当组织气象主管机构和其他有关部门及时开展灾情调查。气象灾害发生地的单位和个人应当配合灾情调查工作，向调查人员如实提供气象灾害有关情况。

气象主管机构和其他有关部门不得隐瞒、谎报或者授意他人隐瞒、谎报气象灾害信息和灾情。

第五章　预防措施

第三十条　城乡建设规划，大中型工程建设项目，重大区域性经济开发项目和大型风能、太阳能等气候资源开发利用项目可行性研究报告中，应当有气象灾害风险评估报告。

第三十一条　气象主管机构负责组织进行气象灾害风险评估。

气象灾害风险评估应当包括以下内容：

（一）气象灾害历史、现状分析；

（二）可能出现的气象灾害的预测和风险预估；

（三）预防或者减轻气象灾害影响的对策和措施及其技术经济分析；

（四）气象灾害风险评估的结论。

第三十二条　发现干旱、沙尘暴和暴雪等气象灾害征兆时，各级气象主管机构所属的气象台站应当加强监测，对灾害可能发生的区域及强度等级及时做出预报。各级气象主管机构应当将监测、预报结论及时报告当地人民政府。

第三十三条　旗县级以上气象主管机构应当在同级人民政府的领导和协调下，根据干旱、冰雹等气象预报或者灾害性天气警报以及应对森林草原火灾、严重空气污染等灾害事件的需要，组织实施人工影响天气作业。

人工影响天气作业计划由气象主管机构编制，报同级人民政府批准后实施。

第三十四条　下列场所和设施，应当按照国家规定安装雷电灾害防护装置（以下简称防雷装置），防雷装置应当与主体工程同时设计、同时施工、同时投入使用：

（一）国家《建筑物防雷设计规范》规定的一、二、三类防雷建（构）筑物；

（二）石油、化工、燃气等易燃易爆物资的生产、储运、输送、销售等场所和设施；

（三）计算机信息系统、电力系统、通信设施和广播电视设施；

（四）露天的大型娱乐、游乐、体育等易遭受雷击的场所和设施；

（五）法律、法规规定其他应当安装防雷装置的场所和设施。

第三十五条　从事防雷装置检测、防雷工程专业设计和施工的单位，应当取得国家或者自治区气象主管机构颁发的资质证书，并在资质等级范围内从事防雷检测和防雷工程设计、施工。

第三十六条　防雷装置设计应当符合国家规定的防雷技术规范和标准，并经旗县级以上气象主管机构进行审核；未经审核或者审核不合格的，建设单位不得施工。

第三十七条　防雷装置竣工后，应当经旗县级以上气象主管机构进行验收，未经验收或者验收不合格的，不得投入使用。

第三十八条　安装的防雷装置应当定期进行检测。易燃易爆等高危场所的防雷装置每半年检测一次，其他防雷装置每年检测一次。计算机机房、加油（气）站等场所在防雷装置检测的同时应当进行防静电装置检测。

已安装防雷装置的单位或者个人应当主动申报年度检测，并接受当地气象主管机构和当地人民政府安全生产监督管理部门的管理和监督检查。

防雷装置检测不合格的，受检单位应当及时予以整改。

第六章　法律责任

第三十九条　违反本条例第十四条第一款规定，侵占、损毁气象灾害防御设施的，由旗县级以上气象主管机构按照权限责令停止违法行为，限期恢复原状或者采取其他补救措施，可以并处 5 万元以下的罚款；造成损失的，依法承担赔偿责任；构成犯罪的，依法追究刑事责任。

第四十条 违反本条例规定，有下列行为之一的，由旗县级以上气象主管机构按照权限责令改正，给予警告，可以并处 3000 元以上 3 万元以下的罚款：

（一）违反本条例第十七条的规定，非法向社会发布气象灾害预报、警报和预警信号的；

（二）违反本条例第十九条第二款的规定，不使用气象主管机构所属的气象台站直接提供的适时气象信息的。

第四十一条 违反本条例第三十四条、第三十五条、第三十六条、第三十七条和第三十八条规定的，由旗县级以上气象主管机构责令改正，给予警告，并按照国家有关规定依法处理。

第四十二条 气象主管机构及所属气象台站和其他有关部门及其工作人员有下列行为之一的，由其所在单位或者上级机关对直接负责的主管人员和其他直接责任人员给予行政处分；构成犯罪的，依法追究刑事责任：

（一）未按照规定向气象灾害信息共享平台提供气象或者灾情监测信息的；

（二）因玩忽职守导致气象灾害预报、警报出现重大漏报、错报事故的；

（三）未按照气象灾害防御规划和应急预案的要求采取必要措施、履行有关职责，导致重大或者特大事故的；

（四）对违法行为不查处或者查处不力，造成严重后果的；

（五）隐瞒、谎报或者授意他人隐瞒、谎报气象灾害信息和灾情的。

第七章 附 则

第四十三条 本条例自 2007 年 7 月 1 日起施行。

内蒙古自治区防御雷电灾害管理办法

（2002 年 6 月 21 日自治区人民政府第 7 次常务会议审议通过，2002 年 6 月 27 日发布，自 2002 年 8 月 1 日起施行。）

第一条 为了加强雷电灾害防御工作，保护人民生命财产安全，保障经济建设顺利进行，依据《中华人民共和国气象法》和《内蒙古自治区气象条例》及有关法律、法规，结合自治区实际，制定本办法。

第二条 在自治区行政区域内从事防御和减轻雷电灾害（以下简称防雷减灾）工作及其相关管理活动，必须遵守本办法。

第三条 防雷减灾工作实行预防为主、防治结合的方针。防雷减灾工作应当坚持统一规划、统一部署、统一管理的原则。

第四条 自治区气象主管机构负责组织、协调、管理和指导自治区防雷减灾工作。

盟市、旗县气象主管机构负责本行政区域内防雷减灾工作。

未设气象主管机构的旗县区，其防雷减灾工作由所在盟市气象主管机构负责。

各级公安消防、质量技术监督、城市规划和建设等行政主管部门应当按照各自职责，协同各级气象主管机构实施本办法。

电力部门负责电力高压线路、发电、变电及高压设施的雷电防御工作，并接受当地气象主管机构监督。

第五条 下列场所或者设施，按国家规范安装防雷装置：

（一）《建筑物防雷设计规范》规定的一、二、三类防雷建筑物、构筑物、易燃易爆场所、物资仓库、露天堆场；

（二）石油、化工生产或者贮存场所；

（三）电力生产设施和输配电系统；

（四）厂矿、企业自动控制系统；

（五）广播电视、邮电通信、计算机信息系统；

（六）交通运输、医疗卫生、金融证券等社会化公共服务系统的主要设施；

（七）按照法律、法规、规章和有关技术规范，应当安装防雷装置的其他场所和设施。

第六条　从事雷电灾害防护装置（以下简称防雷装置）的设计和施工单位，要严格执行国家规范和部门防雷标准规范。对安装的防雷装置，应当符合国务院气象主管机构规定的使用要求，并由具有相应防雷工程专业设计或者施工资质的单位承担设计或者施工。

第七条　对从事防雷装置检测、防雷工程专业设计或者施工的单位实行资质管理制度。

对从事防雷专业活动的专业技术人员实行资格管理制度。

第八条　防雷工程专业设计或者施工的单位，应当在按照有关规定取得相应资质证书后，在其相应资质等级许可的行业、范围内从事防雷工程专业设计或者施工。

从事建筑物、构筑物防雷工程专业设计、施工的单位，应持有建设行政主管部门颁发的建设工程设计、施工资质证书。建设行政主管部门颁发资质证书时，应征求同级气象主管机构的意见。

第九条　从事防雷装置检测、防雷工程专业设计或者施工等活动的专业技术人员，应当参加自治区气象主管机构或者其他有关部门资格认可的组织进行的专业培训，经考核合格后取得相应的资格证书。

第十条　防雷装置的设计实行审核制度。

防雷装置的设计审核由当地气象主管机构承担。对新建、扩建、改建的建筑物、构筑物防雷装置的设计审核，当地气象主管机构可会同建设行政主管部门有关单位进行。未经审核同意的设计方案，不得交付施工。

对不符合防雷标准、规范的防雷工程专业设计方案，防雷工程专业设计单位应当按照审核结论进行修改并重新报批。

第十一条　建设和施工单位应按审核批准的防雷工程设计方案进行施工，当地气象主管机构应进行跟踪质量检测并参加建设单位组织的竣工验收。检测不合格的，建设、施工单位必须及时整改。竣工验收不合格的，不得投入使用。

建设、施工单位不得擅自取消或者变更设计方案，确需更改原设计方案时，应按原审批程序重新报批，审批后方可按新方案实施。

第十二条　各级气象主管机构应当建立完善的检测工作制度，必须执行国家有关标准和规范，保证防雷检测报告的真实性、科学性、公正性。

第十三条　按本办法第五条规定安装的防雷装置，实行定期检测制度，每年一次。易燃易爆场所的防雷装置，每半年检测一次。合格的发给合格证，不合格的应限期整改。

居民住宅的防雷设施，由主管单位或物业管理部门配合气象主管机构做好年度检测工作。

第十四条　具有防雷检测资质的检测单位对防雷装置检测后，应当出具检测报告，检测项目全部合格后颁发合格证。不合格的应限期整改。

第十五条　各企事业单位应当加强防雷减灾工作，定期检测、维修防雷装置，加强专业人员的技术培训工作，并接受当地人民政府安全生产管理部门的监督检查。

第十六条　各级气象主管机构负责本地区的雷电灾害调查和雷击事故鉴定工作。各有关部门和单位应建立相应的雷电灾害调查制度，在发生雷灾后5日内向所在地气象主管机构报告。当年雷电灾害情况由当地气象主管机构汇总后上报本级人民政府和上一级气象主管机构。

第十七条　气象主管机构应当加强对全区雷电灾害的监测和预警系统的建设工作，提高雷电灾害预警和防雷减灾服务能力，逐步提高灾情调查的科学性，组织对防雷减灾技术、防雷产品以及雷电监测预警系统的研究和开发。

第十八条　雷电防护产品应当符合国家规定的质量要求，并接受气象主管机构的监督检查。

第十九条 违反本办法规定,有下列行为之一的,由旗县级以上气象主管机构给予警告,责令限期改正。逾期不改正的,处 1000 元以下的罚款:

(一)应当安装防雷装置而拒不安装的;

(二)不具备防雷检测、防雷工程专业设计或者施工资格,擅自从事防雷检测、防雷工程专业设计或者施工的;

(三)防雷工程专业设计未经当地气象主管机构审核合格,擅自施工的;

(四)防雷工程在施工过程中拒绝当地气象主管机构进行跟踪质量检测的;

(五)已有防雷装置,拒绝进行检测或者经检测不合格又拒不整改的;

(六)对重大雷电灾害隐瞒不报的;

(七)安装和使用不符合使用要求的防雷装置的。

第二十条 防雷工作人员由于玩忽职守,导致重大雷电灾害事故的,由所在单位依法给予行政处分;致使国家利益和人民生命财产遭到重大损失,构成犯罪的,依法追究刑事责任。

第二十一条 本办法下列用语的含义:

(一)"防雷工程",雷电防护的建设项目,按其性能具体分为:

1.直击雷防雷工程:由接闪器(包括避雷针、带、线、网)、引下线、接地装置以及其他接连导体组成具有防御直击雷性能的系统装置建设项目。

2.雷电电磁脉冲防护工程:由电磁屏蔽、等电位连接、共用接地网、电涌保护器以及其他连接导体组成,具有防御雷电电磁脉冲(包括雷电感应和雷电波侵入)性能的系统装置建设项目。

(二)"防雷装置",具有防御直击雷、雷电感应和雷电波侵入性能的接闪器、引下线、接地装置、电涌保护器以及其他接连导体的总称。

(三)"雷电灾害",因直击雷、雷电感应、雷电波侵入造成人员伤亡、财产损失。

第二十二条 本办法自 2002 年 8 月 1 日起施行。

呼和浩特市建(构)筑物防雷工程设计审核、跟踪质量检测及竣工验收实施办法

(2003 年 8 月 22 日呼和浩特市人民政府第 73 次常务会议讨论通过,2003 年 9 月 6 日发布,自 2003 年 10 月 10 日起施行。)

第一条 为了加强防雷工程设计审核、跟踪质量检测及竣工验收工作,提高建设项目防御雷电灾害的能力,保护国家利益和人民生命财产安全,依据《中华人民共和国气象法》和《内蒙古自治区防御雷电灾害管理办法》等有关法律、法规,结合本市实际,制定本办法。

第二条 在呼和浩特市行政区域内的建(构)筑物防雷工程的设计审核、跟踪质量检测及竣工验收工作适用本办法。

第三条 呼和浩特市气象主管机构下属的市气象雷电防御中心从事全市防雷工程的设计审核、跟踪质量检测及竣工验收工作。

第四条 下列场所或者设施,按国家规定范围安装防雷装置:

(一)《建筑物防雷设计规范》规定的一、二、三类防雷建筑物、构筑物、易燃易爆场所、物资仓库和露天堆场;

(二)石油、化工生产或者贮存场所;

(三)电力生产设施和输配电系统;

(四)厂矿、企业自动控制系统;

(五)广播电视、邮电通信、计算机信息系统;

(六)交通运输、医疗卫生、金融证券等社会化公共服务系统的主要设施;

(七)按照法律、法规、规章和有关技术规范,应当安装防雷装置的其他场所和设施。

以上所列场所或设施必须经市气象雷电防御中心审核设计方案、跟踪质量检测及竣工验收。

第五条 建设项目的防雷工程应当与主体工程同时设计、同时施工、同时投入使用。

第六条 防雷工程设计应根据当地雷电活动的规律以及当地地质、气象和环境等条件，结合雷电防护对象的防护范围和目的，按照国家、行业规定的防雷设计规范进行设计。

第七条 防雷工程设计应当包括下列内容：

（一）初步设计：

1. 设计说明、勘察意见书、设计依据、防雷分类等；
2. 防雷系统示意图；
3. 拟采用防雷装置的规格及型号；
4. 特殊工程的相关图纸及说明。

（二）施工设计图纸：

1. 基础防雷平面图和大样图、天面防雷平面图和大样图、四置图、立面图、供电方式及总配电图；
2. 接地装置、引下线、接闪器、电气设备及信息系统防雷接地设计图；
3. 等电位连接预留件、均压环、玻璃幕墙等电位连接及屏蔽设计图；
4. 电气设备及信息系统电涌保护器布置设计图；
5. 特殊工程的相关图纸说明。

第八条 呼和浩特市气象雷电防御中心对涉及防雷工程的以下方面进行审核：

（一）设计单位的设计资质证及设计人员的资格证；

（二）施工单位的施工资质证及施工人员的资格证；

（三）设计图纸及有关材料。

第九条 呼和浩特市气象雷电防御中心对不符合防雷工程设计的应反馈建设行政主管部门，并要求建设单位限期整改防雷工程原设计，直至符合防雷工程的设计要求并取得合格证后，方可发施工许可证。

第十条 呼和浩特市气象雷电防御中心接到防雷工程设计图纸后，应在7个工作日内审核完毕，并核发合格证，不符合防雷设计要求的，限期重新设计，直至符合防雷工程设计要求后，方可发合格证。

第十一条 建设项目开工前，建设单位应当向市气象雷电防御中心办理防雷工程检测登记手续。市气象雷电防御中心应根据建设项目的特点，制定防雷工程检测计划，并出具检测意见书，通知建设单位。

第十二条 防雷工程建设项目随工程进度实行跟踪质量检测。建设项目开工后，市气象雷电防御中心应根据防雷工程检测计划中确定的内容实施防雷工程跟踪检测。检测发现施工质量不符合要求的，应当及时通知建设单位整改，复检合格后方可继续施工。

第十三条 建设单位申请竣工验收时，凡属有防雷装置的建设项目，市气象雷电防御中心必须参加验收，并发给防雷工程验收检测报告及验收合格证。竣工验收中发现的问题，市雷电防御中心应当及时发出整改意见书，建设单位、施工单位应按要求尽快整改完毕并及时向市雷电防御中心申请复检。

防雷工程跟踪质量检测报告、防雷工程验收检测报告及验收合格证作为建设项目竣工验收时工程质量核定的必要依据。

无防雷工程验收检测报告及验收合格证的建设项目不得投入使用。

第十四条 违反本办法规定，有下列行为之一的，由呼和浩特市气象主管机构给予警告，责令限期改正；逾期不改正的，处以3000～5000元的罚款：

（一）应当安装防雷装置而拒不安装的；

（二）防雷工程专业设计未经市气象雷电防御中心审核合格，擅自施工的；

（三）不具备防雷检测、防雷工程专业设计或者施工资格，擅自从事防雷检测、防雷工程专业设计或者施工的；

（四）防雷工程在施工过程中拒绝市防雷防御中心进行跟踪质量检测的；

（五）防雷工程竣工不通知市防雷防御中心参加验收，擅自投入使用的；

（六）已有防雷装置，拒绝进行检测或者经检测不合格，又拒不整改的；

（七）对重大雷电灾害隐患隐瞒不报的；

（八）安装和使用不符合使用要求的防雷装置的。

第十五条 从事防雷工作人员由于玩忽职守，导致重大雷电灾害事故的，依法予以行政处分；致使国家利益和人民生命财产遭到重大损失，构成犯罪的，依法追究其刑事责任。

第十六条 公民、法人或者其他组织认为具体行政行为侵犯其合法权益，对处罚不服的，可依法申请行政复议或向人民法院提起行政诉讼。

第十七条 本办法的具体应用问题由呼和浩特市气象主管机构负责解释。

第十八条 本办法自 2003 年 10 月 10 日起施行。

索 引

9210 工程　　2
9410 工程　　2
黑灾　　35
白灾　　65
年平均气温　　34
四季平均气温　　41
最冷月和最热月平均气温　　42
极端最高和极端最低气温　　42
气温年较差　　42
气温的年际变化　　42
年平均降水量　　45
季平均降水量　　45
降水量的年际变化　　46
各量级降水日数　　47
一日最大降水量　　48
最长连续降水日数　　48
年平均相对湿度　　48
相对湿度的季节变化　　48
相对湿度年际变化　　49
总云量　　50
低云量　　51
晴天和阴天日数　　51
太阳辐射　　51
日照时数　　51
日照百分率　　52
地面温度　　52
地中温度　　53
年平均霜期　　54
霜期的年际变化　　54
年平均雷暴日数　　55
雷暴的初日和终日　　55
雷暴日数的年际变化　　56
DAS（Direct Attached Storage）　　134

修 志 始 末

2005年底，内蒙古自治区气象局第一轮修志工作圆满结束。在《内蒙古自治区志·气象志》首发仪式上，内蒙古自治区地方志办公室与内蒙古自治区气象局就尽快启动第二轮修志达成共识。

2006年，第二轮《气象志》修志工作提上议事日程，归口内蒙古自治区气象局办公室（以下简称"局办公室"）负责，并聘请内蒙古自治区气象局机关（以下简称"局机关"）两名退休干部，组建气象志办公室。随后，由局办公室领导带队，气象志办公室工作人员会同自治区地方志有关处室负责人，赴广东、山东、辽宁等省气象部门学习调研。在此基础上，起草了《内蒙古自治区志·气象志（1988—2005）》目录，并按照局机关各处室、各直属单位分工，将编纂任务进了分解，同时就此项工作提出具体要求。各单位接到通知后，迅速确定编纂人员，根据工作需求，气象志办公室分两批对编纂人员进行了全员业务培训。

2007年，《气象志》编纂工作正式启动。分布于各单位的编纂人员，基本上都是业务骨干，平时工作任务很重，许多同志只能利用业余时间撰写文稿。有时为了一个数据或一个事件，还要查阅历史档案，走访有关人员，以确保史料准确无误，他们认真学习自治区地方志办公室下发的相关文件，尽快熟悉志书编纂的各项具体规定，力求稿件符合规范要求。气象志办公室工作人员在完成自身编纂任务的同时，保持和各单位编纂人员的经常联系，及时予以业务上的指导，同时，选取他们中间符合规范的志稿，发给所有编纂人员，以起到互相学习，典型引路的作用，气象志办公室还通过与各单位领导的沟通，尽可能地为编纂人员的工作创造一些有利条件，对于工作进展比较缓慢的单位，会同单位领导查找原因，确保整体志书编纂工作按照计划有序进行。

2011年，各单位陆续完成初稿，气象志办公室对文稿进行全面初审、修改、完善，并按照气象志目录统一编排，达到前后贯通，融为一体。

2013年底，《气象志》文字初稿基本完成，气象志办公室至此撤销。《气象志》文字初稿完成后，由局办公室组织相关人员进行审核。其间，自治区气象局领导决定，将《气象志》年代下限改为2007年，跨度由18年改为20年。年代下限变更后，局办公室又组织各单位对文稿内容进行了补充。与此同时，征集了志书所需的照片。

2016年7月，《内蒙古自治区志·气象志（1988—2007）》初稿完成，报内蒙古自治区地方志办公室，组织召开了评审会，按照自治区地方志办公室评审后提出的修改意见，局办公室又组织人员，对志书作了补充修改。

2019年，经内蒙古自治区气象局党组审议，出版经费得以落实。

2020年2月，内蒙古自治区气象局将书稿送气象出版社审核，并按照反馈意见，进一步进行了修改完善。4月，再次将修改后的《气象志》报自治区地方志办公室进行验收，验收通过后，交气象出版社审核出版。

《气象志》的编纂工作，得到了自治区气象局党组的高度重视和自治区地方志办公室自始至终的悉心指导，也得到了各盟市气象局、各直属单位、机关各处室的大力支持，数十名编纂人员通力合作，共同努力，历时十五载，最终促成了第二轮《气象志》的问世。

由于搜集资料困难、时间跨度大、编纂任务重、人员有限和经验不足，书中难免有疏漏之处，敬请有关领导、专家、气象工作者和读者批评指正。